한 권으로 읽는

사서삼경

四書三經

이우영 엮어 옮김

책머리에

    사서삼경四書三經은 『논어』·『맹자』·『대학』·『중용』·『시경詩經』·『서경書經』·『주역周易』 등의 경서이며, 오경五經은 삼경三經에 『예기禮記』·『춘추春秋』를 첨가한 것이다.

    이 책들은 유교를 배우거나 가르침에 핵심이 되는 경전으로 불리고 있다. 송나라의 정자가 『예기』에서 『대학』과 『중용』을 분리해 『논어』, 『맹자』와 함께 엮어서 사서를 만들었다. 사서가 탄생되기 전에는 오경五經이 읽혀졌지만, 너무 어려워 인기를 얻지 못했다.

    사서는 송나라 때부터 중요시되었고, 원나라 때는 고시과목으로 정해졌으며 명나라 영락제의 명으로 사서대전이 만들어졌다. 그 뒤에 주자가 주해를 단 『사서집주史書集註』가 나왔다. 즉 『대학』과 『중용』을 장구章句, 『논어』와 『맹자』를 집주集註라고 붙였던 것이다.

당시 사서를 배울 때도 순서가 있었다. 먼저 『대학』을 통해 학문의 규모를 정하고, 『논어』를 통해 근본을 배우고, 『맹자』를 통해 발전을 터득하고, 끝으로 『중용』을 통해 선인들의 높은 사상을 맛보게 되는 것이다.

조선 시대 왕명으로 원문에 해설과 토를 단 언해본이 만들어졌는데, 삼경 언해본보다 사서 언해본이 먼저 만들어졌다. 언해본을 살펴보면, 《논어언해》 4권 4책, 《대학언해》 1책, 《중용언해》 1책, 《맹자언해》 14권 7책, 《시경언해》 20권 10책, 《서경언해》 5권 5책, 《주역언해》 9권 6책으로 이뤄져 있다.

『논어論語』는 공자의 언행록으로, 공자孔子, B.C. 551년~479년가 살아 일을 때 강설한 내용을 제자들이 기록한 것과 죽은 후 제자들의 말과 기타 자료들을 첨가시켜 엮은 것으로 알려져 있다. 내용은 인仁에 대해서 일관되게 강조하고 있다.

『맹자孟子』는 공자의 뜻을 진술하여 7편으로 집필된 것이다. 즉 맹자孟子, B.C. 372년~289년의 진두 지휘 아래 제자 만장과 공손추와 함께 공동으로 집필한 것으로 알려져 있다.

『중용中庸』은 공자 손자인 자사子思, B.C. 483년~402년가 집필했다고 전해지지만 정확한 물증이 없다. 거의 모든 것이 자사와 그의 문하에서 집필되었고, 나머지는 후대에 수정 보완하여 완성된 것으로 알려져 있다.

『대학大學』은 공자孔子의 제자 증자曾子, B.C. 506년~436년가 예기禮記 49편 중 제42편에 들어 있던 것을 별책으로 엮은 것으로 전해지지만 정확한 물증이 없다. 내용은 공자가 강술한 것을 증자가 정리했고, 증자의 문인들이 해설을 붙인 것을 후대에 수정 보완한 것으로 알려져 있다. 다만 머리말과 본서 3편 5장은 주희가 쓴 글이다.

『시경詩經』은 춘추 시대의 민요를 한곳에 모은 것으로, 중국에서 가장 오래된 시집이다. 작가들은 서주西周 시대부터 동주東周 시대 사이에 활동한 시인들이다.

『서경書經』은 중국中國의 요·순堯·舜 시대부터 주周나라까지 정사를 기록한 문서를 공자孔子가 수집해서 만든 것이다.

『주역周易』은 글자 그대로 '주周나라의 역易'이란 뜻인데, 자연의 변화와 현상을 음양과 오행으로 풀이한 것이다. 즉 점을 치는 점서占書로 양효陽爻와 음효陰爻를 여섯 개의 선으로 그린 64괘卦를 말한다. 길흉은 서죽筮竹과 산목算木을 사용해서 나오는 그림으로 판단한다.

차례

책머리에 • 2

대학大學 | 머리말 • 12
    제一편. 경문經文 • 15
    제二편. 전문傳文 • 18
        제1장 명명덕明明德 • 18
        제2장 신민新民 • 19
        제3장 지지선止至善 • 20
        제4장 본말本末 • 23
        제5장 격물치지格物致知 • 24
        제6장 성의誠意 • 26
        제7장 정심수신正心修身 • 27
        제8장 수신제가修身齊家 • 28
        제9장 제가치국齊家治國 • 30
        제10장 치국평천하治國平天下 • 33

    역주譯注 • 43

논어論語 | 머리말 • 50
    제一편. 학이學而 • 55
    제二편. 위정爲政 • 65
    제三편. 팔일八佾 • 79
    제四편. 이인里仁 • 94
    제五편. 공야장公冶長 • 107
    제六편. 옹야雍也 • 126
    제七편. 술이述而 • 143

제八편. 태백泰伯 • 163

제九편. 자한子罕 • 176

제十편. 향당鄕黨 • 193

제十一편. 선진先進 • 199

제十二편. 안연顔淵 • 212

제十三편. 자로子路 • 220

제十四편. 헌문憲問 • 230

제十五편. 위령공衛靈公 • 252

제十六편. 계씨季氏 • 269

제十七편. 양화陽貨 • 282

제十八편. 미자微子 • 299

제十九편. 자장子張 • 309

제二十편. 요왈堯曰 • 321

역주譯註 • 327

맹자孟子 | 머리말 • 356

양혜왕 장구 상梁惠王章句 上 • 359

양혜왕 장구 하梁惠王章句 下 • 382

공손추 장구 상公孫丑章句 上 • 402

공손추 장구 하公孫丑章句 下 • 427

등문공 장구 상滕文公章句 上 • 445

등문공 장구 하滕文公章句 下 • 457

이루 장구 상離婁章句 上 • 468

이루 장구 하離婁章句 下 • 478

만장 장구 상萬章章句 上 • 489

만장 장구 하萬章章句 下 • 512

고자 장구 상告子章句 上 • 529

고자 장구 하告子章句下 • 545

진심 장구 상盡心章句上 • 564

진심 장구 하盡心章句下 • 577

역주譯注 • 589

중용中庸 | 머리말 • 616

제일장 천인론天人論 • 619

제이장 중용론中庸論 • 621

제삼장 도론道論 • 628

제사장 성론誠論 • 641

제오장 성론聖論 • 658

역주譯注 • 670

시경詩經 | 머리말 • 680

국풍國風 • 683

주남周南 • 684 / 소남召南 • 693 / 패풍邶風 • 698 / 용풍鄘風 • 703 / 위풍衛風 • 705 / 정풍鄭風 • 709 / 제풍齊風 • 712 / 위풍魏風 • 715 / 당풍唐風 • 719 / 진풍秦風 • 723 / 회풍檜風 • 727 / 조풍曹風 • 729 / 빈풍豳風 • 733

소아小雅 • 737

녹명지습鹿鳴之什 • 738 / 남유가어지습南有嘉魚之什 • 743 / 홍안지습鴻鴈之什 • 746 / 기부지습祈父之什 • 749 / 곡풍지습谷風之什 • 756 / 포전지습甫田之什 • 760

대아大雅 _ 문왕지습文王之什 • 769

송頌 • 773

주송周頌 • 774 / 노송魯頌 • 776 / 상송商頌 • 778

역주譯注 • 782

서경書經 | 머리말 • 814

제一편. 우서廣書 • 817
1. 요전堯典 • 817 / 2. 순전舜典 • 824 / 3. 대우모大禹謨 • 825 / 4. 고요모皋陶謨 • 828 / 5. 익직益稷 • 829

제二편. 하서夏書 • 831
1. 우공禹貢 • 831 / 2. 감서甘誓 • 833 / 3. 오자지가五子之歌 • 834 / 4. 윤정胤征 • 835

제三편. 상서商書 • 837
1. 탕서湯誓 • 837 / 2. 중훼지고仲虺之誥 • 839 / 3. 탕고湯誥 • 840 / 4. 이훈伊訓 • 841 / 5. 태갑太甲 • 843 / 6. 함유일덕咸有一德 • 846 / 7. 반경 盤庚 • 847 / 8. 열명 說命 • 851 / 9. 고종융일高宗肜日 • 855 / 10. 서백감려西伯戡黎 • 856 / 11. 미자微子 • 858

제四편. 주서周書 • 862
1. 태서 泰誓 • 862 / 2. 목서牧誓 • 872 / 3. 무성武成 • 793 / 4. 홍범洪範 • 875 / 5. 여오旅獒 • 877 / 6. 금등金縢 • 880 / 7. 대고大誥 • 881 / 8. 미자지명微子之命 • 882 / 9. 강고康誥 • 885 / 10. 주고酒誥 • 885 / 11. 재재梓材 • 887 /12. 소고召誥 • 888 / 13. 낙고洛誥 • 889 / 14. 다사多士 • 891 / 15. 무일無逸 • 892 / 16. 군석君奭 • 893 / 17. 채중지명蔡仲之命 • 895 / 18. 다방多方 • 898 / 19. 입정立政 • 900 / 20. 주관周官 • 902 / 21. 군진君陳 • 904 /22. 고명顧命 • 905 / 23. 강왕지고康王之誥 • 906 / 24. 필명畢命 • 909 / 25. 군아君牙 • 911 / 26. 경명冏命 • 914 / 27. 여형呂刑 • 916 / 28. 문후지명文侯之命 • 918 / 29. 비서費誓 • 921 / 30.진서秦誓 • 924

역주譯注 • 928

주역周易 | 머리말 • 966

음양오행의 원리陰陽五行 原理 • 969
주역 64괘의 명칭과 개요槪要 • 974
상경上經 • 990

1. 건위천乾爲天 • 990 / 2. 곤위지坤爲地 • 997 / 3. 수뢰준水雷屯 • 1000 / 4. 산수몽山水蒙 • 1004 / 5. 수천수水天需 • 1007 / 6. 천수송天水訟 • 1010 / 7. 지수사地水師 • 1013 / 8. 수지비水地比 • 1016 / 9. 풍천소축風天小畜 • 1019 / 10. 천택이天澤履 • 1022 / 11. 지천태地天泰 • 1026 / 12. 천지비天地否 • 1029 / 13. 천화동인天火同人 • 1032 / 14. 화천대유火天大有 • 1035 / 15. 지산겸地山謙 • 1038 / 16. 뇌지예雷地豫 • 1041 / 17. 택뢰수澤雷隨 • 1044 / 18. 산풍고山風蠱 • 1047 / 19. 지택림地澤臨 • 1050 / 20. 풍지관風地觀 • 1053 / 21. 화뢰서합火雷噬嗑 • 1056 / 22. 산화비山火賁 • 1058 /23. 산지박山地剝 • 1061 / 24. 지뢰복地雷復 • 1064 / 25. 천뢰무망天雷无妄 • 1068 / 26. 산천대축山川大畜 • 1071 / 27. 산뢰이山雷頤 • 1074 / 28. 택풍대과澤風大過 • 1077 / 29. 감위수坎爲水 • 1080 / 30. 이위화離爲火 • 1083

하경下經 • 1087

31. 택산함澤山咸 • 1087 / 32. 뇌풍항雷風恒 • 1090 / 33. 천산둔天山遯 • 1093 / 34. 뇌천대장雷天大壯 • 1096 / 35. 화지진火地晉 • 1098 / 36. 지화명이地火明夷 • 1101 / 37. 풍화가인風火家人 • 1104 / 38. 화택규火澤睽 • 1107 /39. 수산건水山蹇 • 1109 / 40. 뇌수해雷水解 • 1112 / 41. 산택손山澤損 • 1115 / 42. 풍뢰익風雷益 • 1118 / 43. 택천쾌澤天夬 • 1121 / 44. 천풍구天風姤 • 1124 / 45. 택지췌澤地萃 • 1126 / 46. 지풍승地風升 • 1129 / 47. 택수곤澤水困 • 1131 / 48. 수풍정水風井 • 1134 / 49. 택화혁澤火革 • 1137 / 50. 화풍정火風鼎 • 1139 / 51.진위뢰震爲雷 • 1142 / 52. 간위산艮爲山 • 1145 / 53. 풍산점風山漸 • 1148 / 54. 뇌택귀매雷澤歸妹 • 1151 / 55. 뇌화풍雷火豊 • 1153 / 56. 화산여火山旅 • 1157 / 57. 손위풍巽爲風 • 1159 / 58. 태위택兌爲澤 • 1162 / 59. 풍수환風水渙 • 1165 / 60. 수택절水澤節 • 1167 / 61. 풍택중부風澤中孚 • 1169 / 62. 뇌산소과雷山小過 • 1171 / 63. 수화기제水火旣濟 • 1175 / 64.화수미제火水未濟 • 1178

역주譯注 • 1181

大學

머리말

『대학大學』은 공자孔子의 제자인 증자曾子, B.C. 506년~436년가 『예기禮記』 49편 중 제42편에 들어 있던 것을 별책으로 엮은 것으로 전해지지만 정확한 물증이 없다. 내용은 공자가 강술한 것을 증자가 정리했고, 증자의 문인들이 해설을 붙인 것을 후대에 수정 보완한 것으로 알려져 있다. 다만 머리말과 본서 3편 5장은 주희가 쓴 글이다.

특히 『대학』은 사서四書 중의 원래 『예기禮記』 49편 중 제42편으로 다른 편과 달리 구체적인 사상을 기술하고 있다.

송나라 시대에 사마광司馬光이 처음으로 『예기』에서 『대학』을 분리해 『대학광의大學廣義』를 저술하였다. 그 다음으로 정이程頤·정호程顥가 『대학』을 초학자의 입문서라며 『대학정본大學定本』을 짓고, 『논어』·『맹자』·『중용』과 함께 사서라고 불렀다.

여대림呂大臨은 이를 근거로 『대학해大學解』를, 주희朱熹는 『사서집주四書集註』의 하나인 『대학장구大學章句』를 서술해 주석을 달았다. 작자에 대해서는 정확한 것이 없으며, 오로지 한대漢代의 정현鄭玄이 『예기목록禮記目錄』에서 자사子思가 『중용』을 지었다고 했을 뿐 저자는 밝히지 않았다.

그런데 가규賈逵는
"자사가 송宋 땅에 살면서 가학家學의 민멸을 우려해 『대학』을 지어 경經으로 하고, 『중용』을 지어 위緯로 했다."

라고 하였다. 주희는 분문에 나오는 '증자 왈曾子曰'을 근거로 증자와 그 문인들의 저작물로 생각했었다.

명대明代 진도영陳道永은 전국 시대戰國時代 유자儒者의 저작으로 보았고, 청대淸代 대진戴震의 『대학보주大學補注』 및 왕중汪中의 『대학평의大學平議』에는 주희의 설을 비판했다. 근세에 들어와 후스胡適와 전목錢穆 등은 『대학』과 『중용』 모두를 작자 미상으로 주장하고 연대도 진秦이나 한漢으로 추정했다.

우리나라에 『예기』가 전해진 것은 7세기경 신라 『임시서기석壬申誓記石』에 보면 화랑들이 『예기』를 『시경』·『서경』과 함께 배울 것을 맹세하는 이야기가 나온다.

또한 372년소수림왕 2에 세운 태학太學을 관장한 이가 오경박사五經博士였기 때문에, 고구려에서도 일찍부터 『예기』가 있었다. 통일 신라에도 국학 3과정과 독서삼품과의 과목으로 『예기』가 경전으로 들어 있었다. 그리고 고려유교 학풍은 경전 중심이었기 때문에 예종 때 국학칠재와 사학 등에서 주요 과목으로 『예기』가 강론되었다. 조선의 태조는 『대학』을 제왕의 정치귀감으로 편찬한 송나라 진덕수眞德秀의 『대학연의大學衍義』를 유경劉敬에게 강의토록 했다.

주희로 하여금 독립된 『대학』은 1419년세종 1년에 『성리대전』 『사서오경대전』과 함께 명나라에서 들어왔다. 주희의 『대학장구』에 대한 최초의 비판은 조선 시대 이언적李彦迪에게서 시작되었다. 그는 『대학장구보유大學章句補遺』를 통해 주희의 일경십전一經十傳을 일경구전一經九傳으로 산정刪正하면서 편차의 오류를 지적한 것이다.

제1편 경문 經文

大學之道¹⁾는 在明明德²⁾하며 在親[新]³⁾民하며 在止於至善이니라
대학지도   재명명덕   재친 민   재지어지선

대학의 도는 밝은 덕을 밝히고 백성들을 새롭게 하는 데 있으며 더할 수 없이 착함에 머무르게 하는 데 있다.

知止⁴⁾而後⁵⁾에 有定이니 定而後에 能靜하며 靜而⁶⁾後에 能安하며
지지 이후   유정   정이후 능정   정이후 능안

安而後에 能慮하며 慮而後에 能得이니라
안이후   능려   려이후   능득

머무를 곳을 안 뒤에 정함이 있으니 정한 뒤에라야 동요되지 않을 수 있고 그런 뒤에 성품이 안온할 수 있다. 안온할 뒤에 생각할 수 있고, 생각한 뒤에야 반드시 얻을 수 있다.

物有本末하고 事有終始하니 知所先後면 則近道矣니라
물유본말　　사유종시　　지소선후　즉근도의

　　세상의 모든 사물에는 반드시 근본과 끝이 있고, 일에는 반드시 끝과 시작이 있는데, 먼저 시행할 것과 후에 시행할 것을 미리 알면 도에 가까워질 것이다.

古之欲明明德於天下者는 先治其國하고 欲治其國者는 先齊其家하고
고지욕명명덕어천하자　　선치기국　　욕치기국자　　선제기가

欲齊其家者는 先修其身하고 欲修其身者는 先正其心하고 欲正其心者는
욕제기가자　　선수기신　　욕수기신자　　선정기심　　욕정기심자

先誠其意하고 欲誠其意者는 先致其知하니 致知는 在格物하니라
선성기의　　욕성기의자　　선치기지　　치지　재격물

　　예부터 밝은 덕을 천하에 밝히려고 노력하는 사람은 먼저 반드시 나라를 다스렸고, 나라를 다스리려고 하는 사람은 먼저 집안의 행실을 바로잡아야 하고, 그 집안을 바로잡으려는 사람은 그 전에 자신의 몸을 수양해야 하고, 수양하기 위해서는 먼저 자신의 마음부터 올바르게 가다듬어야 하고, 마음을 바르게 하려는 사람은 먼저 자신의 의지를 정성되게 하였고, 지식을 투철하게 알았으니, 지식을 이루려는 것은 사물의 이치를 낱낱이 구명하는 데 있다.

物格而後에 知至하고 知至而後에 意誠하고 意誠而後에 心正하고
물격이후　　지지　　지지이후　　의성　　의성이후　　심정

心正而後에 身修하고 身修而後에 家齊하고 家齊而後에 國治하고
심정이후　　신수　　신수이후　　가제　　가제이후　　국치

國治而而後에 天下平이니라
국치이후   천하평

사물의 이치가 어느 정도 구명 분석된 뒤에는 지식이 이루어지고, 지식이 이루어진 뒤에야 마음이 바르게 되고 마음이 바르게 된 뒤에 몸의 수양이 가능하고 몸을 수양한 뒤에야 집안이 바르게 서고, 집안이 바르게 서면 나라가 올바르게 다스려지고, 나라가 올바르게 뒤에 반드시 천하가 화평해지는 것이다.

自天子以至於庶人에 壹是[7]皆以修身爲本이니라
자천자 이지어서인 일시 개이수신위본

其本이 亂而末治者는 否矣며 其所厚者薄이요
기본   난이말치자   부의   기소후자박

而其所薄者에 厚하리니 未之有也니라
이기소박자   후   미지유야

천자로부터 서민에 이르기까지 모두 한결같이 자신을 수양하는 것을 근본으로 삼는다. 만약 근본이 흔들리게 되면 깊이 다스려지는 법이 없고, 후하게 대할 때 야박하게 하고 박하게 할 데에 후하게 할 수는 없다.

제2편 전문 傳文

제1장 명명덕 明明德

康誥[1]에 曰 克[2]明德이라
강고　왈 극 명덕

太甲[3]에 曰 顧[4]諟[5]天之明命이라 하며
태갑　왈 고 시 천지명명

帝典[6]에 曰 克明峻[7]德이라 하니
제전　왈 극명준덕

皆自明也니라
개 자 명 야

강고에 이르기를
"훌륭하게 덕을 밝힐 수 있다"고 하였고,

태갑[중국 상商나라 제3대 임금인 태종太宗의 이름]에 이르기를
"하늘의 명령을 지켜보라"고 하였고, 제전[요전장堯典章으로 『서경書經』의 〈우서편虞書篇〉에 있음]에 이르기를
"높은 덕을 밝히라"고 했으니, 모두 자신이 각자 지니고 있는 바 밝은 덕을 밝히라는 것이다.

제2장 신민新民

湯[8]之盤[9]銘에 曰 苟日新[10]이어든
탕 지 반 명 왈 구 일 신

日日新하고 又日新이라 하며
일 일 신   우 일 신

康誥[11]에 曰 作新民이라 하며
강 고   왈 작 신 민

詩에 曰 周雖舊邦이나 其命維新이라 하니
시 왈 주 수 구 방   기 명 유 신

是故로 君子는 無所 不用其極이니라
시 고 군 자 무 소 불 용 기 극

탕임금이 대야에 새긴 글에서 이르기를
"만약 진실로 하루만이라도 새롭게 하고 나날이 새롭게 하라"고 했으며,

강고에 이르기를

"새롭게 되는 백성을 진작시키라"고 했으며,

『시경』에 이르기를

"주나라가 비록 오래된 나라이지만 그 하늘이 명령한 일은 새롭기만 하다"고 했는데,

그러므로 군자는 반드시 그 최선을 다하지 않는 바가 없다.

제3장 지지선 止至善

詩[12]云하되 邦畿[13]千里여 惟民所止라 하니라
시 운 　방기　천리　유민소지

詩云[14]하되 緡[15]蠻黃鳥여 止于丘隅[16]라 하야
시운　　민 만황조　지우구우

子曰 於止에 知其所止로소니
자왈 어지　지기소지

可以人而不如鳥乎아 하시니라
가 이 인 이 불 여 조 호

『시경상송과 〈현조편〉』에 이르기를

"경기 땅 천 리가 오로지 백성들이 머무는 곳이다"고 했으며,

『시경오아와 〈면만편〉』에 이르기를

"작은 꾀꼬리여, 언덕 수풀 우거진 곳에 앉아 있구나!"고 했으

며, 공자가 말씀하기를

"머무를 곳을 알고 머물렀으니 사람으로서 새만도 못 해서야 되겠는가!"라고 하였다.

詩云[17]하되 穆穆[18]文王이여 於[19]緝熙[20]敬止[21]라 하니
시운　　　목목　문왕　　어 집희　경지

爲人君엔 止於仁[22]하시고 爲人臣엔 止於敬[23]하시고
위인군　지어인　　　　위인신　지어경

爲人子엔 止於孝[24]하시고 爲人父엔 止於慈[25]하시고
위인자　지어효　　　　위인부　지어자

與國人交엔 止於信[26]이러시다
여국인교　지어신

『시경〈문왕편〉』에 이르기를

"매우 깊고도 먼 문왕이여! 아! 끊임없이 밝으시며 고요히 계셨구나!"고 했는데,

왕이 되어서는 인人에 머물렀고, 신하가 되어서는 경敬을 지키셨으며, 아들이 되어서는 효孝를 지키셨고, 아버지가 되어서는 자慈를 베푸셨으며, 나라의 백성들과 사귐에는 신信을 지키셨다.

詩云[27]하되 瞻彼淇[28]澳[29]혼대 菉竹[30]猗猗[31]로다
시운　　　첨피기 오　　녹죽　의의

有斐[32]君子여 如切[33]如磋[34]하며 如琢[35]如磨[36]라
유비 군자　여절 여차　　　여탁 여마

瑟[37]兮僩[38]兮며 赫兮喧[39]兮니
슬 혜 한　혜　혁혜 훤 혜

有斐君子여 終不可喧兮라 하니
유비군자   종불가훤혜

如切如磋者는 道學也요
여절여차자   도학야

如琢如磨者는 自修也요
여락여마자   자수야

瑟兮僩兮者는 恂慄也요
슬혜한혜자   순율야

赫兮喧兮者는 威儀也요
혁혜훤혜자   위의야

有斐君子 終不可諠[40]兮者는
유비군자종불가훤   혜자

道盛德至善이 民之不能忘也니라
도덕성지선   민지불능망야

『시경』에 이르기를
"저 기수의 물굽이를 바라보니 푸른 대나무숲이 우거졌구나! 빛나는 군자의 얼굴을 자른 듯 깎은 듯하며 쪼은 듯 간 듯 찬찬하고 꿋꿋하며 환하고 뚜렷함이여! 빛나는 군자됨을 잊지 못하겠네"라고 했다.

자르듯 하고 깎은 듯함은 배움을 말하는 것이요, 쪼은 듯하고 갈은 듯함은 스스로 닦음을 찬찬하고 꿋꿋함은 근엄한 것을 말하고, 군자를 못내 잊을 수 없다는 것은 성덕과 지성을 백성들이 잊을 수 없는 것을 말한다.

詩云⁴¹⁾하되 於戱⁴²⁾라
시운   어희

前王⁴³⁾不忘이라 하니
전왕 불망

君子⁴⁴⁾는 賢其賢而 親其親하고
군자   현기현이 친기친

小人⁴⁵⁾은 樂其樂而 利其利하나니
소인   락기락이 리기리

此以沒世不忘也니라
차이몰세불망야

『시경』에 이르기를
"아아, 앞서 가신 임금을 잊지 못하는구나!"라고 했으니, 군자는 어진 것을 어질게 여기고 친한 것을 친하게 여기고 소인은 그 마음을 기쁘게 하는 것을 이롭게 누리었으니 이 때문에 세상을 떠난 뒤에도 잊지 못하는 것이다.

제4장 본말 本末

子曰 聽訟은 吾猶人⁴⁶⁾也나
자왈 청송   오유인 야

必也使無訟乎인저 하시니 無情⁴⁷⁾者
필야사무송호   무정 자

不得盡其辭[48]는 大畏民志니 此謂知本이니라
부득진기사　　　대외민지　차위지본

공자가 말씀하기를
"송사를 듣고 판결하는 일은 나도 남과 마찬가지다. 그래서 반드시 송사는 반드시 일어나지 않도록 해야 하는 것이다"
고 말했다. 진실함이 없는 사람은 그 변명을 다하지 못하게 함은, 백성의 뜻을 크게 두려워하기 위함이니 이것은 곧 근본을 안다는 것이다.

제5장 격물치지 格物致知

所謂 致知 在格物者는 言欲致吾之知인댄
소위 치지 재격물자　　언욕치오지지

在卽物而 窮其理也라 蓋人心之靈이 莫不有知요
재즉물이 궁기리야　 개인심지령　막불유지

而天下之物이 莫不有理언마는 惟於理에
이천하지물　막불유리　　　유어리

有未窮故로 其 知有不盡也니
유미궁고　 기 지유불진야

是以로 大學始教에 必使學者로 卽凡天下之物하여
시이　 대학시교　 필사학자　 즉범천하지물

莫不因其已知之理而益窮之하야 以求至乎其極하나니
막불인기이지지리이익궁지　　이구지호기극

至於用力之久而 一旦에 豁然貫通焉이면
지어용력지구이일단　활연관통언

則 衆物之表裏精粗가 無不到요
즉 중물지표리정조　무불도

而吾心之全體大用이 無不明矣리니
이오심지전체대용　무불명의

此謂物格이며 此謂知之至也니라
차위물격　　차위지지지야

　이른바 아는 것을 깊이하는 것이 사물을 구명함에 있다는 것은, 내가 아는 것을 깊이하려면 사물에 있어 그 이치를 궁구함에 있음을 말한다. 사람 마음의 영명함이 앎이 없을 수 없고, 이 세상의 사물은 이치가 있지 않은 것이 없는데, 다만 그 이치를 구명하지 못하므로 그 앎이 미진한 데가 있게 된다.
　그리하여 대학에서 맨 먼저 가르치기를 반드시 배우는 자로 하여금 반드시 인생의 사물에 대하여 그 이미 알고 있는 이치에 근거하여 더욱 추구해서 궁극에 이르게 했다.
　이러한 노력을 오래 하게 되면 하루 아침에 확 트이는 경지에 이르게 되니, 모든 사물의 표와 이(겉과 속), 정밀함과 조잡함이 드러나게 되고, 내 마음의 온전한 체계와 커다란 행동이 밝혀지지 않음이 없을 것이다.
　이것이 곧 '사물의 구명됨' 이라 하며, 지식이 투철해지는 것' 이라 한다.

제6장 성의誠意

所謂 誠其意⁴⁹⁾者는 毋自欺⁵⁰⁾也니
소위 성기의 자 무자기 야

如惡惡⁵¹⁾臭하며 如好好色이 此之謂自謙⁵²⁾이니
여오악 취 여호호색 차지위자겸

故로 君子는 必慎其獨也니라
고 군자 필신기독야

소위 뜻을 성실하게 한다는 것은 스스로를 기만함이 없게 하는 것이니, 마치 고약한 냄새를 싫어하듯 좋은 빛을 좋아하는 것처럼 하는 것이 자기 만족인 것이다. 그렇기 때문에 군자는 반드시 남이 보지 않는 곳에서도 항상 조심하는 것이다.

小人⁵³⁾이 閒居⁵⁴⁾에 爲不善호대 無所不至하다가
소인 한거 위불선 무소부지

見君子而後에 厭然⁵⁵⁾揜⁵⁶⁾其不善하고 而著其善하나니
견군자이후 염연 엄 기불선 이저기선

人之視己이 如見其肺肝然이니 則何益矣리요
인지시기 여견기폐간연 즉하익의

此謂誠於中이면 形於外니 故로 君子는 必慎其獨也니라
차위성어중 형어외 고 군자 필신기독야

소인은 혼자 있을 때 선하지 않은 행동을 하다가 군자 앞에서는 그 행동을 마구하다가 슬며시 그 선하지 못함을 감추고 선만을 드러 내려고 한다. 사람들이 자신을 볼 때 마치 제 몸에 있는 폐와 간을 보듯 하니 무슨 이익이 있겠는가? 이것이 곧 마음이 성실하면 밖으로 나타난다는 것이니, 그로 인해 군자는 남이 보지 않는 곳에서도 홀로 조심하는 것이다.

曾子曰 十目所視며 十手所指니 其嚴乎인저
증자 왈 십목소시   십수소지   기엄호

증자가 말하기를
"열 사람의 눈이 바라보고 열 사람의 손가락이 가리키는 것, 그것이 삼엄하구나!"

富潤屋이요 德潤身이라 心廣體胖[57]하나니
부윤옥   덕윤신   심광체반

故로 君子는 必誠其意니라
고   군자   필성기의

부는 집을 윤택하게 만들고 덕은 몸을 빛나게 하며, 마음이 넓어지매 육신도 편안하니 군자는 반드시 그 뜻을 정성되게 한다.

제7장 정심수신 正心修身

所謂修身[58]이 在正 其心者는 身有所忿懥[59]則이며
소위수신   재정기심자   신유소분치 즉

則不得其正하고 有所恐懼則不得其正하고
즉부득기정   유소공구즉부득기정

有所好樂則이면 不得其正하고 有所憂患則이면 不得其正하고
유소호락즉   부득기정   유소우환즉   부득기정

心不在焉이면 視而不見하며 聽而不聞하며 食而不知其味니라
심불재언   시이불견   청이불문   식이불지기미

此謂 修身이 在正其心이니라
차위수신   재정기심

  소위 자신을 수양함이 그 마음을 바르게 함에 있다는 것은 마음에 노여움을 두면 그 바른 마음을 얻지 못하고, 두려움이 있다면 그 올바름을 얻지 못하며, 좋아하는 것을 두면 바름을 얻지 못하고, 걱정하는 것을 두면 그 바름을 얻지 못하는 것이다.
  마음이 있지 않으면 보아도 보이지 않으며, 귀를 기울여도 들리지 않고, 먹어도 그 맛을 알지 못하니, 이것은 곧 자신을 수양함이 그 마음을 바르게 하는 것에 있다는 것이다.

제8장 수신제가 修身齊家

所謂 齊其家 在修其身者는 人[60]이 之[61]其所親愛而辟[62]焉하며
소위제기가 재신기신자   인   지 기소친애이벽 언

之其所賤惡而辟焉하며 之其所畏敬而辟焉하며
지기소천악이벽언   지기소외경이벽언

之其所哀矜而辟焉하며 之其所敖惰而辟焉하나니
지기소애긍이벽언　지기소오타이벽언

故로 好而知其惡하며 惡而知其美者는 天下에 鮮矣니라
고　호이지기악　　악이지기미자　　천하　선의

故로 諺⁽⁶³⁾에 有之하니 曰人이 莫知其子之惡⁽⁶⁴⁾하며
고　언　　유지　　왈인　막지기자지악

莫知其苗之碩이라 하나라
모지기묘지석

此謂 身不修면 不可以齊其家니라
차위 신불수　불가이제기가

　소위 한 집안을 바로잡는 것은 그 몸을 수양하는 데 있다고 하는 것은, 사람은 자신이 친히 알고 사랑하는 사람에 쏠리게 되며, 대수롭지 않게 여기고 미워하는 사람에 쏠리게 되며, 자신이 두려워하고 존경하는 사람에 쏠리게 되며, 그리고 불쌍한 사람에 쏠리게 되며, 자신이 오만하게 대하는 사람에게 쏠리게 된다.
　그렇기 때문에 좋아하되 그 나쁜 점을 알아야 하고 미워하되 그 좋은 점을 알아주어야 하는데 세상에는 그런 사람이 흔하지 않다.
　그래서 속담에 이르기를
　"사람들은 자기 자식의 나쁜 점을 익히 알지 못하고, 더불어 자기 밭의 곡식의 싹이 자라는 것을 알지 못한다"고 하였다.
　이것을 일러 곧 몸을 바르게 닦지 않으면 집안을 바로 다스릴 수가 없다는 것이다.

제9장 제가치국 齊家治國

所謂 治國이 必先齊其家者는 其家를 不可敎요
소위치국 필선제기가자 기가 불가교

而能敎人者는 無之하니 故로 君子는 不出家而成敎於國하나니
이능교인자 무지   고   군자   불출가이성교어국

孝者는 所以事君也요 弟⁽⁶⁵⁾者는 所以事長也요 慈者는 所以使衆⁽⁶⁶⁾也니라
효자 소이사군야   제 자   소이사장야   자자   소이사중 야

康誥에 曰 如保赤子⁽⁶⁷⁾라 하나니 心誠求之면 雖不中이나 不遠矣니
강고   왈 여보적자   심성구지 수불중   불원의

未有學養子而後에 嫁者也니라
미유학양자이후   가자야

　소위 나라를 다스림에 있어서 우선 집안을 바로잡음은 집안을 가르치지 못하면서 남을 가르칠 수 없기 때문이다. 그렇기 때문에 군자는 집을 나서지 않아도 한 나라의 교화를 일으킬 수 있다.
　효孝는 임금을 섬기는 것이고, 제弟는 어른을 섬기는 것이고, 자慈는 백성을 거느리는 것이다.
　강고에 이르기를
　"갓난아기赤子를 돌보듯 하라"고 했는데, 진실한 마음으로 정성껏 구한다면 비록 완벽하게 되지는 않지만 가까워질 것이다. 어린 아기를 기르는 법을 알고 난 뒤에 시집갔다는 사람은 아직 없다.

一家 仁이면 一國이 興仁하고 一家 讓이면 一國이 興讓하며
일가인　　일국　흥인　　일가양　　일국　흥양

一人[68]이 貪戾하면 一國이 作亂하나니 其機[69] 如此하니
일인　탐려　일국　작란　　기기　여차

此謂 一言이 僨事[70]하며 一人이 定國이니라
차위 일언　분사　　일인 정국

堯舜이 帥[71]天下以仁하신대 而民이 從之하고
요순　솔 천하이인　　이민　종지

桀[72]紂가 帥天下以暴한대 而民이 從之하니
걸 주　솔천하이폭　　이민　종지

其所令이 反其所好면 而民이 不從하나니
기소령　반기소호　　이민　불종

是故로 君子는 有諸己而後에 求諸人하며
시고　군자　유제기이후　　구제인

無諸己而後에 非諸人하나니 所藏乎身이 不恕[73]요
무제기이후　　비제인　　소장호신　불서

而能 喩諸人者는 未之有也니라
이능 유제인자　미지유야

故로 治國이 在齊其家니라
고　치국　재제기가

　한 집안이 어질면 온 나라가 어질고, 한 집안이 겸손하면 온 나라가 겸손하며, 한 사람이 욕심을 부리고 어지러워지면 온 나라가 혼란스워지는 것과 같은 이치이다.
　즉 한 마디 말 때문에 일을 뒤엎고 한 사람이 나라를 안정시킨

다는 말은 곧 이를 두고 한 말이다.

  요·순임금이 천하를 자애와 사랑으로 다스리니 백성들이 그를 따랐고, 걸주임금이 천하를 포악함과 잔인함으로 다스렸을 때 백성들이 잔학하고 포악하게 따라했다.

  그들이 내리는 명령이 옳지 않을 때는 백성들이 따르지 않는다. 그렇기 때문에 군자는 반드시 자신에게도 있고 난 다음에야 남에게도 있기를 구하며, 자신에게 아무런 결함이 없고 나서야 남을 나무랄 수 있으니 자신이 간직한 것이 서가 아니고서는 남을 깨우칠 수가 없다.

  예로부터 나라를 잘 다스리는 것은 그 집안을 바로잡음에 있다.

詩云[74]하되 桃之夭夭[75]여 其葉蓁蓁[76]이로다
시 운　　도지요요　　기엽진진

之子[77]于歸[78]여 宜其家人이라 하니
지자 우귀　　의기가인

宜其家人而後에 可以敎國人이니라
의기가인이후　　가이교국인

詩云[79]하되 宜兄宜弟라 하니 宜兄宜弟而後에 可以敎國人이니라
시 운　　의형의제　　　의형의제이후　　가이교국인

詩云[80]하되 其儀不忒[81]이라 正是四國[82]이라 하니
시 운　　기의불특　　　정시사국

其爲 父子兄弟足法而後에 民이 法之也니라
기위 부자형제족법이후　　민　법지야

此謂之治國이 在齊其家니라
차위지치국　　재제기가

『시경』에 이르기를

"복숭아나무의 앳되고 고움이여, 잎이 짙푸르구나! 시집가는 아가씨여, 집안을 화목하게 해야만 한다"고 했는데, 즉 그 집안을 화목하게 한 뒤에야 나라 사람들을 가르칠 수 있는 말이다.

『시경』에 이르기를

"형과 아우가 서로 화목해야 한다"고 했는데, 즉 형과 아우가 화목한 뒤에야 나라 사람들을 가르칠 수 있는 것이다.

『시경』에 이르기를

"위의[威儀=위엄이 있는 몸가짐이나 차림새]가 어긋나지 않기 때문에 사방의 나라를 바르게 하리"라고 했는데, 즉 아버지와 아들, 형과 본받을 만한 뒤에야 비로소 백성들이 본받는 것이다.

이것을 일러 '나라를 다스린다는 것은 곧 집안을 바로잡음에 있다고 한다.

제10장 치국평천하 治國平天下

所謂 平天下는 在治其國者는 上이 老老[83]而民이 興孝[84]하며
소위평천하   재치기국자   상   노로   이민   흥효

上이 長長[85]而民이 興弟[86]하며
상   장장   이민   흥제

上이 恤孤[87]而民이 不倍[88]하나니 是以로 君子는 有絜矩[89]之道也니라
상   휼고   이민   불배   시이   군자   유혈구   지도야

소위 천하를 평화롭게 하는 것이 그 나라를 다스림에 있다는 것은 윗자리에 있는 사람이 노인을 노인으로 대접하면 백성들이 효도하고 윗사람이 연장자를 연장자로 대접하면 백성들이 이를 따를 것이다.

   윗사람이 외로운 사람을 긍휼히 여기면 백성들이 저버리지 않게 되는 것이니 이것을 혈구지도라고 한다.

所惡[90]於上으로 毋以使下하며 所惡於下로 毋以事上하며
소악 어상   무이사하   소악어하   무이사상

所惡於前으로 毋以先後하며
소악 어 전   무이선후

所惡於後로 毋以從前하며 所惡於右로 毋以交於左하며
소악 어 후 무이종전   소악어우   무이교어좌

所惡於左로 毋以交於右하나니 此之謂絜矩之道也라
소악 어 좌 무이교어우   차지위혈구지도야

   윗사람을 싫어 하는 바로써 아랫사람을 다스리지 말고, 아랫사람이 싫어 하는 바로써 윗사람을 섬기지 말고, 앞 사람이 싫싫어하는 바로써 뒷사람에게 먼저 시키지 말고,

   뒷사람이 싫싫어 하는 바로써 앞 사람을 시키지 말 것이고, 오른편에서 싫어하는 것을 왼편에 시키지 말 것이고, 왼편에서 싫어하는 것을 오른편에 시키지 말 것이다. 이러한 것을 혈구지도라고 한다.

詩云[91]하되 樂只君子[92]여 民之父母라 하니 民之所好를 好之하며
시운　　　락지군자　　　민지부모　　　민지소호　호지

民之所惡을 惡之라 此之謂民之父母니라
민지소악　악지　차지위민지부모

『시경』에 말하기를
"호연히 즐기는 군자지여! 백성들의 부모이십니다."라고 했는데, 이것은 백성들이 좋아하는 것을 좋아하며, 백성들이 싫어하는 것을 싫어하는 것이기 때문에 백성들의 부모라고 한 것이다.

詩云[93]하되 節[94]彼南山이여 維石[95]巖巖[96]이로다
시운　　　정　피남산　　유석　암암

赫赫[97]師尹[98]이여 民具[99]爾[100]瞻이라 하니
혁혁　사윤　　　민구　이　첨

有國者는 不可以不愼이니 辟則爲天下僇[101]矣니라
유국자　불가이불신　　벽즉위천하륙　의

『시경』에 말하기를
'우뚝 솟아 있는 남산이여, 오로지 바위만 울퉁불퉁한 모습이네, 혁혁하신 사윤이여, 백성들이 모두 당신을 우러러보는구나.'라고 했으니 나라를 다스리는 사람은 신중히 하지 않을 수 없다. 사사로운 정에 치우치면 곧 천하를 주륙하는 것이 될 것이다.

詩云[102]하되 殷之未喪師[103]에 克配上帝러니 儀監于殷이어라
시운　　　은지미상사　　극배상제　　의감우은

峻命不易라 하니
준명불역

道[104]得衆則得國하고 失衆則失國이니라
도   득중즉득국   실중즉실국

『시경』에 말하기를
 "은나라가 민심을 잃지 않았다면 옥황상제의 명령에 능히 짝이 될 수 있었다는 것은 은나라를 거울로 삼아야 할 것이다. 그렇기 때문에 대명大命을 보존하기가 쉽지가 않다."라고 했으니, 백성을 얻는다는 것은 곧 나라를 얻는 것이 되고, 백성을 잃는다는 것은 곧 나라를 잃는다는 것이다.

是故로 君子는 先愼乎德[105]이니 有德이면 此有人이요 有人이면 此有土요
시고   군자   선신호덕   유덕   차유인   유인   차유토

有土이면 此有財요 有財면 此有用이니라
유토   차유재   유재   차유용

德者는 本也요 財者는 末也니 外本內末이면 爭民施奪이니라 是故로
덕자   본야   재자   말야   외본내말   쟁민시탈   시고

財聚則民散하고 財散則民聚니라
재취즉민산   재산즉민취

是故로 言悖而出者는 亦悖而入하고 貨悖[106]而入者는 亦悖而出이니라
시고   언패이출자   역패이입   화패 이입자   역패이출

 그렇기 때문에 다스리는 지위에 있는 사람은 무엇보다도 덕을 쌓아야 하는데, 덕이 있으면 사람이 몰려들고, 사람이 있으면 땅을 얻게 되고, 땅이 있으면 재물이 쌓이게 되고, 재물이 있으면 반드시 쓰임이 따르는 것이다.
 덕은 근본이고 재물은 끝이다. 근본을 소홀히 하고 결과를 중하

게 여기면 백성들은 서로 다투게 된다. 그렇기 때문에 재물이 쌓이면 백성들이 흩어지고 재물이 흩어지면 백성들이 모이게 된다.

 그런 까닭에 거슬리는 말을 남에게 하면 역시 거슬리는 말이 자신에게 돌아오고, 의리 아닌 재물을 갖게 되면 결국 그렇게 나가게 된다.

康誥에 曰惟命[107]은 不于常이라 하니 道[108] 善則得之하고 不善則失之矣니라
강고 왈유명   불우상   도   선즉득지   불선즉실지의

강고에 이르기를
 "천명天命은 항상 있는 것이 아니라고 했다."고 했으니, 선한 일을 하면 천명을 받을 수 있고 그렇지 않으면 잃게 되는 것을 의미한다.

楚書[109]에 曰 楚國[110]은 無以爲寶요 惟善은 以爲寶라 하니라
초서   왈 초국   무이위보   유선   이위보

舅犯이 曰 亡人[111]은 無以爲寶요 仁親을 以爲寶라 하니라
구범 왈 망인   무이위보   인친   이위보

『초서』에 이르기를
 "초나라는 보배로 삼을 것이 없지만 오로지 어진 사람을 보배로 삼는다."라고 하였다
 구범이 말하기를
 "도망한 사람을 보배로 여기지 않고 어버이를 사랑하는 것을 보배로 삼는다."라고 했다.

秦誓[112]에 曰若有一介臣이 斷斷[113]兮요
진서   왈약유일개신 단단 혜

無他技나 其心이 休休[114]焉혼대 其如有容焉이라
무타기 기심 휴휴 언   기여유용언

人之有技를 若己有之하며 人之彦聖을
인지유기 약기유지   인지언성

其心好之不啻若自其口出이면 寔能容之라
기심호지불시약자기구출   식능용지

以能保我子孫黎民이니 尙[115]亦有利哉인저
이능보아자손여민   상 역유리재

人之有技를 媢[116]疾以惡之하며 人之彦聖을 而違之하여 俾不通이면
인지유기 모 질이악지   인지언성 이위지   비불통

寔不能容이라 以不能保我子孫黎民이니 亦曰殆哉인저
식불능용   이불능보아자손여민   역왈태재

唯仁人이라야 放流[117]之야 迸[119]諸四夷[118]하야 不與同中國하나니
유인인   야방 류   병 제사이   불여동중국

此謂唯仁人이라야 爲能愛人하며 能惡人이니라
차위유인인   위능애인   능악인

『진서』에 이르기를
"만약 한 신하가 꿋꿋하고 성실하기만 하고 다른 재능은 없는 것 같으나 그의 마음은 매우 고와서 남을 이해하는 도량은 있다고 하자. 남의 재능을 제 자신이 가진 것처럼 하고 남의 어짊을 마음 속으로부터 좋아해 자신의 속에서 나온 것처럼 칭찬하며 남을 포용할 수 있는 것이니 그만하면 나라에 덕이 되지 않겠는가. 그로

써 자손과 백성들을 보전할 수 있을 것이다. 남의 재주를 시기하고 미워하며 남의 어짊을 거슬리게 해서 행동하지 못하게 하는 사람은 남을 포용할 수 없기 때문에 우리 자손과 백성들을 돌볼 수 없다."라고 했다.

오직 어진 사람만이 이들을 오랑캐 땅으로 내쫓아서 다시는 중국에서 살아가지 못하게 할 수 있다. 그렇기 때문에 이는 곧 "어진 사람만이 사람을 사랑할 수 있고 미워할 수가 있다."는 것이다.

見賢而不能擧하며 擧而不能先이 命(慢)[120]也요
견현이불능거   거이능불선   명   야

見不善而不能退하며 退而不能遠이 過也니라
견불선이불능퇴   퇴이불능원   과야

好人之所惡하며 惡人之所好를 是謂拂人之性이라
호인지소악   악인지소호   시위불인지성

菑必逮夫身이니라
재필태부신

어진 사람을 보고서도 등용하지 못하고, 등용하더라도 일찍이 쓰지 못함은 태만한 것이고, 선하지 못한 사람을 보고도 물리치지 못하고, 물리치지만 멀리하지 못하는 것은 곧 허물이다.

사람들이 싫어하는 것을 좋아하고 남이 좋아하는 것을 싫어하는 자체가 사람의 본성에 어긋나는 것이 되기 때문에 이런 사람은 재앙이 반드시 자신에게 미치게 되는 것이다.

是故로 君子[121] 有大道[122]하니 必忠信以得之하고 驕[123]泰[124]以失之니라
시고 군자   유대도   필충신이득지   교   태 이실지

生財 有大道하니 生之者眾하고 食之者寡하며 爲之者疾하고
생재 유대도 생지자중   식지자과   위지자질

用之者舒하면 則財恒足矣리라
요지자서   즉재항족의

이런 까닭에 다스리는 위치에 있는 사람은 반드시 성실과 믿음으로 나라를 얻게 되고, 교만함과 안일로써 반드시 잃게 되는 것이다. 재물을 불리는 데는 대개의 방법이 있기 때문에 생산하는 사람은 많고 그것을 소비하는 사람은 적으며, 생산하는 사람은 빠르게 미련하되 여유 있게 쓰면 재물은 항상 풍족할 것이다.

仁者는 以財發[125]身하고 不仁者는 以身發財니라
인자   이재발 신   불인자   이신발재

어진 사람은 재물을 가지고 자신의 몸을 일으키고, 어질지 못한 사람은 몸을 가지고 재물을 일으키는 것이다.

未有上好仁而下不好義者也니 未有好義요 其事不終[126]者也며
미유상호인이하불호의자야   미유호의   기사불종   자야

未有府庫財 非其財者也니라
미유부고재 비기재자야

인자는 재물로써 몸을 일으키고 어질지 못한 사람은 몸으로써 재물을 일으킨다. 윗사람이 어짊을 좋아하는데 아랫사람이 의를 좋아하지 않는 일은 없다. 아랫사람이 의를 좋아하는데 윗사람이 하고자 하는 일이 성취되지 못한 적이 없으며, 부고의 재물이 그의 재물이 안 되는 경우가 없다.

孟獻子[132] 曰 畜馬乘[127]은 不察於鷄豚하고
맹헌자   왈 축마승   불찰어계돈

伐冰之家[128]는 不畜牛羊하고
벌빙지가   불축우양

百乘之家[129]는 不畜聚斂之臣하나니
백승지가   불축취렴지신

與[130]其有聚斂之臣으론 寧[131]有盜臣이라 하니
여 기유취렴지신   영 유도신

此謂 國은 不以利爲利요
차위 국   불이리위리

以義爲利也니라
이의위리야

　맹헌자가 말하기를
　"말을 기르는 사람은 닭이나 돼지 등을 살피려 하지 않고, 얼음을 베어 가는 집안은 소와 양을 기르지 않으며, 작은 나라의 군왕은 백성들의 재물을 탐내어 마구 거두어들이는 신하를 두지 않는다. 백성들에게 마구 재물을 거두어들이는 신하를 차라리 도둑질하는 신하를 둘 것이다."
라고 했으니, 이것을 일러
　"나라는 이로써 의로움을 삼지 않고 의로써 이익으로 삼는다."
는 의미이다.

長國家而務財用者는 必自[133]小人矣니
장국가이무재용자   필자 소인의

彼爲善之하여 小人之使爲國家면 菑害竝至라
피위선지   소인지사위국가   재해병지

雖有善者나 亦無如之何矣니 此謂國은
수유선자   역무여지하의   차위국

不以利爲利요 以義爲利也니라
불이리위리   이의위리야

　국가의 우두머리가 되어 백성들의 재물을 긁어모으기에 힘쓰는 것은 반드시 소인들이 하는 일이거늘 소인들은 잘 한다고 한다. 그 소인에게 나라를 맡기면 천재와 인재가 함께 밀려와 비록 잘 한 것이 있다고 해도 또한 어찌할 수가 없다. 이것이 곧 '국가는 이로써 이익으로 삼지 않고 의로써 이로움을 삼는다.'는 것이다.

【역주】

제1편 경문經文

1. 로路, 이里, 술術 등 여러 가지 뜻이 있으나 여기에서는 길路이라 일컫는다. 이것은 곧 방법, 혹은 도리로 해석된다.
2. 명덕明德이란 사람의 타고날 때의 천성. 온전히 광명정대한 천성을 나타내는 것이며 명명덕明明德의 첫 명明자는 밝히다라는 의미이다.
3. 정자程子가 『예기禮記』에서의 '친親'을 '신新'으로 해석한 것이다.
4. 당연히 머무를 곳.
5. 지향하는 목표.
6. 마음이 매우 안정되어 결코 흔들리지 않음.
7. 일시壹時 – 일체와 같은 의미이다.

제2편 전문傳文

제1장 명명덕明明德
1. 『상서尚書』 『주서周書』의 일편.
2. 극克-능能의 의미로 능자보다 더욱 강한 의미가 있다.
3. 『상서尚書』 상서의 일편
4. 고顧-항상 지켜본다는 뜻.
5. 시諟 – 정현鄭玄은 정正의 뜻으로 주희朱熹는 차此로 보았다.
6. 『상서尚書』의 〈요전堯典〉을 가리킨다. 우서虞書의 일 편.
7. 준峻-높다. 혹은 매우 크다는 의미.

제2장 신민新民
8. 3대 때의 하나라 상나라를 개창했으며 임금의 후계자인 성탕왕成湯王이다.
9. 반盤은 목욕하는 기구로 그 그릇에 마음이나 행동을 스스로 경계하고 조심한 문구를 새긴 것이 명銘이다.
10. 고무鼓舞시켜 진작했다 했음.

11. 『시경』을 의미함. 〈대아 문왕편文王篇〉을 일컫는다.

제3장 지지선止至善
12. 〈상송 현조편商頌玄鳥篇〉 제14~15구절.
13. 중국의 옛 제도에 의하면 왕이 있는 수도를 중심으로 사방 5백 리를 왕기王畿라 했다.
14. 〈소아 민만편小雅緡蠻篇〉 제3장 제1~제2구절.
15. 민만 - 『시경』에는 면綿으로 기록되어 있으며 이것은 새의 소리를 의미함.
16. 구우丘隅 - 언덕 위 사람이 가지 않는 몹시 우거진 숲.
17. 〈대아 문왕편大雅 文王篇〉.
18. 목목穆穆 - 문왕의 내면을 말하는 것.
19. 어於 - 음은 오이며 감탄사이다.
20. 즙희緝熙 - 간단 없이 밝은 것.
21. 경지敬止 - 목적지에 도달해 거기에 안정된다는 의미.
22. 백성을 어진 마음으로 사랑한다는 의미.
23. 오직 속임이 없는 충성.
24. 부모 섬김을 극진히 함.
25. 사랑으로 자식이 인간 된 도리를 다하도록 지도하는 것.
26. 믿음은 우정에 가장 우선하는 것으로 믿음을 갖게 해야 한다는 의미.
27. 〈위풍 기오편衛風淇澳篇〉 제1장 전문
28. 기淇 - 중국의 강으로 허난성 기현淇縣에 있음.
29. 오澳 - 『시경』에는 오奧로 기록되어 있는데 강물이 굽이치는 곳.
30. 『시경』에는 녹죽綠竹이라 기록되어 있으나 일설에는 녹죽菉竹이란 왕추王芻의 일종으로 대와 비슷한 풀이 있다고 한다.
31. 의의猗猗 - 매우 아름답게 무성한 모습.
32. 비斐 - 빛나는 모습.
33. 절切 - 칼과 톱으로 자름.
34. 차磋 - 줄과 대패로 밀어 다듬음.
35. 탁琢 - 망치나 끌로 쪼아냄.
36. 마磨 - 모래와 돌로 갊.
37. 슬瑟 - 매우 엄밀한 모습.
38. 한僩 - 매우 굳세고 거룩한 모습.
39. 혁赫과 훤咺 - 환하고 성대한 모습을 드러낸 것.
40. 훤諠 - 잊어버린다는 뜻.
41. 〈주송 열문편周頌 烈文篇〉 마지막 구절.
42. 어희於戲 - 음은 오호로 감탄사이다.

43. 전왕前王 – 주나라의 문왕과 무왕을 가리킴.
44. 군자君子 – 후세의 현자賢者와 왕자들을 가리킴.
45. 소인小人 – 후세의 세민을 가리킴.

제4장 본말本末
46. 유인猶人 – 남과 같다는 뜻.
47. 정情 – 실제의 사실을 말한 것.
48. 사辭 – 매우 허황된 거짓말.

제6장 성의誠意
49. 성기의誠其意 – 자신의 마음을 바르게 수양하는 성실함.
50. 자기自欺 – 선이 좋고 악이 그른 것을 알면서도 그것을실행하지 못함.
51. 오악惡惡 – 앞의 자의 음은 오, 염厭의 뜻. 뒤의 자의 음은 악, 곧 나쁜 것을 말한다.
52. 자겸自謙 – 자족하다.
53. 소인小人 군자와는 반대로 깨닫지 못한 사람.
54. 한거閒居 – 사람이 없이 혼자 있을 때.
55. 암연厭然 – 음은 암연. 풀이는 슬쩍 감추다.
56. 엄揜 – 엄掩과 같은 뜻.
57. 반胖 – 대大와 같은 뜻으로 해석하기도 하나 주자는 안서 安舒의 뜻으로 주석했다.

제7장 정심수신正心修身
58. 신身 – 정이程頤가 신자는 심자心字로 보아야 한다고 교정한 뒤 그에 따르고 있다.
59. 분치忿懥 – 분노한다는 뜻.

제8장 수신제가修身齊家
60. 인人 – 보통 사람들을 가리킴.
61. 지之 – …에게라는 의미.
62. 벽辟 – 어느 한 쪽으로 기울어짐.
63. 언諺 – 속담이란 뜻.
64. 악惡 – 모질다는 뜻.

제9장 제가치국齊家治國
65. 제弟 – 공손하다는 뜻.
66. 사중使衆 – 백성을 다스리다란 의미.
67. 적자赤子 – 갓난 아기.

68. 일인一人 – 임금.
69. 기機 – 발동, 영향
70. 분사僨事 – 일을 뒤엎는 것.
71. 솔帥 – 음은 솔, 거슬리다.
72. 걸桀은 하나라 마지막 왕. 주는 은나라 마지막 왕.
73. 서恕 – 자신의 마음으로 남을 비유하는 것.
74. 『시경』 주남 〈도요〉편의 제3장.
75. 요요夭夭 – 앳되고 고운 모습.
76. 진진蓁蓁 – 아름답고 무성한 것.
77. 지자之子 – 이 사람이란 의미임. 여기서는 시집가는 아가씨를 가리킨다.
78. 우귀于歸 – 신부가 처음으로 시집에 들어가는 일.
79. 소아 〈육소편蓼蕭篇〉 제3장 7구절.
80. 조풍曹風 〈시구편鳲鳩篇〉 제3장 마지막 2구절.
81. 특忒 – 음은 특.
82. 사국四國 – 여러 나라라는 뜻.

제10장 치국평천하治國平天下

83. 상上 – 백성들에게 모범이 되는 자리에 있는 이를 말한다.
84. 노노老老 – 앞의 글자는 노인으로 받들라는 의미이고 뒤의 글자는 노인을 가리킨다.
85. 장장長長 – 노노와 마찬가지임.
86. 제弟 – 공경한다는 의미.
87. 고孤 – 어려서 부모 없는 것을 이름.
88. 배倍 – 배背와 같은 뜻으로 저버린다는 뜻.
89. 혈구絜矩 – 여러 가지 학설이 있으나 여기에서는 주자의 설을 따라 혈은 도度, 헤아린다는 의미로 구矩는 모든 것을 만들기 위한 자로 해석한다.
90. 오惡 – 싫어한다는 뜻.
91. 소아 〈남산유대편小雅 南山有臺篇〉 제3장 제3, 4 구절.
92. 낙지군자樂只君子 – 도를 즐기는 군자라는 뜻.
93. 소아 〈절남산편小雅 節南山篇〉 제9장 첫 4구절.
94. 절節 – 깎아 지른 듯이 매우 높고 큰 모양.
95. 유석維石 – 어조사.
96. 암암巖巖 – 바위가 매우 촘촘하게 쌓인 모양.
97. 혁혁赫赫 – 빛나고 매우 두드러지게 쌓인 모양.
98. 사윤師尹 – 태사는 관직명, 윤씨는 성.
99. 구具 – 俱와 뜻이 같다.

100. 이爾 – 고대 중국에서 상대방을 가리키는 말로 썼다.
101. 육戮 – 살육의 뜻.
102. 대아 – 〈문왕편〉 마지막 구절.
103. 사師 – 여러 백성을 말함.
104. 도道 – 말한다.
105. 덕德은 명덕을 가리킨다.
106. 패悖 – 거슬리다.
107. 명命 – 제왕이 될 수 있는 천명.
108. 도道 – '말한다' 라는 의미.
109. 초나라 글.
110. 중국 진나라 사람으로 진 문공의 외숙.
111. 망인亡人 – 진 문공의 외숙을 지칭하는 것임.
112. 『상서尙書』 주서周書의 일편.
113. 단단斷斷 – 꿋꿋하고 한결같이 매우 성실함.
114. 휴휴休休 – 몹시 너그러운 모습.
115. 상尙 – 거의, 혹시나, 그대로라는 뜻과도 통한다.
116. 창娼 – 질투하고 매우 미워함.
117. 방류放流 – 추방하여 유배 보내다.
118. 사이四夷 – 중국인들은 자신들이 문화를 연 황하 유역 일대를 중국, 중하中夏, 중원中原, 중토中土라 하고 문화 지역임을 자부하고 그 사방이 다른 민족들을 야만시했다.
119. 병迸 – 축출한다는 의미.
120. 명命 – 원주原註에는 만자慢字의 변칙음이라 했으나 정자는 태자怠字라 풀이했다.
121. 군자君子 – 평천하를 할 수 있는 사람을 가리킨다.
122. 대도大道 – 대학의 도.
123. 교驕 – 자긍自矜과 자고自高.
124. 태泰 – 안일과 방자.
125. 발發 – 일으킨다는 뜻.
126. 종終 – 성취.
127. 축마승畜馬乘 – 미관말직에 있는 관리들을 말함.
128. 벌빙지가伐氷之家 – 공경대부 公卿大夫 이상의 높은 관직을 이름.
129. 백승지가百乘之家 – 제일 작은 봉건군주를 뜻한다.
130. 여與 – 보다는.
131. 녕寧 – 차라리.
132. 맹헌자孟獻子 – 중국 노나라의 대부.
133. 자自 – 말미암는다는 뜻.

論語

머리말

『사기史記』〈공자세가〉에 다음과 같이 기록되어 있다.

"공자는 이름이 구丘이고 자가 중니仲尼이며 선조는 송나라 사람이었다. 아버지는 숙양흘叔梁紇이고 어머니는 안씨顔氏이며, 노나라의 양공襄公 22년B.C. 551년 경술년庚戌年 11월 21일 경자일庚子日에 창평향昌平鄕 추읍陬邑에서 공자를 낳았다.

공자는 어린 시절 항상 조두제기의 이름를 진설陳設하고 예를 행하는 용모를 베풀었다. 성장해서 창고관리자였을 때 모든 일을 바르게 했고, 축산 담당자가 되었을 때는 가축을 번식시켰다. 주周나라에 가서 노자에게 예를 배우고 돌아오자 제자들이 많이 찾아왔다.

소공昭公 25년BC 517년 갑신년은 공자 나이 35세였다. 소공이 제나라로 달아나자 노나라가 혼란해졌다. 공자는 제나라로 가서 고소자高昭子의 가신이 되어 경공과 가까워졌다. 경공이 니곡의 토지를 공자에게 봉해 주려고 했는데, 이때 안영이 반대하자 경공은 의심했다. 그리하여 공자는 제나라를 떠나 노나라로 돌아왔다.

정공定公 원년BC 509년 임진壬辰년에 공자의 나이는 43세였다. 계씨季氏가 강성하여 참람하고 그의 가신 양호陽虎가 난을 일으켜 정권을 잡았다. 그러자 공자는 벼슬을 버리고 시서詩書와 예악禮樂을 닦자 제자들이 더욱 많이 모였다.

정공定公 9년BC 501년 경자庚子년은 공자 나이 51세였다. 공산불요가 비읍費邑을 차지하고 계씨를 배반한 다음 공자를 부르자 가려고 했다가 끝내는 가지 않았다. 정공은 공자를 중소도시의 비읍으로 임명했는데, 1년 만에 치세가 빛났다. 마침내 공자는 사공司空을 거쳐 대사구大司寇가 되었다.

정공定公 10년B.C. 500년 신축辛丑년엔 정공을 도와 제나라 군주인 경공과 협곡에서 만나 협상했다. 그 결과 제나라 사람들이 노나라에게 침략한 땅을 돌려주었다.

정공定公 12년B.C. 498년 계유癸酉년엔 중유仲由를 계씨의 가신으로 천거해 세 도읍의 성을 허물고 갑옷과 병기를 거두게 했다. 하지만 맹씨 가문이 거부하자 성을 포위해 공격했지만 승리를 거두지는 못했다.

정공定公 14년B.C. 496년 을사乙巳년은 공자의 나이는 56세였다. 정승의 일을 대행하면서 소정묘少正卯를 죽이고 국정에 참여한 결과 3개월 만에 노나라가 크게 다스려졌다. 그러자 제나라는 노나라를 무너뜨리기 위해 미모의 악사를 보내자 계환자季桓子가 받았다. 교제를 마치고 제사 지낸 고기를 대부들에게 주지 않자 공자는 노나라를 떠났다.

위나라로 간 공자는 자로의 처형 안탁추顔濁鄒의 집에 기거했다. 진陳나라로 갈 때 광 지역을 지나자 그곳 사람들은 양호로 오인해 체포했다가 풀어주었다. 풀려난 다음 위나라로 되돌아 거백옥蘧伯玉의 집에 머물면서 남자南子를 만났다.

　위나라에서 송나라로 가자 사마司馬인 환퇴桓魋가 죽이려고 하자 곧바로 진나라로 떠났다. 진나라에 도착해 사성정자司城貞子의 집에 3년 동안 머물다가 위나라로 돌아왔는데, 그를 영공靈公이 등용하지 못했다.

　진晉나라 조씨의 가신 필힐佛肸이 중모中牟 땅을 가지고 배반한 다음 공자를 불렀는데, 처음엔 그는 갈 의사가 있었지만 가지 않았다. 서쪽으로 가서 조간자趙簡子를 만나려고 했다가 황하에 이르러 되돌아와 다시 거백옥의 집에 머물렀다. 이때 영공이 진법陣法을 묻자 대답하지 않고 곧바로 진나라로 다시 떠났다.

　계환자季桓子가 죽을 때 강자康子에게 유언하기를 '반드시 공자를 등용하라'고 했지만, 신하 공지어公之魚가 반대하자 경자는 염구冉求를 등용시켰다. 공자는 채蔡나라로 가서 섭葉 지역에 도착했다. 초楚나라 소왕이 서사書社 땅을 공자에게 봉해 주려고 했지만, 영윤令尹 자서子西가 반대하자 그만두었다

　공자는 다시 위나라로 돌아왔지만 영공이 이미 죽었고 위나라 군주 첩輒이 공자에게 도움을 청해 정치를 하려고 했다. 이때 염구가 노나라 계씨의 장수가 되어 제나라와 싸워 전공을 세우자 계강자康子가 공자를 부르자 노나라로 돌아왔다. 이때가 애공哀公 11년B.C. 484년 정사丁巳년으로 공자의 나이 68세였다.

그러나 노나라에서는 끝내 공자를 등용하지 못했고 공자 역시 벼슬을 원하지 않았다. 이때 《서전書傳》과 《예기禮記》를 편찬했고 《시詩》를 정리했고 악樂을 바로잡았으며, 이때 제자가 3천 명이었는데, 그 중 육예六藝에 통달한 제자가 72명이나 되었다. 애공哀公) 14년B.C. 481년 경신庚申에 노나라에서 서쪽으로 사냥을 나갔다가 기린麒麟을 잡았으며 《춘추春秋》를 지었다.

이듬해 신유辛酉년에 자로子路가 위나라에서 죽었고, 16년B.C. 479년 임술壬戌년 4월 11일 기축일己丑日에 공자가 73세의 나이로 죽었다. 노나라 도성 북쪽 사수泗水가에 장사 지냈으며, 제자들 모두가 심상心喪 3년을 마치고 떠났지만, 자공子貢만은 무덤 곁에서 여막廬幕을 짓고 6년 동안 지냈다.

공자는 아들 리鯉를 낳았으며 그는 자字가 백어伯魚였는데, 공자보다 먼저 죽었다. 백어가 급伋를 낳았으며, 그의 자字는 자사子思로 《중용中庸》을 지었다.

하씨가 말했다.

"《노논어魯論語》는 20편이고, 《제논어齊論語》는 별도로 〈문왕文王〉편과 〈지도知道〉편이 있어 모두 22편이며, 20편 가운데의 장구章句도 《노논어魯論語》보다 더 많다. 《고논어古論語》는 공씨孔氏 집안인 공안국孔安國 집 벽 속에서 나왔는데, 〈요왈堯曰〉편 아래장의 자장문子張問을 나누어 한 편을 만들어 두 〈자장子張〉편이 되어 모두 21편이며, 편의 차례도 《제논어齊論語》나 《노논어魯論語》와 같지 않다."

정자程子가 말했다.

"《논어》는 유자有子와 증자曾子의 문인에 의해서 이뤄졌다. 그렇기 때문에 이 책은 유독 두 분에 대해서만 자子라고 칭하였다."

정자程子가 말했다.

"《논어》를 읽은 후, 다 읽은 뒤에 전혀 아무 일이 없는 자도 있고, 다 읽은 뒤에 그 가운데 한두 구절을 터득하고 기뻐하는 자도 있고, 다 읽은 뒤에 좋아하는 자도 있고, 다 읽은 뒤에 너무 기뻐서 자신도 모르게 손으로 춤을 추고 발로 뛰는 자도 있다."

정자程子가 말했다.

"지금 사람들은 책을 읽을 줄 모른다. 예를 들면 《논어》를 읽었을 때에 읽기 전에도 이러한 사람이고, 다 읽고 난 뒤에도 또 다만 이러한 사람이라면 이것은 곧 읽지 않은 것이다."

정자程子가 말했다.

"내 나이 17~18세 때로부터 《논어》를 읽었는데, 당시에도 이미 글의 뜻을 알고 있었지만, 읽기를 더욱 오래할수록 의미가 심장深長함을 느꼈다."

제一편 학이 學而

<학이편>은 논어의 첫 편으로 학문을 배우는 사람이 정진하고 힘써야 할 글들이 많이 수록되었다. 학문은 곧 도에 들어가는 첫 관문이며, 그리고 덕을 쌓는 근본이다. 여기에서 공자는 학문을 배우는 사람은 모르는 것을 부끄럽게 여기지 말고 깨달은 사람을 찾아서 그로부터 바르게 배우고 반드시 천도을 실천하라고 강조하셨다.

배우고 그것을 되풀이하면 매우 즐겁다

子[1]曰 學而時習[2]之면 不亦說[3]乎아 有朋[4] 自遠方來면 不亦樂乎아
자 왈 학이시습 지 불역열 호 유붕 자원방래 불역락호

人不知而不慍[5]이면 不亦君子[6]乎아
인부지이불온 불역군자 호

공자가 말씀하셨다.

"배우고 때때로 익히는 것 또한 기쁜 일이고, 뜻을 같이하는 친구가 먼 곳에서 찾아오는 것도 즐거운 것이다. 비록 다른 사람이 알아주지 않아도 원망하지 않는 것이 곧 군자이다."

근본에 충실해야 도를 얻는다

有子[7]曰 其爲人也孝第[8]요 而好犯上者鮮矣니
유 자 왈 기 위 인 야 효 제   이 호 범 상 자 선 의

不好犯上[9]이요 而好作亂者 未之有也니라
불 호 범 상   이 호 작 란 자 미 지 유 야

君子는 務本이니 本立而道生하나니
군 자   무 본   본 립 이 도 생

孝弟也者는 其爲仁之本與인저
효 제 야 자   기 위 인 지 본 여

유자가 말했다.

"사람됨에 효성과 우애로 즐기는 사람은 결코 윗사람을 거스리지 않는다. 윗사람에게 거스리지 않는 사람은 결코 반란을 일으키지 않는다. 군자는 근본에 힘쓰기 때문에 이것이 확립되면 도가 저절로 생겨난다. 그렇기 때문에 효와 공손은 곧 인仁의 근본인 것이다."

가식이 많은 사람 중에 어진 사람은 없다

子曰 巧言[10] 令色[11]이 鮮矣仁이니라
자왈 교언 영색   선의인

공자가 말씀하셨다.
"교묘하게 입에 발린 소리만 하고, 표정을 상냥하게 꾸미는 사람치고 어진 사람이 거의 없다."

하루에 매일 세 번씩 반성하라

曾子[12]曰 吾日三省吾身하나니
증자 왈 오일삼성오신

爲人謀[13]而不忠[14]乎아 與朋友交而不信乎아 傳[15]不習乎아
위인모 이불충 호 여붕우교이불신호   전 불습호

증자가 말했다.
"나는 매일 세 가지 일을 살펴서 반성하는데, '다른 사람을 위한 일에서 성실하지 못했는가? 벗과 사귐에서 믿음이 없었는가? 배운 것을 익히지 못한 것을 남에게 가르치지 않았는가?' 라는 것이다."

나라를 다스리는 사람의 도리

子曰 道[16] 天乘之國[17]하되 敬事而信하며
자왈도 천승지국   경사이신

節用而愛人하며 使民以時니라
절용이애인   사민이시

공자가 말씀하셨다.

"천승의 나라를 다스릴 때는 정사를 매우 신중히 하여 신임을 얻어야 하고, 절약하여 아랫사람을 아껴야 하며, 백성을 부역시킬 때는 반드시 때를 가려야 한다."

어진 사람이 갖추어야 할 태도

子曰 弟子[18] 入則孝하고 出則弟하며 謹而信하며 汎愛衆[19]하되
자왈제자 입즉효   출즉제   근이신   범애중

而親仁이니 行有餘力이어든 則以學文[20]이니라
이친인   행유여력   즉이학문

공자가 말씀하셨다.

"젊은 사람은 집에 들어가면 부모에게 효도하고, 밖으로 나오면 윗사람을 공경해야 한다. 말을 조심하고 신의를 지키며, 어진 사람을 사귀되 사람을 사랑하는 선한 사람과 친해야 한다. 이것 외에 남는 시간이 있다면 글을 배워야 한다."

사람이 갖추어야 할 세 가지의 일

子夏[21]曰 賢賢[22] 易色[23]하고 事父母하되 能竭其力하며 事君하되
자하 왈 현현 역색 사부모 능갈기력 사군

能致其身[24]하고 與朋友交하여 言而有信이면
능치기신 여붕우교 언이유신

雖曰未學이라도 吾必謂之學矣니라
수왈미학 오필위지학의

자하가 말했다.

"어진 사람을 높이 받드는 것은 마치 미인을 사랑하듯 하고, 부모를 섬길 때는 젖 먹던 힘까지 바치고, 임금을 섬길 때는 몸과 마음을 바치고, 벗과 사귈 때는 믿음의 말만 골라서 해야 한다. 나는 상대방이 그를 배우지 못한 사람이라고 말하더라도 나는 그를 배운 사람이라고 말할 것이다."

실수는 곧바로 고쳐야 한다

子曰 君子不重[25]則不威니 學則不固[26]니라
자왈 군자부중 즉불위 학즉불고

主忠信하며 無友不如己者요 過則勿憚改니라
주충신 무우불여기자 과즉물탄개

공자가 말씀하셨다.

"군자는 언행이 무겁지 않으면 위엄이 없고 비록 학문을 익혀도 깊이가 얕다. 마음과 믿음이 있는 말을 골라서 하고 나보다 못한 사람은 사귀지 말며, 실수한 것이 있으면 즉시 고쳐야 한다."

돌아가신 분을 추모하라

曾子曰 愼終[27]追遠[28]이면 民德이 歸厚矣리라
증자왈 신종 추원　　민덕　귀후의

증자가 말했다.
"부모상을 당하면 슬픈 뜻을 다하고 돌아가신 선조를 추모한다면 백성의 덕이 후한 곳으로 돌아간다."

공자의 사람을 대하는 태도

子禽[29]이 問於子貢曰 夫子至於是邦[31]也하시어
자금　　문어자공왈 부자지어시방　야

必聞其政하시니 求之與아 抑[32]與之與아
필문기정　　　구지여　억여지여

子貢[30]曰 夫子는 溫良恭儉讓以得之시니
자공　왈 부자　온량공검양이득지

夫子之求之也는 其諸³³⁾ 異乎人之求之與인저
부 자 지 구 지 야   기 제   이 호 인 지 구 지 여

자금이 자공에게 물었다.

"선생님께서 어떤 나라에 가면 임금이 초대하여 자신의 정치를 말합니다. 이것은 선생님께서 듣기를 청한 것인지 아니면 상대방이 스스로 묻는 것입니까?"

자공은 이렇게 대답했다.

"선생님께서는 온화하고, 선량하고, 공손하고, 검소하고, 겸양하는 덕이 있어 듣는 것이다. 그래서 공자가 그것을 구하는 법이 남들과 다른 것이다."

자식의 부모에 대한 몸가짐

子曰 父在에 觀其志요 父沒에 觀其行이니
자 왈 부 재   관 기 지   부 몰   관 기 행

三年 無改於父之道³⁴⁾면 可謂孝矣니라
삼 년 무 개 어 부 지 도   가 위 효 의

공자가 말씀하셨다.

"아버지가 살아 계실 때는 그의 뜻을 살피고, 아버지가 돌아가셨을 때는 아버지가 행한 일을 살펴야 한다. 그러나 삼년상을 지낼 동안 아버지의 도를 고치지 말아야 효자인 것이다."

조화로움과 예

有子曰 禮之用이 和爲貴하니 先王之道는 斯爲美[35]라 小大由之니라
유자왈 예지용 화위귀 선왕지도 사위미 소대유지

有所不行하니 知和而和요 不以禮節之면 亦不可行也니라
유소불행 지화이화 불이예절지 역불가행야

유자가 말했다.
"예절을 행하는 데는 조화가 가장 중요하다. 옛날 선왕의 도 역시 이것을 가장 좋게 여겨 모두 여기에 따랐다. 그러나 모든 대소사가 조화로써 순조롭게 행해지지 않을 경우가 있다. 또 조화만을 도모하고 예로써 절제하지 못하면 행해지지 못하리라."

가까운 사람을 잃지 않는 태도

有子曰 信近於義면 言可復[36]也며 恭近於禮면
유자왈 신근어의 언가복 야 공근어예

遠恥辱也며 因[37]不失其親이면 亦可宗[38]也니라
원치욕야 인 부실기친 역가종 야

유자가 말했다.
"약속은 의로움에 가까워져야만 그 말을 실행할 수가 있다. 공손함은 예에 가까워져야만 치욕을 멀리할 수가 있다. 그렇게 해야만 가까운 사람을 잃지 않는다면 이러한 사람은 임금이 될 수 있다."

배움을 좋아하는 이유

子曰 君子食無求飽하고 居無求安하며 敏於事而愼於言하여
자왈 군자식무구포   거무구안   민어사이신어언

就有道³⁹⁾而正⁴⁰⁾焉이면 可謂好學也已矣니라
취유도 이정 언   가위호학야이의

공자가 말씀하셨다.
"군자는 먹을 때 배부르게 먹지 않고, 거처함에 편안함을 원치 않는다. 일엔 민첩하고 말엔 신중하며, 도덕이 있는 사람에게는 자신을 바르게 한다면 학문을 좋아한다고 말할 수 있다."

가난과 예를 즐기는 일

子貢曰 貧而無諂하면 富而無驕하면 何如하니이까
자공왈 빈이무첨   부이무교   하여

子曰 可也니라 未若貧而樂하며 富而好禮者也니라
자왈 가야   미약빈이락   부이호예자야

子貢이 曰 詩⁴¹⁾云 如切如磋⁴²⁾하며 如琢如磨리니 其斯之謂與언저
자공 왈 시 운 여절여차   여탁여마   기사지위여

子曰 賜也는 始可與言詩已矣로다 告諸往而知來者니라
자왈 사야 시가여언시이의   고제왕이지래자

자공이 공자에게 물었다.

"가난하지만 아첨이 없고, 부유하지만 교만이 없다면 어떻습니까?"

공자가 대답하셨다.

"괜찮다고 할 수 있으나 가난하면서 도를 즐기는 것이나, 부유하면서 예를 좋아하는 것보다 못하다."

자공이 물었다.

"『시경』에 나오는 '자르는 듯, 가는 듯, 쪼는 듯, 다듬은 듯'을 말하는 것입니까?"

공자가 말씀하셨다.

"자공아, 비로소 너와 내 뜻이 통하는구나. 지난 것을 이미 알아차렸구나."

자신이 남을 모르는 것을 꾸짖어라

子曰 不患人之不己知[43]요 患不知人[44]也니라
자왈 불환인지불기지 환부지인 야

공자가 말씀하셨다.

"남이 나를 알아주지 않는다고 근심하지 말고, 내가 남을 알아보지 못하는 것을 꾸짖어라."

제二편 위정 爲政

공자는 항상 정치는 바르게 해야 한다고 주장했다. 나라의 일에 참여하는 사람들은 학문과 덕을 쌓고 혹독한 자기 수양으로 인격을 완성한 다음에 나라의 일에 참여해야 백성을 사랑하고 올바르게 다스릴 수 있고 어진 정치를 베풀 수 있다고 강조하였다.

가장 이상적인 정치는 덕으로써 백성을 다스려야 한다

子曰 爲政以德이면 譬如[1] 北辰[2]이 居其所어든 而衆星이 共之[3]니라
자왈 위정이덕   비여 북신 거기소   이중성 공지

공자가 말씀하셨다.
"덕의 정치는 제자리에 있는 북극성을 향해 다른 별들이 모여드는 것과 같다."

사람은 사악함이 없어야 한다

子曰 詩[4] 三百에 一言以蔽之[5]하면 曰 思無邪[6]니라
자왈 시 삼백 일언이폐지   왈 사무사

공자가 말씀하셨다.
"시 삼백 편을 한 마디로 말하면 '그 생각에 사악함이 없다'는 것이다."

백성을 덕으로 인도하고 예로 다스려라

子曰 道[7]之以政하고 齊[8]之以刑하면 民免[9]而無恥니라
자왈 도 지이정   제 지이형   민면 이무치

道之以德하고 齊之以禮면 有恥且格[10]이니라.
도지이덕   제지이예 유치차격

공자가 말씀하셨다.
"법령으로써 인도하고 형벌로써 다스리면 백성들은 형벌을 면하고 부끄러워하지 않는다. 그러나 덕으로 인도하고 예로 다스리면 백성들은 부끄러움을 알고 바르게 된다."

공자의 태도

子曰 吾十有五[11]而志于學하며 三十而立[12]하고 四十而不惑[13]하고
자왈 오십유오 이지우학   삼십이입   사십이불혹

五十而知天命하며 六十而耳順[14]하고 七十而從心所欲하여 不踰矩[15]니라
오십이지천명   육십이이순   칠십이종심소욕   불유구

공자가 말씀하셨다.
"열다섯 살에 학문에 뜻을 두었고 서른 살에 자립했고 마흔 살에 미혹하지 않았고, 쉰 살에 천명을 알았으며, 예순 살에 어떤 일을 들으면 알았고, 일흔 살에 내 마음대로 행해도 법도에 어긋나지 않았다."

효도는 예절을 반드시 따라야 한다

孟懿子[16] 問孝하니 子曰 無違니라 樊遲[17] 御[18]하며
맹의자 문효   자왈 무위   번지 어

子告之曰 孟孫[19]이 問孝於我이어늘 我對曰 無違로다
자고지왈 맹손   문효어아   아대왈 무위

樊遲曰 何謂也니이까 子曰 生事之以禮하고
번지왈 하위야   자왈 생사지이례

死葬之以禮하며 祭之以禮니라
사장지이례   제지이례

맹의자가 효(孝)에 대해 묻자 공자가 대답하셨다.
"거슬림이 없는 것이다."
수레를 몰고 있는 번지에게 공자가 말씀하셨다.
"맹손씨가 효도를 물어 와 그냥 거슬림이 없는 것이라고 했다."
이에 번지가 물었다.
"그것은 무슨 말씀입니까?"
그러자 공자가 대답하셨다.
"살아 계실 때는 예로써 모시고, 돌아가시면 예로써 장사지내고, 제사는 예로써 지내는 것이다."

孟武伯[20]이 **問孝**하니 **子曰 父母唯其疾之憂**이니라
맹무백   문효   자왈 부모유기질지우

맹무백이 효에 대해 묻자 공자가 이렇게 말씀하셨다.
"부모는 오직 자식이 병들까 봐 근심한다."

부모를 공경하라

子游[21] **問孝**하니 **子曰 今之孝者**는 **是謂能養**[22]이니
자유   문효   자왈 금지효자   시위능양

至於犬馬도 皆能有養이라 **不敬**이면 **何以別乎**아
지어견마   개능유양   불경   하이별호

자유가 공자에게 효도에 대해 묻자 이렇게 대답하셨다.

"지금의 효는 물질로 모시는 것이다. 사람이 개나 말도 잘 기르는데, 부모를 모시는 데 공경이 없으면 무엇으로 구별되겠느냐?"

어른을 대하는 예절

子夏問孝하니 子曰 色難[23]이니 有事에 弟子[24] 服其勞[25]하고
자하문효   자왈 색난   유사   제자 복기로

有酒食이어든 先生[26] 饌이 曾[27]是以爲孝乎리오
유주식   선생 찬 증 시이위효호

자하가 공자에게 효도에 대해 묻자 이렇게 대답하셨다.
"어른의 안색을 살핀다는 것은 어렵다. 어른에게 귀찮은 일이 생기면 제자가 대신하고, 술과 밥을 먼저 어른에게 권하는 것으로 어찌 효도라고 하겠는가?"

공자와 안회

子曰 吾與回[28]로 言終日에 不違[29] 如愚더니
자왈 오여회   언종일   불위   여우

退而省其私[30]하니 亦足[31]以發[32]하더라 回也不愚로다
퇴이성기사   역 족 이 발   회야불우

공자가 말씀하셨다.

"안회와 하루 종일 이야기했는데, 그는 내 말에 토를 달지 않아 어리석다고 생각했다. 그가 물러간 다음 사생활을 살펴보니 나를 깨우치기에 충분했다. 그래서 나는 안회가 어리석은 인물이 아니라는 것을 알았다."

사람의 모든 것을 살피지 마라

子曰 視其所以³³⁾하고 觀其所由³⁴⁾하며 察其所安³⁵⁾이니
자왈 시기소이   관기소유   찰기소안

人焉廋³⁶⁾哉리오 人焉廋哉리오
인언수 재   인언수재

공자가 말씀하셨다.

"행동하는 것을 일일이 관찰하고 마음으로 편안해하는 바를 살핀다면, 그 사람됨을 알 수 있으니 어찌 사람들이 숨길 수 있겠는가."

옛 것이 새로운 것을 만든다

子曰 溫³⁷⁾故³⁸⁾而知新이면 可以爲師矣니라
자왈 온 고   이지신   가이위사의

공자가 말씀하셨다.
"옛 것을 새것으로 만들어 낸다면, 상대방의 스승이 되는 것이다."

군자는 한 가지 일에 국한된 사람이 아니다

子曰 君子는 不器39)니라
자 왈 군 자　　불 기

군자는 한 가지에 국한되는 기물이나 기계가 아니다.

말보다 실천을 앞세워라

子貢問君子한대
자 공 문 군 자

子曰 先行其言40)이요 而後從之니라
자 왈 선 행 기 언　　이 후 종 지

자공이 공자에게 군자에 대해 묻자 이렇게 대답하셨다.
"먼저 일을 실천한 다음에 말을 하는 사람이야말로 군자인 것이다."

군자와 소인의 차이

子曰 君子는 周⁴¹⁾而不比하고 小人比⁴²⁾而不周니라
자왈 군자 주 이불비   소인비 이불주

공자가 말씀하셨다.
"군자는 두루 통하기 때문에 편파적이지 않고, 소인은 편파적이면서 넓게 사귀지 못한다."

배움의 위대함

子曰 學而不思⁴³⁾則罔⁴⁴⁾이며 思而不學則殆⁴⁵⁾니라
자왈 학이불사 즉망   사이불학 즉태

공자가 말씀하셨다.
"배우는 것에 집중하지 않으면 멍청해지고, 항상 생각하지만 배우지 않으면 위태롭다."

이단을 공격하지 마라

子曰 攻乎異端⁴⁶⁾이면 斯害也己니라
자왈 공호이단   사해야기

공자가 말씀하셨다.
"이단을 몹시 심하게 공격하면 이 역시 해로울 뿐이다."

아는 것과 모르는 것

子曰 由[47]야 誨[49] 女[48]知之乎인저 知之爲知之요
자왈 유   회 여 지지호   지지위지지

不知爲不知니 是知也니라
부지위부지   시지야

공자가 말씀하셨다.
"유야, 내가 아는 것을 가르쳐 주겠다. 그러나 아는 것을 안다고, 모르는 것을 모른다고 해야만 정말 아는 것이다."

말에 실수가 적으면 후회가 없다

子張[50]이 學干祿[51]하니 子曰 多聞闕疑[52]요
자장   학간록   자왈 다문궐의

愼言其餘則寡尤[53]며 多見闕殆요
신언기여즉과우   다견궐태

愼行其餘則寡悔니
신행기여즉과회

言寡尤하며 行寡悔면 祿在其中矣니라
언 과 우　　　행 과 회　　녹 재 기 중 의

자장이 공자에게 관직에 등용되는 길을 배우려고 하자 이렇게 대답하셨다.
"많이 들어서 의심나는 것은 버리고 나머지를 선택해서 말하면 실수가 적다. 많이 보면서 위태로운 것을 버리고 나머지를 선택해서 행하면 후회가 적다. 말에 실수가 적고 행동에 후회가 적으면 관직은 그 가운데 존재한다."

올곧은 사람에게 백성은 따른다.

哀公[54]이 問曰 何爲則民服[55]이니까
애 공　　　문 왈　하 위 즉 민 복

孔子對曰 擧直錯諸枉이면 則民服하고
공 자 대 왈　거 직 조 저 왕　　즉 민 복

擧枉錯[56]諸直이면 則民不服이니이다
거 왕 조　　저 직　　즉 민 불 복

노나라 애공이 공자에게 물었다.
"백성들이 잘 따르게 하는 방법은 무엇입니까?"
그러자 공자가 대답하셨다.
"곧고 올바른 사람을 굽은 사람 위에 등용시키면 백성들이 충성하겠지만, 반대로 굽은 사람을 올바른 사람 위에 등용시키면 백성들이 따르지 않습니다."

백성들을 다스리는 방법

季康子⁽⁵⁷⁾問 使民敬忠以勸⁽⁵⁸⁾이면 如之何리까
계강자 문 사민경충이권   여지하

子曰 臨之以莊⁽⁵⁹⁾則敬하고
자왈 임지이장 즉경

孝慈則忠이요 擧善⁽⁶⁰⁾而敎不能則勸이리라
효자즉충   거선 이교불능즉권

계강자가 공자에게 물었다.
"백성들을 공경하고 충직하고 권면하게 만드는 방법은 무엇입니까?"
공자가 대답하셨다.
"엄하고 정중하게 백성을 대하면 경건하게 되고, 부모에게 효성스러움과 백성에게 자비로움을 실천하면 충직하게 되고, 능력과 실력 있는 사람들을 등용하고, 그렇지 못한 사람들을 교화시키면 백성 스스로가 착한 일을 하게 됩니다."

효도는 정치의 근본이다

或이 謂孔子曰 子는 奚不爲政이시니이까
혹 위공자왈 자 해불위정

子曰 書⁽⁶¹⁾云孝乎⁽⁶²⁾인저 惟孝하여
자왈 서 운효호   유효

友于兄弟하니 施於有政이라
우 간 형 제   시 어 유 정

是亦爲政이니 奚其爲爲政이리오
시 역 위 정   해 기 위 위 정

어떤 사람이 공자에게 물었다.
"선생님은 어찌하여 정치를 하지 않습니까?"
그러자 공자가 대답하셨다.
"『서경』에 '효도하라. 효도하고 형제 간에 우애가 있으면 정치를 베푸는 것이다.' 고 했다. 이것 역시 정치를 하는 것이기 때문에 정치를 따로 할 필요가 있겠느냐?"

사람은 성실해야 한다

子曰 人而無信이면 不知其可也케라
자 왈 인 이 무 신   부 지 기 가 야

大車無輗[63]하며 小車無軏[64]이면 其何以行之哉리오
대 차 무 예   소 차 무 월   기 하 이 행 지 재

공자가 말씀하셨다.
"사람에게 성실함이 없으면 어디에 쓸 것인지 알지 못하겠다. 큰 수레에 큰 멍에가 없고 작은 수레에 작은 멍에가 없다면 어떻게 움직이겠는가?"

예는 모든 것의 근본이다

子張問하되 十世⁽⁶⁵⁾를 可知也니이까
자장문   십세   가지야

子曰 殷因於夏禮⁽⁶⁶⁾이니 所損益⁽⁶⁷⁾可知也이며
자왈 은인어하례   소손익 가지야

周因於殷禮이며 所損益可知也니라
주인어은례   소손익가지야

其或繼周者면 雖百世라도 可知也니라
기혹계주자 수백세   가지야

자장이 공자에게 물었다.
"열 대의 일을 미리 알 수 있습니까?"
공자가 대답하셨다.
"은나라는 하나라의 예를 기초로 삼았기 때문에 열 대의 일을 미리 짐작할 수가 있었다. 주나라는 은나라의 예를 기초로 삼았기 때문에 열 대의 일을 짐작할 수가 있었다. 그러나 누가 주나라를 계승한다면 백 대의 일도 미리 짐작할 수가 있는 것이다."

옳은 일은 반드시 실행해야 한다

子曰 非其鬼⁽⁶⁸⁾而祭之는 諂也요
자왈 비기귀 이제지 첨야

見義不爲는 **無勇也**니라
견 의 불 위　　무 용 야

공자가 말씀하셨다.
"조상의 귀신이 아닌 것에 제사를 지내면 아첨이 되는 것이고, 옳은 일을 보고도 실행하지 않으면 용기가 없는 것이다."

제三편 팔일 八佾

이 편에서는 예와 악의 득실을 논하였다. 춘추전국 시대 중국에서는 예악으로써 나라의 정치를 바로 세우고 백성들을 다스렸다. 예는 임금을 안정케 하고 백성들을 다스렸으며, 악은 나라의 기풍과 풍속을 변화하게 한다. 공자는 덕으로써 백성들을 다스리고 예로써 하늘의 도리를 따르고 그것을 실천하는 것이 올바른 정치라고 말했다.

자신의 분수를 알라

孔子謂季氏하시되 八佾舞於庭하니 是可忍也일진대 孰不可忍也리오
공자위계씨　　　팔일 무어정　　　시가인야　　　숙불가인야

계씨가 집 뒤뜰에서 팔일무를 춤추게 하자 공자가 말했다.
"내가 이것을 참을 수 있다면 무엇을 참지 못하겠는가!"

올바른 제사의 태도

三家⁴⁾者以雍³⁾徹⁵⁾이러니
삼가 자이옹 철

子曰 相⁶⁾維辟公이어늘
자왈 상 유 벽 공

天子穆穆⁷⁾이 奚取於三家之堂일꼬
천자목목 해취어삼가지당

노나라의 삼가가 옹가를 부르며 제사를 마치자 공자가 말씀하셨다.
"『시경』에 제후들이 제사를 도우면 천자의 모습이 흐뭇했다고 했는데, 왜 천자가 아닌 삼가의 묘당에서 천자의 제가를 읊는가?"

어질지 못하면 아무 소용이 없다

子曰 人而不仁이면 如禮何⁸⁾며
자왈 인이불인 여례하

人而不仁이면 如樂何리오
인이불인 여악하

공자가 말씀하셨다.
"사람이 어질지 못하면 예는 무엇 때문에 차릴 것이며, 사람이 어질지 못하면 악樂은 무슨 소용이 있겠는가."

예는 검소하고 부모상은 반드시 슬퍼해야 한다

林放⁹⁾問禮之本한대
임 방 문 예 지 본

子曰 大哉라 問이여
자왈 대재 문

禮는 與其奢也론 寧儉이요
예 여기사야 녕검

喪은 與其易¹⁰⁾也론 寧戚이니라
상 여기이 야 녕척

임방이 공자에게 예의 근본을 묻자 대답하셨다.
"매우 좋은 질문이구나! 예는 사치보다 검소해야 되고, 부모의 상은 진심으로 슬퍼해야 되는 것이다."

오랑캐는 동물적인 인간이다

子曰 夷狄¹¹⁾之有君이
자왈 이적 지유군

不如諸夏之亡也니라
불여제하지망야

공자가 말씀하셨다.
"오랑캐에 왕이 있음은 중국에 왕이 없는 것과는 같지 않다."

예의 근본

季毛旅[12]於泰山이러니 子謂冉有[13]曰 女弗能救與아
계 모 려 어 태 산   자 위 염 유   왈 여 불 능 구 여

對曰 不能이오이다 子曰 嗚呼라 曾謂泰山이 不如林放乎아
대 왈 불 능   자 왈 명 호 증 위 태 산   불 여 임 방 호

계씨가 태산에서 산제를 지내려고 하자 공자가 염유에게 말씀하셨다.
"네가 저들의 행위를 막을 수 없겠느냐?"
그러자 염유가 대답했다.
"전혀 막을 도리가 없었습니다."
공자가 탄식하며 말씀하셨다.
"오! 슬프도다! 태산의 신이 예의 근본을 물은 임방보다 못하다는 것인가!"

군자의 다툼

子曰 君子無所爭이나 必也射[14]乎인저
자 왈 군 자 무 소 쟁   필 야 사   호

揖讓而升하여 下而飮하나니 其爭也君子니라
읍 양 이 승   하 이 음   기 쟁 야 군 자

공자가 말씀하셨다.

"군자는 다투는 일이 없는데, 굳이 있다면 활 쏘기 정도이다. 상대에게 읍하고 사양하여 당에 오르고, 당에서 내려와서는 벌주를 마시니 활 쏘기 다툼은 군자가 취하는 도리가 아니겠는가!"

군자의 도리

子夏問曰 巧笑倩兮[15]며 美目盼兮머 素以爲絢兮[16]라 하니
자 하 문 왈 교 소 천 혜   미 목 반 혜   소 이 위 순 혜

何謂也니이꼬 子曰 繪事後素[17]니라
하 위 야   자 왈 회 사 후 소

曰 禮後[18]乎아 子曰 起予者는 商[19]也로다 始可與言詩已矣로다
왈 예 후 호   자 왈 기 여 자   상 야   시 하 여 언 시 위 의

자하가 공자에게 물었다.
"『시경』에 '은근한 웃음은 입술을 예쁘게 하고, 아름다운 눈동자의 눈매가 분명해, 마치 흰 바탕에 무늬를 놓은 것과 같도다!'라는 말은 어떤 뜻입니까?"
그러자 공자가 대답하셨다.
"그림을 그릴 때 흰 바탕이 먼저이고 다음에 색칠을 아름답게 한다는 것이다."
자하가 공자에게 물었다.
"그러면 예를 나중에 하라는 말씀입니까?"
공자가 이렇게 말씀하셨다.

"상이 나를 깨우쳐 주는구나. 비로소 너와 시를 논할 수 있겠구나."

도덕을 쌓고 예를 갖추어 인격을 완성하라

子曰 夏禮[20]를 吾能言之나 杞[21]不足徵也며
자왈 하례   오능언지   기 부족징야

殷禮를 吾能言之나 宋[22]不足徵也라
은례   오능언지   송 부족징야

文獻 不足古也니 則吾能徵之矣라라
문헌 부족고야   즉오능징지의

공자가 말씀하셨다.
"하나라의 예는 내가 말할 수 있지만, 기나라는 이것을 고증하기에 역부족이다. 은나라의 예는 내가 말할 수 있지만, 송나라는 이것을 고증하기에 역부족이다. 그 원인은 문헌 자료가 부족해서이다. 자료가 충분하다면 나는 그것을 증명할 수가 있다."

매사에 정성을 기울여라

子曰禘[23]自旣灌[24]而往者는 吾不欲觀之矣니라
자왈체   자기관   이왕자   오불욕관지의

공자 말씀하셨다.

"체제에 있어서 관주식을 하여 신령을 부른 다음의 일은 내 보고 싶지 않구나."

알아야 상대방을 꿰뚫는다

或 問禘之說[25]하니 子曰 不知也로다 知其說者之於天下也에
혹 문체지설   자왈 부지야   지기설자지어천하야

其如示諸斯乎인저 指其掌하시다
기여시저사호   지기장

어떤 사람이 공자에게 체제사에 대한 해설을 묻자

"나는 모른다. 그것을 알 수 있다면 천하를 다스림에 있어서 그것을 보는 것과 같다."
라며 손바닥을 가리켰다.

제사는 정성껏 지내야 한다

祭[26]如在하시며 祭神如神在[27]하시도다 子曰 吾不與祭면 如不祭니라
제 여재   제신여신재   자왈 오불여제   여부제

제사를 지낼 때 조상이 와서 계신 것처럼 하고, 신에게 제사지

낼 때는 신이 계시는 것처럼 해야 한다. 공자가 말씀하셨다.
"내가 직접 제사에 참여하지 않으면 제사를 지내지 않은 것과 똑같다."

하늘에 죄를 지으면 용서받지 못한다

王孫賈[28] 問曰 與其媚於奧론 寧媚於竈[29]라 하니
왕손가 문왈 여기미어오 영미어조

何謂也니이까 子曰 不然이니 獲罪於天이면 無所禱也니라
하위야   자왈 부연   획죄어천   무소도야

왕손가가 공자에게 물었다.
"방 구석의 귀신에게 잘 보이는 것보다 차라리 부뚜막 귀신에게 빈다는 것은 무엇을 뜻합니까?"
그러자 공자가 대답하셨다.
"그렇지 않습니다. 하늘에 죄를 지으면 빌 곳이 없습니다."

빼어난 주나라의 문물

子曰 周監[30]於二代하니 郁郁[31]乎文哉라 吾從周하리라
자왈 주감 어이대   욱욱 호문재 오종주

공자가 말씀하셨다.

"주나라는 하나라와 은나라 2대를 본받았기 때문에 문물이 찬란하고 성대하구나! 나는 주나라를 따르겠다."

묻는 것 자체가 예이다

子入大廟[32]하사 每事問하신대
자 입 태 묘   매 사 문

或曰 孰謂鄹[33]人之子를 知禮乎아 入太廟하여
혹 왈 숙 위 추 인 지 자 지 예 호 입 태 묘

每事問이오니 子聞之하시고 曰 是禮也니라
매 사 문   자 문 지   왈 시 예 야

공자가 태묘에 들어가면서 제사의 진행을 묻자 사람들은
"누가 추나라 사람의 아들이 예를 안다고 했는가? 매사를 일일이 묻는구나."
라고 말했다. 공자가 이렇게 대답하셨다.
"모든 것을 삼가함이 바로 예인 것이다."

양보다 예가 우선이다

子貢 欲去告朔[34]之餼羊[35]한대 子曰 賜也아 爾愛其羊가 我愛其禮니라
자공 욕거고삭   지희양   자왈 사야 이애기양   아애기례

자공이 고사에 바치는 희생양의 제도를 없애려고 하자 공자가 말씀하셨다.
　　"사야, 너는 그 양을 매우 아끼지만, 나는 그 예법을 아낀다."

임금을 섬기는 데 정성을 기울여라

子曰事君盡禮를 人以爲諂也니라
자 왈 사 군 진 례　　인 이 위 첨 야

　　공자가 말씀하셨다.
　　"임금을 섬김에 예를 다하는 것을 사람들이 나를 보고 아첨한다고 한다."

임금은 예로써, 신하는 충성으로

定公[36]問하되 君使臣은 臣事君을 如之何니이까
정 공 　 문　　 군 사 신　　신 사 군　　여 지 하

孔子對曰 君使臣以禮하며 臣事君以忠이니이다
공 자 대 왈 군 사 신 이 례　　　신 사 군 이 충

　　정공이 공자에게 물었다.
　　"임금이 신하를 거느리고, 신하가 임금을 섬기는 것은 어떻게 해야 합니까?"

그러자 공자가 대답하셨다.

"임금은 예로써 신하를 다스리고, 신하는 임금을 충성으로써 섬겨야 할 것입니다."

『시경』의 진수

子曰關雎[37]는 樂而不淫하고 哀而不傷이니라
자왈관저　　낙이불음　　애이불상

공자 말씀하셨다.

"『시경』〈관저〉편은 화락하지만 음란하지 않고, 슬퍼하지만 감상에 빠지지 않았다."

지나간 일은 탓하지 마라

哀公[38]이 問社[39]於宰我[40]한대 宰我對曰 夏后[41]氏는 以松이오
애공　문사　어재아　　　재아대왈 하후 씨　 이송

殷人은 以柏이오 周人은 以栗이니 曰 使民戰栗[42]이니이다
은인　이백　　주인　이율　　왈 사민전율

子聞之曰 成事라 不說하며 遂事不諫하며 旣往不咎[43]로다
자문지왈 성사　불설　　수사불간　　기왕불구

애공이 재아에게 사직단에 심는 나무에 대해 묻자 이렇게 대답했다.

"하후씨는 소나무를, 은나라 사람은 측백나무를, 주나라 사람은 밤나무를 심었습니다. 밤나무를 심은 것은 백성을 공포로 몰아넣기 위한 것입니다."

그때 공자가 이 말을 듣고 말씀하셨다.

"이미 저질러진 일은 말할 수도 없고 이미 틀어진 일이어서 말릴 수도 없으며, 이미 지나간 일이니 탓할 수도 없다."

사람됨의 그릇

子曰 管仲[44]之器[45]小哉라 或曰 管仲은 儉乎니이까
자왈 관중 지기 소재 혹왈 관중 검호

曰 管氏有三歸[46]하며 官事를 不攝[47]하니 焉得儉이리오
왈 관씨유삼귀 관사 불섭 언득검

然則管仲 知禮乎니이까 曰 邦君 樹塞門이어늘
연칙관중지례호 왈 방군 수색문

管氏亦樹塞門하며 邦君 爲兩君之好에 有反坫이어늘
관씨역 수색문 방군 위양군지호 유반점

管氏亦反坫[48]하니 管氏而知禮면 孰不知禮리오
관씨역 반점 관씨이지례 숙부지례

공자가 말씀하셨다.

"관중은 그릇이 적은 사람이다."
그러자 어떤 사람이 말했다.
"관중은 검소합니까?"
공자가 대답하셨다.
"관씨는 세 부인을 두었고 가신들에게 겸직을 시키지 않았는데, 어찌 검소하다고 하겠는가?"
그러자 또다시 물었다.
"그러면 관중은 예를 알았습니까?"
공자가 말씀하셨다.
"나라의 임금이라야 문에 병풍을 치는 것인데 관씨도 병풍을 쳤고, 임금이 다른 나라 임금과 수호를 위해 술잔을 올려놓는 받침대를 마련하면 관씨는 똑같이 따라 했는데, 관씨가 예를 안다고 하면 누가 믿겠는가?"

음악의 본질

子語魯大師樂曰[49] 樂은 其可知也니 始作에 翕如[50]也하며
자 어 노 태 사 악 왈 악 기 가 지 야   시 작   흡 여 야

從之에 純如[51]也하며 皦如[52]也하며 繹如[53]也하여 以成이니라
종 지 순 여 야   교 여 야   역 여 야   이 성

공자가 노나라의 태사에게 음악을 말씀하셨다.
"음악에 대해서 가히 알 수가 있습니다. 처음에는 모든 음색이

어울려 고요한 듯하고, 점차 나아가면서 고음과 저음이 맑고 흐리게 조화되면서 하나의 음색이 분명하게 되며, 이런 상태가 지속되어 완성되는 것입니다."

공자의 평가

儀⁵⁴⁾封人⁵⁵⁾이 請見曰 君子之至於斯也에 吾未嘗不得見也로다
의 봉인 청견왈 군자지지어사야 오미상부득견야

從者見之한대 出曰 二三子⁵⁶⁾는 何患於喪乎아 天下之無道也久矣라
종자견지 출왈 이삼자 하환어상호 천하지무도야구의

天將以夫子로 爲木鐸⁵⁷⁾이시리라
천장이부자 위목탁

의儀 땅의 관리가 공자 뵙기를 청하면서 말하였다.
"이곳에 도착한 군자들은 내가 만나 보지 않은 일이 없었소."
이에 시종들이 공자를 만나게 해 주었다. 그가 공자를 보고 나와서 말했다.
"그대들은 왜 선생께서 벼슬을 잃었다고 하여 걱정하오. 천하의 도가 없어진 것이 오래되었으니, 하늘은 장차 선생님을 세상을 일깨우는 목탁으로 삼을 것이오."

소악의 본질

子謂韶[58] 하시되 盡美矣요 又盡善也라 하시고
자위소   진미의   우진선야

謂武[59] 하시되 盡美矣나 未盡善也라 하시다
위무   진미의   미진선야

공자가 소악을 말씀하셨다.
"지극히 아름다운 게 더할 것 없이 좋다."
이어 '무악'을 말씀하셨다.
"지극히 아름답지만 선이 모자란다."

상 중에는 슬퍼하는 것이 마땅하다

子曰 居上[60]不寬하며 爲禮不敬하며 臨喪[61]不哀면 吾何以觀之哉리오
자왈 거상 불관   위례불경   임상   불애 오하이관지재

공자가 말씀하셨다.
"윗자리에 있으면서 너그럽지 않고 예를 행함에 있어 공경되지 않다. 초상집에 가서 슬퍼하지 않으면 내가 그 무엇으로 그의 사람됨을 평가하리요?"

제四편 이인 里仁

 이 편에서는 인仁을 매우 명쾌하게 밝혔다. 인은 사람의 큰 선행을 일컫는 말로 군자가 인을 얻으면 사람들에게 예약을 행하게 되고 인은 오직 인간만이 지닌 선한 마음이며 그 바탕으로 서로 사랑하고 더불어 사람들이 잘 사는 덕을 일컫는다.

어진 사람과 살면 아름답게 된다

子曰 里仁¹⁾爲美²⁾하니 擇不處仁이면 焉得知리오
자왈 이인 위미 택불처인 언득지

공자가 말씀하셨다.
"마을의 인심은 어진 것이 좋다. 어진 곳을 선택해서 살지 않으면 어찌 슬기롭다고 할 수 있겠는가."

어진 사람과 지혜로운 사람은 인을 취한다

子曰 不仁者는 不可以久處約³⁾이며
자왈 불인자   불가이구처약

不可以長處樂⁴⁾이니 仁者는 安仁⁵⁾하고
불가이장처락   인자   안인

知者는 利仁⁶⁾이니라
지자   이인

공자가 말씀하셨다.
"어질지 못한 사람은 곤궁한 곳에 오래 있지 못하고, 즐거운 곳에서도 오래 있지를 못한다. 어진 사람은 어진 가운데 안주하고, 슬기로운 사람은 어짊을 이롭게 여긴다."

어진 사람을 대하는 태도

子曰 唯仁者라야
자왈 유인자

能好人하며 能惡人⁷⁾이니라
능호인   능악인

공자가 말씀하셨다.
"오직 어진 사람만이 사람을 좋아할 수도, 미워할 수도 있다."

인에 뜻을 두면 미움을 받지 않는다

子曰苟志於仁矣[8]면 無惡也니라
자왈구지어인의   무악야

공자가 말씀하셨다.
"진실로 인에 뜻을 둔다면 나쁜 일이 생기지 않는다."

군자는 항상 어짊을 버려서는 안 된다

子曰 富與貴는 是人之所欲也나
자왈 부여귀 시인지소욕야

不以其道로 得之어든 不處也하며 貧與賤은
불이기도   득지   불처야   빈여천

是人之所惡也나 不以其道로 得之라도 不去也니라
시인지소오야 불이기도   득지   불거야

君子去仁이면 惡乎成名이리오
군자거인   악호성명

君子는 無終食之間을 違仁[9]이니 造次[10]에
군자 무종식지간   위인   조차

必於是하며 顚沛[12]에 必於是[11]니라
필어시   전패   필어시

공자가 말씀하셨다.

"부귀는 모든 사람이 원하지만 정당하게 얻지 않으면 얻어도 누리지 못한다. 빈천은 모든 사람이 싫어하지만 정당하게 얻은 것이 아닐지라도 피해서는 안 된다. 군자가 어진 것을 버린다면 군자라고 할 수 있겠는가? 군자는 식사 시간에도 어짊을 어기지 않고 황급한 때도 어짊을 유지하며, 고난이 닥쳐도 어짊과 함께 하는 것이다."

어짊은 세상의 나쁜 것에 물들지 않는다

子曰 我未見好仁者와 惡不仁者케라
자왈 아미견호인자   오불인자

好仁者는 無以尙之[13]요 惡不仁者도
호인자   무이상지   오불인자

其爲仁矣에 不使不仁者로 加乎其身[14]이니라
기위인의   불사불인자   가호기신

有能一日에 用其力於仁矣乎아 我未見力不足者케라
유능일일   용기력어인의호   아미견력부족자

蓋有之[15]矣어늘 我未之見也로다
개유지   의   아미지견야

공자가 말씀하셨다.
"어진 것을 좋아하고 어질지 않는 것을 미워하는 사람을 만나지 못했다. 어진 것을 좋아하면 더 이상 바랄 것이 없고, 어질지 않은 것을 미워하면 자신이 어진 일을 하여도 어질지 않은 사람의 나쁜 것에 물들지 않는다. 그렇기 때문에 하루라도 어질고자 노력한 사람이 있을 것인가? 나는 힘이 부족한 사람을 본 적이 없다. 그런 사람이 어쩌면 있을것 같지만 내가 아직 보지 못했다."

허물을 살펴보면 어짊을 알 수 있다

子曰 人之過也는 各於其黨[16]이니 觀過에 斯知仁[17]矣니라
자왈 인지과야   각어기당   관과   사지인 의

공자가 말씀하셨다.
"사람의 허물은 각기 그 붕당에서 비롯된 것인데, 허물을 살펴보면 곧 인을 알 수가 있는 것이다."

아침에 도를 깨달으면 저녁에 죽어도 한이 없다

子曰 朝聞道[18]면 夕死라도 可矣니라
자왈 조문도   석사   가의

공자가 말씀하셨다.
"아침에 도를 들으면 저녁에 죽어도 한이 없다."

선비는 도에 뜻을 두어라

子曰 士志於道하되 而恥惡衣惡食者는 未足[19]與議也니라
자왈 사지어도　　이치악의악식자　미족　여의야

공자가 말씀하셨다.
"선비가 도道에 뜻을 두고 허술한 옷과 보잘것없이 먹는 것을 부끄러워하는 사람과는 함께 의논할 것이 없다."

군자는 오직 의리에 따른다

子曰 君子之於天下也에 無適也하며 無莫也하여 義之與比[20]니라
자왈 군자지어천하야　무적야　　무막야　　의지여비

공자가 말씀하셨다.
"군자는 세상의 모든 일에 옳다고 하지도 않고 그르다고 하지도 않으며, 오직 뜻에 따르는 것이다."

군자와 소인의 차이점

子曰 君子는 懷德하고 小人은 懷土[21]하며
자왈 군자　회덕　　소인　회토

君子는 懷刑하고 小人은 懷惠[22]이니라
군자 회형   소인 회혜

공자가 말씀하셨다.
"군자는 큰 덕을, 소인은 안락함을 꿈꾼다. 군자는 법을, 소인은 작은 은혜를 생각한다."

이익을 좇으면 원망이 많다

子曰 放[23]於利而行이면 多怨이니라
자왈 방 어리이행   다원

공자가 말씀하셨다.
"이익만을 좇아서 행동하면 원망이 많아진다."

예와 겸양으로 나라를 다스려라

子曰 能以禮讓[24]이면 爲國[25]乎에 何有[26]며
자왈 능이례양   위국 호 하유

不能以禮讓爲國이면 如禮何[27]리오
불능이례양위국   여례하

공자가 말씀하셨다.

"예와 겸양으로 나라를 다스리면 어려움이 없고, 예와 겸양으로 다스리지 못한다면 예법이 있다고 해서 무슨 소용이 있겠는가?"

남이 알아주도록 스스로 노력하라

子曰 不患無位요 患所以立²⁸⁾하며
자왈 불환무위 환소이입

不患莫己知²⁹⁾요 求爲可知³⁰⁾也니라
불환막기지   구위가지 야

공자가 말씀하셨다.
"벼슬이 없다고 근심하지 말고 자신이 그런 자리에 설 곳을 먼저 걱정해야 한다. 사람들이 자신을 알아주지 않는다고 근심하지 말고, 상대가 스스로 알아줄 실력이 있는 사람이 되도록 노력해야 한다."

공자의 도는 충과 용서이다

子曰 參³¹⁾乎아 吾道는 一以貫之니라 曾子曰 唯³²⁾라 子出커늘
자왈 삼 호 오도 일이관지   증자왈유   자출

門人問曰 何謂也니이까 曾子曰 夫子之道는 忠恕³³⁾而已矣니라
문인문왈 하위야   증자왈 부자지도 충서 이이의

공자가 말씀하셨다.
"삼아, 나의 도는 하나로 관철되어 있다."
증자가 대답했다.
"그렇습니다."
그런 후 공자가 나가자 문인들이 물었다.
"무엇을 이뤘다는 것이오?"
증자가 말했다.
"선생님의 도는 성실과 사랑입니다."

군자와 소인의 장점

子曰 君子는 喩於義[34]하고 小人은 喩於利니라
자왈 군자 유어의   소인   유어리

공자가 말씀하셨다.
"군자는 의에 밝고, 소인은 이익에 밝다."

사람을 잘 살펴라

子曰 見賢思齊[35]焉하며 見不賢而內自省[36]也니라
자왈 견현사제 언   견불현이내자성 야

공자가 말씀하셨다.

"어진 사람을 보면 그를 닮겠다고 생각하며, 악한 사람을 보면 스스로 자신을 잘 반성해야 한다."

부모님을 공경하는 태도

子曰 事父母하되 幾諫[37]이니 見志不從[38]이면
자왈 사부모   기간   견지부종

又敬不違하며 勞而不怨이니라
우경불위   노이불원

공자가 말씀하셨다.

"부모님을 섬길 때는 잘못이 있으면 부드럽게 간해야 하고, 부모님이 내 뜻을 무시하면 더욱 공경하여 뜻에 거슬리지 않게 하고, 그것이 고생스러워도 원망하지 않아야 한다."

자신의 행방을 부모에게 반드시 알려라

子曰 父母在[39]이시든 不遠遊[40]하며 遊必有方[41]이니라
자왈 부모재   불원유   유필유방

공자가 말씀하셨다.

"부모님이 생존할 때는 멀리서 놀지 말고, 놀러 갈 때는 반드시 부모님에게 갈 곳을 말해야 한다."

아버지의 뜻을 받들어라

子曰 三年을 無改於父之道라야 可謂孝矣니라
자왈 삼년 무개어부지도 가위효의

공자가 말씀하셨다.
"아버님이 돌아가신 다음 삼년상 동안 아버지의 뜻을 고치지 않는 것이 효자인 것이다."

자식의 부모에 대한 걱정

子曰 父母之年은 不可不知也니
자왈 부모지년 불가부지야

一則以喜요 一則以懼니라
일즉이희 일즉이구

공자가 말씀하셨다.
"부모님 나이를 반드시 알고 있어야 한다. 한편으로는 기쁘며, 한편으로는 늙어 가는 것을 두려워해야 하기 때문이다."

실천하지 못하는 것은 부끄러운 일이다

子曰 古者言之不出은 恥躬⁽⁴²⁾之不逮⁽⁴³⁾也니라
자왈 고자언지불출 치궁 지불체 야

공자가 말씀하셨다.
"옛 사람들이 말을 멋대로 내뱉지 않는 것은 말과 같이 실천하지 못할까 부끄러워했기 때문이다."

검약하게 살아라

子曰 以約⁽⁴⁴⁾失之者鮮矣니라
자왈 이약 실지자선의

공자가 말씀하셨다.
"언행을 삼가하여 신중히 하면 실수하는 사람은 거의 없다."

군자는 행동이 민첩하다

子曰 君子欲訥於言하고 而敏於行이니라
자왈 군자욕눌어언   이민어행

공자가 말씀하셨다.

"군자는 말은 느리지만 실행하는 데에는 민첩하다."

덕이 있는 사람은 외롭지 않다

子曰德不孤라 必有隣[45]이니라
자 왈 덕 불 고   필 유 린

공자가 말씀하셨다.
"덕이 있는 사람은 외롭지 않는데, 이것은 반드시 이웃이 있기 때문이다."

충고의 단점

子游曰 事君數이면 斯辱矣요
자 유 왈 사 군 삭   사 욕 의

朋友數[46]이면 斯[47]疏[48]矣니라
붕 우 삭   사 소 의

자유가 말했다.
"임금을 섬기면서 자주 간언하면 곤욕이 잇따르고, 친구에게 자주 충고하면 사이가 멀어지는 것이다."

제五편 공야장 公冶長

이 편에서는 여러 사람들에 대한 성품, 지혜, 선악 등을 간결하면서 매우 재치 있게 논평하였으며 그리고 사람을 등용하는 방법도 서술하였다.

사람을 꿰뚫어 보는 혜안

子謂公冶長¹⁾ 하시되 可妻也로다
자위공야장　　　　　가처야

雖在縲絏²⁾之中이나 非其罪也라 하시고
수재류설　지중　　　비기죄야

以其子로 妻之하시다 子謂南容³⁾하시되
이기자　처지　　　자위남용

邦有道에 不廢하며 邦無道에
방유도　불폐　　방무도

免於刑戮[4]이라 하시고
면 어 형 륙

以其兄之子[5]를 妻之하시다
이 기 형 지 자   처 지

　공자가 공야장을 평가하여 말씀하시되
"사윗감으로 흡족하다. 그가 한때 감옥에 있었지만, 그것은 결코 그의 죄가 아니었다."
라며 자신의 딸을 그에게 시집보냈다.
　공자가 남용을 평하여 말씀하시되
"나라에 도가 있으면 버려지지 않을 것이요, 나라에 도가 없더라도 형벌은 면한다."
라며 형의 딸을 그에게 시집보냈다.

군자는 훌륭한 바탕에서 태어난다

子謂子賤[6]하시되 君子哉라 若人이여
자 위 자 천   군 자 재   약 인

魯無君子者면 斯焉取斯리오
노 무 군 자 자   사 언 취 사

　공자가 자천에 대해 말씀하셨다.
"그는 군자이구나! 그러나 노나라에 군자가 없었다면 그가 어찌 이와 같은 덕을 본받을 수 있었겠는가?"

너는 옥으로 만든 제기이다

子貢問曰 賜[7]也何如니이까
자공문왈 사 야하여

子曰 女器也니라 曰 何器也니이까
자왈 여기야 왈 하기야

曰 瑚璉[8]也니라
왈 호련 야

자공이 공자에게 물었다.
"저를 어떤 사람으로 생각하십니까?"
공자가 말씀하셨다.
"너는 쓸 만한 그릇이다."
자공이 되물었다.
"그러면 어떤 그릇을 말씀하십니까?"
공자가 말씀하셨다.
"호련瑚璉이다."

빼어난 말재주는 상대의 미움을 받는다

或曰 雍[9]也는 仁而不佞이로다 子曰 焉用佞이리오 禦人[10]以口給[11]이면
흑왈 옹야 인이불녕   자왈언용녕   어인 이구급

屢憎於人하나니 不知其仁이어니와 焉用佞이리오
누증어인   부지기인   언용녕

어떤 사람이 말했다.
"옹은 어진 대신에 말재주가 시원찮습니다."
공자가 말씀하셨다.
"왜 말재주가 필요한가? 말재주로 사람을 대하면 상대로부터 미움을 받는다. 그가 어진지 아닌지는 잘 모르지만 말재주가 왜 필요한 것인가?"

자신을 알라

子使漆彫開[12]仕하신대 對曰 吾斯之未能信[13]이니이다 子說하시다
자 사 칠 조 개 사   대 왈 오 사 지 미 능 신   자 열

공자가 칠조개에게 벼슬을 권하자 그가
"아직까지 벼슬을 감당할 실력이 되지 않습니다."
라고 말하자, 공자가 매우 흡족해하셨다.

사리를 분간할 줄 알라

子曰 道不行이라 乘桴浮于海하리니
자왈 도불행   승부부우해

從我者는 其由[14]與인저 子路聞之喜한대
종아자   기유 여   자로문지희

子曰 由也는 好勇過我나 無所取材[15]로고
자왈 유야   호용과아   무소취재

공자가 말씀하셨다.
"나의 도가 실현되지 않아서 뗏목을 타고 바다로 나아가고 싶은데, 이럴 때 나를 따르는 사람은 오직 유이다."
이 말을 들은 자로가 어쩔 줄 모르자 공자가 다시 말씀하셨다.
"유는 용기를 사랑하는 것이 분명히 나보다 위지만, 어디서 뗏목을 만들 재료를 구할 것인가."

사람됨을 면밀히 살펴 기용하라

孟武伯[16]問하되 子路仁乎이까 子曰 不知也로라 又問한대
맹무백 문   자로인호   자왈 부지야   우문

子曰 由也는 千乘之國에 可使治[17]其賦[18]也어니와 不知其仁也케라
자왈 유야 천승지국   가사치 기부 야   부지기인야

求也는 何如이니까 子曰 求也는 千室之邑과 百乘之家에
구야 하여   자왈 구야 천실지읍   백승지가

可使爲之宰也어니와 不知其仁也케라 赤[19]也는 何如이니까
가사위지재야   불지기인야   적 야   하여

子曰 赤也는 束帶[20]立於朝하여 可使與賓客言也어니와 不知其仁也케라
자왈 적야 속대 입어조   가사여빈객언야   부지기인야

맹무백이 공자에게 물었다.

"자로는 어진 사람입니까?"
공자가 말씀하셨다.
"잘 알 수가 없소."
맹무백이 다시 묻자 공자가 말씀하셨다.
"유가 제후의 나라에서 군사를 호령할 수 있겠지만, 그가 어진 사람인지는 모르겠소."
"그럼 구는 어떤 사람입니까?"
공자가 말씀하셨다.
"구는 천 호의 읍이나 백 승의 대부집에서 집사로 일할 수는 있지만, 그가 어진 사람인지는 모르겠소."
"그렇다면 적은 어떤 사람입니까?"
"적은 띠를 매고 조정에 나가 빈객들을 응대할 수는 있지만, 그가 어진 사람인지는 모르겠소."

자신을 남과 비교하지 마라

子謂子貢曰 女[21]與回也로 孰愈오
자 위 자 공 왈 여 여 회 야 숙 유

對曰 賜也何敢望回리이까
대 왈 사 야 하 감 망 회

回也聞一以知十하고 賜也는 聞一以知二하나이다
회 야 문 일 이 지 십   사 야 문 일 이 지 이

子曰 弗如[22]也니라 吾與女로 弗如也니라
자왈 불여 야   오여여 불여야

공자가 자공에게 말씀하셨다.
"너와 안회 중 누가 더 낫다고 생각하느냐?"
자공이 대답했다.
"제가 감히 안회와 비교가 할 수 있겠습니까? 안회는 하나를 들으면 열을 알지만 저는 하나를 들으면 겨우 둘을 알 정도입니다."
공자가 말씀하셨다.
"그래, 너는 안회보다 못하구나. 그렇기 때문에 나와 너는 안회보다 못한 것이다."

말과 행동을 조심하라

宰予[23] 晝寢이어늘 子曰 朽木[24]은 不可雕[25]也며
재여 주침   자왈 후목   불가조 야

糞土之牆[26]은 不可朽也니 於予與에 何誅[27]리오
분토지장   불가오야   어여여   하주

子曰 始吾於人[28]也에 聽其言而信其行이러니
자왈 시오어인 야   청기언이신기행

今吾於人也에 聽其言而觀其行하노라
금오어인야   청기언이관기행

於予與에 改是와라
어여여 개시

재여가 낮잠을 청하자 공자가 말씀하셨다.

"썩은 나무로 조각할 수 없고 더러운 흙으로 쌓은 담은 흙손질을 할 수가 없도다. 내가 재여를 나무란들 무엇하랴?"

공자가 또다시 말씀하셨다.

"나는 전에 그의 말과 행실을 믿었는데, 지금에서야 그의 말과 행실을 알게 되었다. 나는 재여로 인해 버릇을 고치게 되었구나."

욕심이 많으면 안 된다

子曰 吾未見剛者케라
자 왈 오 미 견 강 자

或對曰 申棖[29]이니이다
혹 대 왈 신 장

子曰 棖也慾이어니 焉得[30]剛이리오
자 왈 장 야 욕   언 득 강

공자가 말씀하셨다.
"나는 아직 의지가 굳은 사람을 만나지 못했다."
이때 어떤 사람이 대답했다.
"신장이 있습니다."
공자가 말씀하셨다.
"신장은 욕심이 많기 때문에 어찌 굳은 사람이라 하겠소?"

자신의 마음을 잘 다스려라

子貢曰 我不欲人之加諸我[31]也를
자공왈 아불욕인지가저아 야

吾亦欲無加諸人하나이다
오역욕무가제인

子曰 賜也아 非爾所及[32]也니라
자왈 사야 비이소급 야

자공이 물었다.
"상대가 나에게 폭력을 휘두르는 것을 원치 않듯이 나 역시 상대에게 폭력을 휘두르는 것을 원치 않습니다."
공자가 말씀하셨다.
"사야, 그것은 네가 쉽게 할 수 있는 것이 아니다."

사람의 천성과 천도는 알지 못한다

子貢曰 夫子之文章[33]은 可得而聞也이니와
자공왈 부자지문장 가득이문야

夫子之言性[34]與天道[35]는 不可得而聞也니라
부저지언성 여천도 불가득이문야

자공이 말하였다.
"선생님의 학문은 누구든지 들을 수가 있지만, 본성과 천도를 논하는 것은 들을 수가 없구나."

깨우치는 것보다 실천이 중요하다

子路는 有聞[36]이요 未之能行[37]이면 唯恐[38] 有聞하도다
자로   유문   미지능행   유공   유문

자로는 교훈을 듣고 행하지 못하면 새로운 교훈을 들을까 봐 두려워했다.

아랫사람에게 묻는 것을 부끄럽게 여기지 마라

子貢問曰 孔文子[39]를 何以謂之文也니이까
자공문왈 공문자   하이위지문야

子曰 敏而好學하며 不恥下問이라
자왈 민이호학   불치하문

是以로 謂之文也로다
시이   위지문야

자공이 공자에게 물었다.
"공문자를 왜 문이라고 부릅니까?"
공자가 말씀하셨다.

"이해가 빠르고 배우기를 좋아해 아랫사람에게 묻기를 부끄러워하지 않아서 문이라고 부르게 된 것이다."

사람을 대하는 4가지 방법

子謂子産[40]하시되 有君子之道四焉이니
공위자산　　　유군자지도사언

其行己也恭하며 其事上也敬하며
기행기야공　　기사상야경

其養民也惠하며 其使民也義[41]니라
기양민야혜　　기사민야의

공자가 자산을 평하여 말씀하셨다.
"그에게는 네 가지의 군자 도가 있다. 행동을 신중히 하고, 윗사람 섬김에 공경하고, 공사에 백성을 다스림이 은혜로웠고, 백성을 부리되 도리에 맞도록 하였느니라."

상대를 항상 공경하라

子曰 晏平仲은 善與人交로다 久而敬之오녀
자왈 안평중　선여인교　　구이경지

공자가 말씀하셨다.

"안평중은 사람과의 교제를 잘 했는데, 오래 사귀어도 상대를 항상 공경했다."

아둔한 행동은 하지 마라

子曰 臧文仲이 居蔡하대 山節藻梲하니 何如其知也리오
자왈 장문중   거채   산절조절   하여기지야

공자가 말씀하셨다.

"장문중이 거북껍질을 걸어 두었는데, 기둥머리엔 산을 조각하고, 대들보 동자기둥에 마름 무늬로 단청한 방을 두었다. 이것은 지혜롭지 못한 것이다."

사람은 청렴해야 한다

子張問曰 令尹子文이 三仕爲令尹하되
자장문왈 영윤자문   삼사위영윤

無喜色하며 三己之하되 無慍色하여
무희색   삼이지   무온색

舊令尹之政을 必以告新令尹하니
구영윤지정   필이고신령윤

何如하나이까 子曰 忠矣니라 曰 未知케라
하여　　　자왈 충의　　왈 미지

曰 仁矣乎이까 焉得仁이리오
왈 인의호　　언득인

崔子弑齊君이어늘 陳文子有馬十乘이러니
최자시제군　　　진문자유마십승

棄而違之하고 至於他邦하여
기이위지　　지어타방

則曰 猶吾大夫崔子也라 하고 違之하며
즉왈 유오대부최자야　　　위지

之一邦하여 則又曰 猶吾大夫崔子也라 하고
지일방　　즉우왈 유오대부최자야

違之하니 何如하나이까
위지　　하여

子曰 淸矣니라 曰 仁矣乎이까
자왈 청의　　왈 인의호

曰 未知케라 焉得仁이리오
왈 미지　　언득인

자장이 물었다.

"초나라 자문이 세 번이나 벼슬하여 영윤이 되었지만 한 번도 기뻐함이 없었고, 세 번이나 그만뒀지만 한 번도 원망함이 없었습니다. 더구나 새로 부임한 영윤에게 자신의 정사를 상세하게 인수해 주었습니다. 이런 사람은 어떻게 생각하십니까?"

공자가 말씀하셨다.

"성실한 사람이다."

"그렇다면 어진 사람으로 생각해도 되겠습니까?"

"그를 알 수 없기 때문에 어진 사람이라고 생각할 수 있겠느냐?"

자장은 또 물었다.

"제나라 대부 최자가 임금을 시해하자, 대부 진문자는 자신의 재산인 말 열 마리를 버리고 다른 나라로 피신해 말하기를 "이곳 역시 제나라 대부 최자와 같구나."라면서 떠났습니다. 다시 다른 나라로 피신해 말하기를 "이곳 역시 제나라 대부 최자와 같구나." 라며 떠났습니다. 이 사람은 어떻게 생각하십니까?"

공자가 말씀하셨다.

"청렴하다."

자장이 물었다.

"그렇다면 어진 사람입니까?"

공자가 말씀하셨다.

"알 수 없기 때문에, 어찌 어진 사람으로 생각하겠느냐?"

항상 신중하게 행동하라

李文子三思而後行하더니 子聞之하시고 曰 再斯可矣니라
계문자삼사이후행   자문지   왈 재사가의

계문자는 세 번을 생각한 다음에 행동한다는 것을 듣고 공자가

말씀하셨다.
"두 번이면 충분하다."

지혜로움은 어리석은 것만 못하다

子曰 甯武子는 邦有道則知하고 邦無道則愚하니
자왈 영무자 방유도즉지   방무도즉우

其知는 可及也이니와 其愚 不可及也니라
기지   가급야   기우 불가급야

공자가 말씀하셨다.
"영무자는 나라에 도가 있으면 지혜로웠고 나라에 도가 없으면 어리석으면서 고지식했다. 그래서 지혜로움은 따르겠지만, 어리석음은 따를 수가 없는 것이다."

다듬지 않는 것은 알차지 못하다

子在陳하사 曰 歸與歸與인저 吾黨之小子狂簡하여 斐然成章이요
자재진   왈 귀여귀여   오당지소자광간   비연성장

不知所以裁之로다
부지소이재지

공자가 진나라에 있을 때 말씀하셨다.
"돌아가자, 돌아가자! 내 고장 어린 제자들은 뜻이 크지만 알차지 못하며, 찬란한 문장은 이루었지만 다듬지를 못했다."

백이, 숙제의 옳은 생각

子曰 伯夷叔齊는 不念舊惡이라 怨是用希니라
자왈 백이숙제 불념구악   원시용희

공자가 말씀하셨다.
"백이와 숙제는 지난 잘못을 생각하지 않았기 때문에 사람들에게 원망을 듣지 않았다."

고결하고 정직함의 진실

子曰 孰謂⁽⁴²⁾微生高直고 或 乞醯焉이러니 乞諸其隣而與之오녀
자왈 숙위 미생고직 혹 걸혜언   걸제기린이여지

공자가 말씀하셨다.
"미생을 어떤 사람들이 고결하고 정직하다고 말하는지 모르겠다. 그는 이웃 사촌이 그에게 식초를 빌려 달라고 하자 옆집에서 빌려다 준 사람이다."

원망을 감추고 교제하지 마라

子曰 巧言令色足恭을 左丘明恥之러니
자왈 교언영색주공　좌구명치지

丘亦恥之하며 匿怨而友其人을
구역치지　　익원이우기인

左丘明恥之러니 丘亦恥之하노라
좌구명치지　　구역치지

공자가 말씀하셨다.
"말과 겉모양을 교묘히 꾸미고 지나치게 공손함을 가장하는 것을 좌구명은 부끄럽게 생각했다. 나 또한 이것을 부끄럽게 생각한다. 원망을 감추고 교제하는 것을 좌구명은 부끄럽게 생각했다. 나 또한 이것을 부끄럽게 생각한다."

자신의 허물을 진심으로 꾸짖어라

顔淵季路侍러니 子曰盍各言爾志리오
안연계로시　　자왈합각언이지

子路曰願車馬와 衣輕裘를 與朋友共하야 敝之而無憾하나이다
자로왈원거마　의경구　여붕우공　　폐지이무감

顔淵曰 願無伐善하며 無施勞하노이다
안연왈원무벌선　　　무시로

子路曰 願聞子之志하나이다
자로왈 원문자지지

子曰 老者安之하며 朋友信之하며 少者懷之니라
자왈 노자안지 붕우신지 소자회지

子曰已矣乎라 吾未見能見其過而内自訟者也로라
자왈이의호 오미견능견기과이내자송자야

안연과 계로가 공자와 함께 있을 때 공자가 말씀하셨다.
"너희들의 희망이 무엇인지 말해 보아라."
자로가 말했다.
"원하는 것은 수레와 말과 옷과 털외투를 친구와 함께 사용하다가 닳아 떨어져도 섭섭해하지 않는 사람입니다."
안연이 말했다.
"원하는 것은 좋은 일을 해도 자랑하지 않고, 공을 세워도 겉으로 드러내지 않는 사람입니다."
자로가 물었다.
"그럼 선생님의 희망은 무엇입니까?"
공자가 말씀하셨다.
"늙은이를 편안케 해 주고, 친구를 믿음으로 사귀고, 젊은이를 사랑으로 어루만져 주는 사람이 되고 싶구나."
이어서 공자가 말씀하셨다.
"나는 더 이상 할 말이 없도다. 지금까지 자신의 허물을 마음 깊이 스스로 꾸짖는 사람을 한 번도 보지 못했다."

배우는 즐거움

子曰十室之邑에 **必有忠信**이 **如丘者焉**이어니와
자 왈 십 실 지 읍   필 유 충 신   여 구 자 언

不如丘之好學也니라
불 여 구 지 호 학 야

공자가 말씀하셨다.
"열 가구의 작은 마을이라도 충직하고 신의가 있는 사람이 있겠지만, 나처럼 배우기를 좋아하는 사람은 없다."

제六편 옹야 雍也

이 편은 공자의 제자들에 대한 인물 평가가 매우 많이 실려 있다. 전반부는 대부분 여러 인물들을 배척하는 구절이 많고 후반부는 인물들을 칭찬하는 구절이 많다. 이 편은 공자의 사상을 연구하는 데 많은 도움이 되는 부분이다.

공자의 제자에 대한 답변

子曰 雍[1]也는 可使南面[2]이로다 仲弓이
자왈 옹 야   가사남면   중궁

問子桑伯子[3]한대 子曰 可也簡[4]이니라 仲弓曰
문자상백자   자왈 가야간   중궁왈

居敬而行簡하야 以臨其民이면 不亦可乎이까
거경이행간   이임기민   불역가호

居簡而行簡이면 無乃大簡乎이까
거간이행간　무내대간호

공자가 말씀하셨다.
"염옹은 충분히 임금의 자격이 있다."
중궁염옹의 아들이 물었다.
"자상백자는 어떻습니까?"
공자가 말씀하셨다.
"번거롭지 아니하고 소탈하다."
중궁이 물었다.
"안으로는 스스로 경건하며 밖으로는 너그럽게 백성을 다스린다면 옳지 않겠습니까? 만일 스스로를 관대함을 자처하며 소홀하게 흐르는 것이 아니겠습니까?"

子曰 雍之言이 然하다 哀公[5]問弟子孰爲好學이니이까
자왈 옹지언 연　애공 문제자숙이위학

孔子對曰 有顔回者好學하야 不遷怒[6]하여
공자대왈 유안회자호학　불천노

不貳過하더니 不幸短命死矣라
불이과　　불행단명사이

今也則亡하니 未聞好學者也케이다
금야즉망　미문호호학자

공자가 말씀하셨다.
"옹의 말이 지당하구나."
애공이 물었다.

"제자 중 누가 학문을 좋아합니까?"

공자가 대답했다.

"안회가 학문을 좋아하기 때문에 노여움을 다른 사람에게 전달하지 않고, 잘못은 절대로 두 번을 되풀이하지 않았는데, 불행하게도 단명해서 지금은 없습니다. 지금 그와 같은 제자를 지금까지 한 번도 듣지 못했습니다."

이웃 사람에게 베풀어라

子華[7] 使於齊러니 冉子[8] 爲其母請粟한대
자 화 사 어 제   염 자 위 기 모 청 속

子曰 與之釜[9]한대 請益하니 曰 與之庾[10]하여시늘
자 왈 여 지 부   청 익   왈 여 지 유

冉子與之粟五秉[11]한대
염 자 여 지 속 오 병

子曰 赤之適齊也에 乘肥馬하니 衣輕裘하니 吾聞之也하니
자 왈 적 지 적 제 야 승 비 마   의 경 구   오 문 지 야

君子는 周急이요 不繼富호라
군 자 주 급   불 계 부

原思[12] 爲之宰러니 與之粟九百이어시늘 辭한대
원 사 위 지 재   여 지 속 구 백   사

子曰는 毋하라 以與爾隣里鄕黨[13]乎인저
자 왈 무   이 여 이 린 리 향 당 호

자화가 제나라에 심부름을 갈 때 염구가 자화의 어머니에게 곡식주기를 간청하자 공자가 말씀하셨다.

"여섯 말 넉 되를 줘라."

염유가 더 줄 것을 간청하자 열여섯 말을 주라고 했다. 그런데 염구가 팔십 석을 주자 공자가 말씀하셨다.

"적이 제나라로 갈 때 살찐 말을 타고 가벼운 털옷을 입고 있었다. 내가 알기로는 군자는 곤궁한 사람은 도와주지만 부자는 돕지 않는다.' 한다."

공자는 원사가 자신의 가신이 되자 그에게 곡식 구백 말을 주자 이를 사양하자 이렇게 말씀하셨다.

"사양하지 말라. 만약 곡식이 남는다면 이웃과 마을과 이웃 마을 사람들에게 나눠 주면 된다."

사람은 쓰이는 데가 각기 정해져 있다

子謂仲弓曰 犁牛[14]之子라도 騂[15]且角이면
자 위 중 궁 왈 이 우   지 자   성   차 각

雖欲勿用이나 山川其舍諸아
수 욕 물 용   산 천 기 사 제

공자가 중궁을 평가하여 말씀하셨다.

"얼룩소새끼라도 털이 붉고 뿔이 단정하면 제사용으로 사용하지 않아도 산천의 신들이 내버려 두지 않는다."

공자의 안회에 대한 평가

子曰 回也는 其心三月不違仁이요
자왈 회야 기심삼월부위인

其餘[16] 則日月至焉[17]而已矣[18]니라
기여 즉일월지언 이이의

공자가 말씀하셨다.
"안회는 석 달이 지나도 인을 절대로 어기지 않았지만, 나머지 제자들은 기껏 하루 아니면 한 달에 한 번 정도 지킬 뿐이다."

공자의 제자들의 추천

季康子[19]問하되 仲由[20]는 可使從政也與니까
계강자 문 중유 가사종정야여

子曰 由也果하니 於從政乎何有리오
자왈 유야과 어종정호하유

曰 賜也[21]는 可使從政也與이까
왈 사야 가사종정야여

曰 賜也達하니 於從政乎何有리오
왈 사야달 어종정호하유

曰 求[22]也는 可使從政也與이까
왈 구 야 가사종정야여

曰 求也藝하니 於從政乎何有리오
왈 구야예   어종정호하유

계강자가 공자에게 물었다.
"중유를 정치에 입문시켜도 되겠습니까?"
공자가 말씀하셨다.
"유는 과단성이 있기 때문에 별 어려움이 없소."
"사를 정치에 입문시켜도 되겠습니까?"
"사는 사리에 통달했기 때문에 별 어려움이 없소."
"구를 정치에 입문시켜도 되겠습니까?"
공자께서 말씀하셨다.
"구는 재능이 많기 때문에 별 어려움이 없소."

마음이 내키지 않는 일은 하지 마라

季氏[23] 使閔子騫으로 爲費宰[25]한대 閔子騫[24]이 曰 善爲我辭焉하라
계씨 사민자건   위비재   민자건   왈 선위아사언

如有復我者인대 則吾必在汶[26] 上矣로리라
여유복아자   즉오필재문 상의

계씨가 민자건을 비읍의 장에 임명하기 위해 사자를 보내자 이렇게 말했다.
"나를 위해 가서 잘 말씀해 주시오. 만약 또다시 찾아온다면 나는 문수강가에 있을 것입니다."

공자의 제자에 대한 애착

伯牛[27]有疾이어늘 子問之하실새 自牖[28]로 執其手曰 亡之로다
백 우 유 질   자 문 지   자 유   집 기 수 왈 망 지

命矣夫인저 斯人也而有斯疾也할새 斯人也而有斯疾也할새
명 의 부   사 인 야 이 유 사 질 야   사 인 야 이 유 사 질 야

백우가 나병으로 누워 있을 때 공자가 문병을 가서 창문으로 그의 손을 잡고 말씀하셨다.

"이 사람을 잃게 되었으니 이것은 분명 천명이로구나. 이처럼 착한 사람이 몹쓸병에 걸리다니! 이렇게 착한 사람이 이런 병에 걸리다니!"

안회의 인품

子曰 賢哉라 回也여 一簞食[29]와 一瓢飮[30]으로
자 왈 현 재   회 야   일 단 식   일 표 음

在陋巷[31]을 人不堪其憂어늘 回也는 不改其樂하니 賢哉回也여
재 누 항   인 불 감 기 우   회 야   불 개 기 락   현 재 회 야

공자가 말씀하셨다.

"현자, 안회야! 사람들은 한 그릇의 밥과 한 표주박의 국물로 누추한 골목에 살면서 범속한 인간들은 견디기 매우 어려워하거늘 회는 그렇게 살면서도 스스로의 낙을 고치지 아니하니, 참으로 현자구나 안회여!"

힘이 모자라면 그만두어라

冉求曰 非不說子之道언마는 力不足也로이다
염구왈 비불열자지도　　역부족야

子曰 力不足者는 中道而廢³²니 今女畫³³이로다
자왈 역부족자　중도이폐　　금여획

염구가 공자에게 물었다.
"선생님의 가르침이 즐겁기는 하오나, 힘이 모자랍니다."
그러자 공자께서 말씀하셨다.
"힘이 모자라는 자는 도중에 그치지만 너는 이제 스스로 힘의 한계를 긋고 말하는구나."

군자다운 선비가 되어라

子謂子夏曰 女爲君子儒³⁴요
자위자하왈 여위군자유

無爲小人儒³⁵하라
무위소인유

공자가 자하에게 말씀하셨다.
"너는 군자로서의 학자는 될지언정, 소인 같은 선비가 되어서는 안 된다."

인재를 발탁하는 방법

子游가 爲武城[36]宰러니 子曰 女得人焉爾乎아
자유 위무성 재 자왈 여득인언이호

曰 有澹臺滅明者하니 行不由徑[37]하며
왈 유담대멸명자 행불유경

非公事어든 未嘗至於偃[38]之室也하나이다
비공사 미상지어언 지실야

자유가 무성 고을의 장이 되자 공자가 말씀하셨다.
"인재는 구했느냐?"
자유가 대답했다.
"담대멸명이란 사람이 있는데, 그는 길을 갈 때 항상 지름길로 다니지 않고 공무가 아니면 절대로 나를 찾아오는 일이 없습니다."

자신을 내세우지 마라

子曰 孟之反[39]은 不伐[40]이로다
자왈 맹지반 불벌

奔而殿[41]하여 將入門할새
분이전 장입문

策其馬曰 非敢後也라 馬不進也라 하니라
책기마왈 비감후야 마불진야

공자가 말씀하셨다.

"맹지반은 자신을 자랑하지 않고, 싸움에 져서 후퇴할 때 뒤에서 적을 방어하고, 성문에 이르러서는 자기 말에 채찍질하면서 '일부러 뒤처진 것이 아니라 말이 뛰지 않으려고 했다!' 라고 했다."

세상을 살아가는 방법

子曰 不有祝⁽⁴²⁾鮀⁽⁴³⁾之佞이며 而有宋朝⁽⁴⁴⁾之美면
자왈 불유축 타 지녕 이유송조 지미

難乎免於今之世矣⁽⁴⁵⁾니라
난호면어금지세의

공자가 말씀하셨다.

"위나라 종묘 제관 축타의 말재주와 송나라의 공자 조와 같은 미모가 없다면 지금의 세상에서는 목숨을 살아가기란 어렵다."

도를 따르라

子曰 誰能出不由戶리오마는
자왈 수능출불류호

何莫由斯道⁴⁶⁾也요
하 막 유 사 도 야

공자가 말씀하셨다.
"누구든지 방에서 나갈 때는 문을 거치지 않는 경우가 없겠지만, 어째서 이 길을 밟지 않는 걸까?"

군자는 바탕과 지식이 조화를 이루어야 한다

子曰質勝文則野요 文勝質⁴⁷⁾則史⁴⁹⁾니
자 왈 질 승 문 즉 야   문 승 질 즉 사

文⁴⁸⁾質이 彬彬⁵⁰⁾然後에 君子니라
문 질   빈 빈   연 후   군 자

공자가 말씀하셨다.
"질이 문보다 앞서면 야비해지고, 문이 질을 이기면 문약해진다. 그래서 질과 문이 조화를 잘 이뤄야 군자라고 불린다."

사람은 정직해야 한다

子曰人之生也直하니
자 왈 인 지 생 야 직

罔⁵¹⁾之生也는 幸而免이니라
망 지생야   행이면

子曰知之者는 不如好之者요
자왈지지자   불여호지자

好之者는 不如樂之者니라
호지자   불여락지자

공자가 말씀하셨다.
"사람의 천성은 본디 정직한 것이다. 정직하지 않고도 살아가는 사람은 요행히 형벌을 면하는 길뿐이다."
이어 공자가 말씀하셨다.
"알기만 하면 그것을 좋아하는 사람보다 못 하고, 좋아하기만 하면 그것을 즐기는 사람보다 못 하다."

높은 지식이란

子曰中人⁵²⁾以上은 可以語上也어니와
자왈중인 이상   가이어상야

中人以下는 不可以語上也니라
중인지하   불가이어상야

공자가 말씀하셨다.
"중간 이상의 사람에게는 높은 도리를 말해도 좋지만, 중간 이하의 사람에게는 높은 지식을 말할 필요가 없는 것이다."

사람은 도리를 지켜야 한다

樊遲[53]問知한대 子曰 務民之義요 敬鬼神而遠之[54]면 可謂知矣니라
번지 문지　　자왈 무민지의　경귀신이원지　　가위지의

問仁한대 曰 仁者는 先難[55]而後獲[56]이니 可謂仁矣니라
문인　　왈 인자　선난 이후획　　　가위인의

번지가 공자에게 지혜에 대해 묻자 말씀하셨다.
"사람이면 도리를 지키면서 신에게 의지하지 않으면 지혜로운 것이다."
번지가 공자에게 인자함을 묻자 말씀하셨다.
"인자는 어려운 일을 남보다 먼저 하고 이득은 뒤에 하는데, 이것을 지킨다면 인자인 것이다."

지혜로운 사람은 즐겁게 산다

子曰 知者는 樂水[57]하고 仁者樂山이니
자왈 지자　요수　　　인자요산

知者動하고 仁者靜하며 知者樂하고 仁者壽니라
지자동　　인자정　　　지자락　　인자수

공자가 말씀하셨다.
"지혜로운 사람은 물을 좋아하고, 어진 사람은 산을 좋아한다. 지혜로운 사람은 움직이고, 조용하다. 지혜가 있는 사람은 즐거

운 삶을 살고, 어진 사람은 오래 산다."

나라가 변해야 도에 이른다

子曰齊⁵⁸⁾一變이면 至於魯⁵⁹⁾하고
자 왈 제   일 변   지 어 노

魯一變이면 至於道⁶⁰⁾니라
노 일 변   지 어 도

공자가 말씀하셨다.
"제나라의 풍속이 바뀐다면 그 여파가 노나라까지 미치고, 노나라의 풍속이 바뀐다면 곧 도에 이른다."

모난 그릇

子曰觚不觚⁶¹⁾면 觚哉觚哉아
자 왈 고 불 고   고 재 고 재

공자가 말씀하셨다.
"모난 그릇에 모난 곳이 없다면, 어찌 모난 그릇이라고 하겠는가. 어찌 고라고 말하겠는가."

군자는 사람을 어리석게 만들지 않는다

宰我問曰 仁者는 雖告之曰 井有仁[62]焉이라도 其從之[63]也로소이다
재아문왈인자　수고지왈 정유인 언　　 기종지 야

子曰 何爲其然[64]也리오
자왈 하위기연　 야

君子는 可逝[65]也언정 不可陷也며 可欺也언정 不可罔也니라
군자　 가서 야　　　불가함야　 가사야　　　불가망야

재아가 공자에게 물었다.

"인자가 사람이 우물에 빠졌다고 거짓말을 하면 그 말에 좇아 군자도 우물 속으로 들어가야 합니까?"

그러자 공자가 말씀하셨다.

"그렇게 할 수는 없다. 군자로 하여금 가게 할 수는 있겠지만 빠지게 할 수는 없다. 속일 수는 있지만 결코 어리석게 만들 수는 없다."

군자의 태도

子曰 君子博學於文[66]이요 約之以禮면 亦可以弗畔[67]矣夫[68]인저
자왈 군자박학어문　　　 약지이례　 역가이불반 의부

공자가 말씀하셨다.

"군자가 널리 글을 배우고 예로써 요약하면 절대로 도에 벗어나지 않는다."

내가 잘못했으면 하늘이 나를 버릴 것이다

子見南子[69]하신대 子路不說이어늘
자 견 남 자　　　자 로 불 열

夫子矢之曰予所否[70]者인댄 天厭[71]之天厭之시리라
부 자 시 지 왈 여 소 부 자　　천 염　지 천 염 지

공자가 요부 남자를 만나자 자로가 싫어했다. 스승께서 맹세하면서 말씀하시기를
"내가 잘못한 일이 있다면, 하늘이 나를 버릴 것이다! 하늘이 나를 버릴 것이다!"

중용의 덕

子曰 中庸[72]之爲德也는
자 왈 중 용　 지 위 덕 야

其至矣乎인저 民鮮久矣니라
기 지 의 호　　민 선 구 의

공자가 말씀하셨다.
"중용의 덕은 지극히 높은 것이다. 백성으로서 이것을 갖춘 사람이 드문 지 오래되었구나."

인에 이르는 길

子貢曰 如有[73]博施[74]於民하여 而能濟衆한댄
자공왈 여유 박시 어민 이능제중

何如하나이까 可謂仁乎이까 子曰 何事於仁[75]이리오
하여 가위인호 자왈 하사어인

必也聖乎인저 堯舜[76]도 其猶病諸시니라
필야성호 요순 기유병제

夫仁者는 己欲立而立人하며 己欲達而達人이니라
부인자 기욕립이립인 기욕달이달인

能近取譬[77]면 可謂仁之方也已니라
능근취비 가위인지방야이

자공이 공자에게 물었다.

"만약 백성들에게 은덕을 베풀어 고난에서 구해 낸다면 인자한 사람이라 할 수 있습니까?"

그러자 공자가 말씀하셨다.

"어찌 인자에게만 한정시킬 수 있겠느냐. 틀림없이 성인이라 할 것이다. 요순도 그것을 몹시 걱정했던 것이다. 인자는 스스로 입신하고자 할 때는 다른 사람을 입신시키고, 스스로 사리에 통달하고자 할 때는 다른 사람을 이루게 해 준다. 따라서 자신을 비추어 상대방을 먼저 이해한다면 곧 인에 이르는 것이다."

제七편 술이 述而

<술이편>은 공자의 생각과 말과 그리고 그의 행동을 기록한 구절이 많다. 이 구절에서는 현인·군자·어진 사람들의 덕행을 실었다. <술이편>은 논어 가운데 가장 아름다운 글들이 많이 수록되어 있는데 그 내용으로는 성인들의 겸손한 태도와, 제자들을 가르치고 그들의 바른 몸가짐과 행적에 대한 글들이 많이 수록되어 있다.

옛 것을 그대로 믿는 것은 좋지 않다

子曰 述[1]而不作[2]하며 信而好古를 竊比於我老彭[3]하노라
자왈 술 이부작   신이호고   절비어아노팽

공자가 말씀하셨다.
"나는 예로부터 내려오는 것을 그대로 전할 뿐 새롭게 만들지 않

았고, 그대로 믿고 좋아하는 이 점은 저 노팽에게 비교할 수 있다."

남을 가르치는 것은 매우 어렵다

子曰 默而識⁴⁾之하며 學而不厭하며 誨⁵⁾人不倦이 何有於我哉오
자왈 묵이지 지   학이불염   회인불권   하유어아재

공자께서 말씀하셨다.
"묵묵함에서 이해하고 배움을 싫어하지 않고, 다른 사람을 가르치는 데 게으름이 없는 이 점만은 나에게 부족됨이 없다."

나쁜 것은 반드시 고쳐야 한다

子曰 德之不脩와 學之不講과 聞義不能徙하며
자왈 덕지불수   학지불강   문의불능사

不善不能改는 是吾憂也니라
불선불능개   시오우야

공자가 말씀하셨다.
"덕이 수양되지 않는 것, 배운 것이 익혀지지 않는 것, 의로움을 듣고도 실천하지 않는 것. 선하지 않음을 고치지 않는 것이야말로 내가 걱정하는 바이다."

공자의 여유로움

子之燕居⁶⁾에 申申⁷⁾如也하시며 夭夭⁸⁾如也러시다
자 지 연 거   신 신 여 야   요 요 여 야

공자가 집에서 여유롭게 거닐고 있을 때는 매우 유유하고 얼굴빛은 화기가 도는 듯했다.

공자의 주공에 대한 그리움

子曰 甚矣라 吾衰也여 久矣과 吾不復夢見周公⁹⁾이로다
자왈 심의   오쇠야   구의   오불복몽견주공

공자가 말씀하셨다.
"심히 내가 늙었고 오래됐구나. 이젠 내 꿈에서 주공을 다시 보지 못할 것이다."

육예를 생활화하라

子曰 志於道하고 據於德하며 依於仁하며 游於藝¹⁰⁾니라
자왈 지어도   거어덕   의어인   유어예

공자가 말씀하셨다.

"도에 뜻을 두고 덕을 근거로 삼아 인에 의지하면서 육예를 즐겨야 한다."

분수에 맞는 대가를 바라라

子曰 自行束脩¹¹⁾以上은 吾未嘗無誨焉이로다
자왈 자행속수 이상   오미상무회언

공자가 말씀하셨다.
"오래된 육포 한 묶음 이상의 예의를 행한 사람에게는 내가 반드시 가르쳐 주었다."

스스로 노력하지 않으면 그 누구도 가르치지 않는다

子曰 不憤不啓하며 不悱不發하여
자왈 불분불계   불비불발

擧一隅¹²⁾에 不以三隅反¹³⁾이어든 則不復也니라
거 일 우   불이삼우반   즉불부야

공자가 말씀하셨다.
"알려고 애쓰지 않으면 다른 사람을 가르쳐 주지 않았고, 표현하려는 노력이 없으면 깨우쳐 주지 않고, 한쪽 모서리를 들어 보

아 나머지 세 모서리를 알기 위한 노력이 없으면 다시는 가르치지 않았다."

공자의 상례

子食於有喪者之側에 未嘗[14]飽也러시다
자식어유상자지측 미상 포야

子於是日에 哭則不歌러시다
자어시일 곡즉불가

공자는 상갓집에 가서 상주와 식사할 때 배부르게 먹지 않았다. 공자는 상갓집에서 곡을 한 다음에는 하루 종일 노래를 부르지 않았다.

미리 계획을 세워라

子謂顔淵曰 用之則行[15]하고 舍之則藏[16]을 唯我與爾有是夫인저
자위안연왈 용지즉행 사지즉장 유아여이유시부

子路曰 子行三軍[17]이면 則誰與시리이까
자로왈 자행삼군 즉수여

子曰 暴虎馮河[18]하여 死而無悔者를 吾不與也니
자왈 포호빙하 사이무회자 오불여야

必也臨事而懼하며 好謀而成者也니라
필야임사이구   호모이성자야

공자가 안연에게 말씀하셨다.

"등용되면 나아가 도를 행하고, 버려지면 집으로 돌아와 도를 즐기는 것이 오직 나와 너만이 할 수 있다."

자로가 물었다.

"선생님께서 삼군을 거느린다면 누구와 같이 하겠습니까?"

그러자 공자가 말씀하셨다.

"맨주먹으로 범을 때려잡고 맨발로 황하를 건너다가 죽어도 후회 않는 사람하고는 함께하지 않을 것이다. 다만 일을 실행함에 두려워하고, 미리 계획해서 성공시키는 것을 좋아하는 사람과 함께 할 것이다."

부를 좇는 도리

子曰 富而可求也인덴 雖執鞭之士[19]라도
자왈 부이가구야   · 수집편지사

吾亦爲之어니와 如不可求인덴 從吾所好하리라
오역위지   여불가구   종오소호

공자가 말씀하셨다.

"부를 좇는 것이 옳다면 마부 노릇을 하겠지만, 그것이 옳지 않는다면 따르지 않고, 내가 좋아하는 일을 하겠다."

음악의 즐거움

子在齊[20] 聞韶[21]하시고 三月不知肉味하시고
자재제 문소   삼월불지육미

曰 不圖[22] 爲樂之至於斯也호라
왈 불도 위락지지어사야

공자가 제나라에 있을 때 풍악을 듣고 석 달 동안 심취되어 고기맛을 이렇게 표현하셨다.
"음악의 아름다움이 이렇게 극진할 줄은 미처 생각하지 못했다."

인자는 후회가 없다

冉有曰 夫子爲衛君乎[23]아 子貢曰 諾다 吾將問之하리라
염유왈 부자위위군호   자공왈 락 오장문지

入曰 伯夷叔齊[24]는 何人也니이 曰 古之賢人也니라
입왈 백이숙제   하인야   왈 고지현인야

曰 怨乎이니시이 曰 求仁而得仁[25]이어니
왈 원호   왈 구인이득인

又何怨이리오 出曰 夫子不爲也시리라
우하원   출왈 부자불위야

염유가 물었다.

"공자께서 위나라의 임금을 도와주겠는가?"
이에 자공이
"글쎄, 여쭤 보겠네."
라며 공자에게 가서
"백이숙제는 어떤 사람입니까?"
라고 물었다. 공자가 말씀하셨다.
"옛날의 현인이다."
그러자 자공이 물었다.
"그들도 후회했습니까?"
공자가 말씀하셨다.
"인을 구하여 인을 얻었기 때문에 왜 후회가 있었느냐."
자공이 나와서 말을 전했다.
"선생님께서는 위나라의 임금을 돕지 않으실 걸세."

의롭지 않은 부귀는 뜬구름과 같다

子曰 飯[26] 疏食[27] 飲水하고
자왈 반   소사   음수

曲肱[28]而枕之라도 樂亦在其中矣니
곡굉 이침지   낙역재기중의

不義而富且貴는 於我에 如浮雲이니라
불의이부차귀   어아   여부운

공자가 말씀하셨다.
"나물밥과 물을 먹으며 팔베개를 하고 살아도 즐거움이 그 속에 있어 의롭지 않은 부귀는 오직 뜬구름과 같다."

공자의 소원

子曰 加我數年[29]하여 五十以學易[30]이면
자왈 가아수년　　　오십이학역

可以無大過矣리라
가이무대과의

공자가 말씀하셨다.
"앞으로 몇 년만 더 살아서 쉰 살이 되었을 때 역학을 공부한다면 큰 허물 없이 생을 마치게 될 것이다."

공자의 말에는 항상 예가 스며 있다

子所雅言[31]은 詩書執禮[32]니 皆雅言也러시다
자소아언　　　시서집예　　개아언야

공자가 표준말을 쓸 때는 『시경』과 『서경』을 비롯한 예를 강의할 때 썼다.

학문을 즐기는 공자의 태도

葉公³³⁾ 問孔子於子路어늘 子路不對한대
섭공 문공자어자로 자로부대

子曰 女奚不曰其爲人也는 發憤忘食하며
자왈 여해불왈기위인야 발분망식

樂以忘憂하여 不知老之將至云爾오
낙이망우 부지로지장지운이

　섭공이 자로에게 공자의 사람됨을 묻자 자로가 머뭇거리자 공자가 말씀하셨다.
　"너는 왜 말을 못하는가? '그 사람은 문을 좋아한 나머지 밥 먹는 것도 잊고, 도를 즐기매 근심까지 잊기 때문에 장차 늙음이 몸에 이는 사람이다' 라고 말이다."

사람은 태어날 때부터 아는 것이 아니다

子曰 我非生而知³⁴⁾之者라 好古敏³⁵⁾以求之者也로다
자왈 아비생이지 지자 호고민 이구지자야

　공자가 말씀하셨다.
　"나는 태어날 때부터 도를 깨달은 사람이 아니다. 다만 옛 것을 좋아해서 그것을 빨리 알기 위해 노력한 사람이다."

공자는 귀신에 대해 말한 적이 없다

子不語怪[36]力[37]亂[38]神[39]이러시다
자불어괴 력 난 신

공자는 괴변·완력·난동·귀신鬼神에 대해 말씀한 적이 전혀 없다.

세 사람 중에 반드시 나의 스승이 있다

子曰 三人行에 必有我師焉이니 擇其善者而從之요 其不善者而改之니라
자왈 삼인행 필유아사언   택기선자이종지 기불선자이개지

공자가 말씀하셨다.
"세 사람이 같이 길을 가면 그 중에 내 스승이 있기 때문에 착한 점만 따르고 나쁜 점은 교훈 삼아 내 잘못을 고치면 된다."

천명

子曰 天生德於予시니 桓魋[40]其如予何리오
자왈 천생덕어여   환퇴 기여여하

공자가 말씀하셨다.

"하늘이 나에게 덕을 주셨는데, 감히 환퇴가 나를 해칠 수가 있겠는가?"

자신을 숨기지 말라

子曰 二三者[41]는 以我爲隱乎아 吾無隱乎爾[42]로라
자왈 이삼자   이아위은호   오무은호이

吾無行而不與二三者이니 是丘也니라
오무행이불여이삼자   시구야

공자가 말씀하셨다.
"그대들은 내가 숨기는 것이 있다고 생각하겠지만, 나는 숨기는 것이 전혀 없다. 나는 항상 너희와 함께 있었고, 이것이 바로 내 마음인 것이다."

공자의 학문

子以四敎하시니 文行忠信이니라
자이사교   문행충신

공자는 제자들에게 학문과 덕행과 성실과 신의 등 4가지를 가르쳤다.

항상 변치 않는 마음을 가져라

子曰 聖人을 吾不得而見之矣어든 得見君子者면 斯可矣니라
자왈 성인 오부득이견지의 득견군자자 사가의

子曰 善人을 吾不得而見之矣어든 得見有恒者⁴³⁾면 斯可矣⁴⁵⁾니라
자왈 선인 오부득이견지의 득견유항자 사가의

亡而爲有⁴⁴⁾하며 虛而爲盈하며 約而爲泰니 難乎有恒矣니라
망이위유 허이위영 약이위태 난호유항의

공자가 말씀하셨다.
"성인을 만날 수 없으니, 대신에 군자라도 만났으면 한다."
공자가 말씀하셨다.
"성인을 만날 수 없으니, 대신에 마음이 항상 똑같은 사람이라도 만났으면 한다. 없으면서 있는 척, 속이 비어 있으면서 가득한 척, 가난하면서 부자인 척하는 세상이기에 항상 변치 않는 마음을 가지기도 힘들구나."

공자의 세상을 사는 방법

子는 釣而不網하시며 弋不射宿이러시다
자 조이불망 익불사숙

낚시할 때 공자는 그물을 사용하지 않았으며, 주살질을 할 때는 둥지의 새는 쏘지 않았다.

많이 보면서 좋은 것만 기억하라

子曰 蓋有不知而作[46]之者나 我無是也로다
자왈 개유부지이작 지자　아무시야

多聞하여 擇其善者而從之하며 多見而識之知之면 知次也니라
다문　　택기선자이종지　　다견이식지지지　지차야

공자가 말씀하셨다.
"세상엔 알지도 못하면서 아는 척하는 사람이 있다고들 하지만, 나는 그렇게 살아 보지 않았다. 많이 들으면서 좋은 것만 따르고, 많이 보면서 좋은 것만 기억한다면, 이것이 바로 아는 것 다음이다."

지난날의 잘못은 마음에 두지 마라

互鄕[47]은 難與言이러니 童子見커늘 門人이 惑한대
호향　　난여언　　　　동자견　　문인　혹

子曰 與其進[48]也요 不與其退也니 唯何甚[49]이리오
자왈 여기진 야　불여기퇴야　유하심

人이 潔己以進이어든 與其潔也요오 不保其往[50]也니라
인　결기이진　　　　여기결야　　불보기왕　야

오향 사람이 말하길 머뭇거릴 때 어떤 동자가 공자를 만나자 제자들이 당황했다. 이에 공자가 말씀하셨다.
"찾아오면 받아 주고 물러가면 받아 주지 않는다. 어찌 막겠느

냐? 깨끗이 해서 찾아오면 그대로 받아 주고, 지난날의 잘못을 마음에 둘 필요가 없는 것이다."

인은 먼 곳에 있지 않다

子曰 仁遠乎哉[51]아 我欲仁이면 斯仁至矣니라
자왈인원호재   아욕인   사인지의

공자가 말씀하셨다.
"인은 먼 곳에 있지 않으며, 내가 인을 원한다면 인이 나를 따르는 것이다."

남의 충고를 들어라

陳司敗問[52]하되 昭公[53]知禮乎이까 孔子曰 知禮시니라
진사패문   소공 지예호   공자왈 지예

孔子退커시늘 揖巫馬[54]期而進之曰 吾聞君子不黨이러니
공자퇴   읍무마 기이진지왈 오문군자불당

君子亦黨乎아 君이 取於吳하니 爲同姓이라
군자역당호 군 취어오   위동성

謂之吳孟子[55]라 하니 君而知禮면 孰不知禮리오
위지오맹자   군이지예 숙불지예

巫馬期以告한대 子曰 丘也幸이로다
무마기이고　　자왈구야행

苟有過어든 人必知之오녀
구유과　　　인필지지

진나라의 사패가 물었다.
"노나라 소공은 예를 알고 있습니까?"
공자가 말씀하셨다.
"알고 있었다."
공자가 자리를 뜨자 사패가 무마기에게 읍하고 물었다.
"내가 듣기론 군자는 불편부당하다고 하는데, 군자가 편당하다는 것입니까? 노나라 소공이 오나라의 여인을 아내로 맞아 오와 오가 동성이라서 오맹자라 불렀습니다. 그러니 소공이 예를 안다면 누군들 모르겠습니까."
무마기가 이 말을 공자에게 고하자 말씀하셨다.
"나는 행복하도다. 조금의 잘못이라도 남이 알아내기 때문이다."

남에게 배울 점이 있으면 따르라

子與人歌而善이어든 必使反[56]之하시고 而後和[57]之러시다
자여인가이선　　　필사반지　　　이후화　지

공자는 다른 사람과 노래를 부를 때는 다른 사람이 잘 부르면

또다시 부르게 한 다음에 자신도 따라 불렀다.

군자의 도는 실천할 때 부족함이 많다

子曰 文莫吾猶人也아 躬行君子는 則吾未之有得호라
자왈 문막오유인야 궁행군자 즉오미지유득

공자가 말씀하셨다.
"나의 학문이 다른 사람에 뒤지지 않지만, 군자의 도를 실천할 때는 부족함이 많은 것이다."

공자의 장점

子曰 若聖與仁[58]은 則吾豈敢이리오
자왈 약성여인   즉오기감

抑爲之不厭하며 誨人不倦은
억위지불염   회인불권

則可謂云爾己[59]矣니라
즉가위운이기 의

公西華[60]曰 正唯弟子不能學也니이다
공서화 왈 정유제자불능학야

공자가 말씀하셨다.

"성인과 인자의 일을 내가 어찌 감당해 낼 수 있겠는가? 하지만 도를 행함에 싫증이 나지 않고, 남을 가르치는 데 지치지 않는 것은 해 낼 수가 있다."

공서화가 말했다.

"선생님의 이런 점을 저희가 본받을 수 없습니다."

천지신명에 대한 기도

子疾病이시어늘 子路請禱한대
자 질 병　　　　자 로 청 도

子曰 有諸[61]아 子路對曰 有之하니 誄[62]
자 왈 유 제　　자 로 대 왈 유 지　　뢰

曰 禱爾于上下[63]神祇[64]라 하도소이다
왈 도 이 간 상 하　　신 기

子曰 丘之禱久矣니라
자 왈 구 지 도 구 의

공자의 병환이 위중할 때 자로가 기도하기를 청했다.
그러자 공자가 말씀하셨다.
"그런 기도문도 있었느냐?"
자로가 대답했다.
"네, 선생님. 뇌라는 문헌에 이르기를 '그대를 위해 천지신명께 빈다.'라는 기도문입니다."
그러자 공자가 말씀하셨다.
"나도 그런 기도를 오랫동안 해 왔다."

거만한 것보다 인색한 것이 좋다

子曰 奢則不孫하고
자왈 사즉불손

儉則固니 與其⁽⁶⁵⁾不孫也론 寧固니라
검즉고   여기 불손야   영고

공자가 말씀하셨다.
"사치가 심하면 거만해지고, 검소하면 인색해진다. 그래서 거만한 것보다 인색한 것이 훨씬 좋다."

소인은 고민에 휩싸여 초조해한다

子曰 君子는 坦⁽⁶⁶⁾蕩蕩⁽⁶⁷⁾이요 小人長戚戚⁽⁶⁸⁾이니라
자왈 군자 란 탕탕   소인장척척

공자가 말씀하셨다.
"군자는 마음이 평정하여 넓어서 너그럽지만, 소인은 고민에 휩

싸이면서 마음이 초조할 뿐이다."

공자의 생활 태도

子溫而厲하시며 威而不猛하시며
자 온 이 려　　위 이 불 맹

恭[70]而安[69]이러시다
공　이 안

공자는 항상 온순하면서 엄숙하고, 위엄이 있으면서 사납지 않고, 공손하면서 자연스러웠다.

제八편 태백 泰伯

태왕의 큰아들 태백, 셋째 계력이 아들 중에서 가장 현명했는데 그는 창을 낳았다. 태왕은 셋째 아들 계력에게 왕위를 물려주어 그의 아들이 왕위를 물려받기를 바랐다. 큰아들 태백은 부왕의 뜻을 알아차리고 둘째인 중옹을 설득하여 남만 지방으로 몸을 숨겼다. 그리하여 셋째인 계력이 왕위에 올랐고, 그의 아들이 왕위를 계승하였다. 공자는 태백의 선행을 세상 사람들이 칭송하지 않는 것을 일깨우려고 그의 선행을 몹시 칭찬했다.

태백의 높은 덕

子曰 泰伯¹⁾은 其可謂至德也已矣로다
자왈 태백   기 가 위 지 덕 야 이 의

三以天下讓하되 民無得²⁾而稱焉이온녀
삼 이 천 하 양   민 무 득 이 칭 언

공자가 말씀하셨다.

"태백은 높은 덕을 지녔으며, 천하를 세 번이나 양보했다. 따라서 사람들은 그의 높은 덕을 칭찬할 길이 없었다."

예가 없으면 각박해진다

子曰 恭而無禮則勞[3]하고 愼而無禮則葸[4]하고
자왈 공이무례즉로　　신이무례즉사

勇而無禮則亂하고 直而無禮則絞[5]니라
용이무례즉란　　직이무례즉교

공자가 말씀하셨다.

"공손하기만 하고 예가 없으면 고생스럽고, 신중하면서도 예가 없으면 두려워하고, 용감하면서도 예가 없으면 난폭해지고, 정직하면서도 예가 없으면 각박해지는 것이다.

군자의 도리

君子篤[6]於親이면 則民興於仁하고 故舊不遺면 則民不偸[7]니라
군자독 어친　　즉민흥어인　　고구불유　즉민불투

군자가 친족을 후하게 받아들이면 백성들 역시 어진 마음이 되

고, 옛 친구를 버리지 않으면 백성은 각박해지는 일이 없다.

죽음으로부터 해방

曾子⁸⁾有疾하여 召門弟子曰하며 啓⁹⁾予足하며 啓予手하라
증자 유질   소문제자왈   계 자족   계 여 수

詩¹⁰⁾云 戰戰兢兢하며 如臨深淵하며 如履薄氷이라 하니
시 운 전전긍긍   여임심연   여이박빙

而今而後에야 吾知免夫와라 小子아
이금이후   오지면부   소자

증자가 병으로 위독하자 제자들을 불러 말했다.
"내 발과 손을 펴 보아라. 『시경』에 이르기를 '무서워서 조심조심하여 마치 깊은 못가에 선 것처럼 하고, 얇은 얼음을 밟는 것처럼 하라.' 고 했다. 이젠 나는 그런 걱정에서 해방되었구나, 제자들아!"

군자가 행하여야 할 세 가지 도

曾子有疾이어시늘 孟敬子¹¹⁾問之러니
증자유질   맹경자 문지

曾子言曰鳥之將死에 其鳴也哀하고
증자언왈조지장사   기명야애

人之將死에 其言也善이니이다
인 지 장 사   기 언 야 선

君子所貴乎道者三이니 動容貌[12]에 斯遠暴慢矣며
군 자 소 귀 호 도 자 삼   동 용 모   사 원 폭 만 의

正顔色에 斯近信矣며 出辭氣에 斯遠鄙[13]倍矣니
정 안 색   사 근 신 의   출 사 기   사 원 비   배 의

籩豆[14]之事則有司[15]存이니이다
변 두 지 사 즉 유 사 존

 병이 위중해 누워 있는 증자에게 맹경자가 문병을 오자, 증자가 말했다.
 "새는 죽음이 눈 앞에 다가오면 애처롭게 울고, 사람은 죽음이 눈 앞에 다가오면 말이 선하게 됩니다. 군자에겐 소중하게 행해야 할 세 가지 도가 있는데, 먼저 몸가짐에서 난폭과 거만함이 없어야 하고, 둘째 밝은 얼굴 표정으로 신의 있게 보여야 되고, 셋째 말은 천함과 억지가 있어서는 안 됩니다. 제사 때 제기를 다루는 것은 담당자에게 맡기면 되는 것입니다."

훌륭한 벗

曾子曰 以能問於不能하며 以多[16]問於寡[17]하며 有若無하며 實若虛를
증 자 왈 이 능 문 어 불 능   이 다 문 어 과   유 약 무   실 약 허

犯而不校를 昔者에 吾友가 嘗從事[18]於斯矣니라
범 이 불 교   석 자   오 우   상 종 사   어 사 의

증자가 말했다.

"옛날 내 친구 하나가 유능하지만 무능한 사람에게도 묻고, 학식이 많지만 부족한 사람에게 묻고, 도道가 있어도 없는 듯하고, 덕이 가득해도 없는 듯하고, 다른 사람에게 욕을 먹어도 결코 따지지 않는 것을 실천했다."

군자는 충절을 지킨다

曾子曰 可以託六尺之孤[19]하며 可以寄百里之命[20]이요
증자왈 가이탁육척지고　　가이기백리지명

臨大節[21]而不可奪也면 君子人與아 君子人也니라
임대절 이불가탈야　군자인여　군자인야

증자가 말했다.

"어린 임금을 부탁하고, 사방 백 리의 나라를 맡길 수 있고, 국난에 충절을 지킨다면, 군자라고 부를 수 있을까? 그렇다. 그는 군자이다."

인의 길은 멀다

曾子曰 士不可以不弘毅니 任重而道遠이니라
증자왈 사불가이불홍의　임중이도원

仁以爲己任이니 不亦重乎아 死而後已니 不亦遠乎아
인이위기임　　불역중호　　사이후기　불역원호

증자가 말했다.
"선비된 자는 포부가 넓고 뜻이 곧아야 한다. 이것은 임무가 무겁고 먼 길을 가야 하기 때문이다. 인이 자신의 임무이기에 당연히 무거울 수밖에 없다. 이것 역시 죽어야 끝나기 때문에 길이 멀 수밖에 없다."

음악은 모든 것을 완성한다

子曰 興於詩하며 立於禮하며 成於樂이니라
자왈 흥어시　　 입어례　　 성어락

공자가 말씀하셨다.
"시로 일어나서, 예로써, 음악으로 완성되는 것이다."

백성들을 모두 이해시키기는 매우 어렵다

子曰 民可使由之요 不可使知之니라
자왈 민가사유지　　불가사지지

공자가 말씀하셨다.

"백성들에게 올바른 이치를 따라 행하게 할 수는 있지만, 이해시키는 것은 어렵다."

사람을 사랑하라

子曰 好勇疾貧이 亂也요
자왈 호용질빈   난야

人而不仁을 疾之已甚이 亂也니라
인이불인   질지이심 난야

공자가 말씀하셨다.
"용맹을 내세우고 가난을 싫어하면 반드시 난을 일으킬 것이고, 사람의 어질지 못함을 심히 미워해도 난을 일으키는 원인이다."

교만하거나 인색하지 마라

子曰 如有周公之才之美[22]라도 使驕且吝이면 其餘는 不足觀也已니라
자왈 여유주공지재지미   사교차린   기여 부족관야이

공자가 말씀하셨다.
"설령 주공처럼 훌륭한 재능이 있더라도 교만하거나 인색하면 나머지 재능은 보잘것이 없다."

인재 발탁의 어려움

子曰 三年學에 不至於穀[23]을 不易也니라
자왈 삼년학   불지어곡   불이야

공자가 말씀하셨다.
"삼 년을 배우고도 벼슬에 뜻을 두지 않기란 결코 쉬운 일이 아니다."

나라에 도가 없으면 부끄러운 것이다

子曰 篤信好學하며 守死善道니라
자왈 독신호학   수사선도

危邦不入하고 亂邦不居하며 天下有道則見[24]하고 無道則隱[25]이니라
위방불입   난방불거   천하유도즉현   무도즉은

邦有道에 貧且賤焉이 恥也며 邦無道에 富且貴焉이 恥也니라
방유도 빈차천언 치야 방무도 부차귀언 치야

공자가 말씀하셨다.
"독실하게 믿고 배움을 좋아하며, 목숨을 걸고 도에 힘쓰라. 위험한 나라엔 가지 말고, 위험한 나라에는 살지 말며, 천하에 도가 있으면 벼슬에 나아가고, 도가 없으면 은거한다. 나라에 도가 있는데 빈천함은 부끄러운 것이고, 나라에 도가 있음에도 부귀함은 부끄러운 행동이다."

남의 일에 상관하지 마라

子曰 不在其位하여 不謀其政이니라
자왈 부재기위   불모기정

공자가 말씀하셨다.
"그 직위에 없다면 그와 관련된 정사를 다루지 말아야 한다."

아름다운 음악은 귀를 즐겁게 한다

子曰 師[126]摯[127]之始[28]에 關雎之亂이 洋洋乎盈耳哉라
자왈 사   지   지시   관저지란   양양호영이재

공자가 말씀하셨다.
"악사장 지가 처음 임용되었을 때『시경』〈관저〉의 마지막 악곡의 아름다움이 귀를 즐겁게 하는구나."

믿음이 없는 사람은 이해할 수 없다

子曰 狂[29]而不直하며 侗[30]而不愿하며 悾悾[31]而不信을 吾不知之矣로다
자왈 광 이부직   동 이불원   공공 이불신   오부지지의

공자가 말씀하셨다.

"조심 없이 교만스럽고, 무지스러우면서도 삼가할 줄 모르고 어리석으면서 믿음이 없는 요즘 사람들을 이해할 수 없다."

배울 때는 미친 듯이 하라

子曰 學如不及이요 猶恐失之이니라
자왈 학여불급　유공실지

공자가 말씀하셨다.
"배울 때는 미친 듯이 하며, 이미 배운 것을 잃을까 하고 두려워해야 한다."

사람을 믿어라

子曰 巍巍[32]乎라 舜禹[33]之有天下也여 而不與焉[34]이여
자왈 외외　호　순우　지유천하야　이불여언

공자가 말씀하셨다.
"높고도 크구나! 순과 우는 천하를 차지하고도 실력 있는 사람들에게 일을 맡기고 자신들은 절대로 관여하지 않았다."

요임금의 위대함

子曰 大哉라 堯之爲君也여 巍巍乎라
자왈 대재   요지위군야   외외호

唯天爲大어시늘 唯堯則之[35]하시니
유천위대   유요즉지

蕩蕩[36]乎民無能名焉이로다 巍巍乎라
탕탕 호민무능명언   외외호

其有成功也여 煥乎라 其有文章[37]이여
기유성공야   환호   기유문장

공자가 말씀하셨다.
"크기도 하다, 요임금이여! 위대하구나, 하늘은 크거늘 요임금이 이것을 본받았구나. 넓고도 멀어서 백성들이 표현할 수가 없구나. 위대하다, 공을 이루심이여! 문물 제도가 찬란하구나!"

덕은 지극한 것이다

舜有臣五人[38]에 而天下治하니라
순유신오인   이천하치

武王曰 予有亂臣[39]十人[40]호라 孔子曰 才難이
무왕왈 여유난신   십인   공자왈 재난

不其然乎아 唐虞[41]之際[42]도 於斯爲盛하니
불기연호   당우 지제   어사위성

有婦人焉하니 九人而已니라
유부인언   구인이기

三分天下 有其二하사 以服事殷하시니
삼분천하 유기이   이복사은

周之德은 其可謂至也已矣로다
주지덕   기가위지야이의

순임금에게 신하가 5명이 있었고 그들이 천하를 잘 다스리자 무왕이 말했다.
"나에겐 좋은 신하 10명이 있다."
공자가 말씀하셨다.
"인재를 얻기가 어렵다고 하더니 정말이구나. 요순 이후 주나라에 인재가 많았지만, 부인 한 사람 끼어 9명뿐이다. 주나라는 천하의 3분의 2를 다스렸지만 은나라를 섬겼다. 이처럼 주나라의 덕은 지극한 것이다."

백성들을 사랑하는 우임금

子曰 禹는 吾無間然[43]矣로다
자왈 우   오무간연   의

菲[44]飮食而致孝乎鬼神[45]하시며
비 음식이치효호귀신

惡衣服[46]而致美乎黻冕[46]하시며
악의복 이치미호불면

卑宮室而盡力乎溝洫⁴⁷⁾하시니
비궁실이진력호구혁

禹는吾無間然矣로다
우 오무간연의

공자가 말씀하셨다.

"우임금은 조금도 흠을 잡을 데가 없다. 음식을 간단히 만들어 조상의 제사를 정성스럽게 올려 효성을 다했다. 의복이 검소하고 제사 때 예복은 아름다웠다. 궁실의 꾸밈보다 농사에 물 댈 도랑을 넓히기에 힘을 쏟았으니 그의 약점을 찾을 수가 없다."

제九편 子罕 자한

이 편은 대부분 공자의 빼어난 덕행을 기록한 구절이 많다. 공자는 타락한 세상에서 이득을 얻고 부귀영화를 누리는 것을 부정하였다.

이익과 운명, 그리고 인

子罕[1]言利與命與仁이러시다
자한 언이여명여인

공자께서는 이익과 운명과 인에 대해서는 가끔 말씀하셨다.

공자의 위대함

達巷²⁾黨人曰 大哉라 孔子여 博學而無所成名³⁾이로다 子聞之하시고
달항 당인왈 대재 공자 박학이무소성명 자문지

謂門弟子曰 吾何執⁴⁾고 執御乎아 執射乎아 吾執御矣리라
위문제자왈 오하집 집어호 집사호 오집어의

달항 사람이 말했다.

"공자는 위대하구나! 박학다식해도 전문적인 이름을 붙일 수가 없구나."

공자께서 듣고 제자들에게 말씀하셨다.

"앞으로 내가 무슨 일을 해야 할까? 마부가 될까? 궁수가 될까? 마부가 되는 것이 낫겠다."

배례하는 태도

子曰 麻冕⁵⁾禮也어늘 今也純⁶⁾儉이라 吾從衆하리라 拜下禮也어늘
자왈 마면 예야 금야순 검 오종중 배하예야

今拜乎上泰⁷⁾也라 雖遠衆이나 吾從下하리라
금배호상태 야 수원중 오종하

공자가 말씀하셨다.

"삼실로 만든 제관이 예법에 맞다. 그러나 지금은 명주실로 만든 것을 사용하기 때문에 이것을 따르겠다. 임금이 전각 아래서

배례함은 예법에 어긋나지 않는다. 하지만 지금 사람들은 전각 위에 올라가서 배례하는 것은 교만한 것이다. 이런 행위가 여러 사람들과는 어긋나겠지만 나는 전각 아래서 배례할 것이다."

공자가 버린 네 가지

子絶⁹⁾四러시니 毋⁸⁾意毋必毋固毋我러시다
자절 사　　　무 의무필무고무아

공자는 네 가지일을 절대로 하지 않았는데, 그것은 억측하지 않았고, 무리하지 않았고, 고루하지 않고, 자신을 내세우지 않았다.

하늘이 문화를 없앤다면

子畏¹⁰⁾於匡¹¹⁾이러시니 曰 文王旣沒하시니 文不在玆¹²⁾乎아
자외 어광　　　　왈 문왕기몰　　　문불재자 호

天之將喪斯文也신댄 後死者¹³⁾不得與於斯文也어니와
천지장상사문야　　　후사자 불득여어 사문야

天之未喪斯文也시니 匡人이 其如予何리오
천지미상사문야　　　광인　기여여하

공자가 위험에 처한 광 땅에서 말씀하셨다.
"문왕은 죽었지만 그 문화를 계승할 책임이 내가 있지 않겠느

냐. 만약 하늘이 문화를 없앴다면 후세 사람들이 접하지 못했을 것이다. 그렇지만 하늘이 문화를 살려 두었기 때문에 광인들이 나를 어떻게 할 수가 없다."

군자는 재능이 많고 다능할 필요가 없다

大宰[14]問於子貢曰 夫子聖者與아 何其多能也오
대재 문어자공왈 부자성자여 하기다능야

子貢曰 固天縱[15]之將[16]聖이시고 又多能也시니라
자공왈 고천종 지장 성 우다능야

子聞之曰하시고 大宰知我乎인저 吾少也에 賤故로
자문지왈 대재지아호 오소야 천고

多能鄙事[17]하니 君子多乎哉아 不多也니라
다능비사 군자다호재 불다야

牢[18]曰 子云하시되 吾不試[19]라 故로 藝[20]라 하시니라
뢰 왈 자운 오불시 고 예

대재가 자공에게 물었다.
"공자는 성인이십니까? 그렇게 다재다능하신 것입니까?"
자공이 대답했다.
"하늘이 성인으로 태어나게 했고 다재다능하십니다."
공자가 이 말을 듣고 말씀하셨다.
"대재가 나를 알아주는구나. 내가 어릴 적 가난해서 사소한 일에

도 다능했다. 군자란 다 능한 자인가? 그렇지 아니하다."
　　제자 자로가 말했다.
　　"선생님께서는 '내가 등용되지 아니하여 조그만 기예에 능하다'고 하셨다."

스승은 최선을 다해 제자를 가르친다

子曰 吾有知乎哉아 無知也로다 有鄙夫[21] 問於我하되
자왈 오유지호재　무지야　　유비부　문어아

空空如[22]也라도 我叩其兩端而竭[23]焉하노라
공공여　야　　아고기양단이갈　언

　　공자가 말씀하셨다.
　　"내가 무엇을 알겠는가? 아는 것이 전혀 없다. 무식한 사람이 나에게 묻는다면 그 질문이 아무것도 아닐지라도 나는 최선으로 가르쳐 주었다."

모든 일이 이제 그만인가

子曰 鳳鳥不至하며 何不出圖하니 吾已矣夫인저
자왈 봉조부지　　하불출도　　오이의부

공자가 말씀하셨다.

"봉황새도 나타나지 않고, 황하에는 하도河圖가 나오지 않는데 나의 모든 일들이 이제 그만인가?"

항상 공손히 처신하라

子見齊衰²⁴⁾者와 冕衣裳²⁵⁾者와 與瞽者하시고
자견자쇠 자 면의상 자 여고자

見之에 雖少나 必作하시며 過之必趨²⁶⁾러시다
견지 수소 필작   과지필추

공자가 상복을 입은 사람이나 관복을 입은 사람이나 장님 등을 보거나 만날 때 그들이 나이가 적어도 반드시 자리에서 일어나셨고, 그 앞을 지나치실 때도 종종 걸음으로 걸었다.

공자의 인간상

顔淵喟然²⁷⁾ 歎曰 仰之彌高²⁸⁾하며 鑽²⁹⁾之彌堅하며
안연위연   탄왈 앙지미고   찬 지미견

瞻之在前이러니 忽焉在後로다 夫子는 循循然³⁰⁾善誘하사
첨지재전   홀언재후   부자   순순연   선유

博我以文하시고 約[31]我以禮하시니라 欲罷不能하여 旣竭吾才하니
박아이문　　　약 아이예　　　욕파불능　　　기갈오재

如有所立이 卓爾라 雖欲從之나 末由也已로다
여유소립　　탁이　수욕종지　　말유야이

안연이 슬피 탄식하며 말했다.

"우러러볼수록 더 높고, 뚫으면 뚫을수록 더 굳고, 보면 내 앞에 있었는데 지금은 홀연히 뒤에 계신다. 선생님께서 순수히 사람을 이끌고 가르치시되 교양으로 나를 넓히고, 예로써 다듬어 주셨다. 그만두려고 했지만 그만두지 못하고 내 재능을 다해 따라가도 하지만 선생님의 서 있는 모습이 더 높았고 아무리 따라가려고 애썼지만 따라갈 방법이 없었다."

하늘을 속인 것인가

子疾病이어시늘 子路使門人으로 爲臣[32]이러니
자질병　　　　자로사문인　　　위신

病間[33]曰 久矣哉라 由之行詐也며 無臣而爲有臣하니 吾誰欺오
병간 왈 구의재　유지행사야　무신이위유신　　　오수기

欺天乎인저 且予與其死於臣之手也론
기천호　　　차여여기사어신지수야

無寧死於二三子之手乎아 且予縱不得大葬이나 予死於道路乎아
무녕사어이삼자지수호　　차여종불득대장　　　여사어도로호

공자의 병세가 위중할 때 자로가 문인으로 하여금 가신의 예법으로 시종케 하여 치상할 준비를 차렸다. 그때 병세가 호전되면서 이 일을 알고 공자가 말씀하셨다.

"자로가 거짓을 행한 것이 오래되었구나. 가신이 없는데도 있는 척했으니, 나는 누구를 속일까? 하늘을 속일 것인가? 내가 가신의 손으로 치상당하느니 차라리 너희 제자들의 손에서 죽겠다. 또 내가 죽은 뒤에 비록 성대한 장례식을 받지 못해도 길에 버려지기야 하겠는가?"

아름다운 옥

子貢曰 有美玉於斯하니 韞匵[34]而藏諸이까 求善[35]賈而沽諸이까
자공왈 유미옥어사   온독   이장제   구선 가이고제

子曰 沽之哉라 我待賈者也로라
자왈 고지재   아대가자야

자공이 공자에게 물었다.

"여기에 아름다운 옥이 있다면 궤 속에 보관해야 합니까? 좋은 값으로 팔아야 합니까?"

공자가 말씀하셨다.

"반드시 팔아야 하는 것이다. 나는 좋은 값으로 팔리기를 원하는 사람이기 때문이다."

사람의 도리를 지켜라

子曰 出則事公卿하고 **大則事父兄**하고
자왈 출즉사공경　　대즉사부형

喪事를 **不敢不勉**하며 **不爲酒困**이 **何有於我哉**리오
상사　불감불면　　불위주곤　하유어아재

공자가 말씀하셨다.
"벼슬을 하면 제후나 대부를 섬기고, 집에 돌아오면 부모 형제를 섬긴다. 초상은 정성으로 치러야 하며, 술을 마시되 도를 넘지 아니하는 이것이 어찌 나에게 쉬운 일이랴."

군자가 사는 곳은 누추하지 않다

子欲居九夷[36]러시니 **或曰 陋如之何**잇고
자욕거구이　　　　　혹왈 누여지하

子曰 君子居之면 **何陋之有**[37]리오
자왈 군자거지　　하루지유

공자가 오랑캐의 땅으로 이사해서 살겠다고 하자 어떤 사람이 이렇게 질문했다.
"누추한 땅에서 어떻게 그곳에서 살려고 합니까?"
그러자 공자가 이렇게 대답했다.
"군자가 사는 곳에 어떤 누추함이 있겠소."

음악이 바로서야 모든 것이 순조롭다

子曰 吾自衛反魯[38]然後에 樂正하여 雅頌[39]이 各得其所하니라
자왈 오자위반노 연후 악정 아송 각득기소

공자가 말씀하셨다.
"내가 위나라에서 노나라로 돌아온 뒤에 음악이 바로 되어 아雅와 송頌이 각기 제자리를 찾은 것이다."

모든 것은 흐르는 물과 같다

子在川上[40]曰 逝者如斯夫인저 不舍[41]晝夜로다
자재천상 왈 서자여사부 불사 주야

공자가 냇가에서 말씀하셨다.
"가는 것이 모두 이와 같구나 밤낮으로 흘러서 쉬지 않는구나."

항상 덕을 베풀어라

子曰 吾未見好德이 如好色者也케라
자왈 오미견호덕 여호색자야

공자가 말씀하셨다.

"난 지금까지 덕을 좋아하기를 마치 여자를 좋아하는 것처럼 행동하는 사람을 본 적이 없다."

학문은 산을 쌓음과 같다

子曰 譬如爲山에 未成一簣⁴²⁾나 止吾止也며
자왈 비여위산   미성일궤   지오지야

譬如平地⁴³⁾에 雖覆一簣나 進도 吾王也니라
비여평지   수복일궤   진   오왕야

공자가 말씀하셨다.
"학문은 산을 쌓음과 같아서 흙 한 삼태기가 모자라 그만두는 것도 스스로의 그침인 것이다. 비유하자면 땅을 평평하게 고름과 같으니라. 흙 한 삼태기라도 붓는 것은 그 일을 끌고 가기 위해 스스로의 전진이니라."

게으름을 피우지 말라

子曰 語之而不惰者는 其回也與인저
자왈 어지이불타자   기회야여

공자가 말씀하셨다.

"나의 말을 경청하여 게으름 없이 바로 실천하는 이가 안자뿐이다."

학문은 중도에 그쳐서는 안 된다

子謂顏淵曰 惜乎라
자 위 안 연 왈 석 호

吾見其進也요 未見其止也호라
오 견 기 진 야   미 견 기 지 야

공자가 안연을 평가해서 말씀하셨다.
"애석하다! 그 학문이 나날이 발전하는 것을 보았지만, 한 번도 중간에 멈추는 것을 보지도 못했다."

세상의 만물은 제각기 다르다

子曰 苗而不秀者도 有矣夫며 秀而不實者도 有矣夫인저
자 왈 묘 이 불 수 자   유 의 부   수 이 불 실 자   유 의 부

공자가 말씀하셨다.
"같은 씨앗에서 싹이 나왔지만 꽃을 피우지 못하는 것도 있고, 꽃은 피었지만 열매를 열지 못하는 것도 있다."

젊은이를 두렵게 생각하라

子曰 後生⁴⁴⁾이 可畏니 焉知來者⁴⁵⁾之不如今也리오
자왈 후생   가외 언지래자 지불여금야

四十五十而無聞焉이면 斯亦不足畏也已니라
사십오십이무문언   사역부족외야이

공자가 말씀하셨다.
"후학을 두려워하라. 미래에 그들은 지금 우리보다 나을 것이다. 사십과 오십까지 학문과 덕으로 이름이 나지 않으면 두려워할 일이 못되느니라."

자신의 잘못부터 바로잡아라

子曰 法語⁴⁶⁾之言은 能無從乎아 改之爲貴니라
자왈 법어 지언 능무종호 개지위귀

巽與之言⁴⁷⁾은 能無說乎아 繹之爲貴니라
손여지언   능무설호 역지위귀

說而不繹하며 從而不改면 吾末如之何⁴⁸⁾也已니라
설이불역   종이불개 오말여지하 야이

공자가 말씀하셨다.
"올바른 말은 따라야 하지만 스스로 자신의 잘못부터 고쳐야 한다. 부드럽게 타이르는 말이 기쁘지만 진실을 찾는 것이 중요하다. 기뻐하지만 진실을 못 찾아내거나, 따르지만 잘못을 고치지 않으면 나도 어찌할 수가 없다."

잘못을 고치는 데 망설이지 마라

子曰 主忠信하며 毋友不如己者요 過則勿憚改니라
자왈 주충신   무우불여기자   과즉물탄개

공자가 말씀하셨다.
"충성과 신의를 쌓고 나보다 못한 사람과는 사귀지 말고, 잘못이 있으면 고치는 데 주저하지 말아야 한다."

필부의 뜻은 꺾을 수 없다

子曰 三軍은 可奪帥也어니와
자왈 삼군   가탈수야

匹夫[49]는 不可奪志也니라
필부   불가탈지야

공자가 말씀하셨다.
"삼군의 장수는 빼앗아 올 수가 있지만, 보잘것없는 필부의 뜻은 빼앗을 수가 없다."

부끄러움을 느끼지 않는 것은 착한 것이 아니다

子曰 衣敝縕袍⁵⁰⁾하여 與衣狐貉⁵¹⁾者로
자왈 의폐온포   여의호락 자

立而不恥者는 其由也與인저
입이불치자   기유야여

不忮不求면 何用不臧⁵²⁾이리오
불기불구   하용불장

子路終身⁵³⁾誦之한대
자로종신   송지

子曰 是道也何足以臧이리오
자왈 시도야하족이장

공자가 말씀하셨다.
"헌 무명 도포에 여우나 담비가죽으로 지은 좋은 옷을 입은 사람과 같이 서 있어도 부끄럼을 느끼지 않는 사람이 자로이다."
그때 자로가 '해치거나 욕심내지 않으니 어찌 착하지 않겠느냐'라는 시를 읽자 공자가 자로의 자만을 경계하여 말씀하셨다.
"그것만으로 착하다고 할 수가 없다."

결과로써 사물을 판단하라

子曰 歲寒⁵⁴⁾然後에 知松栢之後彫⁵⁵⁾也니라
자왈 세한 연후   지송백지후조 야

공자가 말씀하셨다.
"날씨가 추워져야 소나무다. 전나무가 다른 나무보다 늦게 시든다는 것을 알 수가 있다."

용기 있는 사람은 두려워하지 않는다

子曰 知者不惑하고 仁者不憂하고
자왈 지자불혹　　인자불우

勇者不懼니라
용자불구

공자가 말씀하셨다.
"지혜로운 사람은 당황하지 않고, 어진 사람은 고민하지 않고, 용기 있는 사람들은 두려움을 알지 못한다."

동상이몽

子曰 可與共學이라도 未可與適道며
자왈 가여공학　　미가여적도

可與適道라도 未可與立이며
가여적도　　미가여립

可與立이라도 未可與權⁵⁶⁾이니라
가여립   미가여권

공자가 말씀하셨다.

"여러 사람이 함께 배울 수가 있지만 함께 도를 닦을 수 없고, 함께 도를 닦을 수가 있지만 함께 바른 도에 설 수가 없다. 함께 도에 설 수 있는 자리일지라도 알맞게 하는 것을 같게 할 수는 없다."

어찌 먼 것이 이유가 되겠는가

唐棣⁵⁷⁾之華여 偏⁵⁸⁾其反而로다 豈不爾思리나 室是遠而로다
당체 지화 편 기반이   기불이사   실시원이

子曰 未之思也언정 未何遠之有리오
자왈 미지사야   미하원지유

당체꽃잎이 봄바람에 나부끼면서 춤을 추는구나. 그대가 간절하게 생각나지만 집이 너무나 멀어 어찌하랴. 그러자 공자가 말씀하셨다.

"생각함이 부족해서 그렇지 어찌 집이 멀다 하리오."

제十편 향당 鄕黨

이 편은 대부분 공자의 일상 생활에 관한 일들을 기록한 구절로 공자의 공과 사를 비롯한 예禮와 악樂, 그리고 성실, 근엄한 생활의 여러 가지 면모를 제자들이 발췌하여 실었다.

공자의 사리분별 태도

孔子於鄕黨[1]에 恂恂如[2]也하사 似不能言者러시다
공자어향당   순순여 야   사불능언자

其在宗廟朝廷하사는 便便[3]言하시되 唯謹爾[4]러시다
기재종묘조정   변변 언   유근이

공자가 향리에 있을 땐 공손해서 마치 말을 할 줄 모르는 사람 같았다. 하지만 종묘와 조정에 있을 땐 명백한 말씀과 끝까지 신중한 태도를 지녔다.

공자의 인간관계

朝與下大夫言에 侃侃如[5]也하시며 與上大夫言에 誾誾如[6]也러시다
조여하대부언　간간여 야　　　여상대부언　은은여 야

君在어시든 踧踖如[7]也하시며 與與如[8]也러시다
군재　　　축적여 야　　　여여여 야

공자가 조정에서 하대부들과 대화를 나눌 땐 강직한 모습이었고, 상대부와 대화를 나눌 땐 화기애애한 모습이었으며. 임금이 나오면 경건한 태도로 위의를 갖추어 태연했다.

손님은 정성껏 접대하라

君召使擯이어시든 色勃[9]如也하시어 足躩[10]如也러시다 揖所與立하시되
군소사빈　　　　색발 여야　　　　족곽 여야　　　 읍소여립

左右手러시니 衣前後襜如也러시다 趨進에 翼如也러시다 賓退어든
좌우수　　　 의전후첨여야　　　 추진　익여야　　　 빈퇴

必復命曰 賓不顧矣라 하시다
필복명왈 빈불고의

임금이 손님 접대를 명하면 공자는 긴장된 표정과 함께 발걸음은 조심스러웠다. 손님들에게 읍할 때 손을 좌우로 옮기나 옷의 앞뒤 자락은 가지런했다. 종종 걸음으로 나아갈 때면 새가 날개를 편 듯한 모습이었다. 손님이 가시면 임금에게 이렇게 반드시 이렇게 복명하셨다.

"손님들께서 되돌아보지 않고 잘 가셨습니다."

공자의 일상 생활 모습

君子不以紺緅[11]飾하시며 紅紫[12]不以爲褻服이러시다
군자불이감추 식   홍자 불이위설복

當署하사 袗絺綌을 必表而出之러시다
당서   진치격   필표이출지

緇衣엔 羔裘요 素衣麑裘[13]요 黃衣狐裘러시다
치의 고구   소의예구   황의호구

褻裘長하대 短右袂러시다 必有寢衣하더니
설구장   단우매   필유침의

長一身有半이리라 狐貉之厚로 以居러시다
장일신유반   호맥지후   이거

去喪에 無所不佩러시다 非帷裳이어든 必殺之러시다
거상 무소불패   비유상   필쇄지

羔裘玄冠으로 不以弔러시다 吉月에 必朝服而朝러시다
고구현관   불이조   길월   필조복이조

군자공자는 감색과 회색으로 옷깃을 달지 않았고, 분홍색과 자주색으로는 평상복을 만들지 않았다. 여름 더위엔 갈포로 만든 홑옷을 입었고, 외출할 때는 반드시 겉옷을 걸쳤다. 검은 옷에는 어린 염소의 털옷을, 흰 옷에는 사슴의 털옷을, 누런 옷에는 여우의 털옷을 받쳐 입었다. 평복의 털옷은 길게 만들었고 오른쪽 소매를 짧게 했다. 잠자리에 들 때는 반드시 잠옷이 있었는데, 그 길이가 키보다 반이나 더 길었다. 여우나 담비의 두터운 털옷은 집에서 입었다. 상이 끝나면 다양한 패옥을 몸에 달았다. 예복이 아니면 통바지는 주름을 잡지 않고 간편하게 입었다. 염소털옷과 검은 관으로는 문상을 가지 않았고, 매달 초하룻날에 있는 조회에는 항상 조복을 입고 조정에 나아갔다.

반드시 필요한 것을 취하라

朋友死하여 無所歸[14]야든 曰 於我殯[15]이라 하시며
붕우사   무소귀   왈 어아빈

朋友之饋는 雖車馬라도 非祭肉이어든 不拜러시다
붕우지궤   수거마   비제육   불배

공자는 벗이 죽어 돌봐 줄 사람이 없을 때 이렇게 말씀하셨다.
"내 집에 빈소를 차려라."
벗이 보내 준 것이 값진 수레나 말이라도 제사에 올리는 고기가 아니면 받을 때 절을 하지 않았다.

상황에 따라 정중하게 예를 갖추어라

寢不尸하시며 居不容이러시다 見齊衰者하시면 雖狎必變하시며
침불시   거불용   견제최자   수압필변

見冕者與瞽者하시면 雖褻必以貌러시다 凶服者式之하시며
견면자여고자   수설필이모   흉복자식지

式負版[16]者러시다 有盛饌이어든 必變色而作이러시다
식부판 자   유성찬   필변색이작

迅雷風烈에 必變이러시다
신뢰풍렬   필변

　공자가 잠을 잘 땐 시체처럼 눕지 않았고, 집에 있을 땐 엄숙한 표정을 짓지 않았다. 그러나 상복을 입은 사람을 보면 비록 친할지라도 표정이 엄숙했고 조의를 표했으며 사람과 장님을 보면 자주 만났다 할지라도 반드시 예의를 갖추었다. 수레를 타고 가다가 상복을 입거나 호적부를 가진 사람을 보면 반드시 몸을 굽혔다. 성찬이 나오면 반드시 일어나서 후의에 감사하며, 갑작스레 비와 천둥 번개가 치거나 바람이 불면 태도를 바로 했다.

계곡 다리 쪽에 내려앉은 까투리

巴斯擧矣하며 翔而後集이니라
파사거의   상이후집

曰 山梁雌雉여 時哉時哉인저
왈 산량자치   시재시재

子路共之한대 三嗅而作하니라
자로공지   삼후이작

꿩이 사람의 기척을 알아차린 후 날았다가 한 바퀴 돈 다음에 내려앉는 것을 본 공자가 말씀하셨다.
"계곡 다리 쪽에 앉은 까투리, 때를 만났구나! 때를 만났어!"
자로가 꿩을 잡으려고 하자 꿩은 세 번 푸드득거리더니 날아가 버렸다.

제十一편 선진 先進

이 편은 공자가 여러 제자들에 대한 인물됨을 평가하는 구절이 많은데 제자들의 서로에 대한 평가와 슬기로운 행실을 평가한 구절이 많다.

옛 선비들의 뜻을 따르라

子曰 先進[1]이 於禮樂에 野人也요 後進[2]於禮樂에 君子也라 하나니
자왈 선진   어예악   야인야   후진 어례악   군자야

如用之[3]인댄 則吾從先進하리라
여용지   즉오종선진

공자가 말씀하셨다.
 "옛 선비들의 예악은 야만인답고, 지금 선비들의 예악은 군자라고 한다. 그 중에서 하나를 택한다면 나는 옛 선비들을 따르겠다."

제자들의 장점을 말하다

子曰 從我於陳蔡⁴⁾者는 皆不及門⁵⁾也로다
자왈 종아어진채 자 개불급문 야

德行엔 顔淵閔子騫冉伯牛仲弓이요
덕행 안연민자건염백우중궁

言語⁶⁾엔 宰我子貢이요 政事엔 冉有季路요
언어   재아자공   정사 염유계로

文學⁷⁾엔 子游子夏니라
문학   자유자하

공자가 말씀하셨다.
"나와 함께 진나라와 채나라에서 고생했던 사람들이 이제는 내 문하에 없다. 덕행에는 안연·민자건·염백우·중궁이요, 언어에는 재아와 자공이요, 정사에는 염유와 계로이요, 문학에는 자유와 자하가 있다."

학문을 즐기는 사람이 없다

季康子問하되 弟子孰爲好學이니이까
계강자문   제자숙위호학

孔子對曰有顔回者好學이러니
공자대왈유안회자호학

不幸短命死矣라 今也則亡하니라
불행단명사의 금야즉무

계강자가 물었다.
"제자 중 누가 학문을 배우기를 좋아합니까?"
공자가 대답하셨다.
"안회가 학문을 배우기를 좋아했지만 단명했고, 지금은 학문을 좋아하는 사람이 없습니다."

누구를 위해 통곡하겠느냐

顔淵死커늘 子哭之慟하신대
안연사 자곡 지통

從者曰 子慟矣하사소이다
종자왈 자통의

曰有慟乎아 非夫人之爲慟이요 而誰爲리오
왈유통호 비부인지위통 이수위

안연이 죽자 공자가 비통하게 통곡을 하자 제자들이 물었다.
"선생님, 너무 비통해하십니다."
공자가 말씀하셨다.
"내가 비통했다고 했느냐? 그를 위해 통곡하지 않으면 누구를 위해 통곡하겠느냐?"

어찌 귀신을 섬기겠느냐

季路[10] **問事鬼神**[11]한대 **子曰 未能事人**이어늘
계로 문사귀신 자왈 미능사인

焉能事鬼리오 **敢問死**하노이다 **曰 未知生**이어늘 **焉知死**리오
언능사귀 감문사 왈 미지생 언지사

자로가 공자에게 귀신을 섬기는 일을 묻자 이렇게 말씀하셨다.
"사람도 제대로 섬기지 못하면서 어찌 귀신을 섬기겠느냐."
자로가 물었다.
"죽음이란 무엇입니까?"
공자가 말씀하셨다.
"아직까지 삶도 알 수 없는데 어찌 죽음을 안다고 하겠느냐."

사리에 맞는 말을 하라

魯人爲長府[12]러니 **閔子騫曰 仍舊貫**[13] **如之何**오
노인위장부 민자건왈 잉구관 여지하

何必改作이리오 **子曰 夫人**[14]이 **不言**이언정 **言必有中**[15]이니라
하필개작 자왈 부인 불언 언필유중

노나라 사람이 장부長府를 헐고 다시 지으니 민자건이 말했다.
"옛 것을 수리하는 것이 좋지 않느냐? 굳이 다시 지을 필요가 있는가?"

그러자 공자가 말씀하셨다.
"저 사람은 말이 없지만, 한 번 말을 했다 하면 분명히 사리에 맞는 것이다."

경지에 이르지 못함을 탓하다

子曰 由之瑟[16]을 奚爲於丘之門[18]고 門人不敬子路한대
자왈 유지슬   해위어구지문   문인불경자로

子曰 由也升堂[17]矣요 未入於室[19]也니라
자왈 유야승당 의 미입어실 야

공자가 말씀하셨다.
"유는 비파를 왜 우리 집에서 타느냐?"
이에 문인들이 자로를 대수롭지 않게 여기자 공자가 말씀하셨다.
"유의 학문은 마루까지 올라갔지만, 방 안까지는 들어오지 못했을 뿐이니 너무 그러지 마라."

탐관오리의 응징

季氏[20] 富於周公[21]이어늘 而求[22]也爲之聚斂[23]하여
계씨 부어주공   이구 야위지취렴

而附益之한대 子曰 非吾徒也로소니
이 부 익 지　　자 왈 비 오 도 야

小子[24]아 鳴鼓而攻之[25]라도 可也니라
소자　　명고이공지　　　가야

계씨는 주공보다 더 호화스러운 생활을 하는데도 염구가 백성들에게 가혹한 세금을 거둬들여 부자로 만들어 주자 공자가 말씀하셨다.

"그는 내 제자가 아니기 때문에 너희들이 북을 치며 죄를 성토함이 옳다."

자신의 분수를 알라

子曰 回也는 其庶[26]乎아
자 왈 회 야　 기 서　호

屢空[27]이니라 賜不受命이요
누 공　　　　사 불 수 명

而貨殖焉이나 億則屢中[28]이니라
이 화 식 연　　억 즉 누 중

공자가 말씀하셨다.

"회는 성인의 이상에 가까웠지만 뒤주가 비어도 태연했다. 사는 천명을 어길 정도로 재산을 늘렸다. 이것은 그가 워낙 지혜로워서 내 예상과 맞아떨어진 것이다."

좋은 일을 들으면 바로 실천하라

子路問하되 聞斯行諸이까
자로문   문사행저

子曰 有父兄在시니 如之何其聞斯行之리오
자왈 유부형재   여지하기문사행지

冉有問하되 聞斯行諸이까 子曰 聞斯行之니라
염유문   문사행저   자왈 문사행지

公西華曰 由也問하되 聞斯行諸어늘
공서화왈 유야문   문사행저

子曰 有父兄在라 하시고 求也問하되
자왈 유부형재   구야문

聞斯行諸어늘 子曰 聞斯行之라 하시니
문사행저   자왈 문사행지

赤也惑하여 敢問하나이다 子曰 求也退라
적야혹   감문   자왈 구야퇴

故進之하고 由也兼人29)이라 故로 退之호라
고진지   유야겸인   고 퇴지

자로가 물었다.
"옳은 말을 들으면 바로 실천하는 것입니까?"
공자가 말씀하셨다.
"부모 형제가 있는데, 어찌 들은 대로 실천하겠느냐?"
염구가 물었다.
"좋은 일을 들으면 바로 실천하는 것입니까?"

공자가 말씀하셨다.

"들은 대로 실천해야 한다."

공서화가 물었다.

"자로가 '들은 대로 바로 실천하는 것입니까?' 라고 물었을 때, 선생님은 '부모 형제가 있다' 고 하셨고, 염구가 '들은 대로 바로 실천하는 것입니까?' 라고 물었을 때 선생님은 '바로 실천해야 한다' 고 했는데, 몹시 혼돈스럽습니다."

공자가 말씀하셨다.

"유는 뒤로 물러섰기 때문에 나아가게 한 것이고, 유는 앞으로 너무 나갔기 때문에 뒤로 물러서게 한 것이니라."

충효를 지켜라

季子然問[30]하되 仲由冉求는 可謂大臣與이까
계자연문   중유염구   가위대신여

子曰 吾以子[31]爲異之問이러니
자왈 오이자 위이지문

曾[32]由與求之問이로다 所謂大臣者는
증 유여구지문   소위대신자

以道事君하다가 不可則止하나니
이도사군   불가즉지

今由與求也는 可謂具臣[33]矣니라
금유여구야 가위구신 의

曰 然則從之者與이까 子曰 弑父與君은 亦不從也리라
왈 연즉종지자여   자왈 시부여군   역불종야

계자연이 물었다.
"중유와 염구는 대신大臣 자격이 있습니까?"
공자께서 말씀하셨다.
"네가 비범한 인물을 들어 물을 줄 알았는데, 유와 구에 대한 것이구나. 대신은 바르게 임금을 섬기다가 옳지 않으면 그만두는 사람들이다. 그렇기 때문에 유와 구는 자리나 채우는 신하에 불과하다."

계자연이 또 물었다.
"그러면 시키는 일만 하는 사람입니까?"
공자께서 말씀하셨다.
"그들은 아버지와 임금을 죽이는 일에는 결코 따르지 않을 것이다."

말을 잘 하는 것은 실수를 불러온다

子路使子羔[34]로 爲費[35]宰[36]한대
자로사자고   위비 재

子曰 賊夫人之子로다 子路曰 有民人焉하며
자왈 적부인지자   자로왈 유민인언

有社稷焉하니 何必讀書然後에 爲學이리이까
유사직언   하필독서연후   위학

子曰 是故惡夫佞者[37]하노라
자왈 시고오부영자

자로가 자고를 비의 읍재로 등용시키려 하자 공자가 말씀하셨다.
"남의 집 자식을 망치는 일이구나."
자로가 말했다.
"백성과 사직도 있는데 어찌 글만 읽어야 배우는 것이라 하오니까?"
공자가 말씀하셨다.
"그렇기 때문에 나는 말을 잘 하는 사람을 싫어하는 사람이다."

군자는 나라를 예로써 다스린다.

子路와 曾晳[38]과 冉有와 公西華가 侍坐러니 子曰 以吾一日長乎爾나
자로 증석 염유 공서화 시좌 자왈이오일일장호이

毋吾以也하라 居[39]則曰不吾知也하나니 如或知爾면 則何以哉오
무오이야 거 즉왈불오지야 여혹지이 즉하이재

子路率爾而對曰 千乘之國이 攝乎大國之間하여 加之以師旅[40]요
자로솔이이대왈 천승지국 섭호대국지간 가지이사려

因之以饑饉이어든 由也爲之면 比及三年하여 可使有勇이요
인지이기근 유야위지 비급삼년 가사유용

且知方也게 하리이다 夫子哂[41]之하시다
차지방야 부자신 지

자로·증석·염유·공서화 등이 있을 때 공자가 말씀하셨다.
"내가 너희들보다 나이가 많다고 어려워하지 말고 기탄없이 말

하라. 평소에 듣기로 '나를 알아주지 않는다.'고 하던데, 만약 너희를 알아준다면 무엇을 하겠느냐?"

자로가 먼저 말했다.

"천 승의 나라가 대국들 사이에서 전쟁에 휘말려 기근으로 어렵다고 해도 제가 정치를 한다면 3년 안에 백성들을 용감하게 만들고 올바로 살아나갈 길을 알도록 하오리다."

이에 공자는 웃음만 띄었다.

求爾何如오 對曰 方六七十과 如五六十에 求也爲之면 比及三年하여
구 이 하 여 대 왈 방 육 칠 십 여 오 육 십 구 야 위 지 비 급 삼 년

可使足民이어니와 如其禮樂엔 以俟君子하리이다
가 사 족 민 여 기 예 악 이 사 군 자

赤爾何如오 對曰 非曰能之라 願學焉이니이다
적 이 하 여 대 왈 비 왈 능 지 원 학 언

宗廟之事와 如會同⁴²⁾에 端章甫⁴³⁾로 願爲小相⁴⁴⁾焉하나이다
종 묘 지 사 여 회 동 단 장 보 원 위 소 상 언

點爾何如오 鼓瑟希⁴⁵⁾러니 鏗爾⁴⁶⁾ 舍瑟而作하여
점 이 하 여 고 슬 희 갱 이 사 슬 이 작

對曰 異乎三子者之撰⁴⁷⁾호이다
대 왈 이 호 삼 자 자 지 찬

"구야, 너는 어떤 생각을 가지고 있느냐?"

염유가 대답했다.

"사방 육칠십 리나 오육십 리 정도의 나라를 다스린다면 3년 안에 백성들이 굶지 않게 만들 수 있습니다. 그러나 예악의 진흥은 다른 군자를 찾겠습니다."

"적아, 너는 어떤 생각을 가지고 있느냐?"

공서화가 말했다.

"제가 할 수 있다는 것보다 앞으로 배우려고 합니다. 그래서 종묘 제사나 회의에 참석해 예복과 예관을 차려 입고 작은 보좌역을 하고 싶습니다."

"점아, 너는 어떤 생각을 가지고 있느냐?"

비파를 타던 증석은 댕그렁 소리가 날 정도로 비파를 놓고 일어서서 대답했다.

"저는 세 사람들의 생각과는 전혀 다른 것입니다."

子曰 何傷乎리오
자왈 하상호

亦各言其志也니라 曰 莫春者에 春服旣成이어든
역각언기지야　　왈 모춘자　춘복기성

冠者五六人과 童子六七人으로 浴乎沂[48]하고 風乎舞雩[49]하여
관자오육인　동자육칠인　　욕호기　　풍호무우

詠而歸하리이다 夫子喟然嘆曰吾與點也하노라
영이귀　　　　부자위연탄왈오여점야

三子者出커늘 曾晳後러니 曾晳曰 夫三子者之言이 何如하니이까
삼자자출　증석후　증석왈부삼자자지언　하여

子曰 亦各言其志也已矣니라 曰 夫子何哂由也시리이까
자왈 역각언기지야이의　　왈 부자하신유야

曰 爲國以禮어늘 其言不讓이라 是故哂之호라 唯求則非邦也與[50]이까
왈 위국이례　기언불양　시고신지　유구즉비방야여

安見[51]方六七十과 如五六十而 非邦也者리오 唯赤則非邦也與이까
안견　방육칠십　여오육십이 비방야자　유적즉비방야여

宗廟會同이 **非諸侯而何**오 **赤也爲之小**면 **孰能爲之大**리오
종묘회동　비제후이하　적야위지소　숙능위지대

공자께서 말씀하셨다.
"이 자리는 각자의 뜻을 말하는 곳이기 때문에 걱정하지 않아도 된다."
증석이 대답했다.
"늦은 봄이면 봄옷을 만들어 입고, 어른 5~6명, 아이 6~7명과 함께 기수에서 목욕하고, 무우舞雩로 소풍 가서 시나 읊다가 돌아오는 것입니다."
공자가 감탄하여 말씀하셨다.
"옳거니, 나는 점을 따르겠다."
세 제자가 나갔지만 증석은 남아서 물었다.
"저들을 어떻게 생각하십니까?"
공자가 말씀하셨다.
"각자 자신의 뜻을 말한 것일 뿐이다."
증석이 또 물었다.
"자로가 말할 때 선생님이 웃으셨는데 그 이유는 무엇입니까?"
"군자는 나라를 예로써 다스리는데 그의 말에 겸양하는 빛이 없어서 웃은 것이다."
"그렇다면 구의 말은 나라를 다스린다는 말이겠지요?"
"사방 육칠십 리나 오륙십 리를 나라가 아니라고 할 수 있겠는가?"
"그럼 적의 말도 나라를 다스리는 말이 아닙니까?"
"종묘 제사와 회의는 제후의 일이지 않느냐? 만약 적이 소상小相한다면 누가 대상大相이 되겠느냐."

제十二편 안연 顔淵

이 편은 공자가 자신이 주장하는 어진 정치의 도리를 밝히고 그것을 달성하는 일을 역설하였다. 그 내용은 임금과 신하, 아버지와 아들이 지켜야 할 예, 그리고 군자의 학문과 덕행, 옥사를 처리하는 구절들이 수록되었다. 공자는 인이란 자신을 이기고 예로 돌아가는 것이라고 말했다.

인은 자신 스스로 극복해서 예로 돌아가는 것이다

顏淵問仁한대 子曰 克己¹⁾復禮爲仁이니 一日克己復禮면
안연문인   자왈 극기 복례위인   일일극기복례

天下歸仁焉하나니 爲仁由己니 而由人乎哉아
천하귀인언   위인유기   이유인호재

顏淵曰 請問其目하나이다 子曰 非禮勿視하며
안연왈 청문기목   자왈 비례물시

非禮勿聽하며 非禮勿言하며 非禮勿動이리라
비례물청   비례물언   비례물동

顔淵曰 回雖不敏이오다 請事斯語矣리이다
안연왈 회수불민   청사사어의

안연이 공자에게 인을 묻자 말씀하셨다.

"자아를 극복해서 예로 돌아가는 것이 인이다. 하루라도 자신을 극복하고 예로 돌아간다면 온 천하가 인이 되는 것이다. 인의 이룸은 자기에게 의존함이요 남에게 의존할 수가 없다."

안연이 다시 물었다.

"다시 한번 말씀해 주십시오."

공자가 말씀하셨다.

"예가 아니면 보지도 말고, 듣지 말고, 말하지 말고, 행하지도 말아야 하는 것이다."

그러자 안연이 말했다.

"비록 제가 불민하지만 이 말씀을 받들어 반드시 실천하겠습니다."

항상 공손하라

仲弓問仁한데 子曰 出門如見大賓하며 使民如承大祭하며
중궁문인   자왈 출문여견대빈   사민여승대제

己所不欲을 勿施於人이니 在邦無怨하며 在家無怨이니라
기소불욕   물시어인   재방무원   재가무원

仲弓曰 雍雖不敏이나 請事斯語矣리이다
중궁왈 옹수불민　　청사사어의

중궁이 인仁에 대해 묻자 공자가 말씀하셨다.
"문을 나설 땐 손님 대하듯 공손하고, 백성을 다스릴 땐 큰 제사를 모시는 것처럼 공경하며, 자신이 원하지 않는 것을 남에게 시키면 안 된다. 이렇게 하면 나라와 집을 원망하지 않는다."
중궁이 말했다.
"제가 비록 둔하지만 들은 것을 반드시 실천하겠습니다."

약점이 없으면 근심하고 두려울 것이 없다

司馬牛[2]問君子한대 子曰 君子는 不憂不懼니라 曰 不憂不懼면
사마우 문군자　　　자왈 군자　불우불구　　왈 불우불구

斯謂之君子矣乎이라 子曰 內省不[3]疚[4]이니 夫何憂何懼리오
사위지군자의호　　자왈 내성불구　　　부하우하구

사마우가 공자에게 군자 됨을 묻자 말씀하셨다.
"군자는 근심이나 두려움이 없다."
사마우가 다시 물었다.
"근심과 두려움이 없으면 군자라고 할 수 있습니까?"
공자가 말씀하셨다.
"스스로 살폈을 때 약점이 없다면 무엇을 근심하고 두렵겠느냐."

참소를 받아들이지 마라

子張問明한대 子曰 浸潤之譖과 膚受之愬不行焉이면 可謂明也已矣니라
자장문명　　자왈 침윤지참　부수지소불행언　　가위명야이의

浸潤之譖과 膚受之愬不行焉이면 可謂遠也已矣니라
침윤지참　부수지소불행언　　가위원야이의

자장이 공자에게 현명함을 묻자 이렇게 말씀하셨다.
"물이 배는 것처럼 은근히 들어오는 참소와 피부의 상처를 참는 듯 아프게 호소하는 거짓말을 간파하고 그대로 행하지 않는 것을 명찰이라 할 수 있고 또 물이 배는 것처럼 은연중에 남을 헐뜯는 말과 피부의 상처를 참는 듯 아픔을 호소하는 거짓말을 밝게 통찰하여 행하지 않으면 어둡지 않을 뿐만 아니라 먼 일까지 내다본다고 말할 수가 있다."

믿음이 없으면 살아갈 수 없다

子貢이 問政한대 子曰 足食足兵이오 民信之矣니라
자공　문정　　자왈 족식족병　　민신지의

子貢曰 必不得已而去인댄 於斯三者何先이리이까 曰 去兵이니라
자공왈 필부득이이거　　어사삼자하선　　　　왈 거병

子貢曰 必不得已而去인댄 於斯二者何先이리이까 曰 去食이니라
자공왈 필부득이이거　　어사이자하선　　　　왈 거식

論語
・
215

自古皆有死어니와 民無信이며 不立이니라
자 고 개 유 사   민 무 신   불 립

자공이 공자에게 정치를 묻자 이렇게 말씀하셨다.
"식량을 풍족하게 하고, 군비를 넉넉하게 하면서 나라를 다스리는 사람은 백성의 믿음을 얻어야 한다."
자공이 물었다.
"부득이한 경우 세 가지 중 하나를 버려야 한다면 어느 것입니까?"
공자께서 말씀하셨다.
"군비를 버려야 한다."
자공이 되물었다.
"부득이한 경우 두 가지 중 하나를 버려야 한다면 어느 것입니까?"
공자께서 말씀하셨다.
"식량을 버려야 한다. 예로부터 죽음이란 당연하지만, 백성의 믿음이 없다면 존립할 수가 없다."

바탕과 무늬

棘子成[5]曰 君子質[6]而已矣니 何以文爲리오
극 자 성 왈 군 자 질 이 이 의   하 이 문 위

子貢曰 惜乎라 夫子[7]之說이 君子也나 駟[8]不及舌이로다
자 공 왈 석 호 부 자 지 설 군 자 야   사 불 급 설

文猶質也며 質猶文也니 虎豹之鞹⁹⁾이 猶犬羊之鞹이니라
문유질야 질유문야 호표지곽 유견양지곽

극자성이 말했다.
"군자는 바탕을 세울 따름이지, 문장이 무슨 소용이 있습니까?"
자공이 말했다.
"안타깝습니다. 그대의 군자에 대한 말씀은 네 필의 말이 끄는 수레도 그 혀를 따르지 못하겠습니다. 무늬는 곧 바탕이요, 바탕은 곧 무늬입니다. 호랑이와 표범의 가죽은 개와 털없는 견양의 가죽과 같습니다."

백성이 풍족하면 나라도 풍족하다

哀公¹⁰⁾問於有若¹¹⁾曰 年饑¹²⁾用不足하니 如之何오
애공 문어유약 왈 년기 용불족 여지하

有若對曰 盍徹¹³⁾乎시이니까 曰 二¹⁴⁾ 吾猶不足이어니 如之何其徹也리오
유약대왈 합철 호   왈 이 오유불족   여지하기철야

對曰 百姓足이면 君孰與不足이며 百姓不足이면 君孰與足이리이까
대왈 백성족   군숙여불족   백성불족   군숙여족

애공이 유약에게 물었다.
"기근으로 재정이 부족한데 어찌하면 되겠소?"
유약이 대답했다.
"왜, 10분의 1의 세법을 사용하지 않습니까?"
"10분의 2를 징수해도 부족한데 10분의 1을 징수하는 철법을

따르겠소?"

"백성이 풍족하면 임금이 누구와 더불어 부족하게 살며 백성이 부족하면 임금이 누구와 더불어 풍족하겠습니까?"

학문을 익히고 예로써 실천하라

子曰 博學於文이요 約之以禮면 亦可以弗畔矣夫인저
자왈 박학어문   약지이례   역가이불반의부

공자가 말씀하셨다.
"학문을 널리 배워 예로써 실천한다면 어긋나는 일이 없다."

정치는 바르게 해야 한다

季康子問政於孔子한대 孔子對曰 政者正也니
계강자문정어공자   공자대왈 정자정야

子帥[15]以正이면 孰敢不正이리오
자수 이정   숙감불정

계강자가 공자에게 정치에 대해 묻자 말씀하셨다.
"정치란 바르게 하는 것인데, 그대가 솔선해서 바르게 한다면 누가 부정한 행동을 하겠습니까?"

풀은 바람이 스치면 엎드린다

季康子問政於孔子曰 如殺無道하여 以就有道인댄 何如하니이까
계강자문정어 공자왈 여살무도   이취유도   하여

孔子對曰 子爲政에 焉用殺이리오 子欲善이면 而民善矣리니
공자대왈 자위정   언용살   자욕선   이민선의

君子之德은 風이요 小人之德草라 草上之風이면 必偃[16]하나니라
군자지덕 풍   소인지덕초   초상지풍   필언

계강자가 공자에게 정치를 물었다.

"무도無道한 죄인을 죽여 백성으로 하여금 유덕한 방향으로 나가게 하는 것은 어떻습니까?"

공자가 대답하셨다.

"정치에 왜 살인이 필요합니까? 그대부터 선해지려고 노력하면 백성들은 자연적으로 선해집니다. 군자의 덕은 바람이고 소인의 덕은 풀입니다. 풀은 바람이 스치기만 해도 머리를 숙입니다."

제十三편 자로 子路

이 편은 대부분 정치에 대한 문답이 수록되었고 후반부에는 정치와 도덕·가정·나라를 다스리는 사람들이 지켜야 할 도덕에 관한 내용들이 수록되었는데 공자는 군자가 중용의 도를 지키고 윤리와 도덕을 지키는 것이 자신을 다스리고 나라를 다스리는 기본임을 역설하였다.

모든 일에 게으름을 피우지 마라

子路問政한대 子曰 先之勞之[1]니라 請益한대 曰 無倦이니라
자 로 문 정   자 왈 선 지 로 지   청 익   왈 무 권

자로가 공자에게 정치에 대해 묻자 말씀하셨다.
"앞장서서 일하고 스스로 노력해야 한다."
자로가 가르침을 청하자 공자가 말씀하셨다.

"스스로 행하고 백성들을 위로함에 있어 게으름을 피워서는 안 된다."

자신이 알고 있는 것을 실행하라

仲弓[4]이 爲季氏宰라 問政한대
중궁 위계씨재 문정

子曰 先有司[2]요 赦小過하며 擧賢才니라
자왈 선유사 사소과   거현재

曰 焉知賢才而擧之이이까
왈 언지현재이거지

曰擧爾所知면 爾所不知를 人其舍[3]諸아
왈거이소지 이소부지 인기사 저

중궁이 계씨의 재상이 되어 공자에게 정치에 대해 묻자 말씀하셨다.
"우선 관리에게 일을 맡기되 관리를 먼저 단속하고 작은 허물은 용서해야 한다. 그러면서 현명한 인재를 등용해야 한다."
중궁이 또 물었다.
"현명한 인재는 어떻게 알아서 등용해야 합니까?"
공자가 말씀하셨다.
"네가 알고 있는 사람을 등용하면 네가 모르는 인재는 다른 사람이 버리지 아니하고 추천할 것이다."

윗사람이 모범을 보이면 아랫사람들은 스스로 따른다

樊遲請學稼⁵⁾한대 子曰 吾不如老農호 請學爲圃한대
번지청학가　　자왈 오불여노농　청학위포

曰 吾不如老圃⁶⁾호라 樊遲出어늘 子曰 小人哉라
왈 오불여노포　　　번지출　　자왈 소인재

樊須也여 上好禮하면 則民莫敢不敬하고 上好義면
번수야　 상호례　　즉민막감불경　　 상호의

則民莫敢不服하고 上好信이면 則民莫敢不用情⁷⁾이니
즉민막감불복　　 상호신　　 즉민막감불용정

夫如是면 則四方之民이 襁負⁸⁾其子而至矣러니 焉用稼리오
부여시　 즉사방지민　 강부 기자이지의　　 언용가

번지가 공자에게 농사법을 묻자 말씀하셨다.
"나는 늙은 농부만 못하구나."
이번에는 공자에게 채소 가꾸기를 묻자 말씀하셨다.
"나는 채소 가꾸는 늙은이만 못하구나."
번지가 자리를 뜨자 공자가 말씀하셨다.
"번지는 소인이다. 윗사람이 예를 중하게 여기면 백성들이 감히 공경하지 않을 수가 없고, 윗사람이 의를 중하게 여기면 백성들이 복종하지 않을 수 없으며, 윗사람이 신의를 지키면 백성들이 감히 성실하지 않을 수가 없다. 이렇게 되면 사방의 백성들이 어린 자식을 포대기에 싸서 업고 찾아오는데, 정사를 보기에도 바쁠 몸이 어느 겨를에 농사짓는단 말인가."

집안을 잘 다스려라

子謂衛公子[9]荊하시되 善居室[10]이로다 始有에 曰 苟合[11]矣라 하고
자위위공자 형　　　　 선거실　　　 시유　 왈 구합　 의

少有에 曰 苟完矣라 하고 富有에 曰苟美矣라 하니라
소유　 왈 구완의　　　 부유　 왈구미의

공자가 위나라 공자 형荊에게 말씀하셨다.
"그는 집안을 정말 잘 다스렸다. 처음 한두 개의 가구를 갖춤에 '모였다' 하고, 몇 개 더 불어나자 '완비하였다.', 여러 개 모이게 되자 '이만 하면 아름답다' 고 하여 만족하게 여겼다."

부유함 뒤에는 가르쳐야 한다

子適[13]衛하실새 冉有僕[12]이러니 子曰 庶[14]矣哉라
자적 위　　　　 염유복　　　　 자왈 서　 의재

冉有曰 旣庶矣어든 又何加焉이리이까 曰 富之니라
염유왈 기서의　　　 우하가언　　　　 왈 부지

曰 旣富矣어든 又何加焉이리이까 曰 敎之니라
왈 기부의　　　 우하가언　　　　 왈 교지

공자가 위나라로 떠날 때 염유가 수레를 몰자 이렇게 말씀하셨다.
"백성들이 매우 많구나."
염유가 말했다.

"백성들이 많아졌다면 또 무엇을 더해야 하는 것입니까?"
"부유하게 해 주면 된다."
"부유해진 다음에는 무엇을 더해야 됩니까?"
"가르치는 것이다."

착한 사람이 나라를 다스려야 한다

子曰 善人爲邦百年이면 亦可以勝殘[15] 去殺矣라 하니 誠哉라 是言也여
자왈 선인위방백년   역가이승잔 거살의   성재 시언야

공자가 말씀하셨다.
"옛 말에 '선인이 나라를 백 년 동안 다스리면 잔악함이 사라지고 사형까지 폐지시킨다'고 했다. 이 말은 진실이다."

항상 몸을 바르게 하라

子曰 苟正其身矣면 於從政乎에 何有며 不能正其身이면 如正人何오
자왈 구정기신의   어종정호   하유 불능정기신   여정인하

공자가 말씀하셨다.
"진실로 몸을 바르게 하면 정사를 베풂에 어려움이 없다. 그러나 몸을 바르게 하지 못하면 어찌 남을 바르게 다스릴 수가 있겠는가."

개인적인 일과 공무

冉子[16]退朝어늘 子曰 何晏也오 對曰 有政이니이라
염자 퇴조 자왈 하안야 대왈 유정

子曰 其事[17]也로다 如有政인댄 雖不吾以나 吾其與聞之니라
자왈 기사 야 여유정 수불오이 오기여문지

염유가 조정에서 나오자 공자가 말씀하셨다.
"정무가 늦게 끝났구나."
염유가 대답했다.
"정사에 관한 일 때문입니다."
공자가 말씀하셨다.
"그것은 필경 계씨의 개인적인 일이구나. 만일 공식적인 정무라면 내 비록 나라에 쓰이지 않았을지라도 나도 함께 들을 수 있었을 것이다."

나라를 흥하게 하고 망하게 하는 이유

定公問하되 一言而可以興邦이라 하니 有諸이까
정공문 일언이가이흥방 유저

孔子對曰 言不可以若是[18] 其幾也이니와
공자대왈 언불가이약시 기기야

人之言曰 爲君難하며 爲臣不易라 하나니
인지언왈 위군난 위신불이

如知爲君之難也인댄 不幾乎[19] 一言而興邦乎이까
여 지 위 군 지 난 야　　불 기 호　일 언 이 흥 방 호

曰一言而喪邦이라 하나니 有諸이까 孔子對曰
왈 일 언 이 상 방　　　　　　유 저　　공 자 대 왈

言不可以若是其幾也어니와 人之言曰 予無樂乎爲君이요
언 불 가 이 약 시 기 기 야　　　인 지 언 왈 여 무 락 호 위 군

唯其言而莫予違[20]也라 하나니 如其善而莫之違也인댄 不亦善乎이까
유 기 언 이 막 여 위　야　　　　여 기 선 이 막 지 위 야　　불 역 선 호

如不善而莫之違也인댄 不幾乎一言而喪邦乎이까
여 불 선 이 막 지 위 야　　불 기 호 일 언 이 상 방 호

　정공이 공자에게 물었다.
　"한 마디의 말로써 나라를 흥하게 하는 말이 있다 하니 그럴 수가 있습니까?"
　공자가 말씀하셨다.
　"말 한 마디로 그와 같이 그 뜻을 나타낼 수는 힘들 것이오나 이르기를 '임금됨이 어렵고, 신하가 되기도 쉽지 않다'고 합니다. 만일 임금 되기 어려운 줄을 알면 한 마디 말로 나라를 흥하게 함을 기대 못할 리 있습니까."
　정공이 물었다.
　"그러면 한 마디 말로써 나라를 망하게 하는 말이 있습니까?"
　공자가 말씀하셨다.
　"말 한 마디로 그와 같이 기대하기는 힘든 것이오나 이르기를 '내가 임금 된 것이 기쁜 것이 아니라 다만 나의 말에 아무도 반대하지 못하는 것이 즐거운 것이다'고 합니다. 만약 임금의 말이 옳

아서 아무도 반대하지 못한다면, 이것이 나라를 망하게 하는 한 마디 말인 것 같습니다."

정직함은 효에 있다

葉公語孔子曰 吾黨에 有直躬[21]者하니
섭공어공자왈 오당 유직궁 자

其父攘羊[22]이어늘 而子證之하나이다
기부양양 이자증지

孔子曰 吾黨之直者는 異於是하니
공자왈 오당지직자 이어시

父爲子隱하며 子爲父隱하나니 直在其中矣니라
부위자은 자위부은 직재기중의

섭공이 공자에게 말했다.
"우리 마을에 정직한 사람이 있는데, 그 아버지가 양을 훔치자 아들이 그것을 고발한 것입니다."
공자가 말씀하셨다.
"우리 마을의 정직함과는 다릅니다. 아버지는 아들을 위해 숨기고 아들은 아버지를 위해 숨깁니다. 진실로 정직함은 그 가운데에 있는 것입니다."

올곧은 선비의 태도

子貢問曰 何如라야 斯可謂之士矣니이까
자공문왈 하여　　사가위지사의

子曰 行己有恥하며 使於四方하여
자왈 행기유치　　사어사방

不辱君命이면 可謂士矣니라 曰 敢問其次하나이다
불욕군명　　가위사의　왈 감문기차

曰 宗族稱孝焉하며 鄕黨稱弟焉이니라
왈 종족칭효언　　향당칭제언

曰 敢問其次하나이다 曰 言必信하여 行必果엔
왈 감문기차　　왈 언필신　　행필과

硜硜[23]然小人哉나 抑亦可以爲次矣니라
갱갱 연소인재　억역가이위차의

曰 今之從政者는 何如하나이까 子曰 噫라
왈 금지종정자　하여　　자왈 희

斗筲之人[24]을 何足算也리오
두소지인　　하족산야

자공이 물었다.
"어떻게 해야 선비의 자격이 있습니까?"
공자가 말씀하셨다.
"자신의 행실을 부끄럽게 생각하고, 사신으로 갔을 때 임금의 명령을 욕되게 하지 않으면 선비라고 할 수 있다."
"그 다음은 또 무엇입니까?"

"친척이 효자라고 칭찬하며 마을 사람들이 공손하다는 사람이다."

"그 다음은 어떤 사람입니까?"

"언행일치로 매사를 과단성 있게 행하는 사람인데, 이런 사람은 융통성이 없는 소인이다. 하지만 이류 선비는 되겠구나."

이어서 물었다.

"지금 정치하는 사람들은 어떤 사람입니까?"

공자가 말씀하셨다.

"모두 치졸한 사람들이라 할 말이 없다."

사람은 하는 일에 꾸준해야 한다

子曰 南人[25] 有言曰 人而無恒[26]이면 不可以作巫醫라 하니
자왈 남인 유언왈 인이무항   불가이작무의

善夫인저 不恒其德이면 或承[27]之羞라 하니 子曰 不占而已矣니라
선부   불항기덕   혹승 지수   자왈 불점이이의

공자가 말씀하셨다.

"남쪽 사람의 말에 '사람으로서 꾸준하지 못하면 무당이나 의원도 될 수가 없다'는 말이 있다. 이것은 옳은 말이다."

이어서 공자가 말씀하셨다.

"점칠 것도 없다."

제十四편 헌문 憲問

주자는 헌문은 원헌이 묻는다는 것으로 엮었다.
이 편에서는 삼왕을 비롯한 이패二霸와 여러 제후들의 발자취를 논하였고 자신을 수양하고 백성들을 잘 살게 해 주는 정치의 뜻을 밝혔다.

나라에 도가 없는 것은 부끄러운 일이다

憲¹⁾問恥한대 子曰 邦有道穀²⁾하되 邦無道穀이 恥也니라
헌 문 치   자왈 방유도곡   방무도곡 치 야

원헌이 공자에게 부끄러움에 대해 묻자 말씀하셨다.
"나라에 정도가 있으면 녹을 먹어도 되지만, 나라에 정도가 없으면 녹을 먹는 것은 매우 부끄러운 일입니다."

인을 실행하는 것은 매우 어렵다

克伐怨欲을 不行焉이면 可以爲仁矣니이까
극벌원욕 불행언   가이위인의

子曰 可以爲難矣이니와 仁則吾不知也케라
자왈 가이위난의   인즉오부지야

"남을 이기기를 좋아하고, 자신을 사랑하고, 남을 원망하고, 욕심을 부리는 일을 행하지 않으면 인자라고 할 수 있겠습니까?"
공자가 말씀하셨다.
"그렇게 하는 것이 어렵지만 인인지 어떤지는 내가 알 수가 없다."

도가 없으면 항상 겸손해야 한다

子曰 邦有道면 危言[3]危行하고
자왈 방유도 위언 위행

邦無道면 危行言孫[4]이니라
방무도 위행언손

공자가 말씀하셨다.
"나라에 도의가 있으면 대담하게 말하고 행동해야 되지만, 나라에 도의가 없으면 행동은 대담하게 하되 말은 겸손해야 된다."

용기가 있다고 어진 사람이 아니다

子曰 有德者必有言[5]이어니와 有言者不必有德이니라
자왈 유덕자필유언   유언자불필유덕

仁者必有勇이어니와 勇者 不必有仁이니라
인자필유용   용자불필유인

공자가 말씀하셨다.
"덕이 있는 사람은 반드시 들을 만한 말을 가지고 있지만, 그렇다고 반드시 덕이 있지는 않다. 어진 사람은 용기가 있지만, 그러나 용맹스럽다 하여 반드시 어진 사람은 아니다."

항상 덕을 숭상하라

南宮适[6]問於孔子曰 羿[7]善射하고 奡[8]盪舟하되
남궁괄문어공자왈 예 선사   우 탕주

俱不得其死이어늘 然이나 禹[9]稷[10]躬稼而有天下하시니이다
구부득기사   연   우 직 궁가이유천하

夫子不答이러시다 南宮适이 出이커늘
부자부답   남궁괄 출

子曰 君子哉라 若人이여 尙德哉若人이여
자왈 군자재   약인   상덕재약인

남궁괄이 공자에게 물었다.

"예는 활을 잘 쏘고 오는 배를 뒤집는 힘이 있지만 모두 제명대로 죽지 못하였으며 우임금과 직은 몸소 농사를 지었지만 마침내 천하를 가졌습니다."

공자가 대답하지 않자 남궁괄이 나갔다.

이에 공자가 말씀하셨다.

"저자가 바로 군자이다. 저자는 덕을 숭상한다."

군자와 소인의 차이

子曰 君子而不仁者는 有矣夫이어니와 未有小人而仁者也니라
자왈 군자이불인자 유의부 미유소인이인자야

공자가 말씀하셨다.

"군자는 어질지 못한 사람도 있지만, 소인은 어진 사람이 없다."

외교문서는 잘 작성해야 한다

子曰 爲命[11]엔 裨諶[12]草創之하고 世叔討論之하고
자왈 위명 비심 초창지 세숙토론지

行人[13]子羽修飾之하고 東里[14]子産潤色之하니라
행인 자우수식지 동리 자산윤색지

공자가 말씀하셨다.

"정나라가 외교문서를 만들 때, 비심神諶이 초고를 만들고, 세숙世叔이 검토하고, 외교관 자우가 내용을 수정하고, 동리東里 출신의 재상 자산子産이 문구를 아름답게 만들었다."

남을 원망하지 마라

或問子産한대 子曰 惠人也니라
혹 문 자 산　　자 왈 혜 인 야

問子西[15]한대 曰彼哉彼哉여 問管仲한대
문 자 서　　왈 피 재 피 재　　문 관 중

曰 人也奪伯氏[17] 騈邑[16] 三百[18]하여늘
왈 인 야 탈 백 씨　병 읍　삼 백

飯疏食沒齒[19]하되 無怨言하나라
반 소 사 몰 치　　　무 원 언

어떤 사람이 자산에 대해 묻자 공자가 이렇게 말씀하셨다.
"자비로운 사람이다."
자서에 대해 묻자 이렇게 말씀하셨다.
"그 사람은 보잘것없다."
관중에 대해 묻자 이렇게 말씀하셨다.
"큰 인물이다. 군주가 백씨의 병읍에서 삼백 호를 빼앗아 주었지만, 백씨는 나물밥을 먹으면서도 죽을 때까지 원망하지 않았다."

완성된 인간의 모습

子路問成人한대 子曰 若藏武[20]仲之知와 公綽[21]之不欲과
자로문성인　　자왈 약장무 중지지와 공작 지불욕과

卞莊子[22]之勇과 冉求之藝에 交之以禮樂이면 亦可以爲成人矣니라
변장자 지용과 염구지예에 교지이례악이면 역가이위성인의

曰 今之成人者는 何必然이리오 見利思義하며 見危授命하며
왈 금지성인자는 하필연이리오 견리사의하며 견위수명하며

久要不忘平生之言이면 亦可以爲成人矣니라
구요불망평생지언이면 역가이위성인의

자로가 공자에게 덕이 높은 사람에 대해 묻자 말씀하셨다.
"만약 장무중의 지혜와 맹공작의 청렴과 변장자의 용기와 염구의 재주에 예악으로 문체를 더한다면 완성된 인간이 될 수가 있다."
그리고 다시 말씀하셨다.
"하지만 오늘날의 완성된 인간이 이와 같으랴. 이득을 보면 의리를 생각하고, 나라가 위태로우면 목숨을 바치고, 오래전의 약속일지라도 평소 그 약속을 잊지 않는다면, 완성된 덕이 있는 사람이 될 수 있을 것이다."

평소에 처신을 잘 하라

子問公叔文子[23]於公明賈[24]曰 信乎[25]夫子不言不笑不取乎아
자문공숙문자 어공명가 왈 신호 부자불언불소불취호아

公明賈對曰 以告者過也로소이다 夫子時然後言이라
공명가대왈 이고자과야　　　　부자시연후언

人不厭其言하며 樂然後笑라 人不厭其笑하며 義然後取니
인불염기언　　락연후소　　인불염기소　　의연후취

人不厭其取하나이다 子曰 其然가 豈其然乎[26]리오
인불염기취　　　　자왈 기연　기기연호

　공자가 공명가에게 공숙문자에 대해 물었다.
　"공숙문자는 말도 없고 웃음도 없으며, 뇌물을 받지도 않는다 하니, 사실인가?"
　공명가가 대답했다.
　"그건 와전된 것입니다. 그는 말을 해서 사람들이 그의 말을 싫어하지 않고, 즐거울 때 웃으니 사람들이 그의 웃음을 실없이 여기지 아니하고, 의리에 맞으면 재물을 취하니 다른 사람들이 그의 취함을 부당해하지 않습니다."
　공자가 말씀하셨다.
　"어찌 그럴 수가 있는 것인가?"

결코 무력을 쓰지 마라

子路曰 桓公[27] 殺公子糾[28]하여 召忽死之하고 管仲不死하니
자로왈 환공　　살공자규　　　소홀사지　　관중불사

曰未仁乎인저 子曰 桓公九合[29] 諸侯하되
왈미인호　　자왈 환공구합 제후

不以兵車³⁰⁾는 管仲之力也니 如其仁如其仁이리오
불이병거　　　관중지력야　　여기인여기인

자로가 물었다.

"제나라 환공이 공자 규를 죽이자 소홀은 공자 규를 위해 따라 죽었는데 관중은 죽지 않았습니다. 관중은 어질지 못한 것입니까?"

공자가 말씀하셨다.

"환공이 제후를 아홉 번 병합했지만 이때 무력을 쓰지 않은 것은 관중의 힘이다. 누가 그의 어짊을 좇을 것인가?"

관중의 충성

子貢曰 管仲非仁者與인저 桓公殺公子糾어늘 不能死요 又相³¹⁾之오녀
자공왈 관중비인자여　　환공살공자규　　불능사　우상　지

子曰 管仲相桓公霸諸侯하여 一匡³²⁾天下하니 民到于今受其賜³³⁾하나니
자왈 관중상환공패제후　　　일광　천하　　민도우금수기사

微³⁴⁾管仲이면 吾其被髮左衽矣러니라 豈若匹夫匹婦之爲諒³⁵⁾也하여
미　관중　　오기피발좌임의　　　개약필부필부지위량　야

自經³⁶⁾於溝瀆而莫之知也리오
자경　어구독이막지지야

자공이 물었다.

"관중은 어진 사람이 아닐 것입니다. 환공이 공자 규를 죽였을

때 함께 죽지 못했고, 오히려 환공을 돕기까지 한 것입니다."
　공자가 말씀하셨다.
　"관중은 환공을 제후들의 패자로 만들었고, 주 왕실에 충성하여 천하를 통일했기 때문에 백성들은 지금까지 그 혜택을 보고 있는 것이다. 만약 관중이 없었다면 머리를 산발하고 옷깃을 왼쪽으로 여미는 오랑캐가 되었을 것이다. 필부들이 사소한 신의로 스스로 개천에서 목을 매어 죽어도 남이 그를 알아주지 않는 것과 같다."

나라가 망하지 않는 이유

子言衛靈公之無道也러시니 康子[37]曰 夫如是로되 奚而不喪[38]이니이까
자언위령공지무도야　　　　강자왈 부여시　　해이불상

孔子曰 仲叔圉[39]治賓客하고 祝鮀[40]治宗廟하고 王孫賈[40]治軍旅하니
공자왈 중숙어 치빈객　　　축타 치종묘　　왕손가 치군려

夫如是니 奚其喪이리오
부여시　해기상

공자가 위나라 영공의 무도함을 말하자 계강자가 물었다.
"그처럼 무도한데 왜 망하지 않습니까?"
공자가 말씀하셨다.
"중숙어가 외교를 맡고, 축타가 종묘를 맡고, 왕손가가 군대를 맡았기 때문에 망하지 않습니다."

윗사람에게 바른말을 하라

陳成子[41]弑簡公이어늘 孔子沐浴而朝하사
진성자   시간공   공자목욕이조

告於哀公曰 陳恒弑其君하니 請討之하소서
고어애공왈 진항시기군   청토지

公曰 告夫三子[42]하라 孔子曰 以吾從大夫之後라
공왈 고부삼자   공자왈 이오종대부지후

不敢不告也하니 君曰 告夫三子者오녀
불감불고야   군왈 고부삼자자

之三子하신대 告하신대 不可라 하여늘
지삼자   고   불가

孔子曰 以吾從大夫之後라 不敢不告也니라
공자왈 이오종대부지후   불감불고야

진성자가 제나라 간공을 시해하자 공자는 목욕재계하시고 조정으로 나가 애공에게 고했다.
"진성자가 자기 임금을 시해했으니 토벌해야 합니다."
애공이 말했다.
"삼환맹씨·숙씨·계씨에게 말해 보시오."
공자가 말씀하셨다.
"내 일찍이 대부의 말단에 앉아 있었기 때문에 감히 말씀드리지 않을 수가 없었는데, 주군께서는 삼환에게 고하라 하시는군요."
삼환에게 말하자 듣지 않자 공자께서 말씀하셨다.
"내 일찍이 대부의 말단에 앉아 있었기 때문에 감히 말씀드리지 않을 수가 없었습니다."

군자는 위로 통하고 소인은 아래로 통한다

子路問事君한대 子曰 勿欺也요 而犯之⁴³⁾니라
자로문사군　　자왈 물기야　이범지

子曰 君子는 上達⁴⁴⁾하고 小人은 下達⁴⁵⁾이니라
자왈 군자　상달　　소인　하달

자로가 공자에게 임금을 섬기는 법을 묻자 말씀하셨다.
"속이지 말고, 뜻을 거슬러서라도 반드시 직간을 해야만 한다."
공자가 말씀하셨다.
"군자는 위로 통달하고 소인은 아래로 통달하는 것이다."

주어진 일에 솔직하게 말하라

蘧伯⁴⁶⁾玉使人於孔子어늘 孔子與之坐而問焉曰 夫子何爲오
거백　옥사인어공자　　공자여지좌이문언왈　부자하위

對曰夫子欲寡其過而未能也니이다 使者出커늘 子曰使乎使乎인저
대왈부자욕과기과이미능야　　　　사자출　　자왈사호사호

거백옥이 공자에게 사자를 보내자, 공자가 사자에게 물으셨다.

"선생거백옥은 요즘 어떻게 지내십니까?"
이에 사자가 대답했다.
"선생님은 잘못함을 줄이려고 애쓰지만 뜻대로 안 되는 것 같습니다."
사자가 나가자 공자가 말씀하셨다.
"좋은 사자로구나. 좋은 사자야."

자신이 맡은 일이 아니면 그 일을 논하지 마라

子曰不在其位하야 不謀其政이니라
자 왈 부 재 기 위　　불 모 기 정

공자가 말씀하셨다.
"그 직위에 있지 않거든 그 직무를 논하지 말라."

군자는 신분이나 직위를 벗어나지 않는다

曾子曰 君子는 思不出其位[47]니라
증 자 왈 군 자　　사 불 출 기 위

증자가 말씀했다.
"군자는 생각하는 것이 자신의 신분이나 직위를 벗어나지 않는다."

군자는 말이 행동을 앞서서는 안 된다

子曰 君子는 恥其言而過其行이니라
자 왈 군 자   치 기 언 이 과 기 행

공자가 말씀하셨다.
"군자는 자신의 말이 행동보다 지나치는 것을 부끄러워한다."

군자의 세 가지 도

子曰 君子道者三에 我無能焉하니
자 왈 군 자 도 자 삼   아 무 능 언

仁者不憂하고 知者不惑하고 勇者는 不懼니라
인 자 불 우   지 자 불 혹   용 자   불 구

子貢曰 夫子自道也[48]삿다
자 공 왈 부 자 자 도 야

공자가 말씀하셨다.
"군자의 도가 셋인데 내가 할 수 있는 것은 하나도 없다. 어진 사람은 근심이 없고, 지혜로운 사람은 미혹됨이 없고, 용기 있는

사람은 두려움이 없다."

자공이 이 말을 듣고 말했다.

"선생님은 겸손하기 때문에 자신을 이렇게 말씀하시는 것입니다."

자신을 다른 사람과 비교하지 마라

子貢方人⁴⁹⁾하더니 **子曰 賜也賢乎哉**아 **夫我則不暇**로다
자공방인　　　　자왈 사야현호재　　부아즉불가

자공이 다른 사람을 비교하여 말하자 공자가 말씀하셨다.

"사야, 너는 나보다 더 현명하다고 생각하느냐? 도대체 나는 그렇게 할 겨를이 없다."

능력이 없음을 걱정하라

子曰不患人之不己知요 **患其不能也**니라
자왈불환인지불기지　　환기불능야

공자가 말씀하셨다.

"남이 나를 알아주지 않는다고 걱정하지 말고, 내가 능력이 없음을 걱정하라."

깨닫는 사람이 현명한 사람이다

子曰 不逆詐[50]하며 不億不信이나 抑[51] 亦先覺者라야 是賢乎인저
자왈 불역사　　불억불신　　억 역선각자　　시현호

공자가 말씀하셨다.
"남이 나를 속이는가 하고 미리 짐작하지 말며, 남이 나를 의심할 것이라고 미리 억측하지 말라. 도리어 먼저 깨달아 아는 사람이야말로 현명한 사람이다."

고루한 것은 나쁜 것이다

微生畝[52] 謂孔子曰 丘는 何爲是栖栖[53]者與아
미생무 위공자왈 구　하위시서서　 자여

無乃爲佞乎아 孔子曰 非敢爲佞也라 疾固[54]也니라
무내위녕호　공자왈 비감위녕야　　질고 야

미생묘가 공자에게 말했다.
"공자는 무엇을 위해 여기저기를 머무는가? 결국 말재주를 자랑하기 위한 것이 아닌가?"
공자가 말씀하셨다.
"말재주를 부리려고 함이 아니라, 세상 사람들의 고집불통한 것을 미워하기 때문입니다."

원한은 강직으로, 덕은 덕으로 갚아라

或曰 以德報怨이 何如하리이까
혹왈 이덕보원   하여

子曰何以報德고 以直報怨이요 以德報德이니라
자왈하이보덕   이직보원   이덕보덕

어떤 사람이 물었다.
"은덕으로 원한을 갚으면 어떻습니까?"
공자가 말씀하셨다.
"그러면 덕은 무엇으로 갚을 것이냐? 원한은 강직으로, 은덕은 은덕으로써 갚는 것이다."

나를 알아주는 것은 오직 하늘이구나

子曰 莫我知也夫인저 子貢曰何爲其莫知子也니이까
자왈 막아지야부   자공왈하위기막지자야

子曰 不怨天하며 不尤人이요
자왈 불원천   불구인

下學而上達[55]하나니 知我者는 其天乎인저
하학이상달   지아자   기천호

공자가 말씀하셨다.
"아무도 나를 알아주지 않는구나."

자공이 말했다.
"어찌 선생님을 알아주는 사람이 없다는 것입니까?"
공자가 말씀하셨다.
"하늘을 원망하거나, 사람을 탓하는 것이 아니다. 가까운 것부터 배워서 천리를 통달하고자 하니 나를 알아주는 것은 오직 하늘이구나."

천명은 거스르지 못한다

公伯寮[56]愬子路於季孫이어늘
공백료 소자로어계손

子服景伯[57]以告曰夫子固有惑志於公伯寮하나니
자복경백 이고왈부자고유혹지어공백료

吾力猶能肆[58]諸市朝[59]니이다 子曰 道之將行也與도 命也니
오력유능사 저시조   자왈 도지장행야여   명야

道之將廢也與도 命也니 公伯寮其如命何리오
도지장폐야여   명야   공백료기여명하

공백료가 자로를 계손에게 모함하자 자복경백이 공자에게 고했다.
"계손이 공백료에게 현혹되어 의심하는 뜻이 있으니, 제 힘으로 그를 죽여서 목을 저잣거리에 걸 수가 있습니다."
공자가 말씀하셨다.

"정도의 행함은 천명이고, 정도의 무너짐 역시 천명이다. 공백료가 천명을 어찌하리요."

현자의 세 가지 태도

子曰 賢者辟世하고 其次辟地하고
자왈 현자피세   기차피지

其次辟色하고 其次辟言이니라
기차피색   기차피언

子曰 作者七人⁶⁰⁾矣로다
자왈 작자칠인 의

공자가 말씀하셨다.
"현자는 어지러운 세상을 피하고, 그 다음은 땅을 피하고, 또 그 다음은 태도를 보고 피하고, 그 다음은 나쁜 말을 피하는 것이다."
공자께서 또 말씀하셨다.
"이렇게 실천한 사람은 모두 일곱 명이다."

공자의 명성

子路宿於石門⁶¹⁾이러니 晨門⁶²⁾曰 奚自오
자로숙어석문   신문 왈 해자

子路曰 自孔氏로다 曰是知其不可而爲之者與아
자로왈 자공씨　　왈시지기불가이위지자여

자로가 석문에서 묵자 문지기가 물었다.
"어디서 왔습니까?"
자로가 말했다.
"공자님의 집에서 왔습니다."
문지기가 말했다.
"안 된다는 것을 알지만 애써 행하려 하는 그 자인가."

자기 자신을 알라

子擊磬⁽⁶³⁾於衛러시니 有荷蕢而過孔氏之門者曰有心哉라
자격경　어위　　유하쾌이과공씨지문자왈유심재

擊磬乎여 旣而⁽⁶⁴⁾曰鄙哉라 硜硜⁽⁶⁵⁾乎여 莫己知也어든
격경호　기이　왈비재　갱갱　호　막기지야

斯已而矣⁽⁶⁶⁾니 深則厲요 淺則揭⁽⁶⁷⁾니라 子曰 果哉⁽⁶⁸⁾라 末⁽⁶⁹⁾之難矣니라
사이이의　심즉려　천즉게　　자왈 과재　　말 지난의

공자가 위나라에 있을 때 경쇠를 치자 어떤 사람이 망태를 메고 공자의 집 앞을 지나가면서 말했다.
"소리에 세상을 구제할 마음이 들어 있구나!"
잠시 후 다시 말했다.
"저 딱딱한 소리가 욕이 되는구나. 자신을 알아주지 않으면 그

만두면 되는 것을, 『시경』에 '깊으면 옷을 벗고 건너고, 얕으면 바지를 걷고 건너라' 고 했지 않은가."

　공자가 말씀하셨다.

　"세상을 단념했구나. 매사를 그렇게 생각한다면 어려움이 없으리라."

맡은 직책을 충실히 이행하라

子張曰 書[70]云하되 高宗[71] 諒陰[72] 三年不言이라 하니 何謂也니이까
자장왈 서 운　　　고종　양음　삼년불언　　　　하위야

子曰 何必高宗이리오 古之人皆然하니 君薨[73]커시든
자왈 하필고종　　　고지인개연　　　군훙

百官總己하여 以聽於冢宰[74] 三年이니라
백관총기　　 이청어총재　　삼년

　자장이 물었다.

　"『서경』에 '고종임금은 삼년상을 치르는 동안 말을 하지 않았다' 고 했는데, 이것은 무슨 뜻입니까?"

　공자가 말씀하셨다.

　"고종임금만 그러했겠느냐? 옛 사람들은 모두 그랬다. 임금이 죽으면 백관들은 자신의 직책을 맡아 삼 년 동안 재상의 지휘를 따랐다."

임금은 백성들을 편안하게 해야 한다

子路問君子한대 子曰 修己以敬이니라
자로문군자　　자왈 수기이경

曰 如斯而已乎이까 曰 修己以安人이니라
왈 여사이이호　　왈 수기이안인

曰 如斯而已乎이까 曰 修己以安百姓은
왈 여사이이호　　왈 수기이안백성

修己以安百姓은 堯舜 其猶病諸[75]시니라
수기이안백성　 요순 기유병저

자로가 공자에게 군자에 대해 묻자 말씀하셨다.
"스스로 몸과 마음을 닦아 수양한다."
"그렇게 하면 되는 것입니까?"
"자신을 수양한 뒤에는 남을 편안하게 해 준다."
"그렇게 하면 되는 것입니까?"
"스스로 수양해서 백성들을 편안케 해 주는 것이다. 이 점은 요임금과 순임금도 걱정했던 부분이다."

못된 습관을 꾸짖다

原壤[76] 夷俟[77]러니 子曰 幼而不孫弟하며 長而無述[78]焉이요 老而不死하니
원양 이사　　　　자왈 유이불손제　　　장이무술 언　　　노이불사

是爲賊이라 하시고 以杖叩其脛하시다
시 위 적   이 장 구 기 경

원양이 무릎을 세우고 기다리자 공자가 말씀하셨다.
"어릴 때는 공손하지 못했고, 커서는 칭찬받을 행동이 없었고, 늙어서도 삶을 탐하니 도둑과 다를 바가 없다."
하면서 지팡이로 자신의 종아리를 때렸다.

하루 빨리 성공을 희망하지 마라

闕黨[79]童子將命[80]이어늘 或問之曰 益[81]者與이까
궐 당   동 자 장 명   혹 문 지 왈 익   자 여

子曰 吾見其居於位[82]也하며 見其與先生[83]幷行[84]也하니
자 왈 오 견 기 거 어 위 야   견 기 여 선 생   병 행 야

非求益者也라 欲速成者也니라
비 구 익 자 야   욕 속 성 자 야

궐당 동자가 손님을 안내하자 어떤 사람이 공자에게 물었다.
"저 아이는 학문이 나아지고있습니까?"
공자가 말씀하셨다.
"그가 어른들 자리에 앉기도 하고 선생을 따라다니는 것을 보니, 학문의 발전을 구하는 것이 아니라 하루 빨리 어른이 되기를 희망하는 사람이다."

제十五편 위령공 衛靈公

이 편은 공자가 몸소 겪은 여러 가지 일들로 날이 갈수록 온갖 예절이 쇠퇴하는 세상을 한탄하는 구절이 많다. 공자는 그러한 가운데 자신의 몸을 닦고 올바른 처세의 길과 바른 길을 논할 글들이 수록되어 있다.

자신의 지식을 솔직하게 말하라

衛靈公問陳[1]於孔子한대
위영공문진 어공자

孔子對曰俎豆[2]之事는則嘗聞之矣어니와
공자대왈 조두 지사 즉상문지의

軍旅之事는未之學也라하시고明日에遂行하시다
군려지사 미지학야 명일 수행

위나라의 영공이 공자에게 군진법에 대해 묻자 이렇게 말씀하셨다.

"예법은 일찍부터 들었지만, 군사의 일은 아직 배우지 못했습니다."

군자는 곤궁을 지키지만 소인은 곤궁하면 탈선한다

在陳絶糧하니 從者病하여 莫能興이러니
재 진 절 량   종 자 병   막 능 흥

子路慍見曰 君子亦有窮乎이까
자 로 온 현 왈 군 자 역 유 궁 호

子曰 君子固窮이니 小人窮斯濫[3]矣니라
자 왈 군 자 고 궁   소 인 궁 사 람   의

진나라에 따라갔던 제자들이 양식이 떨어져 병으로 쓰러지자 자로가 노여운 빛을 띠고 공자에게 물었다.

"군자도 곤궁할 때가 있습니까?"

공자가 말씀하셨다.

"군자는 궁핍할 수 있느니라. 그러나 소인은 곤궁하면 탈선한다."

오직 한 곳을 관철하라

子曰 賜也아 女以予爲多學而識⁴⁾之者與아 對曰 然하이다
자왈 사야 여이여위다학이지 지자여 대왈 연

非與이까 曰 非也라 予는 一以貫之니라
비여   왈 비야   여 일이관지

공자가 말씀하셨다.
"사야, 너는 내가 많이 배우고 기억하는 사람이라고 생각하느냐?"
자공이 대답했다.
"그렇게 생각하는데 잘못되었습니까?"
"그렇지가 않다. 나는 오직 하나의 도리로써 만사를 일관하였느니라."

무위로 세상을 다스려라

子曰 無爲而治者는 其舜也與인저 夫何爲哉시리오
자왈 무위이치자 기순야여   부하위재

恭己正南面⁵⁾而已矣시니라
공기정남면 이이의

공자가 말씀하셨다.
"아무런 자취 없이 세상을 다스리신 분이 순임금이다. 그분이 무엇을 했을까? 오직 공손히 하고 천자의 자리에 있었을 따름이다."

충성된 외교관의 자질

子張問行⁶한대 子曰
자장문행   자왈

言忠信하며 行篤敬이면 雖蠻貊之邦이라도 行矣어니와
언충신   행독경   수만맥지방   행의

言不忠信하며 行不篤敬이면 雖州里⁷나 行乎哉아
언불충신   행불독경   수주리   행호재

立則見其參⁸於前也하고 在輿則見其倚於衡⁹也니 夫然後行이니라
입즉견기참 어전야   재여즉견기의어형 야   부연후행

子張이 書諸紳하니라
자장   서저신

자장이 공자에게 외교관의 행실을 묻자 말씀하셨다.

"말이 충성스럽고 신의가 있으며, 행동이 돈독하고 공경하면 비록 오랑캐의 나라에서도 통하겠지만, 말이 충성스럽지 못하고 신의가 없으며, 행동이 돈독치 못하고 공경스럽지 않다면, 자기 고향에서도 통하겠느냐? 서 있으면 그 이치가 눈 앞에 늘어서 있음을 볼 수 있겠고, 수레에 앉아 있을 때는 이 말이 멍에에 걸려 있는 듯이 보여야 한다. 그런 다음에야 비로소 모든 일이 뜻대로 될 것이다."

자장은 이 말을 허리띠에 적었다.

나라에는 도가 있어야 한다

子曰
자 왈

直哉라 史魚[10]여 邦有道에 如矢하며 邦無道에 如矢로다
직재 사어   방유도 여시   방무도 여시

君子哉라 蘧伯玉[11]이여 邦有道에 則仕하며 邦無道에 則可卷而懷之[12]로다
군자재 거백옥   방유도 즉사   방무도 즉가권이양지

공자가 말씀하셨다.
"사어는 곧도다! 나라에 도의가 있어도 화살처럼 곧으며, 나라에 도의가 없어도 화살처럼 곧구나. 거백옥은 군자구나! 나라에 도의가 있으면 벼슬을 하고, 나라에 도의가 없으면 곧 물러나 숨는구나."

지혜로운 자는 사람과 말을 잃지 않는다

子曰
자 왈

可與言而不與之言이면 失人이요 不可與言而與之言이면
가여언이불여지언   실인   불가여언이여지언

失言이니 知者는 不失人하며 亦不失言이니라
실언   지자 불실인   역불실언

공자가 말씀하셨다.

"더불어 말할 사람과 더불어 말을 하지 않으면 사람을 잃고, 더불어 말 안 할 것을 더불어 말하면 말을 잃는다. 지혜로운 자는 사람과 말을 잃지 않는다."

어진 사람은 자신의 몸을 죽여 인을 이룬다

子曰 志士[13]仁人[14]은 無求生以害仁이요
자왈 지사 인인 무구생이해인

有殺身以成仁이니라
유살신이성인

공자가 말씀하셨다.

"뜻있는 선비와 어진 사람은 삶을 위해서 어진 것을 해치지 않고, 몸을 죽여서 인을 이루는 일은 있었다."

어진 사람을 사귀어라

子貢問爲仁한대 子曰
자공문위인 자왈

工[15]欲善其事한댄 必先利其器[16]니 居是邦也하여
공 욕선기사   필선리기기   거시방야

事其大夫賢者하며 友其士之仁者니라
사 기 대 부 현 자   우 기 사 지 인 자

자공이 공자에게 인을 행하는 방법을 묻자 이렇게 말씀하셨다.
"장인이 일을 잘 하려면 반드시 연장을 잘 갖추어야 하듯, 나라에 있어서는 대부 중 어진 사람을 섬기고 선비 가운데 어진 사람을 사귀어야 할 것이다."

간사한 사람은 위험하다

顔淵問爲邦한대 子曰
안 연 문 위 방   자 왈

行夏之時[17]하며 乘殷之輅[18]하며 服周之冕[19]하며 樂則韶舞[20]요
행 하 지 시   승 은 지 로   복 주 지 면   악 즉 소 무

放鄭聲[21]하며 遠佞人이니 鄭聲淫하고 佞人[22]殆니라
방 정 성   원 녕 인   정 성 음   영 인 태

안연이 공자에게 나라를 다스리는 것을 묻자 이렇게 말씀하셨다.
"하나라의 역법을 쓰며, 은나라의 수레를 타며, 주나라의 관복을 입어야 한다. 음악은 소무韶舞를 써야 한다. 정나라의 음악은 버리고, 간사한 사람을 멀리하며, 정나라의 음악은 음란하고, 간사한 사람은 위험하기 때문이다."

미래를 생각하지 않으면 근심이 있다

子曰人無遠慮면 必有近憂니라
자왈인무원려 필유근우

공자가 말씀하셨다.
"사람은 미래를 생각하지 않으면 반드시 눈 앞에 근심이 생긴다."

사람을 꿰뚫어 보라

子曰 臧文仲²³⁾은 其竊位者與인저 知柳下惠之賢而不與立也로다
자왈 장문중   기절위자여   지유하혜지현이불여립야

공자가 말씀하셨다.
"장문중은 벼슬을 도둑질했다. 유하혜가 어진 줄 알고도 그를 천거하지 않았다."

남을 모질게 책망하지 마라

子曰 躬自厚而薄責於人하며 則遠怨矣니라
자왈 궁자후이박책어인   즉원원의

공자가 말씀하셨다.

"자기 반성을 엄중히하고 남을 책망하는 것을 가볍게 하면 원망을 듣지 않는다."

노력하지 않는 사람은 어쩔 수 없다

子曰 不曰如之何如之何者는 吾末[24]如之何也已矣니라
자왈 불왈여지하여지하자   오말 여지하야이의

공자가 말씀하셨다.
"'어찌하나? 어찌하나?' 깊이 생각하지 않는 사람은 나도 어떻게 할 수가 없다."

잔꾀를 부리면 사람되기 어렵다

子曰 羣居終日에 言不及義요
자왈 군거종일   언불급의

好行小慧[25]면 難矣哉라
호행소혜   난의재

공자가 말씀하셨다.
"무리를 지어 온종일 있지만 말이 의로움에 미치지 않고 잔꾀 부리기만 좋아하면 사람 되기가 어려운 것이다."

군자는 의와 예에 따라 행동하고 겸손과 신의로써 행동하라

子曰
자 왈

君子는 義以爲質[26]이요 禮以行之하며 孫[27]以出之하며
군자   의이위질   예이행지   손 이출지

信以成之하나니 君子哉라
신이성지   군자재

공자가 말씀하셨다.
 "군자는 의로써 바탕을 삼고, 예에 따라 행하고, 겸손으로 태도를 나타내고, 신의로써 이루는 것이다. 이것이 곧 군자이다."

남이 알아주지 않는 것을 걱정하지 마라

子曰
자 왈

君子는 病無能焉이요 不病人之不己知也니라
군자   병무능언   부병인지불기지야

공자가 말씀하셨다.
 "군자는 무능을 걱정하고, 다른 사람이 나를 알아주지 않는 것을 걱정하지 않는다."

군자는 자신의 이름을 알려라

子曰 君子는 疾沒世而名不稱焉이니라
자왈 군자   질몰세이명불칭언

공자가 말씀하셨다.
"군자는 죽은 뒤에 이름이 알려지지 않을까 걱정한다."

소인은 남에게 명예를 구한다

子曰 君子는 求諸己요 小人求諸人이니라
자왈 군자   구저기   소인구저인

공자가 말씀하셨다.
"군자는 모든 것을 자신에게서 찾아보고, 소인은 남에게서 명예를 찾는다."

군자는 당파를 만들지 않는다

子曰 君子는 矜[28]而不爭하며 羣[29]而不黨이니라
자왈 군자   긍   이불쟁   군   이부당

공자가 말씀하셨다.

"군자는 자존심이 강하면서 다투지 않으며, 사람들과 어울려도 당파를 만들지 않는다."

군자는 말을 앞세우는 사람을 싫어한다

子曰 君子는 不以言擧人하며 不以人廢言이니라
자왈 군자　불이언거인　　불이인폐언

공자가 말씀하셨다.
"군자는 말만 듣고 사람을 천거하지 않고, 좋지 않는 사람이라도 그 말까지 버리지는 않는다."

용서하라

子貢問曰 有一言[30]而可以終身行之者乎이까
자공문왈　유일언　이가이종신행지자호

子曰 其恕[31]乎인저 其所不欲을 勿施於人이니라
자왈 기서 호　　기소불욕　물시어인

자공이 물었다.
"한 마디 말로 종신토록 행할 말이 있습니까?"
이에 공자가 말씀하셨다.

"그것은 용서일 것이다. 내가 하기 싫은 일을 남에게 시키지 말아야 한다."

칭찬에는 증거가 있다

子曰 吾之於人也에 誰毀誰譽리오
자왈 오지어인야 수훼수예

如有所譽者면 其有所試矣니라 斯民也는
여유소예자 기유소시의 사민야

三代之所以直道而行也니라
삼대지소이직도이행야

공자가 말씀하셨다.
"내가 사람을 상대함에 누구를 헐뜯고, 누구를 칭찬하는 일이 없었다. 만약 칭찬할 것이 있다면 그것은 살핀 것이 있기 때문이다. 이 백성은 삼대의 곧은 도의를 이어받아 행하는 백성이기 때문이다."

사관의 태도

子曰 吾猶及[33]史[32]之闕文[34]也와 有馬者借人乘之하더니 今亡矣夫인저
자왈 오유급 사 지궐문 야 유마자차인승지   금무의부

공자가 말씀하셨다.

"내가 사관이 역사를 기록할 때 궐문에 두는 방법과 말 가진 사람이 말을 남에게 빌려 주어 타게 하는 것과 같을 것을 볼 수 있는데, 지금은 그런 풍속이 없어졌구나."

배우는 것이 최선이다

子曰 吾嘗終日不食하며 終夜不寢하여
자왈 오상종일불식　　종야불침

以思하니 無益이라 不如學也로다
이사　　무익　　불여학야

공자가 말씀하셨다.

"나는 하루 종일 먹지 않고, 밤새도록 자지 않고 생각했지만, 별로 얻은 것이 없었다. 이것은 배우는 것만 못하구나."

군자는 가난을 고민하지 않는다

子曰 君子謀道不謀食하나니
자왈 군자모도불모식

耕也에 餒在其中矣요 學也에
경야　 뇌재기중의　 학야

祿在其中矣니 君子憂道不憂貧이니라
녹재기중의　군자우도불우빈

공자가 말씀하셨다.

"군자는 도를 도모할 뿐, 먹는 것에는 노력하지 않는다. 농사를 짓지만 흉년이 들면 굶주림이 그 가운데 있고, 학문을 해도 녹이 그 가운데 있다. 군자는 도를 근심할 뿐 가난을 어려워하지 않는다."

예를 실천하지 않으면 선하지 못하다

子曰 知及之라도 仁不能守之면 雖得之나 必失之니라
자왈 지급지　인불능수지　수득지　필실지

知及之하며 仁能守之라도 不莊以涖之[35]면 則民不敬이니라
지급지　인능수지　불장이리지　즉민불경

知及之하며 仁能守之하며 莊以涖之라도 動之不以禮면 未善也니라
지급지　인능수지　장이리지　동지불이례　미선야

공자가 말씀하셨다.

"지혜가 그 지위를 유지할 만해도 어짊을 지킬 수 없으면 비록 지위를 얻을지라도 반드시 잃는다. 지혜가 그 지위를 유지할 만하고 어짊으로 지켜도 위엄으로써 임하지 않으면 백성이 공경하지 않는다. 지혜가 그 지위를 유지할 만하고 어짊으로 지키고, 위엄으로 임해도 예로써 실천하지 않으면 선하지 못하다."

소인은 큰 일을 맡을 수 없다

子曰 君子는 不可小知나 而可大受也요
자왈 군자 불가소지 이가대수야

小人은 不可大受나 而可小知也니라
소인 불가대수 이가소지야

공자가 말씀하셨다.
"군자는 작은 일로 그의 재능을 알 수 없으나 큰 일을 맡길 수 있고, 소인은 큰 일을 맡을 수 없지만 작은 일로써 그의 재능을 시험할 수 있다."

인은 물과 불보다 중요하다

子曰 民之於仁也에 甚36)於水火하니
자왈 민지어인야 심 어수화

水火는 吾見蹈而死者矣어니와
수화 오견도이사자의

未見蹈仁而死者也케라
미견도인이사자의

공자가 말씀하셨다.
"사람에게 인은 물과 불보다 중요하다. 물과 불은 내가 밟아서 죽는 것을 보았지만, 인을 향하여 죽는 자는 아직 보지 못했다."

진심으로 남을 도와주어라

師冕見할새 及階어늘 子曰 階也라 하시고
사면현   급계   자왈 계야

及席이어늘 子曰 席也라 하시고 皆坐어늘
급석   자왈 석야   개좌

子告之曰 某在斯某在斯라 하시다 師冕出커늘
자고지왈 모재사모재사   사면출

子張問曰 與師言之道與이까 子曰 然하다 固相師之道也니라
자장문왈 여사언지도야   자왈 연   고상사지도야

    장님 악사 면冕이 공자를 뵈려고 계단에 이르자 '계단이다' 하시고, 자리에 이르면 '자리다' 하시고, 자리에 앉으면 '누가 여기에 있고 누가 저기에 있다' 라고 공자가 일일이 일러 주셨다. 악사 면冕이 물러나자 자장이 물었다.

"이것이 장님 악사와 이야기하는 방법입니까?"

공자가 말씀하셨다.

"그렇다. 이것이 본래 악사를 도와주는 길이다."

제十六편 계씨 季氏

이 편은 항상 전쟁을 일삼는 노나라의 실권자인 계씨가 전유를 무력으로 침략하려고 하자 그때 그를 말리지 못한 제자 염유의 내용이 수록되어 있고 군자가 지키고 반드시 삼가야 할 여러 가지 계율들이 수록되었다.

화근은 반드시 가까운 데에 있다

季氏將伐顓臾[1]러니 冉有季路見於孔子曰 季氏將有事於顓臾로소이다
계씨장벌전유 염유계로현이공자왈 계씨장유사어전유

孔子曰 求야 無乃爾是過與아 夫顓臾는 昔者先王以爲東蒙[2]主하시고
공자왈 구 무내이시과여 부전유 석자선왕이위동몽 주

且在邦域之中矣라 是社稷之臣也니 何以伐爲리오
차재방역지중의 시사직지신야 하이벌위

계씨가 전유를 정벌하려고 할 때 염유와 계로가 공자에게 말했다.
"계씨가 장차 전유를 정벌하고자 합니다."
공자가 말씀하셨다.
"구야! 너의 잘못 아니냐? 원래 전유는 옛날 주나라의 선왕이 동몽산 제주로 삼은 나라이며, 그 땅 역시 노나라에 있다. 노나라 사직의 신하인데, 왜 정벌하려고 하느냐?"

冉有曰 夫子浴之연정 吾二臣者는 皆不浴也로다
염유왈 부자욕지   오이신자   개불욕야

孔子曰 求아 周任³⁾有言曰 陳力⁴⁾就列⁵⁾하여 不能者止라 하니
공자왈 구 주임 유언왈진력 취열   불능자지

危而不持하며 顚而不扶면 則將焉用彼相矣리오 且爾言過矣로다
위이부지   전이불부   즉장언용피상의   차이언과의

虎兕出於柙하며 龜玉毁於櫝中이면 是誰之過與아
호시출어합   귀옥훼어독중   시수지과여

염유가 말했다.
"계씨가 그렇게 하려는 것이지, 저희들은 원하지 않습니다."
공자가 말씀하셨다.
"구야, 과거에 주임周任이 말하길 '힘을 다해 벼슬자리를 얻되 능력이 없으면 물러난다' 고 했다. 위험한 데도 도와주지 않고, 넘어지는 데도 붙잡아 주지 않는다면, 그런 신하가 왜 필요하겠느냐? 더구나 네 말이 잘못되었다. 호랑이나 외뿔소가 우리에서 뛰쳐나오고, 거북껍질과 보옥이 궤 속에서 깨지는 것은 누구의 잘못이겠느냐?"

冉有曰 今夫顓臾固[6]而近於費[7]하니
염유왈 금부전유고 이근어비

今不取면 後世에 必爲子孫憂하리이다
금불취 후세 필위자손우

孔子曰 求야 君子疾夫舍曰欲之요
공자왈 구 군자질부사왈욕지

而必爲之辭니 丘也聞한대 有國有家者는 不患寡而患不均하며
이필위지사 구야문 유국유가자 불환과이환불균

不患貧而患不安이라 하니 蓋均無貧이요 和無寡요 安無傾이니라
불환빈이환불안 개균무빈 화무과 안무경

염유가 말했다.

"전유는 성곽이 견고하고 비읍費邑과 매우 가깝습니다. 지금 취해야 후세의 자손들에게 근심거리가 남지 않습니다."

공자가 말씀하셨다.

"구야, 군자는 자신의 욕망을 솔직하게 말하지 않고, 말로 꾸미는 것을 미워한다. 내가 듣기로 '나라나 가정을 가지고 있는 사람은 백성의 수가 적은 것을 걱정하지 않고, 균등하지 못한 것을 걱정하며, 가난한 것을 걱정하지 않고, 평안하지 못한 것을 걱정한다.'고 했다. 즉 균등하면 가난이 없고, 화합되면 백성의 수가 적지 않고, 평안하면 한쪽으로 기우는 일이 없는 것이다.

夫如是故로 遠人不服이면 則修文德[8]以來之하고 旣來之則安之니라
부여시고 원인불복 즉수문덕 이래지 기래지즉안지

今由與求也는 相夫子하되 遠人不服이나 而不能來也하고
금유여구야 상부자 원인불복 이불능래야

邦分崩離析이나 而不能守也하며 而謀動干戈[9]於邦內하니
방분붕이석　　이불능수야　　이모동간과 어방내

吾恐季孫之憂는 不在顓臾요 而在蕭墻[10]之內也이니라
오공계손지우　 부재전유　 이재소장　 지내야

그렇기 때문에 멀리 있는 사람이 복종하지 않으면, 문덕文德을 닦아서 따라오게 하고, 그들이 이미 따라왔으면 평안하게 해야 한다. 유와 구는 계씨를 받들고 있지만, 먼 곳 사람들이 복종하지 않는 데도 오게 하지 못하고 있으며, 나라가 무너지고, 갈라지고, 흩어지고, 쪼개져도 지켜 내지 못하면서, 오히려 나라 안에서 전쟁을 일으킬 모의만 하고 있으니, 나는 계손씨의 근심이 전유에게 있는 것이 아니라 제 집안에 있을까 걱정이 된다."

천하에 도가 있으면 백성들은 정치를 논하지 않는다

孔子曰
공자왈

天下有道면 則禮樂征伐이 自天子出하고 天下無道면 則禮樂征伐이
천하유도　 즉예악정벌　 자천자출　　 천하무도　 즉예악정벌

自諸侯出하나니 自諸侯出이면 蓋十世希不失矣요
자제후출　　　 자제후출　　　개십세희불실의

自大夫出이면 五世[13]에 希不失矣요 陪臣[11]執國命이면 三世希不失矣니라
자대부출　　 오세　　 희불실의　 배신　 집국명　 삼세희불실의

天下有道면 則政不在大夫하고 天下有道면 則庶人不議하나니라
천하유도 즉정불재대부   천하유도 즉서인불의

공자가 말씀하셨다.
"천하에 정도가 있으면 예악과 정벌은 천자에게서 나오고, 천하에 정도가 없으면 예악과 정벌은 제후에게서 나온다. 예악과 정벌이 제후로부터 나오면 십 대 안에 망하지 않은 경우가 없고, 대부로부터 나오면 오 대가 계속되는 경우가 없으며, 가신들로부터 나오면 삼 대가 계속되는 경우가 없다. 천하에 정도가 있다면 정치는 대부의 손에 있지 않고, 천하에 정도가 있으면 백성들이 정치를 논하지 않는다."

나라 패망의 원인

孔子曰 祿[12]之去公室이 五世[13]矣요
공자왈 녹 지거공실   오세 의

政逮於大夫가 四世[14]矣니 故夫三桓[15]之子孫이 微矣니라
정체어대부   사세 의 고부삼환 지자손 미의

공자가 말씀하셨다.
"작록을 주는 권한이 군주에게서 떠난 지 오 대고, 정치가 대부에게 넘어간 지가 사 대가 된다. 이런 까닭에 삼환의 자손들은 미약하게 되었다."

유익한 벗과 해로운 벗

孔子曰
공자왈

益者三友요 損者三友니 友直하며 友諒하며 友多聞이면 益矣요
익자삼우   손자삼우   우직   우량   우다문   익의

友便辟하며 友善柔16)하며 友便佞17)이면 損矣니라
우편벽   우선유   우편녕   손의

공자가 말씀하셨다.
　"유익한 벗과 해로운 벗이 각각 셋 있다. 정직한 사람을 벗 삼고, 신의 있는 사람을 벗 삼고, 박학다식한 사람을 벗 삼으면 유익하다. 위세를 좋아하는 사람을 벗 삼고, 아첨을 잘 하는 사람을 벗 삼고, 빈말을 잘 하는 사람을 벗으로 삼으면 해롭다."

좋아해서 유익한 것과 해로운 것

孔子曰
공자왈

益者三樂18)요 損者三樂니 樂節19)禮樂하며 樂道人之善하며
익자삼요   손자삼요   요절 예악   요도인지선

樂多賢友면 益矣요 樂驕樂하며 樂佚20)遊하며 樂宴樂이면 損矣니라
요다현우   익의   요교락   요일유   요연락   손의

공자가 말씀하셨다.

"즐거움이 셋이고, 해로운 것이 셋 있다. 예악의 절제를 좋아하고, 남의 장점 말하기를 좋아하며, 어진 벗을 많이 갖길 즐거워하면 유익한 것이다. 방자하게 놀기를 좋아하고, 무절제하게 노는 것을 좋아하며, 주색의 향락을 즐거워하는 것은 해롭다."

군자를 모실 때 저지르기 쉬운 세 가지

孔子曰
공 자 왈

侍於君子에 有三愆하니 言未及之而言을 謂之躁요
시 어 군 자   유 삼 건   언 미 급 지 이 언   위 지 조

言及之而不言을 謂之隱이요
언 급 지 이 불 언   위 지 은

未見顔色而言을 謂之瞽니라
미 견 안 색 이 언   위 지 고

공자가 말씀하셨다.

"군자를 모시고 있을 때 범하기 쉬운 세 가지 잘못이 있다. 말을 할 때가 되지 않았는데 먼저 말함은 조급한 것이고, 말을 할 때가 되었는데 말하지 않음은 숨기는 것이고, 상대방의 표정을 살피지도 않고 제멋대로 말하는 것은 소경에 지나지 않는다."

군자는 항상 세 가지를 경계해야 한다

孔子曰 君子有三戒하니 少之時에 血氣未定이라
공자왈 군자유삼계　　소지시　혈기미정

戒之在色이요 及其壯也하여는 血氣方剛이라 戒之在鬪요
계지재색　　급기장야　　　　혈기방강　　계지재투

及其老也하여는 血氣旣衰라 戒之在得21)이니라
급기로야　　　혈기기쇠　계지재득

공자가 말씀하셨다.
"군자는 세 가지를 경계해야 한다. 젊을 때는 혈기가 안정되지 않아서 여색을 조심하고, 장년기에는 혈기가 강성해 남과의 싸움을 조심하고, 노년기에는 혈기가 이미 쇠약한지라 탐욕을 조심해야 한다."

소인은 천명을 알지 못하기 때문에 두려움이 없다

孔子曰 君子有三畏하되 畏天命하며 畏大人22)하며 畏聖人之言이니라
공자왈 군자유삼외　　　외천명　　외대인　　　외성인지언

小人 不知天命而不畏也하며 狎23)大人하며 侮聖人之言이니라
소인 부지천명이불외야　　　압 대인　　　모성인지언

공자가 말씀하셨다.
"군자는 세 가지를 두려워해야 한다. 천명을 두려워하고, 사람

을 두려워하며, 성인의 말씀을 두려워한다. 소인은 천명을 알지 못하기 때문에 두려움이 없고, 사람을 존경하지 않고, 성인의 말씀을 무시한다."

곤궁해서 배우지 않는 사람은 가장 못난 사람이다

孔子曰 生而知之者는 上也요 學而知之者는 次也요
공자왈 생이지지자   상야   학이지지자   차야

困而學之又其次也니 困而不學이면 民斯爲下矣니라
곤이학지우기차야   곤이불학   민사위하의

공자가 말씀하셨다.
"태어나면서 저절로 도리를 아는 사람은 으뜸이고, 배워서 아는 사람은 그 다음이고, 곤궁한 후에 배우는 사람은 그 다음이다. 그러나 곤궁해도 배우지 않는 사람은 가장 못난 것이다."

군자가 생각하여야 할 아홉 가지

孔子曰
공자왈

君子有九思[24]하니 視思明하며 聽思聰하며 色思溫[25]하며 貌思恭하며
군자유구사   시사명   청사총   색사온   모사공

言思忠하며 事思敬하며 疑思問하며 忿思難하며 見得思義니라
언사충　　사사경　　의사문　　분사난　　견득사의

공자가 말씀하셨다.

"군자는 아홉 가지를 생각해야만 한다. 사물을 볼 땐 명백히 보고, 들을 땐 청명하게 듣고, 표정은 온화하고, 태도는 공손하게 하고, 말은 성실하게 하고, 일은 신중하게 하고, 의심나면 묻고, 화가 날 땐 후에 어려운 일이 닥친다는 것을 생각하고, 이득을 보면 의로운 것인가를 반드시 생각해야만 한다."

악한 것을 보면 빨리 벗어나라

孔子曰 見善如不及[26]하며 見不善如探湯[27]을 吾見其人矣요
공자왈 견선여불급　　　견불선여탐탕　　　오견기인의

吾聞其語矣로다 隱居以求其志하며 行義以達其道를
오문기어의　　은거이구기지　　행의이달기도

吾聞其語矣요 未見其人也로다
오문기어의　미견기인야

공자가 말씀하셨다.

"옛 말에 선한 것을 보면 미치지 못할 듯하고, 악한 것을 보면 끓는 물에 손을 담근 듯이 해야 한다. 나는 이런 사람을 보았고, 또 그런 말도 들었다. 세상으로부터 은거하면서도 뜻을 숨기고, 정의를 실천하여 자신의 도를 달성한다. 나는 그런 말은 들었지

만, 아직까지 그런 사람을 보지 못했다."

사람은 죽으면 이름을 남긴다

齊景公有馬千駟²⁸⁾하되 死之日에 民無德而稱焉이요
제경공유마천사   사지일   민무덕이칭언

伯夷叔齊는 餓于首陽之下하되 民到于今稱之하나니라
백이숙제   아우수양지하   민도우금칭지

誠不以富요 亦祗以異리니 其斯之謂與인저
성불이부   역지이이   기사지위여

제나라의 경공은 말 4천 필을 가지고 있었지만, 죽었을 땐 백성들이 그의 덕을 기리지 않았다. 백이와 숙제는 수양산 밑에서 굶어 죽었지만, 사람들은 지금까지 그들을 기리고 있다. 그것은 이것을 두고 한 말이 아니겠는가?

군자는 자기 자식을 특별하게 대하지 않는다

陳亢²⁹⁾問於伯魚³⁰⁾曰 子亦有異聞乎아 對曰 未也로다
진항   문어백어   왈 자역유이문호   대왈 미야

嘗獨立이어시늘 鯉趨而過庭이러니 曰 學詩乎아 對曰 未也로이다
상독립   이추이과정   왈 학시호   대왈 미야

不學詩면 無以言이라 하여시늘 鯉退而學詩호라
부학시   무이언   이퇴이학시

진항이 백어에게 물었다.
"그대는 공자에게 특별한 것을 배웠습니까?"
백어가 대답했다.
"없습니다. 어느 날 아버지께서 혼자서 계실 때, 내가 종종 걸음으로 뜰을 지나가자 "『시경』을 공부했느냐?"라고 물었습니다. 나는 "아직 배우지 못했습니다"라고 대답하자, "시를 공부하지 않으면 말을 제대로 할 수가 없다"고 하셨습니다. 나는 물러나 『시경』을 공부했습니다.

他日에 又獨立이어시늘 鯉趨而過庭이러니 曰 學禮乎아
타왈   우독립   이추이과정   왈 학례호

對曰 未也로이다 不學禮면 無以立이라 하여시늘
대왈 미야   불학례   무이립

鯉退而學禮호라 聞斯二者로라 陳亢退而喜曰聞一得三하니
이퇴이학례   문사이자   진항퇴이희왈문일득삼

聞詩聞禮하고 又聞君子之遠其子[31]也호라
문시문례   우문군자지원기자 야

그 뒤 어느 날, 아버지께서 혼자서 계실 때, 내가 종종 걸음으로 뜰을 지나가자 "예를 공부했느냐?"고 물었습니다. 나는 "아직 배우지 못했습니다"라고 대답하자, "예를 공부하지 않으면 세상에 설 수가 없다"고 하셨습니다. 나는 물러나 예를 공부했습니다. 제가 아버지에게 들은 것은 두 가지뿐입니다."

진항이 물러나와 기뻐하며 말했다.

"하나를 물어 세 가지를 얻었다. 『시경』과 예를 들었고, 군자는 자기 자식을 특별하게 대하지 않음까지 알았다."

왕비의 도리

邦君[32]之妻를 君稱之曰 夫人이요 夫人自稱曰 小童이요
방군 지처 군칭지왈 부인 부인자칭왈 소동

邦人稱之曰 君夫人이요 稱諸異邦曰 寡小君[33]이요
방인칭지왈 군부인 칭저이방왈 과소군

異邦人稱之에 亦曰 君夫人이니라
이방인칭지 역왈 군부인

임금 부인의 경우, 임금이 부를 때는 부인, 부인이 스스로를 말할 때는 소동小童, 나라의 백성들이 부를 때는 군부인, 다른 나라 사람에게 소개할 때는 과소군, 다른 나라 사람들이 부를 때는 역시 군부인이라고 한다.

제십칠편 양화 陽貨

이 편은 세상 사람들이 점점 도덕적으로 타락하는 내용들이 수록되었다. 자신이 도모한 반역에 공자를 끌어들이려는 양화의 회유를 뿌리친 공자의 답변과 그의 제의를 물리친 공자의 답변이 수록되었다.

세월은 사람을 기다리지 않는다

陽貨¹⁾欲見孔子호대 孔子不見하신대 歸²⁾孔子豚이어늘
양화 욕견공자　　공자불견　　　위 공자돈

孔子時其亡³⁾也하여 而往拜之러시니 遇諸塗하시다 謂孔子曰來하라
공자시기무 야　　 이왕배지　　　　우저도　　　위공자왈래

予與爾言하리라 曰懷其寶而迷其邦을 可謂仁乎아 曰不可니라
자여이언　　　왈회기보이미기방　　 가위인호　 왈불가

好從事而亟失時를 可謂知乎아 曰 不可니라
호종사이극실시 가위지호 왈 불가

日月逝矣라 歲不我與니라 孔子曰 諾다 吾將仕矣⁴⁾러라
일월서의 세불아여 공자왈 낙 오장사의

 양화가 공자를 만나려고 애썼지만 만나 주지 않자 대신 돼지를 보냈다. 이에 공자는 그가 집에 없을 때 찾아가 사례謝禮를 하고 돌아오던 중 그를 만났다. 양화가 공자에게 말했다.
 "선생께 말씀드릴 것이 있습니다. 자신의 재능을 품에 감추고 나라가 어지러울 때 가만히 있으면 어찌 어질다고 하겠습니까?"
 공자가 말씀하셨다.
 "그렇다고는 할 수 없습니다."
 "정치를 좋아하면서 때를 놓치면 지혜롭다고 할 수 있겠습니까?"
 "그렇다는 할 수 없습니다."
 "날과 달은 빨리 지나가듯 세월은 기다림이 없습니다."
 그러자 공자가 말했다.
 "그렇게 생각하신다면 장차 벼슬길에 오르겠습니다."

어리석은 사람은 변함이 없다

子曰 唯上知⁵⁾與下愚⁶⁾는 不移니라
공자 유상지 여하우 불이

공자가 말씀하셨다.

"가장 지혜로운 사람과 가장 어리석은 사람은 절대로 변함이 없다."

닭 잡는 데 소 잡는 칼을 쓰겠느냐

子之武城⁷⁾하사 聞弦歌⁸⁾之聲하시고 夫子莞爾而笑曰 割鷄焉用牛刀리오
자 지 무 성　　　문 현 가 지 성　　　부 자 완 이 이 소 왈 할 계 언 용 우 도

子游對曰 昔者에 偃也聞諸夫子하니 曰君子學道則愛人이요
자 유 대 왈　석 자　언 야 문 저 부 자　　왈 군 자 학 도 즉 애 인

小人學道則易使也라 하오이다 子曰 二三者아 偃之言是也니
소 인 학 도 즉 이 사 야　　　　　자 왈 이 삼 자　언 지 언 시 야

前言 戱之耳니라
전 언　희 지 이

공자가 무성에 갔을 때 현악의 노래를 들었다. 공자가 빙그레 웃으며 말씀하셨다.

"닭 잡는데 소 잡는 칼을 쓰겠느냐?"

자유가 대답했다.

"예전에 선생님에게 배웠을 때는 '군자가 도를 공부하면 백성을 사랑하게 되고, 소인이 도를 배우면 부리기가 쉽다' 고 했습니다."

공자가 말씀하셨다.

"애들아, 언의 말이 옳구나. 내 말은 농담이었다."

어진 사람을 만나면 소신을 펼쳐라

公山弗擾⁹⁾以費畔하여 召어늘 子欲往이러시니
공산불요 이비반   소   자욕왕

子路不說曰 末之也已니 何必公山氏之之也시리이까
자로불열왈 말지야이 하필공산씨지지야

子曰 夫召我者가 而豈徒哉리오
자왈 부소아자   이기도재

如有用我者인댄 吾其爲東周¹⁰⁾乎인저
여유용아자   오기위동주 호

공산불요가 비읍에서 반란을 일으키고 공자를 초청했다. 공자께서 가려고 하자 자로가 이해가 되지 않아 물었다.
"갈 곳이 없다면 그만두시지 하필 공손씨에게 가려고 하십니까?"
공자가 말씀하셨다.
"나를 초청하는 사람이 이유 없이 부르겠느냐? 만약 나를 써 줄 사람이 있으면, 나는 그곳을 동주東周처럼 만들겠다."

어진 사람이 실천해야 할 다섯 가지

子張이 問仁於孔子한대 孔子曰 能行五子於天下면
자장 문인어공자   공자왈 능행오자어천하

爲仁矣니라 請問之한대 曰 恭寬信敏惠니 恭則不侮하고
위인의   청문지   왈 공관신민혜   공즉불모

寬則得衆하고 信則人任[11]焉하고 敏則有功하고 惠則足以使[12]人이니라
관즉득중   신즉인임 언   민즉유공   혜즉족이사 인

자장이 공자에게 인자에 대해 묻자 이렇게 말씀하셨다.
"천하에 다섯 가지 미덕을 실천한다면 인자이다."
자장이 그것을 묻자 공자가 말씀하셨다.
"공손·관용·신의·민첩함·은혜이다. 공손하면 업신여김을 당하지 않고, 관용하면 인심을 얻고, 신의가 있으면 사람들이 신임하고, 민첩하면 공을 세울 수 있고, 은혜를 베풀면 족히 사람을 부릴 수가 있는 것이다."

군자는 나쁜 짓을 일삼는 자에게 가지 않는다

佛肹[13]召어늘 子欲往이러시니 子路曰
필힐 소   자욕왕   자로왈

昔者에 由也聞諸夫子하니 曰 親於其身爲不善者어든
석자 유야문저부자   왈 친어기신위불선자

君子不入也라 하시더니 佛肹以中牟畔이어늘 子之往也는 如之何이꼬
군자불입야   필힐이중모반   자지왕야   여지하

子曰 然하다 有是言也니라 不曰堅乎아 磨而不磷[14]이니라
자왈 연   유시언야   불왈견호   마이불린

不曰白乎아 涅[15]而不緇니라 吾豈匏瓜也哉라 焉能繫而不食이리오
불왈백호 날 이불치   오기포과야재   언능계이불식

필힐이 초청했을 때 공자가 가려고 하자 자로가 물었다.
"예전에 선생님께서 '군자는 자신이 스스로 나쁜 짓을 하는 사람에게 가지 않는다' 라고 말씀했습니다. 필힐이 중모에서 반란을 일으켰는데 선생님께서 왜 가시려고 하십니까?"
공자가 말씀하셨다.
"그렇다. 그렇게 말한 적이 있다. 하지만 갈아도 얇아지지 않는다면 단단하다고 할 수 있지 않겠느냐? 검은 물을 들여도 검어지지 않는다면 희다고 할 수 있지 않겠느냐? 내가 어찌 조롱박처럼 한곳에만 매달려 구경거리가 되겠느냐. 먹지 못하는 쓸데없는 조롱박은 되지 않을 것이다."

인을 좋아해도 배우기 싫어하면 어리석음이 된다

子曰 由也아 女聞六言六蔽[16]矣乎아 對曰 未也로이다
자왈 유야   여문육언육폐 의호   대왈 미야

居하라 吾語女하리라 好仁不好學이면 其蔽也愚요
거   오어여   호인불호학   기폐야우

好知不好學이면 其蔽也蕩이요 好信不好學이면 其蔽也賊이요
호지불호학   기폐야탕   호신불호학   기폐기적

好直不好學이면 其蔽也絞요 好勇不好學이면 其蔽也亂이요
호직불호학   기폐야교   호용불호학   기폐야란

好剛不好學이면 其蔽也狂이니라
호강불호학   기폐야광

공자가 말씀하셨다.
"유야, 넌 육언육폐란 말을 들은 적이 있느냐?"
자로가 대답했다.
"아직 듣지 못했습니다."
"이리 앉아라. 내가 말해 주겠다. 어진 것을 좋아해도 배우기 싫어하면 그 폐단은 어리석음이 된다. 슬기로움을 좋아해도 배우기를 싫어하면 그 폐단은 방탕함이다. 신의를 좋아해도 배우기를 싫어하면 그 폐단은 의를 해치는 것이요, 정직함을 좋아해도 배우기를 싫어하면 그 폐단은 가혹함이다. 용기를 좋아해도 배우기를 싫어하면 그 폐단은 난폭함이다. 굳세기를 좋아해도 배우기를 싫어하면 그 폐단은 광狂이 되는 것이다."

시를 배우는 이유

子曰 小子는 何莫學夫詩오 詩는 可以興이며 可以觀이며 可以羣[17]이며
자왈 소자 하막학부시 시 가이흥   가이관   가이군

可以怨[18]이며 邇之事父하며 遠之事君이요 多識於鳥獸草木之名이니라
가이원   이지사부   원지사군   다식어조수초목지명

공자가 말씀하셨다.
"너희들은 왜 시를 배우지 않느냐? 시를 공부하면 감흥을 나타낼 수 있고, 사물을 성찰할 수 있고, 사람들과 어울릴 수 있고, 비정을 원망할 수 있고, 가까이는 어버이를 섬기고, 멀리는 임금을

섬길 수 있고, 새·짐승·풀·나무의 이름도 많이 알 수가 있는 것이다."

사람은 주남과 소남을 익혀야 한다

子謂伯魚曰 女爲[19]周南召南矣乎아
자위백어왈 여위 주남소남의호

人而不爲周南召南[20]이면 其猶正牆面而立也與인저
인이불위주남소남 기유정장면이립야여

공자가 아들 백어에게 말씀하셨다.
"너는 〈주남〉과 〈소남〉을 배웠느냐? 사람으로서 이것을 익히지 않으면, 그것은 마치 담벼락을 마주보는 것과 같은 것이다."

예의 진실

子曰 禮云禮云하나 玉帛[21]云乎哉며 樂云樂云하나 鍾鼓云乎哉아
자왈 예운예운 옥백 운호재 악운악운 종고운호재

공자가 말씀하셨다.
"예를 말하고 예를 들먹이지만 어찌 옥과 비단이 예이겠느냐? 음악을 이야기하고 음악을 들먹이지만 어찌 종과 북이 음악인가?"

마음이 약한 사람은 도둑과 같다

子曰 色厲[22]而內荏을 譬諸小人컨대 其猶穿窬之盜也與인저
자왈 색려 이내임 비저소인 기유천유지도야여

공자가 말씀하셨다.
"겉으론 엄격하게 보이지만 속이 비겁한 사람은 소인배와 비유하거니와 그러한 사람은 마치 벽을 뚫고 담을 넘어가는 도둑과 같다."

아무에게나 아부하지 마라

子曰 鄕原[23]은 德之賊也니라
자왈 향원 덕지적야

공자가 말씀하셨다.
"비속한 마을 사람에게 영합하여 덕이 있다고 칭찬받는 사람은 덕을 해치는 도둑이다."

길에서 들은 말은 곧장 흘려 버려라

子曰 道聽而塗說[24]이면 德之棄也니라
자왈 도청이도설 덕지기야

공자가 말씀하셨다.

"길에서 들은 말을 길에서 이야기한다면 덕을 버리는 것과 같다."

가진 것을 잃지 않으려고 근심하면 못하는 짓이 없다

子曰
자 왈

鄙夫[25]는 可與事君也與哉아 其未得之也에는 患得之하고
비 부　　가 여 사 군 야 여 재　　기 미 득 지 야　　환 득 지

旣得之에는 患失之하나니 苟患失之면 無所不至矣니라
기 득 지　　환 실 지　　　구 환 실 지　　무 소 불 지 의

공자가 말씀하셨다.
"비속한 사람과 함께 임금을 섬길 수 없다. 벼슬을 얻기 전에는 얻기 위해서 근심하고, 얻은 뒤에는 잃을까 봐 근심한다. 벼슬 잃지 않으려고 근심하면 못하는 짓이 없다."

어리석은 사람은 우직하다

子曰 古者에 民有三疾이러니 今也에는 或是之亡也로다
자 왈 고 자　　민 유 삼 질　　　　금 야　　　혹 시 지 무 야

古之狂也는 肆러니 今之狂也는 蕩이요
고 지 광 야　　사　　　금 지 광 야　　탕

古之矜也는 廉이러니 今之矜也는 忿戾요
고지긍야 염 금지긍야 분려

古之愚也는 直이러니 今之愚也는 詐而已矣로다
고지우야 직 금지우야 사이이의

공자가 말씀하셨다.
"옛 사람들에게 세 가지 병폐가 있었지만 지금은 없어졌다. 사람은 자기 멋대로 말을 했지만, 지금의 뜻이 높은 사람은 방탕할 뿐이다. 사람의 긍지는 청렴결백하더니 지금의 사람의 긍지는 고집불이요, 지금의 자부심이 높은 사람은 분통을 터트려 싸우기만 할 뿐이다. 옛 사람의 어리석음은 정직한 것이었으나 지금 사람의 어리석음은 우직을 가장한 교활함일 따름이다."

말재주로 나라와 집안을 뒤엎는 것은 위험하다

子曰
자 왈

惡紫之奪朱也하며 惡鄭聲之亂雅樂[26]也하며 惡利口[27]之覆邦家者[28]하노라
오자지탈주야 오정성지란아악 야 오리구 지복방가자

공자가 말씀하셨다.
"나는 자주색이 붉은색을 차지하는 것을 미워하고, 정나라 음악이 아악을 어지럽히는 것을 미워하고, 말재주로 나라와 집안을 뒤엎는 것을 미워하느니라."

하늘을 뜻을 누가 알겠는가

子曰 予欲無言하노라
자왈 여욕무언

子貢曰 子如不言이면 則小子何述焉이리이까
자공왈 자여불언   즉소자하술언

子曰 天何言哉시리오 四時行焉하며 百物生焉하나니 天何言哉시리오
자왈 천하언재   사시행언   백물생언   천하언재

공자가 말씀하셨다.
"나는 앞으로 말하지 않겠다."
자공이 물었다.
"선생께서 말씀을 하지 않으신다면 저희들은 어떻게 도를 전수받아 전합니까?"
공자가 말씀하셨다.
"하늘이 무슨 말을 하더냐? 사시가 운행되고 만물이 생장하지만, 하늘이 무슨 말을 하더냐?"

거절에 대한 예절

孺悲[29]欲見孔子어늘 孔子辭以疾하시고 將命者出戶어늘
유비 욕견공자   공자사이질   장명자출호

取瑟而歌하사 使之[30]聞之하시다
취슬이가   사지 문지

유비가 공자를 찾아오자 병을 핑계로 거절했다. 이 말을 전하는 사람이 문을 나가자, 공자는 비파를 뜯으며 노래하면 그가 듣게 했다.

배부른 것은 편안한 것이 아니다

宰我問하되 三年之喪이 期³¹⁾ 已久矣로소이다
재아문　　삼년지상　기　이구의

君子三年不爲禮면 禮必壞하고 三年不爲樂이면 樂必崩하리라
군자삼년불위례　 예필괴　　삼년불위락　　악필붕

舊穀旣沒³²⁾하고 新穀旣升³³⁾하며 鑽燧³⁴⁾改火하나니 期可已矣로소이다
구곡기몰　　　 신곡기승　　　 찬수　개화　　　 기가이의

재아가 물었다.

"삼년상은 기간이 너무 오랜인 것 같습니다. 군자가 삼 년 동안 예를 행하지 않으면 반드시 예가 무너집니다. 삼 년 동안 악을 행하지 않으면 반드시 악이 무너집니다. 묵은 곡식이 모두 떨어지고 햇곡식이 나옵니다. 불씨도 새 것으로 바꿉니다. 그래서 일 년이면 충분하다는 생각입니다."

子曰 食夫稻하며 衣夫錦이 於女安乎아
자왈　식부도　　 의부금　 어여안호

曰 安하나이다
왈 안

女安則爲之하라 夫君子之居喪에 食旨[35]不甘하며 聞樂不樂하며
여안즉위지　　　부군자지거상　　식지 불감　　　문악불락

居處不安이라 故不爲也하나니 今女安則爲之하라
거처불안　　　고불위야　　　　금여안즉위지

宰我出커늘 子曰
재아출　　　자왈

予之不仁也여 子生三年然後에 免於父母之懷하나니
여지불인야　　자생삼년연후　　면어부모지회

夫三年之喪은 天下之通喪也니 予也는 有三年之愛於其父母乎아
부삼년지상　　천하지통상야　　여야　　유삼년지애어기부모호

공자가 말씀하셨다.
"쌀밥을 먹고 비단옷을 걸치는 것이 너의 마음이 편안하느냐?"
"그렇습니다."
"편안하면 그렇게 하여라. 무릇 군자는 삼년상 중에는 기름진 음식을 먹어도 달지 않고, 음악을 들어도 즐겁지 않고, 집에 머물러도 편안하지 않기 때문에 그렇게 하지 않는 것이다. 지금 네 마음이 편안하다면 그렇게 하여라."

재아가 물러가자 공자가 말씀하셨다.
"재아는 어진 사람이 아니구나. 자식은 태어난 지 삼 년이 지나야 부모의 품에서 벗어나는 것이다. 무릇 삼년상은 천하에 공통된 상례이다. 재여는 부모로부터 삼 년 동안 사랑을 받은 것인데 말이다."

사람은 추구하는 일이 있어야 한다

子曰
자왈

飽食終日하여 無所用心이면 難矣哉라
포식종일   무소용심   난의재

不有博奕[36]者乎아 爲之猶賢乎已니라
불유박혁 자호   위지유현호이

공자가 말씀하셨다.
"하루종일 배불리 먹고 마음을 쓸 데가 없다면 어려운 노릇이다. 장기나 바둑도 있지 않는가? 그런 것이라도 하는 편이 오히려 나을 것이다."

군자는 의가 없으면 난을 일으키고 소인은 의가 없으면 도둑이 된다

子路曰 君子尙勇乎이까
자로왈 군자상용호

子曰 君子는 義以爲上[37]이니 君子有勇而無義면 爲亂[38]이요
자왈 군자 의이위상   군자유용이무의   위란

小人有勇而無義면 爲盜니라
소인유용이무의   위도

자로가 물었다.

"군자도 용기를 숭상합니까?"

공자가 말씀하셨다.

"군자는 정의를 높이 숭상한다. 군자가 용기만 있고 정의가 없다면 난을 일으키고, 소인이 용기만 있고 정의가 없다면 도둑이 된다."

군자가 미워하는 것

子貢曰 君子亦有惡乎이까
자공왈 군자역유오호

子曰 有惡하니 吾稱人之惡者하며 惡居下流而訕上者[39]하며
자왈 유오   오칭인지악자   악거하류이산상자

惡勇而無禮者하며 惡果敢而窒者니라 曰賜也亦有惡乎아
오용이무례자   오과감이질자   왈 사야역유오호

惡徼以爲知者하며 惡不孫而爲勇者하며 惡訐以爲直者하나이다
오요이위지자   오불손이위용자   오알이위직자

자공이 물었다.

"군자도 미워하는 것이 있습니까?"

공자가 그에게 되물었다.

"미워하는 것이 있느니라. 남의 잘못을 떠들어 대는 자를 미워하고, 아랫사람이 윗사람을 비난하는 자를 미워하고, 용맹스럽지

만 무례한 자를 미워하고, 과감하지만 앞뒤가 막힌 자를 미워한다. 사야, 너도 미워하는 것이 있느냐?"

자공이 대답했다.

"남의 말을 가로채서 아는 척하는 자를 미워하고, 불손한 것을 용기라고 하는 자를 미워하고, 남의 비밀을 폭로하는 것을 정직하다고 우기는 자를 미워합니다."

제十八편 미자 微子

이 편에서는 성인들과 위인들과 일화가 많이 수록되어 있다. 미자는 은나라 주왕의 포악무도함을 여러 차례 간언하다가 그가 자신의 뜻을 받아들이지 않자 은나라를 떠났고 기자는 하인이 되었고 비간은 죽임을 당했다. 이 편은 공자의 현실 참여 및 개혁 사상을 부각시킨 구절이 많다.

은나라의 어진 세 사람

微子¹⁾去之하고 箕子²⁾爲之奴하고 比干³⁾諫而死하니라
미자 거지   기자 위지노   비간 간이사

孔子曰
공자왈

殷有三仁焉하니라
은유삼인언

은나라 주왕이 포악하자 미자는 곧장 떠났고, 기자는 종이 되었고, 비간은 간언하다가 죽임을 당했다. 공자가 말씀하셨다.
"은나라에 인자가 세 사람이 있었다."

도를 굽혀 남을 섬기지 않는다

柳下惠爲士師하여 三黜이어늘
유 하 혜 위 사 사   삼 출

人曰 子未可以去乎아 曰 直道而事人이면
인 왈 자 미 가 이 거 호   왈 직 도 이 사 인

焉往而不三黜이며 枉道而事人이면
언 왕 이 불 삼 출   왕 도 이 사 인

何必去父母之邦이리오
하 필 거 부 모 지 방

유하혜는 사사가 되었지만 세 번이나 쫓겨났다.
어떤 사람이 말했다.
"이렇게 모욕당하고도 노나라를 떠나지 않습니까?"
유하혜가 말했다.
"곧은 마음으로 남을 섬기면 어디에 간들 세 번은 쫓겨나지 않겠습니까? 마음을 굽혀 남을 섬긴다면 왜 조국을 떠나겠습니까?"

머물 곳이 아니면 미련없이 떠나라

齊景公待孔子曰 若季氏⁶⁾則吾不能이어니와
제 경 공 대 공 자 왈 약 계 씨 즉 오 불 능

以季孟⁷⁾之間待之하리라 하고
이 계 맹 지 간 대 지

曰 吾老矣라 不能用也한대 孔子行하시다
왈 오노의 불능용야 공자행

제나라 경공이 공자에게 물었다.
"계씨만큼은 되지 않지만, 계씨와 맹씨 중간 정도로 대우하겠소."
이어서 말했다.
"내가 늙어서 그를 등용할 수가 없소."
이 말을 듣고 공자는 곧장 떠났다.

방탕한 임금은 버려라

齊人이 歸⁸⁾女樂이어늘 季桓子⁹⁾受之하고
제 인 귀 녀 악 계 환 자 수 지

三日不朝한대 孔子行하시다
삼 일 부 조 공 자 행

제나라에서 여자악단을 보내 오자 계환자가 이것을 받아 삼 일

동안 조례를 열지 않자 공자는 떠났다.

공자와 현인

楚狂接與[10]가 歌而過孔子曰 鳳兮鳳兮여
초 광 접 여　　가 이 과 공 자 왈　봉 혜 봉 혜

何德之衰오 往者는 不可諫이어니와 來者
하 덕 지 쇠　　왕 자　　불 가 간　　　　내 자

猶可追니 已而已而어다 今之從政者殆而니라
유 가 추　　이 이 이 이　　금 지 종 정 자 태 이

孔子下하사 欲與之言이러시니
공 자 하　　욕 여 지 언

趨而辟[11]之하여 不得與之言하시다
추 이 피　 지　　부 득 여 지 언

초나라 광인 접여가 노래를 부르며 공자의 곁을 지나가며 말했다.
"봉황새야, 봉황새야! 잊은 성덕 어이할꼬. 가는 해를 묻지 말고 오늘 일을 기다릴까? 지나간 일이야 그만두고 물러가라, 지금 벼슬아치들이 원수로다."
공자가 수레에서 내려 말씀하려고 했지만, 급히 자리를 피하는 바람에 말을 나누지 못했다.

천하에 도가 행하여지면 기꺼이 몸을 바친다

長沮[12]桀溺耦而耕[13]이어늘 孔子過之하실새
장저 걸익우이경   공자과지

使子路問津焉하신대 長沮曰 夫執輿者爲誰[14]오
사자로문진언   장저왈 부집여자위수

子路曰 爲孔丘시니라 曰 是魯孔丘與아
자로왈 위공구   왈 시노공구여

曰 是也시니라 曰 是知津矣니라
왈 시야   왈 시지진의

問於桀溺한대 桀溺曰 子爲誰오 曰 爲仲由로다
문어걸익   걸익왈 자위수 왈 위중유

장저와 걸익이 나란히 밭을 갈고 있을 때 공자가 그곳을 지나다가 자로를 시켜 나루터가 어디에 있는지 물어보게 했다. 장저가 말했다.
 "수레에 앉아 말고삐를 잡고 있는 사람은 누구입니까?"
 자로가 말했다.
 "공구입니다."
 "저 자가 노나라 공구란 말입니까?"
 "그렇습니다."
 "그렇다면 나루터가 어디에 있는지 알고 있을 것입니다."
 걸익에게 묻자 되물었다.
 "그대는 누구십니까?"
 "중유입니다."

曰 是魯孔丘之徒與아 對曰 然하다
왈 시노공구지도여　대왈 연

曰滔滔者[15]天下皆是也니 而誰以易之리오
왈 도도자　천하개시야　이수이역지

且而與其從辟人之士也론 豈若從辟世之士哉리오 하고
차이여기종피인지사야　기약종피세지사재

耰而不輟[16]하더라 子路行한대 以告한대
우이불철　　　자로행　　이고

夫子憮然[17]曰 鳥獸不可與同群이니 吾非斯人之徒與요
부자무연　왈 조수불가여동군　　오비사인지도여

而誰與리오 天下有道면 丘不與易也니라
이수여　　천하유도　구불여역야

"노나라 공구의 제자입니까?"
"그렇습니다."
"도도하게 흐르는 흙탕물처럼 천하가 그렇게 흘러가고 있는데, 누가 이것을 바꾸겠습니까? 그대도 사람을 피해 다니는 공자보다 차라리 세상을 피하는 선비를 따르는 것이 어떻겠습니까?"
걸익은 밭갈이를 계속하고 있었다. 자로가 이 말을 공자에게 전하자 낙심하면서 이렇게 말했다.
"새나 짐승과는 함께 무리지어 살 수가 없다. 내가 이 사람들과 함께 무리지어 살 수 없다면 누구와 함께 살아야 한단 말인가? 천하에 도가 행해지면 내가 굳이 물결을 돌릴 필요가 없다."

공자와 은자

子路從而後러니 遇丈人이 以杖荷蓧[18]하여 子路問曰 子見夫子乎아
자로종이후   우장인   이장하조   자로문왈 자견부자호

丈人曰 四體不勤하며 五穀不分하나니 孰爲夫子오 하고
장인왈 사체불근   오곡불분   숙위부자

植其杖而芸하더라
치기장이운

자로가 공자를 수행하던 중 뒤처졌다가 지팡이에 삼태기를 매달아 어깨에 메고 있는 노인을 만났다. 자로가 물었다.
"어르신께서는 우리 선생님을 보셨습니까?"
노인이 말했다.
"사지가 멀쩡한데 일하지도 않고, 오곡도 구별하지 못하면서 누가 선생님이란 말이냐?"
노인은 지팡이를 땅에 꽂고 풀을 뽑았다.

子路拱而立[19]한대 止子路宿하여 殺鷄爲黍而食之하고
자로공이립   지자로숙   살계위서이식지

見其二子焉이어늘 明日에 子路行以告한대
현기이자언   명일   자로행이고

子曰 隱者也로다 하시고 使子路로 反見之하시니 至則行矣러라
자왈 은자야   사자로   반견지   지즉행의

자로가 두 손을 마주잡고 서 있자 노인은 자로를 붙잡아 하룻밤을 머물게 했다. 닭을 잡고 기장밥을 지어 먹게 한 다음 두 아들을

인사시켰다. 다음날 자로가 공자에게 가서 이 사실을 말했다. 이에 공자는 이렇게 말씀하셨다.

"은자이구나."

공자는 자로에게 시켜 다시 그를 만나 보게 했다. 자로가 도착했지만 노인은 이미 떠나고 없었다.

子路曰 不仕無義하니 長幼之節을 不可廢也니 君臣之義를
자로왈 불사무의　　장유지절　불가폐야　 군신지의

如之何其廢之리요 欲潔其身하여 而亂大倫이로다
여지하기폐지　 욕결기신　　이란대윤

君子之仕也는 行其義也니 道之不行은 已知之矣시니라
군자지사야　 행기의야　 도지불행　 이지지의

자로가 말했다.

"군주를 섬기지 아니하면 의가 없어집니다. 장유유서의 예절도 버릴 수 없는데, 하물며 군신의 의를 어찌 없앨 수가 있겠습니까? 군자가 벼슬을 하는 것은 의를 실행하기 위해서입니다. 나라에 정도가 행해지지 않음은 이미 알고 있습니다."

백이숙제의 미덕

逸民[20]은 伯夷와 叔齊와 虞仲[21]과 夷逸[22]과 朱張과 柳下惠와 少連이니라
일민　　　백이　숙제　우중　　 이일　　주장　 유하혜　 소련

子曰 不降其志하며 不辱其身은 伯夷叔齊與인저 謂柳下惠少連하시되
자왈 불항기지   불욕기신   백이숙제여   위유하혜소련

降志辱身矣나 言中倫하며 行中慮하니 其斯而已矣니라 謂虞仲夷逸시되
항지욕신의   언중륜   행중려   기사이이의   위우중이일

隱居放言하나 身中淸하며 廢中權이니라 我則異於是하여 無可無不可호라
은거방언   신중청   폐중권   아즉이어시   무가무불가

초야에 묻혀 살았던 현자는 백이·숙제·우중·이일·주장·유하혜·소련 등이 있었다. 공자가 말씀하셨다.

"뜻을 굽히지 않고 몸을 욕되게 하지 않은 사람은 백이와 숙제이다."

유하혜와 소련을 말씀하셨다.

"비록 뜻을 굽히고 몸을 욕되게 했지만, 말이 도리에 맞고 행동이 깊은 생각과 맞았다. 이것을 취할 따름이다."

우중과 이일에 대해 말씀하셨다.

"은퇴하여 호언 장담했지만, 몸가짐이 깨끗했고, 세상에서 물러난 것도 알맞았다. 하지만 나는 그들과 달라서 할 수도 아니하는 것도 없다."

오래된 벗은 버리지 않는다

周公[23] 謂魯公[24] 曰
주공   위노공   왈

君子不施其親하며 不使大臣怨乎不以[25]하며
군자불이기친   불사대신원호불이

故舊無大故면 則不棄也하며 無求備[26]於一人이니라
고구무대고 즉불기야   무구비 어일인

주공이 노공에게 말했다.
"군자는 친족을 버리지 않아야 하고, 대신들의 의견을 존중하여 원망하는 일이 없도록 해야 하고, 오랜 벗은 큰 잘못이 없는 한 버리지 말아야 하고, 한 사람에게 지나친 기대를 걸지 않아야 한다."

주나라의 현인들

周有八士하니 伯達과 伯适과 仲突과 仲忽과
주유팔사   백달 백괄 중돌 중홀

叔夜와 叔夏와 季隨와 季騧니라
숙야 숙하 계수 계왜

주나라에 여덟 명의 선비가 있었는데 백달·백괄·중돌·중홀·숙야·숙하·계수·계왜 등 그들이 있었다.

제十九편 자장 子張

이 편은 공자의 여러 제자들의 말을 발췌하여 수록하였다. 그 중에서 자하에 대한 글이 가장 많고 자공, 그리고 증자의 순서로 기술하였다.

선비의 올바른 처신

子張曰
자 장 왈

士見危致命하며 見得思義하며 祭思敬하며 喪思哀면 其可已[1]矣니라
사 견 위 치 명   견 득 사 의   제 사 경   상 사 애   기 가 이   의

자장이 말했다.
"선비는 위급할 때 목숨을 내놓고, 이득을 얻으면 의를 생각하고, 제사지낼 때는 공경함을 생각하고, 상사에는 오직 슬픔을 생각하면 된다."

덕의 진실

子張曰
자장왈

執德不弘²⁾하며 信道不篤이면 焉能爲有며 焉能爲亡이리오
집덕불홍　　신도부독　　언능위유　언능위무

자장이 말했다.
"덕행의 범위가 좁고, 도를 믿음이 진실하지 않다면, 어찌 이런 사람에게 덕과 도가 있다고 할 수가 있겠는가?"

어진 사람과의 교우 방법

子夏之門人이 問交於子張한대 子張曰 子夏云何오
자하지문인　　문교어자장　　자장왈 자하운하

對曰 子夏曰 可者與之하고 其不可者³⁾拒之라 하더이다
대왈 자하왈 가자여지　　기불가자 거지

子張曰 異乎吾所聞이로다 君子尊賢而容衆하며
자장왈 이호오소문　　군자존현이용중

嘉善而矜不能이니 我之大賢與인댄 於人何所不容이나
가선이긍불능　　아지대현여　　어인하소불용

我之不賢與인댄 人將拒我니 如之何其拒人也리오
아지불현여　　인장거아　여지하기거인야

자하의 문인이 자장에게 교우에 대해 묻자 이렇게 대답했다.
"자하는 무엇이라고 하더냐?"
자하의 제자가 대답했다.
"스승님은 '좋은 사람과는 함께하고 좋지 않은 사람과는 거절하라'고 하셨습니다."
자장이 말했다.
"내가 들은 것과는 다르구나. 군자는 어진 사람을 존경하고 대중을 포용하며, 착한 사람을 가상히 여기고 능하지 못한 사람을 동정한다. 내가 크게 어질다면 누군들 수용하지 않겠는가? 내가 어질지 못하다면 남이 나를 거부할 것인데, 어찌 내가 남을 거부하겠는가?"

군자는 작은 기술을 좋아하지 않는다

子夏曰 雖小道[4]나 必有不觀者焉이어니와
자 하 왈 수 소 도　　　 필 유 불 관 자 언

致遠[5]恐泥[6]라 是以君子不爲也니라
치 원　 공 니　　 시 이 군 자 불 위 야

자하가 말했다.
"비록 작은 기술이라도 반드시 볼 만한 것이 있지만, 심원한 도의 극치에 이룸에 방해가 될까 두려워 군자는 그런 것을 하지 않는다."

군자는 학문으로 도를 이룬다

子夏曰 百工居肆하여 以成其事하고 君子學하여 以致其道니라
자하왈 백공거사 이성기사 군자학 이치기도

자하가 말했다.
"모든 기술자들은 공장에서 그 일을 성사시키고, 군자는 학문으로 그 도를 이룬다."

소인은 잘못이 있으면 변명한다

子夏曰 小人之過也는 必文이니라
자하왈 소인지과야 필문

자하가 말했다.
"소인은 잘못이 있으면 반드시 변명한다.

군자는 사람들로부터 신뢰를 얻어야 한다

子夏曰 君子信而後勞其民이니 未信則以爲謗己也니라
자하왈 군자신이후노기민 미신즉이위려기야

信而後諫이니 未信則以爲謗己也니라
신이후간 미신즉이위방기야

자하가 말했다.

"군자는 먼저 신뢰를 얻은 후에 백성에게 수고를 끼쳐야 한다. 신뢰를 얻지 못하고 수고를 끼치면 괴롭히는 것이 된다. 군자는 신뢰를 얻은 이후에 임금에게 간언하는 것이니 신뢰를 얻기도 전에 자신을 비방으로 간주되기 때문이다."

성인은 반드시 시작과 끝이 있다

子游曰 子夏之門人小는 子當灑掃 應對進退則可矣나 抑末也라
자유왈 자하지문인소 자당쇄소 응대진퇴즉가의 억말야

本之則無하니 如之何오 子夏聞之曰 噫라 言游過矣로다
본지즉무   여지하   자하문지왈 희   언유과의

君子之道는 孰先傳焉이며 孰後倦焉이리오
군자지도   숙선전언   숙후권언

譬諸草木컨대 區以別矣니 君子之道를 焉可誣也리오
비저초목   구이별의   군자지도   언가무야

有始有卒者는 其惟聖人乎인저
유시유졸 자 기유성인호

자유가 말했다.

"자하의 제자들은 물을 뿌리고 청소하며, 사람을 접대하고 진퇴하는 예절에는 좋지만, 그것은 말단의 일이기 때문에 근본이 되는 학문을 갖추지 못했으니 어찌할 것인가?"

자하가 이 말을 듣고 말했다.

"저런! 자유의 잘못이다. 군자의 도에 어느 것을 먼저 전하고 어느 것을 가볍게 여기고 게을리하겠는가? 초목에 비유하면 구분되어 다른 것과 같으니, 군자의 도를 어찌 꾸며 댈 수 있겠는가? 시작과 끝이 모두 갖추어진 사람은 오직 성인뿐일 것이다."

인을 이루기는 어렵다

子游曰 吾友張⁹⁾也는 爲難能也나 然而未仁이니라
자유왈 오우장 야 위난능야 연이미인

자유가 말했다.

"내 친구 자장은 하기 어려운 일을 능히 하지만, 안타깝게도 인에는 미치지 못했다."

부모상에는 힘을 모두 바친다

曾子曰 堂堂乎라 張也여 難與幷爲仁矣로다
증자왈 당당호 장야 난여병위인의

曾子曰 吾聞諸夫子로다 人未有自致者也나 必也親喪乎인저
증자왈 오문저부자 인미유자치자야 필야친상호

증자가 말했다.

"당당하다 자장이여! 하지만 함께 인을 이루기는 어렵다."

증자가 말했다.

"내가 선생님께 들은 것인데, '사람이란 자기 일을 진심으로 다하지는 않지만, 부모상에서는 힘을 모두 바친다' 라고 하셨다."

아버지의 뜻을 저버리지 마라

曾子曰 吾聞諸夫子하니 孟莊子之孝也를 其他可能也어니와
증 자 왈 오 문 저 부 자　　　맹 장 자 지 효 야　　기 타 가 능 야

其不改父之臣과 與父之政이 是難能也니라
기 불 개 부 지 신　　여 부 지 정　　시 난 능 야

증자가 말했다.

"내가 선생님께 들은 것인데, '맹장자의 효 중에 다른 것은 따라 할 수 있지만, 아버지의 가신과 정책을 바꾸지 않은 것은 실천하기가 매우 어려운 것이다' 라고 하셨다."

자신의 본분을 알라

孟氏[10] 使陽膚[11]로 爲士師[12]라 問於曾子한대
맹 씨　사 양 부　　위 사 사　　문 어 증 자

曾子曰 上失其道하여 民散久矣니 如得其情이어든 則哀矜而勿喜니라
증자왈 상실기도　　민산구의　여득기정　　즉애긍이물희

맹씨가 양부로 하여금 옥사장을 삼았을 때 양부가 증자에게 묻자, 증자가 말했다.
"위정자가 도를 잃어 민심이 흩어진 지 오래되었는데, 만일 네가 범죄의 정상을 파악했다면 슬퍼하고 불쌍히 여기고 기뻐해서는 안 된다."

천하의 모든 악은 밑에 있다

子貢曰
자공왈

紂[13]之不善이 不如是之甚也니 是以君子惡居下流하나니
주　지불선　불여시지심야　시이군자오거하류

天下之惡이 皆歸焉이니라
천하지악　개귀언

자공이 말했다.
"주왕의 악함이 그리 심한 편이 아니었는데 사람들이 미워했으니 이로써 군자는 하류에 처함을 싫어한다. 천하의 모든 악이 모두 그에게 돌아가기 때문이다."

군자의 장단점은 누구나 안다

子貢曰
자공왈

君子之過也는 如日月之食焉이라 過也人皆見之하고 更也에 人皆仰之니라
군자지과야 여일월지식언   과야인개견지   경야 인개앙지

자공이 말했다.
"군자의 잘못은 일식이나 월식과 같아서 잘못을 저지르면 누구라도 알게 되고, 고치면 누구라도 우러러본다."

현명한 사람은 큰 것을 기억한다

衛公孫朝[14]問於子貢曰 仲尼焉學고
위공손조 문어자공왈 중니언학

子貢曰 文武之道가 未墜於地 在人이라
자공왈 문무지도   미추어지 재인

賢者識其大者하고 不賢者識其小者하여 莫不有文武之道[15]焉하니
현자식기대자   불현자식기소자   막불유문무지도 언

夫子焉不學이시며 而亦何常師之有시리오
부자언불학   이역하상사지유

위나라의 공손조가 자공에게 물었다.
"중니는 어디서 배웠는가?"

자공이 말했다.

"문왕과 무왕의 도가, 아직 땅에 떨어지지 않고 그 감화가 사람들에게 있는데, 현명한 자는 그 중 큰 것을 기억하고, 현명하지 못한 사람은 그 중 작은 것을 기억하고 있습니다. 문왕과 무왕의 도가 없는 곳이 없습니다. 선생님께서는 어디간들 배우지 못하겠습니까. 그러니 정한 스승이 있겠습니까?"

사람의 마음은 헤아릴 길이 없다

叔孫武叔[16]語大夫於朝曰 子貢賢於仲尼하니라
숙손무숙 어대부어조왈 자공현어중니

子服景伯以告子貢한대 子貢曰
자복경백이고자공   자공왈

譬之宮牆컨대 賜之牆也及肩이라 窺見室家之好어니와
비지궁장   사지장야급견   규견실가지호

夫子之牆 數仞이라 不得其門而入이면 不見宗廟之美와 百官之富니
부자지장 수인   불득기문이입   불견종묘지미   백관지부

得其門者或寡[17]矣라 夫子之云[18]이 不亦宜乎아
득기문자혹과 의   부자지운   불역의호

숙손무숙이 조정에서 대부들에게 말했다.
"자공이 중니보다 더 현명하구나."
자복경백이 이 말을 자공에게 전하자, 자공이 말했다.

"선생님과 저를 궁궐 담장에 비유하면, 나의 담장은 겨우 어깨까지 미치고 집 안의 좋은 것들을 모두 볼 수 있습니다. 하지만 선생님의 담장은 몇 길이나 되기 때문에 그 문을 열고 들어가지 못하면 종묘의 아름다움과 백관의 풍부함을 볼 수가 없는 것과 같습니다. 이제 그 문을 열고 들어간 자가 별로 없기 때문에 그분의 말도 이해가 됩니다."

공자는 해와 달이다

叔孫武叔毀仲尼어늘 子貢曰
숙손무숙훼중니   자공왈

無以爲[19]也라 仲尼不可毀也니 他人之賢者는 丘陵也라
무이위 야   중니불가훼야   타인지현자   구릉야

猶可踰也어니와 仲尼는 日月也라 無得而踰焉이니 人雖欲自絶이나
유가유야   중니   일월야   무득이유언   인수욕자절

其何傷於日月乎리오 多見其不知量也로다
기하상어일월호   다견기부지량야

숙손무손이 중니를 헐뜯자 자공이 말했다.
"큰 언덕이라 중니는 헐뜯을 수 없습니다. 다른 사람 중에서 언덕이어서 넘어갈 수 있지만, 중니는 해와 달이라 넘어갈 수 없습니다. 사람들이 비록 해와 달과의 관계를 끊으려고 하지만, 해와 달에 상처가 나겠습니까? 이것은 자신의 무지만 드러낼 뿐입니다."

내가 스승님께 어찌 미칠 수 있는가

陳子禽[20]謂子貢曰 子爲恭也언정 仲尼豈賢於子乎리오
진 자 금 위 자 공 왈 자 위 공 야   중 니 개 현 어 자 호

子貢曰 君子一言에 以爲知하며 一言以爲不知하며 言不可不愼也니라
자공왈 군자일언   이위지   일언이위불지   언불가불신야

夫子之不可及也는 猶天之不可階而升也니라 夫子之得邦家者인댄
부자지불가급야   유천지불가계이승야   부자지득방가자

所謂[21]立之斯立[22]하며 道之[24]斯[23]行하며 綏之[25]斯來하며
소위   립지사립   도지   사 행   수지   사래

動之[26]斯和하여 其生也榮하고 其死也哀니 如之何其可及也리오
동지   사화   기생야영   기사야애   여지하기가급야

　진자금이 자공에게 말했다.
　"당신이 겸손해서 그렇지 중니가 어째서 당신보다 현명하겠습니까?"
　자공이 말했다.
　"군자는 한 마디 말로 지혜로운 자가 되고, 한 마디 말만으로도 무식한 자가 되기 때문에 말을 조심해야 합니다. 선생님에게 미치지 못함은 사다리로 하늘에 오르지 못함과 같습니다. 선생님께서 나라를 다스렸다면 이른바 세우면 곧 서고, 인도하면 곧 따라가고, 편안케 해 주면 곧 모여들고, 움직이며 감동시키면 곧 화합을 이루게 되어, 스승님의 삶은 영광스럽고 죽으매 슬퍼하리니 조화를 내가 어찌 그분을 따를 수 있겠습니까?"

제二十편 요왈 堯曰

이 편은 『논어』의 끝 부분으로 그 체제가 매우 특이하며 그 내용은 공자의 말이나 여러 제자들의 말을 발췌한 것과 달리 『논어』를 총괄하려는 뜻으로 편찬된 것으로 추측한다.

백성들을 잘 다스리지 못하면 하늘이 재앙을 내린다

堯曰 咨爾舜이 天之曆數[1]在爾躬하니 允執厥中하라
요왈 자이순 천지력수 재이궁 윤집궐중

四海困窮하면 天祿 永終하리라 舜亦以命禹하시니라
사해곤궁 천록 영종 순역이명우

曰 予小子履는 敢用玄牡하여 敢昭告于皇皇[2]后帝[3]하노니
왈 여소자리 감용현무 감소고우황황 후제

有罪⁴⁾不敢赦하며 帝臣不蔽니 簡在帝心이니이다
유죄 불감사　　제신불폐　간재제심

朕躬有罪는 無以萬方이요 萬方有罪는 罪在朕躬하니라
짐궁유죄　무이만방　　만방유죄　죄재짐궁

요임금이 말했다.

"아아, 순아! 하늘의 운수가 네게 있어서 진실로 중용을 잡아야 한다. 만약 백성들을 곤궁하게 만들면 하늘에서 내리는 복록이 영원히 끊어질 것이다."

순임금 역시 이 말을 우임금에게 말했다.

은나라의 탕왕이 말했다.

"저 불초한 이는 감히 검은 소를 제물로 바쳐 위대하신 천제께 분명히 고합니다. 죄지은 자를 감히 용서할 수 없고, 천제의 어진 신하들을 덮어서 가리지 않겠으며, 천제의 뜻대로 행하겠습니다. 내 죄가 있으면 백성들 것이 아니며, 백성이 죄를 지으면 그것은 오직 나에게 있습니다."

周有大賚⁵⁾하신대 善人是富하니라 雖有周親이나 不如仁人이요
주유대뢰　　　　선인시부　　　수유주친　　불여인인

百姓有過는 在予一人이니라 謹⁶⁾權量⁷⁾하며 審法度하며 修廢官하신대
백성유과　재여일인　　　　근 권량　　　심법도　　수폐관

四方之政이 行焉하시다 興滅國하며 繼絶世하며 擧逸民하신대
사방지정　행언　　　　흥멸국　　계절세　　거일민

天下之民이 歸心焉하니라 所重은 民食喪祭러시다
천하지민　귀심언　　　　소중　민식상제

寬則得衆하고 信則民任焉하고 敏則有功하고 公則說이니라
관즉득중　　신즉민임언　　민즉유공　　공즉열

주나라 무왕이 크게 상을 주었는데, 대부분 착한 사람에게 많이 주었다. 무왕이 말씀하셨다.

"주나라에는 큰 은혜가 있으니 착한 사람이 많은 것이다. 나에게는 비록 가까운 친척이 많지만 주나라의 어진 사람만 못 하며 백성에게 허물이 있으면 그것은 모두 나에게 있습니다."

주나라 무왕은 저울과 도량형을 바로하고, 법과 제도를 정비하고, 폐지된 관직을 부활시키자 천하의 정치가 잘 실천되었다. 멸망한 나라를 다시 일으키고, 끊어진 대를 이어 주고, 초야에 숨어 있는 인재를 찾아 등용하자 천하의 민심이 모여들었다. 주 무왕은 백성에게 양식과 상례와 제사를 소중이 다루도록 했다. 관대하면 대중의 지지를 얻을 수 있고, 신뢰가 있으면 백성들이 신임하고, 부지런하면 공을 이룰 것이고, 공정하면 기뻐할 것이다.

정치를 잘 하는 다섯 가지 방법

子張問於孔子曰 何如라야 斯可以從政矣니이까
자장문어공자왈　하여　　사가이종정의

子曰 尊[8]五美하며 屛[9]四惡이면 斯可以從政矣니라
자왈　존오미　　병사악　　사가이종정의

子張曰 何謂五美니이까
자장왈　하위오미

子曰 君子는 惠而不費하며 勞而不怨하며 欲而不貪하며
자왈 군자 혜이불비 노이불원 욕이불탐

泰而不驕하며 威而不猛이니라
태이불교 위이불맹

자장이 공자에게 물었다.
"정치는 어떻게 하면 됩니까?"
공자가 말했다.
"다섯 가지 미덕을 존중하고, 네 가지 나쁜 것을 물리친다면 정치를 할 수 있다."
자장이 물었다.
"다섯 가지 미덕은 어떤 것입니까?"
공자가 말씀하셨다.
"군자는 은혜를 베풀되 낭비하지 않고, 백성들에게 일을 시키지만 원망을 사지 않고, 하고자 하는 바가 있으되 탐욕을 부리지 않고, 태연하지만 교만하지 않고, 위엄이 있지만 사납지 않는 것이다."

子張曰 何謂惠而不費이니까
자장왈 하위혜이불비

子曰 因民之所利而利之이니 斯不亦惠而不費乎아
자왈 인민지소리이리지 사불역혜이불비호

擇可勞而勞之이니 又誰怨이리오 欲仁而得仁이어니 又焉貪이리오
택가로이로지 우수원 욕인이득인 우언탐

君子 無衆寡하며 無小大하여 無敢慢하나니 斯不亦泰而不驕乎아
군자 무중과　　무소대　　무감만　　사불역태이불교호

君子 正其衣冠하며 尊其瞻視하며 儼然人望而畏之하나니
군자 정기의관　　존 기첨시　　엄연인망이외지

斯不亦威而不猛乎아
사불역위이불맹호

자장이 물었다.
"은혜를 베풀되 낭비하지 않는다는 것은 무슨 뜻입니까?"
공자가 말씀하셨다.
"백성들에게 이익이 되는 바에 따라 이롭게 해 주니, 그것이 은혜를 베풀지만 낭비하지 않는 것이다. 또 마땅히 수고해야 할 일을 시킬 만한 것을 시키면 원망을 듣지 않는다. 어진 정치를 구하고 인정을 이루면 무엇을 탐하겠느냐? 군자가 많고 적거나, 크고 작음을 가리지 않고 소홀하게 다루지 않는 것이 편안하지만 결코 교만하지 않는 것이다. 군자가 의관을 단정히 하고 사람 보기를 단정히 하면, 사람들이 두려워하기 때문에 이것이 위엄이 있되 사납지 않는 것이다."

子張曰 何謂四惡이니이까
자 장 왈　하 위 사 악

子曰 不教而殺을 謂之虐이오 不戒視成을 謂之暴요
자왈 불교이살　위지학　　불계시성　위지포

慢令致期를 謂之賊이요 猶之與人也로다
만령치기　위지적　　유지여인야

出納之吝을 謂之有司[11]니라
출납지린 위지유사

자장이 물었다.
"그렇다면 네 가지 악덕은 무엇입니까?"
공자가 말씀하셨다.
"가르치지 않고 함부로 죽이는 것을 잔악이라 하고, 미리 알려 주지 않고 결과를 따지는 것을 폭력이라 하고, 명령을 태만히 해 놓고 시기를 재촉하는 것을 괴롭힘이라 하고, 마땅히 나눠 줄 것을 주는데 인색하게 행동하는 것을 벼슬아치들이 행세하는 것이라고 한다."

천명을 모르면 군자가 아니다

子曰
자왈

不知命[12]이면 無以爲君子也요 不知禮면 無以立[13]也요
불지명   무이위군자야   불지례   무이립   야

不知言이면 無以知人也니라
불지언   무이지인야

공자가 말씀하셨다.
"천명을 모르면 군자가 아니다. 예를 모르면 세상에 나설 수 없고, 말을 알지 못하면 상대방을 알아볼 수가 없는 것이다."

【역주】

제1편. 학이 學而

1. 자子 - 선생
2. 습習 - 배운 것을 열심히 복습하여 완전하게 익힌다는 말이다.
3. 설說 - 열悅과 같음.
4. 붕朋 - 함께 학문을 닦는 벗.
5. 온慍 - 성내다. 원망하다.
6. 군자君子 - 덕이 매우 높고 인격이 원만한 지성인.
7. 유자有子 - 공자의 제자. 성은 유有, 이름은 고苦.
8. 효제孝弟 - 부모를 잘 받드는 것을 효, 형이나 연장자에게 공손한 것을 제라고 한다.
9. 범상犯上 - 웃사람의 뜻을 거역함.
10. 교언巧言 - 교묘한 말솜씨.
11. 영색令色 - 매우 겸손한 것처럼 꾸미는 얼굴빛.
12. 증자曾子 - 공자의 제자. 성은 증曾, 이름은 삼參.
13. 모謨 - 도모하다. 꾀하다.
14. 충忠 - 매우 성실함.
15. 전傳 - 가르침.
16. 도道 - 다스리다와 같은 뜻.
17. 천승지국千乘之國 - 수레를 천 대 이상 가지고 있는 제후국.
18. 제자弟子 - 연소자를 말함.
19. 범애중汎愛衆 - 널리 여러 사람을 사랑함.
20. 문文 - 시·서·예·낙 따위의 고전.
21. 자하子夏 - 공자의 제자. 성은 복卜, 이름은 상商.
22. 현현賢賢 - 인자를 어질게 여김.
23. 역색易色 - 미인을 좋아하는 것과 같이함.
24. 치기신致其身 - 몸을 바치다.
25. 중重 - 자중.
26. 고固 - 고수하다.
27. 신종慎終 - 신은 삼가 애도한다는 뜻이고 종은 임종을 말함.
28. 추원追遠 - 먼 조상을 추모함.

29. 자금子禽 – 공자의 제자. 성은 진陳, 이름은 항亢.
30. 자공子貢 – 공자의 제자. 성은 단목端木, 이름은 사賜.
31. 시방是邦 – 나라마다.
32. 억抑 – 그렇지 않으면~인가?
33. 기제其諸 – 어조사.
34. 부자지도父子之道 – 아버지가 하던 방법.
35. 위미爲美 – 아름답게 여기다.
36. 복復 – 실행.
37. 곤困 – 따라서.
38. 종宗 – 높이 받드는 어른.
39. 유도有道 – 덕이 있는 현자.
40. 정正 – 가르침을 받아 바로잡음.
41. 시詩 – 『시경』.
42. 여절여차如切如磋 여탁여마如琢如磨 – 『시경』 위풍〈기오편〉에 나오는 구절. 옥을 다듬어서 보석으로 완성시키는 과정을 묘사한 것.
43. 불기지不己知 – 나를 알아주지 않음.
44. 부지인不知人 – 남이 나를 알아보지 못함.

제2편. 위정爲政

1. 비여譬如 – 비유하건대 마치~와 같다.
2. 북진北辰 – 북극성.
3. 공지共之 – 이를 향해 둘러싸고 받들어 모시다.
4. 시詩 – 『시경』.
5. 일언이폐지一言以蔽之 – 한 마디로 덮어 버림.
6. 사무사思無邪 – 사념이 전혀 없음.
7. 도道 – 도導.
8. 제齊 – 다스린다.
9. 면免 – 법망을 교묘하게 빠져 나가 벌을 면한다는 말.
10. 차격且格 – 차는 강조하는 것. 격은 올바로 된다는 것.
11. 십유오十有五 – 유는 또.
12. 입立 – 기초가 확립되다.
13. 불혹不惑 – 자신을 얻어서 남의 말에 결코 속지 않고 확신하게 된다.
14. 이순耳順 – 남의 의견에도 귀를 기울여서 인간 생활의 다양성을 인식하게 되다.
15. 구矩 – 법도.

16. 맹의자孟懿子 - 노나라의 대부. 이름은 가기何忌.
17. 번지樊遲 - 공자의 제자, 이름은 수須.
18. 어御 - 말을 모는 것.
19. 맹손孟孫 - 맹의자.
20. 맹무백孟武伯 - 맹의자의 아들.
21. 자유子游 - 공자의 제자, 성은 언言, 이름은 언偃.
22. 능양能養 - 잘 먹여서 기름.
23. 색난色難 - 부모의 뜻을 받들어 언제나 온후한 표정을 하기가 매우 어렵다는 말.
24. 제자弟子 - 자제, 아들.
25. 복기로服其勞 - 부모의 수고를 대신 맡아서 하다.
26. 선생 - 부모.
27. 증曾 - 내乃와 같음.
28. 회回 - 안회, 공자의 수제자.
29. 위違 - 대꾸하다.
30. 사私 - 사생활.
31. 족足 - 충분하다.
32. 발發 - 실행하여 나타냄.
33. 이以 - 위爲.
34. 유由 - 동기.
35. 안安 - 흡족하여 매우 안적함.
36. 수廋 - 숨김.
37. 온溫 - 삶는 것.
38. 고故 - 고古와 같음.
39. 기器 - 한 가지 용도에 쓰이는 기기.
40. 선행기언先行其言 - 말보다 행동이 앞서는 것.
41. 주周 - 널리 사귀다.
42. 차比 - 자신의 이해득실을 먼저 생각한 다음 실리가 없으면 멀리함.
43. 사思 - 사색.
44. 망罔 - 어두운 것.
45. 태殆 - 위험.
46. 이단異端 - 경서 이외의 잡술.
47. 유由 - 공자의 제자. 성은 중仲, 자는 자로子路.
48. 여女 - 여汝의 약자.
49. 회誨 - 가르침.
50. 자장子張 - 공자의 제자. 이름은 사, 자장은 자.
51. 간록干祿 - 관직을 구하는 것.

52. 궐의闕疑 – 의문되는 것을 제쳐 놓음.
53. 과우寡尤 – 허물이나 원망이 적음.
54. 애공哀公 – 이름은 장, 노나라의 왕.
55. 민복民服 – 민심이 복종하여 따르다.
56. 제諸 – 어조사.
57. 계강자季康子 – 노나라의 대부.
58. 권勸 – 착한 일에 매우 힘씀.
59. 장莊 – 장엄하다.
60. 거선擧善 – 착한 사람을 등용함.
61. 서書 – 『서경』.
62. 효호孝乎 – 『서경』에는 효공으로 되어 있다.
63. 예輗 – 수레 채마구리.
64. 궐軏 – 멍에막이.
65. 십세十世 – 열 번의 왕조.
66. 예禮 – 문물 제도.
67. 손익損益 – 감減과 증增.
68. 기귀其鬼 – 자기 조상의 혼령.

제3편. 팔일편八佾

1. 계씨季氏 – 노나라의 대부.
2. 팔일八佾 – 여덟 사람씩 여덟 줄로 모두 64명이 추는 군무.
3. 옹雍 – 『시경』 주송의 편명.
4. 삼가三家 – 노나라의 대부·계손·숙손·맹손.
5. 철徹 – 제사를 마치고 진설하였던 제기를 거둠.
6. 상相 – 도움.
7. 목목穆穆 – 천자의 용모가 엄하고 매우 심원함.
8. 여예하如禮何 – 예는 무엇 때문에 차리랴.
9. 임방林放 – 공자의 제자, 자는 자구子邱.
10. 역易 – 다스림.
11. 이적夷狄 – 몹시 미개한 오랑캐.
12. 여旅 – 산에 지내는 제사.
13. 염유冉有 – 공자의 제자. 성은 염, 이름은 구.
14. 필야사必也射 – 활을 쏠 때는 부득이함.
15. 교소천혜 미목빈혜巧笑倩兮 美目盼兮 – 『시경』 위풍〈석팔편〉에 나옴.

16. 소이위현혜素以爲絢兮 – 현재의 『시경』에는 없는데 당시에는 있었던 것 같다.
17. 회사후소繪事後素 – 그림을 그릴 때 흰색을 마지막으로 칠함.
18. 예후禮後 – 덕이 먼저이고 예가 나중에 와서 인격을 갖추다.
19. 상商 – 자하의 이름.
20. 하례夏禮 – 하나라의 문물 제도.
21. 기杞 – 주나라의 무왕이 하나라의 시조인 우왕을 제사 지내도록 하기 위하여 세운 나라.
22. 송宋 – 주나라의 무왕이 은나라의 시조인 탕왕의 제사를 지내도록 하기 위하여 그 후예로 하여금 세운 나라.
23. 체禘 – 노나라에서 5년 만에 한 번씩 지내는 큰 제사.
24. 관灌 – 술을 따르고 신령을 부르는 의식.
25. 체지설禘之設 – 체제禘祭의 원리.
26. 제祭 – 조상의 제사.
27. 신제神在 – 신에 대한 제사.
28. 왕손가王孫賈 – 위나라의 대부.
29. 여기미어오 영미어조與其媚於奧 寧媚於竈 – 중국의 속담으로 미는 아첨, 오는 안방의 서남쪽 구석의 신주, 조는 부엌의 신주.
30. 감監 – 남을 잘 살펴서 좋은 점을 본받는다.
31. 욱욱郁郁 – 매우 찬연한 모습.
32. 대묘大廟 – 나라의 초대 군주를 모시는 묘.
33. 추鄹 – 노나라의 고을.
34. 고삭告朔 – 매달 초하룻날에 제후가 조상의 사당에서 초하루를 고하는 제사.
35. 희양餼羊 – 제사에 쓰이는 양.
36. 정공定公 – 노나라의 군주. 이름은 송宋.
37. 관저關雎 – 『시경』 처음에 나오는 시.
38. 애공哀公 – 노나라의 군주.
39. 사社 – 토지신.
40. 재아宰我 – 공자의 제자. 성은 재宰, 이름은 예, 자는 자아子我.
41. 하후夏后 – 하왕.
42. 전율戰栗 – 전율戰慄과 동의어.
43. 기왕불구既往不咎 – 지난일을 탓하지 않음.
44. 관중管仲 – 제나라의 대부. 성은 관管, 이름은 이오夷吾, 자는 중仲. 공자보다 2,008년 전에 태어난 사람으로 제나라의 환공桓公을 보필하여 패자霸者가 되게 한 정치가.
45. 기器 – 도량.
46. 삼귀三歸 – 세 아내.
47. 불섭不攝 – 겸직시키지 않음.
48. 반점反坫 – 두 기둥을 세우고 그 사이에 술잔을 놓는 대가 있었는데, 이것은 임금만이 사용

할 수 있었다.
49. 대사大師 – 태사, 국악원장.
50. 흡여翕如 – 여러 가지 소리가 같이 함축된 것 같은 매우 고요한 모습.
51. 순여純如 – 잘 조화되어 지순한 경지에 도달한 모습.
52. 교여皦如 – 음색이 정리되어 매우 선명해진 모습.
53. 역여繹如 – 끊어질 듯하면서도 끊어지지 않는 모습.
54. 의儀 – 위나라 서남쪽의 지명.
55. 봉인封人 – 국경을 맡는 관직.
56. 이삼자二三者 – 여러분.
57. 목탁木鐸 – 명령을 내릴 때 사람들에게 알리기 위해 흔드는 방울.
58. 소韶 – 고대 순임금이 지었다는 무악.
59. 무武 – 무왕의 왕무악.
60. 거상居上 – 웃자리에 있음.
61. 임상臨喪 – 장례에 나감.

제4편. 이인里仁

1. 이인里仁 – 마을의 인심이 매우 어진 것을 말함.
2. 위미爲美 – 매우 좋은 일.
3. 구처약久處約 – 가난함에 오래도록 처함.
4. 장처락長處樂 – 오랫동안 안락을 누림.
5. 안인安仁 – 인仁을 안락으로 여기다.
6. 이인利仁 – 어짐을 이로움으로 여기다.
7. 악인惡人 – 사람을 몹시미워함.
8. 지어인志於仁 – 어질게 되고자 뜻을 가지다.
9. 무종식지간위인 – 종식지간무위인無終食之間違仁의 강조 도치형. 종식지간은 밥을 모두 먹는 동안을 말함.
10. 조차造次 – 몹시 급할 때.
11. 필어시必於是 – 꼭 여기에 있음.
12. 전패顚沛 – 매우 위급한 경우.
13. 무이상지無以尙之 – 더할 나위가 없음.
14. 가호기신加乎其身 – 몸에 붙음.
15. 개유지蓋有之 – 어쩌면 있음직도 하다.
16. 각어기당各於其黨 – 그 친한 무리 가운데서 일어나다.
17. 사지인斯知仁 – 어진 정도를 알 수 있음.

18. 도道 – 누구나 지켜야 할 법.
19. 미족未足 – 여지가 없음.
20. 의지여비義之與比 – 의에 따름.
21. 회토懷土 – 땅을 생각함.
22. 회혜懷惠 – 특혜 받을 생각을 함.
23. 방放 – 따르다.
24. 예양禮讓 – 예의와 겸양.
25. 위국爲國 – 나라를 다스림.
26. 하유何有 – 하난지유.
27. 여예하如禮何 – 예법을 무엇 하랴.
28. 소이립所以立 – 설 수 있는 능력.
29. 막기지莫己知 – 자기를 알아주지 않음.
30. 위가지爲可知 – 남에게 알려질 수 있는 실력을 기르다.
31. 삼參 – 증자의 이름.
32. 유唯 – 순순히 대답하는 말.
33. 충서忠恕 – 성실과 사랑.
34. 유어의喻於義 – 밝게 안다.
35. 사제思齊 – 가지런하기를 생각하다.
36. 내자성內自省 – 자신을 돌이켜 살펴보다.
37. 기간幾諫 – 부드럽게 간하다.
38. 견지불종見志不從 – 뜻이 따르지 않음을 보다.
39. 재在 – 생존해 있음.
40. 원유遠遊 – 멀리 여행하다.
41. 유방有方 – 자신이 있는 곳을 연락을 할 수 있는 소재지.
42. 궁躬 – 실천.
43. 불체不逮 – 미치지 못함.
44. 이약以約 – 삼가하다.
45. 린鄰 – 이웃.
46. 삭數 – 자주.
47. 사斯 – 즉과 같음.
48. 소疏 – 사이가 매우 벌어짐.

제5편. 공야장公冶長

1. 공야장公冶長 – 공자의 제자. 성은 공야公冶. 이름은 지芝, 자는 자장子長.

2. 누설縷紲 – 검은 노끈으로 묶다.
3. 남용南容 – 공자의 제자.
4. 형육刑戮 – 형벌과 사형.
5. 형지자兄之子 – 형의 딸.
6. 자천子賤 – 공자의 제자. 성은 염. 이름은 옹.
7. 사賜 – 자공의 이름.
8. 호련瑚璉 – 종묘 제사에 쓰이는 옥으로 만든 제기.
9. 옹雍 – 공자의 제자.
10. 어인禦人 – 사람을 대하다.
11. 구급口給 – 구변.
12. 칠조개漆雕開 – 공자의 제자. 성은 칠조, 이름은 계啓, 자는 자개子開.
13. 미능신未能信 – 자신이 없음.
14. 유由 – 자로의 이름.
15. 무소취재無所取材 – 재목을 구할 곳이 없음.
16. 맹무백孟武伯 – 노나라의 대부.
17. 가사치可使治 – 다스리게 할 수 있다.
18. 부賦 – 군정. 원래는 과세, 부역을 뜻한다.
19. 적赤 – 공자의 제자. 성은 공서公西, 이름은 적赤, 자는 자화子華.
20. 속대束帶 – 띠를 매다.
21. 여女 – 여汝와 같음.
22. 불여弗如 – 같지 않음.
23. 재여宰子 – 공자의 제자. 성은 재宰, 이름은 아我, 자는 자아子我.
24. 후목朽木 – 썩은 나무.
25. 조雕 – 조각.
26. 분토지장糞土之牆 – 썩고 더러운 흙으로 쌓은 담.
27. 하주何誅 – 꾸짖은들 무엇 하랴.
28. 어인於人 – 사람을 대함.
29. 신정申棖 – 공자의 제자, 노나라 사람.
30. 언득焉得 – 가능과 같음.
31. 가제아加諸我 – 나에게 해를 입힘.
32. 소급所及 – 미치는 바.
33. 문장文章 – 모든 문물과 제도.
34. 성性 – 천성.
35. 천도天道 – 하늘의 도리.
36. 유문有聞 – 가르침을 받은 것이 있음.
37. 미지능행未之能行 – 아직 모두 실천하지 못함.

38. 유공惟恐 – 오직 두려워한다.
39. 공문자孔文子 – 위나라의 대부.
40. 자산子産 – 정나라의 왕족이며 재상인 공손교의 자字.
41. 의義 – 정사를 바르게 집행함.
42. 위謂 – 비평하여 말함.

제6편. 옹야雍也

1. 옹雍 – 공자의 제자. 염옹冉雍, 자는 중궁仲弓.
2. 남면南面 – 군주가 정사를 듣는 자리. 임금은 남쪽으로 향하고, 신하는 북쪽으로 향한다.
3. 자상백자子桑伯子 – 노나라의 현인이라고 하나 사실 여부가 확실치 않음.
4. 간簡 – 작은 일에 매우 번거롭게 관여하지 않고 대범함.
5. 애공哀公 – 노나라의 군주.
6. 불천노不遷怒 – 갑에 대한 노여움을 을에게 옮겨서 제멋대로 화풀이를 하지 않는다는 뜻.
7. 자화子華 – 공자의 제자. 공서적公西赤.
8. 염자冉子 – 공자의 제자. 염구冉求.
9. 부釜 – 6말 4되.
10. 유庾 – 16말.
11. 병秉 – 16석.
12. 원사原思 – 공자의 제자. 이름은 헌憲.
13. 인리향당鄰里鄕黨 – 인은 5호, 리는 25호, 향은 500호, 당은 12,500호.
14. 리우犁牛 – 얼룩소.
15. 성騂 – 털이 붉은 소.
16. 기여其餘 – 다른 제자들.
17. 일월지언日月至焉 – 하루나 한 달 인仁의 경지에 이르다.
18. 언이이의焉而已矣 – 네 자 모두가 조사이다.
19. 계강자季康子 – 노나라의 대부.
20. 중유仲由 – 자로의 자.
21. 사賜 – 자공의 이름.
22. 구求 – 염유冉有의 이름
23. 계씨季氏 – 계손씨.
24. 민자건閔子騫 – 공자의 제자.
25. 재宰 – 어른.
26. 재문在汶 – 문은 문수로 노나라와 북쪽 제나라와의 국경을 흐름.
27. 백우伯牛 – 공자의 제자. 성은 염冉, 이름은 경耕, 백우伯牛는 자.

28. 유牖 – 창문.
29. 단식簞食 – 단은 도시락. 대나무로 만든 그릇.
30. 일표음一瓢飮 – 한 표주박의 물.
31. 재누항在陋巷 – 매우 누차한 골목.
32. 중도이폐中道而廢 – 하던 일을 중도에서 일을 그침.
33. 획畫 – 금을 긋다.
34. 군자유君子儒 – 덕성을 구비한 학자.
35. 소인유小人儒 – 오직 명예만을 좇는 재주꾼.
36. 무성武城 – 노나라의 작은 마을.
37. 경徑 – 지름길.
38. 언偃 – 자유의 이름, 성은 언言.
39. 맹지반孟之反 – 노나라의 대부.
40. 벌伐 – 잘 한 일을 자랑함.
41. 전殿 – 병력의 후미를 수비함.
42. 축祝 – 위나라의 관직명으로 제관.
43. 타鮀 – 위나라의 대부.
44. 조朝 – 송나라의 공자로 위나라의 대부.
45. 난호면어금지세의難乎免於今之世矣 – 난을 면키가 매우 어려움.
46. 사도斯道 – 이 길.
47. 질質 – 질박.
48. 문文 – 문식.
49. 사史 – 조정의 문서를 담당하는 관리.
50. 빈빈彬彬 – 매우 조화된 모습.
51. 망罔 – 매우 정직하지 못함.
52. 중인中人 – 중간 정도의 사람.
53. 번지樊遲 – 공자의 제자.
54. 원지遠之 – 멀리함.
55. 난難 – 매우 어려운 일.
56. 획獲 – 수확.
57. 요수樂水 – 물을 좋아함.
58. 제齊 – 노나라의 이웃 나라.
59. 노魯 – 무왕의 동생인 주공단의 봉지.
60. 도道 – 선왕들이 이루어 놓은 이상적인 국가.
61. 고觚 – 모가 난 술잔의 일종.
62. 정유인井有仁 – 우물 속에 빠진 사람이 있음.
63. 기종지其從之 – 그 말에 따른다.

64. 하위기연何爲其然 – 어찌 그렇게 되랴.
65. 가서可逝 – 가게 할 수 있음.
66. 문文 – 학문과 모든 문물 제도.
67. 불반弗畔 – 불은 불不, 반은 배반.
68. 의부矣夫 – 뜻을 강하게 나타내는 조사.
69. 남자南子 – 위나라 영공의 부인.
70. 소부所否 – 옳지 않은 점.
71. 천염天厭 – 하늘이 버리다.
72. 중용中庸 – 중은 지나침이나 모자람이 없는 것, 용은 평소의 뜻.
73. 여유如有 – 만약~하면.
74. 박시博施 – 널리 은혜를 베풀다.
75. 하사어인何事於仁 – 어찌 인에 그칠 일이랴.
76. 요순堯舜 – 고대의 이상적인 군주.
77. 근취비近取譬 – 가까운 데서 비유를 함.

제7편. 술이述而

1. 술述 – 예부터 전해진 것을 부연하여 후세에 전하는 것.
2. 작作 – 창작.
3. 노팽老彭 – 은나라의 현인.
4. 식識 – 깨달아서 인식하다.
5. 회誨 – 가르침.
6. 연거燕居 – 안거.
7. 신신申申 – 일체의 구속을 벗어나 태평한 모습.
8. 요요夭夭 – 얼굴에 화색이 가득하여 몹시 즐거운 모습.
9. 주공周公 – 주나라 무왕의 동생이며 주나라의 문화를 창건한 사람.
10. 예藝 – 문예.
11. 속수束脩 – 수脩는, 포脯, 소금에 절인 마른 고기, 속束은 이것을 열 두름으로 모은 것.
12. 거일우擧一隅 – 한 모서리를 들어 주다.
13. 삼우반三偶反 – 세 모서리를 미루어 알다.
14. 미상未嘗 – 일찍이 아무 일도 한 일이 없음.
15. 용지즉행用之則行 – 쓰이면 곧 행한다.
16. 사지즉장舍之則藏 – 버려지면 물러나서 도를 감추다.
17. 행삼군行三軍 – 삼군을 거느리다.
18. 빙하馮河 – 강을 배로 건너지 않고 걸어서 건너는 것.

19. 집편지사執鞭之士 – 마부를 일컬음.
20. 재齋 – 제사를 지내기 전에 몸과 마음을 정결히 함.
21. 소韶 – 순임금 시대의 관현악.
22. 도圖 – 생각.
23. 위위군爲衛君 – 위나라 임금을 도움.
24. 백이숙제伯夷叔齊 – 〈공야장편〉 참조.
25. 구인이득인求仁而得仁 – 인을 구하여 인을 얻음.
26. 반飯 – 음식과 같음.
27. 소식疏食 – 나물밥. 곧 반찬이 없는 밥.
28. 곡굉曲肱 – 팔을 구부림. 팔베개.
29. 가아수년加我數年 – 내게 몇 해의 나이를 더함.
30. 오십이학이五十以學易 – 나이 오십 세에 『역경』을 익힘.
31. 아언雅言 – 아는 정이라 하여 바른말을 가리키는 말이며, 곧 표준어를 의미한다.
32. 집례執禮 – 예를 집행함.
33. 엽공葉公 – 초나라 엽현의 장관.
34. 생이지지生而知之 – 태어나면서부터 사물의 도리와 이치를 터득함.
35. 민敏 – 매우 빠름을 뜻함.
36. 괴怪 – 괴변.
37. 역力 – 폭력.
38. 난亂 – 난동.
39. 신神 – 귀신.
40. 환퇴桓魋 – 송나라의 사마. 한때공자를 죽이려고 했었다.
41. 이삼자二三子 – 여러분.
42. 호이乎爾 – 말의 힘을 돋우는 구절의 조사.
43. 유항자有恒者 – 떳떳한 마음을 가진 사람.
44. 망이위유亡而爲有 – 망은 무. 없어도 있는 듯이 하는 것.
45. 사가의斯可矣 – 사는 즉과 같은 뜻.
46. 부지이작不知而作 – 알지도 못하면서 일을 하는 것.
47. 호향互鄕 – 평판이 매우 나쁜 마을.
48. 여기진與其進 – 나옴을 받아 줌.
49. 유하심唯何甚 – 매우 극심하다.
50. 왕往 – 전날.
51. 호재乎哉 – ~이겠느냐?
52. 사패司敗 – 관직명으로 사법장관.
53. 소공昭公 – 노나라의 선대 군주.
54. 무마기巫馬期 – 공자의 제자.

55. 오맹자吳盟子 – 오나라의 공주로 소공의 부인.
56. 반反 – 다시 되풀이하다.
57. 화和 – 같이함.
58. 약성여인若聖與仁 – 성인과 인자 같은 일.
59. 운이이云爾已 – 그렇다고 말할 뿐임.
60. 공서화公西華 – 공자의 제자.
61. 유제有諸 – 그런 선례가 있는가.
62. 뢰誄 – 죽은 사람을 애도하여 그 행적을 기록한 글.
63. 상하上下 – 천지.
64. 신지神祇 – 하늘의 신과 땅의 지.
65. 여기與其 – ~보다는 차라리 ~이 낫다.
66. 탄坦 – 평탄함.
67. 탕탕蕩蕩 – 마음이 넓고 매우 떳떳함.
68. 척척戚戚 – 근심에 싸여서 초조하고 마음이 매우 바쁨.
69. 안安 – 자연스러움. 안정되다.
70. 공恭 – 공손하고 경건함.

제8편. 태백泰伯

1. 태백泰伯 – 주나라의 선조인 대왕 고공古公의 큰아들. 문왕의 아버지 계력季歷의 형.
2. 무득無得 – ~할 길이 없음.
3. 노勞 – 수고로움.
4. 사葸 – 몹시 두려워하다.
5. 교絞 – 마치 목을 조르는 것처럼 매우 융통성이 없음.
6. 독篤 – 두텁다.
7. 투偷 – 매우 박정함.
8. 증자曾子 – 공자의 제자. 삼參. 효행으로 유명함.
9. 계啓 – 열다.
10. 시詩 – 『시경』〈아편〉.
11. 맹경자孟敬子 – 노나라의 중신 중손씨.
12. 동용모動容貌 – 동작.
13. 비鄙 – 풍속.
14. 변두籩豆 – 변은 대나무로 만든 제기, 두는 나무로 만든 제기.
15. 유사有司 – 관리하는 관리.
16. 다多 – 다문多聞.

17. 과寡 – 과문.
18. 종사從事 – 실천.
19. 육척지고六尺之孤 – 15세 미만의 고아.
20. 백리지명百里之命 – 백 리는 사방 백 리가 되는 제후국.
21. 대절大節 – 중대한 일에 대처하는 절개.
22. 재지미才之美 – 재능이 매우 뛰어남.
23. 곡穀 – 봉록.
24. 견見 – 나와서 벼슬을 하다.
25. 은隱 – 초야에 숨어서 도를 지킴.
26. 사師 – 악사장.
27. 지摯 – 노나라의 명지휘자.
28. 지시之始 – 처음 임관했을 때.
29. 광狂 – 제멋대로 행동하여 아무런 구애됨이 없음.
30. 통侗 – 매우 무지한 모양.
31. 공공悾悾 – 어리석은 모습.
32. 외외巍巍 – 산이 높은 모습.
33. 순우舜禹 – 요와 함께 중국 고대의 이상적인 제왕.
34. 불여언不與焉 – 마음에 두지 않음.
35. 즉지則之 – 본받음.
36. 탕탕蕩蕩 – 막힌 데가 없이 넓고 먼 모습.
37. 문장文章 – 문화와 문물.
38. 오인五人 – 순임금의 어진 신하 다섯 사람.
39. 난신亂臣 – 백성을 잘 다스리는 신하.
40. 십인十人 – 주공 단, 소공석, 태공망 여상, 필공, 영공周公 旦·召公奭·太公望 呂尙·畢公·榮公, 굉요閎夭, 산의생남, 궁괄 등 아홉 사람에 무왕의 어머니 태사를 일컬음.
41. 당우唐虞 – 당은 요의 국호. 우는 순임금의 봉지명, 또는 국호.
42. 제際 – 하 또는 후의 뜻으로 읽는다.
43. 간연間然 – 약점을 잡아 비난함.
44. 비菲 – 박薄.
45. 치효귀신致孝鬼神 – 선조의 제사를 풍족하게 깨끗이 함.
46. 불면黻冕 – 가죽으로 무릎을 가리는 제복, 면은 예관.
47. 구혁溝洫 – 전답 사이에 있는 수로.
48. 의복衣服 – 평상복.

제9편. 자한 子罕

1. 한罕 — 희稀.
2. 달항達巷 — 지명.
3. 무소성명無所成名 — 일기 일예一技一藝의 전문적인 명성을 이루지 못하였다는 말.
4. 하집何執 — 무엇을 전문으로 할까.
5. 마면麻冕 — 한 발약50센티미터에 2,400본의 삼베실로 짠 제관.
6. 순純 — 명주실.
7. 태泰 — 매우 공손치 않음.
8. 무毋 — 무無와 통함.
9. 절絶 — 다하여 없음.
10. 외畏 — 매우 무서운 봉변을 당하다.
11. 광匡 — 지명.
12. 자玆 — 여기서는 공자 자신을 뜻함.
13. 후사자後死者 — 문왕의 죽음에 뒤떨어진 자.
14. 대재大宰 — 관명.
15. 종縱 — 한도가 없음.
16. 장將 — 단정을 피하여 장래를 기대한다는 것을 나타내는 말.
17. 비사鄙事 — 매우 하찮은 일.
18. 뢰牢 — 공자의 제자. 성은 금琴, 이름은 뢰牢.
19. 시試 — 쓰임.
20. 예藝 — 여러 가지의 기능.
21. 비부鄙夫 — 매우 무식한 사내.
22. 공공여空空如 — 텅 비어 있는 모습.
23. 갈竭 — 성의를 다하다.
24. 제쇠齊衰 — 굵은 베로 짠 상복. '재최'로 발음.
25. 면의상冕衣裳 — 예복.
26. 추趨 — 걸음을 재촉하다.
27. 위연喟然 — 탄식하는 모습.
28. 미고彌高 — 더욱 높아짐.
29. 찬鑽 — 송곳으로 구멍을 뚫다.
30. 순순연循循然 — 순서를 따라가는 모양.
31. 약約 — 묶다. 자신의 몸가짐을 스스로 단속하다.
32. 위신爲臣 — 가신으로 함.
33. 병간病間 — 병의 차도가 있음.
34. 온독韞匵 — 궤 속에 넣어 둠.

35. 선가善賈 – 좋은 값.
36. 구이九夷 – 동방에 있는 아홉 개의 오랑캐 나라를 마한다. 현토, 낙랑, 고구려, 만식, 구유, 색가, 동도, 왜인, 천비를 꼽기도 한다.
37. 하루지유何陋之有 – 풍속이 아름답게 화하여 아무런 비루함이 없음.
38. 자위반노自衛反魯 – 위나라에서 노나라로 돌아옴.
39. 아송雅頌 – 아는 대아, 소아. 모두 105편. 송은 주송?노송, 모두 40편.
40. 천상川上 – 냇가.
41. 불사不舍 – 쉬지 않음.
42. 궤簣 – 흙을 운반하는 도구, 삼태기 따위.
43. 평지平地 – 땅을 고르는 것.
44. 후생後生 – 후학.
45. 내자來者 – 내일의 그들.
46. 법어法語 – 사리에 맞는 것.
47. 손여지언巽與之言 – 매우 완곡하고 부드러운 말.
48. 말여지하末如之何 – 이를 어찌할 수 없음.
49. 필부匹夫 – 여러 명의 처를 거느리는 귀족이 아닌 미천한 남자라는 말.
50. 온포縕袍 – 무명으로 만든 도포.
51. 호학狐狢 – 여우와 담비가죽으로 된 털옷.
52. 부장不臧 – 매우 착하지 않음.
53. 종신終身 – 종신토록 하는 것.
54. 세한歲寒 – 설한雪寒.
55. 조彫 – 조락.
56. 권權 – 원래는 저울의 놋쇠를 말함.
57. 당체唐棣 – 산아가위.
58. 편偏 – 번翻.

제10편. 향당鄕黨

1. 향당鄕黨 – 당은 5백 호, 향은 25당. 향리를 뜻함.
2. 순순여恂恂如 – 부드럽고 매우 공손한 모습.
3. 편편便便 – 거침이 없이 명백히 말함.
4. 유근이唯謹爾 – 어디까지나 신중함. 근엄함을 유지함.
5. 간간여侃侃如 – 매우 강직한 모습.
6. 은은여誾誾如 – 화기애애한 모습.
7. 축적여踧踖如 – 공경하고 경건한 모습.

8. 여여여與與如 – 위의가 합당하여 매우 당당하고 태연한 모습.
9. 발勃 – 변색하는 모양.
10. 확矍 – 발이 빙빙 도는 모양.
11. 감추紺緅 – 연보라와 분홍빛.
12. 홍자紅紫 – 붉은 빛과 자줏빛.
13. 치의고구緇衣羔裘 – 치의는 검은 옷. 고구는 염소가죽 털옷.
14. 무소귀無所歸 – 돌아갈 곳이 전혀 없음.
15. 빈殯 – 매장할 때까지 관을 안치해 두는 곳.
16. 부판負版 – 호적과 지도를 등에 진 사람.

제11편. 선진先進

1. 선진先進 – 문왕, 무왕의 시대를 가리킴.
2. 후진後進 – 주나라 말기의 사람을 말한다.
3. 여용지如用之 – 하나를 취함.
4. 진채陳蔡 – 진나라와 채나라.
5. 불급문不及門 – 공자의 문하에 없음.
6. 언어言語 – 언론.
7. 문학文學 – 시·서·예·악을 배워서 두루 능함.
8. 곡哭 – 소리내어 울다.
9. 통慟 – 몸부림치며 크게 슬퍼함.
10. 계로季路 – 자로.
11. 귀신鬼神 – 선조의 영혼을 말함.
12. 장부長府 – 노나라 국고의 이름.
13. 구관舊貫 – 옛 관례.
14. 부인夫人 – 민자건을 가리킴.
15. 중中 – 적중.
16. 유지슬由之瑟 – 자로의 비파를 뜯는 소리.
17. 승당昇堂 – 당에 오르다.
18. 구지문丘之門 – 자기 집.
19. 입어실入於室 – 매우 깊은 경지에 이름을 비유함.
20. 계씨季氏 – 계손씨.
21. 주공周公 – 주나라 무왕의 동생.
22. 구求 – 공자의 제자 염구.
23. 취렴聚斂 – 백성의 재물을 모으고 세금을 거두어들임.

24. 소자小子 – 제자들을 부르는 말.
25. 공지攻之 – 성토.
26. 서庶 – 도에 가까움을 말함.
27. 루공屢空 – 자주 끼니를 잇지 못함.
28. 루중屢中 – 자주 적중함.
29. 겸인兼人 – 남의 몫까지 하라.
30. 계자연季子然 – 노나라의 대부. 계평자季平子의 아들.
31. 자子 – 자네.
32. 증曾 – 이에 바로.
33. 구신具臣 – 보잘것없는 신하.
34. 자고子羔 – 공자의 수제자.
35. 비費 – 노나라의 대부.
36. 재宰 – 장관.
37. 녕자佞者 – 말재주가 있는 사람.
38. 증석曾晳 – 공자의 제자. 성은 증曾 이름은 점點.
39. 거居 – 평소의 뜻.
40. 사려師旅 – 사는 2,500명, 여는 500명.
41. 신哂 – 미소.
42. 회동會同 – 제후의 조견을 말함.
43. 장포章甫 – 검은 예관.
44. 소상小相 – 군자의 의례를 돕는 보좌관.
45. 고슬희鼓瑟希 – 비파를 드문드문 뜯음.
46. 갱이鏗爾 – 비파를 던지는 소리의 형용.
47. 선撰 – 구具의 뜻.
48. 기沂 – 노나라의 도읍 동쪽에 있는 강.
49. 무우舞雩 – 기우제를 지내는 높은 대.
50. 유구즉비방야여唯求則非邦也與 – 그러면 구는 나라를 말하는 것이 아니겠습니까.
51. 안견安見 – 어찌 ~라 보지 않겠느냐.

제12편. 안연顏淵

1. 극기克己 – 극은 승, 기는 사욕 걱정. 자기를 이김.
2. 사마우司馬牛 – 공자의 제자. 송나라 환퇴의 아우.
3. 성省 – 성찰.
4. 구疚 – 병, 마음이 몹시 쾌활하지 않음.

5. 극자성棘子成 – 위나라의 대부.
6. 질質 – 본래 타고난 성품.
7. 부자夫子 – 선생.
8. 사駟 – 네 마리의 말이 끄는 수레.
9. 곽鞟 – 털을 뽑은 가죽.
10. 애공哀公 – 노나라의 군주.
11. 유약有若 – 공자의 제자.
12. 연기年饑 – 흉년.
13. 철徹 – 주나라의 세금제도.
14. 이二 – 10분의 2.
15. 사師 – 언제나 남보다 먼저 앞서서 행함.
16. 언偃 – 쓰러짐. 엎드려 따름.

제13편. 자로子路

1. 노지勞之 – 스스로 수고하다.
2. 유사有司 – 하급 관리.
3. 사舍 – 사捨.
4. 중궁仲弓 – 염옹.
5. 가稼 – 오곡을 심음.
6. 포圃 – 채소를 가꾸는 것.
7. 불용정不用情 – 진심을 쓰지 않음.
8. 강부襁負 – 포대기에 싸 업음.
9. 공자公子 – 왕의 서자.
10. 거실居室 – 재산을 잘 처리함.
11. 구합苟合 – 거의 필요에 맞음.
12. 복僕 – 수레를 몰다.
13. 적適 – 행하다.
14. 서庶 – 백성이 몹시 번성하여 인구가 많음을 뜻함.
15. 승잔勝殘 – 매우 잔악무도함을 눌러서 이김.
16. 염자冉子 – 염유를 높여 부르는 말.
17. 기사其事 – 사사로운 일.
18. 약시若是 – 이와 같이.
19. 불기호不幾乎 – 거의 가깝지 않은가.
20. 막여위莫予違 – 내 말이나 명령을 어기지 못함.

21. 직궁直躬 - 매우 곧게 행동함.
22. 양양攘羊 - 남의 양을 훔치다.
23. 경경俓俓 - 자갈돌처럼 매우 단단하여 도량이 좁고 융통성이 없는 모양.
24. 두소지인斗筲之人 - 그릇이 매우 작은 사람.
25. 남인南人 - 남쪽 나라의 사람.
26. 무항無恒 - 항심이 없음.
27. 승承 - 이어받음.

제14편. 헌문憲問

1. 헌憲 - 공자의 제자. 성은 원原, 이름은 헌憲, 자는 자사子思.
2. 곡穀 - 녹봉.
3. 위언危言 - 말을 매우 대담하게 하다.
4. 손孫 - 겸손.
5. 유언有言 - 들을 만한 말을 가지고 있음.
6. 남궁괄南宮适 - 공자의 제자. 자는 자용子容.
7. 예羿 - 하나라에 반역한 유궁국의 왕.
8. 오奡 - 예를 쓰르뜨린 한족의 아들로서 배를 저어 육지로 올릴 만큼 힘이 몹시 세었다고 한다.
9. 우禹 - 우임금.
10. 직稷 - 후직.
11. 위명爲命 - 외교 문서를 작성함.
12. 비심裨諶・세숙世叔・자우子羽・자산子産 - 정나라의 대부들.
13. 행인行人 - 외교를 담당하는 관직.
14. 동리東里 - 자산이 살던 마을의 이름.
15. 자서子西 - 초나라의 공자로 명재상으로 평판이 높았음.
16. 병읍騈邑 - 지명.
17. 백씨伯氏 - 제나라의 대부.
18. 삼백三百 - 고대에는 25가루를 1리라 하고 리마다 사社를 두었다.
19. 치齒 - 연령.
20. 장무중臧武仲 - 노나라의 대부. 이름은 흘紇. 지혜가 몹시 뛰어났음.
21. 공작公綽 - 공손작.
22. 변장자卞莊子 - 노나라의 대부.
23. 공숙문자公叔文子 - 위나라의 대부. 공손지公孫枝.
24. 공명가公明賈 - 위나라의 사람임.

25. 신호信乎 - 정말인가. 사실인가.
26. 개기연호豈其然乎 - 어찌 그럴 수 있으랴.
27. 제 환공齊桓公 - 이름은 소백小白.
28. 공자규公子糾 - 환공의 형.
29. 구합九合 - 규합.
30. 병거兵車 - 군사와 전차. 곧 무력을 뜻한다.
31. 상相 - 돕다.
32. 일광一匡 - 하나로 바로잡음.
33. 수기사受其賜 - 그 은혜를 받음.
34. 미微 - 무無의 뜻.
35. 량諒 - 사소한 신의.
36. 자경自經 - 스스로 목을 매어 죽음.
37. 강자康子 - 계강자. 노나라의 대부.
38. 상喪 - 제위를 잃는 것.
39. 중숙어仲叔圉 - 공문자.
40. 축타 왕손가祝鮀王孫賈 - 모두 위나라의 대부.
41. 진성자陳成子 - 제나라의 대부. 이름은 항恒, 또는 상常.
42. 삼자三子 - 맹손·숙손·계손의 삼대부.
43. 범지犯之 - 임금의 뜻을 거역하면서까지 충간하다.
44. 상달上達 - 인격의 향상.
45. 하달下達 - 인격의 퇴보.
46. 거백옥蘧伯玉 - 위나라의 대부.
47. 불출기위不出其位 - 그 직위에서 벗어나지 않음.
48. 자도야自道也 - 자신을 겸허하게 말함.
49. 방인方人 - 사람을 비교하다.
50. 역사逆詐 - 남이 속일 것이라고 생각하여 사전에 경계하다.
51. 억抑 - 도리어.
52. 미생무微生畝 - 성은 미생微生. 공자보다 나이가 많은 은자.
53. 서서栖栖 - 새처럼 여기저기 날아다니며 일 없이 바쁜 모습.
54. 질고疾固 - 고집불통을 몹시 미워하다.
55. 하학이상달下學而上達 - 가까운 세상일부터 배워 차츰 우주의 진리에 통달한다.
56. 공백료公伯寮 - 노나라의 사람.
57. 자복경백子服景伯 - 노나라의 대부.
58. 사肆 - 죄인의 시체를 버림.
59. 시조市朝 - 사람이 많이 모이는 저잣거리.
60. 칠인七人 - 누구를 가리키는 것인가에 대해서는 여러 가지 설이 있으나 확실하지 않음.

61. 석문石門 – 노나라의 성문이 있는 곳의 지명.
62. 신문晨門 – 아침에 문을 여는 일을 맡은 관리.
63. 경磬 – 옥이나 돌로 만든 타악기.
64. 기이旣而 – 이윽고 얼마 있다가.
65. 경경硜硜 – 매우 비천한 모습.
66. 사이이이斯已而已 – 그만두면 그뿐이다.
67. 심즉려 천즉걸深則厲 淺則揭 – 『시경』에 있는 시구.
68. 과재果哉 – 단념했구나. 과단성이 있구나.
69. 말末 – 무無와 동의어.
70. 서書 – 『서경』 주서 〈무일편〉에서 인용.
71. 고종高宗 – 은나라를 중흥시킨 왕.
72. 양음諒陰 – 임금의 삼년상.
73. 훙薨 – 왕의 죽음.
74. 총재冢宰 – 재상.
75. 기유병제其猶病諸 – 오히려 근심하였다.
76. 원양原壤 – 노나라의 사람으로 공자의 친구.
77. 이사夷俟 – 다리를 세우고 구부리고 앉아서 남을 대함.
78. 술述 – 칭찬을 받다.
79. 궐당闕黨 – 지명.
80. 장명將命 – 주인과 손님 사이의 말을 전하는 것.
81. 익益 – 문자업이 발전하여 유익함.
82. 거어위居於位 – 구석 자리에 앉는 것.
83. 선생先生 – 선배. 손윗 사람.
84. 병행並行 – 어깨를 나란히 하고 걷는 것.

제15편. 위령공衛靈公

1. 진陳 – 대오.
2. 조두俎豆 – 조는 예식이나 제사 때 음식을 담는 소반상. 두는 나무로 만든 굽이 높고 뚜껑이 있는 그릇.
3. 람濫 – 아무렇게나 제멋대로 행동을 함.
4. 지識 – 기억.
5. 남면南面 – 고대 중국의 천자는 조정에서 정사를 들을 때 남쪽에 앉았다.
6. 행行 – 뜻을 세워 행세함.
7. 주리州里 – 향리.

8. 삼參 – 나란히 늘어서다.
9. 의어형倚於衡 – 멍에채에 걸려 있음.
10. 사어史魚 – 위나라의 대부.
11. 거백옥蘧伯玉 – 위나라의 대부.
12. 권이양지卷而懷之 – 거두어 감추다.
13. 지사志士 – 뜻이 있는 선비.
14. 인인仁人 – 성덕한 사람.
15. 공工 – 기술자.
16. 이기기利其器 – 그 도구를 매우 예리하게 하다.
17. 하지시夏之時 – 하나라의 역법.
18. 로輅 – 나무로 만든 수레.
19. 면冕 – 천자가 쓰는 관.
20. 소무韶舞 – 소악을 연주하며 춤을 추는 음악.
21. 정성鄭聲 – 정나라의 음악.
22. 녕인佞人 – 말재주가 매우 능하며 아첨을 잘 하는 사람.
23. 장문중, 유하혜藏文仲 柳下惠 – 공자보다 반 세기 전에 있었던 노나라의 대부들.
24. 오말吾末 – 나도 말한다.
25. 소혜小慧 – 매우 작은 총명.
26. 질質 – 바탕.
27. 손孫 – 겸손.
28. 긍矜 – 씩씩하게 자기를 지킴.
29. 군羣 – 많은 사람들과 화목하게 지내다.
30. 일언一言 – 한 자.
31. 서恕 – 남을 내 마음같이 생각함.
32. 사史 – 역사를 기록하는 관리.
33. 유급猶及~금망今亡 – 그래도 전에는 ~하였는데 지금은 그것도 없다.
34. 궐문闕文 – 분명치 않은 사항은 기록하지 않음.
35. 장이리지莊以蒞之 – 위의를 세워 임하다.
36. 심甚 – 심함.

제16편. 계씨季氏

1. 전유顓臾 – 노나라의 보호국.
2. 동몽東蒙 – 산이름.
3. 주임周任 – 고대의 유명한 사관.

4. 진력陳力 – 자신의 능력을 발휘함.
5. 열列 – 위.
6. 고固 – 성이 매우 견고함.
7. 비費 – 지명.
8. 수문덕修文德 – 백성을 문화와 도덕으로 교화함.
9. 동간과動干戈 – 전쟁을 일으키다.
10. 소장蕭墻 – 울타리.
11. 배신陪臣 – 대부의 가신.
12. 녹祿 – 작록.
13. 오세五世 – 동문의 양공이 노나라 문공의 왕자 적을 죽이고 선공을 세운 뒤로 선공, 성공, 양공, 소공, 정공에 이르기까지 5대를 말함.
14. 사세四世 – 계무자・계도자・계평자・계환자의 4대를 말함.
15. 삼환三桓 – 환공의 자손인 계씨・숙씨・맹씨의 삼가三家를 말함.
16. 선유善柔 – 유순한 척하지만 매우 성실하지 못함.
17. 편영便佞 – 말재주가 매우 뛰어나 잘 둘러댐.
18. 삼요三樂 – 세 가지 좋아하는 것.
19. 절節 – 중도를 취하여 조화가 잘 맞도록 함.
20. 일佚 – 한산.
21. 득得 – 탐득貪得.
22. 대인大人 – 덕과 지위가 매우 높은 현인.
23. 압狎 – 존경하지 않는다.
24. 사思 – 성찰.
25. 온溫 – 온화.
26. 여불급如不及 – 따라가지 못할 것처럼 몹시 애를 쓰다.
27. 여탐탕如探湯 – 끓는 물에 손을 넣는 듯함.
28. 사駟 – 말 네 마리.
29. 진항陳亢 – 공자의 제자.
30. 백어伯魚 – 공자의 아들.
31. 원기자遠其子 – 아들을 멀리하다.
32. 방군邦君 – 제후를 말함.
33. 과소군寡少君 – 과는 덕이 적음을 나타내며 스스로 자신을 낮춘 말.

제17편. 양화陽貨

1. 양화陽貨 – 계씨의 가신으로 이름은 호虎.

2. 귀歸 – 물건을 줌.
3. 망亡 – 부재不在를 말함.
4. 오장사의吾將仕矣 – 공자가 양화에게 벼슬을 하겠다는 것이 아니라 양화와 같은 간신을 매우 싫어하였으므로 장차 때가 오면 나가겠다고 대답하여 은근히 회피한 것임.
5. 상지上知 – 저절로 도리를 깨닫는 천재.
6. 하우下愚 – 몰라도 배우지 않는 어리석은 사람.
7. 무성武城 – 노나라의 변방 두리에 있는 소읍.
8. 현가弦歌 – 현악기를 타면서 부르는 노래.
9. 공산불요公山弗擾 – 공산은 성, 불요는 이름. 계씨의 가신이었으나 양화의 반란 뒤 계씨를 배반했음.
10. 동주東周 – 주나라가 천하를 통일하기 이전에 문왕이 다스리던 이상적인 나라.
11. 임任 – 사람이 신뢰하고 맡김.
12. 사使 – 시킴.
13. 필힐佛肸 – 진나라의 대부. 조간자의 가신으로서 중모 고을의 장관이었다가 공자 63세 때에 반란을 일으켰음.
14. 린磷 – 닳다.
15. 날涅 – 물 속의 검은 흙.
16. 육언육폐六言六蔽 – 여섯 가지의 미덕이 모두 가리워져서 해를 입게 되는 여섯 가지 폐단.
17. 군羣 – 일단의 화기로 합하나 사심에 흐르지 않음.
18. 원怨 – 뜻은 풍자에 있으나 결코 분노하지 않음.
19. 위爲 – 학습함.
20. 주남, 소남周南, 召南 – 『시경』의 양편의 이름.
21. 옥패玉帛 – 옥과 비단.
22. 려厲 – 위엄.
23. 향원鄕原 – 향은 비슷한 사람들이 모여 사는 곳. 원은 점잖음.
24. 도청이도설道聽而塗說 – 남에게서 들은 것을 깊이 생각해 보지도 않고 그대로 남에게 옮겨서 아는 척하는 매우 경박한 행위.
25. 비부鄙夫 – 졸장부, 소인.
26. 아악雅樂 – 정통적인 바른 음악.
27. 이구利口 – 약삭빠르게 둘러맞추는 말.
28. 자者 – 야也와 동의어.
29. 유비孺悲 – 애공의 명령을 받아 공자로부터 예를 배운 노나라 사람.
30. 사지使之 – 그로 하여금.
31. 기期 – 주년.
32. 몰沒 – 진盡.
33. 승升 – 등登.

34. 수燧 – 불을 얻는 나무.
35. 식지食旨 – 맛있는 것을 먹음.
36. 박혁博奕 – 장기와 바둑.
37. 상上 – 상尙.
38. 난亂 – 반란.
39. 산상자訕上者 – 윗사람을 비방함.

제18편. 미자微子

1. 미자微子 – 주왕의 서형.
2. 기자箕子 – 주왕의 숙부.
3. 비간比干 – 주왕의 숙부. 주왕에 의해 심장을 쪼개는 참혹한 죽임을 당하였다.
4. 사사士師 – 사법관.
5. 삼출三黜 – 세 번이나 파면되다.
6. 계씨季氏 – 노나라의 상경上卿.
7. 맹씨孟氏 – 노나라의 하경下卿.
8. 귀歸 – 송送.
9. 계환자季桓子 – 계손사.
10. 접여接輿 – 초나라의 사람으로 난세를 피하여 거짓 미쳐서 세상을 등진 은자.
11. 벽辟 – 피하다.
12. 장저長沮, 걸익桀溺 – 은자.
13. 우이경耦而耕 – 짝지어 나란히 밭을 가는 것.
14. 위유爲誰 – 누구라 하오.
15. 도도자滔滔者 – 도도히 흐르는 탁류.
16. 철輟 – 머무름.
17. 무연憮然 – 매우 슬픈 모습.
18. 하조荷蓧 – 삼태기를 메다.
19. 공이립拱而立 – 두 손을 마주잡고 공손한 자세로 서 있음.
20. 일민逸民 – 벼슬하지 않고 초야에 있는 현자.
21. 우중虞仲 – 주나라 태왕의 둘째 아들.
22. 이일夷逸, 주장朱張, 소련小蓮 – 이일, 주장은 미상. 소련은 동이 사람으로 예에 매우 밝다고 한다.
23. 주공周公 – 무왕의 아우.
24. 노공魯公 – 주공의 아들.
25. 불이不以 – 불용不用

26. 구비求備 – 고루 갖춤을 기대하다.

제19편. 자장子張

1. 기가이其可已 – 만족할 따름이다.
2. 불홍不弘 – 불협不狹.
3. 가자可者 – 옳은 사람.
4. 소도小道 – 작은 기예.
5. 치원致遠 – 극이 먼 곳까지 추구함.
6. 공니恐泥 – 방해될까 몹시 두려움.
7. 여소灑掃 – 물을 뿌리고 소제를 하다.
8. 유시유졸有始有卒 – 처음과 끝을 모두 지니고 있음.
9. 장張 – 자장子張.
10. 맹씨孟氏 – 맹손씨.
11. 양부陽膚 – 증자의 제자.
12. 사사士師 – 옥리의 우두머리.
13. 주紂 – 은나라 임금.
14. 공손조公孫朝 – 위나라의 대부.
15. 문무지도文武之道 – 공자가 이상으로 받든 주나라의 문왕.
16. 숙손무숙, 자복경백叔孫武叔, 子服景伯 – 모두 노나라의 대부.
17. 혹과或寡 – 매우 적음.
18. 부자지운夫子之云 – 그분이 말한 것. 부자는 숙손무숙을 가리킨다.
19. 무이위無以爲 – 아무 소용이 없음.
20. 진자금陳子禽 – 공자의 제자라고도 하고 자공의 제자라고도 함.
21. 소위所謂 – 이른바.
22. 입立 – 땅을 마련하여 인민으로 하여금 성립시킴.
23. 사斯 – 문득.
24. 도지道之 – 도로서 인도함.
25. 수지綏之 – 안정하게 함.
26. 동지動之 – 사람을 움직임.

제20편. 요왈堯曰

1. 천지역수天之歷數 – 하늘이 명한 순서.

2. 황황皇皇 – 매우 밝고 몹시 큰 모습.
3. 후제后帝 – 천제.
4. 유죄有罪 – 하나라의 걸왕의 유죄.
5. 대래大賚 – 매우 큰 하사물.
6. 근謹 – 엄하게 하다.
7. 권량權量 – 도량형기.
8. 존尊 – 존중함.
9. 병屛 – 제거함.
10. 치기致期 – 기한을 매우 엄하게 정함.
11. 유사有司 – 창고의 재물을 맡은 하급 관리.
12. 명命 – 천명.
13. 입立 – 덕성이 견고하게 굳어져서 기쁨과 슬픔에 결코 흔들리지 않고 자신의 분수에 맞는 자리를 확고하게 안정하다.

孟子

머리말

맹자孟子, B.C. 372?~B.C. 289?는 중국 전국 시대戰國時代에 살았던 유교 사상가이다. 이름은 맹가孟軻이고 자는 자여子輿 또는 자거子車라고 기록되어 있다. 산둥성 쪼우셴현 추趨에서 태어났으며, 공자의 유교 사상을 공자의 손자인 자사子思의 문하생에게 익혔다.

제후들이 유능한 인재들을 필요로 하는 전국 시대에 배출된 제자백가諸子百家 중 한 사람이다. 맹자 역시 공자가 겪은 것처럼 B.C. 320년부터 약 15년 동안 각 나라를 돌아다니며 유세를 했다.

그러나 자신의 주장과 거리가 먼 나라들을 뒤로한 채 고향으로 돌아와 은거를 했다. 다시 말해 당시 제후들이 원했던 것은 부국강병 또는 외교적인 책략이었는데, 맹자가 내세운 주장은 현실과 맞지 않은 지나친 이상적 왕도王道정치였다.

『맹자孟子』는 공자의 뜻을 진술하여 7편으로 만든 것이다. 즉 맹자孟子, B.C. 372년~289년의 진두 지휘 아래 제자 만장과 공손추와 함께 공동으로 집필한 것으로 알려져 있다. 『맹자』가 후대에 편찬된 것이지만, 내용은 맹자 사상을 숨김없이 담아 냈다. 주자학朱子學 이후 『맹자』는 『논어』·『대학』·『중용』등과 함께 사서四書의 하나로 유교 경전이 되었다.

맹자의 사상은 인의설仁義說의 기초가 되는 성선설性善說과 이를 바탕으로 하는 왕도정치론으로 나눠진다. 맹자는 공자의 인仁의 사상을 받아들여서 보편적인 인애仁愛의 덕德을 주장했고, 다른 한편으로는 인애의 실천에서 적합한 태도를 결정하는 의義의 덕을 주창했다.

성선설은 어진 마음이 모든 사람들에게 갖추어져 있다고 강조한 설이다. 다시 말해 본성에는 악惡의 욕망도 존재하고 있다는 것을 맹자는 인정함과 동시에 도덕적 요청으로 본성이 선善하다고 주장했다. 이것은 모든 사람들이 가지고 있는 도덕에 대한 의욕을 조장하려고 했던 것이다.

그렇기 때문에 사람이 수양한다는 것은 '욕심을 적게' 해서 원초적인 선성善性을 길러 내는 것으로 왕도정치 역시 이러한 인심에서 나오는 정치인 것이다. 즉 맹자는 군주가 민중을 사랑하면서 정치를 해야 한다고 주장했다. 또 경제적으로 부유한 다음에 도덕 교육을 이뤄져야 한다고 했다. 더구나 어질지 못한 군주는 마땅히 쫓아내어야 한다는 주장까지 폈다.

이런 주장을 내세우고 있는 맹자를 아무리 실력이 좋고 뛰어난 인물이라고 해도 당시 군주로선 등용시킬 이유가 없었다.

유교는 맹자가 도덕학道德學으로서 확립시켰고, 정치론으로 정비가 되었던 것이다. 그 뒤로부터 이것이 유교의 정통 사상으로 계승되면서 유교를 '공맹지교孔孟之敎'라고 부르며 매우 중요시 여겼던 것이다.

양혜왕 장구 상
梁惠王章句 上

이 구절은 양혜왕과 맹자가 부국강병에 대한 의견을 나눈 구절로 양혜왕은 나라의 경제에 중점을 두었고 맹자는 부국강병해야 백성들이 편안하게 살 수 있는 것을 주장했는데 맹자는 군주가 백성들을 도덕적으로 잘 지도하고 가르쳐서 이끌고 어짊과 의로움, 인을 바탕으로 하는 왕도정치를 강력하게 양혜왕에게 건의하였는데 이것은 맹자의 정치 이론을 단적으로 웅변하고 있다.

왕이 자신의 이익만 좇으면 나라는 위태로워진다

孟子 見梁惠王[1]하신대
맹자 견양혜왕

王曰 叟[2]不遠千里而來하시니 亦將有以利吾國乎이까
왕왈 수 불원천리이래　　 역장유이이오국호

孟子對曰 王은 何必曰利이꼬 亦有仁義而已矣니이다
　맹자대왈 왕　하필왈이　　역유인의이이의

王曰 何以利吾國고 하시면 大夫³⁾ 曰何以利吾家오 하며
　왕왈 하이이오국　　　　대부　왈하이이오가

士庶人⁴⁾曰 何以利吾身고 하여 上下交征利면 而國이 危矣리이다
　사서인 왈 하이이오신　　　　상하교정이　이국　위의

萬乘之國⁵⁾에 弑其君子는 必千乘之家⁶⁾요
　만승지국　 시기군자　 필천승지가

千乘之國에 弑其君子는 必百乘之家니 萬取千焉⁷⁾하며 千取百焉이
　천승지국　시기군자　 필백승지가　 만취천언　　　천취백언

不爲不多矣언마는 苟爲後義而先利면 不奪하야는 不厭이니이다
　불위불다의　　 구위후의이선리　 불탈　　　 불염

未有仁而遺其親者也며 未有義而後其君者也니이다
　미유인이유기친자야　미유의이후기군자야

王은 亦曰 仁義而已矣시니 何必曰利이꼬
　왕　 역왈 인의이이의　　 하필왈이

맹자가 양 혜왕을 만나자 왕은
"선생님께서 천 리를 단숨에 찾아왔는데, 우리나라에 어떤 이익을 주시려고 하십니까?"
라고 묻자, 맹자가 대답하기를
"왕께서는 왜 이익을 말씀하십니까? 오직 인仁과 의義가 있을 뿐입니다. 왕께서 내 나라의 이익만 생각하면 대부들은 어떤 방법으로 내 집을 이롭게 할 것인가를 생각하고, 선비나 백성들 또한 오직 자신의 이익만 생각할 것입니다. 윗사람이나 아랫사람

모두 각자의 이익만 취한다면 나라는 위태로워집니다. 만 승의 나라에서 임금을 죽이는 사람은 천 승의 대신이고, 천 승의 나라에서 왕을 죽이는 사람은 백 승의 대신입니다. 만 가운데서 천을 가지고 있으며, 천 가운데 백을 가지고 있다는 것은 결코 작은 재물이 아닙니다. 만일 의리를 뒤로 한 채 이익을 앞세우면 모든 것을 전부 빼앗지 않고서는 만족할 수 없습니다. 그러므로 지금까지 어질면서 부모를 버린 자가 없으며, 의로우면서 임금을 가벼이 여기는 자는 없습니다. 왕께서는 오직 인의만 말씀하셔야지 왜 하필이면 이익을 말씀하시는 것입니까?"

왕은 백성들과 고락을 같이해야 한다

孟子見梁惠王하신대 王立於沼上이시니 顧鴻鴈麋鹿曰 賢者도
맹자견양혜왕　　　왕입어소상　　　고홍안미록왈 현자

亦樂此乎이까 孟子對曰 賢者而後에 樂此니
역락차호　　 맹자대왈 현자이후　 락차

不賢者면 雖有此나 不樂也니이다 詩云經始靈臺[8]하여
불현자　 수유차　 불락야　　　 시운경시영대

經之營之하시니 庶民攻之라 不日成之로다 經始勿亟하시니
경지영지　　　 서민공지　 불일성지　　 경시물극

庶民子來[9]로다 王在靈囿하시니 麀鹿攸伏이로다 麀鹿濯濯이어늘
서민자래　　　 왕재영유　　　 우록유복　　　 우록탁탁

白鳥鶴鶴이로다 王在靈沼하시니 於牣魚躍이라하니
백조학학　　왕재영소　　　어인어약

文王이 以民力으로 爲臺爲沼하시니 而民이 歡樂之하야
문왕　이민력　　위대위소　　　이민　환락지

謂其臺曰靈臺라 하여 謂其沼曰靈沼라 하여 樂其有麋鹿魚鼈시니
위기대왈영대　　　　위기소왈영소　　　　락기유미록어별

古之人은 與民偕樂故로 能樂也니이다 湯誓[10]에 曰時日은 害喪[11]고
고지인　여민해락고　　능락야　　　탕서　　왈시일　해상

予及女로 偕亡이라 하니 民欲與之偕亡인댄
여급여　해망　　　　　민욕여지해망

雖有臺池鳥獸나 豈能獨樂哉아
수유대지조수　기능독락재

맹자가 양 혜왕을 만났는데, 이때 왕은 궁중 연못가에 서서 좌우에 있는 크고 작은 기러기들과 사슴들을 돌아보며 말하기를,
"현자도 이런 것을 즐깁니까?"
라고 묻자 맹자가 대답하기를
"현자라야 이런 것을 비로소 즐길 줄 압니다. 현자가 아닌 자는 이런 것들이 있지만 즐길 줄 모릅니다. 『시경』에 이르기를 영대를 지으려고 계획할 때 측량하고 그 땅에 터를 닦는 순간 백성들이 모여들어 며칠 되지 않아 모두 이루었다. 라고 했는데, 계획하고 착수할 때 급한 것이 전혀 없어도 백성들은 자식들과 같이 모여들었다."
라고 말했다. 왕이 영대의 동산에 나오자 길든 암수 사슴이 엎드려 움직이지 않았는데, 사슴은 윤기가 흐르고 백조는 희디희엇

다. 왕이 영대 연못가로 가자 물고기들이 일제히 뛰어올랐다.
　"문왕은 백성의 힘으로써 영대를 짓고 연못을 팠는데, 백성들은 그것을 기쁘고 즐겁게 생각한 나머지 누각을 영대, 연못을 영지라 이름지어 그 안에서 뛰어놀고 있는 사슴과 물고기들을 보고 즐겼으니 문왕같이 옛날의 어진 분들은 백성들과 함께 즐거움을 같이했기 때문에 즐길 수가 있었습니다. 『탕서』에 이르기를 '이 시대가 언제 없어질까? 망하려면 너와 함께 망하리라.' 라고 되어 있는데, 백성들이 함께 망하기를 바란다면, 누각과 연못, 새와 짐승이 있다고 한들 어찌 혼자 즐길 수가 있겠습니까?"

백성들을 굶주리게 해서는 안 된다

梁惠王曰 寡人[12]이 願安[13]承敎하노이다 孟子對曰 殺人以挺與刃이
양혜왕왈　과인　　　원안　승교　　　　맹자대왈　살인이정여인

有以異乎이까 曰無以異也니이다 以刃與政이 有以異乎이까
유이이호　　왈무이이야　　　이인여정　유이이호

曰無以異也니이다 曰庖有肥肉하며 廐有肥馬하고 民有飢色하며
왈무이이야　　　왈포유비육　　　구유비마　　　민유기색

野有餓莩면 此는 率獸而食人也니이다 獸相食을 且人이 惡之하나니
야유아부　차　솔수이식인야　　　　수상식　차인　악지

爲民父母라 行政호대 不免於率獸而食人이면 惡在其爲民父母也리이꼬
위민부모　행정　　　불면어솔수이식인　　　악재기위민부모야

仲尼14)曰 始作俑15)者는 其無後16)乎인저 하시니 爲其象人而用之也니
중 니 왈 시 작 용   자   기 무 후   호   위 기 상 인 이 용 지 야

如之何其使斯民飢而死也리이꼬
여 지 하 기 사 사 민 기 이 사 야

양 혜왕이 맹자에게
"과인은 선생의 가르침을 받기를 원합니다."
라고 말했다. 이에 맹자가
"사람을 죽이는 데 몽둥이로 죽이는 것과 칼로 찔러 죽이는 것이 어떻게 다르겠습니까?"
라고 묻자, 양 혜왕은
"다를 게 없습니다."
라고 말했다.
"사람을 칼로 죽이는 것과 정치로 죽이는 것은 어떻게 다르겠습니까?"
"다를 게 없습니다."
"그러면 부엌에 살찐 고기가 있고, 마구간에는 살찐 말이 있지만 백성들에게는 굶주린 기운이 있고, 들에 굶어 죽은 시체가 널려 있다면 이것은 짐승들을 몰고 와서 사람을 잡아먹게 하는 것과 같습니다. 짐승끼리 서로 잡아먹는 것 조차도 사람들은 미워하거늘, 더군다나 백성의 부모로서 정치하면서 짐승을 데려와 사람을 잡아먹게 한다면 어떻게 이것을 백성의 부모라고 하겠습니까? 공자께서 '처음 허수아비를 만든 자는 그 자손이 끊어질 것이다.' 라고 했습니다. 그것은 사람의 모양으로 만들어서 장례에 사용했기 때문입니다. 허수아비까지도 그와 같았는데 더구나 어떻

게 살아 있는 백성들을 굶주려 죽게 할 수 있겠습니까?"

나라는 어진 사람이 통일한다

孟子見梁襄王[17]하시고 出語人曰 望之不似人君이요
맹자견양양왕   출어인왈 망지불사인군

就之而不見所畏焉이러니 卒然問曰 天下는 惡乎定고하여늘
취지이불견소외언   졸연문왈 천하   악호정

吾對曰 定于一이라호라 孰能一之오 하여늘 對曰 不嗜殺人者能一之라호라
오대왈 정우일   숙능일지   대왈 불기살인자능일지

孰能與之오 하여늘 對曰 天下莫不與也니 王은 知夫苗乎아
숙능여지   대왈 천하막불여야   왕   지부묘호

七八月之間이 旱則苗槁矣니 天이 油然[18]作雲하여
칠팔월지간   한칙묘고의   천   유연   작운

沛然[19]下雨면 則苗浡然[20]興之矣나니 其如是면 孰能禦之리
패연   하우   칙묘발연   흥지의   기여시   숙능어지

今夫天下之人牧[21]이 未有不嗜殺人者也니 如有不嗜殺人者면
금부천하지인목   미유불기살인자야   여유불기살인자

則天下之民이 皆引領而望之矣리니 誠如是也면 民歸之가
즉천하지민   개인령이망지의   성여시야   민귀지

由猶水之就下하리니 沛然을 誰能禦之리오
유유수지취하   패연   수능어지

맹자가 양 혜왕을 만나고 나와서 사람들에게 말하기를
　"왕을 멀리서 봐도 임금 같지 않고, 그 앞에 가까이 다가가서 보아도 두려워할 만한 위엄이 없는데, 갑자기 양 혜왕이 천하는 어떻게 정해지겠습니까?"
라고 묻기에 나는
　"한 곳으로 정해질 것입니다."
라고 말했다. 또다시
　"누가 천하를 통일할 수 있습니까?"
라고 묻기에
　"사람 죽이기를 좋아하지 않는 사람이 통일할 수 있을 것입니다."
라고 말했다.
　"누가 그런 사람에게 귀의할 수 있겠습니까?"
라고 묻자 나는 다시
　"천하 사람이 모두 귀의할 것입니다. 왕께서는 저 곡식의 싹을 아십니까? 칠팔월에 가뭄이 들면 싹은 시들어 버리다가, 하늘이 검은구름을 일으켜 좍좍 비를 내리면 싹은 힘차게 살아납니다. 만일 이와 같이 되면 어느 누가 막겠습니까? 지금 천하의 임금 중 사람을 죽이기를 좋아하지 않는 사람이 없는데, 만약 사람을 죽이기를 좋아하지 않는 사람이 있으면, 천하의 백성들은 모두 목을 길게 늘어빼고 바라볼 것입니다. 진실로 이와 같다면 백성들이 그에게 귀의해 오는 것이 마치 물이 낮은 곳으로 흐르는 것과 같기 때문에 누가 이 기세를 막겠습니까?"
라고 말했다.

왕은 백성들을 보호해야 한다

齊宣王[22]問曰 齊桓晉文[23]之事를 可得聞乎이까
제선왕 문왈 제환진문   지사   가득문호

孟子對曰 仲尼之徒[24]는 無道桓文之事者라 是以이
맹자대왈 중니지도   무도환문지사자   시이

後世에 無傳焉하니 臣이 未之聞也호니 無以則王乎저
후세   무전언   신   미지문야   무이칙왕호

曰德이 何如 則可以王矣리이꼬 曰保民而王이면 莫之能禦也니이다
왈덕   하여 칙가이왕의   왈보민이왕   막지능어야

　제 선왕이 묻기를
"제 환공과 진 문공의 패업에 대한 일을 말씀해 주실 수 있겠습니까?"
　이에 맹자가 말하기를
"공자의 제자들은 환공과 문공의 패업에 대해 말한 사람은 없습니다. 그래서 후세에 전해지지 않았고, 저 역시 그것을 들은 적이 없습니다. 이야기를 그만 두시지 않으시려거든 왕의 이야기나 하십시오.?"
라고 말했다.
"왕자가 되기 위해서는 어떤 덕이 필요합니까?"
　라고 묻자 맹자가 말하기를
"백성을 보전하려고 왕 노릇을 한다면 아무도 막을 수 없습니다."
　라고 말하자

孟子

367

曰若寡人者도 可以保民乎哉이까 曰可하니이다 曰何由로
왈약과인자 가이보민호재   왈가   왈하유

知吾의 可也이꼬 曰臣이 聞之胡齕[25]호니 曰王이 坐於堂上이어시니
지오 가야   왈신 문지호흘   왈왕 좌어당상

有牽牛而過堂下者커늘 王見之 曰하시고 牛何之오
유견우이과당하자   왕견지 왈   우하지

對曰 將以釁[26] 鍾이니이다 王曰舍之하라
대왈 장이흔 종   왕왈 사지

吾不忍其觳觫[27] 若無罪而就死地하노라 對曰 然則廢釁鍾與이까
오불인기곡속   약무죄이취사지   대왈 연칙폐흔종여

曰何可廢也리오 以羊易之라 하니 不識커이다 有諸이까
왈하가폐야   이양역지   불식   유제

"과인 같은 사람도 백성을 보전할 수 있겠습니까?"
라고 물었다. 맹자는
"가능합니다."
라고 말했다. 이에
"어떤 이유로 내가 그렇게 할 수 있다는 것을 알고 계십니까?"
라고 묻자 맹자가 말하기를
"신이 이런 이야기를 호흘에게 들은 일이 있습니다. 왕께서 당상에 앉아 있는데, 당 아래로 소를 끌고 지나가는 사람이 있었습니다. 왕께서 이를 보고 '저 소를 어디로 끌고 가는 것이냐?' 고 시종에게 묻자, 대답하기를 '흔종 의식에 쓰려고 하옵니다.' 라고 말했습니다. 그러자 왕은 '살려 주도록 해라. 부들부들 떨면서 죄도 없이 끌려 가는 것을 차마 볼 수가 없구나.' '그럼 흔종하는 것

을 그만두도록 할까요?' 이에 왕은 '어찌 그만둘 수가 있겠느냐. 그 대신 양으로 바꾸어 쓰도록 하여라.' 라고 명하셨다고 했습니다. 이런 사실을 잘 모르겠습니다만 그것이 사실이었습니까?"

曰有之하나이다 曰是心이 足以王矣리이다 百姓은
왈유지   왈시심 족이왕의   백성

皆以王爲愛也어니와 臣은 固知王之不忍也하노이다 王曰然[28]하다
개이왕위애야   신   고지왕지불인야   왕왈연

誠有百姓者로다마는 齊國이 雖褊小나 吾何愛一牛리오
성유백성자   제국   수편소   오하애일우

卽不忍其觳觫若無罪而就死地라 故로 以羊易之也니이다
즉불인기곡속약무죄이취사지   고   이양역지야

曰王은 無異於百姓之以王爲愛也하소서 以小易大어니
왈왕   무이어백성지이왕위애야   이소역대

彼惡知之리잇고 王若隱其無罪而就死地면 則牛羊을
피악지지   왕약은기무죄이취사지   칙우양

何擇焉이리잇고 王笑曰是誠何心哉런고
하택언   왕소왈시성하심재

我非愛其財而易之以羊也언마는 宜乎百姓之謂我愛也로다
아비애기재이역지이양야   의호백성지위아애야

라고 묻자

"그런 일이 있었습니다."

라고 대답하자 맹자가 말하기를

"그런 마음이라면 임금이 될 수 있습니다. 백성들은 모두 왕께

서 소가 아까워 그렇게 한 것이라고 말하지만, 저는 왕이 진심으로 불쌍한 소를 차마 볼 수가 없기에 그렇게 한 것으로 알고 있습니다."

라고 말하자 왕은

"그렇습니다. 진실로 그렇게 말하는 백성들도 있습니다. 제나라가 아무리 작아도 어찌 소 한 마리를 아끼겠습니까? 부들부들 떨면서 사지로 끌려 가는 죄 없는 소를 차마 볼 수 없었기 때문에 양과 바꾸라고 했던 것입니다."

이에 맹자가 말하기를

"왕께서는 그것을 이상하게 생각할 필요가 전혀 없습니다. 작은 것을 큰 것과 바꿨는데, 백성들이 속마음까지 알겠습니까? 그리고 왕께서 만약 죄 없이 사지로 끌려 가는 것을 측은하게 생각했다면, 소나 양을 어찌 구별하셨겠습니까?"

왕이 웃으면서 말하기를

"정말 내가 무슨 마음을 먹고 그랬을까요? 소가 아까워 내가 양과 바꾸라고 명령한 것은 아니지만, 백성들은 내가 소가 아까워서 그랬다고 하는 것 역시 무리한 말이 아닙니다."

曰無傷也라 是乃仁術也니 見牛코 未見羊也일새니이다
왈무상야　시내인술야　　견우　미견양야

君子之於禽獸也에 見其生하고 不忍見其死하며 聞其聲하고
군자지어금수야　　견기생　　불인견기사　　　문기성

不忍食其肉하나니 是以로 君子遠庖廚也니이다
불인식기육　　　시이　군자원포주야

이에

"그렇다고 마음 상할 것은 없습니다. 그것이야말로 인술입니다. 즉 소는 직접 보았지만, 양은 직접 보지 않았기 때문입니다. 군자는 짐승을 대함에 있어서 살아 있는 짐승을 보고 그것이 죽어 가는 것을 차마 보지 못하며, 그 비명을 듣고 차마 그것의 고기를 먹지 못합니다. 그러기에 군주는 푸줏간을 멀리하는 것이지요."
라고 말하자 제 선왕은 기뻐하면서 말했다.

王說曰詩云他人有心을 予忖度之라하니 夫子之謂也로소이다
왕설왈시운타인유심   여촌도지   부자지위야

夫我乃行之하고 反而求之하되 不得吾心이러니 夫子言之하시니
부아내행지   반이구지   부득오심   부자언지

於我心에 有戚戚焉[29]하여이다 此心之所以合於王者는 何也잇꼬
어아심   유척척언   차심지소이합어왕자   하야

曰有復於王者하여 曰吾力足以擧百鈞[30]이로되 而不足以擧一羽하며
왈유복어왕자   왈오력족이거백균   이부족이거일우

明足以察秋毫之末[31]이로되 而不見輿薪이라하면 則王許之乎잇까
명족이찰추호지말   이불견여신   칙왕허지호

曰否라 今에 恩足以及禽獸로되 而功不至於百姓者는 獨何與잇꼬
왈부   금   은족이급금수   이공불지어백성자   독하여

然則一羽之不擧는 爲不用力焉이며 輿薪之不見은 爲不用明焉이며
연칙일우지불거   위불용력언   여신지불견   위불용명언

百姓之不見保는 爲不用恩焉이니 故로 王之不王은
백성지불견보   위불용은언   고   왕지불왕

不爲也언정 **非不能也**니이다
불위야   비불능야

"『시경』에 '남의 마음을 내가 헤아려 안다.'고 했는데, 이것은 선생님 같은 분을 두고 말하는 것입니다. 내가 그렇게 해놓고 반성하여 이유를 찾더라도 내 마음으로는 깨닫지 못합니다. 그런데 선생님께서 말씀해 주시니 내 마음이 비로소 움직이게 되었습니다. 이런 마음이 임금 노릇에 합당하다는 것은 무슨 뜻입니까?"

맹자가

"어떤 사람이 말하기를 '제 힘은 백 균의 무게를 들 수 있지만 새의 깃털 하나를 들기에도 부족하고, 털 끝까지도 분간할 수 있지만 수레에 가득 실은 장작은 보지 못한다.'고 한다면 왕께서는 그것을 믿으시겠습니까?"

이에 왕이 말하기를

"믿을 리가 없지요."

"이제 왕의 은혜가 짐승까지 미치면서도, 백성에게 공덕이 미치지 못하는 것은 유독 무엇 때문입니까? 그렇다면 깃털 하나도 들지 못함은 힘을 쓰지 않았기 때문이요, 수레에 가득 실린 장작을 보지 못한 것은 시력을 쓰지 않았기 때문이고, 백성들이 보호되지 못한 것은 은혜를 베풀지 않았기 때문입니다. 그렇기 때문에 왕께서 왕 노릇을 제대로 못한 것은 안 하는 것이지 못하는 것이 아닙니다."

라고 말했다.

曰不爲者와 **與不能者之形**이 **何以異**잇꼬 **曰挾太山**하여
왈불위자   여불능자지형   하이이   왈협태산

以超北海를 語人曰我不能이라하면 是는 誠不能也어니와
이초북해 어인왈아불능   시 성불능야

爲長者折枝㉜를 語人曰我不能이라 하면 是는 不爲也언정
위장자절지   어인왈아불능   시 불위야

非不能也니 故로 王之不王은 非挾太山以超北海之類也라
비불능야 고 왕지불왕   비협태산이초북해지류야

王之不王은 是折枝之類也니이다 老吾老하여 以及人之老하며
왕지불왕 시절지지류야   노오노   이급인지노

幼吾幼하여 以及人之幼면 天下를 可運於掌이니
유오유   이급인지유 천하   가운어장

왕이 말하기를

"하지 않는 것과 하지 못하는 것과는 어떤 차이가 있습니까?"

이에 맹자가 말하기를

"태산을 옆에 끼고 북해를 뛰어넘는 것을 다른 사람들에게 말하기를 '나는 못 한다.' 고 한다면 이것은 정말 못하게 되는 것입니다. 하지만 어른을 위해 나뭇가지를 꺾는 것을 다른 사람에게 '나는 못한다.' 고 하면, 이것은 하지 않는 것이지 못 하는 것이 아니랍니다. 그래서 왕께서 왕 노릇을 제대로 하지 않으시는 것은 태산을 끼고 북해를 뛰어넘는 그런 것이 아니라, 왕께서 왕 노릇을 제대로 하지 않으시는 것은 허리를 굽히고 어른에게 절하는 것과 같이 쉽게 할 수 있는 것을 하지 않고 있는 성질의 것입니다. 그렇기 때문에 내 집안 늙은 사람을 중히 여기고, 그런 마음을 다른 집 늙은 사람에게 미치게 하고, 내 집안 어린아이를 귀여워해서 그런 마음을 다른 집 어린아이에게 미치게 한다면 천하는 바로 손바닥

안에서 마음대로 움직일 수가 있습니다.

詩云刑于寡妻하여 至于兄弟하여 以御于家邦이라 하니
시운형우과처　　　지우형제　　　이어우가방

言擧斯心하여 加諸彼而已라 故로 推恩이면 足以保四海요
언거사심　　　가제피이이　고　　추은　　　족이보사해

不推恩이면 無以保妻子니 古之人이 所以大過人者는
불추은　　　무이보처자　　고지인　소이대과인자

無他焉이라 善推其所爲而已矣라 今에 恩足以及禽獸로되
무타언　　　선추기소위이이의　　금　　은족이급금수

而功不至於百姓者는 獨何與잇고
이공불지어백성자　　독하여

『시경』에 이르기를 '아내에게 올바른 일을 보이게 되면, 형제에게 미치게 하여 집과 나라를 잘 다스린다.'고 했는데, 이것은 노인과 자식에 대한 자신의 사랑을 다른 사람에게까지 넓히라는 것입니다. 그렇기 때문에 은혜를 가까운 곳에서 먼 곳까지 넓히면 천하가 잘 보존되지만, 이것을 넓히지 못한다면 처자식도 제대로 거느릴 수가 없습니다. 옛 사람이 다른 사람보다 매우 뛰어난 이유는 다른 게 아니라, 자신이 하는 일을 넓혀 나간 것입니다. 지금 왕의 은총이 짐승에게 미쳤지만, 백성들에게 공덕이 미치지 못한 이유는 도대체 무엇 때문일까요?

權然後에 知輕重하며 度然後에 知長短이니
권연후　　지경중　　　도연후　　지장단

物皆然이어니와 心爲甚하니 王請度之하소서
물개연　　　　심위심　　왕청도지

　저울질을 한 다음에는 무게의 가볍고 무거움을 알 수가 있고, 자로 잰 다음에야 길이의 길고 짧음을 알 수가 있습니다. 물건들이 모두 그렇겠지만 사람의 마음은 더욱더 그렇습니다. 그래서 왕께서는 자신의 마음을 깊이 살피셔야 합니다.

抑王은 興甲兵하며 危士臣하여 構怨於諸侯然後에 快於心與잇까
억왕　흥갑병　　위사신　　구원어제후연후　　쾌어심여

王曰否라 吾何快於是리오 將以求吾所大欲也로이다
왕왈부　오하쾌어시　　장이구오소대욕야

曰王之所大欲을 可得聞與잇까 王笑而不言하신대
왈왕지소대욕　가득문여　　왕소이불언

曰爲肥甘不足於口與며 輕煖不足於體與잇까
왈위비감불족어구여　경난불족어체여

抑爲采色不足視於目與며 聲音不足聽於耳與며
억위채색불족시어목여　성음불족청어이여

便嬖不足使令於前與잇가 王之諸臣이 皆足以供之하나니
편폐불족사령어전여　　왕지제신　개족이공지

而王豈爲是哉시리잇꼬 曰否라 吾不爲是也로이다
이왕기위시재　　왈부　오불위시야

曰然則王之所大欲을 可知已니 欲辟土地하며 朝秦楚하여
왈연칙왕지소대욕　가지이　욕벽토지　　조진초

莅中國而撫四夷也로소이다 以若所爲로 求若所欲이면
리중국이무사이야　　　　이약소위　구약소욕

猶緣木而求魚也니이다
유 연 목 이 구 어 야

무엇 때문에 왕께서는 일부러 전쟁을 일으켜 신하들의 목숨을 위험하게 만들고, 이웃 나라 제후들과 원한을 가져야만 마음이 유쾌하십니까?"

라고 묻자 왕이 말하기를

"아닙니다. 내가 왜 그것을 유쾌하게 생각하겠습니까? 그것을 이용해 크게 원하는 것을 추구하려는 것뿐입니다."

이에 맹자가 말하기를

"그러면 왕께서 크게 원하는 것이 무엇인지 말씀해 주시겠습니까?"

라고 묻자 왕은 웃기만 할 뿐 대답하지 않았다.

그러자 맹자가 말하기를

"살찐 고기와 맛있는 음식이 부족해서입니까? 따뜻하고 가벼운 옷이 부족해서입니까? 혹은 아름다운 빛깔이 눈으로 보시기에 부족해서입니까? 음성이 귀로 듣기에 부족해서입니까? 총애하는 신하들을 다스리기에 부족해서입니까? 이런 것은 왕의 모든 신하들이 살피고 있는데, 왕께서는 왜 그런 일 때문이라고 핑계를 하십니까?"

라고 말하자 왕이 말하기를

"아닙니다. 그런 일 때문이 아닙니다."

맹자가 말하기를

"그렇다면 왕께서 원하는 것이 무엇인지 알 수가 있습니다. 즉 영토를 확장하고, 진나라와 초나라를 조공케 해서 천하에 군림하고 사방의 오랑캐들을 무마하는 일이군요. 만약 그런 행위로 원하는 것을 얻는다면, 그것은 마치 나무에 올라가서 물고기를 잡으려는 것과 같은 이치입니다."

王曰若是其甚與잇가 曰殆有甚焉하니 緣木求魚는
왕왈약시기심여　　왈태유심언　　연목구어

雖不得魚나 無後災어니와 以若所爲로 求若所欲이면
수불득어　　무후재　　이약소위　　구약소욕

盡心力而爲之라도 後必有災하리이다 曰可得聞與잇가
진심력이위지　　　후필유재　　　왈가득문여

曰鄒[33]人이 與楚人戰이면 則王以爲孰勝이리잇고 曰楚人勝하리이다
왈추 인　 여초인전　 칙왕이위숙승　　 왈초인승

曰然則小固不可以敵大며 寡固不可以敵衆이며 弱固不可以敵强이니
왈연칙소고불가이적대　　 과고불가이적중　　 약고불가이적강

海內之地方千里者九에 齊集有其一하니 以一服八이
해내지지방천리자구　 제집유기일　　 이일복팔

何以異於鄒敵楚哉리잇고 蓋亦反其本矣니이까
하이이어추적초재　　　 개역반기본의

왕이 말하기를

"그토록 터무니없는 일입니까?"

라고 묻자 맹자가 말하기를

"아니 그보다도 더욱 터무니없는 일입니다. 나무에 올라가서 물고기를 잡으려는 것은 비록 고기를 잡지 못한다는 것이지 뒤에 따른 재난은 없습니다. 하지만 만약 그런 행위로 자신이 원하는 것

을 얻는다면, 아무리 마음과 힘을 모두 바쳐도 뒤에 반드시 재난이 따라옵니다."

왕이 말하기를

"그 이유를 들려 주시겠습니까?"

라고 묻자 맹자가 말하기를

"만일 작은 추鄒나라와 큰 초楚나라가 전쟁을 한다면 왕께서는 어느 쪽이 승리한다고 생각하십니까?"

라고 묻자 왕이 말하기를

"초나라가 승리합니다."

라고 말했다. 이에 맹자가 말하기를

"맞습니다. 다시 말해 작은 나라는 큰 나라를 이기지 못하고, 적은 무리는 많은 무리를 이기지 못하며, 약한 것은 강한 것을 이기지 못합니다. 지금 천하는 사방 천 리나 되는 큰 나라가 아홉이고, 제나라는 그 중에서 하나일 뿐이며, 그 하나로 여덟 나라를 정복한다는 것은 추나라가 초나라를 상대로 전쟁하는 것과 무엇이 다릅니까? 왜 근본문제로 돌아가지 않으려고 하십니까?

今王이 發政施仁하사 使天下仕者로 皆欲立於王之朝하며
금왕　발정시인　　　사천하사자　　개욕립어왕지조

耕者로 皆欲耕於王之野하며 商賈로 皆欲藏於王之市하며 行旅로
경자　개욕경어왕지야　　　상고　개욕장어왕지시　　　행려

皆欲出於王之塗하며 天下之欲疾其君者皆欲赴愬於王하리니
개욕출어왕지도　　　천하지욕질기군자개욕부소어왕

其如是면 孰能禦리잇꼬
기여시　숙능어

지금 왕께서 정치를 쇄신하고 인을 베푸신다면 온 천하에 벼슬을 원하는 사람들은 왕의 조정에서 벼슬을 하고, 밭을 가는 사람들은 왕의 들판에서 밭갈이를 하고, 장사꾼은 왕의 시장에서 장사하고, 나그네는 왕의 영내를 지나가고자 할 것이고, 자기 나라 임금에게 불만이 있는 사람은 왕을 찾아와 호소할 것입니다. 이렇게 된다면 누가 그것을 못 하게 막을 수 있겠습니까?"

王曰吾惛하여 能進於是矣로니 願夫子는 輔吾志하여
왕왈오혼　　능진어시의　　원부자　　보오지

明以教我하소서 我雖不敏이나 請嘗試之하리이다
명이교아　　아수불민　　청상시지

曰無恒産[34]而有恒心者는 惟士爲能이어니와 若民則無恒産이면
왈무항산　이유항심자　　유사위능　　　　약민칙무항산

因無恒心이니 苟無恒心이면 放辟邪侈를 無不爲已니
인무항심　　구무항심　　방벽사치　　무불위이

及陷於罪然後에 從而刑之면 是는 罔民也라
급함어죄연후　　종이형지　　시　　망민야

焉有仁人在位하여 罔民을 而可爲也리오
언유인인재위　　망민　이가위야

왕이 말하기를
"나는 본디 어리석어서 그런 일까지 할 수가 없습니다. 선생께서 나의 뜻을 살펴서 확실하게 가르쳐 주십시오. 비록 불민하지만 한번 시행해 보겠습니다."
고 말했다. 이에 맹자가 말하기를

"항산이 없이도 항심이 있는 것은 오로지 선비만 가능한 것입니다. 일반 백성들에게 항산이 없다면 그것으로 항심을 잃게 되고, 항심이 없다면 방탕하고 편벽되어 사치를 제멋대로 하기 때문에 자연스럽게 죄악에 빠지게 만들어 놓은 다음에 형벌로 다스린다면, 이것은 백성들을 무시하는 것이 됩니다."

是故로 明君이 制民之産하되 必使仰足以事父母하며
시고 명군   제민지산   필사앙족이사부모

俯足以畜妻子하여 樂歲에 終身飽하고 凶年에 免於死亡하나니
부족이축처자   락세 종신포   흉년 면어사망

然後驅而之善이라 故로 民之從之也輕하니이다
연후구이지선   고 민지종지야경

今也에 制民之産하되 仰不足以事父母하며 俯不足以畜妻子하며
금야 제민지산   앙불족이사부모   부불족이축처자

樂歲에 終身苦하고 凶年에 不免於死亡하나니 此惟救死而恐不贍이어니
락세 종신고   흉년 불면어사망   차유구사이공부섬

奚暇에 治禮義哉리오 王欲行之시면 則盍反其本矣니잇고
해가 치예의재   왕욕행지   칙합반기본의

五畝之宅에 樹之以桑이면 五十者可以衣帛矣며 鷄豚狗彘之畜을
오무지택 수지이상   오십자가이의백의   계돈구체지축

無失其時면 七十者可以食肉矣며 百畝之田을 勿奪其時면
무실기시 칠십자가이식육의   백무지전 물탈기시

八口之家可以無飢矣며 謹庠序之敎하여 申之以孝悌之義면
팔구지가가이무기의   근상서지교   신지이효제지의

頒白者不負戴於道路矣리니 老者衣帛食肉하며 黎民이
반 백 자 불 부 재 어 도 로 의　　노 자 의 백 식 육　　　려 민

不飢不寒이오 然而不王者未之有也니이다
불 기 불 한　　　연 이 불 왕 자 미 지 유 야

"어찌 인자한 사람이 임금 자리에 있으면서 백성들을 무시할 수 있겠습니까? 그렇기 때문에 현명한 임금은 백성들의 산업을 제정함에 있어 위로는 부모를 봉양하고, 아래로는 처자식을 넉넉하게 해 줘 풍년에는 일생을 배불리 먹이고, 흉년에는 굶어 죽는 것을 면하게 한 다음에 그들을 착한 길로 이끌어야 합니다. 그렇기 때문에 백성들이 그것을 따라가기 쉬워집니다. 지금은 백성들의 산업을 제정하면서 위로는 부모를 봉양하고, 아래로 처자식을 넉넉하게 만드는 것이 부족합니다. 풍년에도 종신토록 고생하지만, 흉년에는 죽음을 면하기가 어렵지요. 이런 상황에 처하면 죽음을 구제하기란 매우 어렵기 때문에 어느 틈에 예의를 다스리겠습니까? 만약 왕께서 인정을 펼치려고 한다면 왜 근본으로 돌아가지 않습니까? 5묘의 집터에 뽕나무를 심으면 쉰 살 노인이 비단옷을 입을 수 있고, 닭·돼지·개 등을 기를 경우 때를 놓치지 않으면 칠십 노인도 고기를 먹을 수 있으며, 100묘의 전답을 가진 사람에게 농번기를 빼앗지 않는다면 8명의 식구를 가진 가구가 굶지 않을 것입니다. 학교 교육을 근엄하게 실시해서 부모와 우애의 뜻을 가르친다면 길에서 반백의 노인이 무거운 짐을 지거나 이거나 해서 다니지 않을 것이고 노인이 비단옷을 입고 고기반찬을 먹게 될 것이고 백성들이 굶주리지 않고 추위에 떨지 않게 해 준다면, 이렇게 하고서도 왕 노릇을 하지 못한 사람은 일찍이 없었습니다."

양혜왕 장구 하 梁惠王章句 下

이 구절은 백성들과 왕과의 관계를 음악에 비유하여 말하였다. 나라를 다스리는 왕이 음악을 좋아하면 백성들의 마음을 살필 수가 있고 음악을 즐기는 과정에서 진정한 마음으로 백성들과 화합할 수 있는 방법을 찾을 수 있음을 주장하였다. 비록 왕이라도 그 맡은 바 임무를 잘 수행하지 못하면 그 자리에서 물러나야 한다고 주장하였다.

왕은 백성들과 즐거움을 같이해야 한다

莊暴[1] 見孟子曰 暴見於王호니 王이 語暴以好樂하실새
장폭 견맹자왈 폭견어왕　　왕　어폭이호락

暴未有以對也오니 曰好樂이 何如하니이꼬
폭미유이대야　　왈호락　하여

孟子曰 王之好樂이 甚則齊國이 其庶幾乎인져 他日에
맹자왈왕지호락　심즉제국　기서기호　　타일

見於王曰 王이 嘗語莊子[2]以好樂하사소니 有諸이까
견어왕왈왕　상어장자 이호락　　　유저

王이 變乎色曰 寡人이 非能好先王之樂也라 直好世俗之樂耳니이다
왕　변호색왈 과인　비능호선왕지락야　직호세속지락이

장포가 맹자에게 말했다.

"내가 왕을 알현했는데, 나보고 왕께서 즐기는 것을 좋아한다고 나에게 말씀했지만, 나는 아무 대답도 하지 못했습니다."
라면서
"즐기는 것을 좋아하는 것은 어떠합니까?"
라고 물었다.

이어 맹자가 말하기를
"왕이 즐기는 것을 좋아한다면, 제나라는 왕 노릇하는 것이 멀지 않으리다."
라고 말씀하셨다. 그 후 어느 날 맹자가 왕을 만나서
"왕께서 일찍이 장자에게 즐기는 것을 좋아한다고 말씀하신 일이 있었다는데, 그런 일이 있었습니까?"
라고 묻자 왕은 얼굴빛이 변하면서 말하기를
"과인은 선왕의 즐거워하는 것을 좋아한다는 것이 아니라, 오직 세속 사람들이 즐거워하는 것을 좋아하는 것입니다."
라고 말했다.

曰王之好樂이 甚 則齊其庶幾乎인져 今之樂이 由猶古之樂[3]也니이다
왈왕지호락　심 칙제기서기호　　금지락　유유고지락　야

曰可得聞與이까 曰獨樂樂과 與人樂樂이 孰樂이니이까
왈가득문여 왈독락락 여인락락 숙락

曰不若與人이니이다 曰與少樂樂과 與衆樂樂이 孰樂이니이까
왈불약여인 왈여소락락 여중락락 숙락

曰不若與衆이니이다 臣이 請爲王言樂호리이다
왈불약여중 신 청위왕언락

이어 맹자가 말하기를
"왕께서 즐거워하는 것을 좋아하시는 것이 대단하다면, 제나라는 왕 노릇하는 것이 멀지 않을 것입니다. 지금 사람이 즐거워하는 것이 옛날 사람들이 즐거워하던 것과 같습니다."
라고 말하자
"그 이유를 듣고 싶습니다."
라고 물었다.
"혼자 즐거운 것을 즐기는 것과 사람들과 함께 즐기는 것 중에 어느 쪽이 더 즐겁다고 생각하십니까?"
라고 묻자 왕이 말하기를
"사람들과 함께 즐기는 것만 못 하겠지요."

今王이 鼓樂於此어시면 百姓이 聞王의 鐘鼓之聲과
금왕 고락어차 백성 문왕 종고지성

管籥⁴⁾之音하고 擧疾首蹙頞¹⁵⁾而相告曰吾王之好鼓樂이여
관약지음 거질수축알 이상고왈오왕지호고락

夫何使로 我至於此極也오 하여 父子不相見하고 兄弟妻子離散하며
부하사 아지어차극야 부자불상견 형제처자리산

今王이 田獵於此어시든 百姓이 聞王의 車馬之音과 見羽旄之美하고
금왕 전렵어차 백성 문왕 차마지음 견우모지미

擧疾首蹙頞而相告曰吾王之好田獵이여 夫何使我로 至於此極也오 하여
거질수축알이상고왈오왕지호전렵 부하사아 지어차극야

父子不相見하고 兄弟妻子離散이면 此無他라 不如民同樂也니이다
부자불상견 형제처자리산 차무타 불여민동락야

今王이 鼓樂於此이시든 百姓이 聞王의 鍾鼓之聲과 管籥之音하고
금왕 고락어차 백성 문왕 종고지성 관약지음

擧欣欣然有喜色而相告 曰吾王이 庶幾無疾病與아
거흔흔연유희색이상고 왈오왕 서기무질병여

何以能鼓樂也오 하며 今王이 田獵於此어시든 百姓이 聞王의
하이능고락야 금왕 전렵어차 백성 문왕

車馬之音과 見羽旄之美하고 擧欣欣然有喜色而相告曰吾王이
차마지음 견우모지미 거흔흔연유희색이상고왈오왕

庶幾無疾病與아 何以能田獵也오 하면 此無他라
서기무질병여 하이능전렵야 차무타

與民同樂也니이다 今王이 與百姓同樂則하시면 王矣시리이다
여민동락야 금왕 여백성동락칙 왕의

"신이 원컨대 왕을 위해서 즐기는 것을 말하겠습니다. 이제 왕께서 이곳에서 음악을 연주한다고 가정해 볼 때, 백성들이 왕의 종과 북·피리소리를 듣고 모두 골치를 앓고 얼굴을 찌푸리면서 이렇게 말한다고 가정해 봅시다. '임금님이 음악을 즐기심이여, 어찌하여 우리를 이런 지경에 이르게 하는 것인가? 부자 간에 만나지도 못하고 형제와 처자식도 헤어지거나 흩어져 버렸다.' 라고

한다면 지금 왕께서 사냥을 나가셨다고 합시다. 백성들이 왕의 마차 소리를 듣고 깃발의 깃털 장식의 아름다움을 보고는 모두가 골치를 앓고 얼굴을 찌푸리면서 서로 이렇게 말한다고 가정해 봅시다. '우리 왕께서는 사냥을 좋아하면서 어찌하여 우리를 이런 지경에까지 이르게 하는 것인가? 부자 간에 서로 만나지도 못하고 형제와 처자식도 헤어져 흩어져 버렸다.' 이렇게 되는 것은 다른 이유가 아니라 오직 백성들과 함께 즐기지 않았기 때문입니다. 지금 왕께서 이곳에서 음악을 연주하면 백성들이 종 소리와 북·피리 소리를 듣고 모두 즐거운 표정을 짓고 서로가 말하기를 '우리 왕께서 질환이 없는가 보구나. 그렇지 않고서야 어떻게 음악을 연주하겠는가.' 라고 합니다. 지금 왕께서 사냥을 나가시면 백성들이 왕의 수레와 말 소리를 듣고, 깃발의 깃털 장식의 아름다움을 바라보며, 모두 즐거운 표정을 짓고 서로가 말하길 '우리 임금님께서 요즘 무사하신 모양이구나. 어쩌면 저렇게 의젓하게 사냥을 나가실까?' 라고 합니다. 이것은 다른 이유가 아니라 오로지 백성과 함께 즐거움을 나누고 있기 때문입니다. 지금 왕께서 백성들과 함께 즐거움을 나눈다면 왕 노릇을 제대로 할 수가 있습니다." 라고 말했다.

천리를 좋아하는 자는 천하를 지킬 수 있다

齊宣王이 問日 交隣國이 有道乎이까 孟子對日有하니 惟仁者라야
제선왕   문왈 교린국   유도호   맹자대왈유   유인자

爲能以大事小하나니 是故로 湯이 事葛하시고
위능이대사소   시고 탕   사갈

文王이 事昆夷하시니이다 惟智者라여 爲能以小事也大하나니 故로
문왕   사곤이   유지자   위능이소사야대   고

大王이 事獯鬻하시고 句踐이 事吳하니이다 以大事小者는
대왕   사훈죽   구천 사오   이대사소자

樂天者也요 以小事大者는 畏天者也니 樂天者는 保天下하고
악천자야 이소사대자   외천자야 악천자   보천하

畏天者는 保其國이니이다 詩云 畏天之威하여 于時保之라 하니이다
외천자   보기국   시운 외천지위   우시보지

王曰 大哉라 言矣여 寡人이 有疾호니 寡人은 好勇하노이다
왕왈 대재 언의   과인 유질   과인 호용

對曰 王請無好小勇하소서 夫撫劍疾視曰 彼惡敢當我哉리오 하나니
대왈 왕청무호소용   부무검질시왈 피악감당아재

此는 匹夫之勇이라 敵一人者也니 王請大之하소서 詩云王赫斯怒하사
차   필부지용   적일인자야   왕청대지   시운왕혁사노

爰整其旅하여 以遏徂莒하여 以篤周祜하여 以對于天下라 하니 此는
원정기려   이알조거   이독주호   이대우천하   차

文王之勇也니 文王이 一怒而安天下之民하시니이다
문왕지용야   문왕   일노이안천하지민

제 선왕이 맹자에게

"이웃 나라와 국교를 맺는 데 어떤 방법이 있습니까?"
라고 묻자 맹자가 대답하기를

"있습니다. 오로지 어진 사람이야 자기 나라가 강대함에도 소국

과 국교를 맺을 수 있습니다. 그래서 탕왕이 갈나라를 섬기게 되었고, 문왕이 곤이를 섬기게 된 것입니다. 오로지 지혜로운 자만이 작음을 가지고 이웃의 대국과 국교를 맺을 수 있습니다. 그래서 태왕은 훈육을 섬기고, 구천이 오나라를 섬긴 것입니다. 대국이 소국을 섬기는 것은 임금이 하늘을 즐기는 자이고, 소국이 대국을 섬기는 것은 하늘을 두려워하는 자입니다. 하늘을 즐겨 하는 임금은 천하를 보존할 수 있고, 하늘을 두려워하는 임금은 나라를 보존하게 되는 것입니다. 『시경』에 이르기를 '하늘의 위엄을 두려워해서 나라를 잘 보존한다.' 고 했습니다."

이에 왕이 말하기를

"매우 훌륭하신 말씀입니다. 그러나 과인에게 한 가지 병이 있는데, 과인은 용맹을 좋아합니다."

이에 맹자가 대답하기를

"왕께선 작은 용기를 좋아하지 마십시오. 칼자루를 만지면서 눈을 흘기고, '저놈이 감히 나를 당할 것인가.' 한다면 이것은 필부의 용기로 겨우 한 사람과 맞서 싸우는 용맹에 불과한 것입니다. 왕께서는 큰 용기를 좋아하십시오. 『시경』에 이르기를 '왕이 불끈 노해서 군대를 정비하여 거나라의 침입을 막고 주나라 다행함을 두텁게 해 천하의 모든 백성이 편안하게 되었네.' 라고 했습니다. 이것은 바로 문왕의 큰 용기를 말한 것입니다. 문왕이 한 번 노하면 천하의 백성들이 편안하게 됩니다.

書曰 天降下民하사 作之君作之師하시든 惟曰其助上帝라
서왈 천강하민   작지군작지사   유왈기조상제

寵之四方이 하시니 有罪無罪에 惟我在커니
총 지 사 방　　　　　유 죄 무 죄　　유 아 재

天下曷敢有越厥志리오 하니 一人이 衡橫行於天下어늘
천 하 갈 감 유 월 궐 지　　　　　일 인　형 횡 행 어 천 하

武王이 恥之하시니 此는 武王之勇也니 而武王이 亦一怒니
무 왕　치 지　　　차　무 왕 지 용 야　이 무 왕　역 일 노

而安天下之民하시니이다 今王이 亦一怒而安天下之民하시면
이 안 천 하 지 민　　　　　금 왕　역 일 노 이 안 천 하 지 민

民이 惟恐王之不好勇也리이다
민　유 공 왕 지 불 호 용 야

　또 『서경』에 이르기를 '하늘이 백성을 세상에 내리실 때 그 중에서 한 사람을 뽑아 임금을 세우고 스승을 세운 것은 오로지 그들이 상제를 도와 백성들을 편안하게 하기 위함이었다. 그 때문에 죄지은 자를 벌하고 죄 없는 자를 편안케 하는 것은 무왕의 책임인 것이다.' '천하 백성들이 어찌 나의 이 뜻을 막을까 보냐?' 했습니다. 단 한 사람이라도 무도한 사람이 천하에 횡행하는 것을 무왕은 부끄럽게 생각하여 토벌했습니다. 이것이 무왕의 용맹입니다. 무왕 역시 한 번 노하면 천하 백성들을 편안케 해 준 것입니다. 이제 왕께서 또 한 번 노하시어 천하 백성을 편안케 하신다면 백성들은 오로지 왕께서 용기를 좋아하지 않으실까를 걱정할 것입니다."

보통 사람은 취미와 오락을 얻지 못하면 윗사람을 비난한다

齊宣王이 見孟子於雪宮⁶⁾이시니 王曰 賢者도 亦有此樂乎이까
제선왕 견맹자어설궁 왕왈 현자 역유차악호

孟子對曰有하니 人不得則非其上矣니이다
맹자대왈유 인부득칙비기상의

不得而非其上者도 非也며 爲民上而不與民同樂者도 亦非也니이다
부득이비기상자 비야 위민상이불여민동악자 역비야

樂民之樂者는 民亦樂其樂하고 憂民之憂者는 民亦憂其憂하나니
악민지악자 민역악기악 우민지우자 민역우기우

樂以天下하며 憂以天下하고 然而不王者 未之有也니이다
악이천하 우이천하 연이불왕자 미지유야

昔者에 齊景公이 問於晏子⁷⁾曰 吾欲觀於轉附⁸⁾朝儛하여
석자 제경공 문어안자 왈 오욕관어전부 조무

遵海而南하야 放⁹⁾于琅邪하노니 吾何修而可以比於先王觀也오
준해이남 방 우랑사 오하수이가이비어선왕관야

제 선왕이 맹자를 설궁에서 만나 말하기를

"어진 분도 또한 이와 같은 즐거움이 있습니까?"

라고 묻자 맹자가 대답하기를

"물론입니다. 하지만 보통 사람들은 이런 취미와 오락을 얻지 못할 경우 윗사람을 원망합니다. 마음을 충족시키지 못한다고 윗사람을 비난하는 것이나, 함께 즐거워하지 않는 것도 잘못입니다. 하지만 사람의 임금이 되어서 백성들과 함께 즐거움을 즐기지 않는 자도 또한 잘못입니다. 대체로 백성들이 즐거워하는 것을 즐

기고, 백성들의 근심을 걱정하면 백성들 역시 임금의 근심을 걱정합니다. 즐거워하는 것을 천하와 같이하고 걱정하기를 천하와 같이한다면, 천하에 왕 노릇 못 하는 사람이 없을 것입니다. 옛날에 제 경공이 안자에게 말하기를 '내가 전부와 소무를 순시한 다음 바다를 따라 남으로 내려가 낭야에 가고자 하는데, 내가 무엇을 준비하면 성왕들의 순유한 것과 같이할 수가 있겠습니까?'"
라고 했다.

晏子對曰 善哉라 問也여 天子適諸侯曰巡狩니
안자대왈 선재 문야 천자적제후왈순수

巡狩者는 巡所守也요 諸侯朝於天子曰述職이니
순수자 순소수야 제후조어천자왈술직

述職者는 述所職也니 無非事者요 春省耕而補不足하며
술직자 술소직야 무비사자 춘성경이보불족

秋省斂而助不給하나니 夏諺曰 吾王不遊면 吾何以休며
추성렴이조불급 하언왈 오왕불유 오하이휴

吾王이 不豫면 吾何以助리오 一遊一豫가 爲諸侯度라 하나이다
오왕 불예 오하이조 일유일예 위제후도

今也엔 不然하야 師行而糧食하야 飢者弗食하며 勞者弗息하야
금야 불연 사행이량식 기자불식 노자불식

睊睊[10)]胥讒하야 民乃作慝이어늘 方命虐民하야 飮食若流하야
견견 서참 민내작특 방명학민 음식약류

流連荒亡하야 爲諸侯憂하나니이다 從流下而忘反을 謂之流요
유련황망 위제후우 종류하이망반 위지류

從流上而忘反을 謂之連이요 從獸無厭을 謂之荒이요
종류상이망반　위지련　　종수무염　위지황

樂酒無厭을 謂之亡이니 先王은 無流連之樂과 荒亡之行티시니
악주무염　위지망　　선왕　무류련지악　황망지행

惟君所行也니이다 景公이 說하야 大戒於國하고 出舍於郊하야
유군소행야　　　경공　설　　대계어국　　출사어교

於是에 始興發하야 補不足하고 召大太師曰爲我하야
어시　시흥발　　보부족　　소대태사왈위아

作君臣相說之樂하라 하니 蓋徵招角招[1]是也라
작군신상설지악　　　　개징초각초　시야

　안자가 대답하길

　"훌륭한 질문입니다. 천자가 제후의 영지를 순시하는 것을 순수라고 합니다. 순수라는 것은 제후가 지키는 땅을 순찰한다는 것이고, 제후가 천자에게 조회하는 것을 술직이라고 합니다. 이 술직이라는 것은 제후가 맡은 임무를 천자에게 보고하는 것이기 때문에 어느 것이나 일이 아닌 것이 없습니다. 봄에는 밭갈이를 살펴서 부족한 것을 보충하고, 가을에는 수확하는 것을 살펴 부족한 것을 도와주는 것입니다. 하나라의 속담에 '임금이 놀지 않으면 우리가 어떻게 쉴 수 있으며, 임금이 즐겨 하지 않는다면 우리가 어떻게 도움을 받을 수 있겠습니까? 이렇게 옛 임금이 한 번 놀고 한 번 즐거워하는 것은 모두 제후들에게 본보기가 되었던 것입니다.'고 합니다. 그러나 지금은 그렇지 않고 임금의 행차에는 수많은 시종이 따르고 양식이 필요합니다. 굶주린 자는 먹지 못하고 피곤한 자는 쉬지도 못해 서로 눈을 흘기면서 비난하며, 백성들은

윗사람을 원망하게 됩니다. 천명을 거역해 백성을 괴롭히며, 먹고 마시는 것을 매우 호사스럽게 합니다. 이리하여 제후들에게 걱정거리가 되는 것입니다. 물에서 배를 타고 놀면서 돌아올 줄 모르는 것을 유라 하고, 산에 올라 높은 곳에서 놀면서 돌아올 줄 모르는 것을 연이라 하고, 짐승을 쫓아 사냥하기를 싫어하지 않는 것을 황이라 합니다. 술을 좋아해서 만족할 줄 모르는 것을 망이라 합니다. 선왕께서는 유나 연과 같은 즐거움이나 황망한 행동을 하지 않았습니다. 이제 이런 일들을 하고, 하지 않는 것은 오직 임금께 달렸습니다."

라고 말하자 경공이 매우 기뻐하면서 나라에 널리 명을 내리고 궁궐에서 교외로 나가 거처하면서 좋은 일을 하고 곡식을 모아 부족한 자를 도와주면서 태사를 불러 말하기를

"나를 위해 임금과 신하가 함께 즐거워하는 음악을 만들라. 고 했는데, 이것이 치소와 각소입니다."

其詩曰 畜君[12]何尤리오 하니 畜君者는 好君也니이다
기시왈 축군 하우   축군자 호군야

『시경』에 이르기를 그 가사를 살펴보면

"임금의 행동을 막는 게 무슨 허물이 될까? 이 임금의 행동을 막는 것은 임금을 좋아한다는 것입니다."
라고 말했다.

임금은 인재를 잘 등용해야 한다

孟子見齊宣王曰 所謂故國[13]者는 非謂有喬木之謂也라
맹자견제선왕왈 소위고국 자 비위유교목지위야

有世臣[14]之謂也니 王無親臣矣사소이다
유세신 지위야 왕무친신의

昔者所進을 今日에 不知其亡[15]也온여
석자소진 금일 부지기망 야

王曰 吾何以識其不才而舍之이꼬 曰國君進賢호대
왕왈 오하이식기불재이사지 왈국군진현

如不得已니 將使卑로踰尊하여 疏踰戚이니 可不愼與이까
여불득이 장사비 유존 소유척 가불신여

左右皆[16]曰賢이라도 未可也하며 諸大夫皆曰賢이라도
좌우개 왈현 미가야 제대부개왈현

未可也하고 國人이 皆曰賢然後에 察之하여 見賢焉然後에 用之하며
미가야 국인 개왈현연후 찰지 견현언연후 용지

맹자가 제 선왕을 만나 말하기를

"이른바 고국이란 교목 같은 나무를 말하는 것이 아니라, 대대로 나라에 충성스럽게 봉사하는 늙은 신하를 말함입니다. 왕께서는 믿을 만한 신하가 없다고 들었습니다. 이제 훌륭한 신하가 오늘에 와서는 없어진 것도 모르시는 형편입니다."

왕이 말하기를

"내가 어떻게 하면 처음부터 그들의 무능을 알고 쓰지 않을 수가 있겠습니까?"

라고 묻자 맹자가 말하기를

"임금이 어진 인재를 등용할 땐 마지못한 것처럼 해야 합니다. 왜냐하면 낮은 사람이 높은 사람 위에 앉고 생소한 사람을 친척보다 위에 앉히려는 것이니 삼가지 않을 수 있겠습니까? 좌우의 사람들 모두가 인재라고 해도 그대로 인정하지 말며, 여러 대부들이 모두 인재라고 해도 들어주지 말아야 합니다. 따라서 나라 사람들 모두가 인재라고 말한 다음에 잘 살펴 훌륭한 점을 발견하고 채용해야 합니다.

左右皆曰不可라도 勿聽하고 諸大夫皆曰不可라도 勿聽하고
좌우개왈불가   물청   제대부개왈불가   물청

國人이 皆曰不可然後에 察之하야 見不可焉然後에 去之하며
국인 개왈불가연후   찰지   견불가언연후   거지

左右皆曰可殺이라도 勿聽하며 諸大夫皆曰可殺이라도 勿聽하고
좌우개왈가살   물청   제대부개왈가살   물청

國人이 皆曰可殺然後에 察之하야 見可殺焉然後에 殺之니
국인 개왈가살연후   찰지   견가살언연후   살지

故로 曰國人이 殺之也라 하니이다 如此然後에 可以爲民父母니이다
고 왈국인 살지야   여차연후 가이위민부모

좌우사람들이 모두 좋지 못하다 해도 듣지 말고, 여러 대부들이 모두 좋지 못하다 해도 듣지 말며, 나라 사람들 모두가 좋지 못하다는 말을 들은 다음에 살펴 좋지 못한 점을 발견해서 내보내면 됩니다. 좌우 사람들이 모두가 그를 죽여야 한다고 해도 듣지 말고, 여러 대부들 모두가 죽일 만하다 해도 듣지 말며, 나라 사람들

모두가 죽여야 한다는 말을 들은 다음에 살펴 죽일 만한 죄를 발견해서 시행하면 됩니다. 고로 말하길 임금이 죽인 것이 아니라 나라의 사람들이 죽인다고 합니다. 이렇게 한 다음에야 백성들의 부모가 될 수 있는 것입니다."
라고 했다.

어진 정치는 천하의 전쟁을 막을 수 있다

齊人伐燕取之한대 諸侯將謀救燕이러니 宣王曰 諸侯多謀伐寡人者하니
제인벌연취지   제후장모구연   선왕왈 제후다모벌과인자

何以待之이꼬 孟子對曰 臣聞七十里로 爲政於天下者는 湯是也니
하이대지   맹자대왈 신문칠십리로 위정어천하자   탕시야

未聞以千里로 畏人[17]者也커이다
미문이천리   외인 자야

　제나라가 연나라를 정복하자 여러 나라들이 연나라를 구하기 위해 모의를 할 때, 선왕이 맹자에게
　"많은 제후들이 과인을 치려고 모의한다고 합니다. 과인은 어떻게 해야 되겠습니까?"
라고 물었다. 이어 맹자가 말하기를
　"신이 듣자오니 사방 칠십 리의 작은 나라로 천하에 왕정을 베풀었다는 말을 들었는데, 바로 탕임금입니다. 신은 사방 천 리의 큰 나라를 가지고 남을 두려워한다는 말을 아직까지 들어 보지 못

했습니다.

書曰 湯이 一征을 自葛로 始하신대 天下信之하야
서왈 탕 일정 자갈 시   천하신지

東面而征에 西夷怨하며 南面而征에 北狄이 怨하여
동면이정 서이원   남면이정   북적 원

曰奚爲後我오하야 民望之호대 若大旱之望雲霓[18]也하여
왈해위후아   민망지   약대한지망운예   야

歸市者不止하며 耕者不變이어늘 誅其君而弔其民하신대
귀시자불지   경자불변   주기군이조기민

若時雨降이라 民이 大悅하니 書曰徯我后[19]하다소 后來하시니
약시우강   민   대열   서왈혜아후   후래

其蘇[20]라 하니이다 今에 燕虐其民이어늘 王往而征之하시니
기소   금   연학기민   왕왕이정지

民이 以爲將拯己於水火之中也라 하여 簞食壺漿으로
민   이위장증기어수화지중야   단사호장

以迎王師어늘 若殺其父兄하며 係累[21]其子弟하며 毀其宗廟하며
이영왕사   약살기부형   계루 기자제   훼기종묘

遷其重器[22]하면 如之何其可也리요 天下固畏齊之彊也니
천기중기   여지하기가야   천하고외제지강야

今又倍地而不行仁政이면 是는 動天下之兵也니이다
금우배지이불행인정   시   동천하지병야

王速出令하사 反其旄倪[23]하시며 止其重器하시고
왕속출령   반기모예   지기중기

謀於燕衆하야 置君而後에 去之면 則猶可及止也리이다
모어연중   치군이후   거지   칙유가급지야

『서경』에 이르길 '탕임금이 처음 정벌을 시도하기를 갈나라부터 시작했는데, 천하가 탕임금을 믿었습니다.' 동쪽을 정복하자 서쪽 오랑캐가 원망하고, 남쪽을 정벌하자 북쪽 오랑캐가 원망하여 말하길 '왜 우리부터 먼저 정벌하지 않느냐.'고 하자 백성들이 탕임금을 보기를 큰 가뭄에 구름이 일어나 비가 내리기를 기다리는 듯 했습니다. 탕왕의 군사가 쳐들어가면 저잣거리로 나가는 사람들이 끊이지 않았고, 밭갈이 하는 사람 역시 변치 않았습니다. 포악한 임금을 죽이고 백성을 조상하기를 마치 단비가 내리는 것과 같아 백성들이 매우 기뻐했는데, 이에 『서경』에 이르길 '우리 임금 오시기를 기다렸는데, 우리 임금께서 오셨으니 이제는 살아났다.'고 했습니다. 지금까지 연나라 임금은 자기 나라 백성들을 학대하고 있는 와중에 왕께서 나아가 정복했기 때문에, 백성들은 앞으로 자신들을 물과 불에서 건져 주리라는 생각으로 대그릇에 담은 밥과 맑은 장국을 준비하여 왕의 군대를 환영했습니다. 만약 그들의 부형들을 죽이고 자제들을 포박하며, 종묘를 헐고 제기들을 옮긴다면 어떻게 도울 수 있겠습니까? 천하는 원래 강한 제나라를 두려워하고 있었는데, 지금 또다시 나라를 배로 늘려서 어진 정치를 펴지 않는다면, 천하의 군대를 동원하는 것과 같습니다. 왕께서 즉시 명령을 내려 노인과 어린이들을 돌려보내 주시고 제기를 가져오는 것을 멈추며, 연나라 백성들과 상의해서 새 임금을 등극시킨 다음에 연나라를 떠난다면 천하의 전쟁을 막을 수가 있습니다."
라고 말했다.

예의는 어진 사람으로부터 나온다

魯平公[24]이 將出할새 嬖人[25] 臧倉者請曰 他日에
로평공   장출   폐인 장창자청왈 타일

君애 出則必命有司[26]所之러시니 今에 乘輿已駕矣로되
군 출칙필명유사 소지   금 승여이가의

有司未知所之하니 敢請하노이다 公曰 將見孟子호리라 曰何哉이꼬
유사미지소지   감청   공왈 장견맹자   왈 하재

君所爲輕身하야 以先於匹夫者는 以爲賢乎이까
군소위경신   이선어필부자 이위현호

禮義는 由賢者出이어늘 而孟子之後喪이 踰前喪하니
예의 유현자출   이맹자지후상 유전상

君無見焉하소서 公曰諾다 樂正子[27]入見 曰君이 奚爲不見孟軻也이꼬
군무견언   공왈락 락정자 입견 왈군 해위불견맹가야

曰或이 告寡人曰 孟子之後喪[32]이 踰前喪[32]이라 할새 是以로
왈혹 고과인왈 맹자지후상   유전상   시이

不往見也호라 曰何哉이꼬 君所謂踰者는 前以士요
불왕견야   왈하재   군소위유자 전이사

後以大夫며 前以三鼎[28]이오, 而後以五鼎[28]與이까 曰否라
후이대부 전이삼정   이후이오정   여   왈부

謂棺槨[29]衣衾之美也니라 曰非所謂踰也라 貧富不同也니이다
위관곽   의금지미야   왈비소위유야   빈부불동야

樂正子見孟子曰 克[30]이 告於君호니 君이 爲來見也러시니
락정자견맹자왈 극   고어군   군 위래견야

嬖人有臧倉者沮君이라 君이 是以不果來也하시니이다
폐인유장창자저군   군 시이불과래야

曰行或使之며 止或尼31)之나 行止는 非人所能也라
왈행혹사지 지혹니 지   행지 비인소능야

吾之不遇魯侯를 天也니 臧氏之子33)焉能使予不遇哉리오
오지불우로후   천야 장씨지자 언능사여불우재

　　노 평공이 밖으로 나가려는 순간, 시신인 장창이 말하길
"어제는 임금께서 밖으로 나가실 때 반드시 관원에게 갈 곳을 말씀하셨는데, 지금은 수레가 모두 준비되었지만, 저로서는 가실 곳을 알지 못해서 이렇게 묻습니다."
　　이에 공이 말하기를
"맹자를 만나려고 한다."
라고 말하자 장창이 물었다.
"무엇 때문입니까? 임금께서 자신의 몸을 가볍게 여겨 필부를 먼저 찾아가는 이유가 그가 어질다는 것 때문입니까? 예의는 어진 자로부터 나오는데, 맹자는 그의 어머니의 장례식을 아버지의 장례식보다 지나치게 치렀기 때문에 임금께서는 만나지 않는 것이 예라고 생각합니다."
라고 말하자 공은
"그렇게 하겠다."
라고 말했다. 악정자가 들어가 왕을 뵙고
"왕께서는 왜 맹자를 찾아보지 않습니까?"
라고 묻자 공은
"어떤 사람이 나에게 맹자가 어머니의 장례식을 아버지의 장례식

보다 지나치게 치렀다고 했는데, 이런 이유로 가지 않기로 했다."
라고 말하자 악정자가 물었다.

"지나쳤다니, 무슨 말씀입니까? 임금께서 지나쳤다고 생각하는 것은 먼저 선비의 신분으로 하고, 뒤에는 대부의 신분으로 했으며, 먼저는 삼정의 제물을 썼는데 뒤에는 오정의 제물을 썼다는 것 때문입니까?"
라고 묻자 공은

"그런 게 아니라, 장례에 쓴 관곽과 옷과 이불이 훌륭했다는 말이오."
라고 했다. 이어 악정자가 말했다.

"그것은 지나쳤다고 말하는 것이 아닙니다. 먼저는 가난했고 뒤에는 부자였기 때문입니다."
라고 말한 다음 악정자가 맹자를 뵙고 말하길

"제가 아뢰어 임금께서 선생님을 찾아 뵈려고 했는데, 시신인 장창이 막았기 때문에 임금께서 그 이유로 오는 것을 중단했다고 합니다."
라고 말하자 맹자가

"가는 데도 그 무엇이 가도록 하여 주어 그렇게 되는 것이고, 그만두게 하는 데도 그 무엇이 그만두게 하여서 그렇게 되는 것이다. 가고 안 가는 것은 사람의 능력으로 어찌할 수가 없는 것이다. 내가 노나라의 임금을 만나지 못한 것 역시 하늘이 시킨 것이기 때문에 장가네 집 자식이 나로 하여금 어떻게 노나라 임금을 만나지 못하게 할 수 있겠느냐."
라고 말했다.

공손추 장구 상

公孫丑章句 上

이 구절에서는 맹자가 제자인 공손추와 더불어 왕도 정치를 받들고 패도 정치를 없애는 데 관해 말하였다. 여기에 나오는 '호연지기'란 온갖 두려움을 쫓아내고 어떤 유혹에도 결코 꺾이지 않는 참된 용기를 불어넣어 준다고 주장하였다.

덕은 명령보다 빠르다

公孫丑[1] 問曰 夫子當路[2] 於齊하시면 管仲[3] 晏子之功을 可復許乎이까
공손축 문왈 부자당로 어제　　　관중 안자지공　가부허호

孟子曰 子誠齊人也로다 知管仲晏子而已矣온여
맹자왈 자성제인야　　지관중안자이이의

或問乎曾西[4]曰 吾子與子路[5] 孰賢고 曾西蹴然[6]曰 吾先子之所畏也니라
혹문호증서 왈 오자여자로 숙현　증서축연 왈 오선자지소외야

공손추가 맹자에게

"선생님께서 제나라에서 요직을 맡으시면 관중, 안자가 세운 공적을 다시 이룰 수 있습니까?"
라고 묻자 맹자가

"자네야말로 진정한 제나라 사람이구나. 겨우 관중과 안자를 알 뿐이다. 어떤 자가 증서에게 묻기를 '선생과 자로 중 누가 더 어진 사람이냐?' 라고 묻자, 증서가 얼굴을 찡그리며 말하길 '그분은 우리 선친께서도 두려워하시던 분이다.'

曰然則吾子與管仲孰賢고 曾西艴然7)不悅曰 爾何曾比予於管仲고
왈연칙오자여관중숙현   증서불연 불열왈 이하증비여어관중

管仲이 得君이如彼其專也며 行乎國政이如彼其久也로대
관중 득군 여피기전야   행호국정   여피기구야

功烈이 如彼其卑也하니 爾何曾比予於是오 하나라
공열 여피기비야   이하증비여어시

또 묻기를 '선생과 관중 중 누가 더 어진 사람이냐?' 라고 묻자 증서가 얼굴을 붉히며 유쾌하지 못한 표정으로 '그대는 어찌하여 나를 관중과 비교하느냐? 관중은 저같이 환공의 신임을 독점하고 국정을 시행하기를 저렇듯이 오래 했지만 공적이란 낡아빠진 패업에 지나지 않는다. 그런데 어찌해서 나를 그러한 사람과 비교를 하는 것인가?

曰管仲은 曾西之所不爲也어늘 而子爲我願之乎아
왈관중 증서지소불위야   이자위아원지호

曰管仲은 以其君霸하고 晏子는 以其君顯하니
왈관중 이기군패   안자 이기군현

管仲晏子는猶不足爲與이까 曰以齊로 王이 由猶反手也니라
관중안자 유불족위여   왈이제 왕 유유반수야

그렇게 말하면 관중은 증서조차 비교하려고도 않는데, 어찌 그대는 나를 관중과 비교하려는 것인가?"
공손추가 말하길
"관중은 환공을 도와서 패자가 되게 했고, 안자는 경공을 도와서 어진 임금이라는 이름을 천하에 드러냈습니다. 그럼에도 불구하고 관중과 안자는 충분치 못합니까?"

曰若是則弟子之惑이 滋甚커이다 且以文王之德으로 百年而後崩하사대
왈약시칙제자지혹 자심   차이문왕지덕   백년이후붕

猶未洽於天下어시늘 武王周公이 繼之然後에 大行하니
유미흡어천하   무왕주공 계지연후 대행

今言王若易然하시니 則文王은 不足法與이까
금언왕약역연   칙문왕 부족법여

맹자가 말하길
"제나라 같은 큰 나라를 가지고 천하에 왕 노릇을 못 하는 것은 마치 손바닥을 뒤집는 것과 같은 것이다."
라고 말하자 공손추가 말하기를
"그렇게 말씀하시면 저의 의혹은 더더욱 커집니다. 또 문왕은 덕이 있고 백 년 동안이나 살다가 죽었지만, 그 덕화가 오히려 천하에 흡족하지 못했었고 그의 아들인 무왕과 주공이 계승한 다음

에야 그 교화가 크게 행해졌습니다. 이제 말씀하시기를 왕 노릇 하는 것이 쉽다고 말씀하시는데, 그렇다면 문왕은 본받을 분이 못 됩니까?"
라고 물었다.

曰文王은 何可當也리오 由湯으로 至於武丁히 賢聖之君이
왈문왕　하가당야　　유탕　　지어무정　　현성지군

六七이 作하여 天下歸殷이 久矣니 久則難變也라
육칠　작　　천하귀은　구의　구칙난변야

武丁이 朝諸侯有天下호대 猶運之掌也하시니
무정　조제후유천하　　　유운지장야

紂之去武丁이 未久也라 其故家遺俗과 流風善政이 猶有存者하며
주지거무정　미구야　기고가유속　유풍선정　유유존자

又有微子[8]微仲王子比干箕子膠鬲이 皆賢人也라
우유미자　미중왕자비간기자교격　개현인야

相與輔相之 故로 久而後에 失之也하니 尺地도 莫非其有也며
상여보상지 고　구이후　실지야　　척지　막비기유야

一民도 莫非其臣也어늘 然而文王이 猶方百里로 起하시니
일민　막비기신야　　연이문왕　유방백리　기

是以難也니라 齊人이 有言曰 雖有知慧나 不如乘勢며
시이난야　제인　유언왈 수유지혜　불여승세

雖有鎡基[9]나 不如待時[10]라 하니 今時則易然也니라
수유자기　불여대시　　　금시칙역연야

夏后殷周[11]之盛에 地未有過千里者也하니 而齊有其地矣며
하후은주 지성　지미유과천리자야　　이제유기지의

谿鳴狗吠[12]가 相聞而達乎四境하니 而齊有其民矣니 地不改辟矣며
계명구폐   상문이달호사경   이제유기민의   지불개벽의

民不改聚矣라도 行仁政而王이면 莫之能禦也리라
민불개취의   행인정이왕   막지능어야

且王者之不作이 未有疏於此時者也하며 民之憔悴於虐政이
차왕자지불작   미유소어차시자야   민지초췌어학정

未有甚於此時者也하니 飢者에 易爲食이며 渴者에 易爲飮이니라
미유심어차시자야   기자 역위식   갈자 역위음

맹자가 말하기를
"어찌 문왕과 비교할 수 있겠는가? 탕왕으로부터 무정까지 어질고 성스러운 임금이 6~7명이나 일어나 천하가 은나라로 돌아간 지가 벌써 오래되었기 때문에 사람의 마음이란 오래되면 변하기가 어렵다. 이에 무정은 제후들에게 조공을 받고 천하를 점령하는 것이 마치 손바닥 뒤집는 것처럼 하였다. 주와 무정과의 연대는 그리 오래되지 않았기 때문에 오랜 가문에 남은 좋은 풍속과 대대로 내려오는 교화와 좋은 정치가 지금까지 남아 있는 것이 있고, 미자와 미중과 왕자 비간과 기자와 교격 모두가 어진 사람들로서 서로가 도왔다. 그래서 오랜 뒤에서야 나라가 망했던 것이다. 한 자의 땅도 그의 소유였고 한 사람의 백성도 그의 신하가 아닌 사람이 없었다. 그러나 문왕은 도리어 백 리의 땅으로 일어났는데, 천하에 왕 노릇하는 것은 이같이 어려운 일인 것이다. 제나라 사람이 말하길 '아무리 지혜가 있어도 시세를 편승하는 것보다 못 하고, 비록 농기구가 있어도 농사철을 기다리는 것만도 못하다.' 고 했는데, 지금의 시세야말로 왕자가 되기 쉬운 때인 것이

다. 하나라·은나라·주나라가 전성기 때도 땅이 천 리를 넘지 못했지만, 지금 제나라는 그만한 땅이 있고, 닭 우는 소리와 개 짖는 소리가 사방에 들려 제나라는 많은 백성을 가지고 있는 것이다. 땅이 더 넓어지지 않고 백성이 더 많아지지 않아도 어진 정치를 시행한다면 이를 막을 자가 없을 것이다. 또 왕자다운 사람이 이 세상에 많은 것이 지금보다 더한 때가 없었고, 백성들이 사나운 정치에 시달리는 것도 이때처럼 심한 적이 없었다. 굶주린 사람은 어떤 음식이라도 먹고, 목마른 사람은 아무것이라도 마신다.

孔子曰 德之流行이 速於置郵[13]而傳命이라 하시니
공자왈 덕지유행　속어치우　이전명

當今之時하여 萬乘之國이 行仁政이면 民之悅之猶解倒懸[14]也리니
당금지시　만승지국　행인정　민지열지유해도현　야

故로 事半古之人이요 功必倍之는 惟此時爲然하니라
고　사반고지인　공필배지　유차시위연

공자가 말하기를 '덕이 백성에게 퍼져나가는 것은 파발을 두고 명령을 전달하는 것보다 빠르다.'고 했다. 지금도 만 승의 나라가 어진 정치를 행한다면, 백성들이 기뻐하는데, 이것은 거꾸로 매달린 사람이 풀려나는 것처럼 여기는 것이다. 그러므로 애쓰는 것은 옛 사람의 절반밖에 되지 않으면서 그 공적은 옛 사람의 갑절이나 늘어나는 것은 지금 이때만이 그렇게 할 수 있는 시기인 것이다."
라고 말했다.

마음을 움직이지 않는 방법

公孫丑問曰 夫子[19] 加齊之卿相[15]하사 得行道焉이면 雖由此霸王이라도
공손추문왈 부자   가제지경상   득행도언   수유차패왕

不異矣리니 如此則動心가 否乎이까 孟子曰 否라 我는 四十이라
불이의   여차칙동심   부호   맹자왈부   아   사십

不動心[16]호라 曰若是則夫子過孟賁[17] 遠矣사소이다 曰是不難하니
부동심   왈약시칙부자과맹분   원의   왈시불난

告子[18]도 先我不動心하니라 曰 不動心이 有道乎이까 曰有하니라
고자   선아부동심   왈 부동심   유도호   왈유

공손추가 물었다.
"선생님께서 제나라 경상의 직책을 맡아 도를 정치에 행할 수 있게 된다면 이로 인해 제나라가 패자가 되든지 왕자가 될지라도 조금도 이상할 것이 없는데, 만약 이렇게 될 경우라면 마음이 움직이겠습니까?"
라고 묻자 맹자가 말하길
"아니다, 나는 나이가 사십에 이르고부터 마음을 움직이지 않았다."
라고 말했다. 공손추가 말하기를
"그렇다면 선생님은 맹자보다 훨씬 용감하십니다."
라고 말했다. 맹자가 말하길
"고자도 나보다 먼저 마음을 움직이지 않았거늘 그게 뭐 어려우냐?"
라고 말했다. 공손추가 말하기를

"마음을 움직이지 않는 데는 어떤 특별한 방법이 있습니까?"
라고 말하자 맹자가
"있다.

北宮黝之[20] 養勇也는 不膚撓[21]하며 不目逃[22]하야 思以一毫나 挫於人이어든
북궁유지 양용야　　불부요　　　불목도　　사이일호　좌어인

若撻之於市朝[23]하야 不受於褐寬博[24]하며 亦不受於萬乘之君하야
약달지어시조　　　　불수어갈관박　　　　역불수어만승지군

視刺萬乘之君호대 若刺褐夫[25]하야 無嚴諸侯하여 惡聲이 至커든
시척만승지군　　 약척갈부　　　　무엄제후　　　악성　지

必反之하니라 孟施舍[26]之所養勇也는 曰視不勝호대 猶勝也로니
필반지　　　 맹시사 지소양용야　　　왈시불승　　 유승야

量敵而後進하며 慮勝而後會하면 是는 畏三軍者也니
량적이후진　　 려승이후회　　　시　 외삼군자야

舍豈能爲必勝哉리오 能無懼而已矣라 하니라
사기능위필승재　　　능무구이이의

북궁유가 말하기를 용기를 기르는 데 있어서 살을 찔러도 움찔하지 않고, 눈을 찔러도 깜빡거리지 않으며, 털끝만큼이라도 다른 사람에게 꺾이면 저잣거리에서 매를 맞은 것처럼 여겼기 때문에 헐렁한 누더기옷을 입는 자에게도 모욕당하지 아니하며, 또 만 승의 임금으로부터도 멸시를 받지 않았다. 만 승의 자에게도 덤비기를 보잘것없는 천인에게 덤비는 것같이 여기고 비록 제후라도 무서울 것이 없었고 욕설이 들려 오면 반드시 보복했다.

孟施舍는 似曾子[27]하고 北宮黝는 似子夏[27]하니 夫二子之勇이
맹시사 사증자   북궁유 사자하   부이자지용

未知其孰賢이어니와 然而孟施舍는 守約[28]也니라 昔者에
미지기숙현   연이맹시사   수약 야   석자

曾子謂子襄[29]曰 子好勇乎아 吾嘗聞大勇於父子矣로니
증자위자양 왈 자호용호   오상문대용어부자의

自反而不縮이면 雖褐寬博이라도 吾不惴[30]焉이어니와
자반이불축   수갈관박   오부췌 언

自反而縮이면 雖千萬人이라도 吾往矣라 하시니라
자반이축   수천만인   오왕의

孟施舍之守는 氣라 又不如曾子之守約也니라
맹시사지수 기   우불여증자지수약야

그리고 맹시사는 용기를 기르면서 이런 말이 있다. 도저히 적을 이길 수 없는 상대라도 이긴다고 생각하고 나아가야 한다. 만일 적의 힘을 헤아려 보고 앞으로 나가고 꼭 이길 것을 알아야 싸운다면 이는 적을 겁내는 자이다. 나라고 해서 어찌 꼭 이긴다고만 하겠는가. 다만 적을 조금도 두려워함이 없을 따름이다. 증자와 같고 북궁유는 자하와 같다. 이들 두 사람의 용기는 그 어느 것이 나은지 모른다. 그러나 맹시사는 자기 기운을 지키는 것이 그의 요점이다. 옛날 증자는 자양에게 이렇게 말했다. '너는 용기를 좋아하느냐? 나는 일찍이 선생님에게 용기에 대해서 들은 일이 있다. 자신 스스로 반성해 보아서 정당하지 않다고 생각하거든 상대방이 비록 누더기옷을 입은 천한 사람이라도 나는 겁내고 가지 못할 것이다. 하지만 나 스스로 반성해 보아서 정당한 때는 상대가

천만 명이라 할지라도 나가서 대적할 것이다.' 그러니 맹시사가 그 기운을 지킴은 증자가 의를 지킴의 요점을 얻은 것만은 못 하다."라고 했다.

曰敢問夫子之不動心과 與告子之不動心을 可得聞與리까
왈감문부자지부동심   여고자지부동심   가득문여

告子曰 不得於言이어든 勿求於心하며 不得於心이어든
고자왈 불득어언   물구어심   부득어심

勿求於氣라하니 不得於心이어든 勿求於氣는 可커니와
물구어기   부득어심   물구어기   가

不得於言이어든 勿求於心은 不可하니 夫志는 氣之帥也요
부득어언   물구어심   불가   부지   기지수야

氣는 體之充[31]也니 夫志至焉이요 氣次焉이니 故로
기   체지충 야   부지지언   기차언   고

曰持其志오도 無暴其氣라 하나라 旣曰志一至焉이요
왈지기지   무포기기   기왈지일지언

氣次焉이라 하시고 又曰持其志오도 無暴其氣者는 何也이꼬
기차언   우왈지기지   무폭기기자   하야

曰志壹則動氣[32]하고 氣壹則動志也니 今夫蹶者趨者[33]는 是氣也로대
왈지일칙동기   기일칙동지야   금부궐자추자   시기야

而反動其心이니라 敢問夫子는 惡乎長이시니이꼬
이반동기심   감문부자   악호장

曰我는 知言하며 我는 善養吾의 浩然之氣[34]하노라
왈아   지언   아   선양오   호연지기

敢問何謂浩然之氣이꼬 曰難言也니라 其爲氣也 至大至剛하니
감문하위호연지기   왈난언야   기위기야 지대지강

以直養而無害면 則塞于天地之間이니라 其爲氣也配義與道하니
이직양이무해   칙색우천지지간   기위기야배의여도

無是면 餒也니라
무시   뇌야

공손추가 말하였다.

"감히 선생님께 물어보겠습니다. 선생님이 마음을 움직이지 않는 것과 고자가 마음을 움직이지 않는 것을 들 수가 있겠습니까?"

"고자는 '남의 말에 이해하지 못할 것이 있더라도 마음속으로 무리하게 이해하려고 해서는 안 된다. 마음속에 이해가 되지 않는 일이 있어도 기운의 도움을 받아 이해하려고 애써도 안 된다.' 고 하였는데 마음속에서 이해하지 못할 것도 마음속으로 무리하게 이해하려 들지 말라는 것은 옳지 못하다. 대체로 뜻이란 기운을 좌우하는 것이고 기운은 사람의 육체를 지배하는 것이다. 그 때문에 뜻이 확실하다면 기운은 거기에 따라오는 것이다. 그러므로 '그 뜻을 지켜서 그 기운을 헛되이 없애서는 안 된다.' 고 하는 것이다."

"선생님께서는 먼저 '뜻이 확실하다면 기운이 거기에 따라온다.' 고 하시더니 이번에는 또 '뜻을 지켜서 기운을 헛되이 쓰지 말라.' 고 하시니 어찌하라는 말씀입니까?"

"뜻이 한 곳에 집중되면 당연히 기력을 움직인다. 기력이 한곳에 집중되면 뜻을 거꾸로 움직이게 되는 것이다. 이제 예를 들면 급히 달리다가 엎어지는 것은 그 기운이 넘쳐서 도리어 마음이 흐

르게 움직였기 때문인 것이다."
라고 말했다. 이에 공손추가
　"그러면 선생님께서는 무엇을 잘 하십니까?"
라고 묻자 맹자가 대답하길
　"나는 남의 말을 잘 판단하고, 나는 나의 호연지기를 잘 기르고 있다."
라고 말하자 공손추가
　"무엇을 호연지기라고 하는 것입니까?"
라고 묻자 맹자가 대답하길
　"말로는 설명하기가 매우 어렵다. 호연지기라는 것은 지극히 크고 지극히 바른 것이니, 곧은 것을 가지고 길러서 해함이 없다면 하늘과 땅 사이에 충만하게 된다. 그러나 그 기운은 정의와 인도에 좇아서 있는 것이니 이 두 가지가 없으면 그 기운은 허탈해진다.

是集義所生者라 非義襲而取之也니 行有不慊於心이면
시 집 의 소 생 자　　비 의 습 이 취 지 야　　행 유 불 겸 어 심

則餒矣니 我故로 曰 告子未嘗知義라 하노라
칙 뇌 의　　아 고　　왈　고 자 미 상 지 의

以其外之[35]也로새니라 必有事焉[36]而勿正하야 心勿忘하며 勿助長也하야
이 기 외 지　야　　　　필 유 사 언　이 물 정　　심 물 망　　물 조 장 야

無若宋人然이어다 宋人이 有閔其苗之不長而揠之者러니
무 약 송 인 연　　　　송 인　유 민 기 묘 지 불 장 이 알 지 자

芒芒然[37]歸하야 謂其人曰 今日에 病矣와라 予助苗長矣와라 하여늘
망 망 연　 귀　　　위 기 인 왈　금 일　　병 의　　여 조 묘 장 의

其子趨而往視之하니 苗則槁矣러라 天下之不助苗長者 寡矣니
기자추이왕시지   묘칙고의   천하지불조묘장자 과의

以爲無益而舍之者는 不耘苗者也요 助之長者는 揠苗者也니
이위무익이사지자   불운묘자야 조지장자 알묘자야

非徒無益이라 而又害之니라 何謂知言이니이꼬 曰詖辭[38]에
비도무익   이우해지   하위지언   왈피사

知其所蔽하며 淫辭[39]에 知其所陷하며 邪辭[40]에 知其所離하며
지기소폐   음사   지기소함   사사   지기소이

遁辭[41]에 知其所窮이니 生於其心하여 害於其政하며 發於其政하야
둔사   지기소궁   생어기심   해어기정   발어기정

害於其事하나니 聖人이 復起사도 必從吾言矣시리라
해어기사   성인   복기   필종오언의

　또 이것은 항상 의리를 행하는 동안에 생겨나는 것이지 밖에서 억지로 가져오게 할 수는 없는 것이다. 자기 행동이 마음속에 무엇인가 만족하지 못하면 허탈하게 된다. 그런 이유로 나는 고자는 아직 의를 모른다고 한 것이다. 그것은 그가 의리를 외재적인 것으로 생각하기 때문이다. 대체로 기운을 기르려면 반드시 의리와 도리에 좇아서 기운을 바르다고 하지 말고, 마음속으로 잊어서는 안 된다. 기운을 도와서 자라게 하여, 송나라의 사람처럼 하지 말아야 한다. 송나라의 어떤 사람이 자기 곡식이 자라지 않는 것을 민망히 생각해 잡아 뽑는 자가 있었다. 그는 피곤하여 집으로 돌아와서 자기 가족들에게 말하기를 '오늘 고생했다. 내가 곡식이 자라도록 해 놓았다.' 그래서 아들이 이상히 여겨 달려가 보니 곡식은 말라 있었다. 천하에 이런 싹을 뽑아 놓는 일을 하는 사람이

별로 없다. 호연의 기운 같은 것이 소용없다고 하여 고자처럼 내버리는 자는 곡식을 김매지 않은 사람이며, 또 호연지기의 소중함을 알면서도 북궁유나 맹시사처럼 이를 서둘러 자라게 하는 자는 싹을 뽑아 놓은 것이다. 이런 일들은 유익함이 없을 뿐만 아니라 도리어 해가 되는 것이다."
라고 말했다. 공손추가 또

"남의 말을 잘 판단한다는 것은 무엇을 말하는 것입니까?"
라고 묻자 맹자가 대답하길

"편벽된 말을 들으면 그 사람의 가려진 마음을 알고, 음탕한 말을 들으면 그 사람의 마음이 미혹된 것을 알고, 간사한 말을 들으면 그 사람의 마음이 도리어 벗어난 것을 알고, 회피하는 말을 들으면 그 사람의 궁한 데를 알 수 있는 것이다. 이것은 마음에서 생겨 정사를 해치고 퍼져나아가 일을 해치기 때문에 성인이 다시 나타나더라도 틀림없이 내 말에 찬성할 것이다."
라고 말했다. 이에 공손추가

宰我[43]子貢은 善爲說辭[42]하고 冉牛[44]閔子顔淵은 善言德行이러니
재아 자공 선위열사 염우 민자안연 선언덕행

孔子兼之하사대 曰我於辭命則不能也로라 하시니 然則夫子는 旣聖矣乎인저
공자겸지 왈아어사명칙불능야 연칙부자 기성의호

"재아와 자공은 말을 잘 하고, 염우와 민자건과 안연은 덕행에 뛰어났는데 공자는 이것을 모두 겸비했어도 공자께서 말하기를 '나는 말을 잘 못한다.'고 했는데, 그렇다면 선생님은 이미 성인이 되셨습니다."

라고 말하자 맹자가 대답하기를

曰惡[45]라 是何言也오 昔者에 子貢이 問於孔子曰 夫子는 聖矣乎인저
왈악 시하언야 석자 자공 문어공자왈 부자 성의호

孔子曰 聖則吾不能이어니와 我는 學不厭而敎不倦也로라
공자왈 성칙오불능   아 학불염이교불권야

"아니, 그게 무슨 말이냐? 옛날에 자공이 공자께 묻기를 '선생님은 성인이십니다.'고 하자 공자는 '성인이야 내가 어찌 감당하랴. 나는 배우기를 싫어하지 않고 가르치기를 게을리하지 않는다.'라고 했다.

子貢曰 學不厭은 智也요 敎不倦은 仁也니 仁且智하시니 夫子는
자공왈 학불염 지야 교불권 인야 인차지   부자

旣聖矣신저 하니 夫聖은 孔子도 不居하시니 是何言也오 昔者에
기성의   부성 공자 불거   시하언야 석자

竊聞之호니 子夏子游 子張[46]은 皆有聖人之一體[47]하고 冉牛閔子顔淵은
절문지 자하자유 자장   개유성인지일체   염우민자안연

則具體而微[48]라 하니 敢問所安하노이다 曰姑舍是하라
칙구체이미   감문소안   왈고사시

자공이 말하기를 '배우기를 싫어하지 않는 것은 지혜로운 것이고, 가르치기를 게을리하지 않는 것은 어진 것입니다. 어진 것과 지혜로운 것을 겸비했기 때문에 선생님은 벌써 성인이십니다.'라고 했다. 이렇듯이 성인이라는 것은 공자도 자처하지 못했는데, 그게 말이 되느냐?"
라고 말했다. 공손추가

"제가 전날에 들었는데, 자하·자유·자장은 모두 성인의 일면을 가졌고, 염유·민자건·안연은 성인으로서의 덕을 갖추었지만 그릇이 작다고 했습니다. 선생님께서는 이들 중에서 어느 분에 해당하십니까?"
라고 물었다. 이에 맹자가 말하기를
"자, 그런 이야기는 그만두어라."

曰伯夷[49] 伊尹[50]은 何如하니이꼬 曰不同道[51]하니
왈백이 이윤   하여   왈불동도

非其君不事하며 非其民不使하여 治則進하고 亂則退는 伯夷也요
비기군불사   비기민불사   치칙진   난칙퇴 백이야

何事非君이며 何使非民이리오 하여 治亦進하며 亂亦進은
하사비군   하사비민   치역진   난역진

伊尹也요 可以仕則仕하며 可以止則止하며 可以久則久하며
이윤야 가이사칙사   가이지칙지   가이구칙구

可以速則速은 孔子也시니 皆古聖人也라 吾未能有行焉이어니와
가이속칙속 공자야   개고성인야   오미능유행언

乃所願則學孔子也로라 伯夷伊尹이 於孔子에 若是班乎잇까
내소원칙학공자야   백이이윤   어공자 약시반호

曰否라 自有生民以來로 未有孔子也시니라 曰然則有同與잇까
왈부 자유생민이래   미유공자야   왈연칙유동여

曰有하니 得百里之地而君之면 皆能以朝諸侯有天下어니와
왈유   득백리지지이군지   개능이조제후유천하

行一不義하며 殺一不辜하야 而得天下는 皆不爲也니 是則同하니라
행일불의   살일불고   이득천하   개불위야 시칙동

曰 敢問其所以異하노이다 曰宰我 子貢 有若은 智足以知聖人이나
왈 감문기소이이   왈재아자공 유약   지족이지성인

汚不至阿其所好니라 宰我曰 以予觀於夫子컨대 賢於堯舜이 遠矣샸다
오불지아기소호   재아왈 이여관어부자   현어요순   원의

또
"백이와 이윤은 어떻습니까?"
라고 묻자 맹자가 말하기를
"이 두 사람은 가는 길이 같지 않기 때문에 자기가 섬겨야 한다고 생각하는 임금이 아니면 섬기지 않고, 자기 백성이 아니면 부리지 않고, 세상이 평화롭다면 나아가서 벼슬하고, 어지러우면 물러가는 것이 백이이고, 누구를 섬긴들 임금이 아니며, 누구를 부린들 백성이 아니겠느냐. 평화로워도 벼슬하고 어지러워도 또한 벼슬하는 것은 이윤이다. 이들과는 반대로 벼슬할 만하면 벼슬하고, 그만둘 만하면 그만두고, 오래 지체할 만하면 오랫동안 지체하고, 빨리 떠날 만하면 빨리 떠나는 것이 공자이기에 이들 세 사람은 모두 옛날 성인이다. 내 아직 실제로 시행한 것이 없지만 원하는 것은 공자를 배우려 하는 것이다."
라고 했다. 또 공손추가 물었다.
"백이와 이윤이 공자와 그토록 비슷하다는 말씀입니까?"
라고 묻자 맹자가 대답하기를
"아니다. 이 세상에 사람이 생겨난 이래로 아직까지 공자 같은 사람은 없다."
라고 했다. 또 묻기를
"그렇다면 이들 세 분은 공통된 점이 있습니까?"

라고 묻자 맹자가 대답하기를

"있다. 만약 백 리 땅을 얻어서 임금 노릇을 한다면 모든 제후들에게 조공을 바치게 하여 천하를 차지하게 되겠지만, 하나라가 불의를 시행하며 한 사람이라도 죄 없는 사람을 죽여 천하를 얻는다 해도 모두 하지 않을 것이 공통되는 점이다."

공손추가 물었다.

"그렇다면 그들의 다른 점은 무엇입니까?"

라고 묻자 맹자가 대답하기를

"재아·자공·유약은 지혜가 성인을 이해할 만하지만, 또 아무리 그를 칭찬해도 자기가 좋아하는 인물이라고 해서 그에게 아첨할 사람들은 아니다. 재아가 말하길 '내가 선생님을 관찰한다면 요와 순보다도 현명하심이 월등합니다.' 라고 말했다.

子貢曰 見其禮而知其政하며 聞其樂而知其德이니 由百世之後하야
자공왈 견기예이지기정   문기악이지기덕   유백세지후

等百世之王컨대 莫之能違也니 自生民以來로 未有夫子也시니라
등백세지왕   막지능위야   자생민이래   미유부자야

有若曰 豈惟民哉리오 麒麟[52]之於走獸와 鳳凰之於飛鳥와
유약왈 기유민재   기린 지어주수   봉황지어비조

泰山之於丘垤[53]과 河海之於行潦[54]에 類也며 聖人之於民에 亦類也시니
태산지어구질   하해지어행료   류야   성인지어민   역류야

出於其類하야 拔乎其萃[55]나 自生民以來로 未有盛於孔子也시니라
출어기류   발호기췌   자생민이래   미유성어공자야

자공이 말하길 '그 나라의 예법을 보고 그의 정사를 알 수 있고,

임금이 좋아하는 음악을 들어 보면 그의 덕을 알 수 있다. 백 세 후의 역대 왕들을 살펴본다면 틀릴 수가 없는 것이기 때문에 이 세상에 사람이 생긴 이래 선생님만한 분이 없다.' 라고 했다. 유약이 말하길 '어찌 사람에게만 그리하리요. 짐승 중의 달리는 기린과 나는 새 중의 봉황과 조그마한 언덕이나 개미굴 중의 태산, 물웅덩이 중의 황하와 같다. 이들은 서로 틀리지만 동류임에는 틀림이 없다. 이와 마찬가지로 그 동류 중에서 뛰어났으며 또 그들 성인들 중에서도 특출한 분이 공자이시다. 그 때문에 이 세상에 사람이 생긴 이래로 아직까지 공자만한 사람이 없다."
라고 말했다.

사람들의 네 가지 마음

孟子曰 人皆有不忍人之心[56]하니라 先王이 有不忍人之心하사
맹자왈 인개유불인인지심　　　　선왕　유불인인지심

斯[57]有不忍人之政矣시니 以不忍人之心으로 行不忍人之政이면
사　유불인인지정의　　　이불인인지심　　　행불인인지정

治天下는 可運之掌上[58]이니라 所以謂人皆有不忍人之心者는
치천하　가운지장상　　　　　소이위인개유불인인지심자

今人이 乍見孺子將入於井하고 皆有怵惕惻隱[59]之心하나니
금인　사견유자장입어정　　　개유출척측은　지심

非所以內納交於孺子[60]之父母也며 非所以要譽於鄉黨朋友也며
비소이내납교어유자　지부모야　비소이요예어향당붕우야

非惡其聲[61]而然也니라
비악기성　이연야

맹자가 말하기를

"사람들은 누구나 남에게 대하여 행하지 못하는 마음을 가지고 있다. 옛날의 선왕은 사람들에게 도저히 행하지 못하는 마음이 있었기 때문에 사람에게 도저히 행하지 못하는 정치가 있었다. 사람에게 도저히 행하지 못하는 마음으로 사람에게 도저히 행하지 못하는 정치를 한다면 천하의 다스림은 손바닥 위에 놓고 움직이는 것처럼 수월하다. 사람마다 사람에게 도저히 하지 못하는 마음이 있는 까닭은 지금 어떤 사람이 한 어린아이가 우물 속에 빠지는 것을 보고 깜짝 놀라 측은한 생각을 갖게 되어 달려가서 붙잡는다. 이것은 어린아이의 부모와 친하려는 까닭도 아니고, 마을 사람과 친구들에게 칭찬을 듣기 위한 것도 아니고, 나쁜 소문이 날까 봐 그것을 싫어하기 때문도 아니다.

由是觀之컨댄 無惻隱之心이면 非人也며 無羞惡之心이면
유시관지　　　무측은지심　　　비인야　무수악지심

非人也며 無辭讓之心이면 非人也며 無是非之心이면 非人也니라
비인야　무사양지심　　　비인야　무시비지심　　　비인야

惻隱之心은 仁之端也요 羞惡之心은 義之端也요
측은지심　인지단야　　수오지심　의지단야

辭讓之心은 禮之端也요 是非之心은 知智之端也니라
사양지심　예지단야　　시비지심　지지지단야

人之有是四端也는 猶其有四體也니 有是四端而自謂不能者는
인지유시사단야　　유기유사체야　　유시사단이자위부능자

自賊者也요 謂其君不能者는 賊其君者也니라
자적자야　위기군불능자　적기군자야

凡有四端⁽⁶²⁾於我者를 知皆擴而充之矣면 若火之始然⁽⁶³⁾하여
범유사단　어아자　지개확이충지의　약화지시연

泉之始達⁽⁶⁴⁾이니 苟能充之면 足以保四海요
천지시달　　구능충지　족이보사해

苟不充之면 不足以事父母니라
구불충지　부족이사부모

이것은 측은하게 생각하는 마음이 없다면 사람이 아니고, 부끄러워하는 마음이 없다면 사람이 아니고, 사양하는 마음이 없다면 사람이 아니고, 옳고 그름을 판단하는 마음이 없다면 사람이 아닌 것이다. 측은하게 여기는 마음은 인의 발단이요, 부끄러워하는 마음은 의의 발단이요, 사양하는 마음은 예의 발단이며, 시비를 가리는 마음은 지의 발단인 것이다. 사람마다 이와 같은 4단을 지니고 있는 것은 사람마다 4체를 가지고 있다는 것과 같은 것이다. 이 4체를 가지고 있으면서 내 스스로가 착한 일을 할 수 없다고 하는 자는 스스로를 해치는 자이며, 자기 임금에게 착한 일을 할 능력이 없다고 말하는 자는 자신의 임금을 해치는 자이다. 대체로 나에게 갖춰진 4단을 사람마다 확충시킬 줄 안다면 불이 타서 번져나가고, 샘물이 솟아서 흘러가기 시작하는 것과 같기 때문에 진정 이것을 제대로 확대시킨다면 천하를 보존할 수가 있고, 만약 확충시키지 못한다면 부모조차 제대로 섬기지 못한다."
라고 말했다.

자신을 반성하라

孟子曰 矢人[65]이 豈不仁於函人[66]哉리오마는 矢人은 惟恐不傷人하고
맹자왈 시인   기불인어함인 재   시인 유공불상인

函人은 惟恐傷人하나니 巫匠도 亦然하니 故로 術不可不愼也니라
함인 유공상인   무장 역연   고   술불가불신야

孔子曰 里仁이 爲美[67]하니 擇不處仁이니 焉得智리오 하시니
공자왈 리인 위미   택불처인   언득지

夫仁은 天之尊爵[68]也며 人之安宅[69]也어늘 莫之禦而不仁하니
부인 천지존작 야   인지안택 야   막지어이불인

是는 不智也니라 不仁不智라 無禮無義면 人役[70]也니
시 불지야   불인불지   무예무의 인역 야

人役而恥爲役하논대 由猶弓人而恥爲弓하며 矢人而恥爲矢也니라
인역이치위역   유유궁인이치위궁   시인이치위시야

如恥之인댄 莫如爲仁이니라 仁者[71]는 如射하니 射者는 正己而後에
여치지   막여위인   인자   여사   사자 정기이후

發하여 發而不中이라도 不怨勝己者요 反求諸己[72]而已矣이라
발   발이불중   불원승기자   반구제기   이이의

맹자가 말하기를

"화살을 만드는 자가 어찌 갑옷을 만드는 자보다 인자하지 않을 수 있겠는가. 화살을 만드는 자는 오직 사람이 상하지 않을 것을 걱정하고, 갑옷을 만드는 자는 오직 사람이 상할까 두려워하며, 무당과 관을 만드는 사람 역시 이와 마찬가지이기 때문에 그래서 직업의 선택을 조심해야 한다. 공자가 말하길 '동네가 어질면 아름다

운 것이 된다. 인한 곳을 가려서 살지 못하면 어떻게 지혜롭다고 하겠는가.' 라고 했는데, 대체로 어진 것은 하늘이 내린 높은 벼슬이고, 사람이 거처할 편안한 집이다. 그런데도 이것을 싫어하고 일부러 어질지 못한 곳에서 거처하고 있으니 이것은 지혜롭지 못한 것이다. 어질지도 못 하고 지혜롭지도 못 하다. 예의도 없고 의리도 없다. 이런 사람은 남에게 부림을 받는 사람이다. 남에게 부림을 받으면서도 부림을 받는 것을 부끄러워하는 것은 활을 만드는 자가 활 만드는 것을 부끄러워하는 것과 같고, 화살을 만드는 자가 화살 만들기를 창피하게 생각하는 것과 같다. 만일 진정으로 창피스럽게 생각한다면 어진 일을 할 것이다. 어진 일을 하는 자는 활을 쏘는 사람과 같아서 활을 쏘는 사람은 몸을 똑바르게 한 다음 화살을 쏘는데, 설령 과녁에 명중하지 못해도 자신보다 나은 사람을 원망하지 않고 자신이 쏜 것을 반성하여 고칠 따름이다."
라고 말했다.

자신의 본분을 알라

孟子曰 伯夷는 非其君不事하며 非其友不友하며
맹자왈 백이 비기군불사   비기우불우

不立於惡人之朝하야 不與惡人言하더라 立於惡人之朝하야
불립어악인지조   불여악인언   립어악인지조

與惡人言호대 如以朝衣朝冠[73]으로 坐於塗炭[74]하야 推惡惡之心하야
여악인언   여이조의조관   좌어도탄   추악악지심

思與鄕人[75]立에 其冠不正이어든 望望然[76]去之하여
사여향인 립 기관부정 망망연 거지

若將浼焉[77]하니 是故로 諸侯雖有善其辭命而至者라도
약장매언 시고 제후수유선기사명이지자

不受也하니 不受也者는 是亦不屑就已[78]니라
불수야 불수야자 시역불설취이

맹자가 말하기를

"백이는 훌륭한 임금이 아니면 섬기지 않았고, 올바른 벗이 아니면 사귀지 않았다. 악인들의 조정에는 나가지 않았고, 악인들과 더불어 말도 하지 않았다. 그는 악한 사람의 조정에서 일하고 악인들과 말하는 것을 마치 조복과 조관차림으로 숯더미 위에 앉아 더럽히는 것처럼 여겼다. 그가 악을 미워하는 마음을 미루어 생각한다면 마을 사람들과 함께 서 있을 때 그들이 쓴 관이 올바르지 못하면 불쾌히 여기고 그 자리를 떠나 마치 자신이 더럽혀지는 것처럼 여겼다. 이런 까닭에 제후들이 비록 정중하게 초청해 오더라도 받아들이지 않았다. 그 받아들이지 않는 것은 또한 나아가서 벼슬하는 것을 떳떳하게 여기지 않았기 때문이었다.

柳下惠[79]는 不羞汚君하며 不卑小官하여 進不隱賢[80]하야 必以其道하며
류하혜 불수오군 불비소관 진불은현 필이기도

遺佚[81]而不怨하며 厄窮而不憫하더니 故로 曰爾爲爾요 我爲我니
유일이불원 액궁이불민 고 왈이위이 아위아

雖袒裼[82]裸裎於我側이나 爾焉能浼我哉리오 하니 故로
수단석 라정어아측 이언능매아재 고

由由然[83]與之偕而不自失焉하야 援而止之而止하니
유유연　여지해이불자실언　　원이지지이지

援而止之而止者는 是亦不屑去已니라 孟子曰 伯夷는 隘하고
원이지지이지자　시역불설거이　　맹자왈 백이　애

柳下惠는 不恭하니 隘與不恭은 君子不由也[84]니라
류하혜　불공　　애여불공　군자불유야

　유하혜는 이와는 반대로 부덕한 임금에게 벼슬하는 것을 부끄럽게 여기지 않았고, 사소한 관직이라도 하찮게 생각하지 않았다. 사람을 천거함에서는 덕행이 있는 자를 숨기지 않았고, 반드시 도로써 행했고, 비록 임금이 자기를 버려도 원망하지 않았고, 곤궁해도 근심하지 않았던 까닭을 말하기를 '너는 너고 나는 나인데, 네가 아무리 내 곁에서 어깨를 드러내고 있든지 벌거숭이가 되든지 내가 너를 어찌 더럽힐 수 있겠는가.' 라고 했다. 그러했기 때문에 그는 어떤 사람들과도 얼굴빛이 변하지 않고 즐겁게 있으면서 자기의 올바른 태도를 잃지 않았다. 때문에 남이 만류하면 그대로 주저앉았는데, 그것은 자기를 잡는 터에 굳이 갈 필요가 없기 때문이다."
라고 말했다. 이어 맹자가 말하기를

　"백이는 너무 좁은 사람이고 유하혜는 공손하지 못한 사람이다. 편협한 것과 공손하지 못한 것은 군자가 두 가지 모두 따르지 않은 것이다."
라고 말했다.

공손추 장구 하
公孫丑章句 下

이 구절에서는 맹자는 부국강병의 실현과 인화를 첫 번째로 내세웠다. 임금이 백성들의 마음을 얻기 위해 덕을 갖추어야 하고 백성들의 마음을 얻어야 천하를 다스릴 수 있다고 맹자는 강조하였다. 맹자는 백성들이 충과 효제의 덕을 닦으면 도덕심이 생겨나고 사회의 어지러움을 없애기 위해서는 백성들이 착한 본성을 찾아야 한다고 주장했다.

땅의 이로움은 사람의 화합만 못하다

孟子曰 天時[1]不如地利[2]요 地利不如人和[3]니라
맹자왈 천시 불여지리 지리불여인화

三里之城[4]과 七里之郭[4]을 環[5]而攻之而不勝하나니
삼리지성   칠리지곽   환 이공지이불승

夫環而攻之에 必有得天時者矣언마는
부환이공지　필유득천시자의

然而不勝者는 是天時不如地利也니라
연이불승자　시천시불여지리야

맹자가 말하기를

"천시는 땅의 이로움만 못 하고, 땅의 이로움은 사람의 화목함만 못 하다. 3리의 성과 7리의 외성을 포위해 공격하여도 이길 수 없는 일이 있다. 이것은 완전히 포위하고 공격할 때에는 반드시 천시를 얻었을 것이다. 그런데도 이기지 못함은 천시가 땅의 이로움만 못 하기 때문이다.

城非不高也며 池非不深也며 兵革이 非不堅利也며
성비불고야　지비불심야　　병혁　비불견리야

米粟이 非不多也로돼 委而去之하나니 是地利不如人和也니라
미속　비불다야　　위이거지　　　시지리불여인화야

故로 曰域民호대 不以封疆之界하며 固國호대
고　왈역민　　불이봉강지계　　　고국

不以山谿之險하며 威天下호대 不以兵革之利니 得道者는
불이산계지험　　위천하　　불이병혁지리　득도자

多助하고 失道者는 寡助라 寡助之至에는 親戚이 畔之하고
다조　　실도자　　과조　　과조지지　　친척　반지

多助之至에는 天下順之니라 以天下之所順으로
다조지지　　천하순지　　이천하지소순

攻親戚之所畔이라 故로 君子有不戰이언정 戰必勝矣니라
공친척지소반　　고　군자유불전　　　전필승의

성벽은 높고, 성 밖의 못이 깊으며, 무기가 모두 예리하고, 군량이 풍부한데도 이것을 버리고 떠나가는 경우가 있다. 이것은 땅의 이로움이 사람의 화합보다 못 하기 때문이다. 그래서 옛말에도 백성들이 다른 나라로 나가지 못하게 막되 국토의 경계선에 의하지 않고, 나라를 굳게 지키되 산천의 험준한 것에 의지하지 않고, 천하에 인민을 복종케 하되 준비의 예리함에 의하지 않는다. 올바른 도를 행하는 사람은 도와주는 자가 많고, 정도를 잃은 사람은 도와주는 사람이 적은 것이다. 도와주는 자가 극단적으로 적어지면 친척이 배반하고, 도와주는 사람이 극단적으로 많아지면 천하의 사람들이 순종하게 된다. 천하의 사람이 순종하게 되면 친척들조차도 배반한 나라를 공격한다. 그래서 군자는 차라리 싸우지 않을지언정 싸우면 반드시 승리하는 것이다."
라고 했다.

덕을 존중하고 도를 즐겨라

孟子將朝王이러시니 王[8]使人來曰 寡人이 如就見者也러니
맹자장조왕　　　왕 사인래왈 과인　여취견자야

有寒疾[9]이라 不可以風[10]일새 朝將視朝[11]호리니 不識케이다
유한질　　　불가이풍　　　조장시조　　　　불식

可使寡人으로 得見乎이까 對曰 不幸而有疾이라
가사과인　　 득견호　　 대왈 불행이유질

不能造朝로소이다 明日에 出弔於東郭氏[12]러시니
불능조조   명일   출조어동곽씨

公孫丑曰 昔者에 辭以病하시고 今日弔或者不可乎인저
공손축왈 석자   사이병   금일조혹자불가호

曰昔者疾이 今日愈어니 如之何不弔리오
왈석자질   금일유   여지하불조

맹자가 왕에게 문안드리러 가려고 할 때, 왕이 사람을 시켜 이르기를
"과인이 선생님을 찾아 뵈려고 했는데, 며칠째 감기가 들어서 바람을 쐴 수가 없습니다. 선생이 조정에 나올지는 알 수가 없지만, 과인이 사람을 시켜 선생님을 뵈려고 합니다."
라고 말하자 맹자가
"불행이도 저도 병이 나서 문안을 드리러 나갈 수가 없습니다."
하고 했다. 다음날 동곽씨 집에 문상하려고 나가자 공손추가
"어제는 병이라 핑계하고 나가는 것을 사절하고, 오늘 문상하러 나가시는 것은 잘못된 것이 아닙니까?"
라고 물었다. 맹자가 말하기를
"아니다. 어제의 병이 오늘 쾌차했는데, 왜 문상하러 가지 못하겠느냐."
라고 말했다.

王使人問疾하시고 醫來어늘 孟仲子對曰 昔者에
왕사인문질   의래   맹중자대왈 석자

有王命이어시늘 有采薪之憂[13]라 不能造朝러시니
유왕명   유채신지우   불능조조

今病小愈어시늘 趨造於朝하더시니
금병소유   추조어조

我는 不識케라 能至否乎아 하고 使數人으로
아   불식   능지부호   사수인

要於路曰請必無歸而造於朝하소서
요어로왈청필무귀이조어조

不得已而之景丑氏14)하여 宿焉이러시니
불득이이지경축씨   숙언

왕이 사람을 시켜 문병하고 어의를 보내오자,
맹중자가 대답하기를
"어제는 왕께서 불렀지만, 병이 나서 찾아 뵙지 못했던 것입니다. 오늘은 병이 조금 쾌차해서 서둘러 만나 뵈러 가셨습니다. 그런데 저는 잘 모르겠습니다만 잘 도착했는지 모르겠습니다."라고 한 다음에 여러 사람을 시켜 돌아올 길목을 지켰다가 맹자를 만나면 일러 말하길 '제발 집으로 돌아오지 말고 조정으로 나가 왕을 뵈러 가라.' 라고 말했다. 맹자는 부득이 경추씨 집으로 찾아가서 묵었다.

景子曰 內則父子요 外則君臣이 人之大倫也니
경자왈 내칙부자 외칙군신   인지대륜야

父子는 主恩하고 君臣은 主敬하니 丑見王之敬子也요
부자   주은   군신   주경   축견왕지경자야

未見所以敬王也케이다 曰惡라 是何言也오 齊人이
미견소이경왕야   왈오   시하언야   제인

無以仁義與王言者는 豈以仁義로 爲不美也리오
무이인의여왕언자　기이인의　위불미야

其心에 曰是何足與言仁義也云爾면 則不敬이 莫大乎是하니
기심　왈시하족여언인의야운이　즉불경　막대호시

我는 非堯舜之道어든 不敢以陣於王前하노니
아　비요순지도　불감이진어왕전

故로 齊人이 莫如我敬王也니라
고　제인　막여아경왕야

　경자가 말하기를
"집안에서는 아버지와 아들의 관계요, 밖에는 임금과 신하의 관계가 인륜의 큰 것이기 때문에, 부자 간에는 은혜를 위주로 하고, 군신 간에는 공경을 위주로 합니다. 그런데 나는 왕이 선생을 공경하는 것은 보았지만, 선생께서 왕을 공경하는 것을 보지 못했습니다."
라고 말했다. 맹자가 말하기를
"아니, 그게 무슨 말씀이십니까? 제나라 사람 중에는 인과 의로써 왕과 함께 말하는 사람이 없습니다. 그런데 이것이 어째서 인과 의를 불미한 것이라고 여겨서 그렇겠습니까? 그들은 마음속으로 그가 어찌 왕과 함께 인과 의를 논할 수 있는 존재인가에 대해 경멸하고 있기 때문입니다. 그대의 말에 의하면 불경함이 이것보다 더 클 수가 없습니다. 나는 요순의 도가 아니면 감히 왕 앞에서 의견을 말씀드리지 않습니다. 그러므로 제나라 사람이 나만큼 왕을 공경하지 못합니다."
라고 말했다.

景子曰否라 非此之謂也라 禮曰父召어시든 無諾[15]하며 君命召어시든
경자왈부 비차지위야 예왈부소   무낙   군명소

不俟駕라하니 固將朝也라가 聞王命而遂不果하시니 宜與夫禮[16]로
불사가   고장조야   문왕명이수불과   의여부례

若不相似然하이다 曰豈謂是與리오 曾子曰晉楚之富는
약불상사연   왈기위시여   증자왈진초지부

不可及也나 彼以其富어든 我以吾仁이오 彼以其爵이어든
불가급야 피이기부   아이오인   피이기작

我以吾義니 吾何慊[17]乎哉리오하시니 夫豈不義를 而曾子言之시리오
아이오의 오하겸 호재   부기불의   이증자언지

是或一道也니라 天下에 有達尊[18]이 三이니 爵一齒一德一이니
시혹일도야   천하 유달존   삼   작일치일덕일

朝廷엔 莫如爵이요 鄕黨엔 莫如齒요 輔世長民엔
조정 막여작   향당 막여치   보세장민

莫如德이니 惡得有其一하여 以慢其二哉리오
막여덕   악득유기일   이만기이재

故로 將大有爲之君은 必有所不召之臣하여 欲有謀焉이면
고 장대유위지군   필유소불소지신   욕유모언

則就之하나니 其尊德樂道가 不如是면 不足與有爲也니라
칙취지   기존덕락도   불여시 불족여유위야

故湯之於伊尹에 學焉而後臣之라 故로 不勞而王하시고
고탕지어이윤 학언이후신지 고 불노이왕

桓公之於管仲에 學焉而後臣之라 故로 不勞而霸하나라
환공지어관중 학언이후신지 고 불로이패

孟子·433

경자가 말하기를

"아닙니다. 그것을 두고 말한 것이 아닙니다. 예에 이르기를 '아버지께서 부르시면 대답하고 머뭇거리지 않고, 임금님께서 부르시면 마차 준비하기를 기다리지 않고 달려간다.'고 했습니다. 선생은 원래 왕을 뵈러 가려던 참이었는데도 불구하고, 왕의 명령을 듣고도 가지 않았기 때문에, 아무래도 예법과 맞지 않는 것 같습니다."

라고 말하자 맹자가 말하기를

"그것이 어찌 내가 한 일에 대항하는 말이겠습니까? 증자가 말하기를 '진나라와 초나라의 부는 따라가지 못합니다. 그들이 부를 가지고 나오면 나는 인으로 맞서고, 그들이 벼슬을 가지고 나오면 나는 의로써 대할 것이니, 내가 무엇이 부족하겠는가.'라고 했습니다. 증자께서 어찌 의가 아닌 것을 가지고 말씀하셨겠습니까? 이것 역시 하나의 도일 것입니다. 천하에는 보편적으로 존경되는 것이 세 가지가 있는데, 첫째, 벼슬이 하나이고 둘째, 나이가 하나이고 셋째, 덕이 그 하나입니다. 조정에서는 벼슬이 제일이고, 향리에서는 나이가 제일이고, 세상을 돕고 백성의 어른 노릇하는 것에는 덕이 제일인데, 어떻게 그 세 가지 중 하나만을 가지고 나머지 두 개를 소홀히 여길 수가 있겠습니까. 그렇기 때문에 장차 큰 일을 하려는 임금은 반드시 앉아서 부를 수 없는 신하가 있기 마련인데, 그의 의견을 듣고 싶으면 스스로 가서 만나는 것입니다. 덕을 존중하고 도를 즐기기를 이와 같지 않으면, 함께 일을 하기에는 부족한 것입니다. 그래서 탕임금은 이윤에게 배운 다음에 그를 신하로 삼았는데, 그래서 힘들지 않고 왕이 되었습니다. 환공도 관중에게 배운 다음에 신하를 삼았는데, 그래서 힘들지 않고 패자가 된 것입니다.

今天下地醜[19]德齊하여 莫能相尙[20]은 無他라
금천하지추 덕제   막능상상   무타

好臣其所敎而不好臣其所受敎니라 湯之於伊尹과 桓公之於管仲에
호신기소교이불호신기소수교   탕지어이윤   환공지어관중

則不敢召하니 管仲도 且猶不可召하니 而況不爲管仲者[21]乎아
칙불감소   관중   차유불가소   이황불위관중자 호

지금 천하의 제후들을 보건대 그들의 영토나 덕이 서로 비슷하고 덕이 같아서 어느 누구 하나 더 뛰어나지도 못한 것은 다른 까닭이 있는 것이 아니라, 자신이 가르친 자를 신하로 삼기를 좋아하고 자기가 가르침을 받아야 될 자를 신하로 삼기를 좋아하지 않기 때문입니다. 탕임금은 이윤을, 환공은 관중을 감히 부르지는 못했습니다. 관중조차도 부르지 못했는데, 하물며 관중이 아닌 사람을 어떻게 부른단 말이오."
라고 말했다.

쓰이지 않으면 그만두어라

孟子致爲臣[22]而歸하실새 王이 就見孟子曰 前日에
맹자치위신   이귀   왕   취견맹자왈 전일

願見而不可得이라가 得侍하여는 同朝甚喜러니
원견이불가득   득시   동조심희

今又棄寡人而歸하시니 不識케이다 可以繼此而得見乎이까
금우기과인이귀　　　불식　　　가이계차이득견호

對曰 不敢請耳언정 固所願也니이다
대왈 불감청이　　　고소원야

　맹자가 신하 노릇을 사직하고 집으로 돌아가자 왕이 나와서 맹자를 뵙고
　"전부터 선생님 뵙기를 바랐지만 이루지 못하다가 선생님을 모시게 되어 온 조정이 매우 기뻤습니다. 이제 과인을 버리고 떠나가니 앞으로 계속해서 뵙게 될 수 있을는지 모르겠습니다."
라고 말했다. 맹자가 대답하기를
　"제가 감히 청하지는 못하겠지만 그렇게 되기를 원합니다."

他日에 王[23]이 謂時子[24]曰 我欲中國[25]而授孟子室하고
타일　왕　　위시자　왈 아욕중국　이수맹자실

養弟子以萬鍾[26]하여 使諸大夫國人으로
양제자이만종　　　　사제대부국인

皆有所矜式[27]하노니 子盍爲我言之리오
개유소긍식　　　　　자합위아언지

　그 후에 왕이 어느 날 시자에게
　"내가 나라의 중앙에 맹자의 집을 마련하고, 만조의 녹을 주어 그의 제자들을 기르게 하여, 여러 대부와 나라 사람들이 모두 맹자를 존경하고 본받도록 하고 싶은데, 자네가 나를 위하여 맹자에게 말해 주지 않겠는가?"
라고 말했다.

時子因陳子[28] 而以告孟子어늘 陳子以時子之言으로 告孟子한대
시자인진자　이이고맹자　　진자이시자지언　　고맹자

시자가 진자에게 부탁해 맹자에게 고하게 하고 진자는 시자가 말한 대로 맹자에게 고했다.

孟子曰然하다 夫時子 惡知其不可也리오
맹자왈연　　부시자　악지기불가야

如使予欲富인댄 辭十萬而受萬이 是爲欲富乎아
여사여욕부　　　사십만이수만　　시위욕부호

맹자가 대답하기를
"그랬는가? 시자로서야 어찌 그것이 잘못인 줄 알겠는가? 만약 내가 부자가 되고 싶다면 그 전에 받은 10만을 사양하고 만을 받으려 하겠느냐? 이것이 과연 부자가 되려고 하는 짓인 것이다." 라고 말했다.

季孫曰 異哉라 子叔疑[29]여 使己爲政호대 不用則亦已矣어늘
계손왈 이재　　자숙의　　사기위정　　　불용칙역이의

又使其子弟爲卿하니 人亦孰不欲富貴이오마는
우사기자제위경　　　인역숙불욕부귀

而獨於富貴之中에 有私龍斷[30]焉이라 하니라
이독어부귀지중　유사룡단　언

계손이 말하길
"이상하구나! 자숙의는 실로 이상한 사람이다. 처음에 자기가 경상이 되어 정치를 하다가 그것이 쓰이지 않으면 그만둘 것이지,

또 자기의 자제를 경상으로 삼았으니 될 일인가. 사람이란 누구나 부귀를 싫어하지 않는다. 그런데 저 자숙의는 부귀 속에서 그것을 독점하려는 것과 같다고 했다.

古之爲市者는 以其所有로 易其所無者어든 有司者治之耳러니
고지위시자 이기소유 역기소무자 유사자치지이

有賤丈夫[31]焉하니 必求龍斷而登之하야 以左右望하고 而罔[32]市利늘
유천장부 언 필구룡단이등지 이좌우망 이망시리

人皆以爲賤하니 故로 從而征之하니 政商이 自比賤丈夫始矣니라
인개이위천 고 종이정지 정상 자비천장부시의

옛날 시장이란 자기에게 있는 물건과 없는 물건을 바꾸는 것으로, 유사들은 다만 이것을 다스릴 따름이었다. 그런데 여기에 못난 자가 있어 반드시 높은 곳을 올라가 사방을 둘러보면서 시장의 이익을 전부 독점하고 있다. 사람들은 모두 그를 천하게 여겼다. 그래서 유사도 그 행위에 따라 세금을 부과하게 되었다. 상인에게 세금을 부과하는 것은 이 못난 사나이로부터 시작된 것이다."
라고 말했다.

왕은 간언을 받아들일 줄 알아야 한다

孟子去齊하실새 尹士[33]語人曰 不識王之不可以爲湯武는
맹자거제 윤사 어인왈 불식왕지불가이위탕무

則是不明也요 識其不可요 然且至면
칙 시 불 명 야　식 기 불 가　연 차 지

則是干澤³⁴⁾也니 千里而見王하야 不遇故로 去호대
칙 시 간 택　야　천 리 이 견 왕　　불 우 고　 거

三宿而後出晝하니 是何濡滯³⁵⁾也오 士則玆不悅하노라
삼 숙 이 후 출 주　　시 하 유 체　야　　사 칙 자 불 열

맹자가 제나라를 떠날 때 윤사가 어떤 사람에게 말하기를
"우리 왕이 탕임금과 무왕처럼 될 수 없다는 것을 그가 알지 못했다면 이것은 밝지 못한 사람이다. 또 그렇게 될 수 없다는 것을 알면서도 왕을 찾아왔다면 이것은 녹을 구하려고 온 것이다. 천리 길을 와서 왕을 만났지만 의견이 맞지 않아 제나라를 떠나면서 사흘 밤을 묵은 후에야 떠나니 이것은 아쉬움이 있는 것이다. 나로서는 이것을 매우 불쾌하게 생각한다."
라고 말했다.

高子以告한대
고 자 이 고

고자가 이 말을 듣고 맹자에게 고하자

曰夫尹士惡知予哉리오 千里而見王은 是予所欲也니
왈 부 윤 사 악 지 여 재　　천 리 이 견 왕　시 여 소 욕 야

不遇故로 去가 豈予所欲哉리오 予不得已也로라
불 우 고　 거　개 여 소 욕 재　　여 불 득 이 야

맹자가 말하길

"윤사라는 자가 어찌 내 마음을 알겠는가? 천 리 길을 찾아와 왕을 만나 본 것은 내가 원하는 것이었다. 의견이 맞지 않아서 가는 것은 내가 원하는 것이 아니며, 내가 부득이 그렇게 하는 것이다.

予三宿而出晝호대 於予心에 猶以爲速하노니
여 삼 숙 이 출 주   어 여 심   유 이 위 속

王庶幾改之니 王如改諸시면 則必反予시리라
왕 서 기 개 지   왕 여 개 제   칙 필 반 여

내가 세 밤을 자고 난 뒤에 주를 떠나면서도 내 마음은 그래도 빨랐다고 생각한다.

夫出晝而王不予追也하실새 予然後浩然[36]有歸志호니
부 출 주 이 왕 불 여 추 야   여 연 후 호 연   유 귀 지

予雖然이나 豈舍王哉리오 王由猶足用爲善하시리니
여 수 연   개 사 왕 재   왕 유 유 족 용 위 선

王如用予시면 則豈徒齊民安이리오
왕 여 용 여   칙 개 도 제 민 안

天下之民이 擧安하리니 王庶幾改之를 予日望之하노라
천 하 지 민   거 안   왕 서 기 개 지   여 일 망 지

왕께서 '제발 마음을 고치십시오, 왕께서 만일 마음을 고친다면 반드시 나를 다시 부를 것이다.' 하고 생각한 때문이다. 그러나 떠나도 왕은 나를 부르지 않았다. 여기에서 난 그제야 단연코 떠나갈 마음을 가졌다. 그러나 나는 왕을 저버리지는 않는다. 왕은 선정을 베풀 만한 사람이다. 왕께서 만약 나를 기용한다면 어찌

제나라 백성들만 편안하겠는가? 천하의 백성들이 모두 평안하게 될 것이다. 왕께서 제발 생각을 고치시라고 매일 기대하고 있다.

予豈若是小丈夫然哉라 諫於其君而不受則怒하야
여개약시소장부연재   간어기군이불수칙노

悻悻[37]然見於其面하야 去則窮日之力 而後에 宿哉리오
행행   연견어기면   거칙궁일지력 이후   숙재

尹士聞之曰士[38]는 誠小人也로다
윤사문지왈사   성소인야

내가 어찌 소인처럼 행동하겠는가? 왕께 간언이 받아들여지지 않으면, 성내어 노여운 모습이 얼굴에 나타내고 그 나라를 떠나갈 때는 해가 지도록 달려가다 숙박하는 행동을 하겠는가?"
라고 말했다. 윤사가 이 말을 듣고
"나야말로 진정한 소인이구나."
라고 말했다.

천하를 바르게 다스리려고 한다면

孟子去齊하실새 充虞路問[39] 曰 夫子 若有不豫色[40]然하시이다
맹자거제   충우로문   왈 부자 약유불예색 연

前日에 虞聞諸夫子호니 曰君子는 不怨天[41]하며 不尤人이라 호이다
전일   우문제부자   왈군자   불원천   불우인

맹자가 제나라를 떠날 때 충우가 도중에서 묻기를
"선생님께서 기분이 좋지 않은 안색입니다. 전날 제가 선생님에게 들었는데, '군자는 하늘을 원망하지 않고, 사람을 나무라지 않는다.' 라고 했습니다."
라고 말했다.
그러자 맹자가 말하기를

曰彼一時며 此一時⁴²⁾也니라
왈 피일시 차일시 야

"그것은 그때이고 지금은 지금인 것이다.

五百年에 必有王者興⁴³⁾하나니 其間에 必有名世者⁴⁴⁾니라
오 백 년 필 유 왕 자 흥 기 간 필 유 명 세 자

대체로 오백 년 만에 반드시 왕자가 일어나고, 그때에는 반드시 세상에 이름을 떨치는 자가 나온다.

由周而來로 七百有餘世矣니 以其數則過矣요
유 주 이 래 칠 백 유 여 세 의 이 기 수 칙 과 의

以其時考之則可矣니라
이 기 시 고 지 칙 가 의

주나라 이래로 700여 년이 되었는데, 그 연수로 보면 훨씬 지났고 시기로 생각해 보면 왕자가 나타날 시기가 지났고, 그 시기를 가지고 생각한다면 왕자가 나타날 수 있게 되었다.

夫天이 未欲平治天下也⁴⁵⁾시니 如欲平治天下인댄
부천   미욕평치천하야   여욕평치천하

當今之世하야 舍我요 其誰也리오 吾何爲不豫哉리오
당금지세   사아   기수야   오하위불예재

대저 하늘이 아직 천하를 평화롭게 다스리고자 한다면 이러한 시대에 있어서 나를 내놓고 그 누가 있을 것이냐? 내가 어찌 좋지 않은 안색을 가질 것이냐?"
라고 말했다.

바른 마음을 가져라

孟子去齊居休러시니
맹자거제거휴

公孫丑問曰 仕而不受祿이 古之道⁴⁷⁾乎이까
공손축문왈 사이불수록   고지도   호

맹자가 제나라를 떠나 휴읍에 체류할 때 공손추가 묻기를
"벼슬하면서 녹을 받지 않는 것이 옛날의 법도입니까?"
라고 물었다.

曰非也라 於崇⁴⁶⁾에 吾得見王하고
왈비야   어숭   오득견왕

退而有去志호니 不欲變⁴⁸⁾故로 不受也호라
퇴이유거지   불욕변   고   불수야

繼而有師命[49]이라
계 이 유 사 명

不可以請[50]이언정 久於齊는 非我志也니라
불 가 이 청   구 어 제   비 아 지 야

맹자가 대답하기를
"그런 것이 아니다. 내가 숭읍에서 처음 왕을 뵙고 물러나올 때부터 떠날 생각이었는데, 내 생각을 바꾸고 싶지 않았기 때문에 녹을 받지 않았던 것이다. 그러자 바로 전쟁이 시작되었기 때문에 떠나겠다는 말을 할 수가 없었던 것일 뿐이다. 제나라에 오래 있었던 것은 결코 나의 본의가 아니다."
라고 말했다.

등문공 장구 상
滕文公章句 上

이 구절에서는 임금이 나라를 다스리는 사례와 아울러 제후들에게 옛 성현들과 같은 인의仁義에 대한 사념이 뚜렷한 기개를 세울 것을 강조하였다. 그렇게 하기 위해서는 원대한 자기 향상의 뚜렷한 목표를 향해 노력을 게을리하지 않음과 백성들에게 현인을 스승으로 받들어 남의 장점을 취하도록 독려하고 예와 의를 권면해야 한다는 것을 강조하였다.

약이 좋지 않으면 환자는 낫지 않는다

滕¹⁾文公²⁾이 爲世子³⁾에 將之楚할새 過宋而見孟子하신대
등 문공   위세자   장지초   과송이견맹자

孟子道性善⁴⁾하사대 言必稱堯舜이러시다 世子自楚反하야
맹자도성선   언필칭요순   세자자초반

復見孟子하신대 孟子曰 世子는 疑吾言乎이까 夫道는 一而已矣니이다
복견맹자　　　맹자왈 세자　의오언호　　부도　일이이의

成覵[5]이 謂齊景公曰 彼丈夫也며 我丈夫也니 吾何畏彼哉리오 하며
성한　　위제경공왈 피장부야　아장부야　오하외피재

顔淵曰 舜何人也며 子何人也오 有爲者亦若是라 하며
안연왈 순하인야　자하인야　유위자역약시

公明儀[6]曰 文王은 我師也라 하시니 周公이 豈欺我哉시리오 하나이다
공명의 왈 문왕　아사야　　　　주공　기기아재

今滕을 絶長補短이면 將五十里也나 猶可以爲善國이니 書에 曰若藥이
금등　절장보단　　장오십리야　유가이위선국　　서　왈약약

不瞑眩[7]이면 厥疾이 不瘳[8]라 하나이다
불명현　　궐질　불추

등 문공이 세자로 있을 때 초나라로 가는 길에 송나라에 들러서 맹자를 만났다. 이때 맹자는 성선설에 관한 이야기를 했는데, 말 끝마다 반드시 요순을 들어 이야기하였다. 세자가 초나라에서 돌아오는 길에 다시 맹자를 만났는데, 이때 맹자가 말하기를 "세자께서는 아직도 내 말을 의심하는 것입니까? 대개 도는 하나뿐입니다. 옛날에 성간은 제나라 경공에게 말하길 '저 사람도 장부고 나도 장부인데, 내가 어찌 저들을 두려워하겠습니까?' 라고 했습니다. 이에 안연이 말하기를 '순임금은 대체 어떤 사람이고 나는 어떤 사람이냐? 노력하는 사람 역시 모두 이와 같을 것이다.' 라고 했습니다. 그래서 공명의가 말하기를 '옛날 문왕은 바로 나의 스승이라고 한 주공이 어찌 나를 속이겠는가?' 라고 했습니다. 지금 등나라는 그 땅의 긴 곳을 잘라 짧은 곳을 보충시킨다면

사방 오십 리는 되는데, 그만하면 좋은 나라로 만들 수가 있습니다. 『서경』에 말하길 '만일 약을 먹어서 현기증이 날 정도가 아니면 그 병은 낫지 않는다.'고 했습니다."
라고 말했다.

군자의 덕은 바람 같고 소인의 덕은 풀과 같다

滕定公[9]이 薨커늘 世子 謂然友[10]曰 昔者에 孟子 嘗與我言於宋이어시늘
등정공 훙 세자 위연우 왈 석자 맹자 상여아언어송

於心終不忘이러니 今也不幸하여 至於大故[11]호니 吾欲使子로
어심종불망 금야불행 지어대고 오욕사자

問於孟子然後에 行事[12]하노라 然友之鄒하야 問於孟子한대
문어맹자연후 행사 연우지추 문어맹자

孟子曰 不亦善乎아 親喪은 固所自盡也니 曾子[13]曰 生事之以禮하며
맹자왈 불역선호 친상 고소자진야 증자 왈 생사지이례

死葬之以禮하며 祭之以禮면 可謂孝矣라 하시니 諸侯之禮는
사장지이례 제지이례 가위효의 제후지례

吾未之學也어니와 雖然이나 吾嘗聞之矣로니 三年之喪[14]에
오미지학야 수연 오상문지의 삼년지상

齊疏之服[15]과 飦粥之食[16]은 自天子達於庶人하야 三代共之하니라
제소지복 전죽지식 자천자달어서인 삼대공지

然友反命하여 定爲三年之喪한대 父兄百官이 皆不欲曰 吾宗國[17] 魯先君도
연우반명 정위삼년지상 부형백관 개불욕왈 오종국 노선군

莫之行하시고 吾先君도 亦莫之行也하시니 至於子之身而反之는
막 지 행　　　오 선 군　　역 막 지 행 야　　　지 어 자 지 신 이 반 지

不可하이다 且志[18]에 曰 喪祭는 從先祖라 하니 曰吾有所受之也[19]니이다
불 가　　　차 지　　왈　상 제　　종 선 조　　　왈 오 유 소 수 지 야

등의 정공이 죽자 세자가 연우에게 말하기를
　"전에 내가 맹자와 함께 송나라에서 이야기를 나눈 적이 있는데, 그 말을 마음속에서 잊을 수가 없습니다. 지금 불행하게도 큰 변고를 당하게 되었으니, 나는 선생으로 하여금 맹자에게 물어본 다음에 장례를 치르고자 합니다."
라고 말했다. 이리하여 연우가 추나라로 가서 맹자께 묻자 맹자가
　"그것 참! 훌륭한 질문이오! 부모의 상은 본래 진정 스스로 지극해야 할 것이오."
라고 말했다. 그렇기 때문에 증자가 말하기를
　"부모가 살아 있을 때는 예법으로 섬기고, 죽어서 장례 지내기와 제사를 지낼 때도 예법으로 한다면 효도라고 할 수 있다. 제후의 예법은 내가 아직 배우지 못했지만, 그러나 나는 일찍이 들었는데, 삼년상에 제소의 상복을 입고 묽은 죽을 먹는 것은 천자로부터 서민까지 삼 대가 다 함께 지켜 왔습니다."
라고 말했다.
　연우가 돌아와 복명하며 삼년상을 치르기로 정하는데, 세자의 부형과 조정의 백관들이 모두 반대하여 말하기를
　"우리 종국인 노나라의 선군들도 이것을 시행하지 않았고, 우리 선군께서도 또한 시행하지 않았습니다. 당신의 대에 이르러서 그 전례를 어긴다는 것은 옳지 못한 것입니다. 또 옛 기록에도 상례

와 제례는 선조의 예에 따른다고 했습니다."
라고 말했다.

謂然友曰 吾他日에 未嘗學問이요 好馳馬試劍하더니
위연우왈 오타일　　미상학문　　호치마시검

今也에 父兄百官이 不我足[20]也하니 恐其不能盡於大事하노니
금야　부형백관　불아족　야　공기불능진어대사

子爲我問孟子하라 然友 復之鄒하여 問孟子한대 孟子曰然하다
자위아문맹자　　연우 복지추　　문맹자　　맹자왈연

不可以他求者也라 孔子曰 君薨커시든
불가이타구자야　공자왈　군흥

聽於冢宰[21]하나니 歠[22]粥하고 面深墨[23]하야 卽位而哭이어든
청어총재　　　철　죽　　면심묵　　　즉위이곡

百官有司 莫敢不哀는 先之也라 上有好者면 下必有甚焉者矣니
백관유사 막감불애　 선지야　상유호자　　하필유심언자의

君子之德은 風也요 小人之德은 草也니 草尙之風이면
군자지덕　풍야　　소인지덕　초야　　초상지풍

必偃이라 하시니 是在世子하니라 然友 反命한대 世子曰然하다
필언　　　　　시재세자　　　연우 반명　　세자왈연

是誠在我라 하시고 五月居廬[24]하여 未有命戒[25]어늘 百官族人이
시성재아　　　　　오월거로　　　　미유명계　　　　백관족인

可謂曰知라 하며 及至葬하여 四方이 來觀之하더니 顏色之戚과
가위왈지　　　　급지장　　　사방　　래관지　　　안색지척

哭泣之哀에 弔者大悅[26]하더라
곡읍지애　　조자대열

세자가 연우에게 말하기를

"내가 지난날 학문을 닦지 않고 말 달리기와 검술만 좋아했기 때문에 지금 부형과 백관들이 내가 하는 일을 부족하게 여기고 있어, 대사를 치르는 데 정성을 다하지 못할까 두렵습니다. 선생은 나를 위해 맹자께 물어봐 주시오."

　이리하여 연우는 다시 추나라에 가서 맹자에게 물었다. 이에 맹자가 말하길

"사실 그렇다. 그러나 이 일만은 다른 사람에게 부탁할 일이 아니오. 공자께서 말씀하길 '임금이 죽으면 세자는 나랏일을 대신에게 맡기는 법이고, 자기는 묽은 죽을 마시고 얼굴이 검게 되어 상제의 자리에 나아가 곡을 할 따름이오. 그렇게 하면 백관과 유사들이 슬퍼하지 않을 사람이 없을 것이다. 이것은 세자 자신이 그들보다 먼저 솔선하기 때문이다. 윗사람이 좋아하는 것이 있으면 아랫사람은 반드시 그보다 한층 더 좋아하는 법이다. 군자의 덕이 바람이라면 소인의 덕은 풀과 같아서 풀 위에 바람이 심하게 불면 풀은 반드시 쓰러진다.' 고 했다. 그러니 모든 것은 세자에게 달려 있는 것입니다."

　연우가 돌아와 보고하자, 세자는 말했다.

"참으로 그렇습니다! 이것은 진실로 나 하기에 달려 있습니다." 라고 말했다. 그렇게 말하고는 다섯 달 동안 여막에 거처하면서 명령을 내리지 않자, 이를 보고 백관과 친척들은 모두 세자가 예법을 안다고 말하고, 장례를 치를 때는 사방의 사람들이 찾아와서 지켜보았는데, 세자가 슬퍼함과 서글프게 곡하는 소리를 듣고 사람들 모두가 몹시 기뻐했다.

어진 임금은 공손하고 검약해야 한다

滕文公이 問爲國[27]한대 孟子曰 民事[28]는 不可緩也니 詩云 晝爾于茅요
등문공   문위국   맹자왈 민사   불가완야   시운 주이우모

宵爾索綯하야 亟[29] 其乘屋[30]이오사 其始播百穀이라 하니이다
소이삭도   극   기승옥   기시파백곡

民之爲道也 有恒産[31]者는 有恒心[32]이요
민지위도야 유항산 자   유항심

無恒産者는 無恒心이니 苟無恒心이면 放辟邪侈를
무항산자 무항심   구무항심   방벽사치

無不爲己니 及陷乎罪然後에 從而刑之면 是는 罔民也니
무불위이 급함호죄연후   종이형지 시 망민야

焉有仁人이 在位하야 罔民을 而可爲也리오
언유인인 재위   망민 이가위야

是故로 賢君이 必恭儉하야 禮下하며 取於民[33]이 有制니이다
시고 현군 필공검   예하   취어민   유제

陽虎[34]曰 爲富면 不仁矣요 爲仁이면 不富矣라 하니이다
양호 왈 위부 불인의   위인   불부의

夏后氏[35]는 五十[36]而貢하고 殷人은 七十[36]而助[37]하고 周人은
하후씨   오십 이공   은인   칠십 이조   주인

百畝而徹하니 其實은 皆什一也[40]니 徹者는 徹[38]也요 助者는 藉也니이다
백무이철   기실 개십일야   철자 철 야   조자 자야

龍子[41]曰治地는 莫善於助요 莫不善於貢[39]이니 貢者校數歲之中하여
용자 왈치지 막선어조   막불선어공   공자교수세지중

以爲常하나니 樂歲엔 粒米狼戾[42]하여 多取之而不爲虐이라도
이위상　　　락세　립미랑려　　　다취지이불위학

則寡取之하고 凶年엔 糞其田而不足이리도
칙과취지　　　흉년　분기전이불족

則必取盈焉하나니 爲民父母하여 使民盼盼然[43] 將終歲勤動하여
칙필취영언　　　위민부모　　　사민혜혜연　장종세근동

不得以養其父母하고 又稱貸而益之[44]하여 使老稚로 轉乎溝壑히면
불득이양기부모　　　우칭대이익지　　　사로치　전호구학

惡在其爲民父母也리오 하나이다
악재기위민부모야

夫世祿[45]은 滕固行之矣니이다 詩云雨我公田하여 遂及我私하니
부세록　　등고행지의　　　시운우아공전　　　수급아사

惟助에 爲有公田하니 由此觀之컨대 雖周나 亦助也니이다
유조　위유공전　　　유차관지　　　수주　역조야

등의 문공이 나라를 다스리는 방법을 묻자 맹자가 말하기를
"백성들의 농사는 소홀히 하여서는 안 됩니다. 『시경』에 이르기를 '낮엔 띠풀을 베고 밤에는 새끼를 꼬아서 빨리 지붕을 이어놓아라. 봄이 오면 백곡의 씨를 뿌려야 한다.'고 했습니다. 백성들이 살 길이란 일정한 생활 근거가 있는 사람은 도의심을 가지고 있고, 일정한 직업이 없는 사람은 도의심도 없게 됩니다. 그리하여 방탕하고 편벽되고 사특하고 사치한 짓을 거리낌없이 하게 됩니다. 그러니 일반 백성이 죄를 범한 연후에 뒤따라 처벌한다는 것은 백성을 그물로 잡는 것입니다. 어진 사람이 임금의 지위에 있으면서 어찌 백성들을 그물로 잡을 수 있겠습니까? 그래서 어

진 임금은 반드시 매사에 공손하고 검약하여, 아랫사람을 예로 대하고 백성들에게서 거두는 세금도 일정한 제도가 있는 것입니다. 옛날 양호가 '부자가 되려 하면 인하지 못하고, 인을 하면 부자가 되지 못한다.'고 했습니다. 하후씨는 한 남자에게 땅 오십 묘씩 주고 공이라는 세금을 받았고, 은나라 때에는 칠십 묘씩을 주고서 조라는 세금을 받았고, 주나라 때에는 백 묘씩을 주고서 철법을 시행했는데, 그 실상은 모두 10분의 1의 세금입니다. 철은 철거한다는 것이고, 조는 빌린다는 것입니다. 옛날 용자가 말하길 '땅을 다스릴 때는 조법보다 더 좋은 것이 없고, 공법보다 더 나쁜 것이 없다.'고 했습니다. '공법이란 여러 해의 평균 수확을 비교하여 표준으로 삼아 이것을 조세의 기준으로 삼는 것입니다. 풍년인 해는 쌀이 넘칠 정도로 흔해서 세금을 많이 받아 가도 가혹하지 않지만, 흉년에는 밭에 거름을 주어도 수확이 모자라는 상황에 반드시 세금을 받아 갑니다. 어째서 백성의 부모가 되어 백성들의 원망을 사게 하고, 일 년 동안 부지런히 일해도 부모를 봉양할 수가 없고, 또 빚을 내어 조세를 채우게 해서 노인과 어린이들이 굶주리고 얼어서 구렁에 굴러 죽게 만드는 것입니다. 이렇게 하고서야 어떻게 그 백성의 부모가 될 수 있겠는가?' 라고 했습니다. 그런데 세록을 주는 제도는 등나라가 이미 시행하고 있습니다. 『시경』에 이르기를 '우리 공전에 비를 내리게 해서 우리 사전에까지 적셔 주소서.'라고 했는데, 이것은 조법에만 공전이 있기 때문에 이것으로 미뤄 보아 주나라 역시 조법을 시행한 것입니다.

設爲庠序[46]學校하여 以敎之하니 庠者는 養也요 校者는 敎也요
설위상서 학교 이교지 상자 양야 교자 교야

序者는 射也라 夏曰校요 殷曰序요 周曰庠이요
서자 사야   하왈교   은왈서   주왈상

學則三代共之하니 皆所以明人倫也라 人倫이 明於上이면 小民이
학칙삼대공지   개소이명인륜야   인륜   명어상   소민

親於下니이다 有王者起면 必來取法하리니 是爲王者師也니이다
친어하   유왕자기   필래취법   시위왕자사야

詩云周雖舊邦⁴⁷⁾이나 其命維新이라 하니 文王之謂也니
시운주수구방   기명유신   문왕지위야

子力行之하시면 亦以新子之國하시리이다
자력행지   역이신자지국

　다음으로 상과 서와 학교를 설립해서 백성을 가르친 것입니다. 상은 기르는 것이고, 교는 가르치는 것이고, 서는 활을 쏘는 것입니다. 하나라는 교라 하고, 은나라는 서라 하고, 주나라는 상이라 하고, 거기서 배우는 것은 3대가 공통되어 모두가 인륜을 밝히는 것을 가르쳤습니다. 인륜이 위에서 밝아지면 백성들은 아래에서 감화될 것입니다. 만일 왕자가 있어 일어나도 반드시 와서 등나라의 정치를 모범으로 삼기 때문에 이것은 왕자의 스승이 되는 것입니다. 『시경』에 이르길 '주나라가 비록 옛 나라이지만, 그 천명은 새롭다 하는데, 이것은 문왕을 말하는 것입니다.' 왕께서 힘써 행한다면 또한 나라를 새롭게 할 것입니다."

使畢戰⁴⁸⁾으로 問井地⁴⁹⁾하신대 孟子曰子之君이 將行仁政하여
사필전   문정지   맹자왈자지군   장행인정

選擇而使子하시니 子必勉之어다 夫仁政은 必自經界⁵⁰⁾始니
선택이사자   자필면지   부인정   필자경계 시

經界不正이면 井地不均하며 穀祿不平하리니 是故로 暴君汚吏는
경계부정　　정지불균　　곡록불평　　　시고　폭군오리

必慢其經界하나니 經界旣이면 正分田制祿은 可坐而定也니라
필만기경계　　　경계기　　정분전제록　　가좌이정야

夫滕壤地褊小하나 將爲君子焉이며 將爲野人焉이니
부등양지편소　　　장위군자언　　　장위야인언

無君子莫治野人이요 無野人莫養君子니라 請野九一而助[51]하고
무군자막치야인　　　무야인막양군자　　　청야구일이조

國中什一使自賦하라 鄕以下는 必有圭田[52]하니 圭田은 五十畝니라
국중십일사자부　　　향이하　　필유규전　　　규전　오십무

餘夫[53]는 二十五畝니라 死徙에 無出鄕이니 鄕田同井[54]이
여부　　　이십오무　　　사사　무출향　　　향전동정

出入에 相友하며 守望[55]에 相助하며 疾病에 相扶持하면
출입　상우　　　수망　　상조　　　질병　상부지

則百姓이 親睦하리라 方里而井이니 井九百畝니 其中爲公田이라
칙백성　친목　　　　방리이정　　정구백무　기중위공전

八家皆私百畝하여 同養公田하여 公事畢然後에 敢治私事하니
팔가개사백무　　동양공전　　　공사필연후　　감치사사

所以別野人[56]也니라 此其大略也니 若夫潤澤[57]之는 則在君與子矣니라
소이별야인　야　　　차기대략야　약부윤택　지　칙재군여자의

　문공이 필전에게 정전법을 묻게 하자 맹자가 말하기를
"그대의 임금이 앞으로 착한 정치를 하기 위해 사람을 골라 그
대를 보냈으니 그대는 반드시 힘써 노력해야 한다. 대저 착한 정
치는 반드시 땅의 경계를 바로잡음에서 시작된다. 이 경지의 경계

가 바르지 못하면 정전이 균등하지 못하고 생산되는 곡식도 평등하지 못하게 된다. 따라서 관리에게 주는 녹봉도 공평하지 못할 것입니다. 그러므로 옛날부터 폭군과 탐관오리들은 토지의 경계를 제멋대로 정해서 사리사욕을 채웠던 것입니다. 경계를 정하는 것이 바르게 되면 경전의 분배와 산출량의 제정은 가만히 앉아서 정할 수 있다. 대저 등나라는 땅이 작지만 그 속에는 장차 군자가 되거나 농사짓는 야인도 있습니다. 군자가 없으면 야인을 다스릴 수 없고 야인이 없으면 군자를 기를 수가 없다. 청컨대 지방에 구일로써 조법을 시행하고, 가까운 교내에서는 철법을 써서 10분의 1을 세금으로 정해서 스스로 납부하게 하면 된다. 경 이하의 관리들에게는 반드시 규전이 있는데, 규전은 한 집에 50묘씩이고 관리들의 자제로서 그 집을 계승하지 못하여 서민이 된 자는 규전 25묘씩을 배당해 주는 것이다. 이러면 죽거나 이사를 해도 마을을 떠나지 않고 고향의 밭에서 정전을 같이 경작하고, 서로 출입할 때는 도와주고, 도둑을 지키는 것도 서로 도와주고, 질환이 있으면 서로 도와준다면 백성은 자연스럽게 서로 친해질 것이다. 사방 1리가 한 정이고 일 정은 900묘로 그 중앙이 공전으로 하고, 여덟 가구가 각각 사전 100묘씩을 경작하면서 공전을 함께 가꾸면 된다. 공전의 일을 끝낸 다음에 감히 사전의 일을 할 수 있는 것인데, 이것이 상하의 구별을 분명히 하는 이유다. 이상으로 말한 것이 정전법의 대략인데, 이것을 분석하여 풍속과 실정에 알맞게 잘 활용하는 것은 오직 임금과 그대의 손에 달려 있다."
라고 말했다.

등문공 장구 하
滕文公章句 下

이 구절에서는 백성들을 계몽 선도할 수 있는 군자의 상像과 효도의 모범을 선보이고 있으며 정치란 옛날의 도로 돌아감보다 더 아름다운 것이 없다고 주장하였다.

한 자를 구부려서 한 길을 편다

陳代[1]曰 不見諸侯 宜若小然하이다 今一見之하시면 大則以王이요
진대 왈 불견제후 의약소연   금일견지   대칙이왕

小[2]則以霸니이다 且志에 曰枉尺而直尋[3]이라 하니 宜若可爲也로소이다
소 칙이패   차지 왈왕척이직심   의약가위야

孟子曰昔에 齊景公이 田[4]할새 招虞人以旌[5]한대 不至어늘 將殺之러니
맹자왈석 제경공 전   초우인이정   부지   장살지

志士는 不忘在溝壑이요 勇士는 不忘喪其元이라 하시니
　지사　불망재구학　　용사　불망상기원

孔子는 奚取焉고 取非其招不往也시니 如不待其招而往엔 何哉오
　공자　해취언　취비기초불왕야　　여불대기초이왕　　하재

　진대가 말했다.
　"선생님께서 제후를 만나 보지 않으신 것은 소심한 것 같습니다. 이제라도 만약 한번 만나 보면 크게는 왕자를 만들 것이요, 작게는 패자를 만들 것입니다. 또 옛 글에 이르기를 '한 자를 구부려서 한 길을 곧게 편다.' 라고 했으니 마땅히 선생님께서 한번 해 볼 만합니다."
라고 말했다. 맹자가
　"옛날에 제나라 경공이 사냥할 때 기를 가지고 동산지기인 우인을 깃발을 흔들어 불렀지만, 오지 않자 그를 죽이려고 했다. 공자가 이 말을 듣고 '뜻 있는 선비는 도를 위해 죽어 구렁텅이에 구를 것을 각오해야 하고, 용사는 의리를 위해 자기의 목숨을 잃을 것을 잊지 않는다.' 라고 말했는데, 공자께서는 무엇에 감동받아 이렇게 칭찬했는가? 그것은 정당한 방법으로 부르지 않는다면 목숨이 달아날지라도 가지 않는다. 나 또한 제후가 부르지도 않는데 간다면 어떻게 되겠는가?

且夫枉尺而直尋者는 以利言也니 如以利면 則枉尋直尺而라도
　차부왕척이직심자　　이리언야　　여이리　　칙왕심직척이

利亦可爲與아 昔者에 趙簡子⁶⁾使王良⁷⁾으로 與⁹⁾嬖奚⁸⁾乘한대
　리역가위여　　석자　조간자　사왕량　　여　폐해　승

終日而不獲一禽하고 嬖奚反命曰 天下之賤工也러이다
종일이불획일금　　폐해반명왈 천하지천공야

或이 以告王良한대 良曰 請復之彊호하리라 強而後可에라 하야늘
혹　 이고왕량　량왈 청부지강　　　 강이후가

一朝而獲十禽하고 嬖奚反命曰 天下之良工也러이다
일조이획십금　　폐해반명왈 천하지량공야

簡子曰 我使掌與女乘호리라 하고 謂王良한대
간자왈 아사장여여승　　　　　 위왕량

良이 不可曰 吾爲之範我馳驅오니 終日不獲一하고
량　 불가왈 오위지범아치구　　 종일불획일

爲之詭遇[10]호니 一朝而獲十하니 詩云 不失其馳어늘
위지궤우　　 일조이획십　　시운 불실기치

舍矢如破라 하니 我不貫[11]與小人乘호니 請辭라 하니라
사시여파　　　 아불관 여소인승　　 청사

御者 且羞與射者比하야 比而得禽獸를 雖若丘陵이라도
어자 차수여사자비　　 비이득금수　 수약구릉

弗爲也하니 如枉道而從엔 彼何也오 且子過矣로다
불위야　　 여왕도이종　 피하야　 차자과의

枉己者 未有能直人者也니라
왕기자 미유능직인자야

또한 내가 말한 '한 자를 구부려서 한 길을 곧게 편다.'는 것은 원래 이익을 가지고 한 말이기 때문에 만일 이익을 위한 것이라면 여덟 자 되는 지조를 굽혀서 한 자 되는 이익을 얻어도 하겠다는 말이냐? 옛날에 조간자가 왕량을 시켜 자신의 근신 폐해를

위해 수레를 몰게 했더니 하루 종일토록 새 한 마리도 잡지 못하자 폐해가 조간자에게 '왕량은 세상에서 제일 보잘것없는 말 몰이꾼이었습니다.' 라고 했다. 그러자 어떤 사람이 이 말을 왕량에게 전하자 왕량은 '그렇다면 다시 한번 해 보겠습니다.' 라고 간청했다. 조간자는 처음에는 그의 말을 듣지 않다가 거듭 간청하므로 겨우 승낙을 얻었는데, 이번에는 하루 아침에 열 마리 새를 잡아왔으므로, 폐해가 또 조간자에게 '왕량은 천하에 훌륭한 말 몰이꾼이었습니다.' 라고 하자, 조간자가 '내가 왕량에게 네 수레를 모는 일을 맡아 보게 해 주었다.' 라고 했다. 이 말을 왕량에게 전하자 왕량이 듣지 않고 말하길 '내가 폐해를 위하여 나의 말 모는 방법대로 하면 종일토록 새 한 마리도 못 잡고, 그를 위해 내 방법을 어긋나게 하면 하루 아침에 새 열 마리를 잡습니다. 『시경』에 이르기를 그 말 모는 방법을 바르게 하면 화살을 쏘는 대로 모두 맞힌다고 했습니다. 나는 이런 소인의 수레를 모는 것에 숙달되지 못하기 때문에 그만두겠습니다.' 고 했다. 마부 조차 활 쏘는 자에게 아부하는 것을 부끄러워하여 그 사람에게 아부하여 새, 짐승을 산더미처럼 잡는다고 해도 결코 그런 일은 하지 않는다. 무엇 때문에 내 주장을 굽혀서 제후를 좇는다면 어찌 되겠느냐? 또 너의 생각이 잘못이다. 자기의 몸을 굽혀서 남을 곧게 할 수는 없다."
라고 말했다.

올바른 길을 가지 않은 사람은
담에 구멍을 뚫고 엿보는 것과 같다

周霄[12]問曰 古之君子 仕乎아까 孟子曰 仕니라 傳에
주소 문왈 고지군자 사호   맹자왈 사   전

曰 孔子三月無君[13]이면 則皇皇如[14]也하사 出疆[15]에 必載質[16]라 하고
왈 공자삼월무군   칙황황여 야   출강   필재질

公明儀[17]曰 古之人이 三月無君則弔라 하니라 三月無君則弔는
공명의 왈 고지인 삼월무군칙조   삼월무군칙조

不以急乎이까 曰 士之失位也는 猶諸侯之失國家也니 禮[18]에
부이급호   왈 사지실위야   유제후지실국가야   예

曰 諸侯耕助하야 以供粢盛하고 夫人蠶繅하야 以爲衣服이라 하니
왈 제후경조   이공자성   부인잠소   이위의복

犧牲이 不成하여 粢盛이 不潔하며 衣服이 不備면 不敢以祭하고
희생   부성   자성   부결   의복   부비   부감이제

惟士無田이면 則亦不祭하나니 牲殺器皿衣服이 不備하여
유사무전   칙역부제   생살기명의복   부비

不敢以祭면 則不敢以宴이니 亦不足弔乎아
불감이제   칙불감이연   역부족조호

주소가 물어 말하기를
"옛날의 군자들은 벼슬했습니까?"라고 묻자 맹자가 말하기를
"벼슬했다. 공자가 석 달 동안 임금이 없으면 어찌할 줄을 몰랐고, 국경을 넘어갈 적에 반드시 예물을 싣고 갔습니다. 또 공명의가 말하길 '옛 사람들은 석 달 동안 임금이 없는 사람에게는 위문

하였다.'고 했습니다. 석 달 동안 임금이 없다고 해서 위문을 한다는 것은 너무 조급한 것이 아닙니까?"
라고 물었다. 맹자가 말하기를
 "아닙니다. 선비가 벼슬자리를 잃는 것은 제후가 나라를 잃는 것과 마찬가지이다. 『예기』에서 이르기를 '제후가 밭 갈고 거두어 제사 음식을 마련하고, 부인이 누에를 쳐서 실을 뽑아 제복을 만든다.'고 했다. 그런데 희생으로 쓸 산 제물이 마련되지 못하고, 제사 음식이 깨끗하지 못하며, 제복이 마련되지 못하면 감히 제사를 지내지 못한다. 선비도 농사지을 밭이 없으면 또한 제사를 지내지 못한다. 또한 희생이나 그릇과 의복 따위가 갖춰지지 못해 제사를 지내지 못한다면 잔치도 열 수가 없을 것이다. 그렇게 되면 모두가 위문하는 것도 당연한 일이 아니겠습니까?"
라고 말했다.

出疆에 必在質는 何也이꼬 曰 士之仕也 猶農夫之耕也니
출강 필재질 하야 왈 사지사야 유농부지경야

農夫 豈爲出疆하야 舍其耒耜哉리오
농부 기위출강 사기뢰사재

曰晉國[19]이 亦仕國[20]也로대 夫嘗聞仕 如此其急호니
왈진국 역사국 야 부상문사 여차기급

仕如此其急也인댄 君子之難仕[21]는 何也이꼬
사여차기급야 군자지난사 하야

曰丈夫生而願爲之有室하며 女子生而願爲之有家는
왈장부생이원위지유실 여자생이원위지유가

父母之心이라 人皆有之언마는 不待父母之命과
부모지심　　인개유지　　　부대부모지명

媒妁之言하고 鑽穴隙相窺하며 踰牆相從하면 則父母國人이
매작지언　　찬혈극상규　　유장상종　　칙부모국인

皆賤之하나니 古之人이 未嘗不欲仕也언마는
개천지　　　고지인　　미상불욕사야

又惡不由其道하니 不由其道而往者는 與鑽穴隙之類也니라
우악불유기도　　부유기도이왕자　　여찬혈극지류야

"그러면 국경을 나갈 적에 반드시 예물을 싣고 간다는 것은 무슨 뜻입니까?"
라고 묻자 맹자가 말하기를

"선비가 벼슬하는 것은 마치 농부가 밭을 가는 것과 마찬가지다. 농부가 국경을 나갈 적에 농기구를 어떻게 버리고 가겠는가?"
라고 말했다. 주소가 또 물었다.

"우리 진나라 또한 벼슬할 만한 나라이지만, 지금까지 벼슬하는 것이 이처럼 조급한 것인 줄은 이제까지 듣지 못했습니다. 벼슬하는 것이 이렇게 조급한 것이라면 군자가 벼슬하기를 두렵게 여기는 것은 무슨 까닭입니까?"
라고 물었다. 맹자가 말하기를

"사나이가 세상에 태어나면 그를 위해 가정 갖기를 원하며, 여자는 세상에 태어나면 그를 위해 좋은 남편을 얻어줄 생각을 하는 것이 부모의 마음인데, 사람마다 모두 이런 마음을 가지고 있다. 그런데도 젊은 남녀가 부모의 승낙도 없이 또 중매쟁이의 말을 들어 보지도 않고 제멋대로 담에 구멍을 뚫어 서로 엿보고, 담장을 넘어 서로 비밀히 만나 놀아난다면 부모나 세상 사람들이 이것을 천하게 여길 것이다. 옛 사람들은 벼슬하기를 원하지 않은 사람은 없지만, 오직 벼슬하는 것이 정당한 방법이 아니면 이를 미워하는 법입니다. 올바른 길을 거쳐 벼슬하지 않은 사람은 담에 구멍을 뚫고 엿보는 것과 같은 짓이다."
라고 말했다.

자기 지조를 충족할 수 있는 것은

匡章[23]曰 陳仲子[24]는 豈不誠廉士哉리오
광장 왈 진중자 기불성렴사재

居於陵[25]할새 三日不食하야 耳無聞하며 目無見也러니
거오릉 삼일불식 이무문 목무견야

井上有李 螬食實者 過半矣어늘 匍匐往將食之하야
정상유리 조식실자 과반의 포복왕장식지

三咽 然後에야 耳有聞하며 目有見하니라
삼인 연후 이유문 목유견

孟子曰 於齊國之士에 吾必以仲子로 爲巨擘[26]焉이니와
맹자왈 어제국지사 오필이중자 위거벽 언

雖然이나 仲子는 惡能廉이리오
수연 중자 악능렴

充[27]仲子之操면 則蚓而後可者也니라
충 중자지조 칙인이후가자야

夫蚓은 上食槁壤²⁸⁾하고 下飮黃泉²⁹⁾하나니
부인　상식고양　　　하음황천

광장이 말하기를

"진중자는 어찌 진실로 청렴한 선비가 아니겠습니까? 그가 오릉에 거처할 적에 집이 가난해서 사흘 동안을 먹지 못해서 귀가 거의 들리지 않고 눈도 보이지 않았습니다. 그런데 우물가에 살구가 떨어져 있었는데, 벌레 먹은 열매가 반이 넘었습니다. 진중자가 기어 가서 떨어진 열매를 주워서 세 번을 삼킨 뒤에 귀가 들리고 눈도 보였습니다."

라고 말했다. 맹자가 말하기를

"제나라의 사람들 중 나는 진중자를 제일로 꼽는다. 하지만 비록 진중자가 그것을 잡아먹었다 할지라도, 어찌 청렴하다고 할 수 있겠느냐? 진중자다운 절조를 관철하려면, 지렁이가 된 다음에나 가능할 것이다. 지렁이는 위에서는 마른 흙을 먹고, 아래에서는 흐린 지하수를 마시는 것이다.

仲子所居之室은 伯夷之所築與아 抑亦盜跖之所築與아
중자소거지실　백이지소축여　억역도척지소축여

所食之粟은 伯夷之所樹與아 抑亦盜跖³⁰⁾之所樹與아
소식지속　백이지소수여　억역도척　지소수여

是未可知也로다 曰是何傷哉리오 彼身織屨하고
시미가지야　　왈시하상재　　피신직구

妻辟纑하여 以易之也니이다 曰仲子는 齊之世家³¹⁾也라
처벽로　　이역지야　　　왈중자　제지세가　야

兄戴³²⁾ 蓋祿萬鍾이러니 以兄之祿爲不義之祿而不食也하며
　형대　개록만종　　이형지록위불의지록이불식야

以兄之室爲不義之室而不居也하고 辟兄離母하여 處於於陵이러니
　이형지실위불의지실이불거야　　벽형이모　　처어어릉

　진중자가 지금 거처하고 있는 집은 백이같이 청렴한 사람이 지은 집이냐? 그렇지 않으면 도척 같은 도둑이 지은 집이냐? 그가 먹는 곡식은 백이가 심은 것이냐? 그렇지 않으면 도척이 심은 것이냐? 이것은 알지 못하겠구나."
라고 말했다.
　광장이 말하기를
"그게 무엇이 문제가 되겠습니까? 진중자는 자기 손으로 신을 삼고, 부인은 실을 뽑고 길쌈해서 그것으로 곡식과 바꾸어 먹습니다."
라고 하자 맹자가 말하기를
"진중자는 제나라에서 대대로 벼슬을 해 온 세가이다. 그의 형 진대는 개 땅에서 받는 녹이 만 종인데, 그러나 그는 형이 받은 녹을 의롭지 않은 녹이라 해서 먹지 않고, 형이 거처하는 집은 의롭지 않은 집이라 해서 살지 않고, 형을 피하고 어머니를 떠나 오릉에 따로 거처했다.

他日歸하니 則有饋其兄生鵝者어늘
　타일귀　　칙유궤기형생아자

己頻顣曰惡用是鶃鶃者爲哉리오하니라
　기빈축왈악용시역역자위재

他日에 其母殺是鵝也하여 與之食之러니
타일   기모살시아야   여지식지

其兄自外至曰是鶃鶃之肉也한대 出而哇之[33]하니라
기형자외지왈시역역지육야   출이왜지

以母則不食하고 以妻則食之하며 以兄之室則弗居하고
이모칙불식   이처칙식지   이형지실칙불거

以於陵則居之하니 是尙爲能其類也乎아 若仲子者는
이어능칙거지   시상위능기류야호   약중자자

蚓而後充其操者也니라
인이후충기조자야

　그 뒤 어느 날 형 집에 갔을 때, 어떤 자가 형에게 산 거위를 선물한 것을 보고 얼굴을 찌푸리며 말하길 '이 꽥꽥거리는 것을 무엇에 쓴단 말입니까?' 라고 말했답니다. 그 뒤 어느 날 어머니가 이 거위를 잡아서 진중자와 함께 먹고 있는데, 때마침 형이 출타했다가 돌아와 말하길 '야, 그것이 꽥꽥거리는 거위고기다.' 라고 하자 이에 진중자는 밖에 나가서 토해 버렸다. 어머니가 주면 먹지 않고, 아내가 주면 아무 소리 않고 먹었는데, 형의 집이라면 살지 않고 오릉에서 따로 거처했다. 이렇게 해서 자기의 지조를 충족시킨다고 하겠는가? 진중자 같은 자는 지렁이가 되어야만 자기 지조를 충족할 수 있습니다."
라고 말했다.

이루 장구 상
離婁章句 上

이루는 눈이 무척 밝아 가을 터럭의 끝을 볼 수 있었다는 중국 전설상의 인물이다. 맹자는 당시의 임금에 대한 교도에 임할 때 그가 취한 태도와 언론이 적극성과 솔직함이 잘 드러나 있다. 구절마다 그의 적절한 비유와 활달한 언변은 그의 화술의 묘미를 느끼게 한다.

인정을 베풀지 않으면 천하를 다스릴 수 없다

孟子曰 離婁[1]之明과 公輸子[2]之巧로도 不以規며 矩[3]不能成方員[4]圓이요
맹자왈 이루 지명 공륜자 지교 불이규 구 불능성방원 원

師曠[5]之聰으로도 不以六律[6]이면 不能正五音[7]이요
사광 지총 불이육률 불능정오음

堯舜之道로도 不以仁政이면 不能平治天下니라
요순지도 불이인정 불능평치천하

今有仁心仁聞[8]이로되 而民不被其澤하야 不可法於後世者는
금유인심인문   이민불피기택   불가법어후세자

不行先王之道也일새니라 故로 曰 徒善[9]이 不足以爲政이오
불행선왕지도야   고   왈 도선   부족이위정

徒法[10]이 不能以自行이라 하니라 詩云 不愆不忘은 率由舊章[11]이라 하니
도법   불능이자행   시운 불건불망   솔유구장

遵先王之法而過者는 未之有也니라 聖人이 旣竭目力焉하시고
준선왕지법이과자   미지유야   성인   기갈목력언

繼之以規矩準繩[12]하시니 以爲方員平直에 不可勝用也며
계지이규구준승   이위방원평직   불가승용야

旣竭耳力焉하시고 繼之以六律하시니 正五音에 不可勝用也며
기갈이력언   계지이육률   정오음   불가승용야

旣竭心思焉하시고 繼之以不忍人之政하시니 而仁覆天下矣시니라
기갈심사언   계지이불인인지정   이인복천하의

맹자가 말하기를

"이루의 밝은 눈과 공수자의 교묘한 손재주로도 컴퍼스와 곡척을 사용하지 않으면 네모난 것과 둥근 것을 그릴 수가 없고, 사광의 밝은 청력으로도 육률을 사용하지 않으면 오음을 바로잡을 수가 없으며, 요순의 도로도 인정을 베풀지 않으면 천하를 평화롭게 다스릴 수 없다. 지금 여기에 인한 마음과 인한 소문이 있어도 백성들은 한 사람도 그 혜택을 입지 못하고 후세에 모범이 되지 못한 것은 선왕이 도를 행하지 않기 때문이다. 그렇기 때문에 나는 한갓 선함만 가지고 훌륭한 정치를 할 수가 없고, 한갓 모방뿐인 제도만 가지고는 스스로 행할 수 없는 것이라고 생각한다. 『시경』

에 이르기를 '틀리지도 않고 잊어버리지도 않는 것은 옛날 법을 본받아 따르기 때문이다.' 라고 했다. 선왕의 법을 좇으면서도 잘못을 저지른 자는 이제까지 없었다. 옛 성인은 자기 눈의 시력을 충분히 쓴 위에 이어서 컴퍼스와 곱자와 수평 및 먹을 사용했으니 그것으로 모난 것과 둥근 것과 반듯한 것과 곧은 것을 만들기 때문에 이루 다 쓸 수 없을 것이며, 이미 청력을 다하고 이어서 육률로 바로잡았으니, 그것으로 오음을 바르게 하는데, 이루 다 사용할 수가 없으며, 이미 마음과 생각을 다하고 그에 이어 남을 차마 해치지 못하고 남의 불행을 차마 보지 못하는 정치를 시행하였기 때문에 인이 온 천하를 뒤덮은 것이다. 그래서 높아지면 반드시 언덕을 이용해야 하고, 낮아지면 반드시 강과 늪을 이용해야 한다고 말하지만, 정치를 함에 있어서 선왕의 도를 본받지 않으면 어찌 지혜롭다고 할 수 있겠는가?

故로 曰 爲高로대 必因丘陵하며 爲下호대 必因川澤이라 하니
고 왈 위고 필인구릉 위하 필인천택

爲政호대 不因先王之道면 可謂智乎아 是以惟仁者아
위정 불인선왕지도 가위지호 시이유인자

宜在高位니 不仁而在高位면 是는 播其惡於衆也니라
의재고위 불인이재고위 시 파기악어중야

上無道揆也하며 下無法守也하야 朝不信道[13]하며 工不信度하여
상무도규야 하무법수야 조불신도 공불신도

君子犯義오 小人이 犯刑이면 國之所存者 幸也니라
군자범의 소인 범형 국지소존자 행야

故로曰城郭不完하며兵甲不多가非國之災也며
고 왈 성곽불완 병갑불다 비국지재야

田野不辟하며貨財不聚非國之害也라上無禮하며
전야불벽 화재불취 비국지해야 상무례

下無學이면賊民이興하여喪無日矣라 하니라
하무학 적민 흥 상무일의

詩曰天之方蹶¹⁴⁾시니無然泄泄라 하니
시왈 천지방궐 무연설설

泄泄¹⁵⁾는猶沓沓¹⁶⁾也니라事君無義하면
설설 유답답 야 사군무의

進退無禮하고言則非先王之道者猶沓沓也니라
진퇴무례 언칙비선왕지도자유답답야

故로曰責難於君¹⁷⁾을謂之恭이요陳善閉邪를謂之敬이요
고 왈 책난어군 위지공 진선폐사 위지경

吾君不能을謂之賊이라 하니라
오군불능 위지적

이런 까닭으로 오직 어진 사람이어야 마땅히 임금의 높은 지위에 있을 것이고, 만일 어질지 못하면서 높은 지위에 있으면 자신의 악한 것을 백성들에게 퍼뜨리는 것이다. 위에 있는 임금이 도와 규정이 없으면 아랫사람이 법을 지키지 않고, 조정에서 도를 믿지 아니하면 공인이 규정을 지키지 않고, 군자는 정의를 배반하고, 서민은 범죄를 범하게 된다. 이렇게 하고서 나라가 망하지 않은 것이 요행이다. 그런 까닭으로 성곽이 완전하지 못하고 병기가 많지 못한 것이 나라의 재해가 아니다. 농토가 개간되지 않고 재물

이 많이 모이지 않은 것이 나라의 재해가 아니다. 위에 있는 자는 예의가 없고 아래에 있는 자는 배우지 못하는 것이니 이렇게 되면 사나운 민심이 일어나 나라가 망하는 것조차 겨를이 없다. 『시경』에 이르길 '하늘이 바야흐로 우리나라를 전복하려고 하는데, 모든 신하들이 시끄럽게 굴지 말라.' 고 했다. 시끄럽게 군다는 것은 떠들어 댄다와 같은 의미다. 임금을 섬기는 데에 의리가 없고, 입만 벌리면 선왕의 도를 비난하는 무리들이 바로 떠들어 댄다는 것이다. 그래서 임금에게 어려운 일을 바라는 것을 공이라 하고, 선한 것을 펼쳐 놓아 사특한 것을 막는 것을 경이라 하며, 우리 임금은 능력이 없다 하는 것을 적이라고 한다."
라고 말했다.

어질지 못하면 천하를 잃어버린다

孟子曰 三代之得天下也는 以仁이요 其失天下也는 以不仁이니라
맹자왈 삼대지득천하야   이인   기실천하야   이불인

國[18]之所以廢興存亡者도 亦然하니라
국 지소이폐흥존망자   역연

天子不仁이면 不保四海[19]하고 諸侯不仁이면 不保社稷하고
천자불인   불보사해   제후불인   불보사직

卿大夫不仁이면 不保宗廟하고 士庶人不仁이면 不保四體[20]니라
경대부불인   불보종묘   사서인불인   불보사체

今에 惡死亡而樂不仁하나니 是猶惡醉而强酒[21]니라
금　악사망이락불인　　　시유악취이강주

맹자가 말하기를
"하·은·주 3대가 천하를 얻은 것은 어진 정치를 펼쳤기 때문이고, 삼 대가 천하를 잃은 것은 어질지 못했기 때문이다. 제후의 나라가 퇴폐하고 흥성하고 존속하고 멸망하는 것도 모두 그와 같다. 만일 천자가 어질지 못하면 천하를 보존할 수 없고, 제후가 어질지 못하면 사직을 보존할 수 없고, 경대부가 어질지 못하면 종묘를 보존할 수 없다. 선비와 서민이 어질지 못하면 자기의 사체를 보존할 수가 없다. 그런데 이제 죽고 멸망하는 것은 싫어하면서도 그래도 어질지 못한 일은 즐겨 하는데, 이것은 마치 취하는 것을 싫어하면서 무리하게 술을 마시는 것과 같은 것이다."
라고 말했다.

올바른 길을 가라

孟子曰 自暴者[22]는 不可與有言也요
맹자왈 자포자　　불가여유언야

自棄者[23]는 不可與有爲也니 言非禮義[24]를 謂之自暴也요
자기자　　불가여유위야　언비예의　　위지자포야

吾身不能居仁由義를 謂之自棄也니라
오신불능거인유의　위지자기야

仁은 人之安宅也[25]요 義는 人之正路也라
인　인지안택야　　의　인지정로야

曠[26]安宅而弗居하며 舍正路而不由[27]하나니 哀哉라
광　안택이불거　　　사정로이불유　　　애재

맹자가 말하기를

"스스로 자신을 나쁘다고 체념하는 자와 함께 이야기할 수 없고, 스스로 자신을 쓸 곳이 없다고 버리는 사람과 함께 일할 수 없다. 말마다 예와 의가 그르다는 것을 스스로 해치는 것은 자포라 하고, 나 같은 사람은 도저히 인을 행할 자격이 없다고 하는 자를 자기라고 한다. 인한 것은 사람이 편안하게 살 집이고, 의는 사람의 올바른 길이다. 편안한 집을 비워 두고 거처하지 않으며, 올바른 길을 버리고 가지 않으니 슬픈 일이다."

라고 말했다.

군자가 자기 자식을 가르치지 않는 이유

公孫丑曰 君子之不敎子는 何也이꼬 孟子曰勢不行也니라
공손추왈군자지불교자　　하야　　맹자왈세불행야

敎者는 必以正이니 以正不行이어든 繼之以怒하고
교자　필이정　　　이정불행　　　계지이노

繼之以怒면 則反夷[28]矣니 夫子[29]敎我以正하사대
계지이노　칙반이　　의　부자　교아이정

夫子未出於正也라 하면 則是父子相夷也니
부 자 미 출 어 정 야　　칙 시 부 자 상 이 야

父子相夷 則惡矣니라 古者에 易子而敎之하니라
부 자 상 이　칙 악 의　　고 자　역 자 이 교 지

父子之間은 不責善[30]이니 責善則離하나니
부 자 지 간　불 책 선　　　책 선 칙 리

離則不祥이 莫大焉이니라
리 칙 불 상　막 대 언

공손추가 말하기를

"군자는 손수 자기 자식을 가르치지 않는다고 하는데 무슨 이유입니까?"

라고 묻자 맹자가 말하길

"형편상 그리 되지 않기 때문이다. 가르치는 사람은 반드시 정도로 가르치는데, 만일 가르치는 대로 행하지 않으면 노하게 된다. 노여움이 계속되면 자식에 대한 애정이 상하게 된다. 그러면 자식은 마음속으로 '아버지는 나에게 정도를 가르쳐 주지만, 아버지는 왜 정도대로 행하지 못하는 것인가?'라고 말하게 될 것이다. 이것은 부모와 자식 간에 서로의 애정을 손상하는 것이기 때문에 좋지 못하다. 그래서 옛날에는 자기 자식을 남의 자식과 바꾸어서 가르쳤다. 아비와 자식 간에는 잘 하는 일을 권하면 부자 사이의 정리가 이반된다. 정리가 이반되는 것은 사람에게 있어서 가장 상서롭지 못한 일이다."

라고 말했다.

진실하게 살아라

孟子謂樂正子曰 子之從於子敖來는 徒餔啜³¹⁾也로다
맹자위락정자왈 자지종어자오래 도포철 야

我不意子學古之道而以餔啜也호라
아불의자학고지도이이포철야

맹자가 악정자에게 말하기를
"그대가 저오를 따라서 제나라에 온 것은 한갓 먹고 마시기 위해서이구나. 나는 그대가 옛날의 도를 배우면서 먹고 마실 때 사용할 줄은 미처 생각하지 못했다."
라고 말했다.

부모에게 인정받지 못하면 사람이 될 수 없다

孟子曰 天下大悅하야 而將歸己어든 視天下悅而歸己호대
맹자왈 천하대열   이장귀기   시천하열이귀기

猶草芥也³²⁾는 惟舜이 爲然하시니 不得乎親이란
유초개야   유순 위연   불득호친

不可以爲人이요 不順乎親이란 不可以爲子러시다
불가이위인   불순호친   불가이위자

舜이 盡事親之道而瞽瞍³³⁾底豫하니 瞽瞍底豫而天下化하며
순 진사친지도이고수 저예   고수저예이천하화

476

瞽瞍厎豫而天下之爲父子者定[34]하니 此之謂大孝니라
고 수 저 예 이 천 하 지 위 부 자 자 정　　차 지 위 대 효

맹자가 말하기를

"천하의 백성들이 크게 기뻐하여 장차 자기에게로 돌아오려고 하는데, 자기에게로 돌아오는 것을 마치 지푸라기처럼 여긴 사람은 오직 순임금만이 그렇게 했다. 부모에게 인정을 받지 못하면, 사람이 될 수 없고, 부모에게 순종하지 않으면 자식이 될 수 없다고 여겼다. 순임금이 어버이를 섬기는 도리를 다하자 아버지 고수가 기뻐하게 되었다. 고수가 기뻐하자 천하도 감화되었고, 고수가 기뻐하자 천하의 부모와 자식 간에 도덕이 정해졌다. 세상에서는 이것을 가리켜 대효라고 한다."
라고 말했다.

이루 장구 하
離婁章句 下

이 구절에서는 맹자가 옳지 못한 도로 부귀영화를 좇는 사람들을 적극적으로 비난하였다. 그는 부귀공명을 좇는 사람들을 통해 그때의 세상 형편을 날카롭게 꼬집었다. 그는 왕이 신하들을 정성스럽게 대하여야 한다고 여러 사례들을 들어가면서 말하였다.

성인의 법도는 오직 한 가지이다

孟子曰 舜은 生於諸馮[1]하사 遷於負夏[1]하사 卒於鳴[1]條하시니
맹자왈 순 생어제풍 천어부하 졸어명 조

東夷之人[2]也시니라 文王은 生於岐周[3]하사 卒於畢郢[4]하시니
동이지인 야 문왕 생어기주 졸어필영

西夷之人也시니라 地之相去也 千有餘里며 世之相後也
서이지인야 지지상거야 천유여리 세지상후야

千有餘歲대로 得志行乎中國하산 若合符節5)하니라
천유여세   득지행호중국   약합부절

先聖6)後聖7)이 其揆8)一也니라
선성 후성   기규 일야

맹자가 말했다.
"순임금은 저풍에서 태어나서 부하로 옮겼다가 명조에서 죽었으니 말하자면 동이의 사람이다. 문왕은 기주에서 태어나서 필영에서 죽었으니 서이의 사람이다. 이 두 성인이 태어난 땅 사이의 거리가 천여 리나 되며 세대의 간격이 천여 년이나 되지만, 두 사람은 모두 뜻을 얻어서 천하에 도를 행한 점에 있어서는 똑같다. 먼저 태어난 성인과 후에 태어난 성인도 그 행한 도는 같은 것이다."
라고 말했다.

군자는 몸소 체득하기를 바란다

孟子曰 君子 深造之9)以道는 欲其自得之也니 自得之則居之安하고
맹자왈 군자 심조지 이도   욕기자득지야   자득지칙거지안

居之安則資之10)深하고 資之10)深則取之左右에 逢其原11)이니
거지안칙자지 심   자지 심칙취지좌우 봉기원

故로 君子는 欲其自得之也니라
고   군자   욕기자득지야

맹자가 말하길

맹자가 말하길
"군자가 도를 깊이 공부하는 것은 도를 충분히 얻어서 자기 물건으로 삼으려 하기 때문이다. 도를 자기 마음에 얻으면 편안히 거처할 수가 있다. 이렇게 되면 그 가까운 데서 취해도 그 근원을 알게 된다. 그런 까닭에 군자는 우선 도를 체득해서 자기의 것으로 삼으려고 한다."
라고 말했다.

말에 진실이 없으면 좋지 않다

孟子曰 言無實[12]不祥하니 不祥之實은 蔽賢[13]者當之[14]니라
맹자왈 언무실 불상   불상지실   폐현 자당지

맹자가 말하기를
"말의 그 자체에는 실제로 상서롭지 못한 것이 없다. 상서롭지 못하다는 실제 사실은 어진 것을 가리는 것을 두고 한 말이다."
라고 말했다.

군자는 명성을 중히 여긴다

徐子[15]曰 仲尼[16]亟稱於水曰 水哉水哉[17]여 하시니
서자 왈 중니 극 칭어수왈 수재수재

何取於水也니이면 孟子曰 原泉[18]이 混混[19]하여
하 취 어 수 야　　　맹 자 왈 원 천　　혼 혼

不舍晝夜하여 盈科而後에 進하야 放乎四海하나니
불 사 주 야　　영 과 이 후　　진　　방 호 사 해

有本者如是라 是之取爾[20]시니라
유 본 자 여 시　　시 지 취 이

苟爲無本이면 七八月之間에 雨集하여
구 위 무 본　　　칠 팔 월 지 간　　우 집

溝澮[21]皆盈이나 其涸也는 可立而待也니
구 회 개 영　　　기 학 야　　가 립 이 대 야

故로 聲聞[22]過情을 君子恥之니라
고　성 문　과 정　군 자 치 지

서자가 말하기를

"중니가 물에 대해 감탄하면서 말하기를 '물이여! 물이여!' 했는데, 중니는 물의 무엇을 취하여 감탄했습니까?"
라고 물었다. 맹자가 말하기를

"근원이 깊은 샘물은 끊임없이 흘러 밤낮을 가리지 않고, 웅덩이를 가득 채운 다음에 나아가 사해까지 이르게 되는 것이다. 따라서 근본이 있는 것은 모두 이와 같아서 끝이 없는 것이다. 공자께서는 이 점을 취하신 것이다. 진실로 근본이 없다면 비록 칠월이나 팔월 사이에 빗물이 모여 개천들을 모두 가득 차게 되지만, 마르는 것도 서서 그대로 기다려 볼 수 있는 정도이다. 그런 이유로 명성이 실정보다 지나치는 것을 군자는 부끄럽게 여기는 것이다."
라고 말했다.

의리를 저버리지 말라

逢蒙이 學射於羿[23]하여 盡羿之道하고 思天下에 惟羿爲愈己라 하야
방몽 학사어예   진예지도   사천하   유예위유기

於是에 殺羿한대 孟子曰 是亦羿有罪焉이니라
어시   살예   맹자왈 시역예유죄언

公明儀曰 宜若無罪焉하니라 曰薄乎云爾언정 惡得無罪리오
공명의왈 의야무죄언   왈박호운이   악득무죄

방몽이 활 쏘기를 후예에게 배워 그의 재주를 모두 습득하자, 천하에 나의 궁술을 앞서는 자는 오직 후예일 것이라고 생각해서, 그만 후예를 죽였다. 맹자가 말하기를
 "여기에 후예도 죄가 있었던 것이다."
라고 평했다. 그러자 공명의가
 "제 생각엔 죄가 없는 것 같습니다."
라고 말하자 맹자가 말하기를
 "그것은 과실이 적다고 할 수 있을지라도, 왜 과실이 없다고 할 수가 있겠는가?

鄭人이 使子濯孺子[24]로 侵衛어늘 衛使庾公之斯[25]늘 追之러니
정인   사자탁유자   침위   위사유공지사   추지

子濯孺子曰 今日에 我疾作이라 不可以執弓이로소니
자탁유자왈 금일   아질작   불가이집궁

吾死矣夫인저 하고 問其僕曰 追我者는 誰也오
오사의부   문기복왈 추아자   수야

其僕曰 庾公之斯也니이다 曰吾生矣로다 其僕曰 庾公之斯는
기 복 왈 유공지사야　　　왈오생의　　　기 복 왈 유공지사

衛之善射者也어늘 夫子曰吾生은 何謂也이꼬
위 지선사자야　　　부자왈오생　하위야

曰庾公之斯는 學射於尹公之他²⁶⁾하고 尹公之他는 學射於我하니
왈유공지사　학사어윤공지타　　　윤공지타　학사어아

夫尹公之他는 端人也라 其取友 必端矣리라
부윤공지타　단인야　기취우 필단의

庾公之斯至曰 夫子는 何爲不執弓고 曰今日에 我疾作이라
유공지사지왈 부자　하위불집궁　　왈금일　아질작

不可以執弓이로다 曰小人은 學射於尹公之他하고
부가이집궁　　　왈소인　학사어윤공지타

尹公之他는 學射於夫子하니 我不忍以夫子之道로 反害夫子하노라
윤공지타　학사어부자　　　아불인이부자지도　　반해부자

雖然이나 今日之事는 君事也라 我不敢廢라 하고 抽矢扣輪하야
수연　　금일지사　군사야　아불감폐　　　　추시구륜

去其金하고 發乘矢²⁷⁾而後에 反하니라
거기금　　발승시　이후　반

　정나라에서 자탁유자를 시켜 위나라를 공격하자 위나라에서는 유공지사를 시켜 자탁유자를 쫓아내게 했다. 이들은 모두 궁술에 능한 사람들이었다. 자탁유자가 '오늘날 나는 병이 났기 때문에 활을 쏠 수가 없게 되어 나는 죽게 되었다.' 라면서 마부에게 '도대체 나를 추격하는 자가 누구인가?' 라고 물었다. 마부가 '유공지사라는 자입니다.' 라고 하자 자탁유자가 '그렇다면 내가 살았구나.' 라고 말

했다. 그러자 마부는 '유공지사는 위나라에서 활을 잘 쏘는 사람인데, 선생님께서 살았다는 것은 무슨 말씀입니까?' 라고 물었다. 자탁유자가 '유공지사는 본래 윤공지타에게 활 쏘기를 배웠고, 윤공지타는 나에게 활 쏘기를 배웠다. 윤공지타라는 자는 매우 바른 사람이다. 그러니 그가 벗을 선택함에도 틀림없이 바른 사람이리라.' 라고 했다. 그런 후 유공지사가 다가와 '선생께서는 왜 활을 잡지 않습니까?' 라고 묻자, 자탁유자가 '오늘 나는 병이 났기 때문에 활을 쏠 수 없소.' 라고 했다. 그러자 유공지사가 '저는 활 쏘기를 윤공지타에게 배웠고, 윤공지타는 선생께 활 쏘기를 배웠습니다. 저는 선생님에게 배운 궁술로써 선생님을 해칠 수가 없습니다. 그러나 오늘의 일은 임금의 명령이기 때문에 제가 감히 저버릴 수가 없습니다.' 라면서 화살을 뽑아 수레바퀴에 두들겨서 화살촉을 뽑아 버리고 네 대의 화살을 쏜 다음에 돌아갔다고 한다."
라고 말했다.

군자가 보통 사람과 다른 이유

孟子曰 君子所以異於人者는 以其存心也니 君子는 以仁存心하며
맹자왈 군자소이이어인자   이기존심야   군자   이인존심

以禮存心[28]이니라 仁者는 愛人하고 有禮者는 敬人하나니
이예존심   인자   애인   유예자   경인

愛人者는 人恒愛之하고 敬人者는 人恒敬之니라
애인자   인항애지   경인자   인항경지

有人於此하니 其待我以橫逆²⁹⁾ 則君子必自反也하야
유 인 어 차   기 대 아 이 횡 역   칙 군 자 필 자 반 야

我必不仁也며 必無禮也로다 此物³⁰⁾이 奚宜³¹⁾至哉오 하나니라
아 필 부 인 야 필 무 예 야   차 물   해 의   지 재

其自反而仁矣며 自反而有禮矣로대 其橫逆이 由是也어든
기 자 반 이 인 의   자 반 이 유 예 의   기 횡 역   유 시 야

君子必自反也하야 我必不忠³²⁾ 自反而忠矣로되 其橫逆由是也어든
군 자 필 자 반 야   아 필 부 충   자 반 이 충 의   기 횡 역 유 시 야

君子曰 此亦妄人³³⁾也已矣로다 하나니 如此則與禽獸奚擇哉³⁴⁾리오
군 자 왈 차 역 망 인   야 이 의   여 차 칙 여 금 수 해 택 재

於禽獸에 又何難焉³⁵⁾이리오
어 금 수   우 하 난 언

맹자가 말하기를

"군자가 일반 사람과 다른 이유는 자기의 마음을 반성하기 때문이다. 군자는 항상 어진 마음을 지니고 예를 닦아 그 마음을 반성한다. 어진 자는 남을 사랑하고 예가 있는 사람은 남을 공경한다. 남을 사랑하는 사람은 남들도 항상 그를 사랑하고, 남을 공경하는 자는 남들도 그를 공경한다. 지금 여기에 사람이 있다고 하자. 그 사람이 나를 횡포하게 대하면 군자는 반드시 화를 내지 않고 우선 자기 자신을 반성한다. '내가 틀림없이 인자하지 못하며 예를 지키지 못한 모양이구나. 이런 일이 어떻게 나에게 닥쳐올 수 있겠는가?' 라고 한다. 그러나 아무리 반성하여 인자하고 반성하여 예법대로 했는데, 그 사람의 무례함이 이와 같으면 군자는 반드시 반성해 본다. '내가 반드시 성실하지 못함이다.' 라고 한다. 자기

스스로 반성하여 성실을 다했는데도 그 사람이 여전히 무례하게 굴면, 그때 군자는 또 자기 자신을 반성해 본다. '이자가 또한 망령된 자일 뿐이다.' 라고 할 것이다. 이러고서야 금수와 무엇이 다르겠는가? 또 새와 짐승을 비난할 필요가 없다.

是故로 君子有終身之憂[36]요 無一朝之患[37]也니 乃若[38] 所憂則有之하니
시고 군자유종신지우 무일조지환 야 내야 소우칙유지

舜도 人也며 我亦人也로되 舜은 爲法於天下하사 可傳於後世어시늘
순 인야 아역인야 순 위법어천하 가전어후세

我는 由未免爲鄕人也하니 是則可憂也라 憂之如何오 如舜而已矣니라
아 유미면위향인야 시칙가우야 우지여하 여순이이의

若夫君子所患則亡矣니라 非仁無爲也며 非禮無行也라
야부군자소환칙망의 비인무위야 비예무행야

如有一朝之患이라도 則君子不患矣니라
여유일조지환 칙군자불환의

이런 이유로 군자는 평생 동안 근심이 있을지언정 일시적인 걱정은 없으며, 근심하는 것이라면 순임금도 사람이고 나 역시 사람인데, 순임금은 천하에 법도를 펴서 후세에 전할 만하지만, 나는 아직도 시골의 평범한 사람을 면치 못하고 있다. 이것을 바로 근심하는 것이다. 그러면 이 걱정을 어떻게 하면 될 것인가? 나 또한 순임금과 같이 되는 일 뿐이다. 그렇기 때문에 이러한 군자에게는 걱정할 것이 없다. 왜 그러냐 하면 인이 아니면 행하지 않고, 예법이 아니면 움직이지 않는다. 만약 하루 아침에 걱정거리가 생겨도 군자는 그런 것을 괴로워하지 않는다."
라고 말했다.

불효의 다섯 가지

公都子曰 匡章[39]을 通國이 皆稱不孝焉이어늘
공도자왈 광장   통국 개칭불효언

夫子 與之遊하시고 又從而禮貌[40]之하시니 敢問何也이꼬
부자 여지유   우종이예모 지   감문하야

공도자가 말하기를
"광장을 온 나라 사람들 모두가 불효자라고 말하는데, 선생께서는 그와 같이 놀고 그 위에 예절로 대우하십니다. 감히 여쭙겠습니다만 어떻게 된 이유입니까?"

孟子曰 世俗所謂不孝者五니 惰其四肢하야
맹자왈 세속소위불효자오   타기사지

不顧父母之養이 一不孝也요 博奕[41]好飮酒하야
불고부모지양 일불효야 박혁 호음주

不顧父母之養이 二不孝也요 好貨財하며 私妻子하야
불고부모지양 이불효야 호화재   사처자

不顧父母之養이 三不孝也요 從耳目之欲하야
불고부모지양 삼불효야 종이목지욕

以爲父母戮이 四不孝也요 好勇鬪狠[42]하야 以危父母 五不孝也니
이위부모륙 사불효야 호용투한   이위부모 오불효야

章子[44] 有一於是乎라 夫章子[43]는 子父責善而不相遇也니라
장자 유일어시호 부장자   자부책선이부상우야

責善은 朋友之道也니 父子責善이 賊恩之大者니라
책선 붕우지도야 부자책선 적은지대자

夫章子는 豈不欲有夫妻子母之屬44)哉리오마는
부장자　기불욕유부처자모지속　재

爲得罪於父하야 不得近이라 出妻屛子하야 終身不養焉하니
위득죄어부　　　부득근　　출처병자　　　종신불양언

其設心에 以爲不若是면 是則罪之大者라 하니 是則章子已矣니라
기설심　이위불약시　시즉죄지대자　　　시즉장자이의

라고 묻자 맹자가 말하기를
　"세상에서 말하는 불효에는 대개 다섯 가지가 있다. 수족을 게을리하여 부모를 봉양하지 않는 것이 첫 번째 불효이고, 노름과 술 마시기를 좋아해서 부모를 봉양하지 않는 것이 두 번째 불효이고, 재물을 좋아하면서 처자에 빠져 부모를 봉양하지 않는 것이 세 번째 불효이고, 귀와 눈의 욕심으로 부모를 욕되게 하는 것이 네 번째 불효이고, 용맹을 좋아하여 싸움을 일삼아 부모를 위태롭게 하는 것이 다섯 번째 불효이다. 광장은 이 중에서 하나라도 해당되는 것이 있느냐? 광장은 아들과 아버지 사이에 착한 일을 하라고 우기다가 서로 의견이 맞지 않아 집을 나간 것이다. 선을 따져서 우기는 것은 벗들 사이에 하는 일이다. 부자지 간에 착한 일을 하라고 책망하면 은애와 정을 망치는 것이다. 광장인들 어찌 붕우 간과 모자 간의 관계를 유지하기를 원하지만, 아비에게 죄를 지어 가까이 할 수가 없어서 아내를 내보내고 자식을 아내에게 맡겨 둔 채 평생토록 처자식을 봉양하지 않았다. 그의 결심으로는 이렇게 하지 않고서는 더욱 불효한 죄를 거듭할 것으로 생각했기 때문이다. 이렇게 처신한 사람이 바로 광장이다."
라고 말했다.

만장 장구 상
萬章章句 上

이 구절은 옛날 성현들의 일들이 차례로 논술되어 있다. 공자가 세상을 떠난 뒤 간혹 성현들이 후세에 보인 모범의 대의가 어긋나고 와전된 것을 맹자가 여러 제자들과 더불어 정리한 것으로 이때 그의 제자 가운데 만장의 공이 매우 컸다.

큰 효도는 죽을 때까지 부모를 따른다

萬章[1]問曰 舜이 往于田하사 號泣于旻天[2]하시니
만장 문왈 순 왕우전 호읍우민천

何爲其號泣也이꼬 孟子曰 怨慕[3]也시니라
하위기호읍야 맹자왈 원모 야

만장이 묻기를

"순임금은 역산에서 농사지을 때 날마다 밭에 나가 하늘을 보고 소리쳐 울었습니다. 무엇 때문에 그렇게 소리쳐 울부짖었습니까?"
라고 묻자, 맹자가 말하길
"그것은 자기가 부모의 사랑을 받지 못하는 것을 원망하고 부모를 사모해서이다."
라고 말했다.

萬章曰 父母愛之어시든 喜而不忘하고 父母惡之어시든
만장왈 부모애지　　　희이불망　　부모악지

勞而不怨이니 然則舜은 怨乎이까 曰長息⁴⁾이
노이불원　　연칙순　원호　　왈장식

問於公明高⁵⁾曰 舜이 往于田은 則吾旣得聞命矣⁶⁾어니와
문어공명고 왈 순　왕우전　칙오기득문명의

號泣于旻天과 于父母는 則吾不知也로이다
호읍우민천　우부모　칙오불지야

公明高曰 是는 非爾所知也라 하니 夫公明高는 以孝子之心이
공명고왈 시　비이소지야　　　　부공명고　이효자지심

爲不若是恝⁷⁾이라 我는 竭力耕田하야 共爲子職⁸⁾而已矣니
위불약시괄　　아　갈력경전　　공위자직 이이의

父母之不我愛는 於我何哉오 하니라
부모지불아애　어아하재

만장이 물었다.
"부모가 자기를 사랑하면 기뻐하면서 그것을 잊지 않고, 만일 부모가 미워하면 애써서 원망하지 않는 것입니다. 그러면 순은 부

모를 원망하였겠습니까?"

라고 묻자, 맹자는

"옛날 장식이 자기의 선생인 공명고에게 묻기를 '순임금이 밭에 나가서 일한 것은 내가 이미 말씀을 들어서 알겠습니다. 그러나 소리를 내어 울면서 하늘에 호소했다는 것은 이해하기 힘듭니다.' 라고 묻자, 공명고가 말하길 '그것은 네가 알 수 없을 것이다.' 라고 했다. 이것은 공명고는 효자의 마음이란 그렇게 냉담한 것이 아니다. 그래서 '자기는 힘껏 밭을 갈아 공경스럽게 자식된 직분을 행했을 따름이다. 만일 부모가 나를 사랑해 주지 않는다 해도 나에게 무슨 상관이 있으랴 하는 뜻은 아니라고 생각한 것일 것이다.' 라고 근심했다.

帝使其子九男二女[9]로 百官牛羊倉廩을 備하여
제 사 기 자 구 남 이 녀   백 관 우 양 창 름   비

以事舜於畎畝之中하시니 天下之士 多就之者어늘
이 사 순 어 견 무 지 중   천 하 지 사 다 취 지 자

帝將胥天下[10]而遷之焉이러시니 爲不順於父母라
제 장 서 천 하   이 천 지 언   위 불 순 어 부 모

如窮人無所歸러시다
여 궁 인 무 소 귀

요임금은 자기의 자녀 구남 이녀를 시켜 모든 관원들과 소와 양과 양곡 창고를 갖춘 다음 순임금을 밭 가운데서 섬기게 했다. 그러자 천하의 선비들이 많이 찾아왔다. 요임금이 천하의 인심을 보고 그에게 제위를 물려주려고 했다. 하지만 순임금은 부모의 사랑

을 받지 못했기 때문에 마치 곤궁한 사람이 갈 곳이 없는 것처럼 여겼다."
라고 말했다.

天下之士悅之는 人之所欲也어늘 而不足以解憂하시며
천하지사열지 인지소욕야 이불족이해우

好色[11]은 人之所欲이어늘 妻帝之二女하사대 而不足以解憂하시며
호색 인지소욕 처제지이녀 이불족이해우

富는 人之所欲이어늘 富有天下하사대 而不足以解憂하시며
부 인지소욕 부유천하 이불족이해우

貴는 人之所欲이어늘 貴爲天子하사대 而不足以解憂하시니
귀 인지소욕 귀위천자 이불족이해우

人悅之와 好色과 富貴에 無不足以解憂者요
인열지 호색 부귀 무부족이해우자

惟順於父母라야 以解憂러시다 人이 少則慕父母하다가
유순어부모 이해우 인 소칙모부모

知好色則慕少艾[12]하고 有妻子則慕妻子하고 仕則慕君하고
지호색칙모소애 유처자칙모처자 사칙모군

不得於君則熱中이니 大孝는 終身慕父母하나니
불득어군칙열중 대효 종신모부모

五十而慕者를 予於大舜에 見之矣로라
오십이모자 여어대순 견지의

"천하의 모든 선비들이 자기에게 복종하는 것은 누구나 원하는 것이지만, 그것으로도 그의 근심을 풀기에는 부족했다. 아름다운

여인은 누구나 원하는 것이지만, 요임금의 두 딸을 아내로 맞았는데도 그것으로 근심을 풀기에는 부족했다. 부는 누구나 원하는 것이지만, 온 천하의 재부를 모두 차지했는데도 그것으로 근심을 풀기에는 부족했다. 존귀해지는 것은 누구나 원하는 것이지만, 천자가 되었는데도 그것으로 근심을 풀기에는 부족했다. 이렇게 사람들이 복종하는 것과 아름다운 여인과 재부와 존귀해지는 것으로 근심을 풀어주지 못했다. 오로지 부모에게 사랑을 받는 것만이 근심을 풀어줄 수가 있는 것이다. 보통 사람은 어릴 때는 부모를 따르고, 아름다운 여인을 알게 되면 젊은 미녀를 사랑하게 되고, 아내가 생기면 아내를 사랑하고, 벼슬을 하면 임금을 사모하고, 임금의 마음에 들지 않으면 마음에 들도록 애쓸 것이다. 큰 효자는 죽을 때까지 부모를 사모한다. 50세가 되어도 부모를 사모하는 것을 나는 위대한 순에게서 처음 발견한 것이다."
라고 말했다.

남녀가 결혼한 것은 일생의 가장 중요한 일이다

萬章問曰詩云娶妻如之何오 必告父母라 하니
만장문왈시운취처여지하　필고부모

信斯言也인댄 宣莫如舜이어시니 舜之不告而娶는 何也이꼬
신사언야　　선막여순　　　순지불고이취　　하야

孟子曰 告則不得娶하시리니 男女居室[13]은 人之大倫也니
맹자왈 고즉불득취　　　　남녀거실　　인지대륜야

如告則廢人之大倫하여 以懟父母[14]라 是以不告也시니라
여고즉폐인지대륜　　　이대부모　　　시이불고야

萬章이 曰舜之不告而娶則吾旣得聞命矣어니와
만장　왈순지불고이취즉오기득문명의

帝之妻舜而不告는 何也이꼬 曰帝亦知告焉이면 則不得妻也시니라
제지처순이불고　하야　　왈제역지고언　　즉불득처야

만장이 묻기를
"『시경』에 이르기를 '아내를 맞이할 때는 어떻게 할 것인가? 반드시 부모에게 고해야 한다.'라고 했습니다. 이 말을 믿는다면 순임금처럼 해서는 안 되는데, 순임금은 부모에게 고하지 않고서 아내를 맞은 것은 어찌된 것입니까?"
라고 묻자, 맹자가 말하길
"순은 부모에게 고하면 결혼이 승낙될 수 없었기 때문이다. 남녀가 결혼해서 사는 것은 인간의 중대한 일이다. 그러나 만일 부모에게 고했다면 인간의 중대한 일을 폐지해 마침내 부모를 원망하게 되었을 것이다. 그런 까닭에 고하지 않았던 것이다."
라고 말했다.

萬章이 曰 父母使舜으로 完廩[15] 捐階[16]하고 瞽瞍焚廩하며 使浚井하야
만장　왈 부모사순　　　완름　연계　　　고수분름　　　사준정

出커시늘 從而揜之[17]하고 象[18]이 曰謨蓋都君[19]은 咸我績이니
출　　　종이엄지　　　　상　　　왈모개도군　　　함아적

牛羊父母요 倉廩父母요 干戈朕[20]이요 琴朕이요 弤[21]朕이요 二嫂란
우양부모　창름부모　간과짐　　　금짐　　　저짐　　　이수

使治朕棲호리라 하고 象이 往入舜宮한대 舜이 在牀琴이어시늘
사 치 짐 서　　　　상　왕입순궁　　　순　　재상금

象이 曰 鬱陶[22] 思君爾라 하고 忸怩[23]한대 舜이 曰惟兹臣庶[24]를
상　왈 울도　사군이　　　뉴니　　　　순　왈유자신서

汝其于予治라 하시니 不識커이다 舜이 不知象之將殺己與이까
여기우여치　　　　　불식　　　순　불지상지장살기여

만장이 맹자에게

"순임금이 부모에게 고하지 않고 아내를 맞은 것은 선생님의 말씀을 듣고 이해되었습니다. 요임금이 순임금에게 자기의 딸을 사집보내면서도 순의 부모에게 고하지 않은 것은 무슨 연유입니까?"
라고 묻자 맹자가 말하기를

"요임금도 역시 순의 부모에게 말하면 딸을 시집보낼 수 없다는 것을 알았기 때문이다."
라고 말했다. 그러자 만장이

"순의 부모가 순임금으로 하여금 창고 지붕을 고치게 한 다음 사닥다리를 치우고 고수가 창고에 불을 질렀습니다. 또 순을 시켜 우물을 파게 한 다음 순이 그 속에 들어가자, 그대로 묻어 버렸습니다. 순은 옆으로 구멍을 뚫어 살아나왔건만 상은 그런 줄도 모르고 '도군을 생매장시킨 것은 모두 내 공이고, 소와 양과 양곡 창고는 부모의 것이고, 방패와 창과 거문고와 활은 내 것이고, 두 형수에게는 내 시중을 들게 하리라.' 라고 말한 후 순임금의 궁궐로 들어갔는데, 순임금은 평상에서 거문고를 타고 있었습니다. 이에 상이 '형님을 매우 그리워했습니다.' 라며 부끄러운 표정을 짓자, 순임금이 말하길 '이제부터 이곳의 많은 사람들을 생각해

나를 도와 다스리라.'고 했는데, 순임금은 상이 자신을 죽이려고
한 것을 알지 못한 때문이겠습니까?"
라고 묻자 맹자가 말했다.

曰奚而不知也시리오 象憂亦憂하시고 象喜亦喜하시니라
왈해이불지야　　　 상우역우　　　상희역희

曰然則舜은 僞喜者與이까 曰否라 昔者에 有饋生魚於鄭子産이어늘
왈연칙순　위희자여　　 왈부　석자　유궤생어어정자산

子産이 使校人²⁵⁾으로 畜之池한대 校人이 烹之하고 反命曰 始舍之하니
자산　사교인　　 축지지　 교인　팽지　 반명왈 시사지

圉圉焉²⁶⁾이러니 少則洋洋焉²⁷⁾하야 攸然²⁸⁾而逝하더이다
어어언　　　 소칙양양언　　 유연　이서

子産이 曰 得其所哉²⁹⁾인저 得其所哉인저 하야늘 校人이
자산　왈 득기소재　　 득기소재　　　 교인

出曰 孰謂子産을 智오 予旣烹而食之호니 曰得其所哉인저
출왈 숙위자산 지　 여기팽이식지　 왈득기소재

得其所哉인저코녀 하니 故로 君子는 可欺以其方³⁰⁾이어니와
득기소재　　　　 고　군자　 가기이기방

難罔以非其道니 彼以愛兄之道로 來故로 誠信而喜之시니
난망이비기도　 피이애형지도　 래고　성신이희지

奚僞焉이시리오
해위언

"왜 몰랐겠느냐? 오직 형제 간의 의리에서 상이 근심하면 순임
금도 근심하고, 상이 기뻐하면 순임금도 기뻐하기 때문인 것이

다."라고 말했다. 만장이 묻기를

"그렇다면 순임금은 거짓으로 기뻐한 척한 것일까요?"
라고 묻자 맹자가 말하기를

"아니다. 옛날에 정나라에서 자산에게 살아 있는 물고기를 선물한 자가 있었는데, 자산이 연못지기에게 그것을 연못에 기르라고 했다. 그는 물고기를 삶아서 먹고 돌아와 말하길 '처음 놓아주었을 때 비실거리더니, 잠시 뒤에는 꼬리를 치고 유유히 깊은 곳으로 가 버렸습니다.'라고 했다. 자산은 '잘 되었구나, 제 살 곳으로 갔구나.'라고 말했다. 연못지기가 나와 말하길 '누가 자산을 지혜롭다고 했는가? 내가 그것을 지져서 먹었는데, 자산은 '제 살 곳으로 갔구나, 제 살 곳으로 갔어.'라고 했다.' 그렇기 때문에 군자란 도리에 맞는 방법으로는 속일 수가 있지만, 터무니없는 방법으로는 속이기가 힘들다. 상이 형을 사랑하는 태도로 나왔기 때문에 진정으로 믿고서 기뻐한 것이지, 어찌 그것이 억지로겠는가."
라고 말했다.

하늘에는 두 개의 태양이 없다

咸丘蒙[31]이 問曰 語에 云 盛德之士는 君不得而臣하며 父不得而子라
함구몽   문왈 어 운 성덕지사 군불득이신   부불득이자

舜이 南面而立이시어늘 堯師諸侯하야 北面而朝之하시고
순 남면이립   요사제후   북면이조지

瞽瞍亦北面而朝之어늘 舜이 見瞽瞍하시고 其容이 有蹙이라 하여늘
고수역북면이조지   순 견고수   기용 유축

孔子曰 於斯時也에 天下殆哉岌岌乎[32]인저 하시니 不識케이다
공자왈 어사시야   천하태재급급호   불식

此語誠然乎哉이까 孟子曰否라 此非君子之言이라
차어성연호재   맹자왈부   차비군자지언

齊東野人[33]之語也라 堯老而舜이 攝也러시니
제동야인 지어야   요노이순   섭야

堯典에 曰 二十有八載[34]에 放勳[35]이 乃徂落[36]커시늘
요전 왈 이십유팔재   방훈   내조락

百姓은 如喪考妣三年하고 四海는 遏密八音[37]이라 하며
백성   여상고비삼년   사해 알밀팔음

孔子曰 天無二日이요 民無二王이라 하시니 舜이 旣爲天子矣요
공자왈 천무이일   민무이왕   순 기위천자의

又帥天下諸侯하야 以爲堯三年喪이면 是는 二天子矣니라
우수천하제후   이위요삼년상   시   이천자의

함구몽이 물었다.
 "옛말에 이르기를 덕이 높은 인물은 임금이 그를 신하로 삼을 수가 없고, 아버지가 그를 자식으로 취급하지 못한다. 순임금이 남쪽을 향하여 서 있었고, 요임금은 제후들을 거느리고 신하의 예로써 북쪽을 향해 조회했으며, 고수 역시 북쪽을 향해서 조회를 했다. 순임금이 고수를 보고 얼굴을 찌푸렸다. 공자가 말하길 '그 때에는 천하가 위태로워 매우 불안했다.'고 했다고 하는데, 이런 일이 참으로 있었습니까?"

라고 물었다. 맹자가 말하기를

"그렇지 않다. 그것은 군자의 말이 아니라 제나라 동쪽 낮은 사람 말이다. 요임금이 살아 있을 동안에는 순이 천자가 된 일이 없고 요임금이 늙자 순임금이 섭정했다. 『요전』에 보면 '28년 만에 요임금이 세상을 떠났다. 백관들은 3년 동안 부모를 잃은 것처럼 슬퍼했고, 복을 입었으며 사해의 백성들은 모든 음악을 쉬고 근신했다.'고 했다. 공자가 말하길 '하늘엔 두 태양이 없고, 백성에겐 두 임금이 없다. 순임금이 이미 천자가 되었는데, 그가 천하의 제후를 거느리고 요임금을 위하여 3년상을 치렀다는 것은 두 천하가 있었다는 것이다.' 라고 했다."

라고 말했다. 이에

咸丘蒙이 曰 舜之不臣堯는 則吾旣得聞命矣어니와
함구몽 왈 순지불신요 칙오기득문명의

詩云 普天之下[38] 莫非王土며 率土之濱[39]이 莫非王臣이라 하니
시운 보천지하 막비왕토 솔토지빈 막비왕신

而舜이 旣爲天子矣시니 敢問瞽瞍之非臣은 如何이꼬
이순 기위천자의 감문고수지비신 여하

曰是詩也는 非是之謂也라 勞於王事而不得養父母也하여
왈시시야 비시지위야 노어왕사이불득양부모야

曰此莫非王事어늘 我獨賢勞[40]也라 하니
왈차막비왕사 아독현노 야

故로 說詩者 不以文害辭하며 不以辭害志요 以意逆志[41]라야
고 설시자 불이문해사 불이사해지 이의역지

是爲得之니 如以辭而已矣인댄 雲漢之詩⁴²⁾에 曰 周餘黎民⁴³⁾이
시위득지   여이사이이의   운한지시   왈 주여려민

靡有孑遺⁴⁴⁾라 하니 信斯言也인댄 是는 周無遺民也니라
미유혈유   신사언야   시 주무유민야

함구몽이 말하기를

"순임금이 요임금을 신하로 대하지 않았다는 것을 이제 말씀을 들어 알 것 같습니다. 『시경』에 이르길 '넓은 하늘 밑에 왕의 땅이 아닌 곳이 없고, 땅의 끝까지 왕의 신하가 아닌 사람이 없다.'고 했는데, 순은 이미 천하가 되었습니다. 감히 여쭙겠습니다. 고수만이 홀로 신하가 아니라는 말은 무슨 말씀입니까?"

라고 묻자,

맹자가 말하기를

"그 시는 그러한 뜻이 아니다. 주의 유왕 때 사대부가 오랫동안 전쟁에 시달려 집에 돌아가 부모를 봉양하지 못하는 것을 탄식해서 '우리들의 하는 일이 모두 천자께 봉사하는 일임에는 틀림없지만 우리들만이 이렇게 고생하고 있는 것 같구나!' 라고 말한 것이다. 그래서 『시경』을 해설하는 데는 문장에 얽매이지 말고, 말로 뜻을 해치지는 말아야 한다. 또 한 구절의 뜻에 얽매여 전체의 뜻을 해쳐서도 안 된다. 오직 자기 마음으로 작자의 뜻을 헤아려야 비로소 시를 안다고 할 것이다. 만약 말만으로 해석한다면 〈운한시雲漢詩〉에 '주나라에 남은 백성이 하나도 남아 있지 않다.' 라고 했는데, 이 말을 그대로 믿는다면, 이것은 주나라에 남은 백성은 그때 죽어서 하나도 남지 않았을 것이 된다.

孝子之至는 莫大乎尊親이요 尊親之至는 莫大乎以天下養이니
효자지지   막대호존친   존친지지   막대호이천하양

爲天子父하니 尊之至也요 以天下養하시니 養之至也라
위천자부   존지지야   이천하양   양지지야

詩曰 永言孝思[45]라 孝思維則이라 하니 此之謂也니라
시왈 영언효사   효사유칙   차지위야

書에 曰 祗載[46] 見瞽瞍하사대 夔夔齊栗[47]하신대
서   왈 지재   견고수   기기제율

瞽瞍亦允若是[48]라 하니 爲父不得而子也니라
고수역윤약시   위부불득이자야

  대체로 효자의 지극한 도리로서는 그 어버이를 존경하는 것보다 더한 것이 없고, 어버이를 존경하는 것의 지극한 것은 천하의 부를 기울여 봉양하는 것보다 더한 것이 없다. 그런데 순은 고수를 천자의 아비로 삼았으니 존경함이 지극했고 또 천하의 부를 기울여 고수를 봉양했으니 지극함을 이루었다. 『시경』에 이르길 '효도란 길이 위대하도다! 오직 이 효도를 본받아야겠다.' 라고 했는데, 이것은 순의 효도를 말한 것이다. 『서경』에 이르길 '순은 평생 자식으로서의 도리를 다하여 고수를 뵐 적에 항상 두려워하고 삼가했으므로 고수 역시 믿게 되었다.' 고 했는데, 어찌 아비로서 아들로 취급할 수 없다고 하겠는가."
라고 말했다.

하늘은 말을 하지 않는다

萬章이 曰 堯以天下與舜이라 하니 有諸이까 孟子曰 否라
만장 왈 요이천하여순   유제   맹자왈 부

天子不能以天下與人이니라 然則舜有天下也는 孰與之이꼬
천자불능이천하여인   연칙순유천하야   숙여지

曰天이 與之시니라 天이 與之者는 諄諄然[49]命之乎이까
왈천 여지   천 여지자 순순연 명지호

曰否라 天이 不言이라 以行與事[50]로 示之[51]而已矣시니라
왈부 천 불언   이행여사   시지 이이의

만장이 말하기를
"요임금이 천하를 순임금에게 주었다고 하는데 그것이 사실입니까?"
라고 묻자, 맹자가 말하길
"아니다. 아무리 천자라도 마음대로 천하를 남에게 줄 수가 없다."
라고 말했다. 또
"그러면 순이 천하를 차지했는데, 대체 누가 준 것입니까?"
"그것은 하늘이 준 것이다."
"하늘이 주었다는 것은 무언가 말로 명령한 것입니까?"
"아니다. 하늘은 말하지 못한다. 다만 그 사람의 행위와 하는 일의 결과를 보아 의사를 표시하는 것뿐이다."

曰以行與事로 示之者는 如之何이까
왈이행여사 시지자 여지하

曰天子能薦人於天이언정 不能使天으로 與之天下며
왈천자능천인어천　　　불능사천　여지천하

諸侯能薦人於天子언정 不能使天子로
제후능천인어천자　　　불능사천자

與諸侯大夫能薦人於諸侯언정 不能使諸侯與之大夫니
여제후대부능천인어제후　　　불능사제후여지대부

昔者에 堯薦舜於天이 而天이 受之하시고
석자　요천순어천　이천　수지

暴之[52]於民而民이 受之하니 故로 曰 天이 不言이라
폭지　어민이민　수지　고　왈천　불언

以行與事로 示之而已矣라 하나니
이행여사　시지이이의

"그 행위와 하는 일의 결과를 보아 보여 준다는 것은 어떤 것입니까?"

"천자는 자신의 후계자를 하늘에 천거할 수는 있지만, 하늘로 하여금 그에게 천하를 주게 할 수는 없다. 제후는 사람을 천자에게 천거할 수는 있지만, 천자로 하여금 그에게 제후를 주게 할 수는 없다. 대부는 사람을 제후에게 천거할 수는 있지만, 제후로 하여금 그에게 대부의 지위를 주게 할 수는 없다. 옛날에 요임금이 순임금을 하늘에 천거했는데, 하늘이 그를 받아들였고, 다시 그로 하여금 섭정을 시켜 백성들 앞에 내놓았는데, 백성들이 받아들였다. 그래서 하늘은 말을 하지 않고 행위와 하는 일의 결과를 보아 보여 줄 따름이라고 한다."

만장이 묻기를

曰敢問薦之於天而天이 受之하시고 暴之於民而民이 受之는 如何니이꼬
왈 감문천지어천 이천 수지 폭지어민이민 수지 여하

曰使之主祭而百神이 享之[53]하니 是는 天이 受之요
왈사지주제이백신 향지 시 천 수지

使之主事而事治하야 百姓安之하니 是는 民이 受之也라
사지주사이사치 백성안지 시 민 수지야

天이 與之하며 人이 與之故라 曰 天子不能以天下與人이라 하노라
천 여지 인 여지고 왈천자불능이천하여인

舜이 相堯二十有八載하시니 非人之所能爲也라 天也라 堯崩커시늘
순 상요이십유팔재 비인지소능위야 천야 요붕

三年之喪을 畢하고 舜이 避堯之子[54]於南河之南[55]이어시늘
삼년지상 필 순 피요지자 어남하지남

天下諸侯朝覲[56]者 不之堯之子而之舜하며
천하제후조근 자 불지요지자이지순

訟獄者[57] 不之堯之子而之舜하며
송옥자 불지요지자이지순

謳歌[58]者 不謳歌堯之子而謳歌舜하니 故로 曰天也라
구가 자 불구가요지자이구가순 고 왈천야

夫然後에 之中國[59]하사 踐天子位焉하시니 而居堯之宮하야
부연후 지중국 천천자위언 이거요지궁

逼堯之子면 是는 篡也라 非天與也니라 太誓에
핍요지자 시 찬야 비천여야 태서

曰 天視自我民視며 天聽이 自我民聽이라 하니 此之謂也니라
왈 천시자아민시 천청 자아민청 차지위야

"감히 여쭤 보겠습니다. 그를 하늘에 천거했더니 하늘이 받아들였고, 그를 섭정을 시켜 백성들에게 내놓았는데, 백성들이 받아들였다는 것은 무슨 말입니까?"

"요가 순을 시켜 천지 산천의 신에게 제사를 지내게 했는데 모든 신들이 그 제사를 흠향했다. 그것은 하늘이 그를 받아들인 증거이다. 또 순에게 정치를 시켰더니 모든 일이 잘 다스려져서 백성들이 편안했으니 백성들이 받아들인 것이다. 하늘이 순에게 천하를 주었고, 백성들이 그에게 천하를 주었기 때문에 천자는 천하라도 마음대로 남에게 주지 못한다는 것이다. 순임금이 요임금을 28년 동안이나 도와주었는데, 그것은 사람의 힘으로 해낼 수 있는 일이 아니라 하늘에서 시킨 것이다. 요임금이 세상을 떠나고 3년상이 끝나자 순임금은 요임금의 아들 단주에게 자리를 양보하려고 남하南河 남쪽으로 갔다. 천하의 제후들이 조근朝覲을 오면 요임금의 아들에게는 가지 않고 순임금에게로 갔다. 덕을 찬미하고 노래하는 자는 요임금의 아들에게는 가지 않고 순임금에게로 갔다. 덕을 구가謳歌하는 자들은 요임금의 아들을 칭송하지 않고 순임금을 칭송했다. 그래서 말하기를 하늘의 뜻이라고 한다. 이렇게 되자 순은 도읍으로 돌아가서 천자의 위에 오르고 요임금이 있던 궁궐에 거처했다. 그렇지 않고 요임금의 아들을 핍박했다면, 그것은 찬탈이지 하늘이 준 것은 아니다. 『태서泰誓』에 '하늘은 우리 백성을 통해서 보고, 하늘이 듣는 것은 우리 백성들을 통해서 듣는다.'고 한 것은 곧 이것을 말한 것이다."
라고 말했다.

의로움과 도가 아니면 행동하지 않는다

萬章이 問曰 人이 有言호대 伊尹이 以割烹要湯⁽⁶⁰⁾이라 하니 有諸이까
만장 문왈인 유언 이윤 이할팽요탕 유제

孟子曰 否라 不然하니라 伊尹이 耕於有莘⁽⁶¹⁾之野而樂堯舜之道焉하야
맹자왈 부 불연 이윤 경어유신 지야이락요순지도언

非其義也며 非其道也어든 祿之以天下⁽⁶²⁾라도 弗顧也하며
비기의야 비기도야 녹지이천하 불고야

繫馬千駟⁽⁶³⁾라도 弗視也하고 非其義也며 非其道也어든
계마천사 불시야 비기의야 비기도야

一介⁽⁶⁴⁾를 不以與人하며 一介를 不以敢諸人하나라
일개 부이여인 일개 불이감제인

湯이 使人以幣聘之하신대 囂囂然曰 我何以湯之聘幣爲哉리오
탕 사인이폐빙지 효효연왈 아하이탕지빙폐위재

我豈若處畎畝⁽⁶⁵⁾之中하야 由是以樂堯舜之道哉리오
아개약처견무 지중 유시이락요순지도재

湯이 三使往聘之하신대 旣而幡然⁽⁶⁶⁾改曰 與我處畎畝之中하야
탕 삼사왕빙지 기이번연 개왈 여아처견무지중

由是以樂堯舜之道로는 吾豈若使是君으로 爲堯舜之君哉며
유시이락요순지도 오개약사시군 위요순지군재

吾豈若使是民으로 爲堯舜之民哉며 吾豈若於吾身에 親見之哉리오
오개약사시민 위요순지민재 오개약어오신 친견지재

天之生此民也는 使先知로 覺後知하며 使先覺으로
천지생차민야 사선지 각후지 사선각

覺後覺也시니 **予**는 **天民之先覺者也**로니 **予將以斯道**[67]로
각 후 각 야   여   천 민 지 선 각 자 야   여 장 이 사 도

覺斯民也니 **非予覺之**요 **而誰也**리오
각 사 민 야   비 여 각 지   이 수 야

만장이 물었다.

"사람들이 말하기를 이윤은 요리를 잘 해서 탕왕의 마음에 들었다고 합니다. 이런 일이 있었습니까?"
라고 묻자, 맹자가 말하기를

"아니다, 그렇지가 않다. 이윤은 본래 유신씨有莘氏의 시골에서 농사를 지으면서 요순의 도를 즐기고 있었다. 그렇기 때문에 그는 의나 도에서 벗어나는 일이라면 천하를 그에게 녹으로 준다고 해도 돌아다보지 않았고, 말을 4천 필을 준다고 해도 돌아보지도 않았다. 또 그 자신의 의리나 도에 어긋나는 일이라면 풀 한 포기도 남에게 주지 않았고, 받지도 않았다. 탕임금이 사람을 시켜 폐백을 보내 그를 초빙했지만, 그는 태연하게 말하길 '내가 어찌 탕임금이 초빙하는 폐백을 받고서 갈 수가 있겠는가? 나는 이렇게 밭둑 속에서 농사를 지으면서 요임금과 순임금의 도를 즐기는 것만 못 하다.' 라고 했다. 그래도 탕임금은 세 번씩이나 사람을 보내 그를 초빙했는데, 그는 마음을 바꾸고 '내가 밭 속에서 농사를 짓고 살면서 요임금과 순임금의 도를 즐기는 것보다 내가 임금으로 하여금 요임금이나 순임금 같은 임금이 되도록 하는 것이 나을 것이다. 내가 이 백성들을 요임금과 순임금의 백성으로 만들어 주는 것이 나을 것이다. 내 생전에 이것을 직접 보는 것이 나을 것이다. 하늘이 이 백성들을 이 세상에 태어나게 하실 때, 먼저 도에 눈 뜬

사람으로 하여금 뒤진 사람을 가르치게 하고, 먼저 도를 깨달은 사람으로 하여금 뒤늦은 사람을 일깨우게 했다. 나는 하늘이 낳은 백성 가운데서 먼저 깨달은 사람인 것이다. 나는 이 도를 가지고 백성들을 일깨우려고 한다. 내가 깨우쳐 주지 않으면 누가 하겠는가? 라고 말했다.

思天下之民[68]이 匹夫匹婦 有不被堯舜之澤者어든
사 천 하 지 민　　필 부 필 부　유 불 피 요 순 지 택 자

若己推而内之溝中[69]하니 其自任以天下之重이 如此라
약 기 추 이 내 지 구 중　　기 자 임 이 천 하 지 중　여 차

故로 就湯而說之하여 以伐夏救民하니라
고　취 탕 이 설 지　　이 벌 하 구 민

吾未聞枉己而正人者也로니 況辱己以正天下者乎아
오 미 문 왕 기 이 정 인 자 야　　황 욕 기 이 정 천 하 자 호

聖人之行이 不同也라 或遠或近[70]하며 或去或不去[71]나
성 인 지 행　불 동 야　혹 원 혹 근　　혹 거 혹 불 거

歸는 潔其身而已矣니라 吾聞其以堯舜之道로 要湯이요
귀　결 기 신 이 이 의　　오 문 기 이 요 순 지 도　요 탕

未聞以割烹也케라 伊訓[72]에 曰 天誅造攻을
미 문 이 할 팽 야　　이 훈　　왈 천 주 조 공

自牧宮[73]은 朕載自亳[74]이라 하니라
자 목 궁　집 재 자 박

그는 온 천하 백성들 가운데 아무리 미천한 남자와 여자라도 요임금과 순임금의 은택을 입지 못한 자가 있다면, 마치 자기가 그

들을 도랑에 굴러 떨어진 것처럼 생각했다. 그가 천하의 중대한 사명을 혼자서 떠맡고 나선 것이다. 그런 때문에 그는 탕임금에게 가서 하나라를 쳐 백성들을 구한 것이다. 나는 지금까지 자기를 굽히는 바르지 못한 자가 남을 바로잡았다는 사람을 들어 본 적이 없다. 하물며 자기를 욕되게 하는 천한 행동을 하면서 천하를 바르게 했다는 것은 생각할 수도 없다. 대체로 성인들의 행동은 항상 같지 않아서 임금께서 멀리 물러나 있기도 하고, 가까이 가는 수도 있고, 벼슬을 버리고 머물러 있을 수도 있지만, 어느 것이나 자기의 몸을 깨끗이 한다는 것뿐이다. 나는 이윤이 요·순임금의 도를 가지고 탕임금의 초빙을 받아 벼슬했다는 말은 들었지만, 요리하는 일로 마음에 들었다는 말은 들은 적이 없다. 『서경』〈이훈편〉에 이르길 '하늘이 벌을 내리는 것은 걸왕이 스스로 목궁牧宮에서 죄를 지었기 때문이다. 그렇기 때문에 나는 박亳 땅에서 그를 벌했다."
라고 말했다.

어진 사람은 나쁜 짓을 하지 않는다

萬章이 問曰 或曰 百里奚⁷⁵⁾ 自鬻於秦⁷⁶⁾ 養牲者하야
만장 문왈 혹왈 백리해   자죽어진   양생자

五羊之皮로 食牛하야 以要秦穆公이라 하니 信乎이까
오양지피   식우   이요진목공   신 호

孟子曰 否라 不然하니라 好事者爲之也니라
맹자왈 부 불연   호사자위지야

百里奚는 虞[77]人也니 晉人이 以垂棘[78]之璧과 與屈産之乘[79]으로
백리해 우 인야 진인   이수극 지벽 여굴산지승

假道於虞[80]하야 以伐虢이어늘 宮之奇[81]는 諫하고 百里奚는 不諫하니라
가도어우   이벌괵   궁지기   간   백리해 불간

만장이 물었다.

"어떤 사람이 말하기를 백리해가 진秦나라의 제사에 쓸 짐승을 기르는 사람에게 다섯 마리의 양가죽을 받고 자기 몸을 팔아서, 이것으로 소를 먹여 가면서 진나라 목공에게 벼슬을 할 수 있는 기회를 노렸다고 하는데, 그게 사실입니까?"라고 물었다.

맹자가 말하기를

"아니다. 그렇지 않다. 말을 좋아하는 자가 만들어 낸 소리다. 백리해는 우나라 사람으로 어느 때 진나라 사람들이 수극 땅에서 난 벽옥과 굴읍에서 난 말을 선물로 보내서 길을 빌려 괵나라를 치려고 하니 군사가 우나라를 통과할 수 있게 해 달라고 청한 일이 있었다. 이때 궁지기는 길을 빌려 주지 말 것을 간했지만, 백리해는 간하지 않았다.

知虞公之不可諫而去之秦하니 年已七十矣라
지우공지불가간이거지진   년이칠십의

曾不知以食牛로 干秦穆公之爲汚也면 可謂智乎아
증불지이식우   간진목공지위오야   가위지호

不可諫而不諫하니 可謂不智乎아 知虞公之將亡而先去之하니
불가간이불간   가위불지호   지우공지장망이선거지

不可謂不智也니라 時擧於秦하야 知穆公之可與有行也而相之하니
불가위불지야   시거어진   지목공지가여유행야이상지

可謂不智乎아 相秦而顯其君於天下하야 可傳於後世하니
가위불지호   상진이현기군어천하   가전어후세

不賢而能之乎아 自鬻以成其君은
불현이능지호   자죽이성기군

鄕黨自好者도 不爲는而謂賢者爲之乎아
향당자호자   불위 이위현자위지호

 그것은 우공이란 사람은 아무리 간해도 받아들여지지 않을 것을 알고 우나라를 떠나 진秦나라로 갔는데, 그때 그의 나이가 이미 칠십 살이었다. 그런 나이에 소를 먹이는 사람이 되어서 진나라 목공에게 벼슬하기를 바라는 것이 부끄러운 일임을 몰랐다고 한다면 어찌 그를 지혜롭다 할 수 있겠느냐? 그러나 그는 간해도 될 수 없다는 것을 알고 간하지 않았다. 어찌 지혜롭지 않다고 할 수 있겠느냐? 우공이 장차 멸망할 것이라는 것을 알고서 먼저 떠나 버렸는데, 지혜가 없다고 할 수는 없을 것이다. 이때 진나라에 등용되어 목공이 함께 일할 수 있음을 알고서 그 나라의 재상이 되어 그를 도왔으니 어찌 지혜가 없다고 할 수 있겠느냐? 진나라의 재상이 되어 그 임금의 이름을 온 천하에 크게 떨치게 해서 후세까지 전해지게 했으니 어진 자가 아니고서야 할 수 있겠는가? 자기 자신을 팔아서 임금의 사업을 성공할 수 있게 하는 일은 아무리 시골에서 명성을 좋아하는 사람조차도 하지 않을 것이다. 그런데 하물며 어질다고 하는 사람이 그런 짓을 하였겠느냐?"라고 말했다.

만장 장구 하 萬章章句 下

이 구절에서 맹자는 성인을 사례로 들어 세상을 살아가는 여러 가지 방법을 말하고 있다. 그리고 신하로서 몸가짐과 벼슬자리에 나아감에 있어서 그에 알맞은 행동과 비록 임금의 명령이라도 옳지 않은 것은 죽임을 당한다고 해도 거절해야 한다고 주장했다.

요순의 도로 백성들을 일깨운다

孟子曰 伯夷는 目不視惡色[1]하며 耳不聽惡聲[2]하고 非其君不事하며
맹자왈 백이 목불시악색   이불청악성   비기군불사

非其民不使하야 治則進하고 亂則退하야 橫政之所出과
비기민불사   치칙진   란칙퇴   횡정지소출

橫民之所止에 不忍居也하며 思與鄕人處호대 如以朝衣朝冠으로
횡민지소지   불인거야   사여향인처   여이조의조관

坐於塗炭也러니 當紂之時하야 居北海之濱하니 以待天下之淸也하니
좌어도탄야   당주지시   거북해지빈   이대천하지청야

故로 聞伯夷之風者는 頑夫廉3)하며 懦夫4)有立志하나니라
고   문백이지풍자   완부렴   나부 유립지

맹자가 말하기를

"백이는 눈으로는 음란한 여자를 보지 않았고, 귀로는 음란한 음악을 듣지 않았고, 자신과 맞지 않는 임금이 아니면 섬기지 않았고, 자신에 알맞은 백성이 아니면 부리지 않았다. 세상이 잘 다스려지면 나아가서 벼슬하고, 혼란해지면 물러가서 숨었다. 횡포한 정치를 하는 조정이나 횡포한 백성들이 들끓는 곳에는 차마 살지 않았다. 아무것도 모르는 향리 사람들과 함께 있는 것은 마치 조정에서 벼슬할 때의 조복과 조관차림으로 진흙과 숯 속에 앉는 것처럼 더럽게 여겼다. 그는 은나라 주왕 때 북해의 바닷가에 살면서 천하가 태평해지기를 기다렸다. 그래서 백이의 풍도를 들은 사람들이 감화를 받아 아무리 탐욕스런 사람도 청렴해지고, 겁쟁이들도 뜻을 세워 일하게 되었다.

伊尹이 曰何事非君이며 何使非民이리오 하야 治亦進하며 亂亦進하여
이윤   왈하사비군   하사비민   치역진   란역진

曰天之生斯民也는 使先知로 覺後知하며 使先覺으로 覺後覺이시니
왈천지생사민야   사선지   각후지   사선각   각후각

予는天民之先覺者也로니 予將以此道로 覺此民也라 하며 思天下之民이
자 천민지선각자야   여장이차도   각차민야   사천하지민

匹夫匹婦 有不與被堯舜之澤者어든 若己 推而内之溝中하니
필부필부 유불여피요순지택자   약기 추이내지구중

其自任以天下之重也니라
기자임이천하지중야

이윤이 말하기를 '어떤 임금을 섬기면 임금이 아니며, 어떤 백성을 부린들 백성이 아니랴?' 라면서 그는 잘 다스려지는 세상이라도 나아갔고, 혼란해져도 나아가서 벼슬했다. 그리고 말하길 '하늘이 백성들을 낸 다음에 먼저 사물을 안 사람을 시켜 뒤진 사람을 일깨우게 했다. 먼저 도를 깨달은 사람으로 하여금 뒤진 사람을 일깨우게 했다. 그러니 나는 요순의 도로 백성들을 깨우쳐 주리라.' 라고 했다. 이것은 이윤은 천하의 백성 가운데 여자나 남자라도 요·순임금의 혜택을 받지 못하는 자가 있으면 마치 자신이 그 사람을 밀어서 구렁텅이 속에 빠뜨려 고생시킨 것처럼 생각했다. 이처럼 그는 천하를 다스리는 중책을 자기 혼자 스스로 맡았던 것이다.

柳下惠[5]는 不羞汚君하며 不辭小官하며 進不隱賢하야 必以其道하며
유하혜   불수오군   불사소관   진불은현   필이기도

遺佚而不怨하며 阨窮而不憫호대 與鄕人處호대 由由然不忍去也하야
유일이불원   액궁이불민   여향인처   유유연불인거야

爾爲爾요 我爲我니 雖袒裼裸裎於[6]我側인들 爾焉能浼我哉리오 하니
이위이 아위아 수단석라정어 아측   이언능매아재

故로 聞柳下惠之風者는 鄙夫寬하며 薄夫敦하나니라
고   문유하혜지풍자 비부관   박부돈

孔子之去齊에 接淅而行[7]하시고 去魯에 曰 遲遲라
공자지거제 접석이행   거로   왈 지지

吾行也여 하시니 去父母國之道也라 可以速而速하며
오행야　　　　　거부모국지도야　　가이속이속

可以久而久하며 可以處而處하며 可以仕而仕는 孔子也시니라
가이구이구　　　가이처이처　　　가이사이사　공자야

　유하혜는 비록 부덕한 임금이라도 부끄러워하지 않았고 나가서 섬겼다. 벼슬에 나아가서는 자신의 능력을 감추지 않고 반드시 정당한 방법으로 일했다. 임금에게 버림받아도 원망하지 않았고 곤궁에 빠져도 걱정하지 않았다. 아무 것도 모르는 향리 사람들과 함께 있어도 즐거운 표정으로 그들을 떠나지 않았다. 그런 때문에 그는 '너는 너고, 나는 나다. 가령 내 곁에서 어깨를 드러내거나 발가벗더라도 나는 하나도 그 때문에 더럽혀지지 않는다.' 라고 생각했다. 그래서 유하혜의 풍도에 감화를 받아 비루한 자가 관대해지고, 박한 자가 후덕해졌다. 공자가 제나라를 떠날 때는 밥을 짓기 위해 일었던 쌀을 건져가지고 가셨다. 이와 반대로 노나라를 떠날 때는 '머뭇거려서 무겁다.' 라고 했는데, 이야말로 부모의 나라를 떠나는 도리였던 것이다. 공자는 속히 떠날 때면 속히 떠나고, 오래 머물 만하면 오래 머물고, 은둔할 만하면 은둔하고, 벼슬할 만하면 벼슬을 한 사람이 공자다."
라고 말했다.

孟子曰伯夷는 聖之淸者也요 伊尹聖之任者也요
맹자왈백이　성지청자야　　이윤성지임자야

柳下惠는 聖之和者也요 孔子聖之時者也시니라
류하혜　성지화자야　　공자성지시자야

孔子之謂集大成[8]이니 集大成也者는 金聲而玉振[9]之也라
공자지위집대성　　　집대성야자　금성이옥진　지야

金聲也者는 始條理也여 玉振之也者는 終條理也니
금성야자　시조리야　옥진지야자　종조리야

始條理者는 智之事也요 終條理者는 聖之事也니라
시조리자　지지사야　종조리자　성지사야

智를 譬則巧也[10]요 聖을 譬則力也니 由射於百步之外[11]也하니
지　비칙교야　　성　비칙력야　유사어백보지외　야

其至는 爾力也어니와 其中은 非爾力也니라
기지　이력야　　　기중　비이력야

맹자가 또 말하기를

"백이는 성인 중에서 청렴한 사람이고, 이윤은 성인 중에서 책임감이 강한 사람이고, 유하혜는 성인 중에서 조화한 사람이고, 공자는 성인 중에서 때에 맞추어 행한 사람이다. 그래서 공자를 집대성한 사람이라고 하는데, 집대성이란 음악을 연주할 때 종을 쳐서 퍼지게 하고 곡을 마무리할 때 경을 쳐서 거둬들이는 것과 같다. 종 소리는 연주의 시작을 의미하고, 경을 치는 것은 조리 있게 끝맺는다는 의미다. 연주를 조리 있게 시작하는 것은 지혜로운 사람이 하는 일이고, 경을 쳐서 연주를 마무리한다는 것은 성덕을 지닌 사람이 하는 일이다. 지혜란 활 쏘는 기술이요, 성스러움은 힘이다. 이것은 백 보 떨어진 곳에서 활을 쏘는 것과 같다. 화살이 과녁까지 도달하는 것은 힘이지만, 과녁을 적중시키는 것은 그 힘이 아닌 것이다."

라고 말했다.

벗을 사귀는 세 가지 방법

萬章이 問曰 敢問友하노이다 孟子曰 不挾長[12]하며
만장 문왈 감문우   맹자왈 불협장

不挾貴하며 不挾兄弟而友니 友也者는 友其德也니
불협귀   불협형제이우 우야자 우기덕야

不可以有挾也니라 孟獻子는 百乘之家[13]也라 友五人焉하더니
불가이유협야   맹헌자 백승지가 야 우오인언

樂正裘와 牧仲이요 其三人則予忘之矣로라
락정구 목중 기삼인칙여망지의

獻子之與此五人者로 友也에 無獻子之家[14]者也니
헌자지여차오인자 우야 무헌자지가 자야

此五人者亦有獻子之家[15]면 則不與之友矣리라
차오인자역유헌자지가   칙불여지우의

非惟百乘之家 爲然也라
비유백승지가 위연야

만장이 말하기를
"감히 벗을 사귀는 길에 관해 묻습니다."
맹자가 말하기를
"자기가 어른이라는 마음을 갖거나 귀한 신분이라는 마음을 갖거나 형제의 힘을 내세우지 않고 벗을 사귀어야 한다. 벗을 사귀는 것이란 그 사람의 인격을 벗으로 하는 것이기 때문에 내세우는 것이 있어서는 안 된다. 맹헌자는 백 승의 대부 집안이었다. 친구가 다섯 명이 있었는데, 악정구와 목중 외에 나머지 세 명은 내가

이름을 잊어버렸다. 그런데 맹헌자와 이 다섯 사람과 사귄 것은 맹헌자가 자기의 부귀를 잊고 잘난 척하지 않았기 때문이다. 또 만일 이 다섯 사람도 맹헌자의 집안을 의식했다면 맹헌자는 이들과 벗이 되지 않았을 것이다. 백 승의 대부 집안뿐이 아니다.

雖小國之君이라도 亦有之하니 費惠公[16]이 曰吾於子思[17] 則師之矣요
수소국지군   역유지   비혜공   왈오어자사   칙사지의

吾於顔般[18]엔 則友之矣요 王順長息則事我[19]者也라 하니라
오어안반   칙우지의   왕순장식칙사아   자야

非惟小國之君이 爲然也라 雖大國之君이라도 亦有之하니
비유소국지군   위연야   수대국지군   역유지

晉平公之[20]於亥唐也에 入云則入하며 坐云則坐하며 食云則食하야
진평공지 어해당야   입운칙입   좌운칙좌   식운칙식

雖疏食菜羹이라도 未嘗不飽하니 蓋不敢不飽也라 然이나
수소식채갱   미상불포   개불감불포야   연

終於此而已矣요 弗與共天位[21]也하며 弗與治天職也하며
종어차이이의   불여공천위   야   불여치천직야

不與食天祿也하니 士之尊賢者也라 非王公之尊賢니라
불여식천록야   사지존현자야   비왕공지존현

작은 나라의 임금도 역시 그렇게 한 경우가 있다. 비의 혜공이 말하길 '나는 자사에 대해서는 스승으로 섬기고, 안반과는 벗으로 사귀고 있다. 왕순과 장식은 나를 섬기는 자들이다.' 라고 했다. 작은 나라의 임금만 그랬던 것이 아니다. 큰 나라의 임금이라도 그렇게 한 경우가 있다. 진나라의 평공은 현자 해당과의 사이

는 들어오라고 하면 들어가고, 앉으라고 하면 앉고, 먹으라고 하면 먹었다. 아무리 거친 밥과 나물국일지라도 배불리 먹지 않을 수가 없었기 때문이다. 그러나 거기서 오직 끝났을 뿐이었지, 그와 함께 하늘에서 준 작위를 누리지도 않았고, 그와 함께 하늘에서 준 직분을 수행하지도 않았다. 그와 함께 하늘에서 내린 녹봉을 나누지도 않았다. 이것은 한 선비로서 현자를 존경한 것이었지 왕자가 현자를 존경한 방법은 아니었다.

舜이 尚見帝[22]어시늘 帝館甥于貳室[23]하시고 亦饗舜[24]하사
순 상견제 제관생우이실 역향순

迭爲賓主하시니 是는 天子而友匹夫也니라 用下敬上을 謂之貴貴요
질위빈주 시 천자이우필부야 용하경상 위지귀귀

用上敬下를 謂之尊賢이 貴貴尊賢이 其義一也니라
용상경하 위지존현 귀귀존현 기의일야

천자나 제후의 어진 사람을 존경하는 방법은 이러하다. 순이 요임금을 뵈었는데, 요임금은 사위인 순을 별궁에 유숙시키고 대접했고, 또한 순에게 가서 음식을 대접받기도 하면서 번갈아 객이 되고 주인이 되고 했다. 이것은 천자이면서 필부를 벗으로 사귄 것이다. 아랫사람으로서 윗사람을 존경하는 것을 귀한 사람을 귀하게 여기는 것이라고 하고, 윗사람으로서 아랫사람을 존경하는 것을 현자를 존중하는 것이라고 한다. 귀한 사람을 귀하게 여기는 것과 현자를 존중하는 것은 같은 의미인 것이다."

선비가 제후에게 의탁하는 것은 예가 아니다

萬章이 曰 士²⁵⁾之 不託諸侯는 何也이꼬 孟子曰 不敢也니라
만장 왈 사 지 불탁제후 하야 맹자왈불감야

諸侯失國而後에 託²⁶⁾於諸侯는 禮也요
제후실국이후 탁 어제후 례야

士之託於諸侯는 非禮也²⁷⁾니라 萬章이 曰君이 餽²⁸⁾之粟이면
사 지 탁 어 제후 비례야 만장 왈 군 궤 지 속

則受之乎이까 曰受之니라 何義也이꼬
칙 수 지 호 왈 수 지 하 의 야

曰君之於氓²⁹⁾也에 固周³⁰⁾之니라 曰周之則受하고 賜之則不受는
왈 군 지 어 맹 야 고 주 지 왈 주 지 칙 수 사 지 칙 불 수

何也이꼬 曰不敢也니라 曰敢問其不敢은 何也이꼬
하 야 왈 불 감 야 왈 감 문 기 불 감 하 야

曰抱關擊柝者皆有常職하야 以食於上하나니
왈 포 관 격 탁 자 개 유 상 직 이 식 어 상

無常職而賜於上者를 以爲不恭也니라
무 상 직 이 사 어 상 자 이 위 불 공 야

만장이 말하기를
"선비 된 자는 벼슬도 하지 않고 제후에게 의탁하여 녹을 받지 않는 것은 어째서입니까?"
라고 묻자, 맹자가 이르기를
"감히 못 해서이다. 제후가 나라를 잃어버린 뒤에 다른 제후에게 의탁하는 것은 같은 신분이므로 예에 어긋나지 않지만, 선비가

제후에게 의탁하는 것은 예가 아니다."
라고 말했다. 만장이 말하기를
　"임금이 그를 동정해서 곡식을 보내면 받아도 됩니까?"
라고 묻자, 맹자가 말하기를
　"그것은 받아도 된다."
　"그 말씀은 무슨 의미에서입니까?"
라고 묻자 맹자가 말하길
　"대체로 임금이 된 사람은 어떤 백성도 당연히 구제해 주는 것이다."
라고 말하자, 만장이 말하기를
　"구제해 주면 받고, 그에게 녹으로 주는 것은 받지 않는 것은 어째서입니까?"
라고 묻자, 맹자가 말하기를
　"받고 싶어도 받지 못하기 때문이다." 라고 대답했다.
　"이 말씀은 무슨 뜻입니까?"
라고 묻자, 맹자가 말하기를
　"문지기나 야경도 모두 일정한 직분이 있어서 임금에게 녹을 먹는데, 일정한 직분이 없으면서 위에서 주는 녹을 받는 것은 공손하지 못한 것이기 때문이다."
라고 말했다.

曰君이 餽之則受之라 하시니 不識케이다 可常繼乎이까
왈군　궤지칙수지　　　　불식　　　가상계호

曰繆[31]公之於子思也에 亟問하시고 亟餽鼎肉[32]이어시늘
왈무　공지어자사야　극문　　　극궤정육

子思不悅하사 於卒也에 摽[33]使者하야 出諸大門之外하시고
자사불열   어졸야   표 사자   출제대문지외

北面[34]稽首再拜而不受 曰今而後에 知君之犬馬畜伋이라 하시니
북면   계수재배이불수 왈금이후   지군지견마축급

蓋自是로 臺[36]無餽也하니 悅賢不能擧요 又不能養也면 可謂悅賢乎아
개자시   대 무궤야   열현불능거   우불능양야   가위열현호

이에 만장이 물었다.
"임금이 구제해 주면 받는다고 하셨는데, 그렇다면 항상 계속해서 받을 수 있습니까?"
라고 묻자, 맹자가 말하기를
"옛날 노나라 목공은 자사를 사모해서 자주 사람을 보내 안부를 묻고, 때때로 삶은 고기를 보냈다. 하지만 자사는 그것을 좋아하지 않다가 마침내 사자를 쫓아내어 대문 밖에 나가게 하고, 북쪽을 향해 머리를 땅에 대고 재배하고 보내온 고기를 받지 않았다. 그리고 말하길 '이제는 임금이 나를 개나 말처럼 대접하는 것을 알았다.' 라고 했다. 그 일이 있은 뒤부터는 하인이 고기를 갖다주는 일이 없었다. 대체 현자를 좋아하면서도 그 사람을 등용하지 못하고 또한 그를 예로써 모시지 못하면, 현자를 좋아한다고 할 수 있겠느냐?"
라고 말했다.

曰敢問國君이 欲養君子인댄 如何라야 斯可謂養矣니잇고
왈감문국군   욕양군자   여하   사가위양의

曰以君命將之어든 再拜稽首而受하나니 其後廩人繼粟庖人繼肉하여
왈이군명장지   재배계수이수   기후름인계속포인계육

不以君命將之[37]니 子思以爲鼎肉이 使己僕僕爾[38]亟拜也라
불이군명장지 자사이위정육 사기복복이 극배야

非養君子之道也라하시니라 堯之於舜也[39]에 使其子九男事之하며
비양군자지도야 요지어순야 사기자구남사지

二女女焉하시고 百官牛羊倉廩備하여 以養舜於畎畝之中이러시니
이녀녀언 백관우양창름비 이양순어견무지중

後擧而加諸上位하시니 故曰王公之尊賢者也라하노라
후거이가제상위 고왈왕공지존현자야

만장이 말했다.
"감히 여쭙겠습니다. 임금이 군자를 기르려고 한다면, 어떻게 해야 정말로 잘 대우해서 길렀다고 하겠습니까?"
라고 물었다. 맹자가 말하기를
"처음에는 임금의 명령이라고 해서 물건을 보내온다. 신하는 재배하고 머리를 조아리며 받는다. 그 후로는 창고지기가 곡식을 가져오고, 푸줏간 사람이 고기를 가져온다. 그러나 그들은 임금이 보내는 것이라고 말하지 않는다. 자사의 마음속으로 '삶은 고기가 자신을 귀찮게 자주 절을 하게 만드는 것이었기 때문에 군자를 모시는 도리가 아니다.'라고 생각했던 것이다. 요임금은 순에게 자신의 아들 9형제가 가서 그를 섬기게 하고, 두 딸을 그에게 시집보냈으며, 백관들과 소와 양과 창고를 갖춰서 순에게 주었다. 후에 그를 등용하여서 섭정의 지위에 앉혔다. 이렇게 해야만 왕공 된 자가 어진 사람을 존경하는 방법인 것이다."
라고 말했다.

지사는 죽음을 각오하고 용사는 달아나는 것을 각오한다

萬章이 曰 敢問不見諸侯는 何義也이꼬
만장 왈 감문불견제후 하의야

孟子曰 在國曰 市井之臣⁴⁰⁾이요 在野曰草莽之臣⁴¹⁾이라 皆謂庶人이니
맹자왈 재국왈 시정지신   재야왈초망지신   개위서인

庶人이 不傳質⁴²⁾爲臣하야 不敢見於諸侯 禮也니라
서인 불전질 위신   불감견어제후 례야

萬章이 曰 庶人이 召之役⁴³⁾이면 則往役하고 君이 欲見之하야
만장 왈 서인 소지역   칙왕역   군 욕견지

召之 則不往見之는 何也이꼬 曰往役은 義也요 往見은 不義也니라
소지 칙불왕견지 하야   왈왕역 의야 왕견 불의야

만장이 말하기를

"감히 여쭙겠습니다. 선생님께서 제후를 만나지 않는 것은 무슨 뜻이 있습니까?"

라고 묻자, 맹자가 말하기를

"도읍에 있으면 시정지신이라 하고, 초야에 있으면 초망지신草莽之臣이라고 한다. 이것은 모두 서인을 말하는 것이다. 서인이 신하가 되지 않고서는 제후를 만나 보지 못하는 것이 예이다."

라고 말했다. 만장이 물었다.

"서인은 제후가 불러서 부역을 시키면 가서 일을 합니다. 그럼 제후가 보고자 하여 그를 부르면 가서 만나지 않는 것은 무슨 이유입니까?"

라고 묻자, 맹자가 말하기를

"서민이 가서 부역을 하는 것은 당연한 의리이지만, 가서 만나는 것은 의리가 아니다."

且君之欲見之也는 何爲也哉오
차군지욕견지야 하위야재

曰爲其多聞也며 爲其賢也니 曰爲其多聞也則天子도
왈위기다문야 위기현야 왈위기다문야 칙천자

不召師온 而況諸侯乎아 爲其賢也면 則吾未聞欲見賢而召之也케라
불소사 이황제후호 위기현야 칙오미문욕견현이소지야

繆公이 亟見於子思曰古에 千乘之國[44]이 以友士하니 何如[45]하니이고
무공 극견어자사왈고 천승지국 이우사 하여

子思不悅曰古之人이 有言曰事之云乎언정 豈曰友之云乎리오 하시니
자사불열왈고지인 유언왈사지운호 기왈우지운호

子思之不悅也는 豈不曰以位 則子는 君也요 我는 臣也니
자사지불열야 기불왈이위칙자 군야 아 신야

何敢與君友也며 以德則子는 事我者也니 奚可以與我友리오
하감여군우야 이덕칙자 사아자야 해가이여아우

千乘之君이 求與之友로되 而不可得也온 而況可召與아
천승지군 구여지우 이불가득야 이황가소여

"또 제후가 그를 만나 보려는 것은 무엇 때문입니까?"
라고 물었다. 만장이 대답하기를
"그것은 선생님께서 견문이 넓고, 현자이기 때문입니다."
라고 말했다. 그러자 맹자가 말하기를
"그가 견문이 넓기 때문에 부른다면 천자가 불렀을 것인데 천자

도 스승을 부르지 않았는데 제후가 부른단 말이냐. 또 내가 어질다고 해서 부르는 것이라면 내가 듣건대 어진 사람을 만나자고 해서 무례하게 그를 부른다는 말은 지금까지 들어 보지 못했다. 언젠가 노나라의 목공은 종종 자사를 만나 뵙고 말하길 '옛날에 천승의 나라 임금이 선비를 벗으로 사귀었다고 하는데, 어떻게 생각하십니까?' 라고 했다. 그러자 자사는 불쾌해하며 말하길 '옛 사람의 말은 섬겼다는 뜻으로 한 것입니다. 어찌 벗으로 사귄다고 말했겠습니까? 라고 했다. 자사가 이처럼 불쾌하게 여긴 것은, 지위로 보면 상대는 임금이고 자신은 신하이기 때문에 어찌 감히 임금과 벗할 수 있겠는가? 덕으로 말한다면 나를 섬기지만, 어찌 나하고 벗이 될 수 있단 말인가? 라고 생각했기 때문이다. 천 승의 나라 임금이 선비와 벗하기를 원해도 그렇게 할 수 없었는데, 함부로 부를 수가 있겠느냐?"

齊景公[46]이 田[47]할새 招虞人[48]以旌한대 不至어늘 將殺之러니
　제경공　　전　　　초우인　이정　　부지　　　장살지

志士는 不忘在溝壑이요 勇士는 不忘喪其元이라 하시니
지사　불망재구학　　　용사　불망상기원

孔子는 奚取焉고 取非其招不往也시니라
공자　해취언　취비기초불왕야

曰敢問招虞人何以니이꼬 曰以皮冠[49]이니 庶人은 以旃[50]이요
왈감문초우인하이　　　왈이피관　　　서인　　이전

士는 以旂요 大夫는 以旌이니라 以大夫之招로 招虞人이어늘
사　이기　대부　이정　　　　이대부지초　초우인

虞人이 死不敢往하니 以士之招로 招庶人이면
우인   사불감왕   이사지초   초서인

庶人이 豈敢往哉리오 況乎以不賢人之招로 招賢人乎아
서인   기감왕재   황호이불현인지초   초현인호

欲見賢人而不以其道면 猶欲其入而閉之門也니라
욕견현인이불이기도   유욕기입이폐지문야

夫義는 路也요 禮는 門也니 惟君子能由是路하며
부의   노야   예   문야   유군자능유시로

出入是門也니 詩云 周道如底[51]하니 其直如矢로다
출입시문야   시운 주도여저   기직여시

君子所履요 小人所視라 하니라
군자소리   소인소시

"제나라 경공이 사냥을 나가서 깃대로 신호해서 관리인을 불렀는데, 오지 않아서 그를 죽이려고 했다. 공자가 말하길 '지사는 구렁에 던져져 죽기를 각오하고, 용사는 자기 목이 달아나는 것을 각오한다.'라고 했는데, 공자는 관리인의 어느 것을 취했겠느냐? 정당하게 부르지 않으면 가지 않은 것을 취한 것이다."
라고 말했다. 만장이 말하기를

"감히 여쭙겠습니다. 관리인을 부를 때 무엇으로 합니까?"
라고 묻자, 맹자가

"가죽으로 만든 관으로 신호한다. 서인에게는 붉은 비단기로 신호하고, 선비에게는 기로 신호하고, 대부에게는 깃대로 신호한다. 그런데 대부를 부르는 신호로 관리인을 부르자 관리인은 죽음을 각오하고 감히 가지 않았던 것이다. 선비를 부르는 신호로 서인을 부른다면 서인이 어찌 감히 갈 수 있겠는가? 하물며 어질지 않은 사람을 부르는 데 사용하는 것으로 현자를 불러야 쓰겠는가? 임금이 현자를 만나고 싶어하면서 정당한 방법으로 부르지 않는다면, 이것은 마치 그 사람을 들어오게 원하면서 문을 닫는 것과 같은 이치다. 의는 길과 같은 것이요, 예는 넘나드는 문이다. 오직 군자만이 그 길을 걸어가고 그 문으로 드나들 수 있는 것이다. 『시경』에 이르길 '주나라의 길은 숫돌과 같고 곧기는 화살과 같다. 군자가 그 길을 당당히 밟고 가니, 소인이 그것을 보고 본받는다.' 라고 했다."
라고 말했다.

萬章이 曰 孔子는 君命召어시든
만장 왈공자 군명소

不俟駕而行하시니 然則孔子非與이까 曰孔子는
불사가이행   연칙공자비여   왈공자

當仕有官職而以其官으로 召之也니라
당사유관직이이기관   소지야

이에 만장이 말하기를
"공자는 임금이 부르면 수레에 멍에 매기를 기다리지 않고 걸어서 갔다고 합니다. 그러면 공자는 잘못한 것입니까?"
라고 묻자, 맹자가 말하기를
"당시 공자는 벼슬을 맡아 관직에 있었는데, 임금이 관직에 맞는 방법으로 불렀기 때문에 그렇게 한 것이다."
라고 말했다.

고자 장구 상
告子章句 上

고자는 중국의 군소 사상가의 한 사람으로 맹자의 사상과는 상통하는 바가 있는 듯하면서도 그의 사상은 근본적으로 맹자와 일치되지 않는 사상가였다. 맹자는 고자와 더불어 성론性論과 인의仁義에 관한 여러 가지 문제를 논하여 그의 시비를 가렸다.

사람의 본성으로 인과 의를 행하라

告子¹⁾曰 性은 猶杞柳²⁾也이요 義는 猶桮棬³⁾也니
고 자 왈 성 유 기 류 야 의 유 배 권 야

以人性爲仁義는 猶以杞柳 爲桮棬이니라
이 인 성 위 인 의 유 이 기 류 위 배 권

孟子曰 子能順杞柳之性 而以爲桮棬乎아
맹 자 왈 자 능 순 기 류 지 성 이 이 위 배 권 호

將似賊杞柳而後에 以爲木否木巻也니
장장적기류이후   이위목부목포야

如將似賊杞柳而以爲木否木巻이면 則亦將戕賊⁴⁾人하야
여장장적기류이이위목부목권   칙역장장적 인

以爲仁義與아 率天下之人而禍仁義者는 必子之言夫인저
이위인의여   솔천하지인이화인의자   필자지언부

고자가 말하기를

"사람의 성품은 버들과 같고 의는 버들그릇과 같습니다. 사람의 본성으로 인과 의를 행하게 하는 것은 마치 버들로 버들그릇을 만드는 것과 같습니다."

라고 했다. 맹자가 말하기를

"그대는 버들의 본성에 따라 버들그릇을 만들 수 있겠는가? 버들을 꺾고 잘라야만 버들그릇을 만들 수 있는 것이다. 만약 버들을 꺾고 잘라서 버들그릇을 만든다면, 사람도 그 본성을 해쳐서 인과 의를 행한다는 것이 되는가? 천하의 사람을 모아 인과 의에 화를 끼칠 사람은 반드시 그대의 말일 것이다."

라고 말했다.

인은 안에 있고 밖에 있지 않다

告子曰 食色이 性也니 仁은 內也⁵⁾라 非外也요
고자왈 식색 성야   인   내야   비외야

義는 外也라 非內也니라
의   외야   비내야

고자가 말하기를
"식욕과 색욕은 사람의 본성이다. 인은 마음 안에 있는 것이요, 밖에 있지 않습니다."
라고 말했다.

孟子曰 何以謂仁內義外也오 曰彼長而我長之라
맹자왈 하이위인내의외야   왈피장이아장지

非有長於我也니 猶彼白而我白之라 從其白於外也라
비유장어아야   유피백이아백지   종기백어외야

故로 謂之外也라 하노라
고   위지외야

이에 맹자가 말하기를
"어째서 인은 안에 있는 것이고 의는 밖에 있는 것이라고 하는가?"
라고 물었다. 고자가 대답하기를
"저 사람이 어른이라고 해서 내가 어른이라고 존경하는 것은 그 어른이라는 것이 결코 나의 속에 있는 것이 아니다. 이것은 마치 저 물건이 빛이 희기 때문에 나도 그렇게 희다고 하는 것과 같아서 저것이 희다는 밖의 조건에 따를 뿐이다. 그런 때문에 의는 밖에 있다고 하는 것이다."

曰異於白馬之白也는 無以異於白人之白也어니와 不識케라
왈이어백마지백야   무이이어백인지백야   불식

長男之長也 無以異於長人之長與아 且謂長者義乎아
장마지장야 무이이어장인지장여　차위장자의호

長之者 義乎아 曰吾弟則愛之하고 秦人之弟則不愛也하나니
장지자의호　왈오제칙애지　진인지제칙불애야

是는 以我爲悅者也라 故로 謂之內요 長楚人之長하며
시　이아위열자야　고　위지내　장초인지장

亦長吾之長하나니 是는 以長爲悅者也라 故로 謂之外也라 하노라
역장오지장　　시　이장위열자야　고　위지외야

"말이 흰 것을 희다고 하는 것은 사람의 빛이 흰 것을 보고 희다고 하는 것과 다를 것이 없다. 하지만 늙은 말을 보고 늙었다고 생각하는 마음과 늙은 사람을 보고 어른이라고 존경하는 것과는 다르지 않겠습니까? 또 일러 어른이라는 사실이 의라고 하겠습니까? 어른이라고 존경하는 것이 의라고 하겠습니까? 내 동생이면 좋아하지만 진나라의 알지 못하는 사람의 동생이면 사랑하지 않습니다. 그것은 자기의 아우를 마음속으로 기쁘게 생각하기 때문입니다. 그래서 인을 안이라 합니다. 초나라의 어른이라도 어른으로 대접하고, 또 자기의 어른도 존경합니다. 이것은 어른이라는 것만으로써 마음속으로 존경하는 것입니다. 그래서 밖이라고 하는 것입니다."

曰耆秦人之炙 無以異於耆吾炙하니 夫物則亦有然者也니
왈기진인지자 무이이어기오자　부물칙역유연자야

然則耆炙도 亦有外與아
연칙기자　역유외여

"진나라 사람이 만든 불고기를 좋아하는 것은 내가 불고기를 좋아하는 것과 같은 것입니다. 모든 물건은 이 불고기와 같은 일이 많습니다. 그렇다면 불고기를 좋아하는 것에도 또한 밖인 것이 있을까요?"
라고 말했다.

의는 마음속에 있다

孟季子⁶⁾問公都子⁷⁾曰何以謂義内也오曰行吾敬故로謂之内也니라
맹계자 문공도자 왈 하이위의내야 왈행오경고 위지내야

맹계자가 맹자의 제자인 공도자에게
"어찌해서 의는 마음속에 있다고 하는가?"
라고 물었다. 공도자가 말하기를
"자기의 마음속에 있는 경의를 행하는 것이 의이기 때문에 내부에 있다고 하는 것이다."
라고 말하자 맹계자가 물었다.

鄕人이 長於伯兄一歲 則誰敬고 曰敬兄이니라
향인 장어백형일세 칙수경 왈경형

酌則誰先고 曰先酌鄕人이니라 所敬은 在此하고
작칙수선 왈선작향인   소경 재차

所長은 在彼하니 果在外라 非由内也로다
소장 재피 과재외 비유내야

公都子不能答하야 以告孟子한대 孟子曰 敬叔父乎아
공도자불능답   이고맹자   맹자왈 경숙부호

敬弟乎아 하면 彼將曰敬叔父라 하리라 曰弟爲尸[8]則誰敬고 하면
경제호   피장왈경숙부   왈제위시 칙수경

彼將曰敬弟라 하리라 子曰惡在其敬叔父也[9]오 하면
피장왈경제   자왈악재기경숙부야

彼將曰 在位故也라 하리니 子亦曰 在位故也라 하라
피장왈 재위고야   자역왈 재위고야

庸敬[10]은 在兄하고 斯須[11]之敬은 在鄉人하니라
용경   재형   사수 지경   재향인

"같은 마을 사람이 백형보다 한 살 더 많으면 누구를 공경하겠습니까?"
라고 묻자 공도자가
"형을 공경한다."
라고 말하자 또
"술을 따르게 되면 누구를 먼저 따릅니까?"
라고 묻자, 공도자가
"향리의 나이 많은 사람부터 먼저 따라 준다."
라고 대답했다. 맹계자가
"공경하는 것은 형이요, 술은 나이 많은 사람에게 따라준다면, 의는 외부에 있는 것이요, 마음속에서 나오는 것은 아닙니다."
라고 대답하자, 공도자가 대답하지 못하고 이것을 맹자에게 말했다. 맹자가 말하기를
"그에게 '숙부를 공경하는가 아니면 동생을 공경하는가?' 라고

물어보라. 그는 반드시 '숙부를 공경한다.'고 할 것이다. 또 '동생이 시동이 되면 누구를 공경하는가?'라고 물어보라. 그러면 그는 '동생을 공경한다.'고 할 것이다. 이때 그대는 '그렇다면 숙부를 공경한다는 말은 어찌된 일입니까?'라고 물어라. 그 사람은 '아우가 시동의 자리에 있기 때문이다.'라고 대답할 것이다. 이때 그대는 역시 '동네 사람에게 먼저 술을 따르는 것은 그가 손님의 자리에 있기 때문이다.'라고 말하라. 항상 공경하는 대상은 형이지만, 잠시 공경하는 대상은 마을 사람에게 있는 것이다."
라고 말했다.

季子聞之하고 曰 敬叔父則敬하고 敬弟則敬하니
계자문지   왈 경숙부칙경   경제칙경

果在外라 非由內也로다 公都子曰 冬日則飮湯하고
과재외   비유내야   공도자왈 동일칙음탕

夏日則飮水하나니 然則飮食도 亦在外也로다
하일칙음수   연칙음식   역재외야

맹계자가 그 말을 듣고 말하기를
"숙부를 공경해야 할 경우에는 숙부를 공경하고, 동생을 공경해야 할 경우에는 동생을 공경하는 것이다. 과연 의는 외부에 있는 것이지 마음속에서 나오는 것은 아닙니다."
라고 말하자, 공도자가 말하기를
"겨울에는 따뜻한 물을 마시고, 여름에는 찬물을 마시는데, 그렇다면 먹고 마시는 것도 외부에 달린 것이다."
라고 말했다.

성인은 우리들의 마음을 꿰뚫는다

孟子曰 富歲엔 子弟多賴[12]하고 凶歲엔 子弟多暴하나니
맹자왈 부세 자제다뢰   흉세 자제다폭

非天之降才[13]爾殊也라 有所以陷溺其心者然也니라
비천지강재 이수야 유소이함닉기심자연야

맹자가 말하기를
"풍년에는 젊은 사람들이 대부분 선해지고, 흉년에는 젊은 사람들 대부분 궁해서 포악해진다. 이것은 하늘이 내려 준 성품이 그렇게 다른 것이 아니라, 그들의 마음을 유혹하는 것이 있어서 그렇게 되는 것이다.

今夫麰麥[14]을 播種而耰[15]之호대 其地同하며 樹之時又同하면
금부모맥 파종이우 지 기지동 수지시우동

浡然而生하야 至於日至[16]之時하야 皆熟矣나니 雖[17]有不同이나
발연이생 지어일지지시 개숙의   수 유불동

則地有肥磽[18]하며 雨露之養과 人事[19]之不齊也니라
칙지유비교 우로지양 인사 지불제야

지금 보리씨를 뿌리고 흙을 덮어 주면, 땅이 같고 심은 시기가 같아서 새싹이 활짝 돋아나 하지 때가 되면 곡식이 여물게 된다. 다른 점이 있어도 그것은 땅이 비옥하거나 척박하거나 하는 차이가 있게 마련이다. 비와 이슬이 내린 것이나 사람의 정성이 같지 않기 때문일 것이다.

故로 凡同類者 擧相似也니 何獨至於人而疑之리오
고   범동류자 거상사야   하독지어인이의지

聖人도 與我同類者시니라 故로
성인   여아동류자   고

龍子[20]曰不知足而爲屨라도 我知其不爲蕢[21]也라 하니
룡자 왈불지족이위구   아지기불위괴   야

屨之相似는 天下之足이 同也일새니라
구지상사   천하지족   동야

口之於味에 有同耆也하니 易牙[22]는 先得我口之所耆者也라
구지어미   유동기야   역아   선득아구지소기자야

如使口之於味也에 其性이 與人殊 若犬馬之於我不同類也면
여사구지어미야   기성   여인수 약견마지어아불동류야

則天下何耆를 皆從易牙之於味也리오
칙천하하기 개종역아지어미야

  그래서 모든 동류의 물건은 대부분 서로가 비슷한 것이다. 유독 사람에 있어서만 예외라고 의심하겠는가? 성인도 우리와 모두 똑같은 사람이다. 그래서 용자는 '발의 사이즈도 모르고 신을 삼더라도 나는 그것이 삼태기가 되지 않음을 안다.'고 말한 것이다. 발이 비슷한 것은 온 천하 사람들의 발이 거의 같기 때문이다. 입이 맛을 느끼는 데 있어서도 다 함께 좋아하는 것이다. 최고의 요리사인 역아는 먼저 우리 입이 좋아하는 것을 발견한 사람이다. 예를 들어 입으로 맛보는 느끼는 데 있어서 그 식성이 사람마다 달라, 개나 말이 인간과 동류가 아닌 것처럼 맛을 다르게 느낀다면, 온 천하의 사람들이 어찌 음식 맛을 즐길 때, 모두 역아가 만

든 음식 맛에 따를 수 있겠는가?

至於味하야는 天下期於易牙하나니 是天下之口相似也일새니라
지어미 천하기어역아 시천하지구상사야

惟耳 亦然하니 至於聲하여는 天下期於師曠[23]하나니
유이 역연 지어성 천하기어사광

是天下之耳相似也일새니라 惟目亦然하니 至於子都[24]하야는
시천하지이상사야 유목역연 지어자도

天下莫不知其姣也하나니 不知子都之姣者는 無目者也니라
천하막불지기교야 불지자도지교자 무목자야

맛에 이르러서는 온 천하가 역아에게 기대하는 것은 온 천하 사람들의 미각이 비슷하기 때문이다. 귀도 역시 그러하다. 음악이라면 천하 사람들이 악사인 사광에게 기대하는데, 그것은 천하 사람들의 귀가 비슷하기 때문이다. 눈도 역시 마찬가지이다. 자도의 경우 온 천하가 모두 그의 아름다움을 알았는데, 자도의 아름다움을 모르면 눈이 없는 사람이다.

故曰[25] 口之於味也에 有同耆焉하며 耳之於聲也에 有同聽焉하며
고왈 구지어미야 유동기언 이지어성야 유동청언

目之於色也에 有同美焉하니 至於心하야 獨無所同然乎아
목지어색야 유동미언 지어심 독무소동연호

心之所同然者는 何也오 謂理也義也니
심지소동연자 하야 위리야의야

聖人은 先得我心之所同然耳시니 故로 理義之悅我心이
성인 선득아심지소동연이 고 리의지열아심

猶芻豢[26]之悅我口니라
유추환 지열아구

그래서 '입으로 맛을 볼 때는 다 함께 좋아하는 것이 있고, 귀로 음악을 듣는 데 있어서 다 함께 듣기 좋아하는 것이 있다. 눈으로 보는 데 있어서도 다 함께 아름답게 여기는 것이 있다.' 는 것이다. 마음에 있어서만은 유독 다 함께 똑같이 생각하는 것이 없겠는가? 그러면 마음이 똑같다고 생각하는 것은 무엇인가? 그것은 우리의 마음속에 있는 도리요, 덕의이다. 그리고 성인이라고 불리우는 사람은 이들 모든 사람의 마음이 같다는 것을 먼저 발견한 사람이다. 때문에 이 도리와 덕의가 우리들의 마음을 만족시키는 것은 마치 소나 돼지고기가 우리들의 입맛을 만족시켜 주는 것과 같은 것이다."

구차하게 삶을 구하려고 하지 말라

孟子曰 魚도 我所欲也하며 熊掌[27]도 亦我所欲也언마는
맹자왈 어 아소욕야   웅장   역아소욕야

二者를 不可得兼인댄 舍魚而取熊掌者也로리라
이자 불가득겸   사어이취웅장자야

生亦我所欲也며 不可得兼인댄 舍魚而取義者也로리라
생역아소욕야 불가득겸   사어이취의자야

生亦我所欲이언마는 所欲이 有甚於生者라 故로
생역아소욕   소욕 유심어생자 고

不爲苟得[28]也하며 死亦我所惡언마는 所惡有甚於死者라
불위구득 야   사역아소악   소악유심어사자

故로 患[29]有所不辟也니라 如使人之所欲이 莫甚於生이면
고   환 유소불벽야   여사인지소욕   막심어생

則凡可以得生者를 何不用也[30]며 使人之所惡莫甚於死者면
칙범가이득생자   하불용야   사인지소악막심어사자

則凡可以辟患者 何不爲也리오 由是라 則生而有不用也하며
칙범가이벽환자 하불위야   유시   칙생이유불용야

맹자가 말하기를

"물고기도 먹고 싶고, 곰발바닥 요리도 먹고 싶다. 하지만 두 가지를 모두 얻을 수 없다면 물고기를 버리고 곰발바닥을 선택할 것이다. 이와 마찬가지로 삶도 내가 지키고 싶고, 의도 내가 지키고 싶다. 하지만 두 가지를 모두 얻을 수 없다면 삶을 버리고 의를 지킬 것이다. 삶도 내가 원하는 것이지만, 원하는 것 가운데 삶보다 더 큰 것이 있기 때문에, 구차하게 삶을 지키려고 하지 않는 것이다. 죽음도 내가 싫어하는 것이지만, 싫어하는 것 가운데 죽음보다 더 큰 것이 있기 때문에 죽음의 환난도 피하지 않는 것이다. 만약에 사람이 원하는 것 가운데 삶보다 더 큰 것이 없다면 살 수 있는 방법을 어찌 쓰지 않겠는가? 사람이 싫어하는 것 가운데 죽음보다 더 큰 것이 없다면, 죽음을 피할 수 있는 방법이 있다면 무슨 짓인들 못하겠는가?

由是라 則可以辟患而有不爲也니라 是故로 所欲 有甚於生者하며
유시   칙가이벽환이유불위야   시고   소욕 유심어생자

所惡有甚於死者하니 非獨賢者有是心也라 人皆有之언마는
소악 유심어사자   비독현자유시심야   인개유지

賢者는 能勿喪耳니라 一箪食와 一豆羹[31]을 得之則生하고
현자   능물상이   일단사   일두갱   득지즉생

弗得則死라도 嘑爾[32]而與之면 行道之人도 弗受하며 蹴爾[33]而與之면
불득즉사   호이 이여지   행도지인   불수   축이 이여지

乞人도 不屑也니라 萬鍾[34]則不辨禮義而受之하나니
걸인   불설야   만종   즉불변례의이수지

萬鍾於我何加焉이리오 爲宮室之美와 妻妾之奉과
만종어아하가언   위궁실지미   처첩지봉

所識窮乏者得我與인저 鄕[35]爲身엔 死而不受라가
소식궁핍자득아여   향위신   사이불수

今爲宮室之美하야 爲之하며 鄕爲身엔 死而不受라가
금위궁실지미   위지   향위신   사이불수

今爲妻妾之奉하야 爲之하며 鄕爲身엔 死而不受라가
금위처첩지봉   위지   향위신   사이불수

今爲所識窮乏者得我而爲之하나니 是亦不可以已乎아
금위소식궁핍자득아이위지   시역불가이이호

此之謂失其本心이니라
차지위실기본심

그렇기 때문에 살 수 있는 데도 그 방법을 쓰지 않는 경우가 있고, 이렇기 때문에 죽음을 피할 수 있는 데도 그 방법을 쓰지 않는 경우가 있다. 결국 원하는 것 가운데 삶보다 더 큰 것이 있고, 싫어하는 것 가운데는 죽음보다 더 미워하는 것이 있는 것이다. 이

마음은 현자만 이런 마음을 가지고 있는 것이 아니라, 사람이면 모두 가지고 있는 것이다. 다만 현자는 이런 마음을 잃지 않는다는 것뿐이다. 한 그릇의 밥과 한 그릇의 국을 얻어 먹으면 살고, 얻지 못하면 죽는 경우에 처해도 욕설과 함께 음식을 준다면 길 가는 사람도 받지 않는다. 또 발로 밀어서 준다면 거지도 좋아하지 않는다. 그렇지만 만 종의 녹은 예의와 염치를 따지지 않고서 받는데, 그 만 종의 녹이 나 자신에게 무슨 보탬이 되겠는가? 만 종의 녹을 받는 것은 집을 잘 꾸미고 처첩을 먹여 살리고 내가 아는 궁핍한 사람들이 나를 고맙게 생각하도록 하기 위해서일 것이다. 먼저 경우에는 자신을 위해서는 죽어도 받지 않다가 집을 아름답게 꾸미는 것에는 그것을 받고, 먼저 경우에는 자신을 위해서도 죽어도 받지 않다가 처첩을 위해서는 받고, 먼저 경우처럼 자신을 위해서는 죽어도 받지 않다가 이제 내가 알고 있는 궁핍한 사람들이 나를 고맙게 생각하도록 하기 위해 그것을 받는데, 이 역시 그만둘 수가 없을까? 그렇게 하는 것을 본심을 잃은 것이라고 하는 것이다." 라고 말했다.

큰 부분에 신경 쓰는 사람은 대인이다

孟子曰人之於身也에 兼所愛[36]니 兼所愛則兼所養也라
맹자왈인지어신야 겸소애   겸소애칙겸소양야

無尺寸之膚를 不愛焉 則無尺寸之膚를 不養也니
무척촌지부 불애언 칙무척촌지부 불양야

所以考其善不善[37]者는 豈有他哉리오 於己에 取之而已矣[38]니라
소이고기선불선 자 기유타재 어기 취지이이의

體有貴賤하며 有小大[39]하니 無以小害大하며 無以賤害貴니
체유귀천 유소대 무이소해대 무이천해귀

養其小者爲小人이요 養其大者爲大人이니라
양기소자위소인 양기대자위대인

今有場師[40] 舍其梧檟[41]하고 養其樲棘[42]하면 則爲賤場師焉이니라
금유장사 사기오가 양기이극 칙위천장사언

養其一指하고 而失其肩背而不知也면 則爲狼疾[43]人也니라
양기일지 이실기견배이불지야 칙위랑질 인야

飮食之人을 則人賤之矣나니 爲其養小以失大也니라
음식지인 칙인천지의 위기양소이실대야

飮食之人이 無有失也면 則口服이 豈適[44]爲尺寸之膚哉리오
음식지인 무유실야 칙구복 기적 위척촌지부재

맹자가 말하기를

"사람은 자기 몸에 대해서는 모든 부위를 아끼고, 모든 부위를 아끼기 때문에 모든 부위에 신경을 쓰면서 돌본다. 한 자나 한 치의 살도 모두 아끼기 때문에 한 자나 한 치 되는 살도 신경 쓰고 돌본다. 그렇지만 그 가운데서 어떤 것을 더 잘 돌봐야 하는지 살피는 것은 어찌 다른 것이 있겠는가? 이것은 오로지 자기 안에서 결정지을 뿐이다. 몸에는 귀한 부분과 천한 부분이 있고, 큰 부분과 작은 부분이 있다. 작은 부분 때문에 큰 부분을 해쳐서는 안 되고 천한 부분 때문에 귀한 부분을 해쳐서는 안 된다. 작은 부분에 신경을 쓰는 사람은 소인이 되고, 큰 부분에 신경을 쓰는 사람은

대인이 된다. 어떤 정원사가 오동나무나 가래나무를 버리고 산대추나무와 가시나무를 재배한다면, 형편없는 정원사가 되는 것이다. 손가락 하나를 고치느라 어깨와 등의 병을 놓친다면, 이것은 돌팔이 의원인 것이다. 음식을 밝히는 사람은 남들이 천하게 여긴다. 이것은 작은 것에 신경을 써서 큰 것을 잃어버리기 때문이다. 음식을 밝히는 사람이 만약 잃는 것이 없다면 입과 배를 채우는 것이 어찌 한 자나 한 치의 살을 위하는 것일 뿐이겠는가?"
라고 말했다.

배우는 사람은 열심히 해야 한다

孟子曰 羿[45]之教人射에 必志於彀[46]하나니 學者도 亦必志於彀니라
맹자왈 예 지교인사 필지어구 학자 역필지어구

大匠이 誨人에 必以規矩하나니 學者도 亦必以規矩니라
대장 회인 필이규구 학자 역필이규구

맹자가 말하기를
"옛날 예가 남에게 활 쏘기를 가르칠 때, 반드시 활시위를 당기는 데 전심하게 교육했다. 배우는 사람도 반드시 활시위를 당기는 데 전심했다. 큰 목수가 사람을 가르칠 때, 반드시 컴퍼스와 직각자를 쓰는 법을 가르친다. 배우는 사람도 반드시 컴퍼스와 직각자에 정신을 차리고 배운다."
고 말했다.

고자 장구 하
告子章句 下

이 구절에서는 맹자 특유의 사상을 논함은 물론 가언佳言과 명구를 아울러 논술함으로써 맹자 사상의 깊은 뜻을 음미할 수 있다.

예와 먹는 것 중에 어느 것이 중요한가

任人이 有問[1]屋廬子曰 禮與食이 孰重고 曰禮重이니라
임인 유문옥려자왈 예여식 숙중 왈예중

色與禮孰重고 曰 禮重이니라 曰 以禮食則飢而死하고
색여례숙중 왈 예중 왈 이예식칙기이사

不以禮食則得食이라도 必以禮乎아 親迎[2]則不得妻하고
불이예식칙득식 필이례호 친영 칙불득처

不親迎 則得妻라도 必親迎乎아 屋廬子不能對하야
불친영 칙득처 필친영호 옥려자불능대

明日에 之鄒[3]하야 以告孟子한대 孟子曰 於答時也에 何有[4]리오
명일   지추   이고맹자   맹자왈 어답시야   하유

　임나라 사람이 맹자의 제자 옥려자에게
　"예의를 지키는 것과 먹는 것 중에 어느 것이 더 소중합니까?"
라고 묻자, 옥려자는
　"예의를 지키는 것이 소중합니다."
라고 말했다. 임나라 사람이
　"결혼하는 것과 예의를 지키는 것은 어느 것이 소중합니까?"
라고 말하자, 옥려자가
　"예가 소중합니다."
라고 말했다. 임나라 사람이
　"예의만 지키면 굶어서 죽고, 예를 지키지 않으면 먹을 것을 얻을 수 있다면, 반드시 예를 차려야 합니까? 친영의 예를 행하자면 예물이 없어 아내를 얻지 못하고, 친영의 예를 생각하지 않으면 아내를 얻을 수 있는데도 그래도 반드시 친영을 해야 합니까?"
라고 묻자, 이에 옥려자가 대답을 못 하고, 그 다음날 추나라에 가서 맹자에게 말했다. 그러자 맹자가 말하기를
　"이런 질문에 대답하는 것이 무엇이 어려운가?

不揣[5]其本而齊其末이면 方寸之木[6]을 可使高於岑樓[7]니라
불췌 기본이제기말   방촌지목   가사고어잠루

　대체로 물건을 비교하는 데 그 근본이 되는 것을 따지지 말고 말단적인 부분을 동등하게 다룬다면, 한 치밖에 되지 않는 작은 나무를 가지고도 산언덕보다 높게 할 수가 있다.

金重於羽者는 豈謂一鉤金[8]與一輿羽[9]之謂哉리오
금중어우자　기위일구금　여일여우　지위재

取食之重者와 與禮之輕者而比之면 奚翅食重이며
취식지중자　여례지경자이비지　해시식중

取色之重者와 與禮之輕者而比之면 奚翅色重이리오
취색지중자　여례지경자이비지　해시색중

　쇠는 깃털보다 무겁다는 것은 어찌 혁대 고리로 쓰는 쇠 하나와 수레에 가득 실은 새털을 비교해서 한 말이겠느냐? 먹을 것에 대한 중요한 문제와 예에 대한 가벼운 문제를 취해서 비교한다면, 그와 마찬가지로 먹지 않으면 죽는다는 것과 같이 식사가 중요한 때와 그대로 물을 마시는 조그마한 예의를 비교한다면 어찌 식사가 소중하다고 하겠느냐. 또 아내를 얻는다는 것과 같이 소중한 일과 친영과 같은 조그마한 예의를 비교한다면 어찌 혼인이 소중하다고 하지 않겠느냐. 그러니 너는 돌아가서 이렇게 대답하라.

往應之曰 紾[10]兄之臂而奪之食則得食하고 不紾則不得食이라도
왕응지왈　진　형지비이탈지식칙득식　　　불진칙불득식

則將紾之乎아 踰東家[11]牆而摟[12]處子則得妻하고
칙장진지호　유동가　장이루　처자칙득처

不摟則不得妻라도 則將摟之乎아 하라
불루칙불득처　　칙장루지호

　지금 '형의 팔을 비틀고 그가 가지고 있는 먹을 것을 빼앗으면 먹을 것을 얻게 되고, 비틀지 않으면 먹을 것을 얻지 못한다면 형의 팔을 비틀겠는가? 동쪽 이웃집의 담을 넘어가 그 집 처녀를 강

제로 끌고 오지 못하면 아내를 얻지 못한다면 그대는 담을 뛰어넘 겠는가?"
라고 일러 주었다.

도는 큰길과 같다

曹交[13]問曰 人皆可以爲堯舜이라 하니 有諸이까 孟子曰 然하다
조교 문왈 인개가이위요순　　　유제　　맹자왈 연

交는 聞文王은 十尺이요 湯은 九尺이라 하니 今交는 九尺四寸以長[14]이로대
교　문문왕　십척　탕　구척　　　금교　구척사촌이장

食粟而已로니 如何則可이꼬 曰 奚有於是리오 亦爲之而已矣니라
식속이이　　여하즉가　왈 해유어시　　역위지이이의

有人於此하니 力不能勝一匹雛[15]면 則爲無力人矣요
유인어차　역불능승일필추　　칙위무력인의

今日擧百鈞이면 則爲有力人矣니 然則擧烏獲之任이면
금일거백균　칙위유력인의　연칙거오획지임

是亦爲烏獲而已矣니 夫人은 豈以不勝爲患哉리오 弗爲耳니라
시역위오획이이의　부인　기이불승위환재　　불위이

조교가 묻기를
"사람은 누구나 모두 요순처럼 성인이 될 수 있다고 하는데, 사실입니까?"
라고 묻자, 맹자가 말하기를

"그렇다."
라고 말했다. 조교가 물었다.

"제가 듣기로는 문왕은 키가 10척이었고, 탕왕은 9척이라고 합니다. 지금 저는 9척 4촌이나 되지만, 곡식이나 축내고 있는데, 어떡하면 좋겠습니까?"
라고 묻자, 맹자가

"어찌 그다지 어려운 일이 있겠소. 그저 올바른 일을 시행하면 될 것이오. 지금 여기에 어떤 사람이 힘으로 작은 오리새끼도 한 마리 들 수 없다면 힘이 없는 사람이라고 할 것이지만, 백 균을 든다면 그는 참으로 힘이 센 사람으로 불릴 것이다. 그렇다면 오 획이 들었다는 무게를 든다면 그 사람은 오 획이 될 뿐이오. 사람은 어찌 자기의 힘이 부족한 것을 걱정할 필요가 있겠소. 오직 노력하지 않는 것뿐이오.

徐行後長者를 謂之弟요 疾行先長者를 謂之不弟니
서행후장자   위지제   질행선장자   위지불제

夫徐行者는 豈人所不能哉리오
부서행자   기인소불능재

所不爲也니 堯舜之道는 孝弟而已矣니라
소불위야   요순지도   효제이이의

가령 어른과 길을 걷는데 천천히 뒤에 따라가는 것을 제라 하고, 빨리 걸어서 연장자 앞에 가는 것을 부제라고 합니다. 그러나 천천히 걸어가는 것이 어찌 할 수 없는 일이겠소. 그것은 오직 하지 않는 것뿐이오.

子服堯之服하며 誦堯之言하며 行堯之行이면 是堯而已矣요
자복요지복　　송요지언　　행요지행　　시요이이의

子服桀之服하며 誦桀之言하며 行桀之行이면 是桀而已矣니라
자복걸지복　　송걸지언　　행걸지행　　시걸이이의

曰 交得見於鄒君이면 可以假館이니 願留而受業於門하노이다
왈 교득견어추군　　 가이가관　　원유이수업어문

曰 夫道若大路然하니 豈難知哉리오 人病不求耳니
왈 부도약대로연　　기난지재　　인병불구이

子歸而求之면 有餘師[16]리라
자귀이구지　　유여사

　그대가 요임금과 같은 옷을 입고, 요임금과 같은 말을 하고, 요임금과 같은 행동을 하면 요임금이 되는 것이다. 그러나 그대가 만일 그대가 걸임금과 같은 옷을 입고, 걸임금과 같은 말을 하고, 걸임금과 같은 행동을 하면 걸임금이 되는 것이다."
라고 말했다. 조교가
　"저는 추나라의 임금을 만나 보고, 공관을 빌릴 수 있을 것이니 잠시 이곳에서 머물면서 선생에서 배우기를 원합니다."
라고 말했다. 맹자는
　"대체로 사람의 도는 큰길과 같아서, 어찌 알기가 어려울 것이겠소. 오직 이 도를 사람들이 구하려고 하지 않기 때문인 것이오. 그대는 본국에 돌아가서 그 길을 찾는다면 스승은 얼마든지 있을 것이오."
라고 말했다.

모든 것을 인과 의로 섬겨라

宋牼[17]이 將之楚러니 孟子 遇於石丘[18]하시다 曰 先生은 將何之오
송경   장지초   맹자 우어석구   왈 선생   장하지

曰 吾聞秦楚構兵[19]이라 하니 我將見楚王하야 說而罷之호대
왈 오문진초구병   아장견초왕   설이파지

楚王이 不悅이어든 我將見秦王하야 說而罷之호리니
초왕   불열   아장견진왕   설이파지

二王에 我將有所遇焉이리라
이왕   아장유소우언

송경이 초나라에 유세하러 가려던 참이었다. 맹자가 석구에서 그를 만나 말하기를

"선생께서는 어디로 가시려고 하십니까?"

라고 물었다. 송경이 말하기를

"나는 진나라와 초나라가 전란을 일으켰다는 소문을 들었습니다. 그래서 나는 초나라의 왕을 만나 그를 설득시키려고 합니다. 만일 초나라 왕이 내 말을 듣지 않으면 나는 진나라 왕을 만나 그를 설득시킬 작정입니다. 두 왕 중에 나의 뜻과 맞는 사람이 있을 것입니다."

라고 말하자,

曰 軻也는 請無問其詳이요
왈 가야   청무문기상

願聞其指하노니 說之將如何오 曰 我將言其不利也호리라
원문기지   설지장여하   왈 아장언기불리야

曰 先生之志則大矣어니와 先生之號[20]則不可하다 先生이 以利로
왈 선생지지칙대의　　　선생지호 칙불가　　선생　이리

說秦楚之王이면 秦楚之王이 悅於利하야 以罷三軍之師[21]하리니
설진초지왕　　　진초지왕 열어리　　이파삼군지사

是는 三軍之士 樂罷而悅於利也라 爲人臣者 懷利以事其君하며
시　 삼군지사 락파이열어리야　 위인신자 회리이사기군

爲人子者 懷利以事其父하며 爲人弟者 懷利以事其兄이면
위인자자 회리이사기부　　 위인제자 회리이사기형

是는 君臣父子兄弟 終去仁義하고 懷利以相接이니
시　 군신부자형제 종거인의　　 회리이상접

然而不亡者 未之有也니라 先生이 以仁義로 說秦楚之王이면
연이불망자 미지유야　　 선생 이인의　 설진초지왕

秦楚之王이 悅於仁義하야 而罷三軍之師하리로 是는
진초지왕 열어인의　　 이파삼군지사　　 시

三軍之士 樂罷而悅於仁義也라 爲人臣者 懷仁義以事其君하며
삼군지사 락파이열어인의야　 위인신자 회인의이사기군

爲人子者 懷仁義以事其父하며 爲人弟者 懷仁義以事其兄이면
위인자자 회인의이사기부　　 위인제자 회인의이사기형

是는 君臣父子兄弟 去利하고 懷仁義以相接也니
시　 군신부자형제 거리　　 회인의이상접야

然而不王者未之有也니 何必曰利리오
연이불왕자미지유야　　하필왈리

　　맹자가 말하기를

　　"저는 상세한 내용은 여쭙지 않겠습니다. 하지만 그 요점을 들

고 싶습니다. 그들은 어떻게 설득시키려고 합니까?"
라고 묻자, 송경이 말하기를

"나는 전쟁이 이익이 없다는 것을 강조하려고 합니다."
라고 말했다. 맹자가 말하기를

"선생의 뜻은 위대하지만 선생의 내세우는 주장은 옳지 않습니다. 선생께서 이익을 중심으로 해서 진나라와 초나라의 왕을 설득하고 진나라와 초나라의 왕이 그 이익에 만족해 3군의 군대를 해산시킴으로써 전쟁이 끝나게 될 것인데, 이것은 3군의 군사들에게 전쟁이 끝난 것을 즐거워하면서 그 이익이 생겼다는 것을 즐길 것입니다. 남의 신하 된 사람이 항상 자기의 이익을 생각하면서 그 임금을 섬기고, 남의 자식 된 사람이 이익을 타산해서 그 부모를 섬기고, 남의 동생 된 사람이 이익을 타산하면서 자기 형을 섬긴다면, 그것은 군신·부자·형제 간이 마침내 인의를 버리고 이익을 생각해서 서로 교제하는 것입니다. 이렇게 되면 망하지 않는 나라가 없습니다. 선생께서 인의를 가지고 진나라와 초나라의 왕을 설득시키면 진나라와 초나라의 왕이 인의를 좋아하여 3군의 군대를 해산함으로써 전쟁이 끝날 것인데, 이것은 3군의 군사들이 전쟁이 끝난 것을 기뻐함과 동시에 인의를 좋아하도록 만들 것입니다. 남의 신하 된 사람이 인의를 마음속에 두고 자기 임금을 섬기고, 남의 자식 된 사람이 인의를 마음속에 두고 자기 부모를 섬기고, 남의 동생 된 사람이 인의를 마음속에 두고 자기 형을 섬기게 된다면 그것은 군신·부자·형제 간이 이익을 버리고 인의를 생각해서 서로 교제하게 될 것입니다. 이렇게 되고서도 왕이 되지 못한 사람은 없었습니다. 그런데 선생께서는 어찌하여 이익만을 말할 필요가 있습니까?"
라고 말했다.

항상 예의를 갖추어라

孟子居鄒하실새 季任[22]이 爲任處守[23]러니 以幣交한대
맹자거추   계임   위임처수   이폐교

受之而不報하시고 處於平陸[24]하실새 儲子爲相이러니
수지이불보   처어평륙   저자위상

以幣交한대 受之而不報하시대 他日에 由鄒之任하사
이폐교   수지이불보   타일   유추지임

見季子하시고 由平陸之齊하사 不見儲子하신대
견계자   유평륙지제   불견저자

屋廬子喜曰連[25]이 得間[26]矣와라 問曰 夫子之任하사
옥려자희왈연   득간 의   문왈 부자지임

見季子하시고 之齊하사 不見儲子하시니 爲其爲相與이까
견계자   지제   불견저자   위기위상여

曰 非也라 書曰享[27]은 多儀[28]하니 儀不及物이면
왈 비야 서왈향   다의   의불급물

曰不享이니 惟不役志于享이라 하니 爲其不成享[29]也니라
왈불향   유불역지우향   위기불성향   야

屋廬子悅이러늘 或問之한대 屋廬子曰 季子는 不得之鄒요
옥려자열   혹문지   옥려자왈계자   불득지추

儲子는 得之平陸일새니라
저자   득지평륙

맹자께서 추나라에 있을 때 계임이 주군을 대신하여 임나라를 지키고 있었다. 어느 날 그는 맹자에게 폐백을 보내 교제를 청했다. 이에 맹자는 그것을 받고 감사의 뜻을 전하지 않았다. 맹자가 평륙에 있을 때 저자가 제나라 재상으로 있었는데, 폐백을 보내와 교제를 청했다.

맹자는 이때에도 그것을 받고 감사의 뜻을 전하지 않았다. 뒷날 추나라에서 임나라로 가서 계임을 만나 보고, 평륙에서 제나라에 가서는 저자를 만나 보지 않았다. 그러자 옥려자가 기뻐하며
"나는 선생님의 실수를 찾았다."
라고 말하면서
"선생님은 임나라에 가서는 계자를 만나 보고, 제나라에 가서는 저자를 만나 보지 않았습니다. 그 이유는 저자가 재상이었기 때문입니까?"
라고 물었다. 맹자가 말하기를
"아니다. 『서경』에 '폐백을 올릴 때는 예의를 중시한다. 예의가 폐백에 담겨져 있지 않다면, 폐백을 올리지 않았다고 한다. 이것은 폐백을 올리는 데 마음을 쓰지 않았기 때문이다.' 라고 했다. 내가 저자를 만나지 않은 것은 그가 폐백을 올리는 데 예의를 갖추지 않았기 때문이다."
라고 말했다. 옥려자가 기뻐하자, 어떤 사람이 그 이유를 묻자, 옥려자는
"계자는 당시 나라를 지키고 있는 처지에서 추나라에 갈 수가

없었다. 그러나 저자는 재상의 몸으로 자유롭게 평륙으로 갈 수 있었기 때문이다."
라고 대답했다.

백성들을 재앙에 빠뜨리지 마라

魯欲使愼子[30]로 爲將軍이러니 孟子曰 不敎民而用之를
노욕사신자   위장군   맹자왈 불교민이용지

謂之殃民이니 殃民者는 不容於堯舜之世니라
위지앙민   앙민자   불용어요순지세

一戰勝齊하야 遂有南陽[31]이라도 然且不可하니라
일전승제   수유남양   연차불가

愼子勃然不悅曰 此則滑釐의 所不識也로이다
신자발연불열왈 차즉활리   소부식야

曰 吾明告子호리라 天子之地 方千里니
왈 오명고자   천자지지 방천리

不千里면 不足以待諸侯요 諸侯之地 方百里니
불천리 부족이대제후   제후지지 방백리

不百里면 不足以守宗廟之典籍[32]이니라
불백리 부족이수종묘지전적

노나라의 임금이 신자를 장군으로 봉해 제나라를 치려고 했다. 이때 맹자가 말하기를

"백성들을 가르치지 않고 전쟁만 하는 것을 가리켜 백성을 재앙에 빠뜨리는 것이 된다. 백성들을 재앙에 빠뜨리는 사람은 요순의 시대에는 용납되지 않았다. 한 번 싸워 제나라를 이겨 남양을 차지한다고 해도 옳지 않다."
라고 말하자, 신자는 불유쾌하여 말하기를
"나로서는 알 수 없는 말이다."
라고 말했다. 맹자가 말하기를
"그렇다면 내가 명백하게 그대에게 말하겠다. 천자의 땅은 사방 천 리인데, 천 리가 안 되면 제후를 대우할 비용이 부족한 까닭이다. 제후의 땅은 사방 백 리인데, 백 리가 안 되면 종묘를 지켜 나갈 비용이 부족하기 때문이다.

周公之封於魯에 爲方百里也니 地非不足이로대
주공지봉어노   위방백리야   지비부족

而儉於百里하며 太公之封於齊也에 亦爲方百里也니
이검어백리   태공지봉어제야   역위방백리야

地非不足也로대 而儉於百里하니라 今魯方百里者五니
지비부족야   이검어백리   금노방백리자오

子以爲有王者作인댄 則魯在所損乎아 在所益乎아
자이위유왕자작   칙노재소손호   재소익호

徒取諸彼하야 以與此라도 然且仁者不爲는 況於殺人以求之乎아
도취제피   이여차   연차인자불위   황어살인이구지호

君子之事君也는 務引其君以當道[33]하야 志於仁而已니라
군자지사군야   무인기군이당도   지어인이이

주공이 노나라에 봉해졌을 때 나라의 땅이 사방 백 리였다. 토지가 부족한 것도 아닌데, 옛날 정해진 것에 따라서 백 리를 넘지 않았다. 강태공이 제나라에 봉해졌을 때 나라의 땅이 사방 백 리였다. 땅이 부족한 것도 아닌데, 백 리를 넘지 않았다. 지금 노나라는 작은 나라를 합병해서 사방 백 리 땅이 다섯 개로 늘어났다. 그대 생각으로는 왕자가 일어나서 옛 제도와 같이 행한다면 노나라가 땅을 줄일 것 같은가? 늘릴 것인가? 단지 저쪽에서 가져다가 이곳에 주는 것조차도, 인자는 하지 않을 것인데, 하물며 사람을 죽이면서 구하는 땅을 바라는가? 군자가 임금을 섬기는 도리는 자기 임금을 인도하여 바른 길로 가게 하고, 인에 뜻을 두도록 최선을 다하는 것뿐이다."
라고 말했다.

대신은 임금을 충성으로 섬겨야 한다

孟子曰 今之事君子曰 我能爲君하야 辟土地[34]하며
맹자왈 금지사군자왈 아능위군   벽토지

充府庫라 하나니 今之所謂良臣이요 古之所謂民賊也라
충부고   금지소위양신   고지소위민적야

君不鄕道하야 不志於仁이어든 而求富之하니 是는 富桀也니라
군불향도   부지어인   이구부지   시   부걸야

맹자가 말하기를

"지금 임금 섬기는 자들은 모두 자랑스럽게 말하기를 '나는 임금을 위해 토지를 개간하고, 조세를 많이 받아서 창고를 가득 채우게 할 수가 있다.'고 말한다. 이런 자들은 지금 세상에서는 좋은 신하지만, 이들은 옛날 같으면 백성의 도둑이었다. 임금이 바른 길을 지향하지 않고 어진 일에 뜻을 두지도 않는데, 한갓 임금을 부유하게 만들어 주려고 하니, 이것은 걸임금을 부유하게 해주는 것이나 마찬가지이다.

我能爲君하야 約與國[35]하야 戰必克이라 하나니 今之所謂良臣이요
아능위군　　약여국　　　전필극　　　　　금지소위양신

古之所謂民賊也라 君不鄕道하야 不志於仁이어든
고지소위민적야　　군불향도　　　부지어인

而求爲之强[36]戰하니 是는 輔桀也라 由今之道하야 無變今之俗이면
이구위지강　전　　시　보걸야　　유금지도　　　무변금지속

雖與之天下라도 不能一朝居也니라
수여지천하　　　불능일조거야

그리고 '나는 임금을 위해 동맹국과 제휴하여 전쟁이 나면 반드시 이길 수 있다.'라고도 말한다. 이런 사람들은 오늘날에는 이른바 좋은 신하지만, 옛날 같으면 백성을 해치는 도둑이었다. 임금이 바른 길을 지향하지 않고 어진 일에 뜻을 두지 않고 그를 위해 억지로 전쟁하기를 바라는 것은 걸임금을 도와주는 것과 같다. 지금의 방법을 따르기만 하고 비록 이런 임금에게 천하를 준다고 해도 하루도 그 지위에 있을 수가 없는 것이다."

선을 좋아하면 온 천하가 태평하다

魯欲使樂正子로 爲政이러니 孟子曰 吾聞之하고 喜而不寐호라
노욕사악정자 위정 맹자왈 오문지 희이불매

公孫丑曰 樂正子는 强[36]乎이까 曰否라 有知慮乎이까
공손추왈 악정자 강호 왈부 유지려호

曰否라 多聞識乎이까 曰否라 然則奚爲喜而不寐시니이꼬
왈부 다문식호 왈부 연칙해위희이불매

曰 其爲人也好善이니라 好善이 足乎이까 曰好善이 優於天下온
왈 기위인야호선 호선 족호 왈호선 우어천하

而況魯國乎사녀 夫苟好善 則四海之內 皆將輕[37]千里而來하야
이황노국호 부구호선 칙사해지내 개장경 천리이래

告之以善하고 夫苟不好善則人將曰訑訑[38]를 予旣已知之矣로라 호리니
고지이선 부구불호선칙인장왈이이 여기이지지의

訑訑之聲音顏色이 距人於千里之外하나니
이이지성음안색 거인어천리지외

士止於千里之外則讒諂面諛之人이 至矣리니
사지어천리지외칙참첨면유지인 지의

與讒諂面諛之人으로 居면 國欲治인들 可得乎아
여참첨면유지인 거 국욕치 가득호

노나라에서 악정자를 재상으로 삼아서 국정을 맡기려고 하자, 맹자가
"나는 그 소식을 듣고 기뻐서 잠을 이루지 못할 정도이다."
라고 말했다. 공손추가 물었다.

"악정자는 과단성이 있는 사람입니까?"
라고 물었다.
"아니다."
"지혜가 있고 사려가 깊습니까?"
"아니다."
"견문과 식견이 많습니까?"
"아니다."
"그렇다면 무엇 때문에 선생님께서 기뻐서 잠을 이루지 못하는 것입니까?"
"그의 사람 됨이 선을 좋아해서다."
"선을 좋아하는 것으로 나라 다스리기에 충분합니까?"
라고 묻자 맹자가 말하기를

"선을 좋아하면 온 천하에 다스리게 한대도 충분하다. 그런데 노나라를 다스리는 것쯤이야 아무것도 아니다. 대체로 한 나라의 재상이 진실로 선을 좋아하면 천하의 사람들이 천 리 길도 멀다 하지 않고 찾아와서 선을 권할 것이다. 하지만 진실로 선을 좋아하지 않으면 사람들이 말하기를 '혼자 약은 척하는 꼴을 내 이미 알았다.'고 말할 것이다. 이렇게 혼자 약은 척하는 말투나 안색은 어진 사람을 천 리 밖에서 오지 못하게 막는 것이다. 어진 사람들이 천 리 밖에 떨어져 있으면, 참소하고 아첨하면서 면전에서 비위나 맞추는 사람들이 모여든다. 참소하고 아첨하면서 면전에서 비위나 맞추는 사람들과 함께 있으면 나라가 잘 다스려지기를 원하지만 어찌 잘 되겠느냐?"
라고 말했다.

벼슬하는 세 가지 이유

陳子³⁹⁾曰 古之君子 何如則仕니이꼬 孟子曰 所就三이오
진자 왈 고지군자하여칙사 맹자왈 소취삼

所去三이니라 迎之致敬以有禮하며 言將行其言也則就之하고
소거삼 영지치경이유예 언장행기언야칙취지

禮貌⁴⁰⁾未衰나 言弗行也면 則去之니라 其次는 雖未行其言也나
예모 미쇠 언불행야 칙거지 기차 수미행기언야

迎之致敬以有禮則就之하고 禮貌衰則去之니라
영지치경이유예칙취지 예모쇠칙거지

其下는 朝不食하며 夕不食하야 飢餓不能出門戶어든
기하 조불식 석불식 기아불능출문호

君聞之曰 吾大者론 不能行其道하고 又不能從其言也하야
군문지왈 오대자 불능행기도 우불능종기언야

使飢餓於我土地를 吾恥之라 하고 周之亦可受也어니와
사기아어아토지 오치지 주지역가수야

免死而已矣⁴¹⁾니라
면사이이의

진자가 물었다.
"옛날 군자들은 어떤 경우에 벼슬을 했습니까?"
라고 묻자, 맹자가 말하길
"벼슬하는 경우는 세 가지고, 벼슬하지 않는 경우는 세 가지다. 첫째로 자신에게 공경과 예우를 갖춰 맞이하고, 장차 자신이 말한 대로 행하겠다고 하면 벼슬할 것이다. 이런 경우에는 임금이 가령

자기에 대한 예의가 전보다 못하지 않더라도 자기가 말한 것이 실행되지 않으면 물러난다. 둘째, 비록 말하는 것을 실행하겠다고 하지는 않더라도 경의를 다하고 예를 갖추어서 맞는다면 벼슬할 것이다. 예우하는 태도가 쇠하면 벼슬에서 물러난다. 셋째, 아침도 먹지 못하고, 저녁도 먹지 못해 굶주려서 문 밖을 나서지 못하는 것을 임금이 듣고서 '나는 크게는 그의 말하는 도는 행하지 못하고, 작게는 그의 말은 좇지도 못 한다. 하지만 어진 사람이 내 땅에서 굶주리게 한다는 것을 나의 수치이다.' 라고 말하면서 구제해 준다면 그것은 녹을 받아도 좋은 것이다. 다만 이런 경우에는 굶어 죽는 것을 면하는 정도의 녹으로 만족할 것이다."
라고 말했다.

가르치는 데도 방법이 있다

孟子曰敎亦多術矣니 予不屑之敎誨也者는 是亦敎誨之而已矣니라
맹자왈교역다술의 여불설지교회야자   시역교회지이이의

맹자가 말하기를
"가르치는 데도 방법이 많다. 나는 가르치는 것은 불유쾌하므로 남을 가르치지 않는다. 하지만 이것도 역시 교육의 한 방법인 것이다."
라고 말했다.

진심 장구 상 盡心章句 上

이 구절은 인간이 실천해야 할 도리가 짧은 글에 담겨 있고 마치 경구와 같은 성격을 지니고 있다. 이 구절은 맹자의 윤리 사상의 대강을 짐작할 수 있는데 그 구체적인 내용은 정치의 주,객체인 다스리는 자와 다스림을 받는 자 간의 도덕적인 행동과 규범을 교화시키는 데 역점을 두고 있다.

자신의 본성을 알라

孟子曰 盡其心¹⁾者는 知其性也니 知其性이면 則知天矣니라
맹자왈 진기심 자 지기성야 지기성 칙지천의

存其心하야 養其性은 所以事天也요
존기심 양기성 소이사천야

殀壽²⁾에 不貳³⁾하여 修身以俟之는 所以立命也니라
요수 불이 수신이사지 소이입명야

맹자가 말하기를

"자기가 가지고 있는 본심을 충분히 발전시킨 사람은 본성이 본디 착하다는 것을 알게 된다. 그 본성이 착하다는 것을 알면 하늘의 마음을 알게 되는 것이다. 자기의 본성을 잘 보존하고 본성을 잘 길러 가는 것이 하늘을 섬기는 도리인 것이다. 단명하거나 장수하거나 한결같이 자신의 덕을 닦으며 조용히 기다리는 것이 천명을 존중하는 도리인 것이다."
라고 말했다.

천명을 순리대로 받아들여라

孟子曰 莫非命也나 順受其正이니라
맹 자 왈 막 비 명 야   순 수 기 정

是故로 知命者는 不立乎巖墻之下하나니라
시 고   지 명 자   불 립 호 암 장 지 하

盡其道而死者는 正命⁴⁾也야요 桎梏⁵⁾死者는 非正命也니라
진 기 도 이 사 자   정 명 야   질 곡 사 자   비 정 명 야

맹자가 말하기를

"사람이 단명하거나 장수하는 것 모두가 그 천명이 아닌 것이 없다. 그러나 바른 천명을 아는 사람은 무너지려는 돌담 밑에 서지 않는다. 자신의 도리를 다하고 죽는 것은 바른 천명이다. 범죄를 범하고 질곡을 채운 채 형벌을 받아서 죽는 것은 바른 천명이 아니다."
라고 말했다.

구하는 데도 방법이 있다

孟子曰求則得之하고 舍則失之⁶⁾하나니 是求는 有益於得也니
맹자왈구칙득지   사칙실지   시구   유익어득야

求在我者⁷⁾也일새니라 求之有道하고 得之有命하니
구재아자 야   구지유도   득지유명

是求는 無益於得也니 求在外者⁸⁾也일새니라
시구   무익어득야   구재외자 야

맹자가 말하기를
"열심히 구하기만 하면 반드시 손에 들어오지만 구하지 않고 내버려 두면 손에 들어오지 않게 된다. 이런 것은 구한다는 것이 얻는 데에 유익할 경우이고 그것은 구하는 대상이 나의 본성 속에 있기 때문이다. 구하는 데에는 그만한 방법이 있고, 얻고 못 얻는 것은 운명에 따라서 좌우될 수도 있다. 이와 같은 것은 구해서 얻어도 별로 유익하지 못할 경우가 있다. 그것은 구하는 대상이 자기 밖에 있기 때문이다."
라고 말했다.

덕을 존중하고 대의를 즐거워하라

孟子謂宋句踐⁹⁾曰 子好遊乎아 吾語子遊호리라 人知之라도 亦囂囂¹⁰⁾하며
맹자위송구천 왈 자호유호 오어자유   인지지   역효효

人不知라도 亦囂囂니라 曰 何如라야 斯可以囂囂矣이고
인부지　　역효효　　　왈 하여　　　사가이효효의

曰 尊德樂義則可以囂囂矣니라 故로 士는 窮不失義하며
왈 존덕락의칙가이효효의　　　고　사　궁불실의

達不離道니라 窮不失義 故로 士得己[11]焉하며 達不離道니라
달불리도　　궁불실의　고　사득기　언　　　달불리도

故로 民不失望焉이니라 古之人이 得志하얀 澤加於民하고
고　민불실망언　　　　고지인　득지　　　택가어민

不得志하얀 脩身見於世하니 窮則獨善其身하고 達則兼善天下니라
불득지　　수신견어세　　　궁직독선기신　　　달직겸선천하

맹자가 송구천에게 말하기를

"그대는 제후에게 유세하기를 좋아하는가? 내가 그대에게 유세에 대해 말해 주겠다. 유세하는 사람이란 남이 알아줘도 태연해하고, 내 말을 알아주지 않아도 태연해야 한다."

라고 말하자, 송구천이

"어떻게 하면 태연할 수가 있습니까?"

라고 묻자, 맹자가 말하기를

"덕을 존중하고 의리를 즐거워하면, 반드시 태연해질 수 있다. 그래서 선비는 아무리 곤궁해도 의리에 벗어나는 일을 하지 않고, 잘 되어도 도에서 벗어나는 일을 하지 않는다. 곤궁해도 의리에 벗어나지 않기 때문에 자기의 본분을 유지하고, 잘 되어도 도에서 벗어나지 않기 때문에 백성들이 실망하지 않는 것이다. 옛날의 어진 사람들은 뜻을 이루면 은택이 백성들에게 미치고, 뜻을 이루지 못하면 자신의 덕을 닦아 명성이 세상에 저절로 나타냈다. 역경에

처해 있으면 혼자서 자기 몸을 닦았고, 잘 될 때는 천하의 사람까지도 다 착한 길로 인도했던 것이다."
라고 말했다.

군자가 머무는 곳은 신과 같다

孟子曰 霸者之民은 驩虞如也요 王者之民은 皥皥如也니라
맹 자 왈 패 자 지 민 환 우 여 야   왕 자 지 민 호 호 여 야

殺之而不怨하며 利之而不庸이라 民日遷善而不知爲之者니라
살 지 이 불 원   이 지 이 불 용   민 일 천 선 이 불 지 위 지 자

夫君子는 所過者化하며 所存者神이라
부 군 자   소 과 자 화   소 존 자 신

上下與天地同流하나니 豈曰小補之哉리오
상 하 여 천 지 동 류   기 왈 소 보 지 재

맹자가 말하기를
"패자의 백성들은 그 은혜에 감동해서 기뻐하지만 왕자의 백성들은 그저 만족할 뿐이다. 왕자는 사람을 죽여도 원망하고, 또 이와 반대로 이롭게 해 주어도 특별히 고맙게 여기지 않는다. 그리하여 백성들은 날마다 선으로 옮겨 가지만 그것이 누구의 덕택인지 모른다. 군자가 지나가는 곳은 덕에 감화되고, 그들이 살고 있는 땅은 그 덕화로써 훌륭히 다스려진다. 그 덕의 흐름은 위로는 하늘, 아래로는 땅과 같아서 실로 광대한 것이다. 어찌 패자가 조

그마한 은혜를 베푸는 것과 비교가 되겠느냐?"
라고 말했다.

군자의 세 가지 즐거움

孟子曰 君子有三樂 而王天下 不與存焉[12]이니라 父母俱存하며
맹자왈 군자유삼락 이왕천하 불여존언　　　부모구존

兄弟無故[13] 一樂也요 仰不愧於天하며 俯不怍於人이 二樂也요
형제무고　일락야　앙불괴어천　　부불작어인　이락야

得天下英才而敎育之 三樂也니 君子有三樂而王天下不與存焉이니라
득천하영재이교육지 삼락야　군자유삼락이왕천하불여존언

맹자가 말하기를
"군자에게는 세 가지 즐거움이 있다. 그러나 천하의 왕자 노릇을 하는 일은 거기에 들어 있지 않다. 부모가 모두 살아 계시고, 형제들이 사고가 없는 것이 첫 번째의 즐거움이다. 하늘을 우러러 보아도 부끄럽지 않고, 아래로 굽어보아 사람에게 아무것도 부끄럽지 않은 것이 두 번째 즐거움이다. 천하의 뛰어난 인재를 얻어 훌륭한 인재로 교육하는 것이 세 번째 즐거움이다. 군자에게는 세 가지 즐거움이 있는데, 천하에 왕자가 되는 것은 그 속에 들어 있지 않다."
라고 말했다.

문왕의 어진 정치

孟子曰 伯夷辟紂하야 居北海之濱이러니 聞文王作興하고
맹자왈 백이벽주   거북해지빈   문문왕작흥

曰盍歸乎來리오 吾聞西伯14)은 善養老者라 하고
왈합귀호래   오문서백   선양노자

太公15)이 辟紂하야 居東海之濱이러니 聞文王作興하고
태공   벽주   거동해지빈   문문왕작흥

曰盍歸乎來16)리오 吾聞西伯은 善養老者라 하니
왈합귀호래   오문서백   선양노자

맹자가 말하기를
"백이는 주왕을 피해서 북해 가에 숨었는데 문왕이 재위에 올라 선정을 베푼다는 소식을 듣고 기뻐해서 '내 빨리 가서 몸을 의탁하리라. 나는 들으니 서백이 늙은이를 잘 대우한다고 하더라.' 고 말했다. 또 태공은 주왕을 피해 동해 가에 살다가 문왕이 일어났다는 소식을 듣고는 '내 빨리 가서 그에게 몸을 의탁하리라. 나는 서백이 늙은이를 잘 대우한다고 하더라.' 고 말했다.

天下에 有善養老則仁人이 以爲己歸矣리라 五畝之宅에
천하   유선양노칙인인   이위기귀의   오묘지택

樹墻下以桑하야 匹婦蠶之則老者 足以衣帛矣며 五母鷄와
수장하이상   필부잠지칙노자 족이의백의   오모계

二母彘를 無失其時17)면 老子足以無失肉矣며
이모체   무실기시   노자족이무실육의

百畝之田을 匹夫耕之면 八口之家可以無飢矣리라
백묘지전　필부경지　팔구지가가이무기의

所謂西伯이 善養老者는 制其田里하야 敎之樹畜하며
소위서백　선양노자　제기전리　교지수축

導其妻子하야 使養其老니 五十에 非帛不煖[18]하며
도기처자　사양기노　오십　비백불난

七十에 非肉不飽하나니 不煖不飽를
칠십　비육불포　　불난불포

謂之凍餒니 文王之民이 無凍餒之老者는 此之謂也니라
위지동뇌　문왕지민　무동뇌지노자　차지위야

　오늘날 문왕과 같이 천하에 늙은이를 잘 대우하는 임금이 있다면 어진 사람들은 모두 그에게 몸을 의탁하려고 할 것이다. 오 묘 되는 택지의 담 밑에 뽕나무를 심고, 한 여자가 누에를 치면 그 집 노인은 항상 비단옷을 입을 수 있다. 다섯 마리의 암탉과 두 마리의 수퇘지를 길러서 제때에 병아리를 부화하면, 노인은 항상 고기를 먹을 수 있을 것이다. 백 묘의 밭을 한 사람의 농부가 경작하면 여덟 식구가 굶주리지 않고 살 것이다. 이른바 서백이 늙은이를 잘 대우한다는 것은 백성들의 택지와 전지를 제정하고 심고 기르는 것을 가르쳤으며, 그들이 처자식을 교육시켜 노인을 대우?부양하게 한 것이다. 사람은 50세가 되면 비단옷이 아니면 따뜻하지 않고, 70세가 되면 고기가 아니면 만족하지 못한다. 옷을 입어도 따뜻하지 않고 식사를 해도 배가 부르지 않은 것을 가리켜 얼고 굶주리는 것이라고 한다. 문왕의 백성 중에는 추위에 떨거나 굶주리는 노인이 없었다는 것을 가리켜 한 말이다."
라고 말했다.

한 가지를 내세우면 백 가지를 잃는다

孟子曰 楊子[19]는 取爲我하니 拔一毛而利天下라도 不爲也하니라
맹자왈 양자   취위아   발일모이리천하   불위야

黑子[20]는 兼愛하니 摩頂放踵[21]이라도 利天下인댄 爲之하니라
묵자   겸애   마정방종   리천하   위지

子莫[22]은 執中[23]하니 執中이 爲近之나 執中無權이 猶執一也니라
자막   집중   집중 위근지   집중무권   유집일야

所惡執一者는 爲其賊道[24]也니 擧一而廢百也니라
소악집일자   위기적도 야   거일이폐백 야

맹자가 말하기를
"양자는 모든 일을 자신을 위한다는 주장으로 한 오라기의 털을 뽑아 천하를 이롭게 하는 일이라도 하지 않았다. 묵자는 이와 반대로 박애주의자다. 이마부터 발꿈치까지 가는 한이 있더라도 천하에 이로운 일이라면 행했다. 자막은 그 중간만을 잡는 중도주의자다. 이 중도주의는 성인의 도인 중용에 가까운 듯싶다. 하지만 끝까지 중간을 잡고 나갈 때 임기응변하는 일이 없다면 그것은 한 가지를 고집하는 것과 같다. 이렇게 한 가지를 고집하는 것을 내가 미워하는 것은 그것이 바른 중용의 도를 해치기 때문인데, 한 가지를 주장하고 백 가지 다른 정점을 없애 버리기 때문이다."
라고 말했다.

의리를 따르지 않는 것은 찬탈이다

公孫丑曰 伊尹이曰 予不狎于不順[25]이라 하고 放太甲于桐[26]한대
공손축왈 이윤 왈 여불압우불순 방태갑우동

民이 大悅하고 太甲이 賢커늘 又反之한대 民이 大悅하니
민 대열 태갑 현 우반지 민 대열

賢者之爲人臣也에 其君이 不賢 則固可放與이까
현자지위인신야 기군 불현 칙고가방여

孟子曰 有伊尹之志 則可거니와 無伊尹之志則簒[27]也니라
맹자왈 유이윤지지 칙가 무이윤지지칙찬 야

공손추가 물었다.

"이윤은 '나는 우리 임금을 옳지 못한 일에 습관되게 하고 싶지는 않다.'라면서 태갑을 동에 가두었는데, 그러자 백성들은 대단히 기뻐하였다. 그 뒤에 태갑이 잘못을 뉘우치고 어진 자로 변하자, 다시 그를 돌아오게 해서 복위시키자 백성들이 대단히 기뻐했습니다. 어진 사람이 신하 노릇을 할 때 만일 그 임금이 어질지 못하면 쫓아내도 좋은 것입니까?"
라고 묻자 맹자가 말하기를

"이윤과 같은 마음이 있으면 괜찮다. 하지만 이윤과 같은 마음이 없이 하는 일이면 그것은 찬탈인 것이다."
라고 말했다.

公孫丑曰 詩曰不素餐[28]兮라 하니 君子之不耕而食은 何也이꼬
공손축왈 시왈불소찬 혜 군자지불경이식 하야

孟子曰君子 居是國也에 其君이 用之 則安富尊榮則子弟從之하면
맹자왈 군자 거시국야 기군 용지 칙안부존영기자제종지

則孝弟忠信하나니 不素餐兮 孰大於是리오
칙효제충신   불소찬혜 숙대어시

공손추가 말하기를

"『시경』에 '아무런 공적도 없으면서 녹을 먹어서는 안 된다.'라고 했는데, 군자가 아무것도 하지 않고 녹을 먹는 것은 어찌된 일입니까?"

라고 묻자, 맹자가 말하기를

"군자가 그 나라에 살고 있을 때에는 만일 임금이 그를 등용하면 나라는 안락해지고 부자가 되게 하고 존귀해지고 영광스럽게 될 것이다. 또 그 나라 젊은이들이 그를 따라 배우면 부형에게는 효성이 있고 임금에게는 충성하게 된다. 그렇다면 일도 하지 않고 먹기만 하는 것이 아니지 않느냐?"

라고 말했다.

법을 준수해야 한다

桃應29)이 問曰 舜爲天子요 皐陶爲士30)어든 瞽瞍殺人則如之何이까
도응 문왈 순위천자 고요위사   고수살인칙여지하

孟子曰 執之而已矣니라 然則舜不禁與이까 曰夫舜이 惡得而禁之시리오
맹자왈 집지이이의   연칙순불금여   왈부순 악득이금지

夫有所受之[31]也니라 然則舜은 如之何이꼬 曰舜이 視棄天下하사대
부유소수지 야　　　연칙순 여지하　　왈순 시기천하

猶棄 敝蹝[32]也하사 竊負而逃하사 遵海濱而處하사
유기폐사 야　　절부이도　　준해빈이처

終身訢然樂而忘天下하시리라
종신흔연락이망천하

도응이 맹자에게

"순임금은 천자이고, 고요가 재판관으로 있을 때, 순임금이 아버지 고수가 살인을 했다면 어떻게 하겠습니까?"

라고 묻자, 맹자가 말하기를

"그를 체포해 법대로 집행할 뿐이다."

라고 말했다. 도응이 물었다.

"그렇다면 순임금은 그것을 못 하게 하지 않겠습니까?"

라고 묻자, 맹자가

"순임금이 어떻게 못 하게 한단 말이냐? 그가 대대로 이어받은 천자의 법이 있는 것이다."

라고 말했다. 도응이 또다시

"그렇다면 순임금은 어떻게 하면 좋겠습니까?"

라고 묻자, 맹자가 말하기를

"순임금이 천하 버리기를 마치 헌 짚신 버리듯이 여기기 때문에 천자의 자리를 버리고 비밀히 아버지를 몰래 업고 달아나 남이 안 보는 바닷가를 따라 멀리 가서 숨어 살 것이다. 그리하여 한평생 즐겁게 부모를 섬기면서 천하의 일을 모두 잊었을 것이다."

라고 말했다.

자만하지 말라

公都子曰 滕更[33]之在門也에 若在所禮而不答은 何也이꼬
공도자왈등경   지재문야   약재소례이불답   하야

孟子曰 挾[34]貴而問하며 挾賢而問하며 挾長而問하며
맹자왈 협 귀이문   협현이문   협장이문

挾有勳勞而問하며 挾故而問이 皆所不答也니 滕更이 有二焉하니라
협유훈로이문   협고이문 개소불답야   등경   유이언

공도자가 말하기를
"등나라 임금이 동생인 등경이 선생님 문하에 와 있으니 예로써 대해 주실 만할 것 같았는데, 그가 물어도 대답조차 안 한 것은 무엇 때문입니까?"
라고 물었다. 그러자 맹자가 말하기를
"자기가 귀한 것을 자랑하거나, 자기가 어진 것을 자랑하거나, 나이가 많은 것을 자랑하거나, 공로가 있는 것을 자랑하거나, 선생과 친하다는 것을 자랑하고 질문하는 것은 일체 대답하지 않는 것이다. 그런데 등경은 다섯 가지 중에서 두 가지를 가지고 있기 때문이다."
라고 말했다.

진심 장구 하
盡心章句 下

이 구절에서 맹자는 백성이 나라의 주체임을 강조하였다. 백성들이 성인의 도를 꾸준히 닦으면 발전하고, 경서에 근본을 두고 바르게 행동하면 백성은 왕을 자연스럽게 따른다고 말하였다.

사랑하지 않아도 될 것 때문에 사랑하는 사람을 해치게 된다

孟子曰 不仁哉라 梁惠王也여 仁者는 以其所愛로
맹자왈 불인재 량혜왕야 인자 이기소애

及其所不愛하고 不仁者는 以其所不愛로 及其所愛니라
급기소불애 불인자 이기소불애 급기소애

公孫丑曰 何謂也이꼬 梁惠王이 以土地之故로
공손추왈 하위야 양혜왕 이토지지고

糜爛¹⁾其民而戰之大敗하야 將復之호대 恐不能勝 故로
미란 기민이전지대패　　장복지　　공불능승 고

驅其所愛子弟하야 以殉²⁾之하니 是之謂以其所不愛로 及其所愛也니라
구기소애자제　　이순 지　　시지위이기소불애　급기소애야

맹자가 말하기를
"양 혜왕은 몹시 인자하지 않구나. 인자한 사람은 사랑하는 사람에게 베푸는 마음으로 사랑하지 않는 사람에게까지 이르게 하고, 인자하지 않은 사람은 이와 반대로 사랑하지 않는 자에 대한 마음을 가지고 사랑하는 사람에게까지 미치게 된다."
라고 말했다. 공손추가
"그것은 무슨 말씀입니까?"
라고 묻자, 맹자가 말하기를
"양 혜왕은 영토 때문에 백성을 전쟁터로 내몰아 싸우게 하다가 대패했다. 그는 후회하지 않고 다시 복수하려고 했지만, 이기지 못하게 될까 봐 두려워서 자기의 사랑하는 자제들을 내몰아 희생시켰다. 이것을 '두고 사랑하지 않는 자에 대한 마음을 가지고 사랑하는 사람에게까지 미치게 한다.' 고 하는 것이다."
라고 말했다.

실력이 대등한 나라는 전쟁을 일으키지 않는다

孟子曰 春秋³⁾에 無義戰하니 彼善於此則有之矣니라
맹자왈 춘추　　무의전　　피선어차칙유지의

征者는 上伐下也니 敵國은 不相征也니라
정자　상벌하야　　적국　불상정야

맹자가 말하기를
"춘추에는 정의로운 전쟁은 하나도 없고, 오직 저것이 이것보다 조금 좋은 정의는 있었다. 정벌이란 천자가 제후를 치는 것이고 대등한 제후국끼리는 서로 정벌할 수 없는 것이다."
라고 말했다.

임금이 인을 좋아하면 대적할 적이 없다

孟子曰 有人이 曰 我善爲陳하며 我善爲戰이라 하면 大罪也니라
맹자왈　유인　왈　아선위진　　아선위전　　　　대죄야

國君이 好仁이면 天下에 無敵焉이니 南面而征에
국군　호인　　천하　무적언　　남면이정

北夷怨하며 東面而征에 西夷怨하야 曰奚爲後我오 하니라
북이원　　　동면이정　　서이원　　왈해위후아

武王之伐殷也에 革車三百兩⁴⁾이요 虎賁⁵⁾이 三千人이러니라
무왕지벌은야　　혁차삼백량　　　　호분　　삼천인

王曰無畏하라 寧爾也니 非敵百姓也라 하신대 若崩厥角하야
왕왈무외　　　녕이야　　비적백성야　　　　　약붕궐각

稽首⁶⁾하니라 征之爲言은 正也라 各欲正己也⁷⁾니 焉用戰이리오
계수　　　　정지위언　　정야　　각욕정기야　　　언용전

맹자가 말하기를

"누구든지 '나는 진을 잘 펴고, 전쟁을 잘 안다.' 고 말하는 자가 있다면 그는 큰 죄인이다. 한 나라의 임금이 인을 좋아하면 천하에 대적할 상대가 없다. 남쪽을 향해서 정벌하면 북쪽 오랑캐들이 원망하고, 동쪽을 향해서 정벌하면 서쪽 오랑캐들이 원망하면서 '왜 우리들을 뒤에서 정벌을 하는가?' 라고 말할 정도였다. 무왕이 은나라를 정벌할 때는 가죽으로 싼 전차 300량과 군사가 3,000명만 데리고 갔다. 그때 왕은 '나를 두려워하지 말라. 너희들을 편하게 해 주려고 온 것이지, 백성들은 적으로 삼으려는 것이 아니다.' 라고 말하자, 은나라 백성들은 일제히 무너지는 것처럼 머리를 땅에 박고 조아렸다. 정벌이란 바로잡는다는 뜻이다. 모두 자기 나라를 바르게 해 달라고 기다리는데, 어찌 전쟁을 할 필요가 있겠는가?"
라고 말했다.

성인은 영원한 스승이다

孟子曰 聖人은 百世之師也니라 伯夷 柳下惠是也라
맹 자 왈 성 인   백 세 지 사 야   백 이 류 하 혜 시 야

故로 聞伯夷之風[8]者는 頑夫[9]廉하며 懦夫有立志하고
고   문 백 이 지 풍 자   완 부 렴   나 부 유 립 지

聞柳下惠之風者는 薄夫[10]敦하며 鄙夫[11]寬하나니
문 류 하 혜 지 풍 자   박 부   돈   비 부   관

奮乎百世之上이어든 百世之下에 聞者莫不與起也하니
분호백세지상   백세지하 문자막불여기야

非聖人而能若是乎아而況於親炙[12]之者乎아
비성인이능약시호   이황어친자   지자호

맹자가 말하기를
"성인은 백 대의 스승이다. 예를 들면 백이와 유하혜가 그런 사람이다. 그래서 후세에 백이의 유풍을 들으면 완악한 자도 모두 청렴해지고, 아무리 게으른 사람도 지조를 세우게 된다. 유하혜의 유풍을 들으면 박한 자가 후덕해지고, 속이 좁던 자가 관대해진다. 백 대 전에 분발한 것을 백 대 후에 듣는 사람들이 예외 없이 감동하게 되니, 성인이 아니고서야 이렇게 할 수 있겠는가? 더구나 성인에게 가르침을 받은 자들이야 말해서 무엇 하겠는가."
라고 말했다.

군자는 법도대로 행한다

孟子曰 堯舜은 性者也요 湯武는 反之[13]也시니라
맹자왈 요순 성자야 탕무 반지 야

動容周旋[14]이 中禮者는 盛德之至也니 哭死而哀 非爲生者也며
동용주선   중례자 성덕지지야 곡사이애 비위생자야

經德不回[15] 非以干祿[16]也며 言語必信이 非以正行也니라
경덕불회   비이간록 야   언어필신 비이정행야

君子는 行法하야 以俟命而已矣니라
군자 행법 이사명이이의

맹자가 말하기를
"요임금과 순임금은 본성대로 행동해도 저절로 인의에 맞은 사람들이다. 탕왕과 무왕은 자신이 수양한 뒤에 인의의 본성으로 돌아간 사람들이다. 일상의 모든 행동이 예에 맞는 사람은 성덕의 지극함이다. 성인이 죽은 사람을 곡하며 슬퍼하는 것은 산 사람을 위한 것이 아니다. 덕으로써 살아 나가고 사악하게 굴지 않는 것은 녹을 받고자 위해서가 아니다. 말마다 반드시 믿어 온 것은 억지로 행실을 바르게 하여 세상 사람들에게 인정받으려는 것이 아니다. 군자는 법도대로 행한 다음 천명을 기다릴 뿐이다."
라고 말했다.

과격한 사람은 실천이 따르지 못한다

萬章이 問曰 孔子在陳하사 曰 盍歸乎來리오
만장 문왈 공자재진 왈합귀호래

吾黨之士[17] 狂簡하야 進取호대 不忘其初[18]라 하시니
오당지사 광간 진취 불망기초

孔子在陳하사何思魯之狂士시니이꼬
공자재진 하사로지광사

孟子曰 孔子 不得中道而與之댄 必也狂獧[19]乎인저 狂者는
맹자왈공자 불득중도이여지 필야광견 호 광자

進取요 獧者는 有所不爲[20]也라 하시니
진취 견자 유소불위 야

孔子 豈不欲中道哉시리오마는 不可必得故로 思其次也시니라
공자 개불욕중도재   불가필득고   사기차야

만장이 맹자에게
"공자께서 진나라에 계실 때 '어서 노나라로 돌아가자. 내 고장에 있는 제자들은 뜻은 높지만 행함에 있어서는 단순하고, 진취적이면서도 완고함을 버리지 못하고 있다.' 라고 말했는데, 공자가 진나라에 있을 때 무엇 때문에 노나라의 과격한 선비들을 생각한 이유가 무엇입니까?"
라고 묻자, 맹자가 말하기를
"공자께서는 '중도를 가는 사람을 얻어서 가르치지 못한다면, 반드시 과격한 사람과 고집이 센 사람을 택할 것이다. 과격한 사람은 적극적으로 나가서 착한 일을 하고, 고집에 센 사람은 소극적이지만 결코 부정이나 불의는 저지르지 않기 때문이다.' 고 했다. 공자께서 어찌 중용의 사람을 원하지 않았겠느냐? 반드시 얻게 될 수는 없었기 때문에 그 다음 단계의 사람을 생각했던 것이다."
라고 말했다. 그러자 만장이 물었다.

敢問何如라야 斯可謂狂矣니꼬
감문하여   사가위광의

曰 如琴張[21] 曾晳牧皮者 孔子之所謂狂矣니라
왈 여금장 증석목피자 공자지소위광의

何以謂之狂也니꼬 曰 其志嘐嘐然[22] 曰古之人古之人이여호대
하이위지광야   왈 기지교교연   왈고지인고지인

夷考其行而不掩[23]焉者也니라 狂者를 又不可得이어든
이 고 기 행 이 불 엄 언 자 야　　　광 자　우 불 가 득

欲得不屑不潔之士而與之하시니 是獧也니 是又其次也니라
욕 득 불 설 불 결 지 사 이 여 지　　　시 견 야　시 우 기 차 야

孔子曰 過我門而不入我室이라도 我不憾焉者는
공 자 왈　과 아 문 이 불 입 아 실　　　아 불 감 언 자

其惟鄕原[24]乎인저 鄕原은 德之賊[25]也라 하시니
기 유 향 원　호　　향 원　덕 지 적　야

曰何如라야 斯可謂之鄕原矣니이꼬
왈 하 여　　사 가 위 지 향 원 의

"감히 여쭙겠습니다. 어떻게 되어야 적극적인 사람이라고 할 수 있습니까?"
라고 물었다. 맹자가 말하기를

"공자의 문인 금장·증석·목피 같은 자들이 공자가 말한 광자이다."
라고 말했다. 만장이 묻기를

"어째서 그들을 광자라고 합니까?"
라고 물었다. 맹자가 말하기를

"그들은 뜻은 몹시 커서 입만 열면 '옛 사람이여, 옛 사람이여.'라고 말하지만, 평소 그들의 행실을 살펴보면 실천이 말을 따르지 못한 사람들이다. 그런 광자도 볼 수 없으면 불의의 행동을 부끄럽게 여기는 선비를 얻어서 사귀기를 원했는데, 그것이 바로 광자이다. 이것은 그 다음가는 사람들이다."
라고 말했다. 만장이 물었다.

"공자께서 '내 문 앞을 지나가면서 내 집에 들어오지 않는다고 유감스럽게 생각하지 않는 사람은 오직 향원이다. 이 향원이란 무리는 덕을 해치는 자이다.' 라고 했는데, 어떤 자를 향원이라고 합니까?"
라고 물었다.

曰 何以是嘐嘐也하야 言不顧行하며 行不顧言이요
왈 하이시교교야 언불고행 행불고언

則曰古之人 古之人이어 하며 行何爲踽踽凉凉[26]이리오
칙왈고지인고지인 행하위우우량량

生斯世也라 爲斯世也하야 善[27]斯可矣라 하여
생사세야 위사세야 선 사가의

閹然[28] 媚於世也者 是鄕原也니라 萬子曰 一鄕이 皆稱原人[29]焉이면
엄연 미어세야자 시향원야 만자왈 일향 개칭원인 언

無所往而不爲原人이어늘 孔子 以爲德之賊은 何哉이꼬
무소왕이불위원인 공자 이위덕지적 하재

曰非[30]之無擧也요 刺[30]之無刺也하야 同乎流俗하며 合乎汚世하야
왈비 지무거야 자 지무자야 동호류속 합호오세

居之似忠信하며 行之似廉潔하야 衆皆悅之어든
거지사충신 행지사렴결 중개열지

自以爲是而不可與入堯舜之道니 故로 曰德之賊也라 하시니라
자이위시이불가여입요순지도 고 왈덕지적야

孔子曰 惡似而非者하노니 惡莠[31]는 恐其亂苗也요
공자왈 악사이비자 악유 공기란묘야

惡佞³²⁾은 恐其亂義也요 惡利口는 恐其亂信也요
악녕　　　공기란의야　　악리구　공기란신야

惡鄭聲³³⁾은 恐其亂樂也요 惡紫³⁴⁾는 恐其亂朱也여
악정성　　　공기란락야　　악자　　공기란주야

惡鄕原은 恐其亂德也라 하시니라 君子 反經而已矣니
악향원　공기란덕야　　　　　군자 반경이이의

經正則庶民이 興³⁵⁾하고 庶民이 興이면 斯無邪慝矣³⁶⁾리라
경정칙서민　흥　　　서민　흥　　사무사특의

　맹자가 말하기를
　"광자들은 어찌 큰 소리만 치면서 말은 행동을 살피지 못하고, 행동은 말을 따라가지 못하는가? 그러면서 입만 열면 '옛날 사람이여, 옛날 사람이여.' 라고 되뇌이기만 한다. 그리고 견자들은 어찌하여 행동을 이처럼 고단하고 각박하게 하는 것인가? '이 세상에 태어났으면 세상에 알맞게 살아가면서 선하다는 말이나 들으면 되는 것이다.' 라면서 자기의 마음을 감추고 세상에 아부하는 사람이 향원인 것이다."
라고 말했다. 만자가 물었다.
　"한 고을에서 모두가 후덕한 사람이라고 부른다면, 가는 곳마다 후덕한 사람이라 하지 않을 수가 없습니다. 공자께서 이런 사람을 가리켜 '덕을 해치는 적.' 이라고 한 것은 무슨 이유에서입니까?"
　　라고 물었다. 이에 맹자가 말하기를
　"그를 비난하려고 해도 이렇다고 거론할 것이 없고, 그를 공격하려고 해도 이렇다 할 공격 자료가 없다. 세속의 흐름에 동조하고, 더러운 세상과 합류하고, 집안에 있으면 충직하고 신의가 있

는 것 같고, 행동하는 것은 청렴결백한 것처럼 보인다. 여러 사람들이 모두 그를 좋아하고, 그러면 자기 스스로 옳다고 여기기 때문에 함께 요순의 도에 들어갈 수 없다. 그래서 '덕을 해치는 자'라고 말한 것이다. 공자께서 '나는 비슷하면서도 똑같지 않은 것을 미워한다. 가라지를 미워하는 것은 곡식의 싹을 어지럽힐까 두려워서고, 재주만 있고 정직하지 못한 자를 싫어하는 것은 그가 의를 어지럽힐까 두려워서다. 구변이 뛰어난 자를 싫어하는 것은 신용을 어지럽힐까 두려워서이고, 음란한 정나라의 음악을 싫어하는 것은 정악을 어지럽힐까 두려워서이다. 자줏빛을 싫어하는 것은 붉은색을 어지럽힐까 두려워서이고, 향원을 미워하는 것은 덕을 어지럽힐까 두려워서이다.' 라고 하셨다. 군자는 오직 인?의?예?지의 정당한 도로 돌아갈 따름이다. 올바른 도가 바로잡히면 서민들은 반드시 선한 기풍이 일어나고, 서민들에게 선한 기풍이 일어나면, 향원 같은 사특한 무리들은 없어질 것이다."
라고 말했다.

공자의 탄식

孟子曰 由堯舜至於湯이 五百有餘歲니
맹자왈 유요순지어탕   오백유여세

若禹皐陶[37] 則見而知之하시고 若湯則聞而知之하시니라
약우고도   칙견이지지   약탕칙문이지지

由湯至於文王이 五百有餘歲니 若伊尹萊朱[38] 則見而知之하고
유탕지어문왕   오백유여세   약이윤래주   칙견이지지

若文王則聞而知之하시니라 由文王至於孔子 五百有餘歲니
약문왕칙문이지지   유문왕지어공자 오백유여세

若太公望散宜生[39] 則見而知之하시고 若孔子則聞而知之하시니라
약태공망산의생   칙견이지지   약공자칙문이지지

由孔子而來로 至於今이 百有餘歲니 去聖人之世 若此其未遠也며
유공자이래   지어금   백유여세   거성인지세 약차기미원야

近聖人之居[40] 若此其甚也로대 然而無有乎爾하니 則亦無有乎爾[41]로다
근성인지거   약차기심야   연이무유호이   칙역무유호이

맹자가 말하기를

"요순으로부터 탕왕까지는 500여 년이 되었다. 우임금과 고요 같은 중신은 직접 요순의 도를 보아서 알았으며, 탕임금은 들어서 알았다. 탕임금으로부터 주나라 문왕까지 500여 년이 되었다. 이윤과 내주 같은 문신들은 탕임금의 도를 직접 보고 알았고, 문왕은 들어서 알았다. 문왕으로부터 공자까지가 500여 년이 되었다. 태공망과 산의생 같은 현신들은 문왕의 도를 직접 보아서 알았고, 공자는 그것을 들어서 알았다. 공자부터 지금까지 겨우 백 년이 되었다. 성인이 살던 시대를 지난 것이 아직 멀지는 않다. 성인이 살던 곳과는 몹시 가까운데 지금 성인의 도를 알아서 전하는 자가 없다면 지금부터 뒤에는 전해 들은 사람이 없어질 것이다."

라고 말했다.

【역주】

1. 양혜왕 장구 상梁惠王章句 上

1. 양 혜왕梁惠王 – 전국 시대 위나라의 혜왕.
2. 노인叟 – 장로의 명칭.
3. 대부大夫 – 제후 아래에 있는 자로서 가노에 속한다.
4. 사서인士庶人 – 서인과 평민.
5. 만승지국萬乘之國 – 병거 만 승을 낼 수 있는 나라.
6. 천승지가千乘之家 – 본래는 천자의 공경을 가리킴.
7. 만취천언萬取千焉 – 만 승의 나라에서 천 승을 분배받는 것.
8. 영대靈臺 – 주나라 문왕의 덕을 칭송하여 붙인 이름.
9. 자래子來 – 자식이 부모의 일을 돕기 위해 자진해서 나서듯이 백성들이 문왕의 일을 열심히 했다는 뜻.
10. 탕서湯誓 – 『서경』 상서의 편명.
11. 시일당상時日唐喪 – 백성들이 걸왕을 해에 비유하여 그가 빨리 망하기를 바라는 뜻으로 쓴 것.
12. 과인寡人 – 제후의 자칭.
13. 원안願安 – 원언과 같다.
14. 중니仲尼 – 공자의 자.
15. 용俑 – 장례시에 함께 매장하는 나무로 만든 사람.
16. 후後 – 곧 자손을 말한다.
17. 양왕襄王 – 혜왕의 아들.
18. 유연油然 – 물건이 새로 생겨나서 매우 무성한 모습.
19. 패연沛然 – 큰 비가 쏟아지는 모습.
20. 발연浡然 – 매우 뭉클하게 일어나는 모습.
21. 인목人牧 – 임금을 가리킨다.
22. 제 선왕齊宣王 – 위왕의 아들.
23. 제환진문齊桓晉文 – 제나라의 환공은 이름이 소백, 진나라의 문공의 이름은 중이. 이들 두 사람은 춘추 시대에 서로 전후해서 패자가 되어 제후의 위세를 크게 떨치고 있었다.

24. 중니지도仲尼之徒 – 공자의 제자.
25. 호흘胡齕 – 제나라 신하의 이름.
26. 흔釁 – 중요한 일이 이루어졌을 때 희생의 동물을 죽여서 그 피를 바르는 종교적 의식.
27. 곡속약觳觫若 – 몹시 벌벌 떠는 모습.
28. 왕왈연王日然 – 왕이 이것을 이상히 여기는 말.
29. 척척언戚戚焉 – 마음이 움직이는 표현이다.
30. 백균百鈞 – 몹시 무거운 물건을 말한 것.
31. 추호지미秋毫之未 – 매우 미세한 것을 말함.
32. 절지折枝 – 허리를 꺾고 절을 한다고도 해석하고 또는 안마를 해 준다는 의미로 풀이도 한다.
33. 추鄒 – 소국.
34. 항산恒産·항심恒心 – 항산은 항생의 업. 항심은 상유의 착한 마음.

2. 양혜왕 장구 하梁惠王章句 下

1. 장포莊暴 – 제나라의 신하.
2. 장자莊子 – 장포.
3. 고지락古之樂 – 옛날의 환락.
4. 관약管籥 – 대나무로 만든 피리.
5. 질수축알疾首蹙頞 – 골치를 앓고 콧날을 찡그린다는 것은 모두 근심 걱정하는 표정.
6. 설궁雪宮 – 이궁의 이름.
7. 안자晏子 – 제나라의 대부로서 공자 시대의 사람으로 공자보다는 약간 연상이었다.
8. 전부轉附·조무朝儛 – 모두 산 이름.
9. 방放 – 이로다는 뜻.
10. 견견睊睊 – 눈을 몹시 흘기면서 서로 쳐다보는 모습.
11. 징소徵招·각초角招 – 각은 백성을 위하는 음이고, 징은 일을 위하는 음이다. 또 초는 춤의 음악이기도 하다.
12. 축군畜君 – 주자의 주에 의하여 상의 뜻으로 해석했다.
13. 고국古國 – 오래된 나라.
14. 세신世臣 – 여러 대로 내려오면서 공훈이 있는 신하.
15. 금일부지기망今日不知其亡 – 불지구금일지망不知具今日之亡을 말한다.
16. 좌우개왈左右皆曰 – 『논어』〈위 영공편〉을 보면 '공자가 말하기를, 모든 사람이 그를 미워해도 반드시 살피고 모든 사람이 그를 좋아해도 반드시 살핀다' 고 했다.

17. 천리외인千里畏人 – 제나라 왕을 가리킨 것.
18. 운예雲霓 – 구름이 모이면 비가 알맞게 왔다가 무지개가 보이면 비가 그친다는 뜻이다.
19. 혜아후徯我后 – 혜는 기다림. 후는 임금.
20. 후래기소后來其蘇 – 소는 다시 살아남. 다른 나라 사람들이 모두 탕을 임금으로 모시고 싶어서 그가 오기를 기다렸는데 이제 그가 오자 소생할 수 있게 되었다는 말.
21. 계루係累 – 묶어서 포로로 잡아가다.
22. 중기重器 – 선조로부터 전해 내려오는 보물.
23. 모예旄倪 – 노인과 어린이를 말함.
24. 평공平公 – 노나라의 임금.
25. 폐인嬖人 – 측근의 시신.
26. 유사有司 – 수레를 관장하는 관리를 말한다.
27. 악정자樂正子 – 맹자의 제자.
28. 삼정·오정三鼎·五鼎 – 삼정이란 고기를 담은 세 개의 솥, 오정이란 세 가지 외에 양과 편육을 더한 다섯 개의 솥을 말한다.
29. 관곽棺槨 – 곽은 외관을 말함.
30. 극克 – 악정자의 이름.
31. 니尼 – 그만두게 하다.
32. 전상·후상前喪·後喪 – 맹자는 아버지가 먼저 돌아가시고 어머니가 뒤에 돌아가셨다.
33. 장씨지자臧氏之子 – 장씨 집 자식. 가벼이 보고 업신여기는 말.

3. 공손추 장구 상公孫丑章句 上

1. 공손추公孫丑 – 제나라 사람으로 맹자의 제자.
2. 당로當路 – 조정의 요직에 앉는 것.
3. 관중管仲 – 제나라의 대부.
4. 증서曾西 – 공자의 제자인 증삼의 아들.
5. 자로子路 – 공자의 제자 중의 한 사람.
6. 취족연就足然 – 매우 놀라고 부끄러워하는 모습.
7. 불연艴然 – 얼굴을 붉히고 노여워하는 모습.
8. 미자微子 – 주왕의 이복형.
9. 자기鎡基 – 농사짓는 데 쓰는 기구.
10. 대시待時 – 파종의 시기를 기다림.
11. 하후은주夏后殷周 – 하·은·주 삼 대란 말.

12. 계명구폐鷄鳴狗吠 – 장자에 나오는 말.
13. 치우置郵 – 여러 가지 설이 있으나 바른 말을 치라 하고, 빨리 달리는 것을 우라 한다. 여기에서는 역마驛馬로 풀이했다.
14. 도현倒懸 – 거꾸로 매다는 것. 괴로움의 극치를 의미한 것.
15. 가제지경상加齊之卿相 – 선생님이 제나라의 경상이 됨.
16. 사십부동심四十不動心 – 나이 사십이면 군자의 도가 밝아지고 덕이 성취될 때이다.
17. 맹분猛賁 – 옛날의 용사로서 위나라 사람이며 살아 있는 소의 뿔을 뽑는 용맹이 뛰어났다 함.
18. 고자告子 – 맹자의 논적.
19. 부자夫子 – 선생이란 뜻.
20. 북궁유北宮黝 – 제나라의 용사.
21. 불부요不膚撓 – 사람이 칼로 살을 찔러도 꼼짝도 하지 않는 것.
22. 불목도不目逃 – 눈을 찔러도 눈동자를 깜박이지 않는 것.
23. 시조市朝 – 시장.
24. 갈관박褐寬博 – 누더기옷을 입은 천한 사나이.
25. 갈부褐夫 – 누더기옷을 입은 사나이.
26. 맹시사孟施舍 – 제나라의 용사.
27. 증자・자하曾子・子夏 – 증자의 이름은 삼, 자하의 성은 복, 이름은 상. 모두 공자의 제자이다.
28. 수약守約 – 기운을 지키는 것이 요점이라고 풀이했지만 수기의 잘못이라고 풀이했다.
29. 자양子襄 – 증자의 제자.
30. 췌惴 – 간다는 뜻.
31. 충充 – 충은 통統이 옳다.
32. 지일즉동기志一則動氣 – 집중과 같다.
33. 궐자촉자蹶者趨者 – 달리다가 엎어지는 것.
34. 호연지기浩然之氣 – 하늘의 화한 기운이라고 해설했다.
35. 외지外之 – 의리를 외재적인 것으로 여긴다는 뜻.
36. 사언事焉 – 이 사는 부사로 풀었다.
37. 망망연芒芒然 – 매우 피로한 모습.
38. 피사詖辭 – 편벽된 말.
39. 음사淫辭 – 음탕한 말.
40. 사사邪辭 – 간사한 말.
41. 둔사遁辭 – 회피하는 말.
42. 선위설사善爲說辭 – 말을 잘 하다.

43. 재아宰我·자공子貢 – 공자의 제자로서 말을 잘 하였다.
44. 염우冉牛 – 공자의 제자로서 덕행이 몹시 뛰어난 사람들이다.
45. 악惡 – 우리말로 '아니', '허' 따위로 해석할 수 있다.
46. 자하·자유·자장子夏·子游·子長 – 모두 공자의 제자이다.
47. 일체一體 – 신체의 일부분.
48. 구체이미具體而微 – 전체를 갖추었으나 다만 미약하다는 뜻.
49. 백이伯夷 – 은나라 고죽군의 큰아들.
50. 이윤伊尹 – 하나라의 폭군인 걸에게도 벼슬을 하고, 은나라 초기의 탕에게도 벼슬하였다는 어진 재상.
51. 부동도不同道 – 처신하는 방법이 같지 않다.
52. 기린麒麟 – 고대 소설에 나오는 상징적인 동물로서 짐승의 우두머리.
53. 구질丘垤 – 구는 언덕, 질은 개미굴.
54. 행료行潦 – 길가에 고여 있는 웅덩이의 물.
55. 발호구췌拔乎其萃 – 그 동류 중에서도 매우 뛰어났다.
56. 불인지심不忍之心 – 차마 남에게 잔혹하게 하지 못하는 마음.
57. 사斯 – '곧'을 뜻한다.
58. 가운지장상可運之掌上 – 손바닥 위에 있는 물건을 내 마음대로 할 수 있는 것과 같이 다루기가 매우 수월하다는 뜻.
59. 출척측은怵惕惻隱 – 몹시 놀라고 두려워하며 가엾게 여기는 것.
60. 유자孺子 – 어린아이.
61. 성聲 – 노성의 뜻.
62. 단端 – 자기 마음에서 나오는 것을 보아 자기 본연의 성품을 알 수가 있는 것이다.
63. 화지시연火之始然 – 불이 타기 시작하여 크게 번져나간다는 뜻.
64. 천지시달泉之始達 – 샘물이 처음 솟아 흐르기 시작하여 마침내 대해에 통한다는 뜻.
65. 시인矢人 – 화살을 만드는 사람.
66. 함인函人 – 갑옷 만드는 사람.
67. 이인위미里仁爲美 – 사람은 그 마음 둘 곳을 고르지 않으면 안 된다는 뜻.
68. 천지존작天之尊爵 – 인간이 세상에 태어나면서부터 부여받은 선천적인 본성을 말한다.
69. 인지안택人之安宅 – 사람이 거처할 안전한 집.
70. 인역人役 – 남에게 부림을 받는 것.
71. 인자仁者 – 어진 사람이 아니라 인을 행하는 사람.
72. 반구제기反求諸己 – 반성하여 잘못을 자기 자신에게 구하는 것.
73. 조의조관朝衣朝冠 – 조정에 나갈 때 입는 의복과 머리에 쓰는 관.
74. 도탄塗炭 – 진흙과 숯.

75. 향인鄕人 – 교양이 없는 백성들.
76. 망망연望望然 – 떠나가 돌아보지 않는 모습.
77. 매언浼焉 – 더럽혀지다.
78. 불설취이不屑就已 – 나가는 것을 깨끗하게 여기지 않는다는 뜻.
79. 유하혜柳下惠 – 노나라의 대부.
80. 불은현不隱賢 – 자기의 소신을 굽히지 않는다는 말.
81. 유일遺佚 – 버림을 받음.
82. 단석袒裼 – 어깨를 드러냄.
83. 유유연由由然 – 매우 즐거워하는 모습.
84. 불유야不由也 – 백이와 유하혜의 행동은 모두 극단의 길을 걸었기 때문에 편벽된 폐단이 없지 않다. 그렇기 때문에 이런 것은 군자가 하지 않는다는 말.

4. 공손추 장구 하 公孫丑章句 下

1. 천시天時 – 자연의 변화가 적절히 좋은 것.
2. 지리地利 – 지세의 험준 등을 말함.
3. 인화人和 – 민심의 화합 통일.
4. 성곽城郭 – 성은 내성, 곽은 외성이다.
5. 환環 – 사면을 포위하여 여러 날을 버틴다는 것은 반드시 하늘이 준 좋은 기회를 골랐을 것이라는 말이다.
6. 위委 – 민심을 얻지 못했기 때문에 백성이 지키지 못하고 떠난다는 말.
7. 역민域民 – 백성을 다른 나라로 가지 못하게 하다.
8. 왕王 – 제나라의 선왕을 일컬음.
9. 한질寒疾 – 감기에 걸린 것을 말함.
10. 불가이풍不可以風 – 바람을 쏘일 수 없음.
11. 조장시조朝將視朝 – 왕을 뵈러 오면 조정에서 만나 보겠다는 뜻.
12. 동곽씨東郭氏 – 제나라의 도읍 임치에 있는 대부의 집안.
13. 변신지하采薪之憂 – 신하가 임금에게 자신의 명을 말할 때 쓰는 말.
14. 경추씨景丑氏 – 제나라의 대부.
15. 무락無諾 – 느린 대답을 하지 않고 곧 가서 뵙는 것.
16. 의여부례宜與夫禮 – 의는 태와 같은 뜻이라고 왕념손은 풀이했다.
17. 겸慊 – 적다, 부족하다.
18. 달존達尊 – 어디에서나 통하는 존귀한 것.

19. 지추地醜 – 동제東齊의 사투리이다.
20. 상상相尙 – 그 위에 더욱 뛰어난 것.
21. 불위관중자不爲管仲者 – 관중을 사표로 생각하지 않는 사람이란 뜻.
22. 치위신致爲臣 – 벼슬을 돌려보내는 것을 말한다.
23. 왕王 – 제나라의 선왕.
24. 시자時子 – 제나라 선왕의 신하.
25. 중국中國 – 나라의 중앙.
26. 종鍾 – 물건의 부피.
27. 긍식矜式 – 매우 공경하여 본받음.
28. 진자陳子 – 맹자의 제자인 진진.
29. 자숙의子叔疑 – 자숙을 이름으로 보고 의를 동사로 읽는다.
30. 용단龍斷 – 우뚝 높이 있는 지점.
31. 천장부賤丈夫 – 천은 탐욕적인 것. 장부는 사나이란 뜻.
32. 망罔 – 망라하여 그것을 모두 취하는 것.
33. 윤사尹士 – 제나라 사람.
34. 간택干澤 – 봉록을 구해서 왔다는 말.
35. 유체濡滯 – 늑장을 부린다는 뜻.
36. 호연浩然 – 물이 흘러서 그치게 할 수 없는 모습.
37. 행행悻悻 – 매우 노여워하는 모습.
38. 사士 – 윤사 자칭.
39. 노간路間 – 도중에서 묻다.
40. 약유불예색若有不豫色 – 매우 불유쾌한 안색.
41. 불원천不怨天 – 이 말은 공자의 말인데 맹자는 항상 이 말을 인용해서 사람을 가르쳤다.
42. 피시차일시彼時此一時 – 그때가 모두 같다.
43. 오백년필유왕자흥五百年必有王者興 – 요순으로부터 탕에 이르기까지와 탕으로부터 문왕, 무왕에 이르기까지 모두 5백 년 만에 성인이 나왔다.
44. 필유명세자必有名世者 – 그 사람의 덕업과 문망이 일세에 이름을 떨친 자로서 성인을 보좌한 사람들.
45. 부천미욕평치천하야夫天未欲平治天下也 – 이때를 당해서 나로 하여금 제나라에서 불우하게 한 것으로 보면 이는 하늘이 아직도 치평천하하려고 하지 않는 것이다. 하지만 하늘의 뜻은 아직 분명히 알 수 없는 것, 내 어찌 예견하랴는 말이다.
46. 숭崇 – 지명.
47. 고지도古之道 – 고대 이상적인 인물의 선례를 의미한다.
48. 변變 – 뜻을 변경하는 것을 말한다.

49. 사명師命 – 전쟁이 일어났을 때 군대에게 명령을 내려 출전시키는 것.
50. 불가이청不可以請 – 나라에 전쟁이 있으므로 떠난다고 청하기가 어려웠다는 말.

5. 등문공 장구 상滕文公章句 上

1. 등滕 – 나라의 이름.
2. 문공文公 – 정공의 아들.
3. 세자世子 – 태자.
4. 도성선道性善 – 도는 언과 같음.
5. 성간成覸 – 제나라 경공의 신하.
6. 공명의公明儀 – 공자의 제자인 증삼의 제자.
7. 명현瞑眩 – 독한 약을 먹어 눈 앞이 캄캄하고 머리가 몹시 어지러운 것.
8. 추瘳 – 낫다.
9. 등 정공滕 定公 – 문공의 아버지.
10. 연우然友 – 등 문공의 사부로 있던 사람.
11. 대고大故 – 친상을 말한다.
12. 행사行事 – 상례를 말한다.
13. 증자운운曾子云云 – 이 말은 『논어』〈위정편〉에는 공자의 말로 되어 있다.
14. 삼년지상三年之喪 – 자식이 출생하여 3년이 되어야 부모의 품에서 떨어져 나간다는 뜻에서 그 은혜에 대한 보답으로 부모의 복은 반드시 3년을 입었다.
15. 제소지복齊疏之服 – 상복을 말한다. 참쇄는 아버지상에 입는 옷으로 단을 꿰매지 않은 것, 제쇄는 어머니상에 입는 것으로 단을 꿰맨 것이다.
16. 전죽지식飦粥之食 – 되직한 것을 전, 묽은 것을 죽이라고 한다. 부모상에는 3일이 지나면 비로소 죽을 먹고 장사를 마친 뒤라야 소식을 먹었다.
17. 종국宗國 – 분가의 나라에 대하여 본가의 나라를 가리키는 말.
18. 지志 – 옛 기록에 이르는 말.
19. 오유소수지야吾有所受之也 – 세자가 은밀히 이것은 맹자에게서 들은 것이라고 한 것이다.
20. 부아족不我足 – 내가 하는 일이 뜻에 만족하지 못함.
21. 총재冢宰 – 육경의 장.
22. 철歠 – 마신다.
23. 심묵深墨 – 슬프게 잠겨 심히 침울한 모습.
24. 오월거려五月居廬 – 제후는 다섯 달 만에 장례를 치른다. 그래서 다섯 달 동안 거려했다는 것이다. 거려란 장사를 지내기 전에 중문 밖에 여막을 짓고 사는 것.

25. 미유영계未有令戒 – 아무런 명령이나 계고도 내리지 않는다는 말.
26. 대열大悅 – 매우 감복한다는 뜻.
27. 위국爲國 – 나라를 다스리는 법.
28. 민사民事 – 농사를 말함.
29. 극亟 – 급의 뜻. '자주'라는 뜻일 경우에는 '기'라고 읽는다.
30. 승옥乘屋 – 지붕에 올라가 파손된 곳을 수선하라는 것.
31. 항산恒産 – 일정한 재산, 직업.
32. 항심恒心 – 결코 흔들리지 않는 정당한 마음.
33. 취어민取於民 – 백성으로부터 조세를 징수하는 것.
34. 양호陽虎 – 노나라 효씨의 가신.
35. 하후씨夏后氏 – 우임금이 그 시조인 왕조의 이름.
36. 50, 70, 백 – 50묘, 70묘, 백 묘의 뜻.
37. 공貢 – 몇 년 동안의 수확을 계산하여 이것을 평균해서 일정한 양을 산출한 다음 그 10분의 1을 조세로 받았다.
38. 조助 – 백성들을 서로 돕게 하는 것.
39. 철撤 – 일명 염법이라고도 불리우는 주나라의 세법.
40. 기실개집일야其實皆什一也 – 명분은 다르지만 공법이나 조법, 철법도 그 세율은 10분의 1이라는 뜻.
41. 용자龍子 – 옛 현인.
42. 낭려狼戾 – 낭자와 같다. 물건이 많아서 버리고 아끼지 않는 것.
43. 혜혜연盻盻然 – 매우 한스러운 눈초리로 본다는 뜻.
44. 칭화이익지稱貨而益之 – 남에게 물건을 빌려 주었다가 이자를 더해서 받는다는 뜻.
45. 세록世祿 – 나라에 공로가 있는 자에게 토지를 주어서 그 공전의 세를 받아 먹도록 하는 것.
46. 상서, 교庠序, 校 – 학교의 이름.
47. 주수구방周雖舊邦 – 주나라가 비록 후직 이래로 오랫동안 제후로 있었지만 천명을 받아서 천하에 왕 노릇을 한 것은 문왕으로부터 시작되었기 때문에 말한 것이다.
48. 필전畢戰 – 등나라의 신하.
49. 정지井地 – 정전.
50. 경계經界 – 경지의 경계, 또는 경계를 바로잡는 것.
51. 야구일이조野九一而助 – 야외는 땅이 매우 넓으므로 정전을 설치하는 데 편리하다.
52. 규전圭田 – 벼슬 사는 사람들에게 제사에 쓸 곡식을 마련하기 위해 주어진 밭.
53. 여부餘夫 – 백 묘를 분배받은 농부의 자식을 말함.
54. 동정同井 – 정전을 같이함.

55. 수망守望 - 도둑의 침입을 막고 화재 등의 재난을 감시하는 것.
56. 별야인別野人 - 군자와 야인을 분별하기 위한 것이라는 뜻.
57. 윤택潤澤 - 때에 따라 적당하게 처리하여 인정에 맞고 토속에 부합되게 함으로써 선왕의 뜻을 잃지 말라는 것.

6. 등문공 장구 하滕文公章句 下

1. 진대陳代 - 맹자의 제자.
2. 소小 - 마음이 매우 협소함을 말함.
3. 심尋 - 여덟 자를 심이라 하는데 원래는 한 길을 심이라 했다.
4. 전田 - 사냥.
5. 소우인이정招虞人以旌 - 우인은 산택 원유를 지키는 관리. 정은 아름다운 새깃을 대나무 끝에 꽂은 기. 대부를 부르는 데는 정을 쓰는 것이 예이고, 사를 부를 때는 활을 쓰는 것이 예이며, 우인을 부를 때는 피관을 쓰는 것이 예였다.
6. 조간자趙簡子 - 진나라의 대신.
7. 왕량王良 - 수레를 잘 모는 사람.
8. 폐해嬖奚 - 간자의 신하.
9. 여與 - 폐해를 위하여 수레를 몬다는 뜻.
10. 궤우詭遇 - 활 쏘는 자의 마음에 들게 수레를 모는 것.
11. 관貫 - 매우 익숙함.
12. 주소周霄 - 위나라의 사람.
13. 무군無君 - 벼슬을 해도 섬길 만한 임금이 없다는 뜻이다.
14. 황황여皇皇如 - 구하려 해도 끝내 얻지 못하여 매우 초초한 모양.
15. 출강出疆 - 벼슬자리를 잃고 그 나라를 떠나는 것.
16. 지質 - 폐백. 예물.
17. 공명의公明儀 - 증삼의 제자로서 맹자가 존경한 노나라의 현인.
18. 예禮 - 『예기』〈제통편〉.
19. 진국晉國 - 위나라를 말함.
20. 사국仕國 - 군자가 벼슬할 만한 나라.
21. 난사難仕 - 벼슬하기를 어렵게 여김.
22. 찬鑽 - 구멍을 뚫음.
23. 광장匡章 - 제나라 사람.
24. 진중자陳仲子 - 제나라 명가名家의 자제.

25. 어능於陵 – 지명.
26. 거벽巨擘 – 엄지손가락.
27. 충充 – 만족.
28. 고양槁壤 – 마른 흙.
29. 황천黃泉 – 땅 속에 있는 탁한 물.
30. 도척盜跖 – 노나라 사람.
31. 세가世家 – 대대로 녹을 받는 집.
32. 대戴 – 진중자의 형.
33. 와哇 – 토吐와 동의어.

7. 이루 장구 상離婁章句 上

1. 이루離婁 – 상고 시대 황제黃帝 때 사람으로서 이주離朱라고도 한다. 시력이 몹시 좋아서 황제가 구슬을 잃었을 때 이주가 이것을 찾아냈다고 한다. 그는 또 백 보 정도 떨어진 곳에서도 추호의 끝까지 잘 보았다고 한다.
2. 공수자公輸子 – 춘추 시대 사람. 이름은 반. 세공의 명장으로서 초왕을 위해서 성을 공격할 때 쓰는 큰 사다리를 만들었다.
3. 규구規矩 – 규는 동그라미를 그리는 컴퍼스, 구는 모난 것을 그리는 굽은 자이다.
4. 방원方員 – 방은 방형方形, 원은 원圓과 같음.
5. 사광師曠 – 진나라의 음악가.
6. 육율六律 – 궁·상·각·징·우의 다섯 가지 음계.
7. 오음五音 – 오성이라고도 한다. 궁·상·각·징·우. 이 중 가장 탁한 것이 궁이요, 가장 맑은 것이 우이다.
8. 인문仁聞 – 남에게 어질게 하는 소리가 들린다는 뜻.
9. 도선徒善 – 실형은 겸하지 못하는 선의.
10. 도법徒法 – 형식뿐인 제도.
11. 구장舊章 – 선왕의 전장.
12. 준승準繩 – 수평을 검사하는 기계.
13. 조불신도朝不信道 – 조는 조정, 공은 민간의 백공. 주자는 공을 백관이라고 해석했다.
14. 궐蹶 – 전복의 뜻.
15. 설설泄泄 – 여러 가지 설이 많으니 다언多言이라는 뜻.
16. 답답沓沓 – 설설과 같이 잔소리가 매우 많은 것.
17. 책난어군責難於君 – 책은 책망의 뜻이며, 난은 어려운 일을 말함. 그 임금으로 하여금 요순

과 같은 명군이 되라고 한 말이다.
18. 국國 – 제후의 나라.
19. 사해四海 – 천자 소유의 대륙의 토지. 곧 천하를 말함.
20. 사체四體 – 몸뚱이란 뜻.
21. 강주強酒 – 무리하게 술을 많이 먹다.
22. 자포자自暴者 – 스스로 자신을 해치는 사람.
23. 자기자自棄者 – 스스로 자신을 버리는 사람.
24. 비례의非禮義 – 이것을 예의에 어긋난다고 해석하는 설도 있다.
25. 인인지안택야仁人之 安宅也 – 공손추 상편의 제7장에는 夫仁天之尊爵 人之安宅이라 했다.
26. 광曠 – 비운다는 뜻.
27. 불유不由 – 가는 것, 좇는 것.
28. 반이反夷 – 상한다는 뜻.
29. 부자夫子 – 여기에서는 아버지를 가리킨다.
30. 책선責善 – 착한 일을 하도록 권유하는 것.
31. 포철鋪啜 – 포는 먹는 것, 철은 마시는 것.
32. 유초개야猶草芥也 – 초개같이 가볍게 보고 추호도 마음을 동요치 않음.
33. 고수瞽瞍 – 순임금의 아버지로 완악하며 일찍이 순임금을 살해하려고 했다고 한다.
34. 위부자자정爲父子者定 – 부자 간의 도덕이 정해짐.

8. 이루 장구 하離婁章句 下

1. 제풍・부하・명조諸馮・負夏・鳴條 – 모두 지명.
2. 동이지인東夷之人 – 동쪽 변두리의 사람.
3. 기주岐周 – 기산 기슭에 있는 주나라의 구색舊色.
4. 필영畢郢 – 풍문왕의 도읍지, 호무왕의 도읍지에 가까운 곳.
5. 부절符節 – 고대에는 대, 후세에는 옥, 또는 금으로 만든 부신. 글자를 새겨 넣어서 이것을 두 개로 나누어 갑과 을 두 사람이 가지고 있다가 필요한 때에 맞춰 보아 증거로 삼는 것.
6. 선성先聖 – 순임금.
7. 후성後聖 – 문왕.
8. 규揆 – 헤아림.
9. 심조지深造之 – 매우 깊이 도를 닦는다는 뜻.
10. 자지資之 – 자는 의지할 바를 취하는 것이다.
11. 봉구원逢具原 – 회득會得한 도.

12. 무실無實 – 실제로~함이 없다.
13. 폐현蔽賢 – 현명을 가리우는 것.
14. 당지當之 – 그것에 바로 해당됨.
15. 서자徐子 – 맹자의 제자.
16. 극亟 – 번번이.
17. 수재수재水哉水哉 – 물을 찬미하는 말.
18. 원천原泉 – 수원이 깊은 샘물.
19. 혼혼混混 – 용출하여 흐르는 모습.
20. 시지취이是之取爾 – 취시이取是爾를 강하게 쓴 말.
21. 구회溝澮 – 작은 똘을 구, 큰 똘을 회라고 한다.
22. 성문聲聞 – 명예와 평판.
23. 예羿 – 유궁국의 임금. 봉몽逢蒙은 그의 가신.
24. 자탁유자子濯孺子 – 정나라의 대부.
25. 유공지사庾公之斯 – 『좌씨전』 양공 14년에 나오는데 맹자의 이 말과는 약간 다르다.
26. 윤공지야尹公之他 – 위나라의 사람.
27. 승시乘矢 – 네 개의 화살.
28. 존심存心 – 주자는 인과 예를 마음에 둔다고 풀이했다. 그러나 조기趙岐는 존은 재라고 했고, 초순焦循은 재를 찰察로 보아 존심은 그 마음을 성찰하는 것이라고 풀이했다.
29. 횡역橫逆 – 매우 난폭하고 도리에 거슬림.
30. 차물此物 – 이 일이란 뜻.
31. 해의奚宜 – 여기의 해의는 어조사.
32. 불충不忠 – 성실치 못한 것.
33. 망인妄人 – 매우 광망한 사람.
34. 해택재奚擇哉 – 무엇이 다르랴와 같다.
35. 하난언何難焉 – 무엇을 비난하랴.
36. 종신지우終身之憂 – 일평생을 통한 마음속의 근심.
37. 일조지환一朝之患 – 갑자기 부닥치는 일시적인 근심.
38. 내약乃若 – 비록, 그러나와 같은 뜻.
39. 광장匡章 – 제나라 사람.
40. 예모禮貌 – 예를 갖춘 태도로 사람을 대접함.
41. 박혁博奕 – 박은 상륙이나 운포 따위, 혁은 위기(圍棋).
42. 투한鬪狠 – 투는 힘으로 싸우는 것, 전은 입으로 싸우는 것.
43. 장자章子 – 광장을 높여서 한 말.
44. 부처자모지속夫妻子母之屬 – 처자란 뜻.

9. 만장 장구 상萬章章句 上

1. 만장萬章 – 맹자의 문인.
2. 호읍우민천號泣于旻天 – 울면서 하늘을 우러러 호소한다.
3. 원모怨慕 – 조기나 주자는 이것을 순임금이 부모에게 사랑받지 못하는 자기를 원망하고 부모를 사모한다고 풀이했다.
4. 장식長息 – 공명고의 제자.
5. 공명고公明高 – 증자의 문인.
6. 기득문명의旣得聞命矣 – 이미 가르침을 들어서 잘 안다는 뜻.
7. 약시괄若是恝 – 무관심.
8. 공위자직共爲子職 – 공은 모慕와 같음.
9. 구남이녀九男二女 – 2녀를 순임금에게 시집보내서 제가하는 것을 보고, 9남으로 하여금 순임금을 섬기게 하여 그 밖의 일을 다스리는 것을 보았다고 했다. 2녀란 순의 비가 된 아황과 여영.
10. 서천하胥天下 – 천하 사람을 거느리고.
11. 호색好色 – 미인이란 뜻.
12. 소애少艾 – 젊고 매우 아름다운 여자.
13. 남녀거실男女居室 – 남녀가 결혼해서 동거함을 말함.
14. 대부모慰父母 – 대는 원怨.
15. 완름完廩 – 름은 쌀 창고. 완은 치와 같음. 창고를 수리함.
16. 연계捐階 – 계는 사닥다리. 연은 버림. 사닥다리를 치워 버림.
17. 엄지揜之 – 덮어씌움.
18. 상象 – 순임금의 배가 다른 동생.
19. 모개도군謨蓋都君 – 순임금의 있는 곳이 삼 년이 되어 이미 도읍이므로 도군이라고 했다고 주자는 풀었다. 그러나 백관과 반양과 창름이 구비되었으니 엄연한 도읍이다. 꼭 삼 년이 아니라도 도읍이라고 할 수 있을 것이다. 도군都君이란, 순을 해치려는 계략이란 말.
20. 간과짐干戈朕 – 간은 방패, 과는 창. 즉 무기를 말함.
21. 저弤 – 장식이 있는 활.
22. 울도鬱陶 – 너무 깊이 생각하여 마음이 답답할 정도임.
23. 유니忸怩 – 마음에 부끄러움을 느낌.
24. 유자신서惟茲臣庶 – 신은 백관, 서는 서민.
25. 교인校人 – 연못을 맡은 관리.
26. 어어언圉圉焉 – 잡혀서 움츠리고 있는 모습.
27. 양양언洋洋焉 – 꼬리를 치면서 활기차게 움직이는 모양.

28. 유연攸然 – 자신의 힘으로 천천히 멀리 헤엄쳐 가는 것을 표현함.
29. 득기소재得其所哉 – 물고기가 살기 적당한 장소를 얻었다고 기뻐하는 말.
30. 군자가사 이기방君子可欺 以其方 – 『논어』〈옹야편〉에 보면, 공자의 말이라 하여 군자가사야 불가망야君子可欺也 不可罔也라고 했다.
31. 함구몽咸丘蒙 – 제나라의 사람. 맹자의 문인.
32. 급급호岌岌乎 – 매우 위태로움.
33. 제동야인齊東野人 – 제나라 동비의 야인.
34. 이십유팔재二十有八載 – 28년.
35. 방훈放勳 – 요임금의 이름.
36. 조락徂落 – 죽음.
37. 팔음八音 – 여덟 가지 재료로 만든 악기의 음.
38. 보천지하普天之下 – 두루 덮여 있는 하늘 밑.
39. 솔토지빈率土之濱 – 육지가 계속된 끝까지란 뜻.
40. 현로賢勞 – 주자의 주에는 현을 현재賢才로 보아 자기만을 현재로 취급하여 고생시킨다고 풀이했다.
41. 이의역지以意逆志 – 자기 마음으로 작자의 정신을 영합함.
42. 운한지시雲漢之詩 – 『시경』 대아 〈운한지편〉.
43. 주여여민周餘黎民 – 주나라의 여왕 이후의 난세에 기근이나 병으로 죽은 자가 많은 중에 다행히 살아남은 백성.
44. 미유혈유靡有孑遺 – 한 사람도 살아남은 자가 없음.
45. 영언효사 효사유칙永言孝思 孝思維則 – 효도를 생각하면 자연히 그것이 천하의 법칙이 된다는 뜻.
46. 지재祗載 – 자식으로서의 섬김을 다함.
47. 기기제율夔夔齋栗 – 전율의 모습.
48. 윤약시允若是 – 순의 대효를 믿어 순응함.
49. 순순연諄諄然 – 매우 자세하게 말하는 모습.
50. 행여사行與事 – 순임금의 행위와 이로 인해 나타난 일.
51. 시지示之 – 하늘이 순임금에게 천하를 줄 의사를 표시함.
52. 폭지暴之 – 폭로.
53. 백신형지百神亨之 – 백신이란 천지 산천의 모든 신.
54. 요지자堯之子 – 이름은 단주. 매우 불초한 아들이었다고 한다.
55. 남하지남南河之南 – 옛날 제왕의 도읍은 모두 기주, 지금의 황하 이북에 있어서, 황하는 그 남쪽에 있었기 때문에 남하라고 했다.
56. 조근朝覲 – 제후가 천자를 배알함.

57. 송옥訟獄 – 형사의 소송을 옥이라 하고, 재물을 가지고 다투는 민사를 송이라 한다.
58. 구가謳歌 – 덕을 칭송해서 노래를 부름.
59. 중국中國 – 나라의 중앙.
60. 할팽요탕割烹要湯 – 할팽은 요리. 벼슬을 구했다는 말.
61. 유신有莘 – 나라의 이름.
62. 녹지이천하祿之以天下 – 곧 천하의 부富.
63. 계마천사繫馬千駟 – 좋은 말 4천 필로서 제후의 복이다.
64. 일개一介 – 한 포기의 풀이.
65. 견묘畎畝 – 전답 사이.
66. 번연幡然 – 마음을 바꿈.
67. 사도斯道 – 인의仁義의 도.
68. 사천하지민思天下之民 – 사는 생각이 아니고 발어사.
69. 내지구중內之溝中 – 도랑 속에 넣어 괴롭히고 죽인다는 뜻.
70. 혹원혹근或遠或近 – 원은 벼슬하지 않고 초야에 은둔함. 근은 벼슬하여 임금에게 가까이 있음.
71. 혹거혹불거或去或不去 – 거는 벼슬을 버리고 감. 불거는 벼슬하고 있음.
72. 이훈伊訓 – 『서경』의 편명.
73. 조공자목궁造攻自牧宮 – 하늘이 주벌을 내리게 된 것은 걸이 목궁에서 자기 스스로 죄를 지은 때문이라고 풀이해야 할 것이다.
74. 호亳 – 은나라의 수도.
75. 백리해百里奚 – 우나라의 현인.
76. 자죽어진自鬻於秦 – 백리해는 진나라에서 목장 주인에게 양피 다섯 장에 몸을 팔고 거기에서 소를 먹이면서 진나라의 목공에게 벼슬할 기회를 노렸었다고 풀이했다.
77. 우虞 – 작은 나라의 이름.
78. 수극垂棘 – 진나라 지명.
79. 굴산지승屈産之乘 – 승은 말. 굴이라는 땅에서 나는 명마. 굴은 진나라의 읍명.
80. 가도어우假道於虞 – 진나라가 괵나라를 공격하려면 우를 통과해야 하므로 길을 빌리자는 것. 그러나 실상은 우나라마저도 공격하려는 것이었다.
81. 궁지기宮之奇 – 우나라의 현신.

10. 만장 장구 하萬章章句 下

1. 악색惡色 – 조기의 주에 의하면 이것을 하희와 같이 행실이 나쁜 음란한 미녀라고 했다. 춘

추 시대 진나라의 대부 하미서의 어머니로서 공후가 그를 몹시 탐내어 다투어서 세 번이나 왕비가 되고 일곱 번이나 남의 부인이 된 매우 음란한 여자였던 하희의 사례를 들고 있다.
2. 악성惡聲 – 몹시 음란한 음악.
3. 염廉 – 주자는 시비선악을 분별하는 뜻으로 풀었고 조기는 염결의 뜻이라고 풀이했다.
4. 유부儒夫 – 의욕이 없고 게으른 사람.
5. 유하혜柳下惠 – 조기에 의하면 노나라의 대부. 성은 전, 이름은 금, 자는 계, 유하는 호이다.
6. 단갈라정어袒裼裸裎於 – 웃옷을 벗어 어깨를 드러내는 것.
7. 접절이행接淅而行 – 쌀을 씻어 밥을 짓는데 그 밥이 다 되기를 기다리지 않고 급히 그 쌀을 건져 가지고 간다는 것.
8. 집대성集大成 – 여러 가지를 널리 모아서 한 가지 물건을 완성한다는 뜻.
9. 금성옥진金聲玉振 – 금성은 처음에는 크지만 줄어들기 때문에 반드시 옥의 소리를 가지고 이를 진약시켜야 한다.
10. 지비즉교야智譬則巧也 – 교는 활을 쏘는 기술. 역은 활을 쏘는 자의 역량. 주자에 의하면, '공자는 활 쏘는 기술과 역량을 함께 구비하여 성·지를 겸했지만 백이·이윤·유하혜 등 세 사람은 역량은 있지만 기술, 즉 지혜는 부족하다' 고 풀이했다.
11. 백보지외百步之外 – 활 쏘는 것을 배우는 데에는 30보에서부터 시작하여 백 보에까지 이른다.
12. 불협장不挾長 – 잘난 척함, 뽐냄.
13. 맹헌자백승지가孟獻子百乘之家 – 맹헌자는 노나라 대신으로서 명성이 있었다.
14. 무헌자지가無獻子之家 – 맹헌자가 자기의 높은 지위를 잊고 뽐내지 않음.
15. 차오인자역유헌자지가此五人者亦有獻子之家 – 이들 다섯 사람도 헌자의 부귀한 신분을 마음에 두는 사람이라면 헌자는 그들을 천히 여기고 벗으로 사귀지 않았을 것이라는 말.
16. 비혜공費惠公 – 비국의 임금 혜공.
17. 자사子思 – 공자의 손자 백어.
18. 안반顔般·왕순王順·장식長息 – 『한서』고금인표에 보면 비의 혜공과 안반·왕식·장식이 동렬에 쓰여 있다. 필시 어느 한 쪽이 오자일 것이다.
19. 사아事我 – 임금으로 섬긴다는 뜻.
20. 진평공지晉平公之 – 진나라의 평공.
21. 천위天位·천직天職·천록天祿 – 위·직·녹에 천 자를 붙인 것은 모두 하늘이 어진 자에게 주는 것이요, 군왕이 마음대로 하지 못하는 것이기 때문이다.
22. 순상견제舜尚見帝 – 순임금이 요임금을 알현함.
23. 관상우이실舘甥于貳室 – 요임금은 두 딸을 순임금에게 시집보냈으므로 사위라 한 것이다.
24. 향순饗舜 – 순임금에게 잔치를 열어 대접함.
25. 사士 – 여기에서 사는 타국의 선비로서 처사를 말함.

26. 탁託 - 기식. 벼슬도 하지 않고 그 녹을 받는다는 말이다.
27. 비례야非禮也 - 옛날에는 제후가 타국에 나가서 벼슬하지 않고 그 녹을 받아 먹고 지내는 자를 기공寄公이라 했다.
28. 궤餽 - 먹을 것을 남에게 주는 것.
29. 맹氓 - 딴 곳에서 이주해 온 망명의 백성.
30. 주周 - 구제한다는 뜻.
31. 요공繆公 - 목공.
32. 정육鼎肉 - 솥에 익힌 고기.
33. 표摽 - 손을 내저어 몬다.
34. 북면北面 - 남면하는 것은 임금이요, 북면하는 것은 신하의 예이다.
35. 견마축급犬馬畜伋 - 아무런 예도 갖추지 않음.
36. 대臺 - 매우 천한 관리.
37. 장지將之 - 행함. 왕명을 받들고 예를 행함이란 뜻이다.
38. 복복이僕僕爾 - 쩔쩔맨다는 뜻.
39. 요지어순야堯之於舜也 - 이하 일절은 제3장 순상견제舜尙見帝의 위에 있어야 한다.
40. 재국왈 시정지신在國曰 市井之臣 - 국은 도읍. 시정市井은 시가라는 뜻. 시정의 신이란 벼슬하지 않고 국도에 사는 것을 말함.
41. 초망지신草莽之臣 - 망도 풀이다. 초망은 즉 잡초. 풀밭. 즉, 야외 촌락이란 뜻.
42. 전질傳質 - 진상하는 물건.
43. 역役 - 웃사람의 명에 따라서 부역에 종사하는 것.
44. 천승지국千乘之國 - 천 승의 나라 임금이란 뜻.
45. 하여何如 - 이 글은 겉으로는 선비를 벗으로 삼아 도에 대해서 물은 것이지만 내심은 목공이 천 승의 임금의 신분으로서 일개의 선비인 자사를 벗으로 삼고 있다는 것을 자랑해서 한 말.
46. 경공景公 - 경공은 제나라에 둘이 있다. 그러나 이것은 저구라는 사람으로서 주나라 초기 강씨의 제나라이다. 경공은 명재상 안자를 기용한 명군으로서 〈양혜왕〉 하편 제4장에 경공과 안자의 문답이 있다.
47. 전田 - 전렵.
48. 우인虞人 - 산택·원유를 맡은 하급 관리.
49. 피관皮冠 - 제후가 전렵할 때 쓰는 관.
50. 서인이전庶人以旃 - 선군이 전렵할 때 전으로 대부를 부르고 궁궐로 선비를 부르며 피관으로 우신을 불렀다고 했다. 그런데 맹자의 이 말은 조금 다르다. 전도 기의 일종. 장식이 없는 한 폭의 비단으로 만든 붉은 기기旗旌도 기의 일종으로서 두 마리의 용을 틀어 그리고 간두에는 방울을 단다. 정은 기간에 아름다운 새의 깃을 장식으로 꽂는다. 대부를 부르

는 데에는 정을 쓰는 것이 예이고 우인을 부르는 데에는 피관을 쓰는 것이 예라고 한다.
51. 주도여저周道如底 – 주도란 주나라의 도로. 저는 지석. 평탄하다는 비유.

11. 고자 장구 상告子章句 上

1. 고자告子 – 조기는 고는 성 이름은 불해. 유묵의 도를 겸해서 배운 자로서 맹자에게 배운 일도 있다고 한다.
2. 기류杞柳 – 물가에 나는 버드나무의 일종.
3. 배권桮捲 – 나무를 휘어서 만든 잔.
4. 장적戕賊 – 거스른다는 뜻으로서 나무의 본성을 무시하고 억지로 다룬다는 말.
5. 인내야仁內也 – 내는 신체의 내부. 마음속에 내재한다는 말. 외는 외부. 자기 이외의 것.
6. 맹계자孟季子 – 주자는 이 맹계자를 공중자의 아우일 것이라고 풀이했다. 그러나 조우는 맹중자는 맹자의 종곤제이니 반드시 맹계자도 그 일족일 것인데 어찌해서 고자의 말을 반대했는지 알 수가 없다는 것이다. 그래서 필경 그는 다른 사람일 것이라고 주장했다.
7. 공도자公都子 – 맹자의 제자.
8. 시尸 – 제사 지낼 때 그 제신 대신 공물을 받는 사람.
9. 악재기경숙부야惡在其敬叔父也 – 악재는 악오와 같다.
10. 용경庸敬 – 상경.
11. 사수斯須 – 잠시.
12. 뢰賴 – 조기는 선으로 풀었다. 하지만 주자는 게으름이라고 풀이했다. 그리고 의뢰로 풀이한 사람도 있다.
13. 재才 – 맹자는 전장에서와 같이 재·성·정 삼 자를 같은 뜻으로 쓴다.
14. 모맥麰麥 – 대맥.
15. 우耰 – 씨를 뿌리고 흙을 덮음.
16. 일지日至 – 즉 하지를 말한다. 조우에 의하면 『맹자』에 일지가 두 번 나오는데 이것은 즉 동지를 말하는 것이요, 지어일지시至於日至時란 여름의 일지로서 즉 하지라 풀이했다.
17. 수雖 – 약과 같다.
18. 비교肥磽 – 비는 비옥한 땅. 교는 몹시 메마른 땅.
19. 인사人事 – 농부의 수공.
20. 용자龍子 – 옛날의 어진 사람.
21. 궤蕢 – 흙을 나르는 삼태기.
22. 역아易牙 – 옛날 요리의 명인.
23. 사광師曠 – 진나라의 평공 때의 유명한 악사.

24. 자도子都 – 주자에 의하면 옛날 미인이라고 풀이했다.
25. 고왈故曰 – 이것은 고어가 아니고, 맹자가 거듭한 말, 즉 결어임.
26. 추환芻豢 – 소나 양 같은 초식 동물을 추라고 하고, 개나 돼지 같은 곡식 동물을 환이라 한다.
27. 웅장熊掌 – 웅장은 미미美味 중의 미미라 한다.
28. 구득苟得 – 구차하게 삶을 얻음.
29. 환患 – 죽음의 근심.
30. 하불용야何不用也 – 보통 무슨 방법이든지 가리지 않고 쓴다고 번역할 수도 있지만, '무슨 일이라도 한다' 고 하는 것이 더 분명하다.
31. 일단식일두갱一簞食一豆羹 – 단은 대나무로 만든 그릇. 두는 예기이다.
32. 호이嘑爾 – 노한 목소리로 꾸짖는 것.
33. 축이蹴爾 – 보통 발로 찬다고 푼다.
34. 만종萬鍾 – 6만 4천 곡.
35. 향鄕 – 먼저라는 뜻.
36. 겸소애兼所愛 – 몸의 어느 부분이라도 모두 한결같이 사랑한다는 말.
37. 기선불선其善不善 – 그 기르는 방법의 선악.
38. 어이취지이기의於己取之而己矣 – 기르는 방법의 선악은 자기 자신이 반성해서 그 좋은 방법을 취하는 외에는 없다는 뜻.
39. 귀천·소대貴賤·小大 – 이자구복耳自口腹 따위를 천하고 작은 것으로 보고, 마음을 귀하고 큰 것으로 본 것.
40. 장사場師 – 정원사.
41. 오가梧檟 – 좋은 나무.
42. 이극樲棘 – 이것을 산조로 보는 설도 있으나, 오·가 두 가지 나무였기에 이를 조·극을 차로 풀이했다.
43. 낭질狼疾 – 주자는 낭이 병든 것 같은 사람이라고 풀이했다.
44. 개적豈適 – 다만이라는 뜻.
45. 예羿 – 옛날 유궁국의 임금으로 궁술의 명인이었다.
46. 구彀 – 활을 잡아당기는 법.

12. 고자 장구 하告子章句 下

1. 유문有問 – 묻는 일이 있었다는 뜻.
2. 친영親迎 – 혼인의 육례의 하나. 혼인날 신랑이 신부를 맞으러 가는 의식. 친영은 육례 중

최후의 의식이요 따라서 반드시 예물이 필요하다.
3. 추鄒 – 맹자의 고향.
4. 어답시야하유於答是也何有 – 이것을 대답하는 데는 그렇게 어려울 것이 없다는 뜻.
5. 췌揣 – 측량의 뜻.
6. 방촌지목方村之木 – 한 치 사방의 조그만 나무.
7. 잠루岑樓 – 조기는 누를 구루의 누라고 풀이해서 누를 조그만 산으로 보고 산마루라고 풀이했다. 주자는 산과 같은 높은 누라고 풀이했다. 또 어떤 사람은 산 위의 높은 누라고 한다.
8. 일구금一鉤金 – 한 개의 버클 같은 것.
9. 일여우一輿羽 – 수레 한 대에 실은 것.
10. 진紾 – 비틀다.
11. 동가東家 – 이웃집.
12. 루摟 – 잡아끈다.
13. 조교曺交 – 조나라의 임금의 아우로서 이름은 교.
14. 이장以長 – 이以는 기己와 통하므로 구척 4촌보다도 크다는 뜻.
15. 일필추一匹雛 – 오리를 말함.
16. 여사餘師 – 스승은 적지 않다는 뜻.
17. 송경宋牼 – 묵자학파의 비전론자이면서 평화주의자로 유명함.
18. 석구石丘 – 지명.
19. 구병搆兵 – 교전이라는 뜻.
20. 호號 – 명목.
21. 삼군지사三軍之師 – 삼군은 제후의 군대.
22. 계임季任 – 임이라는 조그만 나라의 계제季弟.
23. 처수處守 – 임군이 이웃 나라에 갔기 때문에 효임이 그 동안 나라를 지킴.
24. 평륙平陸 – 제나라 읍이름.
25. 연連 – 거노자의 이름.
26. 득간得間 – 질문할 만한 자료가 생겼다는 뜻.
27. 형亨 – 예물을 올리는 일.
28. 다의多儀 – 예의를 매우 중하게 함.
29. 위기불성형爲其不成亨 – 주자는 이것을 맹자가 서경의 뜻을 풀이한 것이라고 했다.
30. 신자愼子 – 노나라 신하.
31. 남양南陽 – 초·진·제 모두 남쪽이 있다.
32. 수종묘지전적守宗廟之典籍 – 전적은 기록문서. 선조에게서 받은 종묘에 간수되어 있는 기록으로서, 그 내용은 법도·제사·회동의 제도 등이다. 이것을 지킨다는 것은 기재되어 있는 대로 행하는 것이다.

33. 당도當道 – 조기는 당도를 군주의 일로, 지인志仁을 신하의 일로 풀이했고, 주자는 당도는 사리에 매우 합당한 것으로 풀이했다.
34. 벽토지辟土地 – 조기는 침략으로 보았고, 주자는 개간으로 보았다.
35. 약여국約與國 – 동맹국을 약속함.
36. 강強 – 과단.
37. 경輕 – 불원천리의 뜻.
38. 즉인장왈이이則人將曰訑訑 – 조기는 말하기를, '스스로 자기의 지혜에 만족하여 남의 착한 말을 좋아하지 않는 것을 형용' 이라 했다.
39. 진자陳子 – 맹자의 제자.
40. 예모禮貌 – 예의바른 태도.
41. 면사이기의免死而己矣 – 오직 죽음을 면할 뿐으로 그 이상 많은 것을 바라지 않는다는 뜻.

13. 진심 장구 상盡心章句 上

1. 진기심盡其心 – 다한다는 것은 충분히 발전시킴.
2. 요수夭壽 – 요는 단명, 수는 장수.
3. 불이不貳 – 조기는 이貳를 2로 보고 이심이란 뜻이라 하여, 전인의 요수를 보아도 끝까지 이심이 없이 그 도를 변치 않는다고 풀이했다.
4. 정명正命 – 길흉화복을 인위적으로 부르는 것이 아니고, 자연히 오는 것을 바른 명이라고 한다.
5. 질곡桎梏 – 죄인의 수족을 묶는 형구.
6. 구즉득지사즉실지求則得之舍則失之 – 사람이 인의예지를 구하기만 하면 몹시 쉽게 얻을 수 있다는 것을 말함.
7. 재아자在我者 – 자기 본성 속에 있는 것.
8. 재외자在外者 – 부귀 이익과 영달 같은 모든 외물이 모두 이것이다.
9. 송구천宋句踐 – 성은 송, 이름은 구천. 다른 책에서 볼 수 없는 인물.
10. 효효嚻嚻 – 매우 태연한 모양.
11. 사득기士得己 – 몹시 궁하거나 달하거나 언제나 도의에 벗어나지 않기 때문에 이런 선비는 자기의 본성을 온전히 할 수가 있다.
12. 불여존언不與存焉 – 그것에는 관계가 없다.
13. 고故 – 사고.
14. 서백西伯 – 서방의 제후의 장.
15. 태공太公 – 태공망 여상.

16. 합귀호래盍歸乎來 – 빨리 가서 몸을 의탁하자는 말.
17. 무실기시無失其時 – 새끼를 낳거나 키우고 있을 때에는 죽이지 않도록 하는 것.
18. 오십비백불난五十非帛不煖 – 『예기』〈왕제편〉에는 '육십비육불포칠십비백불원' 이라고 했다.
19. 양자楊子 – 이름은 주. 노자, 관윤자의 도를 이어받아 '위아' 의 설을 주장했다.
20. 묵자墨子 – 노나라에 벼슬하여 대부가 되다. 처음에는 편자의 학문을 배웠으나 뒤에 일가를 이루었다. 그는 겸애를 주장하고, 비락, 절장 등을 주장했다.
21. 마정방종摩頂放踵 – 머리 끝에서부터 발꿈치까지 간다는 것.
22. 자막子莫 – 노나라의 현인.
23. 집중執中 – 자막은 양주의 개인주의와 묵자의 박애주의와의 중간을 잡는다는 뜻.
24. 적도賊道 – 도를 해치다.
25. 압불우불순狎不于不順 – 『서경』 태갑의 글. 불순이란 도에 순응하지 않는 부정. 우리 임금 태갑을 불순한 일에 습관되게 하고 싶지 않다는 뜻.
26. 동桐 – 탕왕의 묘가 있는 지금의 산시성 평양부.
27. 찬簒 – 찬탈. 무리하게 왕위를 뺏음.
28. 소찬素餐 – 공이 없으면서 녹을 먹는 것.
29. 도응桃應 – 맹자의 문인.
30. 사士 – 형옥을 맡은 관리.
31. 유소수지有所受之 – 천하는 요임금에게서 받은 것으로써, 그 법은 마음대로 고칠 수가 없다는 뜻.
32. 폐사敝蓰 – 다 해진 짚신.
33. 등경滕更 – 등군의 아우.
34. 협挾 – 긍과 같다.

14. 진심 장구 하盡心章句 下

1. 미란糜爛 – 미는 죽, 쌀로 죽을 쑤듯이 으깬다.
2. 순殉 – 국단에 순국하다.
3. 춘추春秋 – 공자가 노나라 역사를 쓴 역사.
4. 혁거삼백냥革車三百兩 – 바퀴를 가죽으로 쌌기 때문에 혁거라고 한다.
5. 호분虎賁 – 무왕.
6. 약붕궐각계수若崩厥角稽首 – 궐각은 둔수와 같다. 많은 백성들이 일제히 엎드려 경배하는 모습.

7. 각욕정기야各欲正己也 – 백성들은 폭군에게 시달려서 어진 사람이 와서 자기 나라를 바르게 해 주기를 간절히 원한다는 뜻.
8. 백이지풍伯夷之風 – 이 세 구절과 유하혜지풍운의 세 구절은 〈만장〉 하편 제1장과 같다.
9. 완부頑夫 – 탐욕 많은 사나이. 빈과 염과는 대응이 된다.
10. 박부薄夫 – 경박한 사나이.
11. 비부鄙夫 – 도량이 좁은 사나이.
12. 친자親炙 – 친하게 훈도됨.
13. 반지反之 – 수양하여 인의의 본성으로 돌아감.
14. 동용주선動容周旋 – 동작과 기거행동 등.
15. 경덕불회經德不回 – 경은 상, 회는 사곡.
16. 간록干祿 – 녹봉을 구함.
17. 오당지사吾黨之士 – 공자의 향당에 있는 자제. 진취의 기상이 많아서 뜻은 크면서도 행동은 여기에 수반되지 못하는 것.
18. 불망기초不忘其初 – 옛 것을 고치지 못함.
19. 광견狂獧 – 광자狂者와 견자獧者. 광은 상문의 광간狂簡. 견은 소극적이요 보수적이지만 부끄러움을 알고 부정 불의를 하지 않는 자.
20. 유소불위有所不爲 – 굳게 지조를 지켜 부정과 불의를 저지르지 않음.
21. 금장琴張 – 장. 공자의 문인으로서 거문고를 잘 뜯어서 금장이라 했다는 설도 있다.
22. 교교연嘐嘐然 – 뜻이 크고 말하는 것도 엄청나다는 것.
23. 불엄不掩 – 행동이 말을 따라가지 못함. 언행이 일치하지 못함.
24. 향원鄕原 – 고을의 위선자.
25. 덕지적德之賊 – 덕을 해치는 것.
26. 우우양양踽踽凉凉 – 우우는 사람과 친하지 않고 혼자서 가는 모습. 양양은 역시 박해서 남과 찬해지지 않는 것을 말함.
27. 선善 – 남에게 좋게 보이는 것.
28. 엄연閹然 – 자기의 생각을 감추는 표현.
29. 원인原人 – 근직한 사람.
30. 비·자非·刺 – 비는 비난, 자는 공격함.
31. 유莠 – 가라지. 곡식의 싹같이 생겼으면서 곡식을 해치는 풀.
32. 영佞 – 말을 잘 해서 남을 잘 속이는 사람.
33. 정성鄭聲 – 정나라의 음악. 그 음악이 몹시 문란했다.
34. 자紫 – 간색.
35. 흥興 – 선에 흥분해서 흥기함.
36. 사특邪慝 – 사악.

37. 고도皐陶 – 순임금의 신하.
38. 내주萊朱 – 탕왕의 현신.
39. 태공망, 산의생太公望, 散宜生 – 태공망은 여상. 산의생은 문왕의 네 신하 중의 한 사람.
40. 근성인지거近聖人之居 – 추와 노가 가깝다는 뜻을 강조하여 한 말.
41. 무유호이無有乎爾 – 만일 지금 공자의 도를 보고 알아서 전하는 자가 없다면 후세에 이것을 듣고 알 자가 없어지겠다는 뜻.

中庸

머리말

『중용中庸』은 공자 손자인 자사子思, B.C. 483년~402년가 집필했다고 전해지지만 그에 대한 정확한 물증이 없다. 거의 모든 것이 자사와 그의 문하에서 집필되었고, 나머지는 후대에 수정 보완하여 완성된 것으로 알려져 있다.

그러나 『사기史記』〈공자세가孔子世家〉 편을 보면 '급伋은 자字가 자사子思이고 62세에 죽었다. 한때 송나라에 갇혀 있으면서 『중용中庸』을 지었다.'고 서술되어 있다. 후대에 정현鄭玄·공영달孔穎達·정초鄭樵·주희朱熹 등은 『사기史記』의 말을 그대로 믿었던 것이다.

『중용』은 손나라 때 오경五經의 하나인 『예기禮記』에 들어 있던 「중용편中庸篇」을 분리해서 단행본 2편으로 만든 것이다. 그 후 양나라의 무제가 『중용강소中庸講疏』 1권을 편찬해서 전파시켰다. 이에 『대학』·『논어』·『맹자孟子』와 함께 사서四書로 불리는 경전이다. 더구나 송학宋學에서 가장 중요한 교재였다.

『중용』은 도道를 말하는데, 중中은 한 쪽으로 기울이지 않으면서 지나치거나 모자람 없이 안성맞춤한 의미이고, 용庸은 평범하지만 영원하다는 의미이다. 한 마디로 『중용』은 유가儒家에서 논하는 형이상학 중 가장 체계적인 경서이다.

주자朱子는 주석서인 『중용장구中庸章句』를 지었으며, 여기서 자사가 도학道學의 전통을 위해 『중용』을 사용했다고 기술했다.

송나라의 유학자인 정호程顥와 정이程頤가 힘써 제창했는데, 『중용』을 공자 철학의 정수로서 잘 읽고 응용하면 너무 크기 때문에 평생 동안 쓰고도 남는다고 했다.

『중용』의 내용은 처음엔 한 가지 도리道理지만 중간부터는 만 가지 일로 나눠지고 결론에서는 다시 하나의 도리를 논한다.

제 一 장 천인론 天人論

天命之謂性[1]이요 率[2]性之謂道요 修[3]道之謂教니라
천명지위성   솔성지위도   수도지위교

道也者는 不可須臾[4]離也니 可離면 非道也라
도야자 불가수유 리야   가리 비도야

是故로 君子는 戒愼乎 其所不睹하며 恐懼乎其所不聞이니라
시고 군자   계신호 기소부도   공구호기소불문

莫見[6]乎隱[5]이며 莫顯乎微[7]니 故로 君子는 愼其獨也니라
막현 호은   막현호미   고 군자   신기독야

 하늘이 명한 것이 성이고, 그에 따르는 것이 도이고, 도를 매듭하는 것을 가르침이라고 한다. 도란 한시라도 떠날 수 없는 것이기 때문에 떠날 수 있다면 그것은 이미 도가 아니다.
 이런 까닭에 군자는 보이지 않고 들리지 않는 데를 삼가하고 두려워하는 것이다. 숨기는 것보다 더 보여지는 것은 없고 세밀한 일보다 더 보여지는 것이 없기 때문에 군자는 그 홀로 있을 때라도 매사에 삼가해야 하는 것이다.

喜怒哀樂之未發을 **謂之中**⁸⁾이요 **發而皆中節**을 **謂之和**니
희노애락지미발   위지중   발이개중절   위지화

中也者는 **天下之大本也**요 **和也者**는 **天下之達道**⁹⁾**也**니라
중야자   천하지대본야   화야자   천하지달도 야

致¹⁰⁾**中和**면 **天地位焉**하며 **萬物**이 **育焉**¹¹⁾이니라
치 중화   천지위언   만물   육언

기뻐하고 노하고 슬퍼하고 즐거워하는 정이 나타나지 않는 상태를 중이라 하고, 행동으로 나타나서 모든 절도에 맞는 것을 화라고 한다. 중이라는 것은 천하의 대본이고, 화라는 것은 천하의 모든 사람들이 통달한 원리이다. 중과 화에 이르면 천지가 제자리에 편안하게 놓이게 되고, 만물이 이루어진다.

제二장 중용론 中庸論

仲尼[1]曰 君子는 中庸이요
중니 왈 군자   중용

小人은 反中庸[2]이니라
소인   반중용

君子之中庸也는 君子而時中이요
군자지중용야   군자이시중

小人之反中庸也[3]는 小人而無忌憚也니라
소인지반중용야   소인이무기탄야

공자가 말씀하시기를
"군자는 중용을 하나, 소인은 중용에 반대로 한다. 군자가 행하는 중용은 군자로서 때를 따라 행하는 것이고, 소인의 중용은 소인으로서 거리낌이 없는 것이다."
라고 했다.

子曰 中庸은 其至矣乎인저
자왈 중용 기지의호

民鮮⁴⁾能이 久矣니라
민선 능 구의

공자가 말씀하시기를
"중용은 참으로 지극한 것이다. 그러나 잘 행할 수 있는 사람이 거의 사라진 지 오래이다."
라고 했다.

子曰 道⁵⁾之不行也를 我知之矣로라 知者는 過之하고
자왈 도 지불행야   아지지의   지자 과지

愚者는 不及也니라 道之不明也를 我知之矣로다
우자 불급야   도지불명야 아지지의

賢者는 過之하고 不肖者는 不及也니라
현자 과지   불소자 불급야

人莫不飮食也언마는 鮮能知味也니라
인막불음식야   선능지미야

공자가 말씀하시기를
"도가 행해지지 못하는 이유를 내가 알겠다. 지혜로운 사람은 지나치고, 어리석은 사람은 미치지 못하기 때문이다. 도가 밝아지지 못하는 이유를 내가 알겠다. 현명한 사람은 지나치고 못난 사람은 미치지 못하기 때문이다."
라고 했다.

"사람들은 누구나 먹고 마시지 않는 사람이 없지만 그 맛을 진실로 아는 사람이 드물다."
라고 했다.

子曰 道其不行矣夫[6]인저
자 왈 도 기 불 행 의 부

공자께서 말씀하시기를
"중용의 도는 정녕 행해지지 못하겠구나."
라고 했다.

子曰 舜은 其大知也與신저 舜이 好問而 好察邇言[7]하시되
자왈 순 기대지야여 순 호문이 호찰이언

隱惡而揚善하시며 執其兩端하사 用其中於民하시니
은악이양선   집기양단   용기중어민

其斯以爲舜乎신저
기 사 이 위 순 호

공자께서 말씀하시기를
"순임금은 큰 지혜로운 분이다. 순임금은 묻기를 좋아했고, 가깝고 가벼운 말에도 살피기를 좋아했으며, 나쁜 일은 감추어 주고 좋은 일은 선양해 주었으며, 두 극단을 파악하시고 그 절충안을 백성들에게 적용하셨으니, 이것이 순이 된 까닭이다."
라고 했다.

子曰 人皆曰予知로되
자왈 인개왈여지

驅而 納諸罟[8] 攫陷阱之中而 莫之知辟[9]也하며
구이 납제 고 확함정지중이 막지지벽 야

人皆曰予知로되
인개왈여지

擇乎中庸而不能期日守也니라
택호중용이불능기일수야

공자께서 말씀하시기를
"사람들은 모두 '스스로가 지혜롭다'고 말하지만 그물이나 덫이나 함정 속으로 몰아넣어도 그것을 피할 방법을 모른다. 사람들은 모두 '나는 지혜롭다'고 말하지만 중용을 선택해서 한 달도 제대로 못 지킨다."
라고 했다.

子曰 回[10]之爲人也는 擇乎中庸하여
자왈 회 지위인야   택호중용

得一善則 拳拳[11]服膺[12]하면 而弗[13]失之矣니라
득일선즉 권권 복응   이불 실지의

공자께서 말씀하시기를
"안회의 사람됨은 중용을 택해서 한 가지 선을 얻으면 반드시 받들어 꼭 가슴 속에 지니고 그것을 잃지 않았다."
라고 했다.

子曰 天下國家도 可均[14]也며 爵祿도 可辭也며
자왈 천하국가 가균 야 작록 가사야

白刃도 可蹈也로대 中庸은 不可能也니라
백인 가도야   중용 불가능

공자께서 말씀하시기를
"천하의 국가도 평정할 수가 있고, 벼슬과 녹도 사양할 수가 있으며, 또한 예리한 칼날도 밟을 수가 있다고 해도, 중용은 능히 할 수가 없다."
라고 했다.

子路[15] 問强한대
자로 문강

子曰 南方之强[16]與아 北方之强與아 抑而[17]强與아
자왈 남방지강 여 북방지강여 억이 강여

寬柔以敎오 不報無道는 南方之强也니 君子居之니라
관유이교 불보무도 남방지강야 군자거지

衽[20]金[18]革[19]하여 死而不厭[21]은 北方之强也니 而强者 居之니라
임 금 혁   사이불염   북방지강야   이강자 거지

故로 君子는 和而不流[22]하나니 强哉矯[23]여 中立而不倚하나니
고 군자 화이불유   강재교   중립이불의

强哉矯여 國有道에 不變塞[24]焉하나니
강재교 국유도 불변색 언

强哉矯여 國無道에 至死不變하나니 强哉矯여
강재교 국무도 지사불변   강재교

자로가 군셈에 관해 묻자 공자께서 말씀하시기를

"남쪽의 강함을 묻는 것인가? 아니면 북쪽의 강함을 묻는 것인가? 그렇지 않으면 너의 강함을 묻는 것인가? 너그럽고 부드러움으로 가르치고 무도한 짓에도 보복하지 않는 것은 남쪽의 강함이기 때문에 군자가 할 수 있는 일이다. 창과 검을 들고 갑옷을 입고 싸우다 죽어도 후회하지 않는 것은 북쪽의 강함이기 때문에 강포한 사람이 할 수 있는 것이다. 그러므로 군자는 온순하면서도 흐리지 않는 것이니 강하고 꿋꿋하도다. 중에 서서 기울어지지 않으니 강하고 꿋꿋하도다. 나라에 정도가 행해져 입신하게 되어도 궁색했던 때의 마음은 결코 변하지 않으리니 굳세도다. 한 나라가 망해 화를 당해 죽어도 본심은 변하지 않는 것이니 굳세도다."
라고 했다.

子曰 素[25]隱行怪를 後世에 有述에 焉하나니
자왈 소　은행괴　후세　유술　언

吾弗爲之矣로다 君子 遵道而行하다가
오불위지의　　군자 준도이행

半途而廢하나니 吾弗能已矣로다
반도이페　　　오불능이의

君子는 依乎中庸하여 遯世[26]不見知而不悔하나니
군자　의호중용　　둔세　불견지이불회

唯聖者라야 能之니라
유성자　　능지

공자께서 말씀하시기를

"유난스러운 일을 찾고 괴이한 짓을 행하는 것을 후세에 기술하는 사람이 있겠지만, 나는 그런 일을 하지 않겠다. 군자가 도를 좇아 행하다가 중도에 그만두기도 하는데, 나는 결코 그만두지 않을 것이다. 군자는 중용에 의지하여 세상을 숨어 살아 남이 알아주지도 않지만, 후회하지 않기 때문에, 오직 성자라야 그렇게 할 수 있는 것이다."
라고 했다.

제三장 도론 道論

君子之道는 費[1]而隱이니라
군자지도   비 이은

夫婦之愚로도 可以與知[2]焉이로되
부부지우   가이여지 언

及其至[3]也하야는 雖聖人이라도
급기지 야   수성인

亦有所不知焉하며
역유소불지언

夫婦之不肖로도 可以能行焉이로되
부부지불초   가이능행언

及其至也하야는 雖聖人이리도
급기지야   수성인

亦有所不能焉하며
역유소불능언

天地之大也에도 人猶有所憾⁴⁾이니
천지지대야　　인유유소감

故로 君子 語大인댄 天下莫能載焉이요
고　군자 어대　　천하막능재언

語小인댄 天下莫能破焉이니라
어소　　천하막능파언

詩云⁶⁾하되 鳶飛戾⁵⁾天이어늘
시운　　　연비려 천

魚躍于淵이라 하니 言其上下察也니라
어약우연　　　　언기상하찰야

君子之道는 造端乎夫婦니
군자지도　　조단호부부

及其至也하야는 察乎天地니라
급기지야　　　찰호천지

　군자의 도는 매우 광대하면서도 은미한 것이다.
　필부의 우매함으로도 가히 알 수 있지만, 그 지극함에 다다르면 비록 성인이라고 할지라도 알지 못하는 것이 있다.
　필부의 어질지 못함으로도 넉넉히 행할 수 있지만, 그 지극함에 다다르면 비록 성인이라고 할지라도 능치 못하는 것이 있다.
　하늘과 땅의 위대함에도 사람에게는 오히려 불만스러운 것이 있다. 그래서 군자의 도는 크기로 말하면 넓은 천하도 실을 수가 없고 작기로 말하면 천하의 그 무엇보다도 쪼개낼 수 없을 만큼 작다.
　『시경』에 이르기를 솔개는 날아서 하늘에 이르지만 고기는 못에서 뛰어논다고 하니 그것은 위아래를 살펴보라는 말이다.
　　군자의 도는 필부 사이에서 시작되지만 그 지극함에 이르러서는 천지에 드러나는 것이다.

子曰 道不遠人하니 人之爲道而遠人이면 不可以爲道니라
　자왈　도불원인　　　인지위도이원인　　　불가이위도

詩云[9] 伐柯伐柯[7]여 其則[8] 不遠이라 하니 執柯以伐柯로되 睨[10]而視之하고
　시운　벌가벌가　　　기칙 불원　　　　　　집가이벌가　　　예 이시지

猶以爲遠하나니 故로 君子는 以人治人하다가 改而止니라
　유이위원　　　고　군자　　이인치인　　　　개이지

공자께서 말씀하시기를
　"도는 사람에게서 멀리 있지 않으니 사람들이 도를 하되 사람에게서 멀리한다면 도가 될 수 없는 것이다."
고 했다. 『시경』에 이르기를
　"도끼자루를 찍네, 도끼자루를 찍네. 그 법은 쉽지 않다."
고 했으니, 도끼자루를 잡고 도끼자루를 사용할 나무를 찍어내되 곁눈질로 대중해서 보고 오히려 멀다고 생각하기 때문에, 그러므로 군자는 사람으로써 사람을 다스리다가 고치면 그만두는 것이다.

忠[11]恕 達[12]道不遠하니 施諸己而不願을 亦勿施於人이니라
　충　서 위　도불원　　　시제기이불원　　역물시어인

'충과 서는 도에서 멀지 아니하니 자기에게 베풀어짐을 바라지 않는 것을 또한 남에게 베풀지 말아야 한다.' 고 했다.

君子之道 四에 丘[13] 未能一焉이로니
군자지도사 구 미능일언

所求[14]乎子로 以事父를 未能也하며
소구 호자 이사부 미능야

所求乎弟로 以事兄을 未能也하며
소구호제 이사형 미능야

所求乎朋友로 先施之를 未能也니라
소구호붕우 선시지 미능야

庸[15]德之行하며 庸言之謹하여 有所不足이어든
용 덕지행   용언지근   유소부족

不敢不勉하며 有餘어든 不敢盡하여
불감불면   유여   불감진

言顧行하며 行顧言이니 君子胡不慥慥[16]爾리오
언고행   행고언   군자호불조조 이

'군자의 도는 네 가지가 있는데 공자는 하나도 다하지 못했다. 자식에게 요구하는 바로서 부모 섬김을 다하지 못했고, 신하에게 요구하는 바로서 임금 섬김을 다하지 못했고, 동생에게 요구하는 바로서 형 섬김을 다하지 못했고, 벗에게 요구하는 바로서 먼저 베풀지를 못했다. 평소에 덕을 행하고 말은 행동을 돌아보고 행동은 말을 돌아보는 것이니 군자가 어찌 부지런히 힘쓰지

않겠는가.'

君子는 素[17] 其位[18] 而行이요 不願乎其外니라
군자 소 기위 이행   불원호기외

素富貴하얀 行乎富貴하며 素貧賤하며
소부귀   행호부귀   소빈천

行乎貧賤하며 素夷狄[19]하며 行乎夷狄하며
행호빈천   소이적   행호이적

素患難하여는 行乎患難이니
소환난   행호환난

君子는 無入而不自得焉이니라
군자   무입이불자득언

군자는 그 자신의 처지에 따라서 행하는 것뿐이고, 그 밖의 것은 바라지도 않는다.

부귀에 처하게 되면 부귀를 행하며, 빈천에 놓이게 되면 빈천에 마땅히 처신하고, 오랑캐에 있게 되면 마땅히 오랑캐대로 처신하고, 환난에 처하게 되면 환난을 행하는 것이니 군자는 어떤 처지에 놓이더라도 스스로가 만족하는 것이다.

在上位하여 不陵[20]下하며 在下位하여 不援[21]上이요
재상위   불릉 하   재하위   불원 상

正己而不求於人이면 則無怨이니 上不怨天[22]하며 下不尤[23]人이니라
정기이불구어인   즉무원   상불원천   하불우 인

故로 君子는 居易[24]以俟[25]命하고 小人은 行險以徼[27]幸이니라
고 군자   거이 이준 명   소인   행험이요 행

子曰 射有似乎君子하니 失諸正鵠²⁸⁾이요 反求諸其身이니라
자왈 사유사호군자   실제정곡   반구제기신

　윗자리에 있는 사람은 아랫사람을 업신여기지 않고, 아랫사람은 윗사람에게 아부하지 않는다. 자기를 바르게 하고 남에게 구하지 않으면 원망함이 없을 것이니, 위로는 하늘을 원망하지 않으며 아래로는 사람을 원망하지 않는다.
　그러므로 군자는 평범하게 살면서 하늘의 명을 기다리지만, 소인은 위험한 일을 행하고 요행을 기다린다.
　공자께서 말씀하기를
　"활 쏘기는 군자에 비슷함이 있지만 정곡을 잃으면 돌이켜 자신에게서 구하는 것이다."
라고 했다.

君子之道는 辟²⁹⁾譬如行遠必自邇하며 辟如登高必自卑니라
군자지도   벽 비여행원필자이   벽여등고필자비

詩曰 妻子好合이 如致琴하며 兄弟旣翕³⁰⁾하여 和樂且耽³¹⁾이라
시왈 처자호합   여치금   형제기흡   화락차탐

宜³³⁾爾室家³²⁾하며 樂爾妻帑³⁴⁾라 하여늘 子曰 父母는 其順矣乎³⁵⁾신저
의   이실가   낙이처탕   자왈 부모   기순의호

　군자의 도를 비유하면 멀리 가려면 반드시 가까운 곳에서부터 출발함과 같고, 높이 올라가려면 반드시 낮은 곳에서부터 출발함과 같은 것이다.
　『시경』에 이르기를

"처자의 화합함이 비파와 거문고를 타는 듯하고, 형제 간이 이미 화합되어 즐겁고도 즐겁구나. 너의 집안을 화목케 하여 너의 차자를 즐겁게 할 것이다."
라고 했는데,
　공자가 말씀하시기를
"부모는 매우 편안할 것이다."
라고 했다.

子曰 鬼神之爲德이 其盛矣乎인저
자왈 귀신지위덕　기성의호

視之而弗見하며 聽之而弗聞어로되 體物而不可遺[36]니라
시지이불견　　청지이불문　　　체물이불가유

使天下之人으로 齊明[37]盛服하여 以承祭祀하고
사천하지인　　제명 성복　　이승제사

洋洋乎 如在其上하며 如在其左右니라
양양호 여재기상　　여재기좌우

詩曰[42] 神之格[38]思를 不可度[39]思은 矧[40]可射[41]思아
시왈　신지격 사　불가탁 사　신　가사 사

공자께서 말씀하시기를
"귀신의 덕 됨이 성하기도 하다. 그것은 보려고 해도 보이지 않고 그것을 들으려고 해도 들리지 않으니, 만물의 본체가 되어 있기 때문에 버릴 수가 없다. 천하의 사람으로 하여금 깨끗하게 재계하고, 의복을 잘 차려 입고 제사를 받들게 하면, 어디가든 가득

하여 위에 있는 듯하며 좌우에 있는 것 같은 것이다."
라고 했다.

『시경』에 이르기를

"신이 강림하심은 헤아릴 수 없는 것이기 때문에 하물며 신을 꺼려할 수가 있겠는가."
라고 했다.

子曰 舜은 其大孝也與신저 德爲聖人이시고 尊爲天子이시고
자왈 순 기대효야여   덕위성인   존위천자

富有四海之内⁽⁴³⁾하사 宗廟饗之하시며 子孫保之하시니라
부유사해지내   종묘향지   자손보지

故로 大德은 必得其位하며 必得其祿하며
고 대덕 필득기위   필득기록

必得其名하며 必得其壽니라
필득기명   필득기수

故로 天之生物이 必因其材⁽⁴⁴⁾而 篤⁽⁴⁵⁾焉하나니
고 천지생물 필인기재 이 독 언

故로 栽⁽⁴⁶⁾者를 培之하고 傾⁽⁴⁷⁾者를 覆⁽⁴⁸⁾之니라
고 재 자 배지   경 자 복지

공자께서 말씀하시기를

"순임금은 대효이시다. 덕으로 성인이 되시고, 존귀로는 천자가 되시고, 부로는 사해의 안을 차지하여 종묘를 향하고 자손을 보전했다. 그러므로 대덕은 반드시 그와 같은 지위를 얻고, 반드시 그

와 같은 녹을 얻으며, 반드시 그와 같은 이름을 얻고, 반드시 그와 같은 수를 얻는다. 그러므로 하늘이 만물을 탄생시키는 것은 반드시 그 재질로 말미암아 두텁게 해 주기 때문에 심겨진 것은 반드시 북돋아 주고, 기울어진 것은 반드시 엎어뜨린다."
라고 했다.

詩⁽⁵²⁾曰 嘉樂⁽⁴⁹⁾君子의 憲憲⁽⁵⁰⁾令德이여 宜民宜人이라
시 왈 가락 군자 헌헌 령덕 의민의인

受祿于天이어늘 保佑命之하시고 自天申⁽⁵¹⁾之라 하니라
수록우천 보우명지 자천신 지

故로 大德者는 必受命이니라
고 대덕자 필수명

『시경』에 이르기를
"훌륭하신 군자님의 밝고 아름다운 덕이여! 백성들에게 알맞고 관인에게도 알맞아 하늘에서 녹을 받으셨도다. 하느님이 보우하고 명하시고 끊임없이 돌보셨다. 그러므로 큰 덕을 가진 사람은 반드시 천명을 받는다."
라고 했다.

子曰 無憂者는 其惟文王乎신저 以王季爲父하시고
자왈 무우자 기유문왕호 이왕계위부

以武王爲子하시니 父作之어시늘 子述之하시니라
이무왕위자 부 작지 자술지

武王이 纘⁽⁵⁴⁾太王⁽⁵³⁾ 王季⁽⁵⁶⁾ 文王之緒하사
무왕 찬 대왕 왕계 문왕지서

壹戎衣⁽⁵⁵⁾而有天下하신대
일융의 이유천하

身不失天下之顯名하사 尊爲天子시고
신불실천하지현명 존위천자

富有四海之內하사 宗廟饗之하시며 子孫保之하시니라
부유사해지내 종묘향지 자손보지

공자께서 말씀하시기를

"걱정 없는 사람은 바로 문왕인데, 왕계를 아버지로 무왕을 아들로 두셨으니, 아버지는 왕업을 일으켰고 아들이 그것을 계승하셨다. 무왕은 대왕과 왕계와 문왕의 유지를 계승하시어, 한번 군복을 입자 천하를 다스리게 되었으며, 몸은 천하에 드러난 명성을 잃지 않아서 존귀로는 천자가 되시고, 부로는 사해의 안을 차지하여 종묘를 향하고 자손을 보전했다."

라고 했다.

武王이 末受命이어시늘 周公이 成文武之德하사
무왕 말수명 주공 성문무지덕

追⁽⁵⁷⁾王大王 王季하시고 上祀先公以天子之禮하시니
추 왕대왕 왕계 상사선공이천자지례

斯禮也는 達乎諸候⁽⁵⁸⁾大夫及士庶人⁽⁵⁹⁾하니 父爲大夫요
사례야 달호제후 대부급사서인 부위대부

子爲士어든 葬以大夫요 祭以士하며 父爲士요 子爲大夫어든
자위사   장이대부   제이사   부위사   자위대부

葬以士요 祭以大夫하며 期之喪⁽⁶⁰⁾든 達⁽⁶¹⁾乎大夫⁽⁶²⁾하고
장이사   제이대부   기지상   달 호대부

三年之喪은 達乎天子하니 父母之喪은 無貴賤一也니라
삼년지상 달호천자   부모지상 무귀천일야

　무왕이 말년에 명을 받으시니, 주공이 문왕, 무왕의 덕을 이루어 대왕과 왕계를 왕으로 추존했고, 위로 선공들을 천자의 예로써 장사지냈다.
　이와 같은 예가 제후와 대부 및 사와 서민들에게도 통용되면서 아버지가 대부이고 아들이 사라면 대부로서 장사지내고 선비로서 제사지내며,
　아버지가 선비이고 아들이 대부라면 선비로서 장사지내고 대부로서 제사지냈다. 기년상은 대부에게까지 통용되나, 삼년상은 천자에까지 이르렀다.
　이렇듯이 부모상은 귀천 없이 모두 하나인 것이다.

子曰 武王周公은 其達孝矣乎이신저
자왈 무왕주공   기달효의호

夫孝者는 善繼人⁽⁶³⁾之志하며 善述人之事者也니라
부효자 선계인 지지   선술인지사자야

春秋에 脩其祖廟⁽⁶⁴⁾하며 陳其宗器⁽⁶⁵⁾하며
춘추   수기조묘   진기종기

設其裳衣⁶⁶⁾하며 薦其時食⁶⁷⁾이니라
설 기 상 의   천 기 시 식

공자께서 말씀하시기를

"무왕과 주공은 효에 통달한 사람이다. 대저 효라는 것은 선인의 뜻을 잘 계승해서 선인이 이루어 놓은 것을 발전시켜 나가는 것이다. 봄 가을로 조상의 묘를 수리하고 종기를 진열하며 의상을 펼쳐 놓고 제철의 음식을 바친다."
라고 했다.

宗廟之禮는 所以序昭穆也요 序爵⁶⁸⁾은 所以辨貴賤也요
종묘지례   소이서소목야   서작   소이변귀천야

序事⁶⁹⁾는 所以辨賢也요 旅酬⁷⁰⁾에 下爲上은 所以逮賤也요
서사   소이변현야   여수   하위상   소이체천야

燕毛⁷¹⁾는 所以序齒也니라
연모   소이서치야

종묘의 예는 제사의 차례를 세우기 위한 것이고, 작의 차례의 세움은 귀천을 분별하기 위한 것이며, 일의 차례를 세우는 것은 현명함을 분별하는 것이고, 여수에서 아랫사람이 윗사람을 위하는 것은 천한 사람에게까지 미치게 하는 것이고, 연모는 나이의 차례를 세우는 소이이다.

踐[72]其位하여 行其[73]禮하며 奏其樂하며 敬其所尊[74]하며
천 기위　　행기 례　　주기락　　경기소존

愛其所親하며 事死如事生하며 事亡如事存이 孝之至也니라
애기소친　　사사여사생　　사망여사존　 효지지야

　그 자리에 올라서는 그 예를 행하고 음악을 연주하며 높이던 것을 공경하고 친하던 것을 사랑하고, 죽음을 섬기기를 삶을 섬기는 듯하고, 없는 사람을 섬기기를 생존한 사람을 섬기는 것같이 하는 것이 효의 지극함인 것이다.

郊社[75]之禮는 所以事上帝也요 宗廟之禮는 所以 祀乎其先也니
교사 지례　 소이사상제야　 종묘지례　소이 사호기선야

明乎郊社之禮와 禘嘗[76]之義면 治國은 其如示諸掌乎인저
명호교사지례　 체상 지의　 치국　기여시제장호

　교사에 제사지내는 예는 하늘을 섬기는 소이요, 종묘의 예는 그 조상을 제사지내는 소이다.
　"교사의 예와 제상의 뜻에 밝다면 나라를 다스리는 것은 마치 손바닥을 보는 것 같을 것이다."
라고 했다.

제四장 성론 誠論

哀公[1]이 問政한대
애공   문정

子曰 文武之政이 布在方策[2]하니 其人이 存則 其政이 擧하고
자왈 문무지정   포재방책   기인 존즉 기정 거

其人이 亡則 其政息이
기인   망즉 기정식

人道는 敏[3]政하고 地道는 敏樹하니 夫政者는 蒲盧[4]也니라
인도   민정   지도   민수   부정자   포로 야

애공이 정치를 묻자 공자께서 말씀하시기를
  "문왕과 무왕의 정사가 나무쪽과 대쪽에 기록되어 있는데, 그런 사람이 있으면 그러한 정치가 이뤄지고 그러한 사람이 없으면 그러한 정치는 사라진다. 사람의 도는 정치에 매우 빠르고 땅의 도는 나무에 빠르기 때문에 정치라는 것은 부들과 갈대와 같다."

라고 했다.

故로 爲政이 在人⁵⁾하니 取人以身이요 脩身以道요 脩道以仁이니라
고   위정   재인   취인이신   수신이도   수도이인

仁者는 人也니 親親⁶⁾이 爲大하고 義者는 宜⁷⁾也니
인자   인야   친친   위대   의자   의야

尊賢이 爲大하니 親親之殺⁸⁾와 尊賢之等이 禮所生也니라
존현   위대   친친지살   존현지등   예소생야

  그러므로 정치의 성패는 사람에게 달려 있기 때문에 사람을 취함에 있어서는 몸으로써 해야 하고, 몸을 닦음에 있어서는 도로써 행할 것이고, 도를 닦음에 있어서는 인으로 행할 것이다.
  인이라는 것은 사람다움이기 때문에 친족과 친히 지내는 것이 으뜸이고, 의라는 것은 마땅함이기 때문에 어진 사람을 높이는 것이 크다. 친족과 친히 지내는 깎아 내림과 어진 사람을 높임의 등급이 예가 생기는 바탕인 것이다.

故로 君子는 不可以不脩身이니 思脩身인댄 不可以不事親이요
고   군자   불가이불수신   사수신   불가이불사친

思事親인댄 不可以不知人이요 思知人인댄 不可以不知天이니라
사사친   불가이불지인   사지인   불가이불지천

  그렇기 때문에 군자는 몸을 닦지 않을 수가 없다. 몸을 닦으려고 생각한다면 어버이를 섬기지 않을 수가 없고, 어버이를 섬기려

고 생각한다면 사람을 알지 않을 수가 없고, 사람을 알려고 생각한다면 하늘을 알지 않을 수가 없는 것이다.

天下之達道[19] 五에 所以行之者는 三이니
천하지달도 오 소이행지자 삼

曰君臣也와 父子也와 夫婦也와
왈 군신야 부자야 부부야

昆弟也와 朋友之交也 五者는 天下之達道[13]也요
곤제야 붕우지교야 오자 천하지달도 야

知[10]仁[11]勇[12] 三者는 天下之達德也니 所以行之者는 一[14]也니라
지 인 용 삼자 천하지달덕야 소이행지자 일 야

천하에 행해야 하는 다섯 가지 도가 있는데, 그것을 행하게 하는 것은 세 가지가 있다. 그것은 곧 군신과 부자와 부부와 형제와 친구의 사귐이다. 이런 다섯 가지가 천하의 공통된 도이고 지와 인과 용의 세 가지는 천하의 공통된 덕이며 그것을 행하게 하는 것은 하나이다.

或生而知之하며 或學而知之하며
혹생이지지 혹학이지지

或困[15]而知之하나니 及其知之하야난 一也니라
혹곤 이지지 급기지지 일야

或安[16]而行之하며 或利[17]而行之하며
혹안 이행지 혹이 이행지

或勉强[18]而行之하나니 及其成功하야난 一也니라
혹면강   이행지   급기성공   일야

어떤 사람은 태어나면서 그것을 알고, 어떤 사람은 배워서 그것을 알고, 어떤 사람은 애를 써서 그것을 알게 되는데, 알고 있다는 것은 모두 똑같다.

어떤 사람은 편하게 그것을 행하고, 어떤 사람은 이로움을 위해 그것을 행하고, 어떤 사람은 애써서 그것을 행하지만, 그 공을 이룸에 미쳐서는 한 가지이다. 라고 했다.

子曰 好學은 近乎知[19]하고 力行은 近乎仁하고 知恥는 近乎勇이니라
자왈 호학   근호지   역행   근호인   지치   근호용

知斯 三者[20]則 知所以修身이요 知所以修身則知所以治人이요
지사 삼자   즉 지소이수신   지소이수신즉지소이치인

知所以治人則 知所以 治天下國家矣리라
지소이치인즉 지소이 치천하국가의

공자께서 말씀하시기를
"배움을 좋아하는 것은 지知에 가깝고, 힘써 행하는 것은 인仁에 가깝고, 수치를 아는 것은 용勇에 가까운 것이다. 이런 세 가지를 안다면 몸을 닦는 길을 알게 되고, 몸을 닦는 길을 알게 되면 사람을 다스리는 길을 알게 되고, 사람을 다스리는 길을 알게 되면 곧 천하와 국가를 다스리는 길을 알게 될 것이다."
라고 했다.

凡爲天下國家에 有九經[21]하니
범위천하국가   유구경

曰脩身也와 尊賢也와 親親也와 敬大臣也와
왈수신야 존현야   친친야   경대신야

體[22]群臣也와 子[23]庶民也와 來百工也와 柔遠[24]人也와 懷諸侯[25]也니라
체 군신야   자 서민야   내백공야   유원 인야   회제후 야

脩身則 道立하고 尊賢則 不惑[26]하고
수신즉 도립   존현즉 불혹

親親則諸父昆弟 不怨하고 敬大臣則 不眩[27]하고
친친즉제부곤제 불원   경대신즉 불현

體群臣則 士之報禮重하고 子庶民則 百姓이 勸하고
체군신즉 사지보례중   자서민즉 백성 권

來百工則 財用이 足하고 柔遠人則 四方이 歸之하고
내백공즉 재용 족   유원인즉 사방 귀지

懷諸侯則 天下 畏之니라
회제후즉 천하 외지

　천하와 국가를 다스림에 아홉 가지 원칙이 따른다. 곧 몸을 닦는 것, 어진 사람을 높이는 것, 어버이를 친애하는 것, 대신을 공경하는 것, 여러 군신을 자기 마음같이 하는 것, 백성들을 자식처럼 사랑하는 것, 모든 장인들을 모이게 하는 것, 먼 곳 사람들을 회유하는 것, 제후들이 스스로 따르게 하는 것이다. 몸을 닦으면 곧 도가 서고, 어진 사람을 존경하면 의혹됨이 없고, 어버이를 친애하면 아버지의 형제와 형제 간에 원망이 없어지고, 대신들을 공경하면 현혹이 되지 않고, 여러 신하들을 내 몸같이 여기면 선비

들에게 예에 대한 보답이 무겁게 되고, 서민을 자식처럼 아끼면 백성들이 권면하게 되고, 공장들이 스스로 오게 하면 재물의 쓰임이 풍족하고, 먼 곳 사람들을 부드럽게 대하면 사방이 그에게로 귀의하고, 제후들을 따르게 만들면 천하가 두려워하게 된다.

齊[28]明盛服하여 非禮不動은 所以脩身也요
제 명성복 비례불동 소이수신야

去讒遠色하며 賤貨而貴德은 所以勸賢也요
거참원색 천화이귀덕 소이권현야

尊其位하며 重其祿하며 同其好惡[29]는 所以勸親親也요
존기위 중기록 동기호악 소이권친친야

官盛任使는 所以勸大臣也요
관성임사 소이권대신야

忠信重祿은 所以勸士也요 時使薄斂은 所以勸百姓也요
충신중록 소이권사야 시사박렴 소이권백성야

日省月試하여 旣稟[30]稱事는 所以勸百工也요
일성월시 기품 칭사 소이권백공야

送往迎來하며 嘉善而矜不能은 所以柔遠人也요
송왕영래 가선이긍불능 소이유원인야

繼絶世하며 擧廢國하며 治亂持危하며 朝聘[31]以時하며
계절세 거폐국 치난지위 조빙 이시

厚往而薄來는 所以懷諸侯也니라
후왕이박래 소이회제후야

몸을 깨끗이 하여 성복을 갖춰 입고 예가 아니면 움직이지 않는 것이 바로 몸을 닦는 길이다. 아첨함을 버리고 여자를 멀리하고 재물을 천하게 여기고, 덕을 귀하게 여기는 것이 바로 어진 사람을 권면하는 길이다.

그의 자리를 높이고, 그의 녹을 넉넉하게 하고, 그의 좋아하고 싫어함을 같이하는 것은 어버이를 친히 함을 권면하는 길이다. 관속이 많아져 마음대로 일을 맡기고 부리게 하는 것은 대신을 권려하는 길이다.

충심으로 대하고 믿음으로 대우해 주며 녹을 무겁게 하는 것은 관인들을 권면하는 길이다. 때에 따라서 맞추어 부리고 세금을 적게 부과하는 것이 백성들을 권려하는 길이다. 날마다 살피고 달마다 시험하고 일에 따라 급여하는 것은 모든 장인들을 권면하는 길이다. 가는 사람을 보내고 오는 사람을 맞이하며, 잘 하는 사람을 칭찬해 주고 못 하는 것을 불쌍히 여기는 것은 먼 곳 지방 사람들을 회유하는 길이다. 끊어진 세계를 이어 주고, 피폐한 나라를 도와주고, 혼란을 다스리고, 위태로움을 잡아 주고, 조정의 조회와 손님의 초빙을 정기적으로 하고, 보낼 때는 풍족하게 주고, 가져오는 것을 가벼이 해 주는 것은 제후들을 따르게 만드는 길이다.

凡爲天下國家에 有九經하니 所以行之者는 一也니라
범위천하국가 유구경   소이행지자   일야

천하와 국가를 다스리는 데는 아홉 가지 원칙이 있지만 그것을 행하게 하는 것은 오직 하나뿐이다.

凡事³²⁾豫³³⁾則立하고 不豫則廢하나니 言前定則不跲³⁴⁾하고
범사 예 칙립 불예칙폐 언전정칙불겁

事前定則不困하고 行前定則不疚³⁵⁾하고 道前定則不窮이니라
사전정칙불곤 행전정즉불구 도전정즉불궁

모든 일이 준비되어 있으면 잘 이뤄지고, 준비하지 않으면 폐한다. 말이 먼저 정해지면 엎어지지 않고, 일이 먼저 정해지면 곤란을 받지 않고, 행동이 먼저 정해지면 탈이 없고, 도가 먼저 정해지면 궁해질 염려가 없다.

在下位하여 不獲³⁶⁾乎上이면 民不可得而治矣리라
재하위 불획 호상 민불가득이치의

獲乎上이 有道하니 不信乎朋友면 不獲乎上矣리라
획호상 유도 불신호붕우 불획호상의

信乎朋友가 有道하니 不順乎親이면 不信乎朋友矣리라
신호붕우 유도 불순호친 불신호붕우의

順乎親이 有道하니 反諸身 不誠이면 不順乎親矣리라
순호친 유도 반제신 불성 불순호친의

아랫자리에 있을 때 윗사람에게 신임을 얻지 못하면 백성의 마음을 얻지 못하고 그들을 다스릴 수도 없다. 윗사람에게 신임을 얻는 데도 도가 있기 때문에 친구로부터 신임을 얻지 못하면 윗사람에게도 신용을 얻지 못한다. 친구에게 신임을 얻는 데도 도가 있기 때문에 어버이에게 순종하지 않으면 친구에게 신용을 얻지 못한다. 어버이에게 순종하는 데도 도가 있기 때문에 자신을 돌이

켜보아 성실하지 않으면 어버이에게 순종하지 못하게 된다.

誠者는 天之道也요 誠之者는 人之道也니
성자 천지도야 성지자 인지도야

誠者는 不勉而中[37]하며 不思而得하여
성자 불면이중 불사이득

從容中道하나니 聖人也는 誠之者는
종용중도 성인야 성지자

擇善而固執之者也니라
택선이고집지자야

  성이란 하늘의 도요, 정성되게 하는 것은 사람의 도이다. 정성된 사람은 힘을 쓰지 않아도 알맞게 되고 생각하지 않아도 얻게 되는데, 이것은 종용의 도에 알맞은 것이기 때문에 성인인 것이다. 정성되게 하는 것은 선을 가리어 굳게 잡는 것이다.

博學之하며 審[38]問之하며 愼思之하고
박학지 심문지 신사지

明辨[39]之하며 篤行之니라
명변지 독행지

有弗[40]學이언정 學之인댄 弗能을 弗措也하며
유불학 학지 불능 불조야

有弗問이언정 問之엔 弗知를 弗措[41]也하며
유불문 문지 불지 불조야

中庸
·
649

有弗思이언정 思之인댄 弗得을 弗措也하며
유불사   사지   불득 불조야

有弗辨이언정 辨之엔 弗明을 弗措也하며
유불변   변지   불명 불조야

有弗行이언정 行之인댄 弗篤을 弗措也하여
유불행   행지   불독 불조야

人一能之어든 己百之하며 人十能之어든 己千之니라
인일능지   기백지   인십능지   기천지

果能此道矣면 雖愚나 必明하며 雖柔必强이니라
과능차도의   수우   필명   수유필강

　넓게 그것을 배우며, 자세하게 그것을 물으며, 신중하게 그것을 생각하며, 명확하게 그것을 분별하며, 두텁게 그것을 행해야 한다. 배우지 않음이 있을지언정 그것을 배우면 능숙해지지 않고는 그만두지 않는다. 묻지 않음이 있을지언정 그것을 물으면 알지 않고는 그만두지 않는다. 생각하지 않음이 있을지언정 그것을 생각해 얻지 않으면 그만두지 않는다. 분별하지 않음이 있을지언정 분별할 바엔 그것을 밝히지 않고는 그만두지 않고, 행하지 아니함이 있을지언정 행할 바엔 독실해지지 않고서는 그만두지 않는다. 다른 사람이 한 번에 능히 하면 자신은 백 번을 해보고, 남이 열 번에 능히 하거든 자신은 천 번을 해야 한다.
　과연 이렇게 하여 도에 능숙해지면 비록 어리석은 사람일지라도 반드시 총명해질 것이며, 비록 유약한 사람일지라도 반드시 강해질 것이다.

自[42]誠明을 謂之性이요 自明誠을 謂之敎니
자 성명 위지성　　자명성 위지교

誠則明矣요 明則誠矣니라
성즉명의　명즉성의

성실됨으로 말미암아 밝아지는 것을 성이라 말하고, 밝음으로 말미암아 성실해짐을 교라고 한다. 성실하면 곧 밝아지고 밝으면 곧 성실해지는 것이다.

惟天下至誠이아 爲能盡其性[43]이니 能盡其性이면
유천하지성　　위능진기성　　능진기성

則能盡人之性이요 能盡人之性이면 則能盡物[44]之性이요
즉능진인지성　　능진인지성　　즉능진물 지성

能盡物之性이면 則可以贊[45]天地之化育이니
능진물지성　　즉가이찬 천지지화육

可以贊天地之化育이면 則可以與天地參[46]矣니라
가이찬천지지화육　　즉가이여천지참 의

오직 천하의 지극한 지성됨이라야 능히 그의 성性을 다할 수 있고, 능히 그의 성性을 다할 수 있으며 곧 다른 사람의 성性을 다할 수 있으며, 능히 다른 사람의 성性을 다할 수 있으면 곧 사물의 성性을 다할 수 있으며, 능히 사물의 성性을 다할 수 있으면 곧 하늘과 땅의 만물을 길러 자라게 도울 수 있으니, 가히 하늘과 땅의 만물을 길러 자라게 도울 수 있게 되면 곧 하늘과 땅과 함께 참여할 수 있는 것이다.

其次는 致曲⁽⁴⁷⁾이니 曲能有誠이니 誠則形⁽⁴⁸⁾하고
기차 치곡   곡능유성   성즉형

形則著⁽⁴⁹⁾하고 著則明⁽⁵⁰⁾하고 明則動⁽⁵¹⁾하고 動則變⁽⁵²⁾하고 變則化⁽⁵³⁾니
형즉저   저즉명   명즉동   동즉변   변즉화

唯天下至誠이라야 爲能化니라
유천하지성   위능화

그 다음은 매우 작은 부분까지 이르게 하는 것이다. 작은 부분에도 정성됨이 있을 수 있는 것이니, 정성되면 형태가 나타나고, 형태가 나타나면 뚜렷해지고, 뚜렷해지면 밝아지고, 밝아지면 움직이고, 움직이면 바뀌게 되고, 바뀌게 되면 더 좋게 될 것이다. 오직 천하의 정성됨만이 능히 더 좋게 될 수 있는 것이다.

至誠之道는 可以前知니 國家將興에 必有禎祥⁽⁵⁴⁾하며
지성지도   가이전지   국가장흥   필유정상

國家將亡에 必有妖孼⁽⁵⁵⁾하여 見乎蓍龜⁽⁵⁶⁾하며 動乎四體⁽⁵⁷⁾라
국가장망   필유요얼   현호시구   동호사체

禍福將至에 善을 必先知하며 不善을 必先知之니
화복장지   선   필선지   불선   필선지지

故로 至誠은 如神이니라
고   지성   여신

정성스런 도는 앞일을 알 수 있다. 국가가 앞으로 일어나려고 할 때는 반드시 좋은 조짐이 있으며, 국가가 망하려고 할 때는 반드시 흉조가 있어서 이것이 시초점과 거북점에 나타나며, 사체가

움직여지는 것이다. 그리하여 화와 복이 닥쳐오려고 할 때는 선함을 먼저 알아보며, 착하지 않음을 반드시 먼저 알아보는 것이다. 그렇기 때문에 지극한 정성은 신과 같은 것이다.

誠者는 自成也요 而道는 自道也니라
성자 자성야 이도 자도야

誠者는 物之終始니 不誠이면 無物이니 是故로 君子는 誠之爲貴니라
성자 물지종시 불성 무물 시고 군자 성지위귀

誠者는 非自成己而已也라 所以成物也니 成己는 仁也요
성자 비자성기이이야 소이성물야 성기 인야

成物은 知也니 性之德也라 合內外之道也니 故로 時措之宜也니라
성물 지야 성지덕야 합내외지도야 고 시조지의야

　정성됨이란 곧 자신을 이루는 것이고, 도는 자신 스스로가 갈 길인 것이다.
　정성이라는 것은 사물의 처음과 끝이기 때문에 정성되지 않으면 사물은 일체 존재하지 않는다. 그렇기 때문에 군자는 정성되는 것을 매우 귀하게 여긴다. 성은 자신을 이루게 하는 것뿐만 아니라 만물을 이루게 하는 수단이 되며, 자신을 이루는 것은 곧 인이다.
　사물을 이루는 것은 지이기 때문에 이것은 성의 덕이며, 안팎을 합치게 하는 도인 것이다. 그렇기 때문에 때에 알맞게 쓰는 것이 마땅하다.

故로 至誠은 無息이니 不息則久하고 久則徵하고
고   지성   무식   불식즉구   구즉징

徵則 悠遠하고 悠遠則 博厚하고 博厚則 高明이니라
징즉 유원   유원즉 박후   박후즉 고명

博厚는 所以載物也요 高明은 所以覆物也요 悠久는 所以成物也니라
박후 소이재물야   고명 소이복물야   유구 소이성물야

博厚는 配地하고 高明은 配天하고 悠久는 無疆이니라
박후 배지   고명 배천   유구 무강

如此者는 不見⁵⁹⁾而章⁶⁰⁾하며 不動而變하며 無爲而成이니라
여차자 불견   이장   불동이변   무위이성

그렇기 때문에 지성은 그침이 없다. 그치지 않으면 영원하고, 영원하면 징험어떤 징조를 경험함으로 나타난다.

징험이 나타나면 여유가 있고, 여유가 있고 오래 가면 넓고 두터워지며, 넓고 두터워지면 높고 밝아지는 것이다.

넓고 두터우면 만물을 얻는 것이요, 높고 밝음은 만물을 덮는 것이요, 오래고 영원함은 만물을 이루게 하는 것이다.

넓고 두터움은 땅과 한 마음이 되고, 높고 밝음은 하늘과 한 마음이 되고, 오래고 영원함은 끝이 없는 것이다.

이와 같은 사람은 보이지 않아도 드러나고, 움직이지 않아도 변하며, 행동함이 없어도 이루어진다.

天地之道는 可一言而盡也니 其爲物이 不貳라
천지지도   가일언이진야   기위물 불이

則其生物이 不測이니라 天地之道는
즉기생물 불측   천지지도

博也요 厚也요 高也요 明也요 悠也요 久也니라
박야 후야 고야 명야 유야 구야

하늘과 땅의 도는 한 마디로 다할 수가 있기 때문에 만물은 다른 둘이 아니다. 그래서 만물을 생성함은 그 누구도 헤아릴 수가 없는 것이다. 하늘과 땅의 도는 넓고 두터움이며, 높고 밝음이며, 오래 가고 영원함인 것이다.

今夫天은 斯昭昭[61]之多니 及其無窮也하여는
금부천   사소소 지다 급기무궁야

日月星辰이 繫焉하며 萬物이 覆[58]焉이니라
일월성진 계언   만물 복언

今夫地는 一撮土之多니 及其廣厚하여는
금부지   일촬토지다 급기광후

載華嶽[63]而不重하며 振[64]河海而不洩하며 萬物이 載焉이니라
재화악 이불중   진 하해이불설   만물 재언

今夫山이 一券石[65]之多[62]니 及其廣大하여는
금부산   일권석 지다   급기광대

草木이 生之하며 禽獸居之하며 寶藏[66]이 興焉이니라
초목 생지   금수거지   보장   흥언

今夫水는 一勺之多니 及其不測하여는
금부수   일작지다 급기불측

黿鼉[67]蛟龍[68]魚鼈[69]이 生焉하며 貨財[70]殖焉이니라
원타 교룡 어별　생언　　화재　식언

　　지금 하늘은 희멀건 것이 많지만, 그것이 무궁함에 이르러선 달과 별자리들이 매여 있으며 만물이 덮어져 있다.
　　지금 땅은 한 줌 흙이 많이 모인 것으로 그것이 넓고 두터움에 이르러서는 화산과 악산을 싣고 있지만 무겁지 않으며, 강과 바다를 거두어들이고 있으면서도 물이 새지 않고 만물을 싣고 있다.
　　지금 산은 한 주먹 돌이 많이 모인 것으로 그것이 넓고 큼에 이르러서는 풀과 나무가 그곳에서 자라고 새와 짐승이 그곳에서 살며, 묻혀 있는 보배가 그곳에서 발굴된다.
　　지금 물은 한 국자의 물이 많이 모인 것으로 오묘하여 헤아릴 수 없음에 이르러서는 큰 자라와 악어와 교룡과 물고기와 자라가 살고 있고 온갖 재화가 그 속에서 번식하는 것이다.

詩[71] 云하되 維天之命은 於穆[73]不已라 하니
시　운　　유천지명　　어목　불이

蓋曰 天之所以爲天也요
개왈 천지소이위천야

於[72]乎不顯[74]가 文王之德之純[75]이여 하니
어 호불현　　문왕지덕지순

蓋曰 文王之所以爲文也니 純[75]亦不已니라
개왈 문왕지소이위문야　순 역불이

　　『시경』에 이르기를 '오직 하늘의 명은 아름답기 그지없다.'고

했으니, 하늘이 하늘 되는 이유를 말하는 것이다.

  '아아, 뚜렷하게 나타나지 않는가? 문왕의 덕의 순일함이여!' 라고 했으니, 문왕이 문아한 까닭을 말한 것이요, 순일함 역시 그치지 않았다는 것을 말하는 것이다.

제五장 성론 聖論

大哉라 聖人之道여
대재 성인지도

洋洋[1]乎 發育萬物하여 峻[2]極于天이로다
양양 호 발육만물 준 극우천

優優[3]大哉라 禮儀[4]三百과 威儀[5]三千이로다
우우 대재 예의 삼백 위의 삼천

待其人[6]而後에 行이니라
대기인 이후 행

故로 曰 苟不至德이면 至道[8]不凝[7]焉이니라
고 왈 구불지덕 지도 불응 언

위대하구나, 성인의 도여!
넘실넘실 만물을 발육케 하여 높음이 하늘에까지 닿았도다.
넉넉하고 크구나, 예의 삼백이고 위의는 삼천이로구나.

그 사람을 기다린 뒤에야 행해지는 것이다.
그렇기 때문에
"진실로 지극한 덕이 아니면 지극한 도는 이루어지지 않는다."
라고 하였다.

故로 君子는 尊德性而道問學이니 致廣大而盡精微하며
고   군자   존덕성이도문학   치광대이진정미

極高明而道中庸하며 溫故而知新하며 敦厚以崇禮니라
극고명이도중용   온고이지신   돈후이숭례

是故로 居上不驕하며 爲下不倍[9]라
시고 거상불교   위하불배

國有道에 其言이 足以興[10]하고 國無道에 其默이 足以容이니
국유도   기언   족이흥   국무도   기묵   족이용

詩[11]曰旣明且哲하여 以保其身이라 하니 其此之謂與인저
시 왈 기명차철   이보기신   기차지위여

그렇기 때문에 군자는 덕성을 높이고 묻고 배우는 길을 가는 것으로, 넓고 큼에 이르고 정미함을 다하며, 높고 밝음을 다하고 중용의 길을 가며, 옛 것을 익히고 새 것을 알며, 돈후함으로써 예를 높이는 것이다. 그렇기 때문에 윗사람일 때는 결코 교만하지 아니하고, 아랫사람일 때는 배반하지 않는다. 나라에 도가 있을 땐 언론이 일어나고, 나라에 도가 없을 땐 그 침묵이 용납되기에 족하다.
『시경』에 이르기를 '이미 밝고 또 밝아짐으로써 그 몸을 보전한다.'고 한 것은 바로 이것을 두고 한 말이다.

子曰 愚而好自用하며 賤而好自專이요
자왈 우이호자용   천이호자전

生乎今之世하여 反古之道면 如此者는 烖$^{12)}$ 及其身者也니라
생호금지세   반고지도   여차자   재 급기신자야

공자께서 말씀하시기를
"어리석으면서 자기 스스로 쓰기를 좋아하며, 천하면서 자기 스스로 마음대로 하는 것을 좋아하며, 지금의 세상에 태어나서 옛날의 도를 지키려고 한다면 이러한 사람은 재해가 그의 몸에 미치게 될 것이다."

非天子면 不議禮$^{13)}$하며 不制度$^{14)}$하며 不考文이니라
비천자   불의례   불제도   불고문

今天下에 車同軌$^{15)}$하며 書同文하며 行同倫이니라
금천하   차동궤   서동문   행동륜

雖有其位나 苟無其德이면 不敢作禮樂焉이며
수유기위   구무기덕   불감작례락언

雖有其德이나 苟無其位면 亦不敢作禮樂焉이니라
수유기덕   구무기위   역불감작례락언

"천자가 아니면 예를 논하지 않고, 법도를 제정하지 못하고, 문자를 정하지 못한다. 지금 천하의 수레는 궤가 같고 글은 문자가 같으며 행동은 윤리가 같다. 비록 그 자리에 있더라도 진실로 그러한 덕이 없다면 감히 예와 악을 만들지 못한다. 비록 그러한 덕이 있더라도 진실로 그러한 위치에 없다면 감히 예와 악을 만

들지 못한다."
라고 했다.

子曰 吾說夏禮나 杞不足徵[16]也요 吾學殷禮호니
자왈 오설하례　기불족징　야　오학은례

有宋이 存焉이어니와 吾學周禮호니 今用之라 吾從周하리라
유송　존언　　　오학주례　　금용지　오종주

공자께서 말씀하시기를
"내가 하나라의 예를 말하려고 하지만 기나라로서는 증명하기엔 충분치 못하다. 나는 은나라의 예를 배웠는데 송나라는 그것을 보존하고 있을 따름이다. 내가 주나라의 예를 배웠는데 지금 그것이 쓰이고 있기 때문에 나는 주나라를 따르는 것이다."
라고 했다.

王[17]天下에 有三重焉이니 其寡過矣乎인저 上焉者[18]는
왕 천하　유삼중언　　기과과의호　　상언자

雖善[19]이나 無徵이니 無徵이라 不信이요 不信이라 民弗從이니라
수선　　　무징　　　무징　　　불신　　　불신　　　민불종

下焉者[20]는 雖善이나 不尊이니 不尊이라 不信이요 不信이라 民弗從이니라
하언자　　　수선　　　불존　　　불존　　　불신　　　불신　　　민불종

故로 君子之道[23]는 本諸身하야 徵[21]諸庶民하며 考諸三王[22]而不謬하며
고　군자지도　　　본저신　　　징 제서민　　　고저삼왕　이불류

建諸天地而不悖하며
건 제 천 지 이 불 패

質諸鬼神而無疑하며 百世以俟聖人而不惑이니라
질 제 귀 신 이 무 의   백 세 이 사 성 인 이 불 혹

質諸鬼神而無疑는 知天也요 百世以俟聖人而不惑은 知人也니라
질 제 귀 신 이 무 의   지 천 야   백 세 이 사 성 인 이 불 혹   지 인 야

천하를 다스림에는 세 가지 중요한 것이 있는데, 이것을 잘 행하면 과오가 적을 것이다.

위하와 상시대 시대의 것이 비록 훌륭하지만 증거할 만한 것이 없고, 증거할 데가 없기 때문에 믿지를 않으며, 믿지 않기 때문에 백성들이 따르지 않는다.

아래 시대의 것이 비록 능하다고 하지만 존중되지 않고, 존중되지 않기 때문에 백성들이 따르지 않는다. 그래서 군자의 도는 자신에게 근본을 두기 때문에 백성들에게 징험케 하고, 삼왕에 고찰해 보아도 그릇됨이 없고, 천지에 세워도 거슬리지 않고, 귀신에게 물어도 의심이 없고, 백 세에 성인을 기다려도 의혹되지 않는 것이다. 귀신에게 들어도 의심이 없는 것은 하늘을 아는 것이고, 백 세에 성인을 기다려도 의혹되지 않는 것은 사람을 아는 것이다.

是故로 君子는 動而世 爲天下道니
시 고   군 자   동 이 세 위 천 하 도

行而世爲天下法[24]하며 言而世 爲天下則[25]이라
행 이 세 위 천 하 법   언 이 세 위 천 하 즉

遠之則有望이요 近之則不厭이니라
원지즉유망   근지즉불염

詩[26]曰 在彼無惡[27]하며 在此無射[28]이라 庶幾夙夜하여 以永終譽라 하니
시 왈 재피무오   재차무사   서기숙야   이영종예

君子 未有不如此而 蚤有譽於天下者也니라
군자 미유불여차이 조유예어천하자야

  그렇기 때문에 군자가 움직이면 세세로 천하의 도가 되어 행하면 세세로 천하의 법도가 되고, 말하면 세세로 천하의 준칙이 되는 것이다.
  멀리 있으면 바람을 두고, 가까이 있으면 싫어하지 않는다.
  『시경』에 이르기를
  "저쪽에서도 미워하지 않고 이쪽에서도 싫어하지 않기 때문에 새벽부터 밤까지 일하며 영원히 영예로움을 길이 보존한다."라고 했다.
  군자는 이와 같지 않기 때문에 일찍이 천하에서 영예를 누린 사람은 없다.

仲尼는 祖述[29] 堯舜하시고 憲章[30] 文武하시며
중니   조술   요순   헌장   문무

上律[31]天時하시며 下襲[32]水土하시니라
상률   천시   하습   수토

辟[33]如天地之 無不持載하며 無不覆幬하며
벽 여천지지 무부지재   무불복주

辟如四時之錯[34]行하며 如日月之代明이니라
비여사시지착 행　여일월지대명

공자는 요임금과 순임금을 할아버지로 받들고, 문왕과 무왕의 법도를 밝혔으며, 위로는 하늘의 때를 법으로 따르고 아래로는 물과 땅의 이치를 익혔다.

비유하자면 마치 하늘과 땅이 잡아 주고 실어 주지 않는 것이 없으며, 덮어 주고 감싸 주지 않는 것이 없으며, 비유하면 사시가 엇바뀜과 같으며, 해와 달이 교대로 밝혀 주는 것과 같은 것이다.

萬物은 並育而不相害하며 道는 並行而不相悖[35]라
만물 병육이불상해　도 병행이불상패

小德은 川流요 大德은 敦化니 此 天地之所以爲大也니라
소덕 천류 대덕 돈화 차 천지지소이위대야

만물이 함께 자라지만 서로 해치지 않고, 도가 함께 행해져도 서로 거스르지 않는다. 작은 덕은 냇물처럼 흐르고 큰 덕은 두텁게 화합하는데, 이것이 하늘과 땅이 위대한 이유인 것이다.

唯天下至聖이야 爲能聰明睿知[36] 足以有臨[37]也니
유천하지성　위능총명예지 족이유림 야

寬裕溫柔 足以有容也며 發强剛毅 足以有執也며
관유온유 족이유용야　발강강의 족이유집야

齊莊中正이 足以有敬也며 文理密察[38]이 足以有別也니라
제장중정 족이유경야　문리밀찰 족이유별야

溥博[39] 淵泉하여 而時出[41]也니라 溥博은 如天하고 淵泉[40]은 如淵이라
부박 연천   이시출 지   부박 여천   연천   여연

見而民莫不敬하며 言而民莫不信하며 行而民莫不說[42]이니라
현이민막불경   언이민막불신   행이민막불설

是以로 聲名이 洋溢乎中國하여 施及蠻貊[43]하여
시이 성명 양일호중국   시급만맥

舟車所至와 人力所通과 天之所覆와 地之所載와 日月所照와
주차소지 인력소통 천지소복 지지소재 일월소조

霜露所隊에 凡有血氣者 莫不尊親하니 故로 曰配天이니라
상로소대 범유혈기자 막불존친   고 왈배천

　오직 천하에 지극한 정성이 있어야 총명하고 예지가 있음으로써 넉넉히 임할 수 있으며, 관유하고 온유함으로써 포용이 있을 수 있으며, 강하고 굳셈으로써 고집함이 있기에 족하며, 장중하고 중정함으로써 공경함이 있으며, 조리 있고 세밀히 관찰함으로써 분별이 있기에 족하다.
　널리 넓고 깊은 근원이 있어서 제때에 나타나는 것이다. 두루 넓음은 하늘과 같고 깊은 근원이 있음은 마치 연못과 같다. 보이면 백성들이 공경하지 않은 사람이 없고, 말하면 백성들이 믿지 않는 사람이 없고, 행하면 백성들이 기뻐하지 않는 사람이 없는 것이다.
　이것으로써 명성이 중국에 넘쳐 흘러서 오랑캐 지역까지 뻗쳐지는 것이다. 배와 수레가 이르는 곳과 사람의 힘이 통하는 곳과, 하늘이 덮여 있는 곳과, 땅이 실어 있는 곳과, 해와 달이 비추는 곳과, 서리와 이슬이 내리는 곳에서 모든 혈기가 있는 사람들은

높이고 친해지지 않는 사람이 없기 때문에 하늘에 짝이 된다고 하는 것이다.

唯天下至誠이야 爲能經綸⁴⁴⁾天下之大經하며
유천하지성　　위능경륜　천하지대경

立天下之大本⁴⁵⁾하며 知天地之化育이니 夫焉有所倚리오
입천하지대본　　　지천지지화육　　부언유소의

肫肫⁴⁶⁾其仁이며 淵淵⁴⁷⁾其淵이며 浩浩⁴⁸⁾其天이니라
순순　기인　　연연　기연　　호호　기천

苟不固聰明聖知達天德者면 其孰能知之리오
구불고총명성지달천덕자　　기숙능지지

오직 천하에 지극한 정성이 있어야만 천하의 큰 법도를 경륜할 수 있으며, 천하의 큰 근본을 세울 수 있으며, 하늘과 땅의 자라고 기름을 알기 때문에 어찌 의지하겠는가!

　어찌 달리 의지하는 데가 있겠는가. 지성된 그 인 깊고 깊은 연못이며 넓고 넓은 하늘이로다. 진실로 총명하고 성스럽고 지혜로워서 하늘의 덕을 통달한 사람이 아니면 그 누가 그런 것을 알 수 있겠는가!

詩⁴⁹⁾曰 衣錦尙絅⁵⁰⁾이라 하니 惡其文之著也라
시　왈　의금상경　　　　　악기문지저야

故로 君子之道는 闇然⁵¹⁾而日章하고 小人之道는 的然⁵²⁾而日亡하나니
고　군자지도　암연　이일장　　소인지도　적연　이일망

君子之道는 淡而不厭하며 簡而文하며 溫而理니
군자지도 담이불염   간이문   온이리

知遠之近하며 知風之自하며 知微之顯이면 可與入德矣리라
지원지근   지풍지자   지미지현   가여입덕의

  『시경』에 이르기를 '비단옷을 입고 홑옷을 걸쳐 입는다.' 라고 했는데, 이것은 문채의 드러남을 꺼려하는 것이다.
  그렇기 때문에 군자의 도는 어둑어둑하지만 날로 빛나고, 소인의 도는 뚜렷하지만 날로 사라지는 것이기 때문에, 군자의 도는 암담하되 싫지 않고, 간결하되 문채가 있고, 온화하되 조리가 있고, 먼 것은 가까운 곳에서 시작된다는 것을 알고, 바람의 불어오는 곳이 어디인지를 알고, 은미한 것이 뚜렷해짐을 알면 함께 덕으로 들어갈 수가 있는 것이다.

詩[53]云하되 潛雖伏矣나 亦孔之昭라 하니
시 운   잠수복의   역공지소

故로 君子는 內省不疚[54]하여 無惡[55]於志니
고 군자   내성불구   무오 어지

君子之所不可及者는 其唯人之所不見乎인저
군자지소불가급자   기유인지소불견호

  『시경』에 이르기를 '은밀하게 잠겨서 보이지는 않지만 오히려 밝게 드러나 있다.' 고 했다. 그래서 군자는 내면을 성찰하여 잘못되는 것이 없게 하여 자신의 마음속에 부끄럼을 제거한다. 군자에게 보통 사람들이 미칠 수 없는 것은 다른 사람들이 보지 못하는 곳이기 때문이다.

詩⁽⁵⁶⁾云하되 相⁽⁵⁷⁾在爾室한대 尙不愧于屋漏⁽⁵⁸⁾라 하니
시 운   상 재이실   상불괴우옥루

故로 君子는 不動而敬하여 不言而信이니라
고 군자 불동이경   불언이신

『시경』에 이르기를 '네가 방 안에 있을 때 누가 보아도 잘 볼 수 없는 방구석에 앉아 있어 부끄럼이 없도록 해야만 한다.'고 했다. 그렇기 때문에 군자는 움직이지 않아도 공경을 받고, 말하지 않아도 믿음을 주는 것이다.

詩⁽⁵⁹⁾曰 奏假⁽⁶⁰⁾無言하여 時靡有爭이라 하니
시 왈 주가 무언   시미유쟁

是故로 君子는 不賞而民勸하고 不怒而民威於鈇鉞⁽⁶¹⁾이니라
시고 군자 불상이민권   불노이민위어부월

『시경』에 이르기를 '신 앞에 나아가 신께서 감격해 말이 없어서 그때에 아무도 다툼이 없다.'고 했다. 그래서 군자는 상을 주지 않아도 백성들이 권면하고, 성을 내지 않아도 백성들은 작두와 도끼보다 더 두려워하는 것이다.

詩[62]曰 不顯惟德을 百辟[63] 其刑之[64]라 하니
시 왈 불현유덕   백벽 기형지

是故로 君子는 篤恭而天下平이니라
시고 군자   독공이천하평

『시경』에 이르기를 '크게 밝은 덕을 제후들이 그대로 본받도다.'고 했다. 그래서 군자는 독실하고 공경함에 천하가 화평해지는 것이다.

詩[65]云하되 予懷明德의 不大聲以色이라 하여늘
시 운   여회명덕   불대성이색

子曰 聲色之於以化民에 末也라 하시니라
자왈 성색지어이화민   말야

詩[66]云하되 德輶如毛라 하니 毛猶有倫이어니와
시 운   덕유여모   모유유륜

上天之載는 無聲無臭아 至矣니라
상천지재   무성무취   지의

『시경』에 이르기를 '내 밝은 덕이 소리와 색을 크게 하지 않음을 생각하노라.'고 했다. 공자께서 말씀하시기를 "명성과 드러남으로 백성을 교화시킴은 말단이다.'고 했다.
 『시경』에 이르기를 '덕은 가볍기가 마치 터럭과 같다.'고 했다. '터럭은 나름대로 비교할 수가 있지만 하늘의 일은 소리도 없고 냄새가 없다고 했으니 지당하다.'고 했다.

【역주】

제1장 천인론天人論

1. 천성天性 – 이理라고도 한다.
2. 솔率 – 그대로 따른다는 의미.
3. 수修 – 품절 체제의 의미로 마르고 잘라 격을 정하고 법을 세운다.
4. 수유須臾 – 잠시, 금방의 뜻.
5. 은隱 – 매우 어두운 곳. 남이 알지 못하는 곳.
6. 현見 – 드러내다, 나타내다.
7. 미微 – 대수롭지 않은 매우 작은 일.
8. 본연의 성정性情을 아직 나타내지 않았으니 중中이 된다.
9. 법도와 절도에 어긋나는 점이 없음.
10. 치致 – 극치를 이루다.
11. 육育 – 그 생육生育을 제대로 할 수 있음.

제2장 중용론中庸論

1. 공자의 자.
2. 반중용反中庸 – 중용의 반대.
3. 소인지중용야小人之中庸也 – 왕숙한나라 사람이 지은 책에는 소인지반중용야小人之反中庸也라 했고 정자도 그렇게 한 것이 바르다고 풀이했다.
4. 선鮮 – 거의 없다는 의미.
5. 도道 – 중용의 도를 말함.
6. 부夫 – 감탄사.
7. 이언邇言 – 매우 대수롭지 않은 말.
8. 고罟는 고기나 새를 잡는 데 쓰는 그물이며, 화擭는 짐승을 잡는 덫.
9. 벽辟 – 피避와 같은 의미.
10. 공자의 수제자인 안자의 이름인 증자.

11. 권권拳拳 – 몸에 지니는 모습.
12. 복응服膺 – 마음에 깊이 간직하는 것.
13. 불弗 – 불不과 같은 의미임.
14. 균均 – 다스리다. 매우 안정되다.
15. 공자의 제자. 중유仲由. 용기가 지나치다고 늘 공자에게 주의를 들었다.
16. 강彊 – 굳셈. 자신의 용단으로 남을 이기려는 심리와 행동.
17. 이而 – 너라는 뜻.
18. 금金 – 창이나 칼 같은 무기.
19. 혁革 – 머리에 쓰거나 몸에 입어 창과 화살을 막아 낼 수 있는 갑옷.
20. 임衽 –원 주에는 석席이라 해서 깔고 눕는다는 의미로 풀이하였으나 입는다는 뜻이 더 어울린다.
21. 불염不厭 – 매우 싫어하거나 뉘우치지 않음.
22. 유流 – 지나치게 무능하여 모멸당하는 모습.
23. 교矯 – 매우 꿋꿋한 모습.
24. 색塞 – 몹시 궁색해서 영달하지 못할 때.
25. 소素 – 주자의 학설에 의하면 소는 색索의 오자로 보았다.
26. 둔세遯世 – 숨어 살다.

제3장 도론道論

1. 비費 – 주자는 매우 넓게 쓰인다는 것으로 풀이했다.
2. 여지與知 – 함께 안다는 의미.
3. 지至 – 몹시 지극하다.
4. 감憾 – 원망스럽고 매우 못마땅하다.
5. 려戾 – 닿다. 이르다.
6. 『시경』 대아 〈한록편〉 제3장 제1, 2구절.
7. 가柯 – 도끼자루.
8. 즉則 – 방법.
9. 빈풍豳風 – 〈벌가편〉 제2장 제1~2구절. 본래는 결혼을 노래한 시이다.
10. 예睨 – 흘겨보는 모습.
11. 충忠은 성심껏 다한다는 의미이며 서恕는 내 마음에 비추어서 몹시 너그럽게 대한다는 의미.
12. 위違 – 틀리다.

13. 공자의 이름.
14. 구求 – 원하다. 책임지다.
15. 용庸 – 평소.
16. 조조慥慥 – 주자는 독실한 모양이라고 풀이했으나 이와는 달리 여러 가지 설이 많다.
17. 소素 – 현재 그대로의 위치.
18. 위位 – 자신의 주어진 처지.
19. 이적夷狄 – 오랑캐.
20. 능陵 – 업신여기다.
21. 원援 – 휘어잡다.
22. 천天 – 운명.
23. 우尤 – 나무라다.
24. 이易 – 평탄하다. 매우 순조롭다.
25. 명命 – 운명. 오직 자신이 한 일의 결과만을 기다리다.
26. 준竢 – 기다리다.
27. 요徼 – 구하다, 원하다.
28. 정곡正鵠 – 정과 곡은 본래 새의 이름으로 작은 새라 빨리 날아 맞히기가 어렵다고 한다.
29. 벽辟 – 비유.
30. 흡翕 – 합친다는 뜻.
31. 탐耽 – 담으로 읽는다.
32. 실가室家 – 한 집안 권속을 통틀어 말하는 뜻도 있으나 여기에서는 한 집안으로 풀이된다.
33. 의宜 – 잘 된다는 뜻.
34. 노帑 – 아내와 자식.
35. 소아小雅〈상체편常棣篇〉제7~8장.
36. 유遺 – 빠뜨리다.
37. 제명齊明 – 매우 정성들여 깨끗이 함.
38. 격格 – 다다르다. 이루다.
39. 도度 – 헤아리다.
40. 신矧 – 하물며, 더군다나.
41. 역射 – 꺼려하다.
42. 시詩 – 대아〈억편〉 제7장 마지막 3구절.
43. 사해지내四海之內 – 천하를 가리킴.
44. 재材 – 그 바탕.
45. 독篤 – 매우 독실하다.
46. 재栽 – 심는 것. 정현鄭玄은 식殖의 뜻으로, 주자는 식植의 뜻으로 보았다.

47. 경傾 – 기울이다.
48. 복覆 – 뒤엎다. 넘어뜨리다의 의미.
49. 가락嘉樂 – 가에는 '찬미할 만함'의 의미가 있고 낙에는 '즐거워할 만함'의 의미가 있다.
50. 헌헌憲憲 – 매우 밝음을 나타낸 말.
51. 신申 – 몹시 소중히 여기다.
52. 시詩 – 대아 〈가락편〉 제1장.
53. 태왕太王 – 문왕의 할아버지.
54. 찬纘 – 계승하다.
55. 융의戎衣 – 갑옷 등속.
56. 무왕의 동생.
57. 추追 – 그때에 하지 못하고 뒤에 추가함.
58. 봉건 시대에 봉해 준 군주들로서 천자에 예속되어 있었다.
59. 대부大夫・사士, 서인은 군주 이하의 세 계급이다.
60. 기지상期之喪 – 기는 기년, 주년의 의미.
61. 달達 – 모두 알고 있다는 의미.
62. 부夫 – 말을 시작하는 발어사.
63. 인人 – 선인의 뜻임.
64. 조묘祖廟 – 조상의 사당.
65. 종기宗器 – 조상 때부터 전해 내려오는 가정의 귀중한 기물.
66. 상의裳衣 – 조상들이 입었던 의복.
67. 시식時食 – 사계절에 각기 맞는 음식.
68. 서작序爵 – 종묘의 차례는 벼슬의 상하로 분별하여 열석한다.
69. 서사序事 – 유사有司가 있어 질서 있게 거행함.
70. 여수旅酬 – 제향을 마치고 앉아 제주를 마실 때 연소자가 먼저 마신 뒤 나이 든 사람을 향해 전하는 음복주의 절차.
71. 연모燕毛 – 머리의 색깔로 차례를 정하는 것.
72. 천踐 – 이履의 뜻임.
73. 기其 – 선왕. 혹은 선인을 지칭함.
74. 소존所尊 – 선왕의 조상.
75. 교사郊社 – 교는 천제天祭이며 사는 후토后土의 신으로서 제왕이 행하는 제례.
76. 제상禘嘗 – 제사의 한 가지.

제4장 성론誠論

1. 애공哀公 – 노나라의 임금. 이름은 장.
2. 방책方策 – 종이가 발명되기 전 나무나 대쪽에 기록했다 해서 방은 나무를, 책은 대쪽을 의미한다.
3. 민敏 – 영향이 매우 빠르다.
4. 포로蒲蘆 – 대개 갈대나 부들 등 가장 살기 쉬운 식물이라고 풀이하였다.
5. 인人 – 상대방을 지칭.
6. 친친親親 – 친족을 가리킨다.
7. 의宜 – 마땅히 해야 할 일.
8. 쇄殺 – 쇠 · 차 · 멸의 뜻이 있다.
9. 달도達道 – 사람들이 반드시 행할 도리.
10. 지知 – 도리를 알다.
11. 인仁 – 대상자를 사랑함을 체득한다.
12. 용勇 – 반드시 실행하다.
13. 달도達道 – 반드시 지녀야 할 마음가짐.
14. 일一 – 주자는 이를 성誠으로 해석했다.
15. 곤困 – 매우 고심하다.
16. 안安 – 자연적으로 쉽게 되다.
17. 이利 – 매우 마땅하게 여기다.
18. 면강勉强 – 매우 애쓰다. 노력하다.
19. 지知 – 여기에서는 지는 반드시 지智로 해석해야 한다.
20. 삼자三者 – 지 · 인 · 용 이 세 가지에 매우 가깝다는 것을 말한 것이다.
21. 경經 – 상常과 같은 의미임.
22. 체體 – 자신을 상대방의 위치에 두고서 그 마음을 살피다.
23. 자子 – 자식처럼 사랑하다.
24. 유원柔遠 – 집을 떠난 람.
25. 회제후懷諸侯 – 봉건 제후들을 포용하다.
26. 불혹不惑 – 사리에 대한 모든 의혹이 사라지다.
27. 불현不眩 – 정사를 돌보는 데 결코 당황하지 않는다.
28. 재齋 – 재계한다는 의미.
29. 오惡 – 싫어하다.
30. 희름餼稟 – 육류나 식량으로 주는 봉록을 가리킨다.
31. 조빙朝聘 – 제후가 천자의 사신을 접대하는 것을 말함.

32. 범凡 – 달도達道와 달덕達德을 의미한다.
33. 예豫 – 평소 미리 정해지다.
34. 겁跲 – 정현과 주자는 다 같이 쓰러지다의 뜻으로 해설하였다.
35. 구疚 – 본래는 오랜 병이란 뜻.
36. 획獲 – 신임을 얻는다로 해설한다.
37. 중中 – 모두 맞는다는 의미.
38. 심審 – 살피다. 매우 자세하다.
39. 변辨 – 분별.
40. 불弗 – 불不과 같은 뜻이며 물勿과 뜻이 통함.
41. 불조弗措 – 그만두다.
42. 자自 – 말미암아의 뜻.
43. 성性 – 인간 본연의 착한 천성.
44. 물物 – 온갖 사물의 의미와도 뜻이 통한다.
45. 찬贊 – 돕다, 협력하다.
46. 참參 – 천지와 함께 병립한다는 뜻.
47. 곡曲 – 통달하지 못하고 한 쪽에 능한 것.
48. 형形 – 외부로 나타나는 것.
49. 저著 – 형보다 더욱 뚜렷해짐.
50. 명明 – 저 뚜렷한 것을 넘어 매우 빛이 나다.
51. 동動 – 타인을 움직일 수 있다.
52. 변變 – 불성실을 성으로 고친다는 의미로 쓰였다.
53. 화化 – 기질을 변화시키다.
54. 정상楨祥 – 좋은 조짐.
55. 요얼妖孼 – 좋지 못한 징조.
56. 시귀蓍龜 – 시귀는 점괘를 뽑는 풀이며 거북은 점괘를 넣는 통으로 예로부터 복서(卜筮)에 사용되었다.
57. 사체四體 – 주자의 주에는 사람이 행동하는 데 있어서의 표현이라 했다.
58. 부覆 – 덮다.
59. 현見 – 보이다.
60. 장章 – 빛이 나다.
61. 소소昭昭 – 반짝이는 모습.
62. 다多 – 모여 쌓이다.
63. 화악華嶽 – 화산과 악산을 가리킨다.
64. 진振 – 거두는 의미와 뜻이 통합.

65. 권석卷石 – 주먹만한 돌멩이를 가리킨다.
66. 보장寶藏 – 산 속에 감추어진 여러 가지 보화.
67. 원타黿鼉 – 원은 커다란 자라. 타는 악어를 가리킨다.
68. 교룡蛟龍 – 교는 용과 비슷한 것으로 뿔이 없다고 함.
69. 어별魚鼈 – 고기와 자라 등속을 가리킨다.
70. 화재貨財 – 물 속에서 나는 보물.
71. 시詩 – 『시경』, 주송 〈유천지명편〉 전 4구절.
72. 오於 – 감탄사.
73. 목穆 – 매우 심원함.
74. 불현不顯 – 왜 나타나지 않는가라는 말로 쓰였다.
75. 순純 – 순진하여 잡스러움이 없음.

제5장 성론聖論

1. 양양洋洋 – 무한히 크고 매우 충만함.
2. 준峻 – 높고 크다.
3. 우우優優 – 매우 충족하고 여유가 있다.
4. 예의禮義 – 통상적인 『예경』으로 관혼상제와 조회하고 집회하는 예절을 상하급으로 구별한 대절大節이 300조목이나 된다.
5. 위의威儀 – 네 가지 예를 말하는 것임.
6. 기인其人 – 성인이 된 사람을 지칭하는 것이다.
7. 응凝 – 모여서 이루다라는 말이다.
8. 도道 – 종從의 뜻으로 쓰였다.
9. 배倍 – 배背와 같은 의미.
10. 흥興 – 언론으로 모든 정치를 흥기興起시킬 수 있다는 말.
11. 시詩 – 대아 〈증민편〉 제5장 제5, 6구절.
12. 재裁 – 재災의 고자.
13. 예禮 – 예의의 법도.
14. 도度 – 모든 법도.
15. 궤軌 – 그 무렵의 수레바퀴의 폭을 말한 것.
16. 징徵 – 증거한다는 뜻.
17. 왕王 – 군림하다.
18. 상언자上焉者 – 주자는 당세에 이미 지나간 시대의 앞선 제도 같은 것으로 해설했다.

19. 선善 – 매우 훌륭하다. 능하다.
20. 하언자下焉者 – 성인이면서도 직위를 갖지 못했던 공자와 같은 인물을 두고 이른 말.
21. 징徵 – 자신의 신임 여부를 시험해 본다는 의미.
22. 삼왕三王 – 우·탕·문왕 등을 가리킨다.
23. 도道 – 법칙을 말한다.
24. 법法 – 제도.
25. 칙則 – 준칙, 모방의 의미이다.
26. 시詩 – 『시경』 주송〈진앵편〉 제3장.
27. 오惡 – 증憎의 의미임.
28. 역射 – 싫어하다.
29. 조술祖述 – 조종祖宗으로 받들어 전술함의 의미로 쓰였다.
30. 헌장憲章 – 제도.
31. 율律 – 그대로 따르다.
32. 습襲 – 인습의 뜻으로 어디서나 그대로라는 의미임.
33. 비辟 – 비譬와 같은 의미.
34. 착錯 – 바뀌다. 엇갈리다.
35. 패悖 – 위배되다.
36. 총명예지聰明睿知 – 태어날 때부터 지니고 있는 슬기.
37. 임臨 – 군림하다.
38. 문리밀찰文理密察 – 문은 밖으로 표현되는 것이며, 이는 조리, 밀은 상세하다, 찰은 밝게 살피다라는 뜻.
39. 보박博博 – 둘레가 한없이 넓다.
40. 연천淵泉 – 매우 심원하고 고요함.
41. 출出 – 나와서 보이다.
42. 열說 – 기뻐하다.
43. 만맥蠻貊 – 오랑캐.
44. 경륜經綸 – 인간의 상도.
45. 인간의 천성은 세상에 태어날 때 모두 똑같이 선하다는 의미.
46. 준준肫肫 – 몹시 간절하다.
47. 연연淵淵 – 무한히 깊고 몹시 풍부한 모습.
48. 호호浩浩 – 넓고 큰 모습.
49. 시詩 – 『시경』 국풍〈위석인편〉.
50. 경絅 – 삼베나 성긴 베옷을 가리킨다.
51. 암연闇然 – 어둑하여 잘 보이지 않음.

52. 적연的然 − 여기에서 적的은 밝음의 뜻이다.
53. 시詩 − 소아 〈정월편〉 제10장 394구절.
54. 구疚 − 허물. 잘못된 것.
55. 오惡 − 괴愧와 통한다.
56. 시詩 − 『시경』 대아 〈억지편〉 제9장 10구절.
57. 상相 − 본다는 의미.
58. 옥루屋漏 − 제일 캄캄한 곳.
59. 시詩 − 상송 〈열조편〉 제9장 10구절.
60. 주가奏假 − 용서하기를 신명에게 빌다.
61. 부월鈇鉞 − 작두와 도끼.
62. 시詩 − 주송 〈열문편〉 제11, 12구절.
63. 백벽百辟 − 숱한 군왕이란 뜻.
64. 형지刑之 − 본받는다는 의미.
65. 시詩 − 대아 〈황의편〉 제7장 2, 3구절.
66. 시詩 − 대아 〈증정편〉 제6장 제2구절.

詩經

머리말

『시경』은 유교의 기본경서인 오경五經의 하나이며, 중국 고대 시가詩歌를 모은 책이다.

공자B.C. 551~479가 편집했다고 하는데, 그는 이것을 문학적인 표현의 정형이라고 했다. 많은 주제가 포괄되어 있지만, 그 제재가 줄곧 '즐겁되 음탕하지 않고 슬프되 상심하지 않기樂而不淫·哀而不傷' 때문이다.

주周나라 초기B.C. 11세기부터 춘추 시대 중기B.C. 6세기까지의 시가 305편을 모았다. 크게 분류하면 풍風·아雅·송頌으로 분류되는데, 모두 노래로 부를 수가 있다.

풍은 민간에서 채집한 노래로 모두 160편인데, 여러 나라의 노래가 수집되어 있다고 해서 국풍國風이라고 부른다. 이것은 주남周南·소남召南·패邶·용鄘·위衛·왕王·정鄭·제齊·위魏·당唐·진秦·진陳·회檜·조曹·빈豳 등 15개국의 노래로 구성되어 있다.

대부분 서정시로서 남녀 간의 사랑이 주된 내용이다. 아는 소아小雅 74편과 대아大雅 31편 등으로 구성되어 있으며, 궁중에서 쓰였던 작품이 대부분이다. 형식적·교훈적으로 서사적인 작품들도 들어 있다.

송은 주송周頌 31편, 노송魯頌 4편, 상송商頌 5편 등으로 구성되어 있는데, 신과 조상에게 제사 지내는 악곡을 모은 것이다. 주송은 대체로 주나라 초기, 즉 무왕武王·성왕成王·강왕康王·소왕昭王 때의 작품으로 추정된다. 노송은 노나라 희공僖公 때의 시이고, 상송은 《시경》에서 가장 오래된 시로 여겨져 왔지만, 청대 위원魏源이 후대의 작품이라는 증거를 제시했다.

《시경》의 내용은 매우 광범위해서 통치자의 전쟁이나 사냥, 귀족 계층의 부패상, 백성들의 애정과 일상 생활 등을 담았다. 형식상으로는 4언四言을 위주로 하며, 부賦·비比·흥興 등의 표현 방법을 채용했다. 부는 자세한 묘사, 비는 비유, 흥은 사물을 빌려서 전체 시를 이끌어 내는 방법이다. 이러한 수법은 후대의 시인들이 계승하여 몇 천 년 동안 전통적인 예술적 기교로 자리를 잡았다.

대대로 《시경》에 대한 연구가 활발하게 진행되었으며, 한대에 들어와 유가경전에 편입되었다. 판본으로는 〈노시魯詩〉·〈제시齊詩〉·〈한시韓詩〉·〈모시毛詩〉 등이 《시경》의 해석과 연구에 주류를 이뤘다.

그 중에서 현존하는 판본은 모장毛萇의 〈모시〉인데, 정현鄭玄, 127~200년의 전箋과 공영달孔穎達, 574~648의 소疏가 포함되어 있다. 남송 때 주희朱熹가 쓴 《시집전詩集傳》은 영향력이 큰 주석본이다. 청대의 《시경》에 대한 연구는 후대의 학자들에게 좋은 자료가 되고 있다.

국풍 國風

국國은 제후의 나라, 풍風은 가요의 뜻으로 해석한다. 국풍의 풍시 風詩는 대부분 각국의 민요를 채집한 것이다.
국풍에는 주남周南으로부터 빈에 이르는 열다섯 나라의 노래 160여 편이 실려 있으며 이것을 다시 나누어 보면 주남 11편, 소남 14편, 패 19편, 용 11편 위 10편, 왕풍 10편, 정풍 21편, 제풍 11편, 위풍 7편, 당풍 12편, 진풍 10편, 진풍 10편, 회풍 4편, 조풍 4편, 빈풍 7편 등으로 구성되어 있다.
풍시風詩는 민간에서 전해 내려온 가요로 대부분 원작자를 알 수가 없다. 풍시는 민간에서 나온 것이므로 소박한 생활 감정이 주류를 이루고 있고 연애시 79편, 축송가 19편, 정역가 11편, 풍자가 15편, 생활고 6편, 여성탄식가 6편, 기타 23편으로 되어 있다.

주남 周南

주남은 주나라 왕조의 주역인 문왕·무왕·주공 등의 성군의 덕화가 이루어진 태평성대의 노래 모음이다. 주남과 소남의 노래들은 서주의 말기나 동주 초기의 노래라는 견해가 지배적이요, 노래의 내용도 성인의 덕치와 결부시켜 볼 수 없고 대부분 남녀의 사랑을 주제로 구성되었으므로 고대 사람들의 생활 감정이 소박하게 표현되었다.

물수리가 우네

關關[1] 雎鳩[2]는 在河[3]之洲[4]로다 窈窕[5]淑女는 君子好逑[6]로다
관관 저구 재하 지주 요조 숙녀 군자호구

參差[7] 荇菜[8]를 左右流之[9]로다 窈窕淑女를 寤寐求之로다
삼치 행채 좌우류지 요조숙녀 오매구지

求之不得이라 寤寐思服[10]하야 悠哉悠哉라 輾轉反側[11]하노라
구지불득　　　오매사복　　　유재유재　　　전전진측

參差荇菜를 左右采之[12]로다 窈窕淑女를 琴瑟友之로다
삼치행채　좌우채지　　　요조숙녀　　금슬우지

參差荇菜를 左右芼[13]之로다 窈窕淑女를 鍾鼓樂之로다
삼치행채　좌우모지　　　요조숙녀　　종고락지

　꾸르륵꾸르륵 물수리가 황하 섬에서 울고, 요조숙녀는 군자에게 좋은 배필이 되는구나.
　군자는 마름풀을 이리저리 헤치면서 요조숙녀를 자나깨나 잊지 않고 찾는구나.
　구하려고 해도 잊지 못하고 자나깨나 생각만 하고 있네. 이 생각 저 생각으로 잠을 이루지 못해 몸을 뒤척이기만 하네.
　군자는 마름풀을 이리저리 헤치고 요조숙녀는 풍악을 울리며 즐기네.

칡덩굴

葛之覃[14]兮이 施[15]于[16]中谷[17]하야 維[18]葉萋萋[19]어늘
갈지담혜　　이우중곡　　　유엽처처

黃鳥于飛이 集于灌木[20]하야 其鳴喈喈[21]러라
황조우비　집우관목　　　기명개개

葛之覃兮는 施于中谷하야 維葉莫莫[22]어늘
갈지담혜　이우중곡　　　유엽막막

是刈是濩[23]하야 爲絺[24] 爲綌[25]호니 服[26]之無斁[27]이로다
시예시호　　위치 위격　　복 지무역

言告師氏[29]하야 言[28]告言歸호라 薄汙[31]我私[33]며
언고사씨　　언 고언귀　　박오 아사

薄澣[32]我衣[34]니 害澣害[35]否오 歸[30]寧[36]父母호리라
박한 아의　할한할 부　귀녕 부모

칡덩굴은 산골짜기로 뻗어나가 줄기에 잎들이 많고, 노란색 꾀꼬리가 날아와 떨기나무에 앉아 지저귀며 울어 대네.

칡덩굴은 자라서 산골짜기로 뻗고 줄기에 잎들이 무성하네. 이걸 잘라 이걸 쪄서 굵고 가는 베를 짜서 옷해 입고 기뻐하네.

부모님에게 말씀드려 친정에 간다면서 평복과 예복을 깨끗이 빨아 입고 부모님 뵈러 친정에 가리라.

도꼬마리

采采卷耳[37]호대 不盈頃筐[38]하야서 嗟我懷人이라 寘彼周行[39]호라
채채권이　　불영경광　　　차아회인　　치피주행

陟[40]彼崔嵬[41]나 我馬虺隤[42]란대 我姑[43]酌彼金罍[44]하야 維以不永懷호리라
척피최외　　아마훼퇴　　아고 작피금뢰　　유이불영회

陟彼高岡이나 我馬玄黃[45]이란대 我姑酌彼兕觥[46]하야 維以不永傷호리라
척피고강　　아마현황　　아고작피시굉　　유이불영상

陟彼砠[47]矣나 我馬瘏[48]矣며 我僕痡[49]矣니 云何吁[50]矣오
척피저 의　아마도 의　아복부 의　운하우 의

도꼬마리를 자꾸자꾸 캐어 바구니에 담아도 가득 차지 않네.
아, 그리워하노라. 임이시여. 저 큰길에 바구니를 놓아 두노라.

저 높디높은 산에 오르려고 하지만, 내가 타고 있는 말이 지쳤기에 금술잔에 술을 부어 내 그리움 잊어 볼까.

저 높디높은 산에 오르려고 하지만, 내가 타고 있는 말이 몹시 허덕이기에 쇠뿔잔에 술을 부어 내 시름 잊어 볼까.

저 바위산에 오르려고 하지만, 말과 하인이 모두 병들어 어찌하면 좋으리요.

가지 드리운 나무

南有樛木[51]하니 葛藟[52]纍之로다 樂只[53]君子여 福履[54]綏[55]之로다
남유규목　　갈류류지　　낙지군자　　복리　수　지

南有樛木하니 葛藟荒[56]之로다 樂只君子여 福履將[57]之로다
남유규목　　갈류황　지　　낙지군자　　복리장　지

南有樛木하니 葛藟縈[58]之로다 樂只君子여 福履成之로다
남유규목　　갈류영　지　　낙지군자　　복리성지

남쪽으로 뻗은 나뭇가지에 칡덩굴이 에워싸고 즐거울사 내 님이여, 복록이 편안하리오.

남쪽으로 뻗은 나뭇가지에 칡덩굴이 덮이었네. 즐거울사 내 님이여, 복록이 이를 도와주네.

남쪽으로 뻗은 나뭇가지에 칡덩굴이 친친 휘감기네. 즐거울사 내 님이여, 복록이 만사를 이루어 주네.

메뚜기

螽斯[59]羽이 詵詵[60]兮니 宜爾子孫이 振振[61]兮로다
　종사　우　선선　혜　의이자손　진진　혜

螽斯羽이 薨薨[62]兮니 宜爾子孫이 繩繩[63]兮로다
　종사우　횡횡　혜　의이자손　승승　혜

螽斯羽이 揖揖[64]兮니 宜爾子孫이 蟄蟄[65]兮로다
　종사우　읍읍　혜　의이자손　칩칩　혜

메뚜기 날갯소리 몹시 울리는데 네 자손들도 이같이 번성하기를.
메뚜기 날갯소리 부웅부웅 울리는데 네 자손들도 끊임없기를.
메뚜기 날갯소리가 사방에 들리면 네 자손들도 사이 좋게 즐기기를.

싱싱한 복숭아나무

桃之夭夭[66]여 灼灼[67]其華로다 之子[68]于[69]歸여 宜其室家로다
　도지요요　작작 기화　　지자 우 귀　의기실가

桃之夭夭여 有蕡[71]其實이로다 之子于歸[70] 宜其家室이로다
　도지요요　유분 기실　　지자우귀　의기가실

桃之夭夭여 其葉蓁蓁[72]이로다 之子于歸여 宜其家人이로다
　도지요요　기엽진진　　　지자우귀　의기가인

싱싱한 복숭아나무에 복숭아꽃이 활짝 피었네. 시집가는 이 색

시 한 집안을 화락하게 만드네.

　싱싱한 복숭아나무 탐스러운 열매를 맺었네. 시집가는 이 색시 그 집안의 복덩이.

　싱싱한 복숭아나무 그 잎새 무성하네. 시집가는 그 색시 한 집안을 화목케 하라.

토끼그물

肅肅[73]兎罝여 椓[74]之丁丁[75]이로다 赳赳[76]武夫여 公侯[77]于城[78]이로다
숙숙　토저　탁 지정정　　규규　무부　공후　우성

肅肅兎罝여 施于中逵로다 赳赳武夫여 公侯好仇[79]로다
숙숙토저　시우중규　　규규무부　공후호구

肅肅兎罝여 施于中林이로다 赳赳武夫여 公侯腹心[80]이로다
숙숙토저　시우중림　　규규무부　공후복심

가지런한 토끼그물 쾅쾅 말뚝 박는 소리가 쟁쟁하네. 용감한 무사들은 나라의 방패.

　가지런한 토끼그물 언덕 위에 쳐 있네. 씩씩한 무사는 임금님의 좋은 신하.

　가지런한 토끼그물 숲속에 쳐 있네. 씩씩한 무사는 임금님과 같은 마음이네.

질경이

采采芣苢^[81]를 薄言^[82]采之호라 采采芣苢를 薄言有^[83]之호라
채채부이   박언 채지   채채부이   박언유 지

采采芣苢를 薄言掇^[84]之호라 采采芣苢를 薄言捋^[85]之호라
채채부이 박언철지   채채부이 박언날 지

采采芣苢를 薄言袺^[86]之호라 采采芣苢를 薄言襭^[87]之호라
채채부이 박언결 지   채채부이 박언헐 지

뜯세 뜯세 질경이, 질경이를 뜯어 보세.
뜯세 뜯세 질경이, 질경이를 뜯어 두세.
뜯세 뜯세 질경이, 질경이를 캐 보세.
뜯세 뜯세 질경이, 질경이를 훑어 주세.
뜯세 뜯세 질경이, 질경이를 옷자락에 담아 보세.
뜯세 뜯세 질경이, 질경이를 옷자락에 싸서 두세.

한수는 넓고 넓어

南有喬木^[88]하니 不可休息이로라 漢有游女^[91]하니 不可求思^[89]로라
남유교목   불가휴식   한유유녀   불가구사

漢之^[90]廣矣가 不可泳思며 江之永矣가 不可方思로라
한지 광의 불가영사 강지영의 불가방사

翹翹[92]錯薪[93]에 言刈其楚호리라 之子于歸에 言秣[94]其馬호리라
교교착신　　언예기초　　　지자우귀　　언말 기마

漢之廣矣가 不可泳思로다 江之永矣가 不可方思로라
한지광의　　불가영사　　강지영의　　불가방사

翹翹錯薪에 言刈其蔞[95]호리라 之子于歸에 言秣其駒호리라
교교착신　언예기루　　　　지자우귀　　언말기구

漢之廣矣가 不可泳思며 江之永矣가 不可方思로라
한지광의　　불가영사　　강지영의　　불가방사

　남쪽에 우뚝 솟은 나무그늘 밑에서 편하게 쉴 수가 없어, 한수가에 노니는 아리따운 여인. 틈을 주어야 말을 걸어 보지.
　한수는 넓고 깊어 헤엄도 칠 수 없고 강물은 몹시 길어 헤엄도 안 돼. 울창한 나무 속에 베는 것은 가시나무.
　저 처녀 시집가면 말에 꼴이나 먹여야지. 한수는 넓고 넓어 헤엄칠 수도 없고 강물은 몹시 길어 헤엄도 안 돼.
　울창한 나무 속에 베는 것은 갈대풀. 저 처녀 시집가면 말에 꼴이나 먹여야지. 한수는 넓고 넓어 헤엄쳐 갈 수도 없고 강물은 길고 길어 떼질도 안 되는구나.

여수가의 방죽

遵[96] 彼汝[97] 墳[98]하야 伐其條枚[99]호라 未見君子라 惄[100]如調[101]飢호라
준 피여 분　　　벌기조매　　　미견군자　　녁 여조 기

詩經・691

遵彼汝墳하야 伐其條肄[102]호라 旣見君子호니 不我遐棄로다
준피여분　　벌기조이　　　　기견군자　　　불아하기

魴魚赬尾[103]어늘 王室如燬[104]로다 雖則如燬나 父母孔邇[105]시니라
방어정미　　　　왕실여훼　　　　수칙여훼　　부모공이

　여수가 큰 둑에서 나뭇가지 꺾는다. 님을 보고 싶은 마음에 아침밥을 굶은 듯.

　여수가 큰 둑에서 나무줄기와 햇가지를 베네. 님을 만나니 나를 영 버리지는 않았구나.

　방어의 꼬리가 붉어졌네. 나랏일이 불타는 듯하다 해도 부모님 위해 참는구나.

기린의 발 끝이

麟[106]之趾[107]여 振振[108]公子[109]로소니 于嗟麟兮여
린　지지　　　진진　　공자　　　　　우차린혜

麟之定[111]이여 振振公姓이로소니 于嗟[110]麟兮여
인지정　　　　진진공성　　　　　우차　인혜

麟之角이여 振振公族[112]이로소니 于嗟麟兮여
인지각　　　진진공족　　　　　　우차인혜

　기린의 발이여 덕성스런 공자여. 아, 기린이여.
　기린의 이마에 그 덕스러운 그 집안이여. 아, 기린이여.
　기린의 뿔이여. 덕성스런 그 일가여. 아, 기린이여.

소남 召南

기산의 남쪽에 있던 주나라의 옛 도읍을 둘로 나누어 그 중 소召라는 땅을 무왕의 친척이요, 공신인 희석에게 주어 그를 소공이라 불렀다. 이 소공의 교화가 남쪽에 미쳐 이런 노래들이 불려진 것이라고 전한다.

대아의 <강한편>을 보면 강수와 한수 지방을 개척한 소호의 공적을 기리고 있다. 그는 주나라 선왕의 명령을 받들어 회남의 오랑캐들을 평정했다고 한다. 이곳의 시 열네 편 가운데 강유파시 江有波詩 가 있는데 이것으로 보아 소남은 주남의 남쪽으로부터 장강 유역에 이르는 지역으로 짐작된다. 그리고 감상시 甘常詩에 나오는 소백은 희석이 아니라 소호를 가리키고 있다. 여기에 수록된 작품들은 동주 초기에 만든 작품으로 추정된다.

까치집

維[1]鵲有巢에 維鳩[2]居之로다 之子于歸에 百兩[3]御[4]之로다
유 작 유 소 유 구 거 지   지 자 우 귀 백 양 어 지

維鵲有巢에 維鳩方[5]之도다 之子于歸에 百兩將[6]之로다
유 작 유 소 유 구 방 지   지 자 우 귀 백 양 장 지

維鵲有巢이 維鳩盈[7]之로다 之子于歸에 百兩成[8]之로다
유 작 유 소 유 구 영 지   지 자 우 귀 백 양 성 지

　까치가 둥지를 지으면 비둘기가 찾아와서 사네. 처녀가 시집갈 때 백 대의 수레가 영접하네.
　까치가 둥지를 지으면 비둘기가 찾아와서 사네. 처녀가 시집갈 때 백 대의 수레가 배웅하네.
　까치가 둥지를 지으면 비둘기가 가득 차네. 처녀가 시집가는 날 수레 백 대가 성례하네.

흰 쑥을 뜯다

于以[9]采蘩[10]이 于沼于沚[11]로다 于以用之가 公侯之事[12]로다
우 이 채 번   우 소 우 지   우 이 용 지 공 후 지 사

于以采蘩이 于澗[13]之中이로다 于以用之이 公侯之宮[14]이다
우 이 채 번 우 간 지 중   우 이 용 지 공 후 지 궁

被[15]之僮僮[16]이여 夙夜[17]在公[18]이로다 被之祁祁[19]여 薄言還歸로다
피 지 동 동   숙 야 재 공   피 지 기 기   박 언 환 귀

다북쑥을 연못과 물가에서 뜯어서 공후의 제삿날에 씁니다.
다북쑥을 산골짜기 시내 가운데서 뜯어서 공후의 사당에 씁니다.
머리 꾸밈이 공경스럽고 밤새워 관가에서 일하다가 사뿐사뿐 낭자머리 이제야 돌아오네.

풀벌레

喓喓[20] 草蟲이며 趯趯[21] 阜螽이로다 未見君子이 憂心忡忡[22]호라
요요 초충   적적 부종   미견군자 우심충충

亦旣見止며 亦旣覯[23]止면 我心則降[24]이로다
역기견지 역기구지   아심칙강

陟彼南山하야 言采其蕨[25]호라 未見君子로 憂心惙惙[26]호라
척피남산   언채기궐   미견군자   우심철철

亦旣見止며 亦旣覯止면 我心則說[27]이로다
역기견지 역기구지   아심칙설

陟彼南山하야 言采其薇[28]호라 未見君子라 我心傷悲호라
척피남산   언채기미   미견군자   아심상비

亦旣見止며 亦旣覯止면 我心則夷[29]로다
역기견지 역기구지   아심칙이

풀벌레는 울고 메뚜기는 뛰노는데 님을 뵙지 못해 근심스런 마음 매우 뒤숭숭하네.
님을 만날 수 있다면 뵙게만 된다면 내 마음은 놓이련만 남산에

올라가 고사리나 뜯세.

  임을 뵈올 수 없으니 근심이 어수선하네. 뵙게만 된다면 만날 수만 있다면 내 마음 몹시 기쁘련만.

  남산에 올라가 고사리를 캐는 것은 당신을 만날 수 없으니 마음이 어수선합니다. 당신을 만날 수만 있다면 내 마음이 즐거워질 것입니다.

  남산에 올라가 고사리를 캐는 것은 당신을 보지 못한 안타까운 마음입니다. 당신을 만날 수만 있다면 내 마음이 가라앉으련만.

개구리밥을 뜯으며

于以采蘋[30][31]이 南澗之濱[32]이로다 于以采藻[33]가 于彼行潦로다
우이 채 빈　　남간지빈　　　　우이채조　　우피행료

于以盛之가 維筐及筥로다 于以湘[36]之가 維錡及釜[37]로다
우이성지　유광급거　　　우이상 지　유기급부

于以奠[38]之가 宗室[39]牖下로다 誰其尸[40]之오 有齊季女로다
우이전 지　종실 유하　　　수기시 지　유제계녀

  개구리밥을 뜯으러 남쪽 계곡으로 가세. 마름풀을 뜯으러 저 길가 도랑으로 가세.

  어디에다 담을까, 바구니에 담고요. 어디다 삶을까, 가마솥에 삶지요.

  그것을 담아서 종묘 사당에 놓고요. 그 누가 주관하리. 제나라

임금의 막내공주일세.

아가위나무

蔽芾⁽⁴²⁾甘棠⁽⁴³⁾을 勿翦勿伐하라 召伯所茇⁽⁴⁴⁾이니라
폐불 감당　　　물전물벌　　　소백소발

蔽芾甘棠을 勿翦勿敗⁽⁴⁶⁾하라 召伯⁽⁴⁵⁾所憩⁽⁴⁷⁾니라
폐불감당　　물전물패　　　소백　소게

蔽芾甘棠을 勿翦勿拜⁽⁴⁸⁾하라 召伯所說니라
폐불감당　　물전물배　　　소백소설

무성한 팥배나무 자르고 베지 마라. 소백님 멈추던 곳이라.

무성한 팥배나무 자르고 꺾지 마라. 소백님이 쉬시던 곳이다.

싱싱한 팥배나무 자르고 휘지 마라. 소백님이 머무르신 곳이다.

패풍
邶風

주나라의 무왕이 은나라를 정복한 뒤 그 땅을 패·용·위로 나누고 각각 무경·관숙·제숙 등으로 하여금 은나라를 감독케 했다. 그 뒤 성왕 때 주공이 무경과 관채의 난을 평정한 뒤 강숙을 위나라의 제후에 봉하여 패·용의 땅까지 다스리게 했다. 여기에 나오는 노래들은 위나라의 정치가 문란해진 이후의 것이므로 패·용·위의 구분이 없다. 그리고 노래의 내용 모두가 위나라에서 일어난 것이다.

앞의 주남과 소남을 정풍正風이라 하고, 패풍 이하를 변풍이라고 부르는데 그것은 애상에 젖은 노래가 많기 때문이다.

초록색 저고리

綠兮衣[1]兮여 綠衣黃裏[2]로다 心之憂矣여 曷[3]維其已[4]오
록혜의혜 록의황리   심지우의   갈 유기이

綠兮衣兮여 綠衣黃裳이로다 心之憂矣여 曷維其亡고
록혜의혜　록의황상　　심지우의　갈유기망

綠兮絲兮여 女所治兮로다 我思古人하야 俾[5] 無訧[6]兮로다
록혜사혜　여소치혜　　아사고인　　비 무우 혜

絺[8]兮綌[9]兮여 凄其以風이로다 我思古人호여 實獲我心[7]이로다
치혜격혜　처기이풍　　아사고인　　실획아심

　녹색 저고리에 노란색 안감을 받쳤네. 내 마음의 시름이여 언제나 그치련가.

　녹색 저고리에 노란색 치마를 입었네. 내 마음이 시름이여 언제나 걷히려나.

　녹색실은 그대가 물들인 것, 옛 사람을 생각해 허물없이 힘쓰려고 하네.

　모시옷과 베옷에 바람이 차구나. 나는 옛 사람을 생각하니 내 마음을 알리로다.

제비가 날으네

燕燕[10]于飛여 差池[11]其羽로다 之子于歸에 遠送于野호라
연연우비　차지기우　　지자우귀　원송우야

瞻[12]望弗及이라 泣涕[13]如雨호라
첨　망불급　　읍체 여우

燕燕于飛여 頡[14]之頏[15]之로다 之子于歸에 遠于將[16]之로다
연연우비　힐지항지　　지자우귀　원우장지

瞻望弗及이라 佇立以泣호라
첨 망 불 급　　저 입 이 읍

燕燕于飛여 下上其音이로다 之子于歸에 遠送于南[17]호라
연 연 우 비　하 상 기 음　　　지 자 우 귀　원 송 우 남

瞻望弗及이라 實勞我心호라
첨 망 불 급　　실 로 아 심

仲氏[18]任[19]只하니 其心塞淵[20]이로다 終溫且惠하야 淑愼其身이요
중 씨 임 지　　기 심 새 연　　　종 온 차 혜　　숙 식 기 신

先君[21]之思로 以勖寡[22]人이로다
선 군 지 사　　이 욱 과 인

　제비들이 하늘을 날아 앞서거니 뒤서거니 하는 것은 내 누이가 시집가는 날 멀리 들에 나가 전송하고 누이가 멀어질수록 내 눈에 눈물이 비 오듯 흐르네.

　제비들이 하늘을 날아 오르락 내리락 하는 것은 내 누이가 시집가는 것 멀리 나와 전송하는 것이네. 보이다가 멀어져 보이지 않아서 그저 눈물만 흘리네.

　제비들이 하늘을 날아 오르락 내리락거리며 지저귀는 것은 내 누이가 시집가는 남쪽으로 전송하는 것이네. 보이다가 멀어져 보이지 않아서 마음이 괴롭기만 하네.

　누이는 믿음직하고 그의 마음씨는 그윽하고 깊어 온화하고 부드러워 그 몸을 아름다이 삼가 아버님을 생각하며 과인을 도웁더니.

해와 달

日居月諸가 照臨下土²³⁾시니
일거월제   조임하토

乃²⁴⁾如之人²⁵⁾兮가 逝²⁶⁾不古處²⁷⁾하낫다
내 여지인혜   서 불고처

胡²⁸⁾能有定²⁹⁾하리오마는 寧²⁸⁾不我顧오
호 능유정   녕 불아고

日居月諸가 下土是冒³⁰⁾시니
일거월제   하토시모

乃如之人兮가 逝不相好하낫다
내여지인혜   서불상호

胡能有定이니오마는 寧不我報오
호능유정   녕불아보

日居月諸가 出自東方이샷다
일거월제   출자동방

乃如之人兮가 德音³¹⁾無良이로다
내여지인혜   덕음 무량

胡能有定이리오마는 俾也可忘³²⁾가
호능유정   비야가망

日居月諸가 東方自出이샷다
일거월제   동방자출

父兮母兮가 畜我不卒³³⁾이샷다
부혜모혜   축아불졸

胡能有定이리오마는 報我不述[34]하낫다
호능유정　　　　　보아불술

　해와 달은 땅을 비추는데 어쩐 일인지 그 사람은 옛날과는 다르게 무저하기만 하네.
　그 마음을 어쩌면 잡을 수 있을까. 돌아보지 않으니 어찌할까.
　해와 달은 온누리를 비춰 주는데 어쩐 일인지 그 사람은 나를 사랑해 주지도 않네.
　어쩌면 그 마음을 잡을 수 있을까. 나의 뜻은 알아주지도 않네.
　해와 달은 동쪽에서 떠오르건만 어쩐 일인지 그 사람은 따뜻한 말 한 마디 없네.
　어쩌면 그 마음을 잡을 수 있으리. 잊어버리신 님 너무하구나.
　해와 달이 동쪽에서 스스로 떠오르는데 아버님이여, 어머님이여. 끝내는 나를 돌보려고도 하지 않네.
　어쩌면 그 마음을 사로잡을 수 있을까. 내게 차게만 대하려고 하니.

용풍
鄘風

용풍은 패풍에 포함되어야 할 노래이다.

메추리는 날고

鶉之奔奔이며 鵲之彊彊이어늘 人之無良을 我以爲兄가
순 지 분 분　　작 지 강 강　　　인 지 무 량　　아 이 위 형

鵲之彊彊이며 鶉之奔奔이어늘 人之無良을 我以爲君가
작 지 강 강　　순 지 분 분　　　인 지 무 량　　아 이 위 군

　메추라기는 짝을 지어 날고 까치도 쌍쌍이 날거늘 이 못난 이 사람을 형이라 해야 하나.
　까치는 쌍쌍이 날고 메추리도 짝을 지어 날거늘 옳지 못한 이 사람을 나는 임금으로 모셔야 하나.

무지개

蝃蝀³⁾在東하니 莫之敢指로다
체 동 재 동   막 지 감 지

女子有行은 遠父母兄弟⁴⁾니라
여 자 유 행   원 부 모 형 제

朝隮⁵⁾于西하니 崇朝⁶⁾其雨로다
조 제 우 서   숭 조 기 우

女子有行은 遠兄弟父母니라
여 자 유 행   원 형 제 부 모

乃如之人也여 懷昏姻也로다
내 여 지 인 야   회 혼 인 야

大無信也하니 不知命⁷⁾也로다
대 무 신 야   불 지 명 야

동쪽의 무지개가 찬란해도 손가락질하지 마세요.
처녀가 결혼하면 부모 형제 곁을 떠납니다.
서쪽에서 피어 오른 무지개는 아침 내내 비를 내리게 합니다.
처녀가 결혼하면 부모 형제 곁을 떠납니다.
이러한 사람은 생각이 혼인할 것만 생각하여 애를 태우네.
조금도 믿음이 없는 사람의 도리를 모르는 것일까.

위풍 衛風

위풍은 패풍과 용풍을 포함해야 한다.

기수강의 물굽이

瞻彼淇奧[1]흔대 綠竹[2]猗猗[3]로다
첨 피 기 오   록 죽 의 의

有匪君子여 如切[4]如磋[5]하며 如琢[6]如磨[7]로다
유 비 군 자   여 절 여 차   여 탁 여 마

瑟兮[8] 僩[9]兮며 赫兮[10] 咺兮니 有匪君子여 終不可諼[11]兮로다
슬 혜   한 혜   혁 혜   훤 혜   유 비 군 자   종 불 가 훤   혜

瞻彼淇奧흔대 綠竹靑靑이로다
첨 피 기 오   록 죽 청 청

有匪君子여 充耳⁽¹²⁾秀瑩⁽¹³⁾이며 會弁⁽¹⁴⁾如星이로다
유비군자 충이 수영   회변 여성

瑟兮僩兮며 赫兮咺兮니 有匪君子여 終不可諼兮로다
슬혜한혜 혁혜훤혜 유비군자 종불가훤혜

瞻彼淇奧흔대 綠竹靑靑이로다
첨피기오   록죽여책

有匪君子여 如金如錫이며 如圭⁽¹⁵⁾如璧⁽¹⁶⁾이로다
유비군자 여금여석   여규 여벽

寬兮綽⁽¹⁷⁾兮하니 猗重較⁽¹⁸⁾兮로다 善戲謔兮하니 不爲虐兮로다
관혜작 혜   의중교 혜   선희학혜   불위학혜

　기수강의 저 물굽이를 바라보니 푸른 대나무숲이 우거져 있네. 어여쁘신 우리 님이여, 깎아 내고 다듬고 쪼아 내고 갈은 듯하네. 매우 엄하고 너그럽고 훤하고 의젓하시니 깨끗하신 우리 님이여, 끝내 잊을 수 없네.

　기수강의 물굽이를 바라보니, 대나무숲이 우거져 있네. 어여쁘신 님이시여, 귀걸이 옥돌이 매우 찬란하며 관의 구슬별 반짝이네. 위엄 있고 너그럽고 훤하고 의젓하시니 어여쁘신 님이시여, 끝내 잊을 수 없네.

　기수강의 물굽이를 바라보니 푸른 대나무가 들어서 있네. 어여쁘신 님이시여, 금인 듯 주석인 듯 벽옥인 듯 너그럽고 여유 있어 수레 옆대에 기대섰네. 우스갯소리도 잘 하지만 지나치신 것도 아니었네.

오두막집 짓고

考槃在澗하니 碩人之寬이로다 獨寐寤言이나 永矢弗諼이로다
고반재간　　　석인지관　　　독매오언　　　영시불훤

考槃在阿하니 碩人之薖로다 獨寐寤歌하나 永矢弗過로다
고반재아　　　석인지과　　　독매오가　　　영시불과

考槃在陸하니 碩人之軸이로다 獨寐寤宿이나 永矢弗告이로다
고반재육　　　석인지축　　　독매오숙　　　영시불고

산골짜기에 움막을 지으니 어진 은자의 마음은 넓네.
혼자 자다 깨어 이르나니 이 생활 못 잊겠다 항상 다짐하네.
언덕 아래 움막을 지으니 어진 은자의 마음은 매우 크도다.
홀로 자다 깨어 노래하니 언제나 다짐하길 그르침이 없을 것을.
평평한 그 위에 움막을 지으니 어진 은자의 마음은 한가로워라.
홀로 자다 깨어 누워 있어도 언제나 다짐하네. 남에게 얘기 않겠음을.

낚싯대

籊籊[19]竹[20]竿으로 以釣于淇[21]를 豈不爾思리오마는 遠莫致之로라
적적　죽　간　　이조우기　　　기불이사　　　원막치지

泉源[22]在左요 淇水在右하니라 女子有行이여 遠兄弟父母로다
천원　재좌　　기수재우　　　여자유행　　　원형제부모

淇水在右요 泉源在左하니라 巧笑之瑳[23]며 佩玉之儺[24]아
기 수 재 우　천 원 재 좌　　교 소 지 차　　패 옥 지 나

淇水滺滺하니 檜楫松舟로다 駕言出遊하야 以寫[25]我憂아
기 수 유 유　회 음 송 주　　가 언 출 유　　이 사 아 우

길고 가는 대막대를 들고 기수에서 낚시질하네.
어찌 그대를 생각하지 않으리요. 멀리 데려올 수 없는 거지.
천원은 왼쪽에 있고 기수는 오른쪽에 있네.
여자는 시집가면 부모 형제와 멀리 떨어져 있는 법.
기수는 오른쪽에 있고 천원은 왼쪽에 있네.
웃음짓는 그 모습 패옥 소리 촐랑이네.
기수는 굽이굽이 전나무 노가 달린 소나무배 수레 타고 나가 놀까.
내 시름 씻어 볼까.

정풍 鄭風

정풍은 모두 동주 시대의 작품으로 예부터 음탕한 것이라 전해 왔다. 이 편에는 연애시가 대부분이어서 옛 사람들의 소박한 생활 감정을 엿볼 수 있다.

검은옷

緇衣[1]之宜兮여 敝予又改爲兮호리라
치의 지의혜   폐여우개위혜

適子之館兮라 還予授子之粲[2]兮호리라
적자지관혜   환여수자지찬 혜

緇衣之好兮여 敝予又改造兮호리라
치의지호혜   폐여우개조혜

適子之館兮라 還予授子之粲兮호리라
적 자 지 관 혜   환 여 수 자 지 찬 혜

緇衣之蓆³⁾兮여 敝予又改作兮호리라
치 의 지 석 혜   폐 여 우 개 작 혜

適子之館兮라 還予授子之粲兮호리라
적 자 지 관 혜   환 여 수 자 지 찬 혜

검은옷이 잘 어울리네. 해지면 기워 드리지요.
관청에 일하러 갔다가 퇴근하면 저녁밥을 차려 드리겠습니다.
검은옷은 참으로 좋네. 해지면 다시 만들어 드리지요.
관청에 일하러 갔다가 퇴근하면 저녁밥을 차려 드리겠습니다.
검은옷이 잘 어울리네. 해지면 다시 만들어 드리지요.
관청에 일하러 갔다가 퇴근하면 저녁밥을 차려 드리겠습니다.

청읍 사람

淸⁴⁾人在彭⁵⁾하니 駟介⁶⁾旁旁⁷⁾이로다
청 인 재 팽   사 개 방 방

二矛重英⁸⁾으로 河上⁹⁾乎翶翔¹⁰⁾이로다
이 모 중 영   하 상 호 고 상

淸人在消¹¹⁾하니 駟介麃麃¹²⁾로다
청 인 재 소   사 개 포 포

二矛重喬¹³⁾로 河上乎逍遙로다
이 여 중 교   하 상 호 소 요

四書三經 · 710

淸人在軸[14]하니 駟介陶陶[15]로다
청인재축　　사개도도

左旋右抽[16]어늘 中軍[17]作好[18]로다
좌선우추　　중군 작호

　청읍 사람이 팽 땅에 와 있는데 씩씩한 네 필의 말이 수레를 끌고 있네.
　두 창문에 붉은 장식깃을 매단 채 황하 기슭을 오르내리고 있네.
　청읍 사람이 소 땅에 와 있는데 늠름한 네 필의 말 수레를 끌고 두 창에 꿩깃을 매단 채 황하 기슭을 왔다 갔다 하네.
　청읍 사람이 추 땅에 와 있는데 날쌘 네 필의 말이 수레를 끌고 있네.
　오른손에 깃대, 왼손에는 칼을 뺐다 하며 군중에서 즐기고 있네.

제풍 齊風

정현에 의하면 제풍 11편 중 처음의 5편은 애공 시대의 것이고 나머지는 양공과 관계가 있다고 하나 확실하지 않다.

닭이 운다

雞旣鳴矣라 朝旣盈矣¹⁾라 하니 匪雞則鳴이라 蒼蠅²⁾之聲이로다
계 기 명 의   조 기 영 의   비 계 칙 명   창 승 지 성

東方明矣라 朝旣昌³⁾矣라 하니 匪東方則明이라 月出之光이로다
동 방 명 의   조 기 창 의   비 동 방 칙 명   월 출 지 광

蟲飛薨薨⁴⁾이어든 甘⁵⁾與子同夢이언마는 會且歸矣라 無庶予子憎⁶⁾가
충 비 횡 횡   감 여 자 동 몽   회 차 귀 의   무 서 여 자 증

닭이 우네요. 조정엔 대신들이 모였겠군요. 닭의 울음소리가 아

니라 피리 소리구나.

  동방이 밝아지고 있네요. 조회가 한창이지만 동방이 밝은 것이 아니라 달빛이 비치는 것 같지.

  벌레들이 윙윙 나는데 당신과 함께 단꿈을 즐기려고 했건만 조회에 왔다가 돌아갈 테니 나 때문에 당신이 미움을 받지 않을까 걱정됩니다.

그대는 날쌔었네

子之還[7]兮가 遭我乎峱[8]之間兮라
자지환 혜　　조아호노 지간혜

并驅[9]從[10]兩肩[11]兮하소니 揖我謂我儇[12]兮라 하나이다
병구 종 량견 혜　　　읍아위아현 혜

子之茂[13]兮가 遭我乎峱之道兮라
자지무 혜　　조아호노지도 혜

并驅從兩牡兮하소니 揖我謂我好兮라 하나이다
병구종량모혜　　　읍아위아호혜

子之昌[14]兮가 遭我乎峱之陽兮라
자지창 혜　　조아호노지양혜

并驅從兩狼兮하소니 揖我謂我臧兮라 하나이다
병구종량낭혜　　　읍아위아장혜

당신은 날래었네. 나와 만난 것은 노산 골짜기.

詩經
・
713

함께 말을 몰아 두 마리 짐승을 쫓으며 나에게 인사하면서 멋있다 하는구나.

당신은 씩씩했네. 나와 만난 것은 노산 산골짜기 기슭.

함께 말을 몰아 두 마리 짐승을 쫓으며 나에게 인사하면서 잘한다고 했지.

문간에서

俟我於著¹⁵⁾乎而하나니 充耳以素乎而오 尙¹⁶⁾之以瓊華¹⁷⁾乎而로다
사 아 어 저 호 이   충 이 이 소 호 이   상 지 이 경 화   호 이

俟我於庭乎而하나니 充耳以靑乎而오 尙之以瓊瑩¹⁷⁾乎而로다
사 아 어 정 호 이   충 이 이 청 호 이   상 지 이 경 영   호 이

俟我於堂乎而하나니 充耳以黃乎而오 尙之以瓊英¹⁷⁾乎而로다
사 아 어 당 호 이   충 이 이 황 호 이   상 지 이 경 영   호 이

나를 문간에서 기다리시니 하얀 귀걸이 하셨거니.

님은 꽃을 새긴 옥돌을 달으셨도다. 나를 뜰에서 기다리시니 파란 귀걸이 하셨거니. 꽃처럼 그 구슬 더 어여쁘구나.

나를 방에서 기다리면서 노란 귀걸이를 하셨나니 더욱 그 구슬 곱기도 하구나.

위풍 魏風

주희에 의하면 위풍에 수록되어 있는 시는 진나라의 작품이라고 주장하였다. 그 이유는 위나라는 오랫동안 진나라에 합병되었기 때문이다.

칡신

糾糾[1]葛屨여 可以履霜이로다
규규 갈구　가이리상

摻摻[2]女手여 可以縫裳이로다 要[3]之襋[4]之하야 好人[5]服之로다
섬섬 여수　가이봉상　　요지극지　　호인 복지

好人提提[6]하야 宛然左辟[7]하나니 佩其象揥로다
호인제제　　완연좌벽　　　패기상체

維是褊[8]心이라 是以爲刺[9]하노라
유시편 심　시이위자

엉성하게 만든 칡신으로 서리가 내린 땅이라도 밟으리로다.

곱디고운 새댁의 손이여, 옷을 만드는구나. 허리대고 동정을 달아서 좋은 임이 입으리로다.

좋은 님 얌전하여 왼쪽으로 살짝 몸을 돌려 피하나니, 상아빗을 차고 있도다. 다만 소견이 좁아 절로 풍자하게 되네.

분수 물가

彼汾[10]沮洳[11]에 言采其莫[12]로다
피분 저여 언채기막

彼其之子여 美無度[13]로다 美無度이나 殊異[14]乎公路[15]로다
피기지자 미무도 미무도 수이 호공로

彼汾一方에 言采其桑이로다 彼其之子여 美如英[16]이로다
피분일방 언채기상 피기지자 미여영

美如英이나 殊異乎公行[17]이로다
미여영 수이호공행

彼汾一曲에 言采其藚[18]이로다 彼其之子여 美如玉이로다
피분일곡 언채기속 피기지자 미여옥

美如玉이나 殊異乎公族[19]이로다
미여옥 수이호공족

분수가 진펄에서 푸성귀를 뜯고 있는 저 사람이여, 매우 아름답구나. 너무 아름다워 공로와 다른 모습이도다.

분수의 물가에서 나물을 뜯고 있는 저 사람이여, 우리의 님은 꽃처럼 아름답구나. 멋있기가 그지없어 양반 중의 으뜸일세.
　분수의 한쪽에서 뽕잎을 뜯고 있는 저 사람이여, 우리의 님은 아름다운 꽃과 같으니 양반 중의 최고 양반이구나.

바위산에 올라

陟[20]彼岵[21]兮하야 瞻望父兮호라 父曰嗟[22]予子行役하야
척 피호 혜　첨망부혜　부왈 차 여자행역

夙夜無已로다 上愼旃哉어다 猶來無止니라
숙야무이　상신전재　유래무지

陟彼屺兮하야 瞻望母兮호라 母曰嗟予季[25]行役[23]하야
척피기혜　첨망모혜　모왈 차여계 행역

夙夜無寐로다 上愼旃[24]哉어다 猶來無棄[26]니라
숙야무매　상신전 재　유래무기

陟彼岡兮하야 瞻望兄兮호라 兄曰嗟予弟行役하야
척 피강혜　첨망형혜　형왈 차 여제행역

夙夜必偕로다 上愼旃哉어다 猶來無死니라
숙야필해　상신전재　유래무사

　황폐한 산에 올라가 아버지 계신 고향 쪽을 쳐다봅니다. 그때 아버님 말씀 들리는 듯
　"오, 내 아들아, 밤낮 출정에 몸조심하고 끝나면 머물지 말고 속

히 돌아오너라."
라는 것 같습니다.
　숲이 우거진 산에 올라가 어머님 계신 고향 쪽을 쳐다봅니다. 그때 어머님 말씀이 들리는 듯
　"오, 막내가 밤낮 출정으로 잠을 잘 틈도 없겠구나. 부디 몸조심하고 타향에서 죽지 말고 속히 돌아오너라."
라는 것 같습니다.
　높은 언덕에 올라가 형님이 계신 고향 쪽을 쳐다봅니다. 형님의 말씀이 들리는 듯
　"오, 내 아우가 출정했구나. 몸조심해서 죽지 말고 반드시 돌아오너라."
라는 것 같습니다.

당풍 唐風

당풍은 진나라의 노래들로 땅이 매우 척박해서 주민들의 생활고를 반영한 탓인지 어두운 면이 짙다.

산의 느티나무

山有樞[1]며 隰[2]有楡[3]니라 子有衣裳호대 弗曳[4]弗婁[5]며 子有車馬호대
산유추   습유유   자유의상   불예불루   자유차마

弗馳[6]弗驅면 宛[7]其死矣어든 他人是愉리라
불치불구   완기사의   타인시유

山有栲[8]며 隰有杻[9]니라 子有庭内호대 弗洒弗掃며 子有鍾鼓호대
산유고   습유뉴   자유정내   불쇄불소   자유종고

弗鼓弗考[10]면 宛其死矣어든 他人是保[11]리라
불고불고   완기사의   타인시보

山有漆이며 隰有栗이니라 子有酒食호니 何不日鼓瑟하대
　산유칠　　습유율　　　자유주식　　하불일고슬

且以喜樂하며 且以永日고 宛其死矣어든 他人入室하리라
　차이희락　　차이영일　완기사의　　타인입실

　산에는 느티나무, 진펄에는 느릅나무, 그대는 옷이 있어도 입지도 않으며 말과 수레를 가지고도 타지도 달리지도 않지만 만약에 죽으면 다른 사람들이 기뻐합니다.
　산에는 복나무, 진펄에는 싸리나무, 그대는 집을 두고도 물을 뿌리거나 쓸지도 않습니다. 그대는 종과 북이 있어도 치거나 두드리지 않지만 만약 죽으면 다른 사람이 가져갑니다.
　산에는 옻나무, 진펄에는 밤나무, 그대는 술과 음식이 있어도 매일 거문고만 즐겁게 켜면서 기쁘게 날을 보내고 있습니다. 만약에 죽으면 집에는 다른 사람이 들어옵니다.

출렁이는 강물에

揚之水[12]여 白石鑿鑿[13]이로다 素衣朱襮으로 從子于沃[14]호리라
　양지수　　백석착착　　　　소의주박　　　종자우옥

旣見君子호니 云何不樂이리오
　기견군자　　운하불락

揚之水여 白石皓皓[15]로다 素衣朱繡[16]로 從子于鵠[17]호리라
　양지수　　백석호호　　　　소의주수　　　종자우곡

旣見君子호니 云何其憂리오
기견군자　운하기우

揚之水여 白石粼粼[18]이로다 我聞有命[19]이요 不敢以告人하라
양지수　백석린린　　　아문유명　　　불감이고인

　잔잔한 물결 속에 희고도 깨끗한 바위는 흰 옷에 붉게 수놓은 깃 달아 당신을 따르려 곡까지 가 오리다. 우리 님을 뵙고 나니 왜 기쁘지 아니한가.
　잔잔한 물결 속에 흰 바위 새하얗네. 흰 옷에 붉게 수놓은 깃 달아 님을 따르려 곡 땅으로 가리라. 우리 님 만나 뵈었으니 이젠 아무 근심 걱정이 없어졌다오.
　잔잔한 물결 속에 흰 바위 반짝거리도다. 내 그 소문 이미 들었지만 감히 다른 사람에게 고하지 못하노라.

산초나무

椒聊[20]之實이여 蕃衍盈升이로다
초료　지실　　번연영승

彼其之子여 碩大[21]無朋[22]이로다
피기지자　석대　무붕

椒聊且여 遠條[23]且여 椒聊之實이여
초료차　원조　차　초료지실

蕃衍盈匊[24]이로다
번연영국

彼其之子여 碩大且篤[25]이로다
피기지자　석대차독

椒聊且여 遠條且여
초료차　원조차

　산초나무 열매를 됫박에 가득 땄도다. 우리 임이여 위대하기 그지 없도다. 산초나무 열매여, 가지가 길기도 하지. 산초나무를 두 줌 가득 땄다네.
　우리 님이여, 번성하고 늘어 한 줌에 가득 찼도다. 우리 님이시여. 산초나무여, 그 가지가 길기도 하구나. 위대하시고 독실하시네.

진풍 秦風

옛날에 백익이라는 사람이 하나라의 우왕을 도운 공으로 영이라는 성을 받아 진나라의 시조가 되었다. 그 뒤 평왕은 양공의 공로를 인정하고 기산 서쪽의 땅을 주어 제후로 삼았다. 이때 진나라는 비로소 제후국이 되었다.

수레 가는 소리

有車鄰鄰[1]이며 有馬白顚[2]이로다 未見君子호니 寺人[3]之令[4]이로다
유차린린   유마백전   미견군자   사인 지령

阪有漆이며 隰有栗이로다 旣見君子이라 幷坐鼓[5]瑟로라
판유칠   습유율   기견군자   병좌고 슬

今者不樂이면 逝者其耋[6]이리라
금자불락   서자기질

阪有桑이며 隰有楊이로다 旣見君子라
판유상　　습유양　　기견군자

幷坐鼓簧로라 今者不樂이면 逝者其亡이리라
병좌고황　　금자불락　　서자기망

　수레 소리 요란하더니 이마에 흰 털이 돋은 말이 보이네. 우리 님 뵈오려 하니 시종이 대기하라 명령하시네.

　언덕에 옻나무, 진펄에 밤나무, 우리 님을 만난 그 기쁨에 나란히 앉아 거문고를 탑니다. 지금 즐기지 않으면 세월은 흘러 늙어서는 놀지 못합니다.

　언덕에 뽕나무, 진펄에 버드나무, 우리 님 만나 본 기쁨에 나란히 앉아 생황을 연주합니다. 지금 즐기지 않으면 가는 세월 덧없어 늙어서 죽게 됩니다.

네 필의 검은말

駟[7] 驖[8] 孔阜[10]하니 六轡[11] 在手로다 公之媚子[12]이 從公于狩[13]로다
사철공부　　　육비재수　　　공지미자　　종공우수

奉[14] 時[15] 辰[16] 牡하니 辰牡孔[9] 碩[17]이로다 公曰左之[18]하시니 舍[19] 拔[20] 則獲이로다
봉시진모　　　진모공석　　　공왈좌지　　사발칙획

遊于北園하니 四馬旣閑[21]이로다 輶車[22] 鸞鑣[23]로 載[24] 獫歇驕[25]로다
유우북원　　　사마기한　　　유거란표　　재렴헐교

　여섯 고삐를 한 손으로 잡힌 네 필의 검은말이 크기도 합니다.

공의 사랑을 듬뿍 받는 그 사람 공을 모시고 사냥을 가시네.

　몰이꾼에 이리저리 쫓기는 짐승들이 크기도 합니다. 공이 왼쪽으로 몰자 몰이꾼에게 명령한 뒤 활을 쏩니다.

　북쪽 동산을 돌아다니는 네 마리 말들은 몰이꾼의 말을 잘 듣습니다. 수레는 가볍고 방울 소리 요란하게 울리는 마차에 사냥개들도 몇 마리 실려 있습니다.

갈대

兼葭[26] 蒼蒼[27]하니 白露爲霜이로다 所謂伊人[28]이 在水一方이로다
겸가　창창　　　　　백로위상　　　　소위이인　　　재수일방

遡洄[29]從之나 道阻[30]且長이여 遡游從之나 宛在水中央[31]이로다
소회　종지　도조　차장　　　소유종지　완재수중앙

兼葭淒淒[32]하니 白露未晞[33]로다 所謂伊人이 在水之湄로다
겸가처처　　　　　백로미희　　　　소위이인　　재수지미

遡洄從之나 道阻且躋여 遡游從之나 宛在水中坻로다
소회종지　도조차제　　소유종지　완재수중지

兼葭采采하니 白露未已로다 所謂伊人이 在水之涘로다
겸가채채　　　　백로미이　　　소위이인　　재수지사

遡洄從之나 道阻且右며 遡游從之나 宛在水中沚로다
소회종지　도조차우　　소유종지　완재수중지

　갈대가 우거졌는데 흰 이슬은 서리가 되네. 바로 그 사람은 강

건너편에 계십니다. 강을 거슬러 따라가려니 길은 멀고 험합니다. 강물을 따라 그대에게 가려고 해도 물 한가운데에 희미한 모습으로 계십니다.

갈대는 무성한데 이슬이 촉촉하네. 바로 그 사람은 물가에 계십니다. 강물을 거슬러 올라가며 따르려고 해도 저 멀리 모래섬 한가운데에 계십니다.

갈대는 더부룩한데 흰 이슬은 멎지 않네. 바로 그 사람은 저편 물가에 계십니다. 강물을 거슬러 올라가며 따르려고 해도 저 멀리 강 한가운데의 섬에 계십니다.

회풍 檜風

회는 매우 작은 나라로 주나라 평왕 때 정나라의 무공에게 합병되었다. 회풍은 주나라의 평왕이 동쪽으로 옮겨 가기 이전의 작품이다.

습지의 쐐기풀

隰[1]有萇楚하니 猗儺[2]其枝로다
습 유장초　　　의나 기지

夭之沃沃[3]하니 樂子[4]之無知하도다
요지옥옥　　　락 자 지무지

隰有萇楚하니 猗儺其華로다
습유장초　　　의나기화

夭之沃沃하니 樂子之無家하도다
요지옥옥　　　락 자지무가

隰有萇楚하니 猗儺其實이로다
습유장초　　의나기실

夭之沃沃하니 樂子之無室이로다
요지옥옥　　락자지무실

　진펄의 쐐기풀 그 가지가지가 매우 아름답구나.
　싱싱하고 예쁜 것 무지함이 더욱 기쁘기만 하구나.
　진펄에 쐐기가 있으니 그 꽃이 곱기도 하구나. 싱싱하고 예쁜 것 집 없음이 더욱 기쁘기만 하구나.
　진펄에 쐐기가 있으니 그 열매 아름답구나. 싱싱하고 예쁜 것 임 없음이 더욱 기쁘구나.

조풍 曹風

조나라는 매우 작은 나라로 주나라의 무왕이 은나라를 정복한 뒤 그의 아우 숙진탁을 조나라의 제후로 봉했다고 전한다. 나중에 송나라의 경공에게 정복되었다.

하루살이

蜉蝣[1]之羽여 衣裳楚楚[2]로다 心之憂矣로니 於我歸處어다
부유 지우　의상초초　　심지우의　　어아귀처

蜉蝣之翼이여 采采[3]衣服이로다 心之憂矣로니 於我歸息[4]이어다
부유지익　　채채 의복　　심지우의　　어아귀식

蜉蝣掘閱[5]하니 麻衣如雪이로다 心之憂矣로니 於我歸說[6]어다
부유굴열　　마의여설　　심지우의　　어아귀설

아름다운 깃털을 가진 하루살이, 옷도 아름답구나. 근심이 있으면 나에게 돌아와 살았으면 합니다.

화려한 옷 같은 날개를 가진 하루살이, 근심이 있으면 나에게 돌아와 쉬었으면 합니다.

삼베옷 같은 날개여, 하루살이 껍질이 근심이 되면 나에게 돌아와 휴식을 취했으면 합니다.

저 길 잡는 관리여

彼候人[7]兮여 何戈[8]與祋[9]이로다 彼其之子여 三百赤芾[10]이로다
피후인 혜　하과 여대　　피기지자　삼백적불

維鵜在梁하니 不濡其翼이로다 彼其之子여 不稱[11]其服이로다
유제재량　　불유기익　　피기지자　불칭 기복

維鵜[13]在梁[14]하니 不濡[15]其咮[12]로다 彼其之子여 不遂其媾[16]로다
유제 재량　　　불유 기주　　피기지자　불수기구

薈[17]兮蔚兮여 南山[18]朝隮[19]로다 婉[20]兮孌[21]兮여 季女[22]斯飢[23]로다
회혜위 혜　남산 조제　　완 혜연 혜　계여 사기

저기 호위 무사들이 창을 메고 있네. 저기 저자는 대부 행세하는 삼백 명의 한 무리로다.

물새가 고기를 잡으려고 물가에서 기다리고 있지만, 날개도 젖지 않았구나. 저기 저자는 옷은 어울리지 않는구나.

물새가 고기를 잡으러 물가에서 기다리고 있지만, 부리도 젖지

않았구나. 저기 저자는 만나려고 해도 따르지 않는구나.

뭉게구름 피어 오르고 남산에는 아침 무지개가 떴구나. 젊고 어여쁜 아가씨들이여. 굶주릴 수밖에 없도다.

뽕나무의 뻐꾸기

鳲鳩[24]在桑하니 其子七兮로다 淑[25]人君子여 其儀[26]一兮로다
시구 재상　　기자칠혜　　숙 인군자　　기의 일혜

其儀一兮하니 心如結兮로다 鳲鳩在桑하니 其子在梅로다
기의일혜　　심여결혜　　시구재상　　기자재매

淑人君子여 其帶伊絲[27]로다 其帶伊絲니 其弁[28]伊騏[29]로다
숙인군자　　기대이사　　기대이사　　기변　이기

鳲鳩在桑하니 其子在棘이로다 淑人君子여 其儀不忒[30]로다
시구재상　　기자재극　　숙인군자　　기의불특

其儀不忒하니 正[31]是四國[32]이로다 鳲鳩在桑하니 其子在榛이로다
기이불특　　정 시사국　　시구재상　　기자재진

淑人君子여 正是國人이로다 正是國人하니 胡不萬年[33]이리오
숙인군자　정시국인　　정시국인　　호불만년

뻐꾸기가 새끼뻐꾸기 일곱 마리와 함께 뽕나무에 앉아 있습니다. 뻐꾸기는 어진 군자처럼 움직임이 준엄했습니다. 그 움직임이 준엄해서 마치 마음을 묶은 듯 단단하네.

뻐꾸기가 새끼뻐꾸기 일곱 마리와 함께 매화나무에 앉아 있습

니다. 어진 군자처럼 머리에 비단 띠를 두르고 구슬이 달린 고깔 모자를 쓰고 있습니다.

 어미뻐꾸기는 뽕나무에 새끼뻐꾸기들은 대추나무에 앉아 있습니다. 어진 군자처럼 늠름한 모습에 빈틈까지 없고 천하의 본보기이시다.

 어미뻐꾸기는 뽕나무에 새끼뻐꾸기들은 개암나무에 앉아 있습니다. 어진 군자처럼 천하의 본보기이니 어찌 만수무강 않으리요.

빈풍 豳風

빈은 기산 북쪽 낮은 들에 있었던 주나라의 발상지이다.
빈 땅을 중심으로 유행했던 노래들로 모두 주나라 창업 시대의 것이다.
농업사에 관계된 노래를 한데 묶었다.

부서진 도끼

旣破我斧[1]요 又缺我斨[2]이나 周公東征을 四國[3]是皇[4]이시니
기 파 아 부   우 결 아 장   주공동정   사 국 시 황

哀我人斯[5]은 亦孔[6]之將[7]이샷다
애 아 인 사   역 공 지 장

旣破我斧요 又缺我錡[8]나 周公東征은 四國是吪[9]시니
기 파 아 부 우 결 아 기 주공동정   사 국 시 와

哀我人斯는 亦孔之嘉[10]샷다 旣破我斧요
애아인사　역공지가　　　기파아부

又缺我錡[11]나 周公東征은 四國是遒[13]시니 哀我人斯은 亦孔之休[12]샷다
우결아구　　주공동정　　사국시준　　　애아인사　역공지휴

　이미 내 도끼가 부서졌고 다른 도끼의 날까지 빠졌습니다. 주공이 동쪽을 정벌하여 천하를 바로잡으시니 우리 백성을 사랑하는 마음도 컸습니다.

　이미 내 도끼가 부서졌고 내 톱은 날이 빠졌습니다. 주공이 동쪽 정벌하여 천하를 교화시키니 우리 백성을 사랑하는 마음이 너무도 아름답습니다.

　이미 내 도끼가 부서졌고 나의 연장자루도 다 부서졌습니다. 주공이 동쪽을 정벌하여 천하를 평화롭게 하셨으니 우리 백성을 아끼시는 마음이 너무도 아름답습니다. 사방 천지가 따라서 아름답습니다.

도끼자루

伐柯[14]如何오 匪斧[15]不克[16]이니라 取妻如何오 匪媒不得이니라
벌가 여하　비부 불극　　　　　취처여하　비매부득

伐柯伐柯에 其則不遠[17]이로다 我覯[18]之子호니 籩豆[19]有踐[20]이로다
벌가벌가　기측불원　　　아구 지자　　변두 유천

　나무를 베어서 도끼자루로 쓰려고 하는데, 도끼가 없으니 벨 수

가 없구나. 아내를 맞으려고 하는데, 중매쟁이가 없으니 어찌할꼬.
    나무를 베어 도끼자루로 쓰려면 자루의 칫수를 맞추어야 하리. 내 사모하는 님을 만나면 진수성찬 장만하여 결혼하리라.

아홉코 잔그물

九罭[21]之魚여 鱒[22]魴[23]이로다 我覯之子호니 袞衣繡裳[24]이로다
구역 지어 준 방 아구지자 곤의수상

鴻[25]飛遵渚하나니 公歸無所아 於女信[26]處시니라
홍 비준적 공귀무소 어여신 처

鴻飛遵陸하나니 公歸不復이시리니 於女信宿이시니다
홍비준육 공귀불복 어여신숙

是以有袞衣兮러니 無以我公歸兮하야 無使我心悲兮이다
시이유곤의혜 무이아공귀혜 무사아심비혜

촘촘한 그물에 잡힌 것은 송어와 방어로다. 우리 님은 곤룡포 저고리와 수놓은 바지를 입고 있습니다.
    기러기가 날아와 물가에서 놀고 있지만, 사모하는 분은 돌아갈 곳을 정해 놓고 잠시 머물고 있습니다.
    기러기가 날아와 땅에 앉네. 사모하는 분이 돌아가면 다시는 못 오시리니 그대 곁에 잠깐 머물러 계시는 것이다.
    곤룡포를 입으신 분이 돌아간다는 그 말 하지 마시고 우리 마음을 슬프게 하지 않으면 좋겠습니다.

소아 小雅

국풍은 각국에서 유행하던 토속적인 악조이고 아는 하나라 때부터 음악을 계승한 정악이다. 주로 서민들의 생활 감정이 간결하고 소박하게 표현된 국풍과는 달리 아는 매우 장중하면서도 주로 도의와 정치에 기울어져 있다. 아는 궁궐에서 조회 때 연주하는 음악이므로 궁중의 악사들에 의해 만들어졌고 그 내용은 대소로 나누어졌다. 소아는 백성들의 노래를 많이 인용하고 대아보다 덜 딱딱한 느낌을 준다.

【녹명자습鹿鳴之什】

아와 송의 작품들은 습什이라 구분되어 있는데 이것은 편의상 묶어 놓았을 뿐 아무런 의미가 없다. 주희는 아와 송에 여러 나라의 구별이 없이 10편을 1권으로 묶어 습이라 했고, 공영달은 아와 송의 편수가 많아서 한데 묶기 어려워서 10편을 한 권으로 나누어 묶어 습장으로 하여 책 안에 있는 편을 모두 거느리게 했다고 풀이하였다.

화려한 것은 꽃이여

皇皇¹⁾者華여 于彼原隰이로다 駪駪²⁾征夫³⁾여 每懷靡及이로다
황황 자화 우피원습 신신 정부 매회미급

我馬維駒니 六轡如濡⁴⁾로다 載馳載驅하야 周爰咨諏⁵⁾하다
아마유구 륙비여유 재치재구 주원자추

我馬維騏니 六轡如絲로다 載馳載驅하야 周爰咨謀⁶⁾하다
아마유기 륙비여사 재치재구 주원자모

我馬維駱⁸⁾이니 六轡沃若⁷⁾이로다 載馳載驅하야 周爰咨度하다
아마유인 륙비옥약 재치재구 주원자도

我馬維駰⁹⁾이니 六轡旣均이로다 載馳載驅하야 周爰咨詢하다
아마유락 륙비기균 재치재구 주원자순

저 화려한 꽃이 진펄에도 언덕에도 피었도다. 수레를 몰고 달리면서 생각하는 것은 행여 못 미칠까 걱정이다.

내 말은 망아지이니 말고삐도 산뜻하기도 한데 달리면서도 널리 살피고 물으면서 꾀하네.

내 말은 갈기가 검은 흰 말이니 여섯 고삐 번지르르하도다. 달

리면서 두루 묻고 헤아리며 달리도다. 여섯 말의 고삐가 고르기도 하구나. 달리면서도 두루 물으면서 생각하며 달리네.

고사리 캐러 가세

采薇[10]采薇여 薇亦作止[11]엇다 曰歸曰歸여 歲亦莫[12]止리로다
채미 채미 미역작지   왈귀왈귀   세역막 지

靡室靡家[13]이 玁狁[15]之故며 不遑啓居[14]이 玁狁[15]之故니라
미실미가   험윤 지고   불황계거   험윤 지고

采薇采薇여 薇亦柔止엇다 曰歸曰歸여 心亦憂止로다
채미채미   미역유지   왈귀왈귀   심역우지

憂心烈烈하야 載飢載渴호라 我戌[16]未定[17]이니 靡使歸聘[18]이로다
우심렬렬   재기재갈   아술 미정   미사귀빙

采薇采薇여 薇亦剛[19]止엇다 曰歸曰歸여 歲亦陽[20]止리로다 王事靡盬[21]라
채미채미   미역강 지   왈귀왈귀   세역양 지   왕사미고

不遑啓處호니 憂心孔疚[22]나 我行不來니라
불황계처   우심공구   아행불래

彼爾維何오 維常[23]之華로다 彼路斯何오 君子之車로다
피이유하   유상 지화   피로사하   군자지차

戎車[24]旣駕[25]하니 四牡業業이로다 豈敢定居리오 一月三捷이로다
융차 기가   사모업업   기감정거   일월삼첩

駕彼四牡하니 四牡騤騤[26]로다 君子[27]所依[28]요 小人[29]所腓[30]로다
가피사모   사모규규   군자 소의   소인 소비

四牡翼翼[31]하니 象弭[32]魚服[33]이로다 豈不日戒리오 玁狁孔棘이로다
사 모 익 익   상 미 어 복   기 불 일 계   험 윤 공 극

昔我往矣에 楊柳依依러니 今我來思엔 雨雪霏霏로다
석 아 왕 의   양 류 의 의   금 아 래 사   우 설 미 미

行道遲遲하야 載渴載飢호라 我心傷悲어늘 莫知我哀하니다
행 도 지 지   재 갈 재 기   아 심 상 비   막 지 아 애

  고사리를 캐러 가세, 고사리를 캐러 가세. 고사리가 피어 연하도다. 이 해도 저물었습니다. 오랑캐가 쳐들어왔기 때문에 집도 절도 없습니다. 오랑캐 때문에 편히 잠시도 쉬지도 못 합니다.

  고사리를 캐러 가세, 고사리를 캐러 가세. 마음은 걱정만 늘어갑니다. 마음의 걱정이 타오르니 어서 돌아갑시다. 굶주리고 목이 타들어 갑니다. 우리의 싸움이 끝이 없으니 내 고향에 돌아갈 수 없습니다. 고사리가 쇠어졌습니다.

  고사리 캐러 가세, 고사리를 캐러 가세. 벌써 4월이 되었습니다. 어서 돌아갑시다. 아직 나랏일이 끝나지 않아 편히 쉴 곳도 없습니다. 걱정하는 마음이 아프지만, 고향에 돌아갈 줄 모릅니다.

  저 화려한 것은 바로 아가위꽃입니다. 저 길가에 서 있는 것은 장군님의 수레이고, 병거에 매인 네 필의 말은 몹시도 튼튼했습니다. 어찌 한 곳에만 머무를까. 한 달에 세 번은 싸워 이겨야 하느니라.

  저 길가에 매인 네 필의 튼튼한 말에 장군이 의지하고 병사들은 뒤따르고 있습니다. 네 필 말은 상아로 만든 마고자에 물개 가죽을 입히고, 오랑캐가 너무 날뛰고 있어 어찌 하루라도 경계하지 않으리요.

  지난날 내가 출발할 때 버드나무가 무성했지만, 지금 내 돌아와

보니 흰 눈이 펄펄 날리네. 아득히 먼 길 터벅터벅 걸어 굶주리고 목마른 듯하구나. 내 마음 아파 슬프거늘 그 누가 내 마음을 알아 주리.

전차를 끌고

我出我車를 于彼牧³⁴⁾矣호라 自天子所하야 謂我來矣로다
아출아차 우피목 의 자천자소 위아래의

召彼僕夫³⁵⁾하야 謂之載矣요 王事多難이라 維其棘³⁶⁾矣라 호라
소피복부 위지재의 왕사다난 유기극 의

我出我車를 于彼郊矣오 設此旐³⁷⁾矣며 建彼旄³⁸⁾矣하니
아출아차 우피교의 설차조 의 건피모 의

彼旟³⁹⁾旐⁴⁰⁾斯이 胡不旆旆⁴⁰⁾리오 憂心悄悄호니 僕夫況瘁⁴¹⁾로다
피여조사 호불패패 우심초초 복부황췌

王命南仲⁴²⁾하사 往城⁴³⁾于方⁴⁴⁾하시니 出車彭彭⁴⁵⁾하사 旂⁴⁶⁾旐中央⁴⁷⁾이로다
왕명남중 왕성 우방 출차팽팽 기 조중앙

天子命我하사 城彼朔方⁴⁸⁾하시니 赫赫⁴⁹⁾南仲이여 玁狁于襄⁵⁰⁾이로다
천자명아 성피삭방 혁혁 남중 험윤우양

昔我往矣에 黍稷方華⁵¹⁾러니 今我來思엔 雨雪載塗⁵²⁾로다 王事多難이라
석아왕의 서직방화 금아래사 우설재도 왕사다난

不遑啓居⁵³⁾호니 豈不懷歸리오마는 畏此簡書⁵⁴⁾니라
불황계거 기불회귀 외차간서

喓喓草蟲이며 趯趯⁽⁵⁴⁾阜螽이로다 未見君子라 憂心忡忡호니
요요초충　　적적 부종　　　　미견군자　우심충충

既見君子라야 我心則降이로다 赫赫南仲이여 薄伐西戎이로다
기견군자　　아심칙강　　　혁혁남중　　　박벌서융

春日遲遲라 卉⁽⁵⁵⁾木萋萋⁽⁵⁶⁾며 倉庚⁽⁵⁷⁾喈喈⁽⁵⁸⁾며 采蘩祁祁⁽⁵⁹⁾어늘
춘일지지　훼　목처처　　　창경　개개　　채번기기

執訊⁽⁶⁰⁾獲醜⁽⁶¹⁾하야 薄言還歸하니 赫赫南仲이여 玁狁于夷⁽⁶²⁾로다
집신　획추　　　박언환귀　　　혁혁남중　　　험윤우이

　나의 수레를 끄집어 내어 저 들판을 향해 출정하는데, 천자가 나를 불러 수레에 병사를 태우라고 하누나. 나랏일이 많고 어려워서 급히 서둘러 온 것이로다. 나의 수레를 끄집어 내어 교외로 출정을 하면서 이 깃발과 저 깃대를 세웠도다. 나는 깃발들이 펄럭이지 않아 마음이 초조했고 마부 역시 병이 들었도다.

　임금께서 당중에서 방읍으로 달려가 하루 속히 성을 쌓으라고 명하누나. 많은 전차가 들판에 출동했고 용·거북·뱀의 깃발이 무성하게 펄럭이고 있도다. 천자께서 북방에다가 성을 쌓으라고 나에게 명했도다. 빛나는 남중이여 오랑캐를 쳐서 물리치겠노라.

　옛날 내가 떠날 때 기장과 피가 무성하게 자랐지만, 이제 내 돌아오니 눈비가 내려 길이 질척거리누나. 나라의 일이 많고 어려워서 편히 쉴 틈이 없었으니 어찌 고향으로 돌아가고 싶지 않으리요. 임금의 명령서가 두려웠노라. 풀벌레가 울고 메뚜기가 뛰는데 나는 당신을 보지 못해 마음의 시름이 그지없지만 당신을 보는 순간 내 마음이 편안해지누나. 빛나는 남중이여 서쪽 오랑캐를 모두 쳐부술지니라.

봄날은 길고 초목은 무성하며, 꾀꼬리가 지저귀고 쑥을 캐고 있는 저 처녀들 재종을 사로잡아 이제야 돌아왔네. 빛나는 남중이여 오랑캐들을 모두 평정했도다.

【 남유가어지습 南有嘉魚之什 】

남쪽의 좋은 물고기

南[1]有嘉魚하니 烝然[2]罩罩[3]로다 君子有酒하니 嘉賓式燕以樂로다
남 유 가 어　　증 연 조 조　　　군 자 유 주　　가 빈 식 연 이 악

南有嘉魚하니 烝然汕汕[5]이로다 君子有酒하니 嘉賓式燕[4]以衎[6]이로다
남 유 가 어　　증 연 산 산　　　군 자 유 주　　가 빈 식 연 이 간

南有樛木[7]하니 甘瓠[8]纍[9]之로다 君子有酒하니 嘉賓式燕綏之로다
남 유 규 목　　감 호 류 지　　　군 자 유 주　　가 빈 식 연 수 지

翩翩[10]者鵻[11]여 烝然來思로다 君子有酒하니 嘉賓式燕又思[12]로다
편 편 자 추　　증 연 래 사　　　군 자 유 주　　가 빈 식 연 우 사

　남쪽의 좋은 물고기들이 팔팔하게 뛰어오릅니다. 군자는 반가운 벗과 잔치하면서 술을 마시며 흥을 돋우고 있습니다.
　남쪽의 가지 처진 나무에 담박덩굴이 어지럽게 엉켜 있습니다. 군자는 반가운 벗과 잔치하면서 술을 마시며 기뻐하고 있습니다.
　하늘엔 떼를 지어 훨훨 날아가는 비둘기가 있습니다. 군자는 반가운 벗과 잔치를 벌이면서 술을 권하고 있습니다.

기다란 다북쑥

蓼[13]彼蕭[14]斯에 零[15]露湑[16]兮로다 旣見君子호니
요 피 소 사   령 로서 혜   기 현 군 자

我心寫[17]兮로다 燕笑語兮하니 是以有譽[18]處[19]兮로다
아 심 사 혜   연 소 어 혜   시 이 유 예 처 혜

蓼彼蕭斯에 零露瀼瀼[20]이로다 旣見君子호니
요 피 소 사   령 로 양 양   기 현 군 자

爲龍[21]爲光이로다 其德不爽[22]하니 壽考[23]不忘[24]이로다
위 룡 위 광   기 덕 불 상   수 고 불 망

蓼彼蕭斯에 零露泥泥[25]로다 旣見君子호니
요 피 소 사   령 로 니 니   기 현 군 자

孔燕豈[26]弟[27]로다 宜兄宜弟라 令德壽豈로다
공 연 기 제   의 형 의 제   영 덕 수 기

蓼彼蕭斯에 零露濃濃[28]이로다 旣見君子호니
요 피 소 사   령 로 농 농   기 현 군 자

鞗革忡忡하며 和鸞雝雝하니 萬福攸同이로다
조 혁 충 충   화 란 옹 옹   만 복 유 동

크게 자란 다북쑥에 이슬이 촉촉하게 적셔 주네. 우리 님 만나 뵈니 내 마음 몹시 시원하구나. 즐겁게 웃고 얘기하니 그 즐거움이 끝이 없구나.

크게 자란 다북쑥에 이슬이 촉촉하게 적셔 주네. 우리 님 만나 뵈니 영광스러운 일이도다. 그분의 덕 어긋남이 없으니 끝이 없는 장수를 누리시리라.

크게 자란 다북쑥에 이슬이 듬뿍 내리네. 우리 님 만나 뵈니 그 즐거움 몹시 크도다. 형제 간에 우애가 깊으니 아름다운 덕 오래 가고 즐겁도다.

크게 자란 다북쑥에 이슬이 매우 짙게 내리네. 우리 님 만나 뵈니 쇠장띠 달린 고삐 쳐서 있고 수레의 방울 소리 울리니 온갖 복이 모두 모이도다.

흠뻑 젖은 이슬

湛湛[29]露斯[30]여 匪陽不晞[31]로다 厭厭[32]夜飮이여 不醉無歸로다
담담 로사   비양불희   염염 야음   불취무귀

湛湛露斯여 在彼豊草로다 厭厭夜飮이여 在宗[33]載考[34]로다
담담로사   재피풍초   염염야음   재종 재고

湛湛露斯여 在彼杞棘이로다 顯[35]允[36]君子여 莫不令[37]德이로다
담담로사   재피기극   현 윤 군자   막불령 덕

其桐其椅[38]여 其實離離[39]로다 豈弟君子여 莫不令儀[40]로다
기실기의   기실리리   기제군자   막불령의

촉촉히 내린 이슬 햇빛 아니면 안 마르겠도다. 흥겨운 밤술자리에서 취하지 않고는 못 돌아가리라.

저 무성한 풀숲에 흠뻑 젖은 이슬이 내렸습니다. 흥겨운 밤술자리는 밤에 벌어졌으니 종실에서 차린 것이로다.

저 갯버들과 대추나무 위에 흠뻑 젖은 이슬이 내렸습니다. 밝고

어진 군자들은 모두 아름다운 덕을 오동나무와 가래나무에 지녔도다. 즐겁고 편안하신 군자님은 장엄하고 아름답기만 합니다.

【홍안지습 鴻鴈之什】

기러기

鴻雁于飛하니 肅肅其羽로다 之子于征하니
홍 안 우 비   숙 숙 기 우   지 자 우 정

劬勞于野로다 爰及矜人이 哀此鰥寡로다
구 로 우 야   원 급 긍 인   애 차 환 과

鴻雁于飛하니 集于中澤이로다 之子于垣하니
홍 안 우 비   집 우 중 택   지 자 우 원

百堵皆作이로다 雖則劬勞나 其究安宅이로다
백 도 개 작   수 칙 구 로   기 구 안 택

鴻雁于飛하니 哀鳴嗸嗸로다 維此哲人은 謂我劬勞어늘
홍 안 우 비   애 명 오 오   유 차 철 인   위 아 구 로

維彼愚人은 謂我宣驕라 하소다
유 피 우 인   위 아 선 교

기러기가 날갯짓을 하며 하늘로 날아오릅니다. 그대들 집을 떠나 들판에서 고생만 하고 있습니다. 이 불쌍한 사람들이 홀아비와 과부를 도와주었네.

기러기가 날아가다 못 한가운데로 모입니다. 우리들은 담을 쌓으니 수많은 집을 지었습니다. 비록 수고스럽게 노력했으나 편안한 집에서 살게 되었습니다.

기러기가 끼럭끼럭 구슬피 울면서 하늘을 날아오릅니다. 이 어리석은 사람들은 교만하다고 하도다.

뜰에 있는 횃불

夜如何其오 夜未央이다 庭燎⁽⁴¹⁾之光이로다 君子⁽⁴²⁾至止하니 鸞⁽⁴³⁾聲將將⁽⁴⁴⁾이로다
야 여 하 기   야 미 앙   정 료 지 광   군 자 지 지   란 성 장 장

夜如何其요 夜未艾⁽⁴⁵⁾다 庭燎晣晣⁽⁴⁶⁾이로다 君子至止하니 鸞聲噦噦⁽⁴⁷⁾로다
야 여 하 기   야 미 애   정 료 절 절   군 자 지 지   란 성 홰 홰

夜如何其요 夜鄉晨⁽⁴⁸⁾이라 庭燎有輝⁽⁴⁹⁾로다 君子至止하니 言觀其旂⁽⁵⁰⁾로다
야 여 하 기   야 향 신   정 료 유 휘   군 자 지 지   언 관 기 기

날이 샜는가? 아직 밤이구나. 뜰의 횃불이 비치도다. 제후들이 도착하니 방울 소리만 짤랑거리네.

날이 샜는가? 아직 새벽 전. 뜰의 횃불이 환하도다. 제후들이 도착하니 방울 소리만 뗑그렁거리네.

날이 샜는가? 이제 날이 새어 가도다. 뜰의 횃불이 비치도다. 제후들이 들어오니 그들의 깃발이 나부끼도다.

넘치는 강물

沔⁵¹⁾彼流水여 朝宗⁵²⁾于海로다 鴥彼飛隼⁵³⁾이여 載飛載止로다
면 피류수   조종 우해   율피비준   재비재지

嗟我兄弟와 邦人諸友이 莫肯念亂하나니 誰無父母리오
차아형제   방인제우   막긍념란   수무부모

沔彼流水여 其流湯湯⁵⁴⁾이로다 鴥彼飛隼이여 載飛載揚이로다
면 피류수   기류탕탕   율피비준   재비재양

念彼不蹟⁵⁵⁾하야 載起載行호라 心之憂矣여 不可弭忘⁵⁶⁾이로다
념피불적   재기재행   심지우의   불가미망

鴥彼飛隼이여 率彼中陵이로다
율피비준   솔피중릉

民之訛言을 寧莫之懲⁵⁷⁾고 我友敬矣면 讒言其興가
민지와언   녕막지징   아우경의   참언기흥

넘치는 저 강물은 바다로 모두 흘러가도다. 훨훨 날아가는 저 새매가 날아가다가 갑자기 나무에 내려앉는구나. 오, 나의 형제들과 여러 친구들은 그 누구도 혼탁한 세상을 근심하지 않으니 부모 없는 이 누구 있으리요.

넘치는 저 강물은 구비구비 흐르고 훨훨 날아가는 새매는 날아가다가 다시 허공을 향해 솟아오르고 있구나. 도를 따르지 않는 이 생각하고 일어나 서성거리네. 마음의 근심이여 잊을 수도 그만둘 수도 없구나.

급히 날아가는 저 새매는 언덕 사이의 계곡을 날아가도다. 백성들의 유언비어를 막을 수가 없구나. 형제, 벗들이 몸을 삼간다면

어찌 참언이 일어나겠는가?

【기부지습 祈父之什】

정월 正月

正月[1] 繁霜이라 我心憂傷이어늘 民之訛言이 亦孔之將[2]이로다
정월번상   아심우상   민지와언   역공지장

念我獨兮이 憂心京京[3]호니 哀我小心이여 癙憂[5] 以痒[4]호라
념아독혜   우심경경   애아소심   서우 이양

父母生我여 胡俾我瘉[6]오 不自我先이며 不自我後로다
부모생아   호비아유   불자아선   불자아후

好言自口며 莠[7]言自口라 憂心愈愈[8]하야 是以有侮호라
호언자구   유 언자구   우심유유   시이유모

憂心惸惸[9]하야 念我無祿[10]하노라 民之無辜[11]이 幷其臣僕[12]이로다
우심경경   념아무록   민지무고   병기신복

哀我人斯는 于何從祿고 瞻烏爰止혼대 于誰之屋고
애아인사   우하종록   첨오원지   우수지옥

瞻彼中林혼대 侯薪侯[13]蒸[14]이로다 民今方殆어늘 視天夢夢[15]이로다
첨피중림   후신후증   민금방태   시천몽몽

旣克有定[16]이면 靡人弗勝[17]이니 有皇[18]上帝이 伊誰云憎이시리오
기극유정   미인불승   유황 상제   이수운증

謂山蓋卑나 爲岡爲陵[19]이니라 民之訛言을 寧莫之懲[20]이로다
위산개비   위강위릉   민지와언   녕막지징

召彼故老하야 訊之占夢하니 具曰予聖이라 하나니 誰知烏之雌雄고
소피고노　　신지점몽　　구왈여성　　　　수지조지자웅

謂天蓋高나 不敢不局[21]하며 謂地蓋厚나 不敢不蹐[22]호라 維號斯言이
위천개고　　불감불국　　　위지개후　　불감불척　　　유호사언

有倫有脊이어늘 哀今之人은 胡爲虺蜴[23]고 瞻彼阪田[24]혼대
유륜유척　　　애금지인　　호위훼척　　　첨피판전

有菀[25]其特[26]이어늘 天之扤[27]我여 如不我克이샷다 彼求我則[28]일
유울기특　　　　천지올아　　여불아극　　　피구아칙

如不我得이러니 執我仇仇[29]나 亦不我力[30]하나다
여불아득　　　집아구구　　　역불아력

心之憂矣이 如或結之로다 今玆之正은 胡然厲[31]矣오
심지우의　　여혹결지　　　금자지정　　호연려　의

燎[32]之方揚을 寧或滅之리오 赫赫宗周[33]를 襃姒[34]威[35]之로다
료　지방양　　녕혹멸지　　　혁혁종주　　　포사　혈　지

終其永懷호니 又窘[36]陰雨로다 其車旣載하고
종기영회　　　우군음우　　　기차기재

乃棄爾輔[37]하니 載輸爾載[38]오야 將[39]伯助予로다
내기이보　　　재수이재　　　장백조여

無棄爾輔하야 員[40]于爾輻[41]이오 屢顧爾僕하면
무기이보　　　원우이폭　　　루고이복

不輸爾載하야 終踰絶險이 曾是不意[42]리라
불수이재　　　종유절험　　　증시불의

魚在于沼하니 亦匪克樂이로다 潛雖伏矣나 亦孔之炤[43]이로다
어재우소　　　역비극락　　　잠수복의　　　역공지소

憂心慘慘⁴⁴⁾하야 念國之爲虐하노라
우심참참　　　염국지위학

彼有旨酒하며 又有嘉殽하야 洽比⁴⁵⁾其鄰하며 昏姻⁴⁶⁾孔云⁴⁷⁾이어늘
피유지주　　우유가효　　흡비　기린　　혼인　공운

念我獨兮이 憂心慇慇⁴⁸⁾호라
념아독혜　우심은은

佌佌⁴⁹⁾彼有屋하며 蔌蔌⁵⁰⁾方有穀이어늘 民今之無祿은 天夭是椓⁵¹⁾이로다
차차　피유옥　　속속　방유곡　　　민금지무록　　천요시탁

哿⁵²⁾矣富人이어니와 哀此惸獨⁵³⁾이로다
가　의부인　　　　애차경독

　사월에 갑자기 서리가 내려 내 마음에 근심이 쌓여 아파지네. 백성들 사이의 뜬소문이 더욱 심해지고, 나의 외로움은 근심으로 가득하답니다. 소심한 내 마음은 슬픔으로 가득 차면서 병마저 들었습니다.

　부모님이 나를 태어나게 해서 어찌 나를 괴로움에 싸이게 하시나. 나보다 앞서지도 늦지도 않고 어지러운 세상에 맞춰 낳으셨네. 좋은 말도 했다가 나쁜 말도 입에서 나오니 근심은 한이 없네. 도리어 업신여김 받는 것이네. 근심은 그지없어서 나는 녹도 생각 않는다. 슬프게도 우리 백성들은 어느 곳에서 복록을 누리는지 걱정스럽기만 합니다. 저기 앉으려는 까마귀를 보니 그 누구 집에 앉을지 궁금합니다.

　저 깊숙한 숲을 바라보니 굵은 나무 잣나무가 무성하네. 지금 백성들이 처해 있는 상황이 위태롭지만 하늘을 바라보아도 흐리기만 하구나. 사람들이 나서서 안정시키려 하면 이를 말릴 사람이

없을 것이니 위대한 상제께서 그 누구를 증오하시리요.

산봉우리가 아무리 낮다고 해도 언덕이 있노라. 백성들의 뜬소문은 아무도 막지 못하리라. 그래서 노인을 불러서 꿈 해몽을 들어 봅니다. 모든 사람들이 날 성인이라고 하지만, 누가 감히 까마귀 암수를 구별할 수 있겠습니까?

하늘이 아무리 높다고 해도 몸을 굽히지 않을 수가 없고, 비록 땅이 얼마나 넓은지 모르나 조심하여 걷지 않을 수가 없습니다. 이러한 외침 속에는 도리에 맞고 일리가 있다 하거늘 슬프게도 지금 백성들은 어찌 살무사와 도마뱀이 되었는고. 저 험한 자갈밭에는 유난히 곡식의 싹들이 무성하게 돋아 있습니다. 하늘의 노하심도 나를 이기지 못하고, 그들의 내 잘못을 찾음이 정성이 이루 말할 수 없으니 이제는 나를 원수 대하듯이 잡아들여서 내 힘에 겨운 듯합니다.

마음의 시름이 맺힌 듯 엉켜 있고, 정치가 이토록 포악하기만 합니다. 타오르는 불길은 한순간에 끌 수가 있지만, 혁혁한 주나라의 사직은 포사가 멸했습니다. 앞일을 생각하니 끝이 없고 장맛비가 나를 괴롭히도다. 수레에 짐을 가득 싣고서 수레의 보거를 버렸습니다. 수레에 실은 짐이 떨어지자 나에게 도와 달라고 청을 합니다. 당신은 짐을 버리지 말고 수레바퀴살을 더욱 늘였으면 합니다. 자주 당신의 마부를 돌아보지만 짐을 떨어뜨리지 않습니다. 끝내 험한 길 별 지장 없이 지나니 처음부터 마음을 쓰지 않아도 되리라.

못 속에 물고기가 있으나 즐겁지 않고, 물 속에 잠겨 있으나 사람의 눈을 피하지 못합니다. 마음의 시름 슬퍼져 국정의 포악함을 탓하노라. 저들에게는 맛있는 술과 좋은 안주가 있습니다. 그의 이웃들과 친하여 인척들과도 아주 친하거늘 나는 혼자 외로이 나의 외로움을 생각해 볼 때 마음에 근심이 많도다. 저들은 깨끗한 집이 있으며 천한 자들도 제가끔 녹을 얻었습니다.

 지금 하늘이 재앙을 내려 백성들은 살아갈 녹이 없습니다. 환락을 즐기는 부자들은 괜찮겠지만 의지할 곳 없는 사람들은 매우 불쌍하도다.

시월 초에

十月[54]之交[55] 朔月辛卯에 日有食之하니 亦孔之醜로다
십월 지교 삭월신묘 일유식지 역공지추

彼月而微[56]어니와 此日而微여 今此下民이 亦孔之哀로다
피월이미 차일이미 금차하민 역공지애

日月告凶하야 不用其行[57]하니 四國無政하야 不用其良[58]이로다
일월고흉 불용기행 사국무정 불용기량

彼月而食은 則維其常이어니와 此日而食이여 于何不臧[59]고
피월이식 칙유기상 차일이식 우하불장

燁燁震[60]電이 不寧不令이로다 百川沸騰하며 山冢[61]崒[62]崩하야
엽엽진 전 불녕불령 백천비등 산총 줄 붕

高岸爲谷이요 深谷爲陵이어늘 哀今之人은 胡憯[63]莫懲[64]고
고안위곡 심곡위릉 애금지인 호참 막징

皇父卿[67]士오 番維司徒[68]오 家伯維宰[69]요 仲允[65]膳夫[70]요
황부경 사 번유사도 가백유재 중윤 선부

聚子內史[71]요 蹶維趣馬[72]요 楀[66]維師氏[73]어늘 豔妻[74]煽[75]方處로다
추자내사 궐유취마 우 유사씨 염처 선 방처

抑此皇父이 豈曰不時[76]리오마는 胡爲我作[77]호대 不卽我謀요
억차황보 기왈불시 호위아작 불즉아모

徹我牆屋하야 田卒汚[78]萊[79]어늘 曰予不戕[80]이라 禮則然矣라 하나이다
철아장옥 전졸오래 왈여불장 례칙연의

皇父孔聖하야 作都于向[81]하고 擇三有事[82]호대 亶侯多藏하며
황부공성 작도우상 택삼유사 단후다장

不憖[83]遺一老하야 俾守我王하고 擇有車馬하야 以居徂[84]向이로다
불은 유일노 비수아왕 택유차마 이거조 상

黽勉從事하야 不敢告勞호라 無罪無辜어늘 讒口囂囂[85]로다
민면종사 불감고로 무죄무고 참구효효

下民之孼[86]이 匪降自天이라 噂沓[87]背憎이 職[88]競[89]由人이니라
하민지얼 비강자천 준답배증 직 경 유인

悠悠我里[90]여 亦孔之痗[91]로다 四方有羨[92]이어늘 我獨居憂하며
유유아리 역공지매 사방유선 아독거우

民莫不逸[93]이어늘 我獨不敢休호니 天命不徹[94]이니 我不敢倣我友自逸이니라
민막불일 아독불감휴 천명불철 아불감효아우자일

시월 초 하룻날 신묘일에 일어난 일식은 아주 나쁜 징조를 가리킵니다. 저번에는 월식이 있더니 이번에는 일식이 일어났으니 지금 백성들은 한없이 슬퍼하고 있습니다. 해와 달이 나쁜 징조를 미리 알리니 그들의 뜻대로 쓰지 않으니, 천하는 바른 정치가 어

지러워 어진 사람을 쓰지 않았기 때문입니다. 저번 달의 월식은 항상 있는 일이지만, 이번 달의 일식은 어떤 불길한 조짐이 아닌지 번개가 번쩍거리더니 불안하고 좋지 않은 일이로다. 갑자기 온 시냇물이 끓어오르고 산과 집들이 우르르 무너지고, 높은 언덕은 골짜기가 되고 깊은 골짜기는 언덕으로 변했습니다. 백성들은 관리들을 가엾게 생각하지만, 그들은 뉘우침이 없습니다.

　황보는 경사, 번씨는 사도, 가백은 재상, 중윤은 선부, 추자는 내사, 궐씨는 추마, 구씨는 사씨가 되었지만 요염한 아내의 성화는 심하기만 합니다. 아, 이 황보란 자가 옳지 않다고 스스로 말하겠는고. 어찌 나를 부리면서도 잘못되었다고 하지만, 어찌 내게 와서 의논하지 않는고. 내 집과 담장은 무너져 마침내 물이 고이고 잡초가 났거늘 자기가 일부러 해친 것이 아니라 하늘의 법칙대로 변한 것입니다. 약아빠진 황보는 꾀가 많아 상 땅에 도읍을 정하고 삼경을 선택해 일을 시켰는데 그들은 재물을 많이 모았으며 한 사람의 신하라도 임금을 위해 두지 않았습니다. 황보는 수레와 말을 많이 소유한 사람들만 선택해서 상 땅으로 옮겨 살게 했습니다.

　그래서 힘써 일해도 감히 괴롭다고 말하는 사람들이 없습니다. 죄도 없고 허물도 없지만 나를 모함하는 소리가 시끄럽기만 합니다. 못난 백성들의 재앙은 하늘로부터 내려온 것이 아닙니다.

　이것은 사람들이 다투어 빚은 결과입니다. 자나깨나 내 고을을 걱정하자니 마음이 너무 괴롭습니다. 사방은 여유가 넘치고 있지만, 오직 나 홀로 걱정거리에 휩싸여 있답니다. 백성들은 모두 편안하지만, 오직 나 홀로 쉬지 못하고 있습니다.

하늘의 명이 공정하지 못해 나는 내 벗들같이 편히 즐기지 못하니라.

【곡풍지습 谷風之什】

골바람

習習谷風¹⁾이여 維風及雨로다
습 습 곡 풍　　　유 풍 급 우

將恐將懼일새 維予與女러니 將安將樂이란 女轉棄予아
장 공 장 구　　유 여 여 녀　　장 안 장 낙　　여 전 기 여

習習谷風이여 維風及頹²⁾로다
습 습 곡 풍　　유 풍 급 퇴

將恐將懼일새 寘³⁾予于懷러니 將安將樂이란 棄予如遺로다
장 공 장 구　　전 여 우 회　　장 안 장 낙　　기 여 여 유

習習谷風이여 維山崔嵬⁴⁾나 無草不死며
습 습 곡 풍　　유 산 최 외　　무 초 부 사

無木不萎니 忘我大德이요 思我小怨가
무 목 부 위　　망 아 대 덕　　사 아 소 원

산들산들 불어오는 골바람은 갑자기 비바람으로 변했습니다. 무섭고 두려워 살기 어려울 때는 오직 그대뿐이라오. 편안한 삶 보자마자 그대는 떠나 나를 버리는군요.
　산들산들 골바람이 저기 회오리 바람과 함께 불어왔습니다. 내

가 무섭고도 두려울 때 오직 당신뿐이라오. 편안한 삶 맛보자마자 그대는 떠나 나를 버리는군요.

　산들산들 골바람이 높은 산 너머에서 부네. 죽지 않는 풀이 없었고, 나무가 쓰러지지 않는 것이 없었습니다. 내가 아낌 없이 준 큰 덕을 잊고, 작은 원망을 나에게 하다니.

재발쑥

蓼蓼[5]者莪[6]러니 匪莪[7]伊蔚[8]로다 哀哀父母여 生我勞[8]瘁샷다
료료 자아　　　비아 이울　　 애애부모　 생아노 췌

缾[11]之罄[12]矣여 維罍之恥로다 鮮民之生이여 不如死之久矣로다
병 지경 의　유뢰지치　　선민지생　　 부여사지구의

無父何怙며 無母何恃며 出則銜恤[13]오 入則靡至[14]로다
무부하호 무모하시　 출칙함휼　　 입칙미지

父兮生我하시고 母兮鞠[15]我하시니 拊[16]我畜我하시며 長我育我하시며
부혜생아　　　 모혜국 아　　　부 아축아　　　 장아육아

顧我復[17]我하시며 出入腹我하시니 欲報之德인댄 昊天罔極[18]이샷다
고아복 아　　　 출입복아　　　 욕보지덕　　　호천망극

南山烈烈[19]이어늘 飄風發發[20]이로다 民莫不穀[21]이어늘 我獨何害오
남산렬렬　　　　 표풍발발　　　　 민막부곡　　　　 아독하해

南山律律[22]이어늘 飄風弗弗[23]이로다 民莫不穀이어늘 我獨不卒호라
남산률률　　　　 표풍불불　　　　 민막부곡　　　　 아독부졸

키가 크게 자란 것이 새발쑥이 아니라 다북쑥이었습니다. 우리 부모님이 나를 낳으시면서 고생한 것을 생각하면 매우 슬픕니다.

키가 크게 자란 것이 새발쑥이 아니라 제비쑥이었습니다. 우리 부모님이 나를 낳으시고 초췌하신 모습을 생각하면 매우 슬픕니다.

작은 술잔이 비어 큰 술잔이 수치스럽듯 가난한 백성의 삶이 없어져서 오래된 것만도 못 합니다. 아버님이 계시지 않으니 누구를 믿고, 어머님이 계시지 않으니 누구를 의지할 수 있겠습니까? 더구나 집에 가도 걱정, 집에 와서도 걱정으로 몸이 둘 곳이 없습니다.

아버님이 날 낳으시고 어머님이 날 기르시고 갖은 고생 겪으면서 나를 먹여 주고 나를 길러 주셨습니다. 나를 돌보고 또 돌보며, 오고가면서 나를 품어 주셨습니다. 난 부모님의 은덕을 갚으려고 애를 쓰지만 하늘처럼 끝없이 넓어 한이 없도다.

남산은 높고 높아 회오리 바람이 몰아칠 때 모두 무고하게 잘 지내거늘 나만 홀로 봉양 못 할까.

사월 四月

四月維夏어든 六月徂暑[24]니라 先祖匪人가 胡寧忍予[25]오
사월유하　　륙월조서　　　선조비인　　호녕인여

秋日凄凄[26]라 百卉[27]具腓[28]로다 亂離瘼矣니 爰其適歸오
추일처처　　백훼 구비　　　　난리막의　　원기적귀

冬日烈烈이어늘 飄風發發이로다 民莫不穀[29]이어늘 我獨何害오
동일렬렬　　　　표풍발발　　　　민막부곡　　　　　아독하해

山有嘉卉하니 侯栗侯梅로다 廢爲殘賊[30]하니 莫知其尤[31]로다
산유가훼　　후률후매　　폐위잔적　　　막지기우

相[32]彼泉水혼대 載淸載濁이로다 我日構[33]禍하니 曷云能穀고
상　피천수　　재청재탁　　　아일구　화　　갈운능곡

滔滔[34]江漢[35]이 南國之紀[36]로다 盡瘁以仕어늘 寧莫我有[37]오
도도　강한　　　남국지기　　　　진췌이사　　　녕막아유

匪鶉匪鳶이어니 翰[38]飛戾[39]天가 匪鱣匪鮪[40]어니 潛逃于淵가
비순비연　　　한　비려　천　　　비전비유　　　　잠도우연

山有蕨薇어늘 隰有杞桋[41]로다 君子作歌하야 維以告哀로다
산유궐미　　　습유기이　　　　군자작가　　　유이고애

　사월은 완연한 여름이고 유월은 지독하게 덥네. 조상님들은 인간이 아니던가. 어찌 나를 버려 이리도 참게 하는 것일까?

　가을은 서늘해서 온갖 초목들이 모두 시들었네. 어지러운 세상에 몸져 누웠으니 나는 어디로 가야만 하는가?

　겨울이라 추위가 살을 에는 듯 회오리 바람이 몰아치네. 모두 무고히 잘 지내거늘 어찌 나만 홀로 고생해야만 하는가?

　산에 아름다운 초목이 있으니 밤나무와 매화나무가 있네. 언제나 남을 해롭게 해놓고서 제 잘못 저 모르네.

　저 샘물 바라보면 맑기도 하고 흐리기도 하네. 나는 날마다 화를 당하니 언제나 편안히 살겠는가? 넘실거리는 강수와 한수는 남쪽 나라를 윤택케 하네. 마음을 다해 섬겼지만 어찌 나를 못 알아주나.

　매도 아니고 연도 아닌 것이 날아서는 하늘에 이르지 못하도다. 잉어도 아니고 메기도 아닌 것이 물에 잠겨서 숨겠는가.

산에는 고사리가 있지만 습지에 구기자나무에 대추나무가 서 있도다. 군자가 노래를 지어 불러 슬픔을 고하는구나.

【포전지습甫田之什】

넓은 밭

倬[1]彼甫田[2]에 歲取十千[3]이로다 我取其陳[5]하야 食我農人하니
탁 피보전   세취십천   아취기진   식아농인

自古有年[4]이로다 今適南畝하니 或耘[6]或耔[7]에 黍稷薿薿[8]어늘
자고유년   금적남무   혹운 증자   서직의의

攸介攸止[10]에 烝我髦士[9]로다 以我齊明[11]과 與我牛羊[12]으로 以社[13]以方[14]하니
유개유지   증아모사   이아제명   여아희양   이사 이방

我田旣臧이 農夫之慶이로다 琴瑟擊鼓하야 以御[15]田祖[16]하야
아전기장 농부지경   금슬격고   이어 전조

以祈甘雨하니 以介我稷黍하야 以穀[17]我士女로다
이기감우   이개아직서   이곡 아사녀

曾孫來止에 以其婦子로 饁彼南畝어늘 田畯至喜하야
증손내지 이기부자 엽피남무   전준지희

攘其左右[18]하야 嘗其旨否로다 禾易[19]長畝하니 終善且有라
양기좌우   상기지부   채역 장무   종선차유

曾孫不怒하며 農夫克敏이로다 曾孫之稼이 如茨[20]如梁이며
증손부노   농부극민   증손지가 여자 여량

曾孫之庾[21]이 如坻[22]如京[23]이라 乃求千斯倉하며 乃求萬斯箱[24]이로소니
증손지유   여지 여경   내구천사창   내구만사상

黍稷稻粱이 農夫之慶이라 報以介福하니 萬壽無疆이로다
서직도량   농부지경   보이개복   만수무강

  아득하게 뻗은 큰 밭에는 해마다 많은 수확을 올렸네. 먹고 남은 묵은 곡식을 농부들을 먹이니 예로부터 풍년이 계속해 왔네. 남녘의 밭에 나가 보니 김매고 북을 돋우기 한창인데 기장이 무성하게 자랐습니다.

  기장이 크게 자라 익는다면 먼저 착한 농부들을 대접하고 젯밥으로 담아 양을 잡아서 토지신과 사방신에게 올립니다.

  내 밭의 농사가 풍년이 드니 농부들에게 경사가 되어 거문고 타고 북을 치며 신농씨를 맞아들입니다. 기우제를 지내 단비가 내려 곡식이 풍년이 들면 남녀 식솔에게 줍니다.

  일찍이 타고난 자손들의 부녀자들이 남쪽 밭에 점심을 내 가고, 농사를 권장하는 관리가 기뻐하면서 좌우에 놓인 음식을 집어서 맛을 보고 먹습니다.

  밭에는 곡식이 풍요롭게 익어서 농사가 잘 되어 수확까지 풍년이고, 자손들은 기뻐하며 농부들의 손은 수확을 위해 빨라지고 있습니다.

  수확된 곡식은 지붕처럼 쌓이고 천 개의 창고와 만 개의 짐수레를 끌고 오라.

  하늘의 복으로 기장과 피와 벼와 수수 등의 풍년은 농부들의 애쓴 보람이라. 신은 큰 복을 내리시니 만수무강하리라.

큰 밭은

大田多稼라 旣種(25) 旣戒(26)하야 旣備乃事하니
대전다가 기종 기계 기비내사

以我覃(27)耜로 俶載(28)南畝하야 播厥百穀하니 旣庭(29)且碩이라
이아담 사 숙재 남무 파궐백곡 기정차석

曾孫是若(30)이로다 旣方(31)旣皁(32)하며 旣堅旣好요
증손시야 기방 기조 기견기호

不稂不莠(33)어든 去其螟螣(34)과 及其蟊賊이라야
부랑부유 거기명특 급기모적

無害我田穉니 田祖(35)有神은 秉畀炎火어다
무해아전치 전조 유신 병비염화

有渰(36)萋萋(37)하야 興雨祁祁(38)하야 雨我公田이요
유엄 처처 흥우기기 우아공전

遂及我私하야 彼有不穫穉(39)하며 此有不斂穧(40)하며
수급아사 피유부확치 차유부렴제

彼有遺秉(41)하며 此有滯穗(42)하니 伊寡婦之利로다 曾孫來止라
피유유병 차유체수 이과부지리 증손내지

以其婦子로 饁彼南畝어늘 田畯至喜로다 來方禋(43)祀하야
이기부자 엽피남무 전준지희 내방인 사

以其騂黑과 與其黍稷으로 以享以祀하니 以介景福이로다
이기성흑 여기서직 이향이사 이개경복

넓은 밭에 씨앗을 뿌리고 농기구를 모두 갖춰 일할 준비가 끝났고 나의 날카로운 보습도 사용합니다. 남쪽의 밭을 갈아 온갖 곡

식의 씨앗을 뿌리고, 씨앗은 싹이 트고 자라나면서 자손들을 기쁘게 해 줍니다.

　이삭이 패고 낟알은 단단하게 영글어서 좋게 익고, 강아지풀을 뜯어 내고 머루와 황충을 제거합니다. 누리와 벼벌레까지 모두 잡아 내 밭의 덜 익은 곡식이 무탈하도록 자라게 했습니다.

　땅의 조상인 신농씨가 벌레를 잡아 불에 태워 버릴 때, 먹구름 뭉게뭉게 피어나 비를 내리게 해 줍니다. 비는 공전에도 내리고 사전에도 내려 땅을 흠뻑 적시고 있습니다.

　저쪽에는 아직까지 베지 않은 곡식이 있고, 이곳에는 수확한 곡식들을 쌓아 놓았습니다. 저쪽에는 버려 둔 곡식단들이 늘어 있고, 이곳에는 흘린 이삭들이 흩어져 있어 불쌍한 과부들의 차지가 되었습니다.

　자손들과 함께 아낙네들이 남쪽 밭으로 점심을 내 가자, 농사 감독 관리도 기뻐합니다. 사방 신께 올리는 제사에 붉은 소와 검은 소를 희생으로 올리고, 기장과 피로 밥을 짓게 하여 제물로 바쳐 제사를 드리니 큰 복락을 내리시리라.

낙수를 바라보며

瞻彼洛矣혼대 維水決決이로다 君子至止하시니
첨 피 낙 의　　유 수 앙 앙　　군 자 지 지

福祿如茨로다 韎韐有奭하니 以作六師로다
복 녹 여 자　　매 협 유 석　　이 작 륙 사

瞻彼洛矣흔대 維水泱泱이로다 君子至止하시니
첨피낙의　　유수앙앙　　　군자지지

韠琫有珌이로다 君子萬年에 保其家室이로다
비봉유필　　군자만년　　보기가실

瞻彼洛矣흔대 維水泱泱이로다 君子至止하시니
첨피낙의　　유수앙앙　　　군자지지

福祿旣同이로다 君子萬年에 保其家邦이로다
복록기동　　　군자만년　　보기가방

　저 낙수를 바라보니 강물만 넘실거리네. 임금님이 오셔서 머무노니 복락은 지붕처럼 쌓여 있습니다. 임금님은 붉은 가죽갑옷 입고 군사를 이끌고 오셨습니다.

　저 낙수를 바라보니 강물만 넘실거리네. 임금님이 오셔서 머무노니 칼과 칼집의 무늬가 아름답습니다. 임금님께서 만세토록 집안을 보존하고 있습니다.

　저 낙수를 바라보니 강물만 넘실거리네. 임금님이 오셔서 머무노니 복락이 모여들었습니다. 임금님께서 만세토록 나라를 보존하시겠도다.

【상호지습 桑扈之什】

물고기와 마름풀

魚在在藻하니 有頒¹⁾ 其首로다 王在在鎬²⁾하시니 豈³⁾ 樂飮酒샷다
어재재조　　유반 기수　　　왕재재호　　　　기 낙음주

魚在在藻하니 有莘⁴⁾其尾로다 王在在鎬하시니 飮酒樂豈샷다
어재재조　　유신 기미　　왕재재호　　음주낙기

魚在在藻하니 依于其蒲로다 王在在鎬하시니 有那⁵⁾其居샷다
어재재조　　의우기포　　왕재재호　　유나 기거

　머리가 큰 물고기가 마름풀 사이에 노닐고 있네. 임금님은 호경에서 즐겁게 술을 마시고 있습니다.
　꼬리가 긴 물고기가 마름풀 사이에 노닐고 있네. 임금님은 호경에서 술 마시기를 기뻐하고 있습니다.
　부들의 물고기가 마름풀 사이에 노닐고 있네. 임금님은 호경의 대궐에서 편안하게 거하시네.

콩을 따며

采菽采菽⁶⁾은 筐⁷⁾之莒⁸⁾之로다 君子⁹⁾來朝에 何錫予¹⁰⁾之오
채숙채숙　　광 지거 지　　군자 내조　　하석여 지

雖無予之나 路車¹¹⁾乘馬로다 又何予之오 玄袞¹³⁾及黼¹⁴⁾로다
수무여지　노거 승마　　우하여지　현곤 급보

觱沸¹⁵⁾檻泉¹⁶⁾에 言采其芹호라 君子來朝에 言觀其旂호라
필비 함천　　언채기근　　군자내조　　언관기기

其旂淠淠¹⁸⁾하며 鸞¹⁹⁾聲嘒嘒¹⁷⁾하며 載驂載駟²⁰⁾하니 君子所屆²¹⁾로다
기기비비　　난 성혜혜　　재참재사　　군자소계

赤芾²²⁾在股요 邪幅²³⁾在下로다 彼交匪紓²⁴⁾하니 天子所予로다
적불 재고　　사폭 재하　　피교비서　　천자소여

樂只君子여 天子命之로다 樂只君子여 福祿申[25]之로다
낙지군자 천자명지   낙지군자 복녹신 지

維柞之枝에 其葉蓬蓬[26]이로다 樂只君子여 殿[27]天子之邦이로다
유작지지 기엽봉봉   낙지군자 전 천자지방

樂只君子여 萬福攸同[28]이로다 平平[29]左右[30]이 亦是率從이로다
낙지군자 만복유동   평평 좌우   역시율종

汎汎楊舟며 紼纚[31]維之로다 樂只君子여 天子葵[32]之로다 樂只君子여
범범양주 불리 유지   낙지군자 천자규 지   낙지군자

福祿膍[33]之로다 優哉游[34]哉라 亦是戾[35]矣로다
복녹비 지   우재유 재 역시려 의

　쉬지 않고 콩을 따서 광주리에 담네. 제후들이 천자에게 조공할 때, 천자는 줄 것이 없다 해도 큰 수레와 네 필의 말과 함께 검은 곤룡포와 도끼 무늬 바지까지 하사하네.

　평평 솟는 샘물가에서 미나리를 캐서 제후들이 천자에게 조공할 때, 수많은 깃발들이 펄럭거리고 말방울 소리가 요란하게 울리네. 군자님은 사마를 타고 이르셨습니다.

　말의 다리에 붉은 슬갑을 두르고 그 밑에는 행전을 단단하게 쳤습니다. 느슨하지 않은 것은 천자께 하사한 물건들이고, 즐거울사 군자님들이여 복록 거듭 더하도다.

　갈참나무가지의 잎들이 무성합니다. 이처럼 천자가 나라를 안정시키자 온갖 복락이 모두 모여들고, 점잖은 훌륭한 신하들은 제후들을 보필하고 있습니다.

　두둥실 떠 있는 버드나무로 만든 배가 밧줄에 매어 있고 즐거울사 군자님이여, 천자께서 헤아리시다. 즐거울사 군자님이여, 복

록은 더욱 두터워지리라. 의젓하고 유유한 행차여, 드디어 예까지 이르렀네.

손에 익은 활도

騂騂[36] 角弓[37]이여 翩翩[38] 其反矣로다 兄弟昏姻[39]은 無胥[40] 遠矣이다
성성　각궁　　편편　기반의　　형제혼인　　　무서　원의

爾之遠矣면 民胥然矣며 爾之敎矣면 民胥傚矣리라
이지원의　민서연의　이지교의　민서효의

此令[41] 兄弟는 綽綽[42] 有裕어늘 不令兄弟는 交相爲瘉[43]로다
차령　형제　작작　유유　　부령형제　　교상위유

民之無良은 相怨一方이니라 受爵不讓하나니 至于已斯亡이로다
민지무량　상원일방　　수작불양　　　지우이사망

老馬反爲駒하야 不顧其後로다 如食宜饇[44]어늘 如酌孔取[45]로다
노마반위구　　 불고기후　　여식의어　　　여작공취

毋敎猱升木이어다 如塗塗附니라 君子有徽[46]猷면 小人與屬이리라
무교노승목　　　여도도부　　　군자유휘　유　소인여속

雨雪麃麃[47]나 見晛[48]曰消하나니라 莫肯下遺요 式居婁驕로다
우설표표　　견현　왈소　　　　막긍하유　식거루교

雨雪浮浮[49]나 見晛[49]曰流하나니라 如蠻如髦[50]라 我是用憂호라
우설부부　　견현　왈류　　　　여만여모　　아시용우

알맞게 굽어진 활이 시위를 늦추면 튕겨질 때는 형제와 친척들

은 서로 멀리하지 말고 그대가 멀리하면 백성들은 그대로 따라하고, 그대가 백성들을 가르치면 따라서 본받을 것입니다.

착한 형제들은 너그럽게 지내지만, 못난 형제들은 서로를 헐뜯고 있습니다.

못난 백성들은 자신을 탓하지 않고, 서로 상대방을 원망하고 있으므로 스스로의 몸을 망치고 있습니다.

늙은 말이 망아지가 되는 것처럼 경계하지 않고 먹는 데는 남보다 앞서고 마시는 데는 끝이 없습니다.

원숭이는 누가 가르치지 않아도 나무에 오릅니다. 진흙에 진흙이 덧붙는 것처럼 임금의 훌륭한 행동은 백성들이 스스로 따라갑니다.

눈비가 쏟아져도 햇빛 밑에서는 금세 녹거나 말라 없어집니다. 스스로 허리를 굽혀 남의 말을 경청하지도 않고 교만하기 짝이 없습니다.

눈비가 펄펄 쏟아져도 햇빛 밑에서는 금세 녹거나 말라 없어집니다. 사람들이 오랑캐같이 행동들을 하니 나는 이렇게 걱정이 됩니다.

대아 大雅

대아는 주로 조회 때 사용한 음악이므로 공식적인 성격을 띠고 있어 악곡이나 가사가 더욱 전아하고 장중하다. 대아는 역사적인 서사시와 축송가가 대부분으로 주나라 시의 정수이며 선왕의 공덕을 기린 것이 많다.

【문왕지습 文王之什】

문왕이 우리 위해

文王在上하사 於[1]昭于天하시니 周雖舊邦이나 其命[2]維新이로다
문왕재상   어 소우천   주수구방   기명 유신

有周不顯[3]가 帝[4]命不時[5]아 文王陟降[6]이 在帝左右이시리라
유주비현   제 명비시   문왕척강   재제좌우

亹亹[7]文王이 令聞[8]不已사 陳錫哉[9]周하사대 侯[10]文王孫子하시니
미미 문왕 령문 부이 진석재 주   후 문왕손자

詩經·769

文王孫子이 本支[11]百世시며 凡周之士도 不顯亦世로다
문왕손자　본지　백세　　범주지사　비현역세

世之不顯가 厥猶翼翼[12]이로다 思皇[13]多士이 生此王國이로다
세지부현　궐유익익　　　　사황　다사　생차왕국

王國克生하니 維周之楨[14]이로다 濟濟[15]多士여 文王以寧이샷다
왕국극생　　유주지정　　　　제제　다사　문왕이녕

穆穆[16]文王이여 於緝熙敬止샷다 假[17]哉天命을 有商[18]孫子이니라
목목　문왕　　어집희경지　　가　재천명　유상　손자

商之孫子이 其麗[19]不億이언마는 上帝旣命이라 侯于周服이로다
상지손자　기려　부억　　　　상제기명　　후우주복

侯服于周하니 天命靡常이라 殷士膚敏이 祼[20]將于京하니
후복우주　　천명미상　　은사부민　관　장우경

厥作祼將이여 常服黼冔[21]로다 王之藎臣[22]은 無念爾祖아
궐작관장　　상복보후　　　　왕지신신　　무념이조

無念爾祖아 聿[23]修厥德이어다 永言配命[24]이 自求多福이니라
무념이조　율　수궐덕　　　　영언배명　　자구다복

殷之未喪師[25]엔 克配上帝러니 宜鑑[26]于殷이어다 駿[27]命不易니라
은지미상사　　극배상제　　　의감　우은　　　준　명불역

命之不易니 無遏爾躬이어다 宣昭[28]義問[29]하며 有虞[30]殷自天하라
명지불역　무알이궁　　　선소　의문　　　유우　은자천

上天之載[31]는 無聲無臭어니와 儀刑[32]文王이면 萬邦作孚[33]하리라
상천지재　　무성무취　　　　의형　문왕　　　만방작부

문왕은 하늘에 계시기 때문에 주나라는 비록 오래된 나라이지만 천명을 받아 새롭기만 합니다. 그래서 주나라의 임금님들은 밝

으므로 상제의 명령이 바르게 내려졌네. 문왕이 하늘에서 오르내리고 앉아 있을 때는 상제님의 좌우에서 떠나지 않습니다.

　문왕은 계속 애쓰시어 명성이 끊이질 않고 주나라에 많은 복을 내려 자손들 모두가 편안합니다. 문왕의 자손들은 백 세토록 이어지고, 주나라의 신하들도 백 세토록 크게 밝아졌습니다.

　세상은 오직 밝고 그들은 일은 빈틈이 없네. 생각하는 수많은 신하들이 태어났고, 나라는 인재를 얻고 나라의 동량이 되었습니다. 좌우로 늘어선 수많은 신하들 때문에 문왕은 평안하고, 문왕은 밝고도 공경스럽습니다.

　위대한 하늘의 명령이 상나라 자손들에게 미쳐서 수가 헤아릴 수 없이 많아졌습니다. 그러나 상제가 명하시어 주나라에 복종케 하였으며, 천명은 일정하지 않도다.

　은나라의 지혜로운 신하는 주나라의 서울에서 제사를 돕고, 제사를 올릴 때 상나라의 관복을 그대로 입고 있습니다. 임금의 충성스런 신하들은 조상의 덕을 잊지 말라. 영원토록 하늘의 명에 따라 스스로 복을 구해야 합니다. 은나라에서 백성들을 잃기 전에 상제의 뜻에 어울릴 수 있었으니 빼어난 명을 잊지 마라.

　마땅히 은나라를 거울 삼아 빼어난 명령을 어기기 쉬움을 알라. 명령을 지키기 쉽지 않으니 네 대에 천명을 잃지 말라. 좋고 옳은 말로 빛나게 하고 이렇게 해서 은나라의 흥망이 하늘에 있음을 잊지 말라. 상제께서 하는 일은 소리와 냄새가 없습니다. 그래서 문왕을 본받는다면 천하의 제후들이 믿고 따를 것입니다.

송 頌

종묘에서 제사를 지낼 때 연주하던 노래이다. 그 내용은 천지신명을 송양하거나 선조들의 성덕을 기리고 이루어 놓은 공을 추구하여 신명에게 고하는 것이다.

주송 周頌

주송은 주나라 왕실의 공을 이루어 태평하고 덕화한 때의 시로서 주공이 섭정하던 성왕 즉위 초기의 작품이다. 주송은 『시경』가운데 가장 오래된 작품이다. 송은 주송 31편, 노송 4편, 상송 5편 모두 40편이며 노송 4편은 묘제가 아니다. 주희에 의하면 대부분 주공의 작품이라고 하였다. 송의 시는 대부분 작가가 있었으나 후세로 내려오면서 노래와 춤을 종합한 뒤에 합작이 되었다.

【청묘지습 淸廟之什】

하늘의 명령

維天之命이 於¹⁾穆²⁾不已시니 於乎不顯³⁾가 文王之德之純이여
유천지명   어 목 부이   어호부현   문왕지덕지순

假以溢我오 我其收之하야 駿惠⁴⁾我文王호리니 曾⁵⁾孫篤之어다
가 이 일 아　아 기 수 지　준 혜 아 문 왕　　증 손 독 지

하늘의 명은 아름답고 끝이 없으며, 밝기도 해라. 문왕의 밝은 덕의 순수함이여. 큰 은혜를 우리에게 내리시니 우리는 그 덕을 받아서 문왕의 뒤를 따라가리니 자손들은 독실하게 이것을 받들어라.

맑게 빛나는

維淸緝熙⁶⁾는 文王之典⁷⁾이시니
유 청 집 희　　문 왕 지 전

肇禋⁸⁾으로 迄⁹⁾用有成하니 維周之禎¹⁰⁾이로다
조 인　　흘 용 유 성　　유 주 지 정

문왕의 법도는 맑고 밝게 이어지고 있으니 문왕의 법도로다. 제사를 지내면서 지금까지 그 법도로 대업을 이루어 빛냈으니 이것은 주나라의 복입니다.

노송
魯頌

노송 4편은 모두 묘당에서 신을 제사하는 가사가 아니라 주에 대한 찬양으로서 풍과 아의 성격을 띤 것이어서 송과는 다르다. 그럼에도 불구하고 『시경』의 편집자가 노나라 사람이었기 때문에 노나라를 천자와 같이 높인 것이 아닌가 한다.

【경지습駉之什】

살찐 말

有駜有駜[1] 하니 駜彼乘[2] 黃[3] 이로다
유필유필　　　필피승　황

夙夜在公[4] 하니 在公明明[5] 로다 振振鷺[6] 여
숙야재공　　　재공명명　　　진진노

鷺于下로다 鼓咽咽[7]이어늘
노 우 하　　고 인 인

醉言舞하니 于胥[8]樂兮로다 有駜有駜하니 駜彼乘牡로다
취 언 무　　우 서 낙 혜　　유 필 유 필　　필 피 승 모

夙夜在公하니 在公飮酒로다 振振鷺여 鷺于飛로다
숙 야 재 공　　재 공 음 주　　진 진 노　　노 우 비

鼓咽咽이어늘 醉言歸하니 于胥樂兮로다
고 인 인　　취 언 귀　　우 서 낙 혜

有駜有[10]駜하니 駜彼乘駽[9]이로다
유 필 유 필　　필 피 승 현

夙夜在公하니 在公載燕이로다
숙 야 재 공　　재 공 재 연

自今以始하야 歲其有로다
자 금 이 시　　세 기 유

君子有穀[11]하야 詒[12]孫子[13]로소니 于胥樂兮로다
군 자 유 곡　　이　　손 자　　우 서 낙 혜

　억세고 살찐 건장한 네 필의 누런 말은 밤낮을 가리지 않고, 조정에서 부지런히 일하니 관가의 일이 바르게 다스려지누나. 백로가 떼를 지어 날아와 앉아 있습니다. 둥둥대는 북소리에 맞춰 춤추면서 모두들 즐거워하고 있습니다.
　억세고 살찐 건장한 네 필의 말은 밤낮을 가리지 않고, 조정에서 일하고 사람들은 잔치를 벌이고 있습니다. 이제부터 해마다 풍년이 들어 임금은 자신의 곡식을 자손에게 물려주니 모두들 즐거워하도다.

상송 商頌

상송은 12편 가운데 다섯 편만이 남아 있는데 그 노랫말은 주송과 대아를 좇고 있으며 상송은 상나라 때 지어진 것이 아니라 그 후손인 송나라에서 저술한것이다.

아름답구나

猗與那與[1]라 置我鞉鼓하야 奏鼓簡簡하니 衎[2]我烈祖[3]로다
의여나여   치아도고   주고간간   간 아렬조

湯孫奏假[4]하시니 綏我思成[5]이샷다
탕손주가   수아사성

鞉鼓淵淵하며 嘒嘒管聲이 旣和且平하야
도고연연   혜혜관성   기화차평

依我磬磬하니 於赫湯孫이여 穆穆厥聲이샷다
의 아 경 경   어 혁 탕 손   목 목 궐 성

庸⁶⁾鼓有斁⁷⁾하며 萬舞⁸⁾有奕⁹⁾하니 我有嘉客이 亦不夷懌¹⁰⁾아
용 고 유 두   만 무 유 혁   아 유 가 객   역 부 이 역

自古在昔에 先民有作하니 溫恭朝夕하야 執事有恪하니라
자 고 재 석   선 민 유 작   온 공 조 석   집 사 유 각

顧予烝嘗¹¹⁾인저 湯孫之將¹²⁾이니라
고 여 증 상   탕 손 지 장

  북 소리 아름답게 울리고 궁전의 뜰에 큰 북들을 늘어놓았습니다. 북을 요란스럽게 두들기니 공덕이 많으신 우리 조상님들이 즐기고 있습니다.

  후손들이 드리는 풍류를 들으시고 우리의 뜻을 들어주시어 복을 내려주고 있습니다.

  여기저기서 작은 북 큰 북 은은하게 울리고 관악기를 연주하는구나. 경쇠 소리 감싸주듯 하니 오, 빛나는 탕임금의 후손들이여. 그 소리 아름답기도 하구나. 큰 종, 큰 북 웅장하게 울리고 춤을 추고 있는 반가운 손님들 역시 모두 즐거워하고 있습니다.

  옛날부터 선인들이 지켜 온 규범이 있으니 아침저녁으로 받들어 공경하며 신중히 하고 공경하여 섬기세.

  이제야 신령들께서 받으시고 탕의 후손들이 지내는 제사인 줄 아옵소서.

은나라 무사

撻[13]彼殷武[14]로 奮伐荊楚하사 宋[15]入其阻하야
달 피은무　　분벌형초　　미 입기조

裒[16]荊之旅[17]하야 有截[18]其所하니 湯孫之緒[19]샷다
부 형지려　　유절 기소　　탕손지서

維女荊楚이 居國南鄕하나니 昔有成湯하실새 自彼氐羌[20]하야
유녀형초　거국남향　　석유성탕　　자피저강

莫敢不來享[21]하며 莫敢不來王[22]하야 曰商是常[23]이러니라
막감부내향　　막감부내왕　　왈 상시상

天命多辟[24]하사 設都于禹之績하시니
천명다벽　　설도우우지적

歲事來辟하야 勿予禍適이어다 稼穡匪解로이다
세사내벽　　물여화적　　가색비해

天命降監이라 下民有嚴[25]하니 不僭[26]不濫[27]하야
천명강감　　하민유엄　　부참 부남

不敢怠遑[28]하면 命于下國하사 封[29]建厥福하시나니라
부감태황　　명우하국　　봉 건궐복

商邑翼翼[30]하니 四方之極[31]이로다 赫赫厥聲[32]이며
상읍익익　　사방지극　　혁혁궐성

濯濯[33]厥靈이로소니 壽考且寧하사 以保我後生이샷다
탁탁 궐령　　　수고차녕　　어보아후생

陟彼景山하니 松栢丸丸[34]이어늘 是斷是遷하야
척피경산　　송백환환　　시단시천

方斲是虔[35]하니 松桷[36]有梴[37]하며 旅楹[38]有閑[39]하니 寢[40]成孔安이로다
방착시건　　송각 유천　　　려영 유한　　　침 성공안

　날쌔고 씩씩한 은나라의 무사들이 분연히 일어나서 초나라를 공격하러 갑니다. 험한 곳까지 깊숙이 쳐들어가 초나라의 무리를 사로잡고, 땅을 평정한 것은 탕왕의 후손들의 공적입니다.
　너희 초나라는 우리나라의 남쪽에 자리 잡고 있는 오랑캐입니다. 옛날 탕왕 시절 온 천하의 모든 나라들이 조공을 바쳤고 알현했으며, 오직 상나라를 받들어 모셨습니다.
　하늘이 여러 제후들에게 명하시어 우임금이 다스리던 땅에 도읍을 정하고 해마다 찾아와서 섬기면서 탓하지 마옵시라 아뢰었느니라. 하늘의 명령은 엄연하시니 백성들은 두려워하도다. 또한 함부로 꾸짖지 않으시니 조금도 게으름을 피우지 아니하니 천하의 충신이 되고 빛나고 아름다운 이름 몹시 빛나는 명령일세. 왕께서 오래도록 장수하고 평안해서 지금까지 우리 후손들을 보호하고 있습니다.
　저 경산에 올라가니 소나무와 잣나무가 울창하구나. 이것을 베고 다듬어서 서까래를 만들고, 기둥은 굵고 실하겠구나. 이러하니 궁전이 웅장하지 않겠느냐.

【역주】

주남周南

물수리가 우네

1. 관관關關 – 의성어. 모전毛傳에는 암수가 사이 좋게 우는 소리라 함.
2. 저구雎鳩 – 징경이. 물가에 살면서 고기를 쪼아먹고 산다.
3. 하河 – 본래 황하를 가리키는 것이나 여기서는 그 지류일 것임.
4. 주州 – 강물 가운데에 있는 모래섬.
5. 요조窈窕 – 매우 곱고 얌전한 모습.
6. 구逑 – 배필.
7. 참치參差 – 가지런하지 않은 모습.
8. 행채荇菜 – 마름풀.
9. 유지流之 – 구함.
10. 사복思服 – 모전毛傳 '사지思之와 같음'.
11. 전전반측輾轉反側 – 잠이 안 와서 뒤척이는 모습.
12. 채지采之 – 묻다.
13. 모芼 – 모전에는 '택擇'.

칡덩굴

14. 담覃 – 뻗어 감.
15. 이施 – 옮김.
16. 우于 – 단순한 조사.
17. 중곡中谷 – 모전 '곡중과 같음'.
18. 유維 – 발어사.
19. 처처萋萋 – 매우 무성한 모습.
20. 관목灌木 – 숲.
21. 개개喈喈 – 의성어.
22. 막막莫莫 – 몹시 무성한 모습.
23. 확濩 – 찐다.
24. 치絺 – 가는 베.

25. 격絺 – 굵은 베.
26. 복服 – 입다.
27. 역斁 – 싫어함.
28. 언言 – 조사.
29. 사씨師氏 – 여선생.
30. 귀歸 – 주자는 친정에 돌아가는 것으로 해설하였으나 '시집간다'는 뜻으로도 많이 쓰여 모전에서도 그렇게 보았다.
31. 오污 – 더러움을 빨아내다.
32. 한澣 – 빨래함.
33. 사私 – 평상복.
34. 의衣 – 예복.
35. 할害 – 어찌나. 어느.
36. 귀녕歸寧 – 부모에게 문안을 드리다.

도꼬마리
37. 권이卷耳 – 『시경 언해』에 도꼬마리.
38. 경광頃筐 – 바구니.
39. 주행周行 – 주자 '한길'.
40. 척陟 – 오르다.
41. 최외崔嵬 – 꼭대기에 바위가 있는 흙산.
42. 회퇴虺隤 – 높은 곳에 오르지 못하는 병.
43. 고姑 – 잠깐, 아직.
44. 뢰罍 – 술통.
45. 현황玄黃 – 병들어 말의 색깔이 누렇게 됨.
46. 시굉兕觥 – 시는 들소로 그 무게는 천 근이며, 외뿔에 푸른 빛이라 함. 그 뿔로 만든 술잔.
47. 저砠 – 바위산.
48. 도瘏 – 말이 병이 남.
49. 부痡 – 사람이 병이 남.
50. 우吁 – 근심함.

가지 드리운 나무
51. 규목樛木 – 가지가 아래로 드리워진 나무.
52. 갈류葛藟 – 칡덩굴.
53. 지只 – 조사.
54. 복이福履 – 이는 녹이라 함. 행복.

55. 누綏 – 편안히 함.
56. 항荒 – 뒤덮음.
57. 장將 – 크게 함.
58. 영縈 – 돌다.

메뚜기

59. 종사螽斯 – 메뚜기.
60. 선선詵詵 – 몹시 많은 모습.
61. 진진振振 – 번성하는 모습.
62. 횡횡薨薨 – 떼를 지어 나는 소리.
63. 승승繩繩 – 삼가는 모습.
64. 즙즙揖揖 – 모이는 모습.
65. 칩칩蟄蟄 – 화목하게 모여 사는 모습.

싱싱한 복숭아나무

66. 요요夭夭 – 나무의 한창인 모습.
67. 작작灼灼 – 꽃이 활짝 핀 모습.
68. 지자之子 – 이 처녀.
69. 우于 – 가는 뜻.
70. 귀歸 – 시집간다는 뜻임.
71. 유분有蕡 – 매우 크다.
72. 진진蓁蓁 – 매우 무성한 모습.

토끼 그물

73. 숙숙肅肅 – 경건함.
74. 탁椓 – 못이나 말뚝을 박는 소리.
75. 정정丁丁 – 말장을 박는 소리.
76. 규규赳赳 – 씩씩한 모습.
77. 공후公侯 – 제후인 군주.
78. 간성干城 – 방패와 성.
79. 구仇 – 주자가 해설한 그저 단순한 패거리로 보는 쪽이 옳다.
80. 복심腹心 – 매우 소중하고 친한 사이.

질경이

81. 부이芣苢 – 질경이.

82. 박언薄言 – 둘 다 단순한 조사.
83. 유有 – 갈무리하다.
84. 철掇 – 기르다.
85. 날捋 – 훑음.
86. 결袺 – 담음.
87. 힐襭 – 옷섶에 쌈.

한수는 넓고 넓어
88. 교목喬木 – 가지가 드문 높은 나무.
89. 사思 – 조사.
90. 한수漢水 – 양쯔강의 한 물줄기.
91. 유녀遊女 – 산책하는 미녀들.
92. 교교翹翹 – 매우 높이 자란 모습.
93. 착신錯薪 – 잡목. 가시나무.
94. 말秣 – 꼴.
95. 루蔞 – 갈대풀.

여수가의 방죽
96. 준遵 – 좇는 것.
97. 여汝 – 물의 이름.
98. 분墳 – 큰 둑.
99. 조매條枚 – 조는 가지, 매는 줄기.
100. 녁惄 – 허기짐.
101. 조調 – 아침.
102. 이肄 – 베어 버린 자리에 다시 돋아나다.
103. 방어정미魴魚赬尾 – 물고기가 피로하면 꼬리가 붉어진다.
104. 훼燬 – 불타다.
105. 공이孔邇 – 매우 가까움.

기린의 발 끝이
106. 린麟 – 기린. 상서로운 상상의 동물.
107. 지趾 – 발. 기린의 발은 생명 있는 풀과 벌레도 밟지 않는다 함.
108. 진진振振 – 신후.
109. 공자公子 – 공후의 아들.
110. 우차于嗟 – 단순한 감탄사.

111. 정定 – 이마.
112. 공족公族 – 공후와 같음.

소남 召南

까치집
1. 유維 – 조사.
2. 구鳩 – 비둘기. 제 보금자리를 갖고 있지 못한다고 함.
3. 백량百兩 – 제후의 자녀가 결혼할 때에는 백 채의 수레가 따랐다고 한다.
4. 어御 – 마중하다.
5. 방方 – 소유하다.
6. 장將 – 송야.
7. 영盈 – 매우 가득 차다.
8. 성成 – 성례를 이름.

흰 쑥을 뜯다
9. 우이于以 – 주자는 장소를 나타내는 글자로 풀이했다.
10. 번蘩 – 흰쑥.
11. 지沚 – 물가.
12. 사事 – 제사를 드리는 일.
13. 간澗 – 산골 물.
14. 궁宮 – 묘.
15. 피被 – 머리장식.
16. 동동僮僮 – 매우 엄숙함.
17. 숙야夙夜 – 초저녁.
18. 재공在公 – 주자는 공소라 풀이했다.
19. 기기祁祁 – 천천히 걸어나옴.

풀벌레
20. 요요喓喓 – 풀벌레의 울음소리.
21. 적적趯趯 – 메뚜기가 펄쩍 뛰는 모습.
22. 충충忡忡 – 몹시 걱정되다.
23. 구覯 – 만남.
24. 항降 – 마음이 놓이는 것.

25. 궐蕨 – 고사리.
26. 철철惙惙 – 근심하는 모습.
27. 설說 – 열과 같은 의미. 기뻐함.
28. 미薇 – 고비.
29. 이夷 – 가라앉음.

개구리밥을 뜯으며
30. 우이于以 – 조사.
31. 빈蘋 – 개구리밥.
32. 빈濱 – 물가.
33. 조藻 – 물수세미.
34. 행료行潦 – 길가에 흐르는 도랑물.
35. 광거筐筥 – 바구니.
36. 상湘 – 찌는 것.
37. 기부錡釜 – 기는 세 발솥, 부는 가마솥.
38. 전奠 – 제물을 신 앞에 차려 놓는 것.
39. 종실宗室–종가의 사람.
40. 기尸–일을 주관하다.
41. 계녀季女–젊은 부인.

아가위나무
42. 폐패蔽芾 – 매우 작은 모습.
43. 감당甘棠 – 아가위나무.
44. 발茇 – 풀 위에서 자는 것.
45. 소백召伯 – 소공.
46. 패敗 – 겪음.
47. 게憩 – 쉬다.
48. 배拜 – 휘게 하다.

패풍邶風

초록색 저고리
1. 의衣 – 저고리.
2. 녹의황리綠衣黃裏 – 녹색은 간색間色이고 황은 정색正色이다. 간색은 천한데 저고리가 되고

정색은 귀함에도 속이 되니 정상을 잃음이라 풀이하였다.
3. 갈曷 – 언제.
4. 이已 – 그침.
5. 비俾 – 항금.
6. 은訧 – 허물.
7. 실확아심實獲我心 – 진실로 내 마음과 같음.
8. 치絺 – 칡을 원료로 한 가는 베.
9. 격綌 – 굵은 베.

제비가 날으네
10. 연연燕燕 – 제비 떼.
11. 치지差池 – 날개를 활짝 펴는 모습.
12. 첨瞻 – 보다.
13. 읍체泣涕 – 눈물.
14. 힐頡 – 날아오름.
15. 항頏 – 날아서 내려옴.
16. 장將 – 가다.
17. 남南 – 진나라는 위나라의 남쪽에 있는 까닭이라 했으나 그보다는 수도의 남쪽 교외로 보는 것이 자연스럽다.
18. 중씨仲氏 – 재위의 자.
19. 임任 – 크다.
20. 색연塞淵 – 깊음.
21. 선군先君 – 세상을 떠난 임.
22. 과寡 – 몹시 부덕한 사람.

해와 달
23. 하토下土 – 하계의 땅. 대지.
24. 내乃 – 조사.
25. 여지인如之人 – 이 사람. 나의 그대.
26. 서逝 – 발어사.
27. 고처古處 – 나를 대하는 행동이 예전과 다르다.
28. 호胡와 영寧 – 모두 어찌의 뜻.
29. 정定 – 그침.
30. 모冒 – 덮다.
31. 덕음德音 – 사랑의 말.

32. 비야가망俾也可忘 – 어찌 홀로 나만이 잊어버림을 당한 자가 되랴.
33. 졸卒 – 다함.
34. 술述 – 따름.

용풍鄘風

메추리는 날고
1. 순鶉 – 메추리.
2. 분분 · 강강奔奔 · 彊彊 – 메추리는 어지럽게 날고 까치는 강하다.

무지개
3. 체동蝃蝀 – 무지개.
4. 여자유행 원부모형제女子有行 遠父母兄弟 – 혼인은 예에 따라 행해야 한다는 뜻을 말함.
5. 제隮 – 오르는 것.
6. 숭조崇朝 – 숭은 종야.
7. 명命 – 인도.

위풍衛風

기수강의 물굽이
1. 오奧 – 물굽이.
2. 녹죽綠竹 – 푸른 대.
3. 의의猗猗 – 매우 아름답고 무성한 모습.
4. 절切 – 뼈의 가공.
5. 차磋 – 상아 가공.
6. 탁琢 – 옥의 가공.
7. 마磨 – 돌의 가공.
8. 슬금瑟兮 – 매우 장한 모습.
9. 한僩 – 관대함.
10. 훤咺 – 의용이 매우 뛰어나다.
11. 훤諼 – 잊음.
12. 충이充耳 – 귀고리.
13. 수영琇瑩 – 아름다운 돌.

14. 회병會弁 – 흰 사슴 가죽으로 만든 고깔.
15. 규圭 – 위는 둥글고 아래는 사각인 구슬.
16. 벽璧 – 둥글게 깎은 구슬.
17. 작綽 – 점잖음.
18. 중각重較 – 선비의 수레.

낚싯대
19. 적적籊籊 – 길고 가는 모습.
20. 죽竹 – 위나라에서 나는 대.
21. 기淇 – 위나라에 있음.
22. 천원泉源 – 작은 물줄기의 근원이라 했으나 주자는 기수는 곧 백천으로 위나라의 서북에서 동북으로 흘러 기수로 들어간다라고 했다.
23. 차瑳 – 희고 고운 모습. 웃을 때 흰 이가 드러나 보이는 것.
24. 나儺 – 걷는 것이 절도가 있음.
25. 사寫 – 없앰.

정풍鄭風

검은 옷
1. 치의緇衣 – 경대부가 관청에서 일을 할 때 입는 관복.
2. 찬粲 – 음식.
3. 석席 – 큰 것. 매우 점잖음.

사람은
4. 청淸 – 정나라의 읍의 이름.
5. 팽彭 – 황하 가에 있는 땅.
6. 사개駟介 – 네 필 말이 무장한 것.
7. 팽팽旁旁 – 쉬지 않고 계속 달리는 모습.
8. 이모중영二矛重英 – 이모란 유모와 이모, 영은 붉은 날개로 창을 장식을 한 것. 이것을 나란히 수레 위에 세우면 그 장식이 겹쳐 보인다.
9. 하상河上 – 황하의 기슭.
10. 고상翱翔 – 자유로 행동하다.
11. 소消 – 황하 가의 땅.
12. 표표麃麃 – 씩씩한 모습.

13. 교喬 – 모 위에 있는 고리. 새의 깃을 거는 곳.
14. 축軸 – 황하 가의 땅.
15. 도도陶陶 – 말을 달리는 모습.
16. 좌선우추左旋右抽 – 좌는 말고삐를 잡은 병정으로 장군의 왼쪽에 있어 수레를 선회하고, 우는 용사로서 칼을 빼어 쳐들어가는 역할을 한다.
17. 중군中軍 – 장수를 가리킴.
18. 작호作好 – 뽐냄.

제풍齊風

닭이 운다
1. 조기영의朝旣盈矣 – 조정에 모이는 신하가 이미 가득 찼음.
2. 창승蒼蠅 – 파리.
3. 창昌 – 성함.
4. 훙훙薨薨 – 벌레가 나는 소리.
5. 감甘 – 즐김.
6. 무서여자증無庶子子憎 – 여러 신하들로 하여금 나로 인해 그대를 미워하게 하는 일이 없기를.

그대는 날쌔었네
7. 선還 – 날쌘 모습.
8. 노峱 – 산 이름.
9. 병구竝驅 – 마차를 나란히 하여 달리는 것.
10. 종從 – 쫓아감.
11. 견肩 – 세 살짜리 짐승.
12. 현儇 – 날카로움.
13. 무茂 – 아름다움.
14. 창昌 – 성함.

문간에서
15. 저著 – 문병지간.
16. 상尙 – 더하다.
17. 경화·경영·경영瓊華·瓊瑩·瓊英 – 모두 아름다운 옥돌.

위풍魏風

칡신
1. 규규糾糾 – 엉기성기 얽어맴.
2. 섬섬摻摻 – 섬유와 같음.
3. 요要 – 옷의 허리.
4. 극襋 – 저고리 동정.
5. 호인好人 – 매우 귀한 집 사람.
6. 제제提提 – 몹시 얌전함.
7. 좌벽左辟 – 겸손을 나타낼 때 왼쪽으로 몸을 피하는 모습.
8. 편褊 – 매우 좁은 마음.
9. 자刺 – 풍자. 여기에서는 그 노래.

분수 물가
10. 분汾 – 진나라에서 서남쪽으로 흘러 황하로 들어가는 강.
11. 저여沮洳 – 습지.
12. 막莫 – 나물.
13. 무도無度 – 자로 헤아릴 수 없음.
14. 수이殊異 – 특히 다름.
15. 공로公路 – 관직명.
16. 영英 – 꽃.
17. 공행公行 – 병거의 행렬을 주관함.
18. 속藚 – 쇠귀나물.
19. 공족公族 – 관직명.

바위산에 올라
20. 척陟 – 오름.
21. 호岵 – 초목이 하나도 없는 산.
22. 차嗟 – 감탄사.
23. 행역行役 – 전장에 나감.
24. 전旃 – 남.
25. 계季 – 막내아들.
26. 기棄 – 시체를 버림.

당풍唐風

산의 느티나무
1. 우樞 – 느티나무.
2. 습隰 – 습지대.
3. 유楡 – 느릅나무.
4. 예曳 – 옷을 끄는 것.
5. 루婁 – 걷는 것.
6. 치馳 – 말을 달림.
7. 완宛 – 가만히 앉아서 당하는 모습.
8. 고栲 – 참나무.
9. 뉴杻 – 박달나무.
10. 고考 – 북, 종 등을 치는 것.
11. 보保 – 차지함.

출렁이는 강물에
12. 양지수揚之水 – 모전은 격류라고 풀이해 진나라의 정치의 혼란성에 비유했다. 주자는 완류로 풀이해 진나라의 정치를 태만한 것으로 비유했다.
13. 착착鑿鑿 – 매우 선명한 모습.
14. 옥沃 – 진나라의 옛 도읍의 이름.
15. 호호皓皓 – 매우 선명함.
16. 수繡 – 왕의 옷에 흑백으로 도끼 무늬 모양을 수놓은 것.
17. 곡鵠 – 곡옥의 읍.
18. 인린粼粼 – 물이 맑은데 돌이 반짝이는 모습.
19. 명命 – 정령.

산초나무
20. 초료椒聊 – 산초나무.
21. 석대碩大 – 큼.
22. 붕朋 – 견줌.
23. 원조遠條 – 긴 가지.
24. 국菊 – 두 줌.
25. 독篤 – 후함.

진풍秦風

수레 가는 소리
1. 린린鄰鄰 – 여러 수레의 소리.
2. 백전白顚 – 말의 이마에 흰 털이 난 것.
3. 사인寺人 – 옆에 따르는 시종.
4. 영令 – 사인.
5. 고鼓 – 연주함.
6. 질耋 – 80세를 이름.

네 필의 검은 말
7. 사駟 – 한 패가 되어 끄는 네 마리의 말.
8. 철驖 – 쇠처럼 검은 말.
9. 공孔 – 매우.
10. 부阜 – 매우 큼.
11. 육비六轡 – 여섯 개의 고삐.
12. 미자媚子 – 총애를 받는 신하.
13. 수狩 – 겨울사냥.
14. 봉奉 – 우인이 몰이하여 군주의 화살 쏨을 기다리는 것. 우인은 수렵장을 지키는 관리.
15. 시時 – 시是.
16. 진辰 – 때.
17. 석碩 – 비대함.
18. 공왈좌지公曰左之 – 시종에게 명해 수레를 왼쪽으로 돌림.
19. 사舍 – 놓음. 쏨.
20. 발拔 – 화살의 끝.
21. 한閑 – 익숙함.
22. 유거輶車 – 가벼운 수레.
23. 난표鸞鑣 – 난은 방울. 표는 재갈.
24. 재載 – 싣는 것.
25. 렴헐교獫歇驕 – 사냥개. 주둥이가 긴 것을 렴, 짧은 것을 헐, 혹은 교라 함.

갈대
26. 겸가蒹葭 – 겸은 갈대, 가는 달.
27. 창창蒼蒼 – 무성함. 어우러지다.
28. 이인伊人 – 저 사람.

29. 소회遡洄 – 흐름을 거슬러 올라감.
30. 조阻 – 매우 험함.
31. 완재수중앙宛在水中央 – 완연히 물 가운데 있는 듯함. 바로 거기라는 것.
32. 처처凄凄 – 창창과 같음.
33. 희晞 – 마르는 것.

회풍檜風

습지의 쐐기풀
1. 습隰 – 저습한 지대.
2. 아나猗儺 – 매우 아름다운 모습.
3. 옥옥沃沃 – 광택이 있음.
4. 자子 – 외초를 가리킴.

조풍曹風

하루살이
1. 부유蜉蝣 – 하루살이.
2. 초초楚楚 – 매우 선명한 모습.
3. 채채采采 – 화려한 장식.
4. 식息 – 멈추는 것.
5. 굴열掘閱 – 알 수 없음.
6. 세說 – 잠을 잔다는 말과 같음.

저 길 잡는 관리여
7. 후인候人 – 빈객을 송영하는 사람.
8. 과戈 – 창.
9. 대殳 – 창처럼 생겼음.
10. 삼백적불三百赤芾 – 불芾은 필鞸. 앞의 소관 참조. 이를 300명의 경대부 이상은 붉은색을 썼다 한다.
11. 칭稱 – 어울림.
12. 주咮 – 부리.
13. 제鵜 – 사다새.

14. 양梁 – 어살.
15. 유濡 – 젖음.
16. 구媾 – 남녀의 만남.
17. 회위薈蔚 – 구름이 일어나는 모습.
18. 남산南山 – 조나라의 남산.
19. 제隋 – 무지개.
20. 완婉 – 젊은 모습.
21. 연孌 – 예쁜 모습.
22. 계녀季女 – 젊은 여인.
23. 사기斯飢 – 매우 허기지다. 사랑의 갈망을 암시하는 말.

뽕나무의 뻐꾸기

24. 시구鳲鳩 – 뻐꾸기.
25. 숙淑 – 선.
26. 의儀 – 도덕적 행동.
27. 기대이사其帶伊絲 – 큰 띠를 이름.
28. 변弁 – 가죽 고깔.
29. 기騏 – 청흑색의 말.
30. 특忒 – 의심함.
31. 정正 – 바로잡음.
32. 사국四國 – 사방의 나라.
33. 호불만년胡不萬年 – 만년토록 그 덕이 끼침.

빈풍豳風

부서진 도끼

1. 부斧 – 도끼.
2. 장斨 – 도끼. 네모진 구멍.
3. 사국四國 – 사방의 나라.
4. 황皇 – 바로잡음.
5. 사斯 – 조사.
6. 공孔 – 매우.
7. 장將 – 큰 것.
8. 기錡 – 착의 종류.

9. 와吪 – 교화함.
10. 가嘉 – 좋음.
11. 구梂 – 나무의 종류.
12. 휴休 – 아름다움.
13. 준遵 – 매우 굳게 함.

도끼자루
14. 가柯 – 도끼자루.
15. 부斧 – 도끼.
16. 극克 – 능히 함.
17. 기즉불원其則不遠 – 도끼자루를 베는 이는 필히 도끼를 써 그 크고 작음과 길고 짧음을 가까이 도끼 자루에서 본뜨는데 이것은 멀리 구하지 않는다는 뜻이다.
18. 구覯 – 만나는 것.
19. 변두籩豆 – 변은 대로 만든 그릇으로 마른 음식을 담고 두는 나무로 만든 것으로 음식을 담는 데 쓴다.
20. 천踐 – 늘어놓은 모습.

아홉 코 잔그물
21. 구역九罭 – 작은 고기의 그물.
22. 준鱒 – 송어.
23. 방魴 – 방어.
24. 곤의수상袞衣繡裳 – 왕이나 공후의 의복.
25. 홍鴻 – 큰 기러기.
26. 신信 – 두 번 자는 것.

소아小雅
녹명지습鹿鳴之什

화려한 것은 꽃이여
1. 황황皇皇 – 환하게 꽃핀 모습.
2. 신신駪駪 – 많은 모습.
3. 정부征夫 – 사신과 그 일행.
4. 여유如濡 – 매우 번지르르함.
5. 자추咨諏 – 방문함이 자, 일을 꾀함이 추.

6. 자모·자순·자도咨謀·咨詢·咨度 – 뜻이 자추와 같음.
7. 옥약沃若 – 여유와 같음.
8. 인騆 – 불알이 흰 말.
9. 낙駱 – 털이 희고 갈기가 검은 말.

고사리 캐러 가세
10. 미薇 – 고사리. 고비.
11. 작지作止 – 나옴.
12. 막莫 – 모暮와 같음.
13. 미실미가靡室靡家 – 집의 식구와 떨어져 있음.
14. 불황계거不遑啓居 – 한가롭게 있을 틈이 없음.
15. 험윤玁狁 – 북적.
16. 술戌 – 수자리 사는 것.
17. 정定 – 멈춤.
18. 빙聘 – 물음.
19. 강剛 – 어리면서 굳은 것.
20. 양陽 – 10월을 양이라 함.
21. 미고靡盬 – 틈이 없음.
22. 구疚 – 병듦.
23. 상常 – 상체. 아가위.
24. 융거戎車 – 병거.
25. 업업業業 – 장함.
26. 규규騤騤 – 굳셈.
27. 군자君子 – 장수를 이름.
28. 의依 – 타는 것.
29. 소인小人 – 병졸.
30. 비腓 – 벽. 옹호함.
31. 익익翼翼 – 행렬이 매우 가지런한 모습.
32. 상미象弭 – 코끼리뼈로 활고자를 꾸민 것.
33. 어복魚服 – 죽통. 어피로 만듦.

전차를 끌고
34. 목牧 – 교외.
35. 복부僕夫 – 마부.
36. 극棘 – 급함.

37. 조旐 – 용과를 그린 기.
38. 모旄 – 쇠꼬리를 깃대 끝에 단 것.
39. 여旟 – 새매를 그린 기.
40. 패패旆旆 – 기가 드리운 모습.
41. 황췌況瘁 – 이에 여윔.
42. 남중南仲 – 이때의 대장.
43. 성城 – 성을 쌓음.
44. 방方 – 북방.
45. 팽팽彭彭 – 여럿 성의 모습.
46. 기旂 – 교룡을 그린 기.
47. 중앙中央 – 매우 선명함.
48. 삭방朔方 – 북방.
49. 혁혁赫赫 – 이름이 몹시 빛나는 모습.
50. 양襄 – 제거함.
51. 화華 – 꽃핌.
52. 재도載塗 – 언 땅이 녹은 길.
53. 불황계거不遑啓居 – 불황계처不遑啓處와 같음.
54. 간서簡書 – 책명策命.
55. 요요喓喓 – 이하 육순–소남 참조.
56. 훼卉 – 풀.
57. 처처萋萋 – 매우 무성한 모습.
58. 창경倉庚 – 꾀꼬리.
59. 개개喈喈 – 꾀꼬리가 우는 소리.
60. 기기祁祁 – 많은 모습.
61. 신訊 – 신문할 만한 괴수.
62. 추醜 – 적병.
63. 이夷 – 평정함.

남유가어지습南有嘉魚之什

남쪽의 좋은 물고기
1. 남南 – 강한江漢 사이라고 함. 그곳은 이름난 물고기들의 산지라고 함.
2. 증연烝然 – 발어사.
3. 조罩 – 가리를 써서 고기를 잡음.

4. 식연式燕 – 식은 발어사, 연은 잔치함.
5. 산汕 – 물고기를 잡는 기구.
6. 간衎 – 낙.
7. 규목樛木 – 가지가 몹시 늘어진 나무.
8. 호瓠 – 박.
9. 류纍 – 얽힘.
10. 편편翩翩 – 펄펄 나는 모습.
11. 추雛 – 집비둘기.
12. 역사又思 – 반복의 뜻.

기다란 다북쑥

13. 륙蓼 – 크게 자람.
14. 소蕭 – 배양쑥. 뺑대쑥.
15. 영零 – 떨어짐.
16. 서湑 – 이슬이 맺힌 모습.
17. 사寫 – 쏟음.
18. 예譽 – 칭송의 소리.
19. 처處 – 안락.
20. 양양瀼瀼 – 이슬이 많이 내린 모습.
21. 용龍 – 총.
22. 상爽 – 어긋남.
23. 고考 – 노.
24. 망忘 – 망亡과 같음.
25. 니니泥泥 – 젖은 모습.
26. 개豈 – 즐거움.
27. 제弟 – 매우 편안함.
28. 농농濃濃 – 몹시 짙은 모습.

흠뻑 젖은 이슬

29. 담담湛湛 – 이슬이 매우 많은 모습.
30. 사斯 – 조사.
31. 희晞 – 마름.
32. 염염厭厭 – 편안함.
33. 재종在宗 – 종은 종실. 야음은 반드시 종실에서 했다.
34. 고考 – 성.

35. 현顯 - 밝음.
36. 윤允 - 신실함.
37. 영令 - 선.
38. 의椅 - 산유자나무.
39. 이리離離 - 열매가 드리운 모습.
40. 영의令儀 - 위의.

뜰에 있는 횃불

41. 정료庭燎 - 궁중 뜰에 놓았던 화톳불.
42. 군자君子 - 제후를 이름.
43. 란鸞 - 패옥.
44. 장장將將 - 옥이 부딪치는 소리.
45. 애艾 - 다함.
46. 절절晢晢 - 밝음.
47. 홰홰噦噦 - 천천히 걸어 소리가 절도가 있음을 가까이서 듣는 것.
48. 향신鄕晨 - 새벽이 가까움.
49. 휘煇 - 빛깔.
50. 기旂 - 쌍룡기.

넘치는 강물

51. 면沔 - 물이 흘러 가득한 모습.
52. 조종朝宗 - 왕에게 조회하는 것으로서, 물이 바다로 들어감을 비유한 말.
53. 율피비준鴥彼飛隼 - 진풍 참조.
54. 탕탕湯湯 - 물결이 매우 성한 모습.
55. 불적不蹟 - 도를 좇지 않음.
56. 미망弭忘 - 잊음.
57. 징懲 - 그치는 것.

기부지습祈父之什

정월正月

1. 정월正月 - 하력의 4월.
2. 장將 - 큼.
3. 경경京京 - 항상 근심이 떠나지 않음.

4. 양痒 – 아픔.
5. 서우瘍憂 – 속이 매우 답답함.
6. 유瘉 – 병.
7. 유莠 – 추함.
8. 유유愈愈 – 더욱 심함.
9. 경경惸惸 – 근심함.
10. 무록無祿 – 불행.
11. 고辜 – 죄.
12. 신복臣僕 – 종.
13. 후侯 – 발어사.
14. 신·증薪·蒸 – 땔나무의 굵은 것이 신, 가는 것이 증.
15. 몽몽夢夢 – 분명하지 않는 모습.
16. 기극유정旣克有定 – 하늘이 일단 뜻을 정하면.
17. 미인불승靡人弗勝 – 하늘은 이기지 않음이 없다.
18. 황皇 – 큰 것.
19. 강·릉岡·陵 – 산등성이를 강, 광평한 언덕을 능이라 함.
20. 징懲 – 멈춤.
21. 국局 – 굽힘.
22. 척踖 – 소리를 내지 않고 걷는 것.
23. 훼척虺蜴 – 독으로 사람을 해치는 동물.
24. 판전阪田 – 자갈밭.
25. 울菀 – 무성한 모습.
26. 특特 – 홀로 우뚝 솟은 싹.
27. 올扤 – 움직이는 것.
28. 칙則 – 법.
29. 구구仇仇 – 원수처럼 여김.
30. 력力 – 쓰는 힘.
31. 려厲 – 포악함.
32. 료燎 – 사냥하기 위해 풀을 태우는 불.
33. 종주宗周 – 호경鎬京을 이름.
34. 포사褎姒 – 유왕의 총희.
35. 혈戚 – 멸함.
36. 군窘 – 몹시 괴로워함.
37. 보輔 – 수레바퀴의 덧방나무.
38. 재수이재載輸爾載 – 실은 것을 떨어뜨림.

39. 장將 - 청함.
40. 員 - 더함.
41. 폭幅 - 수레의 바퀴살.
42. 증시불의曾是不意 - 처음부터 뜻에도 두지 않은 듯함.
43. 소炤 - 환해서 쉽게 보임.
44. 참참慘慘 - 매우 근심하는 모습.
45. 흡비洽比 - 모두 합자의 뜻.
46. 혼인昏姻 - 아행기야我行其野 참조.
47. 운云 - 도는 것.
48. 은은慇慇 - 아픈 모습.
49. 차차佌佌 - 작음.
50. 속속蔌蔌 - 몹시 더러운 것. 천한 모습.
51. 탁椓 - 해침.
52. 가㝷 - 가야.
53. 경독惸獨 - 외로워서 의지할 데 없는 사람.

시월 초에

54. 시월十月 - 주역 10월이니 하역으로는 8월.
55. 교交 - 일월이 교회함이니 그믐과 초하루의 사이.
56. 미微 - 이지러짐.
57. 행行 - 수首.
58. 양良 - 선인.
59. 장臧 - 선.
60. 엽엽爗爗 - 번개가 치는 모습.
61. 총冢 - 산마루.
62. 줄崒 - 높은 모습.
63. 참憯 - 일찍이.
64. 징懲 - 그침.
65. 황부·가백·중윤皇父·家伯·仲允 - 모두 자字.
66. 추棸·궤蹶·우楀 - 모두 성씨.
67. 경사卿士 - 주나라 말기에 총재 대신 경사가 백관을 통솔함.
68. 사도司徒 - 천하 토지의 지도와 인민의 수를 관장함.
69. 재宰 - 나라의 육전을 관장함.
70. 선부膳夫 - 왕의 음식을 맡음.
71. 내사內史 - 법을 맡음.

72. 추마趣馬 – 왕의 말을 관장함.
73. 사씨師氏 – 중대부. 조정의 이해득실을 관장함.
74. 염처豔妻 – 포사.
75. 선煽 – 세력이 매우 대단함.
76. 시時 – 옳음.
77. 작作 – 움직임.
78. 오汚 – 괸 물.
79. 래萊 – 풀숲.
80. 장戕 – 해롭게 함.
81. 상向 – 지명.
82. 삼유사三有事 – 삼경.
83. 은憖 – 마음에 없는 일을 스스로 강요하는 말.
84. 조徂 – 가는 것.
85. 효효囂囂 – 매우 많은 모습.
86. 얼孽 – 재해.
87. 준답噂沓 – 많이 모여 떠듦.
88. 직職 – 주로.
89. 경競 – 힘씀.
90. 리里 – 병.
91. 매痗 – 병.
92. 선羨 – 나머지.
93. 일逸 – 즐김.
94. 철徹 – 고른 것.

곡풍지습谷風之什

골 바람

1. 습습곡풍習習谷風 – 습습은 매우 온화한 모습. 곡풍은 동풍.
2. 퇴頹 – 바람이 회오리치는 것.
3. 치寘 – 치야.
4. 최외崔嵬 – 산마루.

새발쑥

5. 육륙蓼蓼 – 장대모.

6. 아莪 – 애쑥.
7. 호蒿 – 다북쑥.
8. 구로劬勞 – 매우 고생함.
9. 위蔚 – 제비쑥.
10. 췌瘁 – 병.
11. 병缾·뢰罍 – 병과 술통.
12. 경罄 – 다함.
13. 휼恤 – 근심.
14. 입즉미지入則靡至 – 집에 들어와도 부모가 안 계시니, 돌아온 것 같지 않다는 뜻.
15. 혜鞠·휵畜 – 모두 양육의 뜻.
16. 부拊 – 어루만짐.
17. 복腹 – 안음.
18. 호천망극昊天罔極 – 그 은혜가 하늘처럼 무궁하여 갚을 바를 모름.
19. 열렬烈烈 – 매우 험악한 모습.
20. 발발發發 – 빠른 모습.
21. 곡穀 – 선.
22. 율율律律 – 열렬과 같음.
23. 불불弗弗 – 발발과 같음.

사월四月
24. 유월조서六月徂暑 – 조徂는 가는 것. 6월에는 화성이 정남에 와서 더위가 극도에 이르렀다가 물러간다.
25. 호녕인여胡寧忍予 – 어찌하여 일찍이 나로 하여금 이 난세를 당하게 했는가.
26. 처처凄凄 – 산들바람이 부는 모습.
27. 훼卉 – 풀.
28. 비腓·막瘼 – 병듦.
29. 곡穀 – 좋음.
30. 잔적殘賊 – 잔인하게 죽임.
31. 우尤 – 허물.
32. 상相 – 보는 것.
33. 구構 – 이루는 것.
34. 도도滔滔 – 큰 물의 모습.
35. 강한江漢 – 양쯔강.
36. 남국지기南國之紀 – 기紀는 벼리綱. 강한은 남방의 모든 물을 이끌어 간다.
37. 유有 – 아는 것이 있음.

38. 한翰 – 높이.
39. 려戾 – 이르다.
40. 유鮪 – 메기.
41. 이栘 – 멧대추나무.

포전지습甫田之什

넓은 밭
1. 탁倬 – 먼 모습.
2. 보전甫田 – 큰 밭.
3. 심천十千 – 많음을 말함.
4. 유년有年 – 풍년.
5. 진陳 – 낡은 조.
6. 운耘 – 김맴.
7. 자耔 – 복돋음.
8. 의의薿薿 – 매우 무성한 모습.
9. 증아모사烝我髦士 – 증은 나아감, 모는 준야俊也.
10. 유개유지攸介攸止 – 개는 대大. 유는 조사.
11. 제명齊明 – 메기장
12. 희양犧羊 – 순색의 양. 희생에 쓰는 것.
13. 사社 – 토지의 신.
14. 방方 – 사방의 신.
15. 어御 – 맞이함.
16. 전조田祖 – 농사를 창시한 자를 이름.
17. 곡穀 – 기름.
18. 양기좌우攘其左右 – 좌우의 음식을 집어 맛을 봄.
19. 이易 – 치야治也.
20. 자茨 – 적야積也.
21. 유庾 – 노적.
22. 지坻 – 수중 고지.
23. 경京 – 높은 언덕.
24. 상箱 – 짐수레.

큰 밭은

25. 종種 – 그 종자를 가리는 것.
26. 계戒 – 보습을 수리하고 전기田器를 갖추는 것.
27. 염覃 – 날카로움.
28. 숙재俶載 – 치치熾菑로 보아야 할 것. 묵정밭을 갈아젖힌다는 뜻.
29. 정庭 – 곧음.
30. 야若 – 순야順也.
31. 방方 – 곡식의 알이 아직 여물지 않은 상태.
32. 조皁 – 곡식의 알이 견고히 되지 못한 것.
33. 랑稂・유莠 – 모두 강아지풀.
34. 명특螟螣・모적蟊賊 – 모두 곡식의 해충.
35. 전조田祖 – 포전 참조.
36. 엄渰 – 비구름이 이는 모습.
37. 처처萋萋 – 매우 성한 모습.
38. 흥우기기興雨祁祁 – 비가 급하지 않고 천천히 일어서.
39. 불확치不穫穉 – 못 다 벤 벼.
40. 불염제不斂穧 – 베어 놓고 거두지 않은 곡식.
41. 유병遺秉 – 버린 곡식 단.
42. 체수滯穗 – 떨어진 벼이삭.
43. 인禋 – 정성껏 제사 지냄.

상호지습 桑扈之什

물고기와 마름풀
1. 분頒 – 목이 큰 모습.
2. 호鎬 – 서주의 서울. 호경.
3. 개豈 – 악의 뜻.
4. 신莘 – 긴 모습.
5. 나那 – 편안한 모습.

콩을 따며
6. 숙菽 – 대두.
7. 광筐 – 모가 진 광주리.
8. 거莒 – 둥근 광주리.

9. 군자君子 – 제후를 이름.
10. 석여錫予 – 석은 사賜, 여는 여與.
11. 노거路車 – 여행용 마차.
12. 승마乘馬 – 수레를 이끄는 네 필의 말.
13. 현곤玄袞 – 검은 웃옷에 용을 그린 것.
14. 보黼 – 하의에 수놓은 것.
15. 필불觱沸 – 샘이 나는 모습.
16. 함천檻泉 – 치솟아오르는 샘.
17. 혜혜嘒嘒 – 방울 소리의 표현.
18. 비비瀰瀰 – 움직이는 것.
19. 란鸞 – 방울.
20. 참사驂駟 – 곁말과 본말.
21. 계屆 – 기름.
22. 불市 – 슬갑.
23. 사핍邪幅 – 지금의 행등 같은 것.
24. 피교비서彼交匪紓 – 교는 교제.
25. 신申 – 겹침.
26. 봉봉蓬蓬 – 매우 무성한 모습.
27. 전殿 – 진정함.
28. 동同 – 모임.
29. 편편平平 – 사리를 잘 분별함.
30. 좌우左右 – 제후의 신하.
31. 불리紼纚 – 밧줄.
32. 규葵 – 제후의 공을 헤아림.
33. 비膍 – 두텁게 함.
34. 우유優游 – 편안하고 매우 한가함.
35. 려戾 – 이름.

손에 익은 활도

36. 성성騂騂 – 조화.
37. 각궁角弓 – 뿔로 활을 장식한 것.
38. 편翩 – 뒤집히는 모습.
39. 혼인昏姻 – 이성의 친척.
40. 서胥 – 서로들.
41. 령令 – 사이가 매우 좋음.

42. 작작棹棹 – 너그러움.
43. 유瘉 – 병.
44. 어饇 – 배부름.
45. 공취孔取 – 매우 많이 취함.
46. 휘徽 – 아름다움.
47. 표표瀌瀌 – 매우 성한 모습.
48. 현晛 – 햇살.
49. 부부浮浮 – 표표와 같음.
50. 모髦 – 사이四夷의 별명.

대아大雅

문왕지습文王之什

문왕이 우리 위해

1. 어於 – 감탄사.
2. 명命 – 천명.
3. 불현不顯 – 반대어.
4. 제帝 – 상제.
5. 불시不時 – 옳다는 뜻의 반대어.
6. 문왕척강文王陟降 – 문왕그 혼이 올라가서는 하늘에 접하고 내려와서는 사람에 접함.
7. 미미亹亹 – 매우 힘쓰는 모습.
8. 영문令聞 – 좋은 칭송.
9. 재哉 – 시작함.
10. 후侯 – 유야維也.
11. 본지本支 – 본종本宗과 지자支子.
12. 익익翼翼 – 공경함.
13. 사황思皇 – 사는 발어사, 황은 아름다움.
14. 정榦 – 간야榦也.
15. 제제濟濟 – 훌륭한 모습.
16. 목목穆穆 – 심원.
17. 가假 – 큰 것.
18. 유상有商 – 상은 은.
19. 려麗 – 수.
20. 관祼 – 울창주를 땅에 붓고 제사 지냄.

21. 보후黼扆 – 흑백의 수를 놓은 하의와 은나라의 관.
22. 신신藎臣 – 충의가 몹시 두터운 신하.
23. 율聿 – 발어사.
24. 배명配命 – 천명에 합함.
25. 사師 – 중야衆也.
26. 감鑑 – 거울 삼음.
27. 준駿 – 대야大也.
28. 선소宣昭 – 포명布明.
29. 의문義問 – 의는 선善, 문은 문聞과 통용.
30. 우虞 – 헤아림.
31. 재載 – 일.
32. 의형儀刑 – 본받음.
33. 부孚 – 믿음.

주송周頌

청묘지습清廟之什

하늘의 명령

1. 오於 – 감탄사.
2. 목穆 – 그윽함.
3. 불현不顯 – 매우 밝구나. 그 무엇을 우리에게 베풀려는가.
4. 혜惠 – 따름.
5. 증曾 – 후왕. 제주.

맑게 빛나는

6. 집희緝熙 – 광명.
7. 전典 – 법.
8. 인禋 – 천제.
9. 흘迄 – 이름.
10. 정禎 – 매우 상서로움.

노송魯頌
경지습駉之什

살찐 말
1. 필駜 – 말이 살찌고 굳센 모습.
2. 승乘 – 4필이 한 짝이 되어 수레를 끄는 말.
3. 황黃 – 황고랑. 털빛이 누른 말.
4. 공公 – 군주가 있는 곳.
5. 명명明明 – 면면勉勉과 같음.
6. 진진노振振鷺 – 떼지어 나는 모습.
7. 연연咽咽 – 북 소리의 의미심장한 모습.
8. 서胥 – 상相.
9. 현駽 – 검푸른 말.
10. 유有 – 풍년.
11. 곡穀 – 녹은 복.
12. 이詒 – 주는 것.
13. 손자孫子 – 자손.

상송商頌

아름답구나
1. 의여나여猗與那與 – 기는 감탄사. 나는 많다, 여는 조사.
2. 간衎 – 즐기다.
3. 열조烈祖 – 탕왕이 공훈 있는 조상이란 뜻.
4. 격假 – 음악을 연구해 조고에 이르게 함.
5. 수아사성綏我思成 – 내 생각하는 바를 매우 편안히 하여 이를 이루게 함.
6. 용庸 – 큰 종.
7. 역斁 – 성함.
8. 만무萬舞 – 방패를 들고 추는 춤.
9. 혁혁奕奕 – 춤추는 모습.
10. 역부이역亦不夷懌 – 기뻐함. 반어로 쓴 것.
11. 증상烝嘗 – 증은 겨울의 제사, 상은 가을의 제사.
12. 장將 – 받드는 것.

은나라 무사

13. 달撻 – 매우 날쌔다는 뜻.
14. 은무殷武 – 무정야武丁也. 왕의 무. 무정에 한한 것은 아니다.
15. 미罙 – 깊다.
16. 부裒 – 모으다. 사로잡는 것.
17. 려旅 – 무리.
18. 절截 – 끊은 듯 가지런히 함. 평정함.
19. 서緒 – 업業.
20. 저강氐羌 – 서방의 오랑캐의 나라.
21. 향享 – 바치는 것.
22. 왕王 – 새로 대를 이은 제후가 천자를 찾아 뵙는 것.
23. 왈상시상曰商是常 – 말하되, 이는 상商의 상례常禮라고.
24. 내벽來辟 – 내왕來王과 같음.
25. 천명강감 하민유엄天命降監 下民有嚴 – 감은 시視. 천명이 강감함은 다른 데 있는 것이 아니고 모두 백성들의 시청視聽하는 것에 있는즉 하민들도 또한 위엄이 있다.
26. 참僭 – 상賞이 어긋남.
27. 남濫 – 형刑의 과함.
28. 황遑 – 여가餘暇.
29. 봉封 – 크다.
30. 익익翼翼 – 매우 가지런한 모습. 공손함. 엄숙함.
31. 극極 – 중야中也.
32. 성聲 – 성예聲譽.
33. 탁탁濯濯 – 밝은 모습.
34. 환환丸丸 – 밋밋하게 자람.
35. 건虔 – 자르는 것.
36. 각桷 – 서까래.
37. 천梴 – 긴 모습.
38. 영楹 – 기둥.
39. 한閑 – 큰 모습.
40. 침寢 – 침전.

書經

머리말

『서경書經』은 총 58편으로 구성되어 있는데, 우서虞書·하서夏書·상서商書·주서周書 등 당우唐虞 3대까지의 중국 고대사를 기록한 책이다. 즉 『서경』을 보편적으로 『상서』라고도 부르며, 이것은 한나라 문제B.C. 179~157때 복생이 '상고 시대의 글'이란 뜻에서 붙인 것이다.

다시 말해 58편 중 33편을 『금문상서今文尙書』라고 부르며, 나머지 25편을 『고문상서古文尙書』라고 부른다. 『금문상서今文尙書』는 원래 29편이었는데, 일부가 분할되면서 편수가 늘어났던 것이다. 그렇지만 대부분의 학자들은 이것을 B.C. 4세기 이전에 작성된 진본으로 판단하고 있다.

『고문상서』는 원래 16편이었는데 안타깝게도 오래전에 소실되었다. 4세기부터 나타난 모작模作은 원본의 제목을 붙인 16편에 9편을 더해서 25편으로 되어 있다.

상서라는 의미는 상고上古의 책이기 때문에 숭상해야 한다는 뜻이다. 이제삼왕二帝三王 정권의 수수授受, 정교政敎 등을 기록했는데, 이로써 고대 사적史的 사실이나 사상을 파악하는 데 매우 중요한 자료이기도 하다.

당시 각 시대의 사관史官이나 사신史臣들이 공식적으로 기록한 고문서를 공자가 수집해서 편찬한 것이다. 하지만 일부가 이 무렵에 쓰인 것으로 밝혀졌는데, 이 부분을 제외하면 중국에서 가장 오래된 역사책인 것이다.

처음엔 100편으로 편찬되었는데, 이것은 진秦나라의 시황제가 모두 태워 버린 것을 한나라 문제 때의 사람 복생이 입에서 입으로 전해진 것을 당시 통용되던 예서隸書로 베꼈는데, 이것을 『금문상서今文尙書』라고 지었다.

그 다음 경제景帝 때 노나라 공왕恭王이 공자의 옛 집을 부수면서 진晉나라 문자로 기록된 것을 발견했는데, 이것을 『고문상서古文尙書』라고 책의 이름을 지었다. 이 책은 일찍 없어졌고 현재는 동진東晉 매색梅賾이 원제元帝에게 바친 『위고문상서僞古文尙書』가 『금문상서今文尙書』와 함께 퍼졌던 것이다.

구성 내용을 보면 58편 중 처음 5편은 중국의 전설적인 태평 시대에 나라를 다스렸다는 유명한 요순의 말과 업적을 기록했다. 6~9편은 하나라에 대한 기록이지만 역사적으로는 규명되지 않았다. 17편은 은殷나라 건국과 몰락의 기록인데, 은나라 멸망 원인을 마지막 왕인 주왕紂王의 포악·잔인·사치·음탕한 인물로 묘사했다. 마지막 32편은 B.C. 771년까지 중국을 다스린 서주西周를 기록했다.

제一편 우서 虞書

우는 순임금의 성씨로 순임금 때 사관이 정리하고 기록하였기 때문에 『우서』라고 한다. 우서는 요전·순전·대우모·고야모·익직 등 5편으로 나뉘어졌다. 요임금과 순임금의 치적이 기록되어 있다.

1. 요전堯典

순임금 시대의 사관이 전대의 요임금의 업적을 조사해 그 빼어난 덕을 기리고자 기록한 것이다.

1.

曰若稽古帝堯[1]한대 曰放勳[2]이시니 欽[3]明[4]文[5]思安安[6]하시며
왈약계고제요 왈방훈 흠 명 문 사 안 안

允恭克讓하사 光被四表[7]하시며 格于上下하시니라
윤공극양   광피사표   격우상하

克明俊德[8]하사 以親九族[9]하신대 九族이 旣睦이어늘
극명준덕   이친구족   구족 기목

平章百姓하신대 百姓이 昭明하며 協和萬邦하신대
평장백성   백성 소명   협화만방

黎民[10]이 於[11]變時[12]雍하니라
여민   어 변시 옹

  옛날 요임금에 대해 상고해 보건대 지극한 공을 세우셨으니 공손하고 총명하시고 우아하고 신중하시어 온유하셨고 진실로 공손하고 사양하는 것을 온 천하에 빛을 펼쳐 하늘과 땅에 이르렀다.
  큰 덕을 밝히시어 구족을 화목하게 하셨고 화목하게 하시니, 백성이 밝게 다스려졌고 백성이 밝게 다스려지니 온 세상이 화평케 되었다.

2.

乃命羲和[13]하사 欽若昊天하야 曆象[14]日月星辰하야 敬授人時[15]하시다
내명희화   흠야호천   역상 일월성신   경수인시

分命羲仲하사 宅嵎夷[16]하시니 曰暘谷[17]이며 寅賓出日하야 平秩[18]東作[19]이니
분명희중   택우이   왈양곡   인빈출일   평질 동작

日[20]中이요 星鳥로 以殷[21]仲春[22]이면 厥民은 析[23]이요 鳥獸는 孳尾[24]니라
일 중   성조   이은 중춘   궐민   석   조수   자미

申命羲叔하사 宅南交하시니 曰明都[25] 平秩南訛[26]하야 敬致니 日永이요
신명희숙   택남교   왈명도   평질남와   경치   일영

星火²⁷⁾라 以正仲夏면 厥民은 因²⁸⁾이오 鳥獸는 希²⁹⁾革이니라
성화   이정중하   궐민 인   조수   희 혁

分命和仲하사 宅西하니 曰昧谷³⁰⁾이며 寅餞納日하여 平秩西成³¹⁾하시니라
분명화중   댁서   왈매곡   인전납일   평질서성

宵中이오 星虛³²⁾로 以殷仲秋면 厥民은 夷³³⁾요 鳥獸는 毛毨³⁴⁾이니라
소중   성허   이은중추   궐민 이   조수   모선

申命和叔하사 宅朔方하시니 曰幽都니 平在朔易³⁵⁾이니
신명화숙   댁삭방   왈유도 평재삭역

日短이요 星昴³⁶⁾라 以正仲冬이면 厥民은 隩³⁷⁾요 鳥獸는 氄³⁸⁾毛니라
일단   성묘   이정중동   궐민 오   조수 용모

帝曰 咨³⁹⁾汝羲曁⁴⁰⁾和야 朞⁴¹⁾는 三百有六旬有六日이니 以閏月이라사
제왈 자 여희기   화 기   삼백유륙순유륙일   이윤월

定四時⁴²⁾成歲하사 允⁴³⁾釐百工⁴⁴⁾하야 庶績이 咸熙하리라
정사시 성세   윤 리백공   서적   함희

  이에 희씨와 화씨에게 명해서 넓은 하늘을 삼가 따르게 하시고 즉 일월성신의 운행을 관측하여 사람들에게 때를 알리도록 하셨다. 희중에게 따로 명해 우이에 살게 하니 이것이 양곡인데, 이때 해가 뜨는 것을 공손히 인도하여 여름의 농사를 고르게 다스리도록 하였다. 밤낮의 길이가 같은 것과 조성으로 여름철을 바로잡으면 백성들은 들로 나가고 새와 짐승들은 교미하고 새끼를 낳고 털과 깃을 갈아 성글게 하였다.

  다시 희숙에게 명해서 남쪽 교산에 살게 하니 곧 명도라는 곳이며 여름의 농사일이 잘 되도록 다스렸고 해가 지는 것을 공손히 전송하여 추수를 고르게 다스리도록 하셨다. 해가 긴 것과 대화성

으로 가을철을 바로잡으면 백성들은 옷을 벗고 밭갈이 하며, 새와 짐승들은 한창 털갈이를 한다. 화중에게 따로 명해서 서쪽에 살게 하니 곧 매곡이며, 이때 해가 지는 것을 공손히 전송하고 추수를 고르게 다스리도록 했다. 밤과 낮의 길이가 같은 것과 허성으로 가을철을 바로잡으면 백성들은 기뻐하며 곡식을 추수하고 짐승들은 솜털이 많이 났다. 화숙에게 명해서 북쪽 땅에 살게 하니 곧 유도이며, 겨울 밭일을 고르게 살피도록 했다. 해가 짧은 것과 묘성으로 겨울철을 바로잡으면 백성들은 방 안으로 들어가고 짐승들은 솜털이 많이 돋았다.

　임금께서 말하기를,

　"아아! 그대들 희씨와 화씨여, 일 년 삼백육십육 일로 정하고 윤달을 두게 했으며, 사시를 정해 일 년을 이루게 만들었다."

라고 말했다. 백관은 잘 다스려지고 여러 가지 공적들이 모두 빛났다.

3.

帝曰疇咨[45]若時하야登庸[46]고放齊曰胤子朱[47]啓明하니니라
제왈주자　야시　　등용　　방제왈윤자주　계명

帝曰吁[48]라嚚[49]訟이어니可乎아帝曰疇咨若予采요
제왈우　은　송　　가호　제왈주자야여채

驩兜曰都[50]라共工[51]이方[52]鳩僝功하나니이다帝曰吁라
환두왈도　공공　방　구잔공　　　　제왈우

靜[53]言庸違[54]하고象恭滔天[55]하나라帝曰咨四岳[56]아
정　언용위　　상공도천　　　제왈자사악

湯湯⁽⁵⁷⁾洪水方⁽⁵⁸⁾割⁽⁵⁹⁾라여 蕩蕩⁽⁶⁰⁾懷山襄陵하야
탕탕 홍수방 할   탕탕 회산양능

浩浩滔天이로새 下民其⁽⁶¹⁾咨하나니 有能이어든
호호도천   하민기 자   유능

俾⁽⁶²⁾乂하리라 僉曰⁽⁶³⁾ 於라 鯀⁽⁶⁴⁾哉니이다 帝曰 吁라 咈哉라
비 예   첨왈 어 곤 재   제왈 우 불재

方⁽⁶⁶⁾命圮族⁽⁶⁷⁾하나니라 岳⁽⁶⁸⁾曰 异⁽⁶⁹⁾哉나 試可요 乃已니이라
방 명비족   악왈 이 재   시가 내이

帝曰 往欽哉하라 하시니 九載여 績用이 弗成하니라
제왈 왕흠재   구재 적용 불성

임금께서 말씀하시기를

"누구가 때를 만나 등용할 만한가?"

라고 묻자, 방제가

"맏아들 주가 총명하옵니다."

라고 대답했다. 그러자 임금께서 말하기를

"아, 그 아이의 말에는 충성과 믿음이 없고 더구나 말다툼이나 하고 시끄러워서 되겠소?"

라고 말했다. 또 말하기를

"누구면 내가 하는 일에 잘 따르겠소?"

라고 묻자, 환두가 말하기를

"공공이 민심을 모으고 공까지 쌓았습니다."

라고 대답했다. 그러자 임금께서 말하기를

"아니요, 그는 달변이지만 말과 행동이 다르오. 더구나 겉으론 공손하지만 마음은 오만하오."

라고 말했다. 임금께서 말하기를

"오, 사악아. 앞으로 홍수가 걱정되어 탄탄하게 산을 쌓지만, 물이 산과 언덕을 넘어서 하늘까지 이르기 때문에 백성들이 이것을 탄식한다. 만약 이것을 해결할 자가 있다면 그에게 다스리게 하겠다."

라고 말했다. 그러자 여러 신하들이 말하기를

"적임자는 곤입니다."

라고 말했다. 임금께서 말하기를

"아니다. 그는 명을 거역해 겨레를 패하게 만든다."

라고 말했다. 그러자 악이 말하기를

"그래도 한 번쯤 믿어 보는 것도 괜찮습니다. 시험해서 괜찮으면 그만입니다."

라고 말했다. 임금께서 말하기를

"그러면 가서 공경하라."

라고 말했지만, 아홉 해 동안 공적을 쌓았으나 이루지 못하였다.

4.

帝曰 咨四岳아 朕이 在位七十載니 汝能庸命하나니
제왈 자사악   짐   재위칠십재   여능용명

巽[65]朕位인저 岳曰 否德이라 忝帝位하리이다
손 짐위   악왈 부덕   첨제위

曰明明하며 揚側陋하라 師錫帝曰有鰥이 在下하니
왈 명명   양측누   사석제왈유하   재하

曰虞舜이니이다 帝曰 兪라 予聞하니 如何오
왈우순   제왈 유   여문   여하

岳曰 瞽子니 父頑하며 母嚚하며 象傲어늘
악 왈 고자　　부완　　모은　　상오

克諧以孝하야 烝烝乂하며 不格姦하니이다
극 해 이 효　　증 증 예　　　부 격 간

帝曰 我其試哉인저 女于時하야
제왈 아기시재　　　여우시

觀厥刑于二女호리라 하시고 釐降二女于嬀汭하사
관 궐 형 우 이 녀　　　　　　리 강 이 녀 우 규 예

嬪于虞하시고 帝曰欽哉라 하시다
빈 우 우　　　제 왈 흠 재

　　임금께서 말하기를
　"오, 사악아. 내가 왕위에 있는 지가 벌써 70년이나 되었구나. 내 명을 충실하게 지킨 그대에게 내 뒤를 잇게 하겠다."
라고 말했다. 그러자 사악이
　"소신은 덕이 없어 임금자리를 욕되게 할 것 같아서 사양하겠습니다."
라고 말했다. 임금께서 말하기를
　"그렇다면 밝은 사람 중에 이를 밝히며 못난이들은 드러내 주오."
라고 말했다. 여러 대신들이 임금에게 말하기를
　"미천한 사람 중에 홀아비가 있는데, 그 이름이 우순입니다."
라고 아뢰었다. 임금께서 말하기를
　"나도 일찍이 그의 이름을 들었소. 그는 어떤 인물이오?"
라고 물었다. 사악이 말하기를
　"소경의 아들로 애비는 어리석고 어미는 간악하며, 이복동생 상

은 오만하기 짝이 없습니다. 그렇지만 효도와 정성으로 부모를 간악하게 만들지 않았습니다."
라고 말했다. 임금께서 말하기를
 "그렇소? 내 두 딸을 그에게 시집보내서 법도를 따라 시험해 보겠소."
라고 말한 뒤, 두 딸을 치장시켜 규수 북쪽에 내려서 우순의 아내가 되게 만들었다. 임금께서는 두 딸들에게
 "반드시, 공경해야 한다."
라고 말했다.

2. 순전 舜典

순임금이 요임금님의 신임을 얻어 선위할 때의 업적과 즉위 후의 업적이 기록되어 있다.

曰若稽古帝舜[1]한대 曰重華[2]이 協于帝하시니
왈 약 계 고 제 순   왈 중 화   협 우 제

濬哲[3]文明하시며 溫恭[4]允塞[5]하사 玄德[6]이 升聞[7]하신대
준 철 문 명   온 공 윤 새   현 덕   승 문

乃命以位하시니라 愼徽五典[8]하신대 五典이 克從하며
내 명 이 위   신 휘 오 전   오 전   극 종

納于百揆[9]하신대 百揆時[10]叙하며 賓[11]于四門하신대
납 우 백 규   백 규 시 서   빈 우 사 문

四門穆穆¹²⁾하며 納于大麓¹³⁾하신대 烈風雷雨에 弗¹⁴⁾迷하시다
사 문 목 목　　　　납 우 대 록　　　　열 풍 뇌 우　　불 미

옛 순임금은 광화가 요임금과 합해져 어질면서 우아하고 총명했다. 또한 온화하면서 공손하고 진실하며, 숨은 덕행이 위쪽까지 들려 벼슬이 내려졌다.

삼가 그에게 오륜을 아름답게 하라고 명하자 그는 능히 순하게 만들었다. 그가 관직을 맡고부터 모든 관직이 안정되었고, 사방의 문에서 제후들을 맞아 화기가 넘쳤다. 그를 큰 숲속으로 몰아넣자, 사나운 바람과 우레에도 방향을 잃지 않았다.

3. 대우모 大禹謨

순임금과 우임금의 정치론을 설한 내용으로 구성되었다. 그 내용은 정치 제도의 이론, 윤리 사상 등이 수록되었고 문장이 매우 아름답다.

曰若稽古大禹¹⁾한대 曰 文命²⁾으로 敷³⁾于四海하실 祗承于帝하시다
왈 야 계 고 대 우　　　왈 문 명　　　부 우 사 해　　　지 승 우 제

曰 后克艱厥后하며 臣이 克艱厥臣이라사 政乃乂하야
왈 후 극 간 궐 후　　신 극 간 궐 신　　　　정 내 예

黎民이 敏德하리이다 帝曰 兪라 允若玆하며 嘉⁴⁾言이
여 민 민 덕　　　　제 왈 유　　윤 야 자　　　 가 언

罔⁵⁾攸⁶⁾伏하며 野⁷⁾無遺賢하야 萬邦이 咸寧하리니
망 유 복　　　야 무 유 현　　　　만 방 함 녕

書經
825

稽于하야 衆舍己從人[8]하며 不虐無告[9]하며 不廢困窮은
계우　　증사기종인　　　부학무고　　　부폐곤궁

惟帝사 時克이러시니라 益曰 都[10]라 帝德廣運[11]하사
유제　시극이러시니라　익왈 도　제덕광운

乃[12]聖乃神[13]하시며 乃武[14]乃文하신대 皇天이 眷命하사
내성내신　　　내무내문　　　황천　권명

奄[15]有四海하사 爲天下君하시니이다 禹曰 惠[16]迪[17]하면 吉이요
엄 유사해　　위천하군　　　　우왈혜적　　길

從[18]逆하면 凶하는지 惟影響[19]하니이다 益曰 吁라 戒哉하소서
종역　흉　　유영향　　　　익왈우　계재

儆戒[20]無虞하사 罔失法度하시며 罔遊于逸하시며
경계 무우　　　망실법도　　　망유우일

罔淫于樂하시며 任賢勿貳[21]하시며 去邪勿疑하소서
망음우낙　　임현물이　　　거사물의

疑謀를 勿成하시사 百志[22] 惟熙하리이다 罔違道하야
의모 물성　　백지 유희　　　　망위도

以干百姓之譽하시며 罔咈百姓하야 以從己之欲하소서
이간백성지예　　　망불백성　　이종기지욕

無怠無荒하면 四夷來王[23]하리이다
무태무황　　사이내왕

　　옛날 우임금은 문화와 가르침을 온 천하 백성들에게 펼치고 삼가 임금님을 받들어 오셨다. 이르시기를
　　"임금은 자리를 어렵게 생각하고, 신하는 직위를 어렵게 생각해야 정치가 바르게 다스려진다. 또한 백성 역시 덕을 빠르게 실천

할 것이다."
라고 말했다. 또 말하기를

"그렇게 한다면 좋은 말이 숨겨질 데가 없고 초야에 현자가 묻히지 않아서 모두 평안하게 될 것이다. 자신을 버리고 남을 따르며, 의지할 곳이 없는 사람을 학대하지 않고, 곤궁한 사람을 버리지 않는 것은 오직 요임금님만이 할 수 있었다."
라고 말했다. 그러자 익이

"임금님의 덕은 널리 펴져 성스럽고 신묘하며, 무용이 있으시면서 글이 아름답습니다. 그래서 하늘이 명을 내려 세상을 차지하게 했고 천하의 임금이 되었습니다."
라고 했다. 우임금이 말하기를

"도를 따르면 길하고, 거스름은 흉할 뿐이다. 이것은 마치 그림자나 메아리와 같다."
라고 말했다. 이에 익이 말하기를

"경계해야 합니다. 근심이 없을 때 경계하여 법도를 잃지 말고, 편안하게 놀지 말고, 즐거움에 빠지지 말고, 현자들에게 일을 맡긴 후에 이간질을 막고, 사악한 자를 버리는 데 주저하지 말고, 의심스런 계획을 세우지 않으면 모든 뜻이 이루어질 것입니다. 또한 도를 어기면서까지 백성들의 희망을 구하지 말고, 백성들을 속여서 자신의 욕심을 채우지 않아야 합니다. 더구나 태만하지 않고 게으르지 않다면 사방의 오랑캐들도 임금님께 몰려 올 것입니다."
라고 말했다.

4. 고요모 皐陶謨

순 임금 밑에서 형벌을 관장하던 대신 고요는 덕이 매우 뛰어나 백성들을 올바른 곳으로 인도한 인물이다. 이 고요가 순 임금과 우 임금과 더불어 백성들을 다스리는 이론을 펼친 내용이 수록되어 있다.

曰若稽古皐陶[1]한대 曰允迪厥德하면 謨[2]明弼諧하리이다
왈 야 계 고 고 요　　왈 윤 적 궐 덕　　모 명 필 해

禹曰 兪라 如何오 皐陶曰 都[3]라 愼厥身脩하며 思永[4]하며
우 왈 유　여 하　고 도 왈 도　　신 궐 신 수　　　사 영

惇叙九族[5]하며 庶明[6]勵翼[7]하면 邇[8]可遠이 在玆[9]하니이다
돈 서 구 족　　서 명 려 익　　　이 가 원　재 자

禹拜昌言[10]曰兪라
우 배 창 언　왈 유

　옛날에 고요가
"진실로 덕을 쌓으면 꾀함이 밝아지고, 화합이 됩니다."
라고 말했다. 그러자 우가
"그렇다면 어떤 것이 도인가?"
라고 물었다. 고요가
"몸을 닦고, 생각을 오래 하고, 구족을 돈독히 하고, 여러 명의 밝은 사람이 함께 도운다면 가까운 곳에서부터 먼 곳까지 있습니다."
라고 말했다. 우가 아름다운 말이라고 하면서 읍하고
"알겠다."
라고 대답했다.

5. 익직益稷

익과 직은 모두 순임금 밑에서 벼슬한 어진 대신이다. 우임금은 그들의 덕을 높이 칭찬하였고 사관이 그 일을 기록하였다.

帝曰 來禹여 汝亦昌言¹⁾하라 禹拜曰 都라
제왈내우 여역창언 우배왈 도

帝아 予何言하리이꼬 予思日孜孜²⁾하노이다
제 여하언 여사일자자

皐陶曰 吁라 如何오 禹曰 洪水滔天하야
고요왈우 여하 우왈 홍수도천

浩浩³⁾懷山⁴⁾襄陵⁵⁾하야 下民⁶⁾昏墊이어늘
호호 회산 양능 하민 혼점

予乘四載⁷⁾하야 隨山刊木⁸⁾하고 暨益으로
여승사재 수산간목 기익

奏庶鮮食하며 予決九川하야 距四海하며
주서선식 여결구천 거사해

濬畎澮하야 距川하고 暨⁹⁾稷으로 播하야
준견회 거천 기직 파

奏¹⁰⁾庶艱食鮮食¹¹⁾하고 懋遷有無하야 化居하니
주 서간식선식 무천유무 화거

蒸民이 乃粒하야 萬邦이 作乂하니이다
증민 내립 만방 작예

皐陶曰 兪라 師汝의 昌言하노라
고도왈 유 사여 창언

순임금께서 이르시기를

"우여, 어서 와서 좋은 말을 해 주겠나."

라고 말하자, 우가 절하면서

"아름다운 임금님에게 제가 무슨 말씀을 아뢰겠습니까? 저는 부지런히 일할 생각만 할 뿐입니다."

라고 말했다. 그러자 고요가

"어찌 하겠다는 것이오."

라고 물었다. 우가 이르시기를

"홍수가 하늘에 닿을 듯이 산을 삼키고, 언덕을 잠기게 해서 백성들은 어둠에 빠져 있다. 그런데도 난 네 가지 탈 것에 몸을 싣고 산에 가서 나무를 깎고, 익과 함께 생것을 내주게 했다. 내가 아홉 내를 터서 사해에 이르게 하고, 직과 함께 씨를 뿌리고, 개천에서 곤궁할 때 먹는 음식과 생식하는 법을 가르쳐 주고, 없는 것과 있는 것을 바꾸게 하고, 쌓여 있는 물건들을 매일 팔게 했다. 그런 고로 백성들이 쌀밥을 먹게 되면서 사방의 나라가 잘 다스려졌다."

라고 말했다. 고요가 말하기를

"잘 들었습니다. 그대의 말을 본보기로 삼겠습니다."

라고 말했다.

제二편 하서 夏書

하나라의 우임금의 자손들이 왕의 빼어난 치적을 하나라 사관들이 기록하여 모은 것으로 우왕의 치수와 왕도에 관한 것이고, 우 임금의 아들 계와 초창기의 역대 왕 태강, 중강 등의 기록과 전쟁, 그리고 실정에 관한 내용이 수록되었다.

1. 우공 禹貢

우임금이 치수 사업으로 천하를 안락하게 한 사실과 중앙집권적인 정치 기구로 구 주의 구획과 조세 제도를 확립한 것을 기록하고 있다.

禹敷土[1]하시고 隨山刊木[2]하사 奠[3]高山大川하시다
우부토　　　수산간목　　　전　고산대천

冀州[4]라 旣載[5]壺口[6]하사 治梁[7]及岐[8]하시며
기주　기재 호구　　치량 급기

旣修太原[9]하사 至于岳陽[10]하시며
기수태원　　　지우악양

覃懷[11]에 底績[12]하사 至于衡[13]漳[14]하시다
담회　　저적　　　지우형 장

厥土는 惟白壤이요 厥賦는 惟上에 上[15]이니 錯[16]하며
궐토 유백양　　궐부 유상　상　　착

厥田은 惟中에 中[17]이니라 恒[18]衛[19]旣從하며
궐전 유중 중　　　　　항 위 기종

大陸[20]旣作[21]하니라 島夷[22]는 皮服이로다
대륙 기작　　　　도이　　피복

夾右碣石[23]하야 入于河하나니라
협우갈석　　　입우하

　　우임금은 땅을 다스리고, 산에 가서 나무를 베고 높은 산과 큰 강을 안정시켰다. 기주의 호구산에서 시작하여 양산과 기산까지 다스렸고, 태원의 땅을 닦아 악산 남쪽 기슭까지 넓혔다. 담회 땅에서 일을 마치고 장수가 가로지르는 땅까지 이르렀다. 그곳의 흙은 희고도 부드러웠고 부세가 일등이면서 이등까지 섞였으며, 밭은 오등 정도의 땅이었다.
　　항수와 위수가 잘 다스려지자 대륙 호숫가는 농사를 지을 수 있게 되었다. 그러자 동북쪽 오랑캐들은 온갖 옷을 바치기 위해 갈석산을 오른쪽으로 끼면서 황하로 들어왔다.

2. 감서 甘誓

우왕의 아들 계는 불복종하는 유호씨를 토벌할 계획을 세우고 싸움이 시작되기 전에 전 장병들에게 전쟁의 목적을 말한 기록이 수록되어 있다.

大戰于甘하실새 乃召六卿[1]하시다 王曰嗟六事之人[2]아
대 전 우 감　　　내 소 륙 경　　　　왕 왈 차 륙 사 지 인

予誓告汝하노라 有扈[3]氏威[4]侮五行[5]하며 怠棄三正[6]할새
여 서 고 여　　　유 호 씨 위 모 오 항　　　태 기 삼 정

天用勦絶其命하시나니 今予는 惟恭行天之罰이니라
천 용 초 절 기 명　　　금 여　유 공 항 천 지 벌

左不攻于左하며 汝不恭命이며 右不攻于右하면
좌 부 공 우 좌　　여 부 공 명　　　우 부 공 우 우

汝不恭命이며 御[7]非其馬之正이면 汝不恭命이니라
여 부 공 명　　어 비 기 마 지 정　　　여 부 공 명

用命이란 賞于祖[8]하고 不用命으로 戮[11]于社[9]호되
용 명　　상 우 조　　　부 용 명　　　육 우 사

予則孥戮[10]汝하리라
여 칙 노 륙　여

감에서 큰 싸움을 있을 때, 임금은 육군의 장수들에게
"육군의 모든 군사들아, 나는 그대들에게 훈시를 내리겠으니 잘 듣기 바란다. 유호씨는 다섯 가지 행실을 경멸하고 세 가지 올바른 일을 태만했다. 그래서 하늘은 그들의 명을 끊어 버리라고 나에게 명했다. 이에 나는 하늘의 명에 따라 정벌을 거행하겠다. 왼

쪽 군사들이 왼쪽 적을 치지 않으면 명을 거역하는 것이고, 오른쪽 군사들이 오른쪽의 적을 치지 않으면 명을 거역하는 것이고, 수레를 담당하는 사람들이 말을 제대로 몰지 않으면 명을 거역하는 것이다. 명을 잘 따르면 조상들 앞에서 상을 내리지만, 명을 거역하면 땅의 신 앞에서 참하고 처자식까지도 죽이겠다."
라고 말했다.

3. 오자지가 五子之歌

계왕의 아들 태강이 실정하자 계왕의 여섯 아들 중 다섯 명이 이를 크게 한탄하였는데 그들은 그때의 상황을 가사를 만들어 표현하였다.

太康[1] 尸位[2]하야 以逸豫로 滅厥德한대 黎民이 咸貳커늘
태강 시위　　　이일예　멸궐덕　　려민　함이

乃盤遊[3] 無度[4]하야 畋于有洛[5]之表[6]하야 十旬[7]을 弗反하니라
내반유 무도　　전우유낙 지표　　십순　불반

有窮[8] 后羿가 因民弗忍하야 距于河하니라 厥弟五人이
유궁 후예　인민불인　　　거우하　　　궐제오인

御其母以從하야 徯于洛之汭하더니 五子咸怨하야
어기모이종　　해우낙지예　　　　오자함원

述大禹之戒하야 以作歌하니라
술대우지계　　이작가

태강은 왕좌에 앉아서 매일 빈둥빈둥 놀면서 자리만 차지하고, 게으름만 피워 덕을 망쳐서 백성들은 두 마음을 가졌다. 또한 방랑자가 되어 놀기만 좋아했다. 낙수의 남쪽 기슭으로 사냥을 나가 백 날이 지나도 돌아오지 않았다.

그러자 궁나라의 제후 예가 백성들을 핑계로 황하에서 그를 제지했다. 그의 동생 다섯은 어머니를 모시고 낙수 북쪽 물굽이에서 그를 기다렸다. 다섯 형제들은 그를 원망하고 우임금의 훈계를 서술로 한 노래를 지어 불렀다.

4. 윤정 胤征

하나라 중강 때 제후인 희화라는 인물이 있었는데 그는 직무에 태만하여 의롭지 못한 행동을 자행하였으므로 중강왕은 윤후라는 사람에게 명하여 그를 토벌하게 하였다. 이때 윤후가 왕명으로 군대를 거느리고 출발하면서 그를 토벌하는 취지를 말하였는데 그것을 기록한 것이 윤정이다.

惟仲이 康[1] 肇位四海하사 胤侯를 命掌六師[2]러시니
유중　강　조위사해　　윤후　명장륙사

義和[3] 廢厥職하고 酒荒于厥邑한대 胤后承王命하야 徂征하리라
희화 폐궐직　주황우궐읍　　윤후승왕명　　조정

告[4]于衆曰 嗟야 予有衆이여 聖[5]有謨訓[6]하시니 明徵[7]定保[8]니라
고우중왈　차　여유중　　성 유모훈　　명징　정보

先王이 克謹天戒[10]어시든 臣人이 克[9]有常憲하야
선왕   극근천계   신인   극 유상헌

百官이 修輔할는데 厥后 惟明明이시니라
백관   수보   궐후 유명명

每歲孟春[11]에 遒人[12]이 以木鐸[13]으로 徇于路호대
매세맹춘   주인   이목탁   순우노

官[14]師相規하며 工[15]執藝事하여 以諫하라
관 사상규   공 집예사   이간

其或不恭하면 邦有常刑하니라
기혹부공   방유상형

중강이 천하를 두루 다스리면서, 윤나라 제후에게 명하여 육군을 장악하게 했다. 그러자 희씨와 화씨들은 직책을 버리고, 술에 빠져서 지냈다. 그때를 틈타 윤나라의 제후가 임금의 명에 따라 정벌했다.

여러 군사들에게 말하기를,

"나의 군사들아, 성인의 교훈처럼 나라를 안정시킬 밝은 표본이 있다. '옛날 임금은 하늘이 징계하는 것을 삼가해 이에 따라 신하들은 법도를 지니고 있었다. 모든 관리들은 임금을 받들고 보좌해서 천하가 매우 밝았다.'고 한 것이다. 매년 이른 봄에 전령관은 거리를 돌아다니면서 나무추가 달린 방울을 흔들며 '관리들은 서로 배우면서 서로가 바로잡아 주고, 일하는 사람들은 자신의 일을 가지고 말하라.'고 했다. 만약 누구에게도 공정치 못하면 나라에는 그것을 다스릴 일정한 형벌이 있다."

라고 말했다.

제三편 상서 商書

상서는 상나라의 사관이 당시의 왕의 빼어난 치적을 기록한 것이다.

1. 탕서 湯誓

탕임금이 하나라의 걸왕을 토벌하기에 앞서 자신이 군사를 일으킨 것은 천명에 의한 것임을 호 땅에서 여러 장병들에게 말한 내용이다.

王曰格[1]爾衆庶[2]아 悉聽朕言하라 非台小子[3]는 敢行稱亂이라
왕왈격 이중서   실청짐언   비태소자   감항칭난

有夏[4]多罪어늘 天命殛之하시니라
유하 다죄   천명극지

今爾有衆이여 汝曰 我后가 不恤我衆하야 舍[5]我穡事하고
금이유중   여왈 아후   불휼아중   사 아색사

而割正⁶⁾夏라 하나니 予惟聞汝衆言이나 夏氏有罪어늘
이할정 하   여유문여중언   하씨유죄

予畏⁷⁾上帝라 不敢不正이니라 今汝其日하대
여외 상제   부감부정   금여기왈

夏罪는 其如台⁸⁾하라나니 夏王率⁹⁾過衆力하며 率割夏邑한대
하죄 기여태   하왕률 알중력   률할하읍

有衆이 率怠弗協하야 曰 時日¹⁰⁾은 曷¹¹⁾喪고 予及汝皆亡¹²⁾이라 하나니
유중 률태불협   왈 시일   갈 상 여급여개망

夏德이 若玆라 今朕이 必往하리라
하덕 야자   금짐   필왕

임금께서 말하기를

"그대들은 내 말을 잘 들어라. 나 같은 작은 사람이 감히 난을 일으키고자 한 것이 아니다. 하늘은 하나라 임금의 죄가 커서 나에게 명해 그를 치게 한 것이다. 그러나 그대들은 '임금이 백성들을 사랑하지 않아 농사일을 버리게 하고 하나라를 치려고 한다.' 라고 말할 것이다. 나는 그대들의 말을 경청하고 있지만, 하나라의 임금은 죄가 있다. 그래서 난 하늘의 상제를 두려워하기 때문에 명을 따르지 않을 수가 없다. 지금 그대들은 나에게 '하나라의 죄는 어떤 것인가?' 라고 묻고 싶을 것이다. 하나라의 임금은 백성들의 힘을 소진시키고, 고을들을 해치기만 했다. 그래서 백성들은 게으름을 피우고 협력하지 않으면서 '이 괴로운 세상 언제 망할 것인가? 우리는 임금과 함께 망했으면 좋겠다.' 라고 생각하게 된 것이다. 하나라의 덕이 이와 같기 때문에 나는 치러 가야만 한다."
라고 말했다.

2. 중훼지고 仲虺之誥

탕왕의 현신인 중훼가 걸왕 토벌의 정당성을 여러 사람들에게 말한 내용이 수록되어 있다.

成湯[1]이 放[2]桀于南巢하시고 惟有慙德[3]하사
성탕   방 걸우남소   유유참덕

曰予恐來世에 以台로 爲口實[4]하노라
왈여공내세   이태   위구실

仲虺가 乃作誥 曰 嗚呼라 惟天이 生民有欲하니
중훼   내작고 왈 오호   유천   생민유욕

無主이며 乃亂일세 惟天이 生聰明하시든
무주   내난   유천   생총명

時乂시니 有夏昏德하야 民墜塗炭[5]이어늘
시예   유하혼덕   민추도탄

天乃錫王勇智하사 表[6]正萬邦하사
천내석왕용지   표 정만방

纘[7]禹舊服[8]하시니 玆率厥典하야 奉若[9]天命이니이다
찬 우구복   자률궐전   봉야 천명

공을 이룬 탕임금은 걸을 남소로 내쫓고 덕에 부끄러움을 느끼어 말하기를
"후세에 내가 이야깃거리가 될까 두렵구나."
라고 말했다. 그러자 중훼가 연설을 하면서
"하늘이 백성을 낼 때 욕망을 주었기 때문에 임금이 없다면 어

지러워집니다. 그래서 총명한 사람을 내세워 다스리게 한 것입니다. 하나라의 임금은 덕에 어두워 백성들이 도탄에 빠진 것입니다. 이에 하늘은 임금께 용기와 지혜를 내려서 온 나라에 의표가 되게 하여 우임금의 옛 일을 계승토록 한 것입니다. 이것은 하늘의 법을 따라 명을 받드는 것입니다."
라고 말했다.

3. 탕고(湯誥)

탕임금이 하나라의 걸·주를 토벌한 뒤 호 땅으로 돌아와서 항복한 제후와 백관들에게 덕을 닦고 선을 행해서 만민 위에 설 것을 다짐하는 내용이다.

王이 歸自克夏하다 至于亳하사 誕告萬方하시다
왕 귀자극하   지우박   탄고만방

王曰 嗟 爾萬方有衆아 明聽予一人[1]誥하라
왕왈 차 이만방유중   명청여일인   고

惟皇上帝[2]께 降衷[3]하사 于下民하사 若有恒性[4]하니
유황상제   강충   우하민   야유항성

克綏厥猷[5]사 惟后[6]니라 夏王滅德[7]作威[8]하야
극수궐유   유후   하왕멸덕 작위

以敷虐[9]于爾萬方百姓한대 爾萬方百姓이 罹[10]其凶害하야
이부학 우이만방백성   이만방백성   리 기흉해

弗忍茶[11]毒하야 幷告無辜于上下神祇[12]하니 天道는
불인도 독   병고무고우상하신기   천도

福善禍淫[13]이라 降災于夏하사 以彰厥罪하시니라
복선화음   강재우하   이창궐죄

임금께서 하나라를 정복하고 박 땅에 도착하여 천하에 고했다. 임금께서 말하기를

"천하의 백성들아, 내 말을 그대로 들어 주길 바란다. 상제께서 백성들에게 올바름을 내렸다. 그래서 항상 올바른 성품을 가진 자를 따르도록 한 것이다. 내가 상제의 길을 따를 수만 있다면 임금 노릇을 제대로 할 수 있을 것이다. 하나라의 임금은 덕을 멀리하고, 폭정으로 백성들을 다스렸다. 백성들은 그의 흉악한 해침으로 인해 씀바귀와 벌레의 독처럼 괴로움에 시달렸다. 그런 까닭에 모두가 하늘과 땅의 신들에게 고했던 것이다. 하늘의 법도는 착한 사람에게 복을 주고, 나쁜 사람에게는 화를 내리는 것이다. 그렇기 때문에 하늘은 하나라에 재앙을 내려 그 죄를 밝힌 것이다."
라고 말했다.

4. 이훈伊訓

이훈은 탕임금의 신하로 그는 원래 농사짓던 사람이었는데 그의 덕이 높음을 듣고 탕왕이 세 번씩이나 그를 찾아가서 재상으로 삼았는데 그는 탕왕을 도와 걸왕을 정복하는 데 큰 공을 세웠다. 이훈은 탕왕이 세상을

떠나자 2의 아들에게 부왕의 공덕과 치적을 찬양할 것을 건의하였다.

惟元祀[1]十有二月乙丑에 伊尹祠[2]于先王[3]할새
유원사 십유이월을축 이윤사 우선왕

奉嗣王[4]하여 祗見厥祖[5]라 侯甸[6]羣后咸在하고 百官總己[7]하야
봉사왕   지견궐조   후전 군후함재   백관총기

以聽冢宰[8]라 伊尹乃明言烈祖[9]之成德하야 以訓于王하니라
이청총재   이윤내명언렬조 지성덕   이훈우왕

曰[10] 嗚呼라 古有夏先后는 方懋厥德하사 罔有天災니이다
왈 오호   고유하선후   방무궐덕   망유천재

山川鬼神도 亦莫不寧하여 暨[11]鳥獸魚鼈[12]요 咸若이니이다
산천귀신 역막부녕   기 조수어별   함약

于其子孫弗率[13]하니 皇天降災하사 假手于我有命하시니
우기자손불솔   황천강재   가수우아유명

造攻自鳴條[14]하고 朕哉自亳하니이다
조공자명조   짐재자박

　　태갑 원년 십이월 을축일, 이윤이 선왕에게 제사지냈다. 이때 그는 임금에게 조상을 경건하게 뵙도록 청했다. 후복과 전복의 여러 제후들과 모든 관리들은 자신의 일을 멈추고 재상의 말을 경청했다. 이윤은 공이 많은 조상들의 덕을 임금님에게 교훈으로 전했다. 그는

　　"옛날 하나라의 첫 임금은 덕에 힘을 쏟아서 하늘의 재앙이 없었고, 산과 하천의 귀신들도 편안했습니다. 또한 새와 짐승과 물고기와 자라들까지도 같은 마음이었습니다. 그러나 그의 자손들

은 이것을 따르지 않았습니다. 그런 고로 하늘이 재앙을 내려 우리로 하여금 천명을 받들게 하였습니다. 공격을 할 때는 명조에서 시작했으며, 출발은 박에서부터 시작했습니다."
라고 말했다.

5. 태갑 상 太甲 上

태갑은 이훈과 더불어 왕위에 오른 태갑을 훈계하는 내용이다. 그는 왕위에 올라 처음에는 실정을 일삼았으므로 한때 그를 추방하고 이훈이 재상으로서 섭정하였다. 그 뒤 태갑이 뉘우치자 왕위에 복위시켰다.

惟嗣王이 不惠[1]于阿衡[2]이라 伊尹作書曰 先王은 顧諟[3]天之明命하사
유 사 왕　부 혜　우 아 형　　　이 윤 작 서 왈　선 왕　　고 시 천 지 명 명

以承上下神祇[4]하시며 社稷[5]宗廟를 罔不祇肅이니이다
이 승 상 하 신 기　　　사 직　종 묘　망 부 기 숙

天監厥德하시고 用[6]集大命하사 撫綏萬方하나이다
천 감 궐 덕　　　용 집 대 명　　무 수 만 방

惟尹躬克左右[7]厥辟하야 宅師니이다 肆[8]嗣王丕承基緖하시니이다
유 윤 궁 극 좌 우　궐 벽　　　택 사　　　사　사 왕 비 승 기 서

惟尹躬先見于西邑夏[9]하나이다 自周[10]有終한대 相亦惟終이러니
유 윤 궁 선 견 우 서 읍 하　　　자 주　유 종　　상 역 유 종

其後嗣王이 罔克有終한대 相亦罔終이러이다
기 후 사 왕　망 극 유 종　　상 역 망 종

嗣王 戒哉하사 祗爾厥辟[11]하소서 辟不辟이면 忝厥祖하리이다
사왕 계재   지이궐벽   벽부벽   첨궐조

뒤를 이은 왕이 아형관직 이름을 따르지 않아 이윤이 글을 지어 올렸다.

"선왕이 하늘의 밝은 명으로 천지신명을 받드시고, 사직과 종묘를 공경했습니다. 하늘은 그 덕을 보살펴 대명을 모아 온 나라를 어루만져 평화롭게 했습니다. 윤이 몸소 임금을 좌우로 도와 백성 안에 계셨습니다. 이에 뒤를 이은 왕이 기초를 다지게 되었습니다. 윤이 몸소 서쪽에 도읍했던 하나라를 둘러봤습니다. 임금이 끝을 잘 맺어야 재상들 역시 그대로 행동하는 것입니다. 그렇지만 후에 뒤를 이은 임금은 끝맺음이 부족해 재상들 역시 그대로 행동했습니다. 지금 임금께서도 명심하시어 법도를 공경해야 합니다. 만약 법도를 따르지 않는다면 조상들을 욕되게 하는 것입니다." 라고 말했다.

태갑 중 太甲 中

惟三祀[12] 十有二月朔[13]에 伊尹以冕服[14]으로 奉嗣王하야
유삼사   십유이월삭   이윤이면복   봉사왕

歸于亳하니라 作書曰 民非后면 罔克胥匡以生이요
귀우박   작서왈 민비후   망극서광이생

后非民이면 罔以辟[15]四方이니이다 皇天眷佑有商하사
후비민   망이벽   사방   황천권우유상

俾嗣王克終厥德하시니 實萬世無疆[16]之休[17]니이다
비 사 왕 극 종 궐 덕　　　실 만 세 무 강　 지 휴

태갑 삼년 십이월 초하룻날, 이윤은 관면과 예복을 직접 들고 가 뒤를 이은 임금과 함께 박 땅으로 돌아왔다. 그리고 글을 지어 아뢰기를

"백성들은 임금이 아니면, 서로 서로가 바로잡아줄 수가 없습니다. 임금은 백성들이 아니면, 세상을 다스리지 못합니다. 하늘이 상나라의 왕실을 보살피고 도와주었습니다. 그런 고로 뒤를 이은 임금에게 덕을 다할 수 있게 해서 만세토록 영원무궁한 축복입니다."
라고 했다.

태갑 하 太甲 下

伊尹申誥于王曰 嗚呼라 惟天無親[18]이나 克敬惟親이며 民罔常懷나
이 윤 신 고 우 왕 왈　오 호　　유 천 무 친　　　극 경 유 친　　　민 망 상 회

懷于有仁이며 鬼神無常享이나 享于克誠이니 天位[19]艱哉니이다
회 우 유 인　　　귀 신 무 상 향　　　향 우 극 성　　　천 위　간 재

德惟治나 否德亂이니이다 與治同道罔不興이나
덕 유 치　 부 덕 난　　　　여 치 동 도 망 부 흥

與亂同事罔不亡이니이다 終始愼厥與면 惟明明后니이다
여 난 동 사 망 부 망　　　　종 시 신 궐 여　　유 명 명 후

이윤이 임금에게 거듭 아뢰었다.
"하늘은 특정한 것과는 친하지는 않지만, 공경하는 사람과는 친

해집니다. 백성들 각자는 일정하게 따르는 것이 없지만, 어진 사람과는 친해집니다. 귀신은 일정하게 누리는 것이 없지만, 정성을 다하면 복을 줍니다. 그렇기 때문에 천자의 자리란 쉽지가 않습니다. 천자는 덕을 다스릴 수는 있지만, 덕이 없으면 혼돈에 빠집니다. 다스림에 따른다면 흥하게 됩니다. 그러나 어지러움에 따른다면 망합니다. 처음부터 끝까지 백성들과 함께한다면 밝은 임금이 됩니다."
라고 말했다.

6. 함유일덕咸有一德

함유일덕이란 올바른 도를 깨우쳐 어느 경우에도 결코 흔들림이 없이 확고한 덕을 갖고 있음을 말한다. 이윤은 태갑에게 덕을 갖출 것을 훈계한 것이다.

伊尹旣復政厥辟하고 將告歸[1]할새 乃陳戒于德하니라
이윤기복정궐벽　　　장고귀　　　내진계우덕

曰嗚呼[2]라 天難諶[3]이며 命靡常[4]이니이다 常厥德이면
왈오호　　천난심　　명미상　　　　상궐덕

保厥位하고 厥德靡常하면 九有[4]以亡하리이다
보궐위　　궐덕미상　　　구유 이망

夏王弗克庸[5]德하야 慢神虐民하니이다 皇天弗保하시고
하왕불극용　덕　　　만신학민　　　　　황천불보

監⁶⁾于萬方하사 啓迪有命⁷⁾하시며 眷求一德하사 俾作神主⁸⁾니이다
감 우만방   계적유명   권구일덕   비작신주

이윤이 은퇴하기 위해 임금에게 정사를 되돌려 주고, 덕으로 훈계하기를

"하늘은 믿을 수 없고 명은 일정하지 않으니 그 덕이 떳떳하면 자리를 보전하고, 덕이 떳떳하지 못하면 아홉 주도 망합니다. 하나라의 임금은 덕을 무시하고, 신을 업신여기면서 백성을 학대했기 때문에 하늘은 그들을 버린 것입니다. 하늘은 그들을 보호하지 않으시고 온 세상을 둘러보시어 명이 있는 사람의 길을 열어 주었고, 순한 덕의 소유자를 골라 여러 신들의 우두머리로 삼으셨습니다."
라고 말했다.

7. 반경 상 盤庚 上

반경은 도읍을 은 땅으로 옮기고 나라의 이름을 은으로 바꾸고 나라의 중흥을 꾀한 임금의 이름이다. 은경 때 홍수가 일어 부득이 수도를 옮기게 되었는데 이때 백성들은 불만이 많았다. 그러자 은경은 백성들에게 수도를 옮겨야 하는 취지를 설명한 내용이다.

盤庚遷于殷할새 民不適有居하니 率籲¹⁾衆慼²⁾하사 出矢言하시다
반경천우은   민부적유거   률유 중척   출시언

曰 我王來하야 旣爰宅于玆라 重我民하여 無盡劉³⁾나 不能胥匡以生⁴⁾이라
왈 아왕내   기원댁우자   중아민   무진류   부능서광이생

卜稽[5] 曰其如台[6]오니라 先王有服이시면 恪謹天命이시니
복계   왈기여태   선왕유복   각근천명

兹猶不常寧하사 不常厥邑이 于今五邦[7]이라 今不承于古[8]면
자유부상녕   부상궐읍   우금오방   금부승우고

罔知天之斷命이어늘 矧[9]曰其克從先王之烈아
망지천지단명   신 왈기극종선왕지렬

若顚木之有由蘖이라 天其永我命于兹新邑[10]하시고
야전목지유유얼   천기영아명우자신읍

紹復先王之大業하여 底綏四方이니시라
소복선왕지대업   저수사방

　반경이 은나라 땅으로 도읍을 옮기고 싶어했지만, 백성들은 이것을 거부했다. 그래서 그는 걱정하는 사람들을 거느리고 맹세하는 말을 호소했다.

　" '임금인 내가 이미 이곳에서 살고 있다. 나는 백성들을 소중하게 생각해서 그들을 살리기 위한 행동이었다, 하지만 이젠 서로 바로잡아 주면서 살 수가 없구나.' 라고 한 뒤에 점을 쳐 이르길 '이 일을 어찌하면 되겠는가?' 라고 물었다. 임금께서 먼저 일이 있으면 하늘을 공경했습니다. 그렇지만 일정한 도읍을 갖지 못해서 다섯 번이나 옮겼습니다. 지금 옛 일을 안 따른다면 하늘이 명을 끊을 수도 있습니다. 그런데도 선왕들의 공을 따르겠습니까? 이것은 넘어진 나무에서 새싹이 돋는 것과 같은 이치입니다. 하늘은 새로운 도읍에서 우리의 명을 영원토록 하고, 선왕의 큰 유업들을 계승하고 회복시켜 천하를 편케 하고자 합니다."
라고 말했다.

반경 중盤庚 中

盤庚作하사 惟涉河[11]以民遷할새 乃話民之弗率하사
반경작　　유섭하 이민천　　내화민지불솔

誕告用亶[12]하시니다 其有衆이 咸造하여 勿褻[13]在王庭이라
탄고용단　　　　기유중　함조　　물설 재왕정

盤庚乃登進[14]厥民하시고 曰 明聽朕言하여 無荒[15]失朕命하라
반경내등진 궐민　　　　왈 명청짐언　　　무황 실짐명

嗚呼라 古我前后는 罔不惟民之承하사 保[16]后胥慼[17]하니
오호　 고아전후　 망불유민지승　　 보　후서척

鮮以不浮[18]于天時하리라 殷降大虐하니 先王不懷하시리라
선이부부 우천시　　　　　은강대학　　 선왕불회

厥攸作은 視民利用遷이시니라 汝曷不念我古后之聞고
궐유작　 시민리용천　　　　　여갈부념아고후지문

承汝俾汝하사 惟喜康共이면 非汝有咎로 比于罰이시니라
승여비여　　 유희강공　　 비여유구　 비우벌

　반경이 일어나 황하를 건너 백성들을 옮기려고 할 때, 따르지 않는 자가 많았다. 그는 그들을 설복시키기 위해 정성으로 고했다. 그러자 모든 백성들이 따라왔으며, 궁궐에서 버릇없이 구는 사람들도 없었다. 반경은 백성들에게 이르기를

　"내 말을 곡해 없이 듣고 내 명을 거역하지 마라. 옛날 임금들은 백성들을 보살피고 보호했기 때문에 서로 친했고, 하늘의 때와 어긋남이 없었다. 은나라에 큰 재난이 닥쳐 선왕들도 미련없이 백성들의 이익을 돌보아 도읍을 옮긴 것이었다. 그런데 어찌해서 그대

들은 옛 임금들을 생각하지 않는가? 그대들을 돌보고 이롭게 해서 편안함을 함께 누림을 기뻐하는 것이다. 그렇기 때문에 그대들에게 허물이 있어서 벌을 내리는 것처럼 꾸미는 것이 아니다."
라고 말했다.

반경 하 盤庚 下

盤庚旣遷하나 奠[19]厥攸居[20]시고 乃正厥位[21]하사 綏爰有衆하시니라
반경기천   전 궐유거   내정궐위   수원유중

曰 無戱怠하고 懋建大命[22]하라 今予其敷心腹腎腸[23]하여
왈 무희태   무건대명   금여기부심복신장

歷告爾百姓于朕志하노라 罔罪爾衆이니 爾無共怒하여
역고이백성우짐지   망죄이중   이무공노

協比[24]讒言予一人하라는 古我先王[25]은 將多于前功[26]으로
협비 참언여일인   고아선왕   장다우전조

適[27]于山[28]하사 用降我凶德하시고 嘉績于朕邦하시니라
적 우산   용강아흉덕   가적우짐방

今我民用蕩[29]析[30]離居하여 罔有定極[31]이라 爾謂朕하여
금아민용탕 석 리거   망유정극   이위짐

曷震動萬民以遷고 하리라 肆[32]上帝將復我高祖之德하사
갈진동만민이천   사 상제장복아고조지덕

亂越我家하시니라 朕及篤敬[33]으로 恭承民命하여 用永地于新邑하니라
난월아가   짐급독경   공승민명   용영지우신읍

반경은 이미 도읍을 옮겨 사는 곳을 안정시키고, 벼슬을 바로잡아 백성들을 편안하게 해 주었다. 반경은 말하기를

"놀거나 게으름을 피우지 말고 명을 세우는 데 힘쓰길 바란다. 나는 마음·배·콩팥·창자 등을 모두 끄집어 내어 백성들에게 내 뜻을 모두 보여 주었다. 나는 그대들에게 죄를 주지 않는 대신 함께 노하여 무리로서 나 한 사람을 참해하지 마라. 옛 우리 선왕은 공을 많이 쌓기 위해 산기슭으로 옮겨 흉한 덕을 줄이고, 아름다운 공덕을 내세웠다. 지금 백성들은 안정되게 머무는 곳 없이 방황하고 흩어져서 살고 있다. 그대들은 나에게 '어찌 만백성들을 동요시켜서 옮겼는가?' 라고 묻고 싶을 것이다. 그러나 상제는 조상의 덕을 회복시켜서 집안을 다스려 주었다. 나는 행실이 바르고 공경하는 사람들과 더불어 백성들의 명을 받들어 영원히 새로운 도읍에서 살게 했다."

라고 말했다.

8. 열명 상 說命 上

고종인 무정이 즉위하였을 때 그는 어느 날 꿈속에서 나라의 정사를 도울 어진 사람을 만났는데 그가 바로 열이라는 인물이었다. 그는 열을 재상으로 등용하여 나라의 중흥에 힘쓰게 되었고, 국세를 크게 회복하였다.

王宅憂[1]하사 亮陰[2] 三祀하시어라 旣免喪이로다 其惟弗言하시니라
왕 택 우   량 음 삼 사   기 면 상   기 유 불 언

羣臣咸諫于王 曰嗚呼라 知之曰明哲이요 明哲實作則[3]이니이다
군 신 함 간 우 왕 왈 오 호   지 지 왈 명 철   명 철 실 작 칙

天子惟君萬邦으로 百官承式하여 王言惟作命이니이다
천 자 유 군 만 방   백 관 승 식   왕 언 유 작 명

不言이시면 臣下罔攸稟令[4]하리이다 王庸[5]作書以誥曰 以台正于四方이나
부 언   신 하 망 유 품 령   왕 용 작 서 이 고 왈 이 태 정 우 사 방

台恐德弗類[6]니 茲故弗言이라 恭默思道[7]려니 夢에 帝賚予良弼이라
태 공 덕 불 류   자 고 불 언   공 묵 사 도   몽   제 뢰 여 량 필

其代予言하리라 乃審[8]厥象하사 俾以形[9]하시고 旁求于天下하시니라
기 대 여 언   내 심 궐 상   비 이 형   방 구 우 천 하

說[10]築[11]傅巖之野러니 惟肖라 爰立作相하사 王置諸[12]其左右하시니라
설   축 부 암 지 야   유 초   원 립 작 상   왕 치 제 기 좌 우

   임금이 상을 당해 삼 년 동안 움막에서 살아 상을 이미 면했음에도 불구하고, 아무 말도 하지 않았다. 그래서 여러 신하들이 임금에게 간하기를

   "아는 것을 밝고 어질다 하고, 또 밝고 어질면 법을 만들게 됩니다. 천자는 온 나라를 다스리기 때문에 관리들이 받들고 공경해서 그의 말이 바로 명령이 됩니다. 말씀을 하지 않으면 신하들은 명령을 받을 수가 없습니다."

라고 말하면서, 왕용이 글을 지었는데

   "내가 세상을 바로잡으려고 했지만, 덕이 없고 두려워서 말하지 않았고, 공경하면서 침묵으로 도를 생각했습니다. 그런데 꿈에서 상제가 '나라에 훌륭한 사람을 보내니, 나를 대신해 말하게 될 것이다.'라고 했습니다."

그런 다음 꿈속에서 본 얼굴을 더듬어 그린 후 천하에 알렸다. 그때 여이가 부암 들에서 흙을 다지고 있었는데, 얼굴이 비슷하게 닮았다. 그를 등용시켜 재상으로 삼고 임금은 그를 항상 곁에 머물게 했다.

열명 중說命 中

惟說을 命總百官하시니라 乃進于王曰 嗚呼라
유설 명총백관 내진우왕왈 오호

明王은 奉若天道하여 建邦設都하며 樹后王[13] 君公[14] 하고
명왕 봉야천도 건방설도 수후왕 군공

承以大夫[15] 師長[16] 하여 不惟逸豫하고 惟以亂民하나이다
승이대부 사장 부유일예 유이난민

惟天聰明함이다 惟聖[17] 時憲하시면 惟臣欽若하며 惟民從乂[18] 하리이다
유천총명 유성시헌 유신흠야 유민종예

惟口起羞[19] 하며 惟甲冑起戎[20] 하나이다 惟衣裳[21] 在笥[22] 하시며
유구기수 유갑주기융 유의상 재사

惟干戈[23] 省厥躬하소서 王惟戒玆[24] 하사 允玆克明하시면 乃罔不休하리이다
유간과 생궐궁 왕유계자 윤자극명 내망불휴

惟治亂在庶官[25] 하나이다 官不及私昵[26] 하사 惟其能하소서
유치난재서관 관부급사닐 유기능

爵罔及惡德하다 惟其善[27] 하소서
작망급악덕 유기선

임금은 부열에게 명해 모든 관리들을 거느리게 했다. 그러자 임금에게 나아가 아뢰기를
"밝은 임금은 하늘의 도를 받들어 나라를 세우고 도읍을 마련합니다. 천자와 제후의 법도를 세우고, 벼슬과 관청의 우두머리들을 임명합니다. 그들을 게으르지 않게 해서 백성들을 다스리게 했습니다. 하늘은 총명해서 성군께서 이것을 본받는다면 신하들은 공경하고, 백성들은 다스려질 것입니다. 입은 거짓말을 하고 갑옷과 투구는 전쟁을 일으킵니다. 옷은 장롱 속에 보관했다가 사용하고, 방패와 창은 몸을 돌보는 데 사용해야 합니다. 임금님께서는 이것들을 잊지 말고 진실로 밝게 한다면 아름답지 않은 것이 없을 것입니다. 다스려지고 어지러워짐은 관리들에게 달려 있습니다. 따라서 벼슬은 개인적으로 친한 사람보다 능력이 있는 사람에게 내려야만 합니다. 작위는 나쁜 덕을 가진 자에게는 사양하고, 어짊에 따라 내려야 합니다."
라고 말했다.

열명 하 說命 下

王曰 來汝說이여 台小子[28]이 舊學于甘盤[29]이러니 旣乃遯[30]于荒野하고
왕왈 내여설   태소자   구학우감반   기내둔 우황야

入宅于河[31]하며 自河徂亳[32]하여 曁厥終[33]罔顯[34]이라 爾惟訓于朕志하여
입택우하   자하조박   기궐종 망현   이유훈우짐지

若作酒醴면 爾惟麴糱[35]하고 若作和羹[36]이면 爾惟鹽梅[37]하라
야작주례   이유국얼   야작화갱   이유염매

爾交脩予하여 罔予棄하라 予惟克邁³⁸⁾ 乃訓하리라
이교수여　　망여기　　여유극매　내훈

임금이 말하기를

"열아! 나는 옛날 감반에게 배웠다. 그런 다음에 거친 들로 물러나 살다가 황하 안쪽으로 들어가 살았다. 황하에서 박 땅으로 갔지만, 밝아지지 못했다. 그래서 그대는 나의 뜻을 훈계해서 술이나 단술을 만들려고 하면 누룩이 되고, 화갱을 만들려고 하면 그대가 소금과 매실이 되어 주길 바란다. 그대는 여러 가지로 나를 섬기어 나를 버리지 마라. 나는 그대의 교훈을 실행할 수 있을 것이다."

라고 말했다.

9. 고종융일 高宗肜日

고종이 탕임금을 제사지내던 날 꿩 한 마리가 날아와 정의 귀에 앉아 울었다. 이러한 갑작스런 일을 목격한 조기라는 신하가 그것은 제사지내는 사람이 덕이 부족하거나 부정하기 때문이라고 말했다. 그리하여 왕을 훈계하되 왕은 스스로 덕을 쌓아 선왕의 유업을 이으라고 왕을 훈계하였다.

高宗肜日에 越¹⁾有雊雉라 祖己曰 惟先格王이면 正厥事하리라
고종융일　월 유구치　　조기왈 유선격왕　　　 정궐사

乃訓于王曰 惟天監²⁾下民엔 典厥義하사 降年³⁾有永有不永이니이다
내훈우왕왈 유천감 하민　　전궐의　　　강년 유영유부영

非天夭民이요 民中⁴⁾絶命이니이다 民有不若德하며 不聽罪⁵⁾니이다
비천요민   민중절명   민유부야덕   부청죄

天旣孚命正厥德이어어늘 乃曰 其如台⁶⁾아 嗚呼라 王司敬民이니이다
천기부명정궐덕   내왈 기여태   오호   왕사경민

罔非天胤⁷⁾이시니 典祀⁸⁾를 無豊于昵하소서
망비천윤   전사   무풍우닐

고종이 융제를 지내던 날 꿩이 울면서 나타났다. 이때 조기가
"먼저 임금을 바로잡으면 일까지 바로잡힐 것이다."
라면서 임금에게 훈계했다.
"하늘이 백성을 보살필 때는 올바름을 중심으로 해를 내리는데, 이때 긴 것이 있고 길지 않는 것이 있습니다. 하늘이 백성들을 멸하는 것이 아니라, 백성들 스스로가 명을 재촉하는 것입니다. 백성들이 덕을 따르지 않으면 죄를 인정하지 않으려고 합니다. 하늘은 이미 명을 내려 덕을 바로잡도록 했는데, '그가 어찌하겠냐?'라고 하면 되겠습니까? 그래서 임금께서 하실 일은 백성들을 공경하는 것입니다. 온 천하는 하늘의 후손이기 때문에 제사를 지낼 때도 아버지의 사당에만 풍성하게 해서는 안 됩니다."
라고 말했다.

10. 서백감려 西伯戡黎

일개 제후에 불과한 서백은 덕이 높은 인물이었으므로 여러 제후들이 스

스로 찾아와서 땅을 바쳤다. 서백의 세력이 확대되고 민심이 그에게 쏠리자 나라의 위태로움을 보전토록 직간한 내용이다.

西伯旣戡黎하니 祖伊[1]恐하여 奔告于王하니라 曰天子여
서백기감려　　조이 공　　분고우왕　　　왈천자

天旣訖我殷命이시니 格人[2]元龜[3]도 罔敢知吉[4]이니이다
천기흘아은명　　격인 원구　　망감지길

非先王 不相我後人이요 惟王淫戲 用自絶[5]이니이다
비선왕 부상아후인　　유왕음희 용자절

故天棄我하나 不有康食[6]하며 不虞天性하며 不迪率典하니이다
고천기아　　부유강식　　부우천성　　부적률전

今我民罔弗欲喪하여 曰 天曷不降威요 大命[7]不摯요 今王其如台[8]요
금아민망불욕상　　왈 천갈부강위　대명 부지　금왕기여태

王曰 嗚呼라 我生不有命在天가 祖伊反[9]曰 嗚呼라
왕왈 오호　 아생부유명재천　조이반 왈 오호

乃罪多參在上[10]이어늘 乃能責命于天[11]이리까
내죄다삼재상　　　내능책명우천

殷之卽喪이 指乃功이니 不無戮于爾邦이니이다
은지즉상　 지내공　　부무륙우이방

서백이 여나라와 전쟁에서 승리하자, 조이는 두려운 나머지 임금에게 달려와서 말하기를

"천자여! 하늘은 우리 은나라의 명을 끝냈습니다. 지극한 사람이나 큰 거북도 길함을 모르고 있습니다. 옛 임금께서는 후세 사람들을 도왔습니다. 하지만 지금의 임금은 방탕해서 스스로 명을

끊은 것입니다. 그런 고로 하늘이 우리를 버려 편안히 먹고 살지 못하게 되었습니다. 더구나 천성을 즐기지 못하게 되면서 나라의 법을 따르지 않게 되었습니다. 지금 백성들은 나라가 망하길 바라면서 '하늘은 어째서 벌을 내리지 않는 것일까? 큰 명을 내리지 않아서 지금의 임금을 어찌했으면 좋을까?' 라고들 합니다."
라고 아뢰었다. 이에 임금이 말하길
 "우리의 삶이나 목숨은 하늘에 달려 있다."
라고 말했다. 그러자 조이가 말하기를
 "당신의 죄가 하늘에 쌓여 있거늘, 어찌 하늘의 명을 책망할 수 있습니까? 은나라가 망하는 것은 당신 때문이고, 이어서 죽음이 사방에서 나타날 것입니다."
라고 말했다.

11. 미자微子

미자는 걸왕의 이복형으로 어머니가 천한 집안의 출신이어서 왕위에 오르지 못하였으나 높은 덕을 지닌 인물이다. 걸왕의 폭정으로 나라가 점차 기울자 미자는 나라의 앞날을 걱정하고 동시에 자신이 나아갈 바를 비간에게 상의하였다. 이들의 내용을 기록한 것이 미자이다.

1
微子[1]若曰 父師[2]少師여 殷其弗或亂正四方이니이다
미자 야왈 보사 소사　은기불혹난정사방

我祖底遂陳于上이시니 我用沈酗于酒하여 用亂敗厥德于下니이다
아조저수진우상   아용침후우주   용난패궐덕우하

殷罔不小大로 好草竊姦宄하니이다 卿士는 師師非度하고
은망부소대   호초절간귀   경사   사사비도

凡有辜罪를 乃罔恒獲하니이다 小民方興하여 相爲敵讎하나이다
범유고죄   내망항획   소민방흥   상위적수

今殷其淪喪이 若涉大水여 其無津涯니이다 殷遂喪이 越至于今이니이다
금은기륜   야섭대수   기무진애   은수상   월지우금

미자가 말하기를

"보사님, 소사님, 은나라가 세상을 바로잡지 못하고 있습니다. 조상들께서 이뤄 놓은 것은 윗대에서뿐입니다. 백성들은 술에 빠져 살면서 조상들의 덕을 어지럽혀 망치고 있습니다. 은나라는 소인 대인할 것 없이 노략질과 도둑질을 일삼고, 반란과 소란을 일으키고 있습니다. 경사들은 법도에 어긋나는 일만 행하고, 죄를 지은 사람들조차 내버려 두고 있습니다. 더구나 백성들은 일어나 서로 원수가 되어 싸우기까지 합니다. 은나라가 멸망으로 치닫는 것은 큰 강물을 건널 때 나루터와 가도가 없는 것과 같습니다. 이제 은나라가 망하게 되는 그 날에 다다랐습니다."
라고 했다.

2

曰父師여 少師³⁾여 我其發出狂이리까 吾家耄하여
왈부사   소사   아기발출광   오가모

遜于荒이리이까 今爾無指告予시면 顚隮若之何其오
손우황　　　　금이무지고여　　　전제 약지하기

또 말하기를
"보사님, 소사님, 나는 어디로 떠나갈까요? 우리 집에서 늙도록 살까요? 거친 들에서 숨어서 살까요? 지금 내게 가르쳐 주지 않으면, 멸망하는 나라를 어떻게 해야 됩니까?"
라고 말했다.

3

父師若曰 王子여 天毒降災하사 荒殷邦이시어늘
부사야왈 왕자　천독강재　　　황은방

方興沈酗于酒니이다 乃罔畏畏[4]하여 咈其耇長[5]과 舊有位人[6]하나이다
방흥침후우주　　　　내망외외　　　불기구장　　구유위인

今殷民乃攘竊神[7]祇[8]之犧[9]牷[10]牲이어늘 用以容하여 將食無災[11]니이다
금은민내양절신 기 지희 전 생　　　　용이용　　　장식무재

降監[12]殷民이면 用乂讐斂[13]하여 召[14]敵讐不怠[15]하리이다
강감　은민　　　용예수감　　　　소　적수부태

罪合于一[16]하니 多瘠[17]罔詔[18]하나이다
죄합우일　　　　다척　망조

보사가 대답하기를
"왕자님, 하늘은 은나라에 큰 재앙을 내려서 황폐시키고 있습니다. 그러나 백성들은 술독에 빠져서 살고 있습니다. 두려워해야 할 것을 두려워하지 않고, 노인들과 벼슬아치들에게 반기를 들고

있습니다. 더구나 백성들이 하늘과 땅의 신에게 올리는 제물들을 훔쳐 가도 내버려 두고, 먹어도 형벌을 내리지 않습니다. 백성들에게 원수를 다스리듯 해서 원수가 되지 않을 수가 없습니다. 아래위의 죄가 하나로 합쳐져 괴로움이 있어도 호소할 곳조차 없습니다.

4

商今其有災나 我興受其敗하리이다 商其淪喪이면
상금기유재　아흥수기패　　　상기륜상

我罔爲臣僕하리이다 詔王子出迪하노니 我舊云刻子니이다
아망위신복　　　조왕자출적　　　아구운각자

王子弗出이면 我乃顚隮하니이다
왕자불출　　아내전제

自靖하여 人自獻于先王이니 我不顧行遯하리이다
자정　　인자헌우선왕　　아부고항둔

지금 상나라에 재난이 닥쳐도 나는 다시는 신하가 되지 않겠습니다. 왕자님께 아뢰니 '도망가십시오.' 라는 말뿐입니다. 나는 오래전부터 당신을 해친다고 말했습니다. 왕자께서 나가 싸우지 않으면 사직은 흔적도 없이 사라질 것입니다. 백성들은 자중해서 옛 임금께 스스로 공헌해야 합니다. 나는 재난이 닥쳐도 도망칠 생각이 없습니다."
라고 말했다.

제四편 주서 周書

주서는 은·주 혁명기부터 주공의 국가 규모와 제도의 태강에 이르는 부분이 주가 되어 기록한 것이다.

1. 태서 상 泰誓 上

태서는 무왕이 은나라 걸왕을 칠 때 맹진이란 나루터에서 많은 제후들을 모아놓고 전쟁을 일으키게 된 대의를 밝히고 협력을 호소한 내용이다.

1

惟十有三年[1]春[2]에 大會[3]于孟津하니라 王曰嗟야
유십유삼년 춘 대회 우맹진 왕왈차

我友邦家君[4]과 越[5]我御事庶士[6]여 明聽誓하라 惟天地는 萬物父母요
아우방총군 월 아어사서사 명청서 유천지 만물부모

惟人은 萬物之靈[7]이라 亶聰明이면 作元后[8]요 元后作民父母니라
유인 만물지령 단총명 작원후 원후작민부모

今商王受[9]는 弗敬上天하여 降災下民이라 沈酒[10] 冒色[11]하여
금상왕수 불경상천 강재하민 침주 모색

敢行暴虐이라 罪人以族[12]하고 官人以世[13]로다 惟宮室臺榭[14]陂池侈服으로
감항포학 죄인이족 관인이세 유궁실대사 피지치복

以殘害于爾萬姓이라 焚炙[15]忠良하고 刳剔[16]孕婦로다
이잔해우이만성 분자충량 고척 잉부

皇天震怒[17]하사 命我文考[18]로 肅將天威시니 大勳[19]未集하시니라
황천진노 명아문고 숙장천위 대훈 미집

  십삼 년 봄, 맹진에 제후들과 수많은 군사들이 모였다. 임금은 "우방의 임금들과 내 일을 맡은 여러분, 내 말을 똑똑히 듣길 바란다! 하늘과 땅은 만물의 부모이고 사람은 만물의 영장이다. 진실로 총명하다면 천자가 될 수 있고, 천자는 백성들의 부모가 된다. 지금 상나라 임금 수는 하늘을 공경하지 않아 백성들에게 재앙을 내리게 했다. 술과 여색에 빠져 포학한 짓을 일삼고 죄 주기를 친족들까지 하고, 사람들에게 벼슬을 주되 세전으로써 대신하고 있다. 사치스런 궁실과 누각과 못과 옷은 백성들을 해치고 있다. 더구나 충신들은 불태워서 죽였고, 임신한 부인의 배를 가르고 뼈를 발라서 죽였다. 이에 하늘이 노해서 돌아가신 아버지 문왕에게 명하여 하늘의 위엄을 행하도록 했다. 그렇지만 안타깝게도 큰 공훈을 세우지 못하고 말았다.

2

肆[20]予小子發[21]이 以爾友邦冢君으로 觀[22]政于商이라
사 여소자발 이이우방총군 관 정우상

惟受罔有悛心[23]하고 乃夷居[24]하여 弗事上帝神[25]祇[26]하며
유수망유전심   내이거   불사상제신 기

遺厥先宗廟弗祀라 犧牲[27]粢盛[28]은 旣于凶盜어늘
유궐선종묘불사 희생 자성 기우흉도

乃曰 吾有民有命이라 하여 罔懲[29]其侮[30]니라 天佑下民하사
내왈 오유민유명   망징 기모   천우하민

作之君作之師하시니라 惟其克相上帝하여 寵綏四方하시니라
작지군작지사   유기극상상제   총수사방

有罪無罪에 予曷敢有越厥志[31]리요 同力度德[32]하고 同德度義니라
유죄무죄 여갈감유월궐지   동력탁덕   동덕탁의

그래서 소인 발이 그대 우방의 임금으로서 상나라의 정치를 살펴 보았다. 수는 마음을 고치거나 뉘우침 없이 책상에 걸터앉아 상제 와 하늘과 땅의 신들을 섬기지 않고 있다. 또 선조들의 종묘를 버려 둔 채 제사를 지내지 않아 제물과 제수들은 흉악한 도둑들이 훔쳐 가고 있다. 그럼에도 불구하고 거짓으로 '나는 백성을 거느리라는 명을 받고 있다.'고 하면서, 남을 업신여기고 있다. 하늘은 백성들을 도와 임금을 내려 주고 스승까지 내려 주었다. 그들이 상제를 도와 온 세상을 사랑으로 가득 차게 했다. 죄가 있고 없는 것에 대해서 나는 감히 그분의 뜻을 넘지 못한다. 힘이 같다면 덕을 헤아리고, 덕이 같다면 의를 헤아리면 된다.

3

受有臣億萬이나 惟億萬心[33]이요 予有臣三千이나 惟一心이라
수유신억만　　　유억만심　　　여유신삼천　　　유일심

商罪貫盈[34]하여 天命誅[35]之하시니 予弗順天하면 厥罪惟鈞[36]하리라
상죄관영　　　천명주　지　　　여불순천　　　궐죄유균

予小子는 夙夜[37]祗[38]懼[39]하여 受命文考하니라 類[40]于上帝하며
여소자　숙야　지　구　　　수명문고　　　류　우상제

宜[41]于冢土[42]하여 以爾有衆으로 底天之罰하노라 天矜[43]于民하시다
의　우총토　　　이이유중　　　저천지벌　　　천긍　우민

民之所欲을 天必從之하시어니라 爾尙弼予一人하여
민지소욕　천필종지　　　　　이상필여일인

永淸四海하라 時哉[44]니 弗可失이니라
영청사해　　　시재　　　불가실

수에겐 억만의 신하가 있지만 각기 다른 마음을 품고 있다. 하지만 나는 삼천 명의 신하가 있지만 오직 한마음으로 단결되어 있다. 상나라의 죄가 크기 때문에 하늘이 그를 치도록 명했다. 만약 내가 하늘을 따르지 않는다면 그 죄가 같아질 것이다. 그래서 나는 새벽부터 밤까지 공경하고 두려워하면서 돌아가신 아버지 문왕의 명을 받았다. 상제에게 제사를 지내고 땅에게도 제사를 지냈다. 이에 따라 무리들을 거느리고 하늘의 명을 지키려고 한다. 하늘은 백성들을 가엾게 여겨 그들이 바라는 것을 도와주려고 한다. 바라건대 나를 도와 영원히 온 세상을 맑게 만들도록 하라. 때가 되었기 때문에 반드시 기회를 놓치면 안 된다."
라고 말했다.

태서 중 泰誓 中

1

惟戊午[45]에 王[46]次[47]于河朔하시다 羣后以師[48]畢會한대
유무오　　왕　차　우하삭　　군후이사　필회

王乃徇師而誓하시다 曰 嗚呼라 西土[49]有衆아
왕내순사이서　　왈 명호　서토　유중

咸聽朕言하리 我聞 吉人[50]爲善하되 惟日不足이요
함청짐언　　아문 길인　위선　　유일부족

凶人爲不善하되 亦惟日不足이라 하나라
흉인위불선　　역유일부족

今商王受는 力行無度하의 播棄[51]犂[52]老하고
금상왕수　력항무도　　파기 리　노

昵[53]比[54]罪人하며 淫酗[55]肆[56]虐이라 臣下化[57]之[58]하여
닐 비 죄인　　음후 사 학　　신하화 지

朋[59]家作仇하고 脅[60]權相滅이라 無辜籲[61]天하니
붕 가작구　　협　권상멸　　무고유 천

穢[62]德彰聞이라
예　덕창문

무오일, 임금은 황하 북쪽에 머물렀다. 이곳에 여러 제후들도 군사들과 함께 모여들었다. 그러자 임금은 군사들에게 훈시했다. "서쪽 땅 군사들아, 조용히 하고 내 말을 명심해서 듣기 바란다. '좋은 사람이 선을 행할 때 날이 모자란다고 말하고, 흉악한 사람도 좋지 않은 일을 행할 때 날이 모자란다고 한다.' 고 들었다. 지금

상나라 임금 수는 법도에 어긋나는 일로 노인들을 내다 버리고 죄인들과 친하게 지내고 있다. 또한 방탕과 술주정과 방종과 포학을 일삼고 있다. 신하들 역시 동화되어 집안들끼리 무리를 이뤄 원수를 삼아서 권세로 협박해 서로를 멸망시키고 있다. 이에 죄가 없는 백성들은 하늘에 호소하여 더러운 행동들이 밝혀지게 된 것이다.

2

惟天惠民이시나 惟辟奉天이라 有夏桀弗克若天하여
유천혜민　　　유벽봉천　　유하걸불극약천

流毒[63]下國[64]하니 天乃佑命成湯하사 降黜夏命하시니라
류독　하국　　천내우명성탕　　　강출하명

惟受罪浮[65]于桀이라 剝喪元良하고 賊虐諫輔[66]하니라
유수죄부　우걸　　박상원량　　　적학간보

謂己有天命이라 하고 謂敬不足行이라 하며
위기유천명　　　　　위경부족행

謂祭無益이라 하고 謂暴無傷이라 하니라
위제무익　　　　　위포무상

厥鑒惟不遠하나니 在彼夏王[67]이라
궐감유부원　　　재피하왕

하늘은 백성들에게 은혜를 베풀려고 하기 때문에 임금은 반드시 하늘을 공경해야만 한다. 하나라의 걸이 하늘을 따르지 않고 천하에 해독을 끼치고 있다. 이에 하늘은 탕임금에게 명하고 도와서 하나라의 운명을 끝내게 했다. 하지만 수의 죄는 걸보다 더

심해서 착하고 어진 자를 다치게 하거나 망하게 했으며, 충신들까지 해치고 학대했다. 스스로 천명을 가졌다고 자랑했으며, 공경을 행할 것이 못 된다고 말했다. 또한 제사는 이익이 없다고 했으며, 포학은 상하게 하는 것이 아니라고 했다. 이러한 본보기는 하나라 임금 수이다.

3

天其以予乂民하사 朕夢協朕[68]卜하고 襲[69]于休祥하니 戎商[70]必克하니라
천기이여예민　　　짐몽협짐 복　　　습 우휴상　　　융상 필극

予有亂臣十人이나 同心同德이라 受有億兆夷人[71]이나 離心[72]離德[73]이요
수유억조이인　　　동심동덕　　　수유억조이인　　　동심 동덕

雖有周親이나 不如仁人이니라 天視自我民視하시며
수유주친　　　부여인인　　　천시자아민시

天聽自我民聽하시니라 百姓有過는 在予一人이나 今朕必往하리라
천청자아민청　　　　 백성유과　　　재여일인　　　금짐필왕

我武[74]惟揚하고 侵于之疆하여 取彼凶殘[75]하리라 我伐用張하면
아무 유양　　　침우지강　　　취피흉잔　　　　아벌용장

于湯有光하리라 勖哉라 夫子[76]여 罔或[77]無畏하고 寧[78]執非敵[79]하라
우탕유광　　　욱재　　부자　　 망혹　 무외　　　녕　집비적

百姓懍懍[80]하여 若崩厥角[81]이라 嗚呼라 乃一德一心으로
백성늠름　　　　야붕궐각　　　　오호　　내일덕일심

立定厥功하여 惟克永世하라
립정궐공　　　유극영세

하늘은 나에게 백성을 다스리게 했으며, 내 꿈은 내 점과 맞고 아름다운 조짐이 겹쳐지고 있다. 그래서 상나라를 치면 반드시 승리할 것이다. 수는 억조의 사람들을 거느리고 있지만, 이미 마음이 서로 다르며 덕과도 거리가 멀어졌다. 나에게는 신하 열 사람이 있지만, 한결같이 마음이 같고 덕을 함께하고 있다. 비록 친한 사람일지라도 어진 사람만 못 하다. 하늘이 볼 때는 백성들을 통해서 보고, 들을 때는 백성들을 통해서 듣는다. 백성들의 허물은 곧 나에게 책임이 있기 때문에 지금 꼭 나아가야 한다. 나는 무위를 휘날리면서 그의 땅으로 쳐들어갈 것이다. 그곳에서 흉악하게 해악을 끼치는 자들을 섬멸해 내 정벌이 이뤄진다면, 탕임금에게 빛이 있는 것이다. 힘써 주시오, 장사들아! 두려울 것이 없다는 것보다, 차라리 대적치 못 하리라고 마음먹길 바란다. 백성들이 그에게 두려워하기를 얼굴을 늘어뜨리고 죽은 듯이 하고 있다. 오! 그대들은 하나의 덕과 한마음으로 공을 세워 세상이 영원할 수 있도록 하라."
라고 말했다.

태서 하 泰誓 下

1

時厥明[82]에 王乃大巡六師[83]하고 明誓衆士하시다
시궐명　왕내대순륙사　　　명서중사

王曰 嗚呼라 我西土君子[84]여 天有顯道하여 厥類[85]惟彰이라
왕왈 오호　아서토군자　　천유현도　　궐류 유창

今商王受이 狎⁽⁸⁶⁾侮五常⁽⁸⁷⁾하고 荒怠弗敬하여 自絶于天⁽⁸⁸⁾하고
금상왕수 압 모오상   황태불경   자절우천

結怨于民이라 斮朝涉之脛⁽⁸⁹⁾하고 剖⁽⁹⁰⁾賢人之心하여 作威⁽⁹¹⁾殺戮으로
결원우민   착조섭지경   부 현인지심   작위 살륙

毒痛⁽⁹²⁾四海로다 崇信姦回하며 放黜師保⁽⁹³⁾하고 屛棄典刑하며
독통 사해   숭신간회   방출사보   병기전형

囚奴正士하나니라 郊社⁽⁹⁴⁾不修하며 宗廟不享하고 作奇技⁽⁹⁵⁾淫技⁽⁹⁶⁾하여
수노정사   교사 불수   종묘불향   작기기 음구

以悅婦人⁽⁹⁷⁾이고 上帝弗順하사 祝降時喪하시나라
이열부인   상제불순   축강시상

爾其孜孜하라 奉予一人하여 恭行天罰하라
이기자자   봉여일인   공행천벌

　이튿날, 왕은 육군의 군사들을 돌아보고 훈시했다. 그는
"서쪽 땅 군사들아, 하늘에는 밝은 도가 있어서 그 종류가 분명하다. 지금 상나라의 임금 수는 오륜을 업신여기고 게으르다. 또 백성들을 공경하지 않고 스스로 하늘과 인연을 끊어서 백성들과 원수지간이 되었다. 아침에 물을 건너는 자의 정강이를 자르고 어진 자의 심장을 쪼개며, 위압하여 죽여서 온 세상에 해독을 끼쳤다. 간사한 자들을 높이 믿고, 스승과 보호자가 되는 자들을 내쳤다. 법과 형벌을 버렸고 올바른 사람을 가둬 노예로 전락시켰다. 하늘과 땅의 제사나 종묘의 제사까지 지내지 않았다. 더구나 기묘한 재주와 지나친 기교로 부인을 즐겁게 했다. 이처럼 상제를 따르지 않아 낮은 곳으로 보내져 망하게 되었다. 그대들은 나를 받들어 하늘의 벌을 행하도록 하여 주시오.

2

古人有言曰 撫我則后요 虐我則讎라 獨夫受는 洪惟作威하니
고인유언왈 무아칙후 학아칙수 독부수 홍유작위

乃汝世讎라 樹德務滋요 除惡務本이라 肆予小子가 誕以爾衆士로
내여세수 수덕무자 제악무본   사여소자   탄이이중사

殄殲乃讎라 爾衆士는 其尙迪果毅하여 以登乃辟하라
진섬내수 이중사 기상적과의   이등내벽

功多 有厚賞하고 不迪有顯戮하리라
공다 유후상   부적유현륙

옛 말에 '우리를 잘 보살펴 주면 임금이지만, 학대하면 원수가 된다.'라고 했다. 외로운 남자 수는 위압을 일삼았기 때문에 그대들의 원수지간이다. 덕을 심을 때는 자라도록 노력하고 악을 없앨 때는 뿌리째 뽑아야 한다. 그래서 나는 군사들과 함께 그대들의 원수를 섬멸하려는 것이다. 여러 군사들에게 바라는 것은 과감하고 굳세게 나아가 나의 일을 이루게 하라. 공이 많은 사람에겐 두터운 상이 있을 것이고, 나아가지 않는 사람에겐 많은 사람들 앞에서 죽이겠다.

3

嗚呼라 惟我文考는 若日月之照臨이라
오호 유아문고 야일월지조림

光于四方하사 顯于西土하시니 惟我有周는 誕受多方하니라
광우사방   현우서토   유아유주 탄수다방

予克受면 非予武요 惟朕文考無罪니라 受克予면
여극수 비여무 유짐문고무죄   수극여

非朕文考有罪요 惟予小子無良이니라
비짐문고유죄   유여소자무량

오오! 나의 아버지 문왕은 마치 해와 달이 비추는 것 같았다. 그 빛은 온 세상을 비추고 서쪽 땅까지 밝혔다. 그래서 주나라는 많은 나라들을 받아들일 수 있었다. 내가 수를 이긴다면 내 무위가 아니라, 돌아가신 아버지 문왕께 죄가 없었기 때문이다. 수가 나를 이긴다면 돌아가신 아버지 문왕께 죄가 있는 것이 아니라, 오직 내가 못난 탓이다."
라고 외쳤다.

2. 목서 牧誓

주나라 문왕이 은나라 걸왕을 목 땅에서 토벌하기에 앞서 전쟁을 도우려고 모인 각지의 제후들과 군사들을 향해 거병의 취지를 밝힌 기록이다.

時甲子[1] 昧爽[2]여 王朝[3] 至于商郊[4] 牧野하여 乃誓하시다
시갑자 매상   왕조 지우상교   목야   내서

王左杖[5]黃鉞[6]하시고 右秉[7]白旄[8]하여 以麾하여
왕좌장 황월   우병 백모   이휘

曰逖[9]矣라 西土之人이여 하시다
왈적 의   서토지인

王曰嗟아 我友邦冢君과 御事[10] 司徒 司馬 司空[11]과 亞旅 師氏[12]와
왕왈차 아우방총군 어사 사도 사마 사공   아려사씨

千夫長[13] 百夫長[14]과 及庸[15] 蜀[16] 羌[17] 髳[18] 微[19] 盧[20] 彭[21] 濮[22] 人이여
천부장 백부장   급용 촉 강 무 미 노 팽 복 인

稱爾戈하고 比爾干하며 立爾矛[23]하라 予其誓하리라
칭이과   비이간   립이모   여기서

갑자일 새벽, 임금은 상나라 교외 목 땅에서 훈시를 했다. 임금은 왼쪽에는 금도끼를 오른쪽에는 흰 깃발 들고
"멀리 왔도. 서쪽 땅 사람들아!"
라고 외쳤다. 또 말하길
"우리 우방의 총군과 어사인 사도와 사마와 사공과 아와 려와 사씨와 천부의 장과 백부의 장과 용과 촉과 강과 무와 노와 팽과 복의 사람들아! 손에 창을 들고 방패를 나란히 하고, 그대들의 긴 창을 세운 다음 내 훈시를 따르라."
라고 외쳤다.

3. 무성武成

무왕이 은나라를 토벌한 뒤에 천하를 태평케 한 상황을 많은 사람들에게 고한 기록이다.

惟一月壬辰旁死魄[1]이요 越[2] 翼日[3] 癸巳에 王朝步[4] 自周하사
유일월임진방사백   월 익일 계사   왕조보 자주

于征伐商하시다 厥四月哉生明[5]에 王來自商하사
우정벌상　　월사월재생명　　왕내자상

至于丰하니라 乃偃武[6]修文[7]하여 歸馬[8]于華山之陽하시며
지우풍　　내언무수문　　귀마우화산지양

放牛于桃林[9]之野하사 示天下弗服[10]하시다
방우우도림지야　　시천하불복

丁未[11]에 祀于周廟하시니 邦[12]甸侯衛[13]이 駿奔走하여
정미　　사우주묘　　방전후위　　준분주

執豆籩[14]하니라 越三日[15]庚戌에 柴[16]望[17]하사 大告武成하시다
집두변　　월삼일　　경술　　시망　　대고무성

旣生魄[18]에 庶邦冢君暨百工이 受命于周하니라
기생백　　서방총군기백공　　수명우주

일정월 임진일 초 이튿날, 다음 제사에서 임금은 아침에 주나라를 출발하여 상나라를 공격했다. 넷째 달 초 사흘 날, 왕은 상나라에서 풍까지 무력을 거두게 하고, 문교를 닦은 다음 말을 화산 남쪽기슭으로 돌려보냈다.

　소는 도림의 들에 풀어놓아 다시는 쓰지 않을 것처럼 보였다. 정미일, 주나라 종묘에 제사를 지냈는데, 나라 안과 전복과 후복과 위복의 제후들이 모두 달려와서 제기를 날랐다.

　사흘 뒤 경술일, 하늘에 시제를 지내고 산천에 망제를 지내면서 무공을 크게 고했다. 열엿새가 지나자 여러 나라의 총군들은 명을 주나라로부터 받았다. 십육 일이 지나면서 여러 나라 제후들과 여러 관리들이 주나라로부터 임명되었다.

4. 홍범 洪範

무왕은 은나라를 토벌한 뒤 걸의 아들 무경을 제후로 봉하여 제사를 잇게 하는 한편 은나라의 기자를 우대하여 고문에 앉혔다. 무왕이 자신을 덕으로 살피자 그는 자신의 천도에 대한 소신을 글로 펴낸 것이 홍범이다.

惟十有三祀[1]에 王訪于箕子하시다 王乃言曰 嗚呼라
유십유삼사　　왕방우기자　　　왕내언왈 오호

箕子여 惟天陰[2]騭[3]下民하고 相協厥居하시니
기자　유천음 즐 하민　　상협궐거

我不知其彝[4]倫[5]攸敘하노라 箕子乃言曰我聞하니
아부지기이 륜 유서　　기자내언왈아문

在昔에 鯀[6]陻洪水하여 汨陳[7]其五行이니이다
재석　곤 인홍수　　　율진 기오항

帝乃震怒하사 不畀洪範九疇[8]하시니 彝倫攸斁[9]이니이다
제내진노　부비홍범구주　　　이륜유두

鯀則殛死[10]하고 禹乃嗣興이니 天乃錫禹洪範九疇하사
곤칙극사　　　우내사흥　　천내석우홍범구주

彝倫攸敘하니이다 初一은 曰五行이요 次二는 曰敬用五事요
이륜유서　　　초일　왈오항　　차이　왈경용오사

次三은 曰農用八政이요 次四는 曰協用五紀요
차삼　왈농용팔정　　차사　왈협용오기

次五는 曰建用皇極이요 次六은 曰乂用三德이요
차오　왈건용황극　　차륙　왈예용삼덕

書經

次七은 曰明用稽疑요 次八은 曰念用庶徵이요
차칠 왈명용계의 차팔 왈념용서징

次九는 曰嚮用五福과 威用六極이니이다
차구 왈향용오복 위용륙극

  십삼 년째 되던 해 임금은 기자를 찾아갔다. 임금이 말하길
  "기자여! 하늘은 몰래 백성들을 정해 놓고, 그들의 삶을 도와서 화합하게 만들지만, 나는 윤리가 베풀어지는 것을 알아차리지 못하고 있습니다."
라고 말했다. 기자가 말하길
  "제가 듣건대, 옛날 곤이 장마 물을 막아 오행의 배열을 흩트려 놓았습니다. 그러자 상제가 크게 노해서 큰 규범 아홉 가지를 주지 않았기 때문에 윤리가 깨진 것입니다. 곤은 죽을 때까지 귀양살이를 했고 우가 뒤를 이었습니다. 하늘은 우에게 큰 규범 아홉 가지를 내려 윤리가 베풀어지도록 했습니다. 첫째는 오행이고, 둘째는 다섯 가지 일을 공경히 행하는 것이고, 셋째는 여덟 가지 정사를 힘써 행하는 것이고, 넷째는 다섯 가지 기율을 조화되게 쓰는 것이고, 다섯째는 임금의 법칙을 세워 쓰는 것이고, 여섯째는 세 가지 덕을 다스려 쓰는 것이고, 일곱째는 의문을 묻는 것을 밝혀 쓰는 것이고, 여덟째는 여러 가지 징험을 생각하며 쓰는 것이고, 아홉째는 다섯 가지 복을 길러 쓰는 것과 함께 여섯 가지 궁함을 위압해서 쓰는 것입니다."
라고 말했다.

5. 여오 旅獒

여는 중국 서쪽에 위치한 미개한 나라의 이름이다. 주나라의 무왕이 은나라를 토벌하자 모든 나라들은 공물을 바쳤다. 이때 여나라에서는 큰 개 한 마리를 바쳤는데 매우 진기한 개였다. 무왕이 크게 기뻐하자 소공 석은 천자는 아무리 귀중한 공물이라도 그것에 현혹되어서는 왕도를 실현할 수 없다고 간하였다.

1

惟克商하니 遂通道于九夷八蠻[1]이라
유극상　　수통도우구이팔만

西旅底貢[2]厥獒러니 太保[3]乃作旅獒하여 用訓于王하니라
서려저공궐오　　태보내작려오　　용훈우왕

曰 嗚呼라 明王愼德하니 四夷[4]咸賓[5]하나이다
왈 오호　명왕신덕　　사이 함빈

無有遠邇로 畢獻方物[6]이나 惟服食器用이니이다
무유원이　필헌방물　　유복식기용

王乃昭德之致[7]于異姓之邦[8]하사 無替厥服[9]하나이다
왕내소덕지치 우리성지방　　무체궐복

分寶玉于伯叔之國[10]하사 時庸[11]展親하나이다
분보옥우백숙지국　　시용 전친

人不易物하고 惟德其物하나이다 德盛不狎侮나이다
인부이물　　유덕기물　　　　덕성부압모

狎侮君子면 罔以盡人心하고 狎侮小人이면 罔以盡其力하리이다
압모군자　망이진인심　　압모소인　망이진기력

不役耳目[12]이면 百度[13]惟貞하리이다 玩人喪德이요
부역이목　　　백도 유정　　　　완인상덕

玩[14]物喪志니이다 志以道寧이요 言以道接이니이다
완 물상지　　　지이도녕　　언이도접

　상나라를 멸망시키자 사방의 오랑캐들과 교통의 문이 열렸다. 서쪽의 여진족은 큰 개를 공물로 바쳤다. 이에 태보는 여오라는 글을 지어 임금을 훈계했다.
　"밝은 임금께서 덕을 펼치니, 사방의 오랑캐들이 모두 굴복했습니다. 먼 곳 가까운 곳에 있는 오랑캐들은 자신들의 고장의 특산물을 바쳤습니다. 그렇지만 공물은 옥사 음식과 그릇뿐이었습니다. 임금이 덕으로 이룬 것을 다른 나라에 모범으로 보여 일을 폐하지 않게 하소서. 보옥을 아저씨뻘 되는 나라에 나누어 친함을 펴게 하소서. 그러면 사람들은 물건을 쉽게 생각하지 않고 덕으로 생각할 것입니다. 덕이 성하면 희롱하거나 업신여기지 못합니다. 만약 군자를 희롱하고 업신여기면 그들은 마음을 다하게 하지 못할 것입니다. 소인들을 희롱하고 업신여기면 그들의 힘을 다하게 하지 못할 것입니다. 귀와 눈에게 홀리지 않는다면 백 가지의 법도가 올바르게 됩니다. 사람으로 장난하면 덕을 잃고 물건을 희롱하면 뜻을 잃는 것입니다. 뜻을 도로써 편안하게 하여야 하고 말을 도로써 주고 받게 하소서.

2
不作無益害有益이면 功乃成하리이다 不貴異物賤用物이면
부작무익해유익　　　　공내성　　　　부귀이물천용물

民乃足이리이다 犬馬는 非其土性[15]이면 不畜하시고
민내족　　　　　견마　비기토성　　　　부축

珍禽奇獸를 不育于國하소서 不寶遠物이면 則遠人格[16]하고
진금기수　　부육우국　　　　부보원물　　　칙원인격

所寶惟賢이면 則邇人安하리이다 嗚呼라
소보유현　　　칙이인안　　　　　오호

夙夜罔或不勤하소서 不矜細行[17]하면 終累大德하나이다
숙야망혹부근　　　　부긍세항　　　　종누대덕

爲山九仞[18]에 功虧一簣[19]하나이다 允迪玆이면
위산구인　　　공휴일궤　　　　　　　윤적자

生民保厥居하고 惟乃世王[20]하시리이다
생민보궐거　　　유내세왕

　유익한 일을 함으로써 유익함이 있음을 해치지 않으면 공은 자연적으로 쌓이게 됩니다. 물건을 귀하게 하면서 사용할 때 천하게 다루지 않는다면 백성들이 풍족해집니다. 개와 말이 토성이면 기르고, 보배로운 새와 기이한 짐승은 나라에서 기르지 말아야 합니다. 먼 곳의 보배를 탐내지 않으면 그곳의 사람이 다가옵니다. 만약 보배로 하는 것이 어진 사람이면 가까운 곳에 있는 사람이 편안합니다. 아침 일찍 또는 늦은 밤에 부지런하지 않다면 멈추는 것이 좋습니다. 자상한 행동을 등한시 하면 마침내 큰 덕을 더럽혀서 산을 아홉 길 높이로 만들 때 공이 한 삼태기에도 부족합니다. 진실로 행한다면 백성들은 보존하고 당신은 대대로 임금의 자리에 있을 것입니다.”
라고 말했다.

6. 금등 金縢

주공이 봉해 둔 기록이 금등 즉 쇠자물쇠가 채워진 궤짝에서 발견되었는데 그 내용은 병이 나서 위태로운 무왕을 대신하여 자신이 죽게 해 달라고 천신께 비는 것으로 이를 본 성왕이 주공을 높이 받들고 그의 도움을 청하자 세상이 모두 평안해지고 백성이 잘 다스리게 되었다는 기록이다.

旣克商二年¹⁾에 王有疾하사 弗豫하시라
기 극 상 이 년   왕 유 질   불 예

二公²⁾曰 我其爲王穆卜하리라
이 공 왈 아 기 위 왕 목 복

周公³⁾曰 未可以戚我先王이라
주 공 왈 미 가 이 척 아 선 왕

公乃自以爲功⁴⁾하여 爲三壇⁵⁾同墠⁶⁾이라
공 내 자 이 위 공   위 삼 단 동 선

爲壇⁷⁾於南方하고 北面하여 周公立焉하사
위 단 어 남 방   배 면   주 공 립 언

植⁸⁾璧⁹⁾秉珪하고 乃告太王 王季文王시다
식 벽 병 규   내 고 태 왕 왕 계 문 왕

  상나라에 승리한 뒤 2년이 되던 해, 임금은 병이 나서 옥체가 편안치 못하자 이공이 이렇게 말했다.
  "우리가 임금님을 위해 점을 치겠습니다."
라고 말했다. 그러자 주공이 이르시기를
  "옛 임금들의 마음을 움직일 수는 없다."

라고 말하면서, 자신의 일이라고 생각하고 깨끗한 땅에 단을 만들었다. 단은 남쪽에 만들어졌고, 주공이 북쪽을 향해 서서 구슬을 단에 놓고 홀을 손에 들고는 태왕과 왕계와 문왕에게 아뢰었다.

7. 대고 大誥

주공을 시기하던 무리가 반란을 일으키자 주공이 이들을 토벌하려고 나서면서 그 대의를 왕을 대신하여 밝힌 기록이다.

王若曰[1] 猷[2]라 大誥爾多邦과 越[3]爾御事[4]하노라
왕약왈 유 대고이다방 월 이어사

弗吊[5]라 天降割[6]于我家하사 不少延이라 洪惟我幼沖人이
불적 천강할 우아가   부소연   홍유아유충인

嗣無疆[7]大歷服[8]하며 弗造哲[9]하고 迪民康이라
사무강 대력복   불조철   적민강

矧曰其有能格知[10]天命가 已[11]予惟小子 若涉淵水하니
신왈기유능격지 천명 이 여유소자 약섭연수

予惟往은 求朕攸濟라 敷[12]賁하며 敷前人受命하여
여유왕 구짐유제 부 분   부전인수명

玆不忘大功이니 予不敢閉[13]于天降威用[14]이라
자불망대공   여불감폐 우천강위용

임금이 말하기를

"옳다. 널리 그대들의 여러 나라와 일을 맡은 사람들에게 널리 고하겠다! 불행히도 하늘은 우리 집안에 재앙을 내리심에 조금도 유예하지 않았다. 크게 생각해 보면 어린 내가 끝없는 운명과 일을 계승했다. 하지만 지혜를 발휘하여 백성들을 이끌지 못했기 때문에 하늘이 명을 내린 것이다. 즉 나 같은 소인이 깊은 물을 건너는 것과 같아서 무조건 내가 건널 곳을 찾은 것이다. 아름다움을 시행하고 옛 사람들이 받은 명을 펼쳐서 큰 공을 잊지 말아야 했기 때문에, 나는 하늘이 위엄을 내리는 것을 거역하지 못할 것이다."
라고 말했다.

8. 미자지명 薇子之命

성왕은 은나라의 걸왕의 형인 미자를 손나라의 제후로 봉하여 은나라의 뒤를 잇게 했다. 성왕이 미자에게 덕을 베풀면서 고한 말을 기록한 것이다.

1.
王若曰猷[1]라 殷王元子[2]여 惟稽古崇德象[3]賢하여 統承先王하고
왕야왈유   은왕원자   유계고숭덕상 현   통승선왕

脩其禮物[4]하라 作賓[5]于王家하고 與國咸休하여 永世無窮하라
수기례물   작빈 우왕가   여국함휴   영세무궁

임금이 말하기를
"은나라 임금의 큰아들아! 옛날을 생각하면서 덕을 높이고 어짊

은 배워 옛 임금들의 전통을 이어받아 예의와 문물을 닦아라. 왕가에 손님으로 찾아와서 나라와 아름다움을 함께 해서 영세 무궁하길 원한다.

2.
嗚呼라 乃祖成湯은 克齊聖廣淵하시니 皇天眷佑하사
오 호　　내조성탕　　극제성광연　　　황천권우

誕受厥命이라 撫民以寬하고 除其邪虐하니 功加于時하여
탄수궐명　　　무민이관　　　제기사학　　　공가우시

德垂後裔하니라 爾惟踐⁶⁾脩厥猷하여 舊有令聞⁷⁾이라
덕수후예　　　　이유천　수궐유　　　구유령문

恪愼克孝하며 肅⁸⁾恭神人하니 予嘉⁹⁾乃德하
각신극효　　　숙 공신인　　　여가 내덕

曰 篤不忘¹⁰⁾이라 하나라 上帝時歆¹¹⁾하시며 下民祗協하리니
왈 독부망　　　　　　　　상제시흠　　　　　하민지협

庸建爾于上公하여 尹玆東夏하노라
용건이우상공　　　윤자동하

그대 할아버지 성탕은 바르고 넓고 깊은 분이다. 그래서 하늘이 돌보고 도와 크게 하늘의 명을 받은 것이다. 너그러운 마음으로 백성들을 보살피고, 악하고 사나운 자들을 제거하면서 공로가 날로 쌓여 덕이 후손들에게까지 이어졌다. 그대는 그분들의 길을 따르고 닦아 옛날부터 아름다운 소문으로 알려진 효도를 행하라. 신과 사람들을 공경해서 나는 그대의 덕을 가상히 여겨

'두터워 잊지 않겠다.' 라고 말했다. 상제는 흠향할 것이고 백성들도 삼가 화합할 것이다. 이에 그대를 상공으로 세워 동쪽 중화 땅을 다스리게 하겠다.

3.
欽哉하라 往敷乃訓하고 愼乃服命¹²⁾하며 率由典常하여
흠재   왕부내훈   신내복명   률유전상

以蕃¹³⁾王室하라 弘乃烈祖¹⁴⁾하고 律¹⁵⁾乃有民하며
이번 왕실   홍내렬조   률 내유민

永綏厥位하여 毗予一人하라 世世享德하고
영수궐위   비여일인   세세향덕

萬邦作式하여 俾我有周無斁하라 嗚呼라
만방작식   비아유주무두   오호

往哉惟休하여 無替朕命하라
왕재유휴   무체짐명

공경하도다. 가서 그대의 교훈을 펴고 옷과 명령을 삼가며, 법의 일정함에 따라 임금 집안의 울타리가 되어 주길 바란다. 그대는 공이 많은 조상의 덕을 넓히고 백성들을 법도로 다스려라. 또한 자리를 영원히 편안케 만들어 나를 도와주기 바란다. 대대로 덕을 누리게 하고 온 나라들의 모범이 되어서 주나라로 하여금 싫어하지 않도록 하길 원한다. 임지로 가서 아름답게 함으로써 내가 명한 것을 저버리는 일이 없도록 하라."
라고 말했다.

9. 강고 康誥

강고는 강숙을 제후로 봉하며 주공이 왕을 대신해서 앞으로 제후의 한 사람으로서 어떻게 성왕을 도와야 할 것인가를 훈시한 기록이다.

惟三月¹⁾哉生魄²⁾에 周公初基하여 作新大邑于東國洛³⁾이라
유삼월 재생백   주공초기   작신대읍우동국낙

四方民大和⁴⁾會하여 侯甸男邦采衛⁵⁾의 百工播民이
사방민대화 회   후전남방채위   백공파민

和⁶⁾見士于周라 周公咸勤하여 乃洪大誥治⁷⁾라
화 견사우주   주공함근   내홍대고치

삼월 열엿새 날, 주공은 동쪽 땅 낙에 터를 닦고 새로운 도읍지를 만들었다. 그러자 사방에서 백성들이 크게 기뻐하며 모여들었다. 후복·전복·남복·채복·위복의 여러 관리들과 사방의 백성들이 모두 주나라를 위해 노력했다. 이에 주공은 모두를 위로하면서 크게 다스리는 법을 만들었다.

10. 주고 酒誥

강고와 마찬가지로 강숙을 위나라의 군주로 봉할 때 주공이 성왕을 대신해서 내린 훈시이다.

王若曰[1] 明大命于妹[2]邦하노라 乃穆[3]考文王이 肇國在西土하사
왕약왈 명대명우매 방   내목 고문왕   조국재서토

厥誥毖[4] 庶邦 庶士와 越[5] 少正[6] 御事하사 朝夕曰 祀玆酒[7]하라 하시니라
궐고비 서방 서사 월 소정 어사   조석왈 사자주

惟天降命肇我民[8]하시니 惟元祀[9]니라 天降威는 我民用大亂喪德이요
유천강명조아민   유원사   천강위 아민용대난상덕

亦罔非酒惟行이라 越小大邦用喪도 亦罔非酒惟辜[10]니라
역망비주유항   월소대방용상 역망비주유고

文王誥敎小子와 有正[11] 有事[12]하사 無彝酒[13]하라 하시니다
문왕고교소자 유정 유사   무이주

越庶國飮 惟祀하니 德將無醉하니라 惟曰 我民이 迪小子하되
월서국음 유사   덕장무취   유왈 아민 적소자

惟土物[14]愛면 厥心臧이라 聰聽祖考之彝訓[15]하여 越小大德에
유토물 애 궐심장   총청조고지이훈   월소대덕

小子惟一하리 妹土[16]여 嗣爾股肱[17]하며 純[18]其藝黍稷하라
소자유일   매토   사이고굉   순 기예서직

奔走[19]事厥考厥長하라 肇牽車牛遠服賈[20]하여 用孝養厥父母하라
분주 사궐고궐장   조견거우원복가   용효양궐부모

厥父母慶[21]이면 自洗腆[22]하고 致用酒하라
궐부모경   자세전   치용주

왕명으로 주공이 이르시기를
"매나라에 큰 명을 내리겠다. 공경하는 아버님 문왕께서 서쪽 땅에 나라를 개국했다. 그분은 여러 제후와 여러 관리들과 관청의 부관들과 시종들에게 아침저녁으로 '제사에만 이 술을 올려라.'

고 했다. 하늘이 명을 내려 백성들을 다스리게 했기 때문에 큰 제사에만 올려야 한다. 하늘이 이와 같은 명을 내린 것은 백성들이 어지러워져 덕을 잃었기 때문이다. 술만 좋아했기 때문인데, 크고 작은 나라들이 망하는 것도 술로 죄를 지었기 때문이다. 문왕께서 젊은이와 관장과 관리들에게 술을 마시지 말라고 했다. 그래서 제사 때만 마셨기 때문에 덕이 있어서 취하지 않았던 것이다. 또 말씀하길 '백성들이 젊은이들을 인도할 때 땅에서 나는 물건을 아끼게 한다면, 마음이 착해져 조상들의 법과 훈계를 밝게 들을 수가 있다. 그래서 크고 작은 행동까지 젊은이들에게 한마음이 되도록 하라.' 고 했다. 매 땅의 사람들아! 대신들의 뜻을 이어받아 곡식 가꾸기에 힘쓰고, 그대들 아버지나 윗사람들을 부지런히 섬겨야 한다. 수레와 소를 끌고 멀리까지 나아가 장사해서 부모에게 효도로써 봉양해야만 한다. 만약 부모가 부담스러워한다면 깨끗하고 풍성하게 해서 술을 권하라."
라고 말했다.

11. 재재 梓材

주공이 강숙에게 재목을 비유하여 나라를 다스리는 데 대하여 훈시한 기록이다.

王曰 封아 以厥庶民暨[1]厥臣[2]으로 達大家[3]하며 以厥臣[4]으로
왕왈 봉   이궐서민기 궐신   달대가   이궐신

達王이 惟邦君이니라 汝若恒越日我有師師[5]다 司徒[6]와 司馬[7]와
달왕　유방군　　　　여야항월왈아유사사　　사도　　사마

司空[8]과 尹[9]旅[10]여 曰 予罔厲[11]殺人이라 하라 亦厥君先敬勞면
사공　윤　려　　왈여망려　살인　　　　　역궐군선경노

肆[12]徂厥敬勞니라 肆往[13]하며 姦宄殺人歷人[14]이라도 宥하라
사　조궐경노　　　사왕　　간귀살인력인　　　　유

肆亦見厥君事면 戕敗人[15]宥이라도
사역견궐군사　　장패인　유

왕께서 말하기를

"봉아, 백성들과 신하들을 큰 집안과 통하게 하며, 그 신하들을 임금에게 통하게 하는 것이 바로 제후들이다. 그래서 너는 항상 이렇게 말하라. '내가 가르침을 받는 스승과 삼공인 사도·사마·사공과 관장들 및 여러 관리들아! 나는 함부로 사람을 죽이지 않겠다.' 임금이 먼저 공경하고 일하면 그들 역시 공경하고 일할 것이다. 그러나 가거든 간사하고 간악한 자와 사람을 죽인 자와 난동을 부리는 자일지라도 용서할 자는 용서해야 한다. 또 임금을 본받아서 일하는 자라면 남에게 상처를 입히고 해친 자라도 용서하길 바란다."
라고 말했다.

12. 소고 召誥

소고는 소공석이 성왕에게 고한 말을 적은 것이다.

惟二月[1]旣望[2]越六日[3]乙未[4]에 王朝步自周[5]하사 則至于豊[6]하니라
유이월 기망 월륙일 을미   왕조보자주   칙지우풍

惟太保[7]는 先周相[8]宅[9]이라 越若[10]來[11]三月惟丙午[12]朏[13]越三日[14]戊申[15]에
유태보   선주상 택   월야 내 삼월유병오   굴 월삼일   무신

太保朝至于洛하여 卜宅[16]하니라 厥旣得卜[17]하고 則經營[18]하니라
태보조지우낙   복택   궐기득복   칙경영

이월 십육 일에서 엿새가 지난 을미일, 임금은 주나라 도읍을 출발해 걸어서 아침에 풍 땅에 도착했다. 태보는 주공보다 먼저 와서 살 곳을 조사했다. 그 다음 삼월 달 초 사흘 병오일부터 사흘이 지난 무신일인 아침에 태보는 낙 땅에 도착해서 살 곳을 점쳤다. 그는 점괘를 얻은 후, 곧바로 측량하고 터를 닦기 시작하여 닷새가 지난 갑인날에 터를 다 이루었다.

13. 낙고 洛誥

주공과 성왕의 문답을 사관이 기록한 것이다.

周公拜手稽首曰 朕復[1]子[2]明辟하나이다 王如弗敢及天基命[3]定命[4]하시니
주공배 수계 수왈 짐복 자 명벽   왕여불감급천기명 정명

予乃胤保[5]하고 大相[6]東土[7]하니 其基作民明辟이니이다
여내윤보   대상 동토   기기작민명벽

予惟乙卯[8]에 朝至于洛師[9]하니이다 我卜河朔[10]黎水[11]하고
여유을묘   조지우낙사   아복하삭 려수

我乃卜澗水[12]東과 瀍水[13]西나 惟洛食[14]이더이다 我又卜瀍水東하니
아내복간수 동 전수 서 유낙식 아우복전수동

亦惟洛食하고 伻來[15]하여 以圖[16]及獻卜[17]하나이다
역유낙식 팽내 이도 급헌복

王拜手稽首曰 公不敢不敬天之休라 하고 來相宅하여
왕배수계수왈 공부감부경천지휴 내상택

其作周匹休로다 公旣定宅하고 伻來하니 來하나라
기작주필휴 공기정택 팽내 내

視予卜休恒吉하니 我二人이 共貞이로다
시여복휴항길 아이인 공정

公其以予萬億年은 敬天之休하니 拜手稽首誨言하노라
공기이여만억년 경천지휴 배수계수회언

주공이 손을 이마에 얹고 머리를 조아리며 말했다. "조카인 밝은 임금께 아룁니다. 임금께서는 오로지 하늘의 명에 터전을 닦고, 명을 안정시킨 일에 미치지 못했습니다. 이것에 대를 잇고 받들어 동쪽 땅을 크게 둘러보고, 그 터전에서 백성들의 밝은 임금을 만들기 위한 행동이었습니다. 저는 을묘일 아침에 낙 땅으로 와서 황하 북쪽 여수를 점쳤습니다. 또 간수 동쪽과 전수 서쪽을 점쳤는데, 오직 낙 땅만 길했습니다. 또한 전수 동쪽을 점쳤는데, 역시 낙 땅만 길해서 이곳으로 모셔서 지도와 점친 결과를 바칩니다."
라고 말했다.

임금도 손을 이마에 얹고 머리를 조아리며 말했다. "공은 하늘의 아름다움을 공경하면서 오셨습니다. 더구나 도읍지를 조사하여 주나라에 알맞은 아름다움을 조성했습니다. 공이

살 곳을 미리 정해 놓고 오라고 해서 온 것입니다. 점이 아름답고 길한 것은 우리 두 사람이 곧기 때문인 것 같습니다. 공은 제게 억만 년이라도 하늘의 아름다움을 공경하라고 했습니다. 손을 이마에 얹고 머리를 조아리며 가르치신 말씀을 받들겠습니다."
라고 말했다.

14. 다사多士

주공이 성왕의 명을 대신하여 은나라의 유민들에게 주나라의 천자의 백성으로 새로운 각오를 갖고 살아가기를 바라는 내용이다.

惟三月[1]에 周公初于新邑洛에 用告商王士[2]하니라
유삼월   주공초우신읍낙   용고상왕사

王若曰爾殷遺多士여 弗吊[3]히 旻天[4] 大降喪[5] 于殷하시니라
왕야왈이은유다사 불적   민천 대강상   우은

我有周佑命하사 將天明威하시고 致王罰하사 勅殷命終于帝[6]하시니라
아유주우명   장천명위   치왕벌   칙은명종우제

肆[7]爾多士여 非我小國敢弋殷命이라 惟天不畀[8] 允罔固亂[9]하사
사 이다사   비아소국감익은명   유천부비 윤망고난

弼我시니 我其[10]敢求位오 惟帝不畀는 惟我下民秉[11]爲[12]니 惟天明畏[13]니라
필아   아기 감구위   유제부비   유아하민병 위   유천명외

삼월, 주공은 새 도읍지 낙 땅에서 상나라 임금의 관리였던 사

람에게 임금의 명으로 말했다.
 "은나라의 여러 관리들아! 불행히도 은나라를 상제의 명에 따라 멸망시켰다. 주나라의 임금은 명을 도와 하늘의 위엄을 행했고, 임금의 벌을 다뤄서 은나라를 상제의 뜻에 따라 끝맺게 했다. 여러 관리들아! 우리의 조그만 나라가 은나라의 수명을 뺏은 것이 아니다. 하늘은 진실로 다스리지 못하는 사람과 함께 하지 않았기 때문에 우리를 도와준 것이다. 우리 마음대로 은나라를 차지했겠는가. 상제가 함께하지 않았다는 것은 백성들의 마음가짐과 행동 때문이며, 하늘의 두려움을 밝힌 것이다."
라고 말했다.

15. 무일 無逸

주공이 성왕에게 정치의 요점을 일러 준 내용을 기록한 것이다.

周公曰 嗚呼라 君子[1] 所其無逸이니이라 先知稼穡[2] 之艱難하고
주공왈 오호 군자 소기무일 선지가색 지간난

乃逸하면 則知小人之依[3]니이다 相小人하면 厥父母勤勞稼穡이로되
내일 칙지소인지의 상소인 궐부모근노가색

厥子乃不知稼穡之艱難이면 乃逸乃諺[4] 旣誕[5]하나이다
궐자내부지가색지간난 내일내언 기탄

否則侮厥父母曰昔之人[6]이 無聞知라 하나니다
부칙모궐부모왈석지인 무문지

주공이 말하기를

"지위가 있는 사람일수록 놀기를 좋아하지 않습니다. 먼저 농사 짓는 어려움을 알고 난 다음에 편히 놀 줄 안다면, 백성들의 의지를 알 것입니다. 백성들은 그의 부모들이 부지런히 씨를 뿌리고 수확하는 어려움을 겪지만, 그의 자식들이 이런 어려움을 알지 못한다면 편히 놀고 상말을 하면서 방종할 것입니다. 그렇지 않으면 부모를 업신여기고 말하길 '옛 사람이라 듣고 아는 것이 없다.' 라고 할 것입니다."
라고 말했다.

16. 군석 君奭

군석은 소공석을 높여 부른 것이다. 그는 주공과 더불어 성왕을 도와 나라를 세우는 데 큰 공을 이루었다.

周公若曰君奭이여 弗吊[1]히 天降喪于殷하사 殷旣墜[2]厥命하고
주공약왈군석　　　불적　　천강상우은　　　은기추 궐명

我有周旣受로다 我不敢知니 厥基[3]永孚[4]于休[5]하고 若[6]天棐忱이라
아유주기수　　 아부감지　 궐기 영부 우휴　　　 약 천비침

我亦不敢知니 曰其終[8] 出于不祥[7]이라 嗚呼라 君已이여 曰時我[9]로다
아역부감지　 왈기종　 출우부상　　　 오호　 군이　　 왈시아

我亦不敢寧于上帝命하며 弗永遠念天威越[10]我民하여 罔尤違하니
아역부감녕우상제명　　 불영원념천위월　 아민　　　 망우위

惟人이라 在我後嗣子孫이 大弗克恭上下[11]하면 遏佚[12]前人光在家[13]하리라
유인　　재아후사자손　대불극공상하　　　알일　전인광재가

不知天命不易[14]와 天難諶[15]이면 乃其墜命하여 弗克經歷[16]嗣前人恭明德하리라
부지천명부이　천난심　　내기추명　불극경력 사전인공명덕

在今予小子旦은 非克有正이나 迪惟前人光[17]하여 施[18]于我沖子니라
재금여소자단　비극유정　　적유전인광　　　시 우아충자

又曰天不可信이라 我道는 惟寧王[19]德延하여 天不庸釋于文王受命이니라
우왈천부가신　　아도　유녕왕 덕연　　　천부용석우문왕수명

주공이 이르시기를

"석공이여! 불행히도 하늘이 은나라에 멸망을 내려 주나라의 임금이 그것을 받들었습니다. 감히 안다고 할 수는 없지만, 그들의 터전은 항상 복이 따랐고, 하늘은 정성으로 도왔습니다. 감히 안다고 할 수는 없지만, 이르길 '그들의 종말은 상서롭지 않았기 때문이다.'고 합니다. 그래서 군은 이미 자신에게 달려 있다고 했습니다. 나도 상제의 명을 편히 누리고, 하늘의 위엄과 우리 백성들을 항상 생각했기 때문에 잘못한 일이 없습니다. 이것은 오직 사람에게 달려 있는 것입니다. 뒤를 이을 자손이 하늘과 백성을 크게 공경하지 못해서 옛 사람들이 나라에 빛냈던 것을 모조리 잃어버린다면, 집에 있으면서도 알지 못했다고 말하겠소? 하늘의 명은 쉽지 않습니다. 하늘은 믿기가 어려워서 명을 잃는 것은 옛 사람들의 덕을 잇지 못했기 때문입니다. 어린 임금이 있어서 바름을 두는 것이 아니라, 오직 옛 사람들의 빛 때문에 어린 임금에게 베풀고 있는 것입니다."

라고 말했다. 또 말하기를

"하늘을 믿고만 있을 수 없습니다. 나의 길은 오직 영왕의 덕을 이어서 문왕께서 받으신 명을 하늘이 버리지 않도록 하는 것입니다."
라고 말했다.

17. 채중지명蔡仲之命

채나라를 채중에게 봉할 때 왕을 대신하여 주공이 내린 책명을 기록한 것이다.

1

惟周公位冢宰[1]하여 正[2]百工[3]이라 羣叔[4]流言하니
유주공위총재　　　정 백공　　　군숙　류언

乃致辟[5]管叔于商하시고 囚[6]蔡叔于郭鄰[7]하되
내치벽 관숙우상　　　수 채숙우곽린

以車七乘[8]하시고 降霍叔于庶人[9]하여 三年不齒라
이거칠승　　　강곽숙우서인　　　삼년부치

蔡仲克庸祗德하니 周公以爲卿士[10]라 叔卒하니
채중극용지덕　　주공이위경사　　숙졸

乃命諸王하여 邦之蔡[11]하니라
내명제왕　　방지채

주공이 재상자리에 있을 때 여러 관리들을 거느렸으나 여러 숙부

들이 뜬소문을 퍼뜨렸다. 그러자 관숙을 상나라에서 죽이고, 채숙을 곽린에 가두되 수레 일곱 대를 딸려 주었다. 또 곽숙을 서인으로 강등시켜 삼 년 동안 살게 했다. 그러나 채중은 행동을 조심해 주공이 경사로 삼았다. 채숙이 죽자 임금에게 명해서 채나라에 봉했다.

2

王若曰小子胡[12]여 惟爾率德改行하고 克愼厥猷[13]로다
왕야왈소자호   유이솔덕개행   극신궐유

肆[14]予命爾하여 侯于東土[15]하노라 往卽乃封하여 敬哉하라
사 여명이   후우동토   왕즉내봉   경재

爾尙蓋前人之愆이면 惟忠惟孝하라 爾乃邁迹[16]自身하고
이상개전인지건   유충유효   이내매적 자신

克勤無怠하여 以垂憲乃後[17]하라 率乃祖文王之彝訓하되
극근무태   이수헌내후   솔내조문왕지이훈

無若爾考之違王命하라
무야이고지위왕명

왕이 말하기를
"소자 호야, 너는 덕을 좇아 행실을 고쳐서 그 꾀함을 삼갔기 때문에 너를 동쪽 땅의 제후로 삼겠다. 그대의 직위에 나아가 항상 공경하며 살아야 한다. 네가 앞 사람의 허물을 감싼 것은 오직 충성과 효성이 있었기 때문이다. 너 자신부터 업적 쌓기에 부지런히 하고, 게으르지 말아야 한다. 후손에게 본보기가 되도록 할아버지 문왕의 법과 훈계를 따르고, 아버지처럼 임금의 명을 어기지

않도록 해라.

3

皇天無親[18]하사 惟德是輔하며 民心無常하여 惟惠[19]之懷[20]라
황천무친　　　유덕시보　　민심무상　　유혜 지회

爲善不同[21]이나 同歸于治하고 爲惡不同이나 同歸于亂하나니
위선부동　　　동귀우치　　위악부동　　동귀우난

爾其戒哉하라 愼厥初하여 惟厥終이면 終以不困이나
이기계재　　신궐초　　유궐종　　종이부곤

不惟厥終이면 終以困窮하리라 懋乃攸績하며 睦乃四隣하며
부유궐종　　종이곤궁　　　무내유적　　목내사린

以蕃[22]王室하며 以和兄弟하며 康濟小民하라 率自中[23]하고
이번 왕실　　이화형제　　강제소민　　　　률자중

無作聰明하여 亂舊章[24]하라 詳乃視聽하여 罔以側言[25]으로
무작총명　　난구장　　　상내시청　　　망이측언

改厥度하라 則予一人이 汝嘉[26]하리라 王曰 嗚呼라
개궐도　　칙여일인　　여가　　　　　왕왈 오호

小子胡여 汝往哉하여 無荒棄朕命하라
소자호　　여왕재　　무황기짐명

하늘은 친함보다 오로지 덕이 있는 사람만을 도우시고, 백성들의 마음은 정치 아니하여 오로지 사랑하여 주는 사람만을 따른다. 선의 행함이 같지 않으나 다 같이 다스려지게 되고, 악의 행함도 같지 않으니 다 같이 어지러워지기 때문에 경계해야 한다. 처음을

삼가되 마침을 생각해야만 곤궁하지 않게 된다. 마침을 마무리하지 못하면 결국 곤궁해진다. 그대는 공적을 쌓기에 힘쓰고, 사방 이웃과 화목해야 한다. 이것으로 왕실을 울타리로 하고, 형제들을 화합케 하여 백성들을 편안하게 구제하길 원한다. 항상 바른 길을 따르고 총명한 척하여 옛 법도를 어지럽히지 말아야 한다. 보고 듣는 것을 상세하게 살펴 한 쪽으로 치우치지 않아야 법도를 유지할 수가 있다. 그러면 나는 그대를 칭찬할 것이다."
라고 말했다. 왕명으로 말하길

"소자 호야! 그대는 가서 나의 명령을 잘 지켜 주기 바란다."
라고 말했다.

18. 다방 多方

은나라의 유민들이 주나라에 순종하지 않자 주공은 왕을 대신하여 은나라에서 주나라가 세워질 수밖에 없었던 시대적 상황을 전국의 제후들을 향해 이른 기록이다.

惟五月[1]丁亥에 王來自奄[2]하사 至于宗周[3]하시다 周公曰王若曰猷라
유오월 정해 　왕내자엄　　　 지우종주　　 주공왈왕야왈유

告爾四國多方하노라 惟爾殷侯尹民이여 我惟大降爾命[4]을 爾罔不知리라
고이사국다방　　　 유이은후윤민　　 아유대강이명　　 이망부지

洪惟圖[5]天之命하고 弗永寅念于祀라 惟帝降格[6]于夏로되
홍유도 천지명　　　 불영인념우사　　 유제강격 우하

有夏誕厥逸하여 不肯慼言于民이다 乃大淫昏하여 不克終日勸于帝之迪을
유하탄궐일　　　부긍척언우민　　내대음혼　　　부극종일권우제지적

乃爾攸聞이리라 厥圖帝之命하여 不克開于民之麗[7]로다 乃大降罰이니
내이유문　　　　궐도제지명　　　부극개우민지려　　　내대강벌

崇亂有夏하여 因甲[8]于內亂이라 不克靈承[9]于旅하며 罔丕[10]惟進之恭[11]하여
숭난유하　　　인갑 우내난　　　부극령승 우려　　　 망비 유진지공

洪舒[12]于民이라 亦惟有夏之民은 叨懫[13]日欽[14]하여 劓割[15]夏邑하니라
홍서　우민　　　역유유하지민　　도치　일흠　　　　의할　　하읍

天惟時求民主하여 乃大降顯休命[16]于成湯하사 刑殄有夏하시니라
천유시구민주　　　내대강현휴명　　우성탕　　　형진유하

惟天不畀純[17]은 乃惟以爾多方之義民으로 不克永于多享[18]이라
유천부비순　　　내유이이다방지의민　　　부극영우다향

惟夏之恭[19]多士는 大不克明保享于民이라
유하지공 다사　　　대부극명보향우민

乃胥惟虐于民하여 至于百爲히 大不克開[20]니라
내서유학우민　　　지우백위　　대부극개

오월 정해일, 임금은 엄 땅을 출발해서 호경에 도착했다. 주공이 말하기를

"임금이 말하기를 '그대를 사방의 나라와 여러 지방에 말하겠다. 그대 은나라의 제후들의 백성들아! 내가 그대들의 목숨을 돌보아 주었음을 모르는 이가 없을 것이다. 하늘의 명을 크게 멀리하여 제사를 공경하지 않았다. 천명을 멀리하고 언제나 제사를 공경하고 생각하지 않았소. 하느님은 하나라에 복을 내리셨으나 임금은 놀기만 좋아해서 백성들을 걱정하는 말도 하지 않았다. 더구

나 이처럼 너무나 어두워서 하루 종일 상제의 길을 힘쓰지 않은 것도 그대들도 알았을 것이오. 그는 상제의 명을 듣지 않아 백성들의 법망을 풀어주지 못했다. 그래서 크게 벌을 내려 하나라를 더욱 어지럽게 한 것인데, 이것을 숭상하기만 했다. 그 때문에 내란이 시작되면서 백성들을 보살피지 못했고, 모든 백성들에게 재물을 바치게 해서 괴롭혔다. 또 하나라의 백성들은 탐욕과 다툼이 날로 심해져서 하나라의 도읍을 어지럽게 만들었다. 이에 하늘은 백성들의 임금으로 탕임금을 보내서 밝고 아름다운 명을 크게 내려 하나라의 임금을 죽이게 했다. 하늘이 복을 주지 않은 것이다. 착한 백성으로 하여금 길이 섬기지 않도록 하기 위함이 아니라 하나라의 다사는 크게 능히 백성을 밝게 보전하여 누리지 못하고 서로 백성을 학대하여 모든 일에 깨우치지 못하였느니라."
라고 말했다.

19. 입정 立政

입정은 정사를 세우는 요점을 밝힌 것이다.

周公若曰[1] 拜手稽首하여 告嗣天子王矣이니다 用咸戒于王과
주공야왈   배수계수   고사천자왕의   용함계우왕

曰王左右의 常伯[2]과 常任[3]과 準人[4]과 綴衣[5]와 虎賁[6]하니라
왈왕좌우   상백   상임   준인   철의   호분

周公曰 嗚呼라 休茲나 知恤[7] 鮮[8] 哉니이다 古之人迪은 惟有夏니이다
주공왈오호　휴자　지휼 선 재　　　고지인적　유유하

乃有室[9] 大競[10]에 籲[11]俊尊上帝하여 迪知[12]忱恂[13]于九德[14]之行이니이라
내유실 대경　유 준존상제　　적지 침순 우구덕　지항

乃敢告敎厥后曰 拜手稽首后矣니이다 曰宅乃事[16]하고 宅[15]乃牧[17]하여
내감고교궐후왈 배수계수후의　　　왈댁내사　　　댁　내목

宅乃準이면 茲惟后矣니이다 謀面[18]用丕[19]訓德으로 則乃宅人이면
댁내준　　자유후의　　　모면 용비 훈덕　　　칙내댁인

茲乃三宅[20] 無義民[21]거이니이다
자내삼댁　무의민

　주공이 이르시기를
　"손을 이마에 대고 머리를 조아려 천자의 자리를 이은 임금님께 아룁니다."
　이로써 모두 왕께 경계하고 이르되
　"임금님과 임금 좌우의 상백과 상임과 준인과 철의와 호분들 모두에게도 훈계하고자 합니다."
라고 말했다. 또 말하기를
　"모두 훌륭한 분들이지만 근심하는 사람은 없을 것입니다. 옛 사람 중 바르게 행한 것은 하나라 때뿐입니다. 만약 왕실이 강성할 때 인재를 불러서 상제를 공경한다면, 구덕의 행동을 충실히 행할 수 있었겠습니까?"
라고 말했다.
　그리고 임금에게 교훈하시기를
　"손을 이마에 대고 임금님께 머리를 조아립니다."

라면서 이르시기를

"임금님께서 일을 바르게 맡기시고, 주목을 임명하시며, 당신의 법도를 바르게 맡기시면 이에 임금 노릇을 하는 것입니다. 얼굴로 꾀함으로써 덕을 따르지 않고 사람을 임명한다면, 세 가지 벼슬을 임명함에 옳은 백성이 없게 될 것입니다."
라고 말했다.

20. 주관 周官

성왕이 직접 나랏일을 다스리게 되자 모든 관리들을 향해 자신을 도와 그 직무를 충실히 이행할 것을 말한 내용을 기록한 것이다.

惟周王[1] 撫萬邦하시고 巡侯甸[2]하시며 四[3] 征弗庭[4]하사 綏厥兆民하시니
유주왕 무만방　　　순후전　　　사 정불정　　　수궐조민

六服[5] 羣辟[6]이 罔不承德이라 歸于宗周[7]하사 董[8] 正治官하시다
륙복 군벽　　망부승덕　　　귀우종주　　　동 정치관

王曰 若昔大猷[9]엔 制治于未亂하고 保邦于未危하니라
왕왈 야석대유　　제치우미난　　　보방우미위

曰唐[10] 虞[11] 稽古하사 建官惟百하시니라 內有百揆[12] 四岳[13]하고
왈당 우 계고　　　건관유백　　　　　내유백규 사악

外有州牧侯伯하여 庶政惟和하고 萬國咸寧하니라
외유주목후백　　서정유화　　　만국함녕

夏商官倍하여 亦克用乂라 明王立政은 不惟其官[14]이요
하상관배　　역극용예　명왕립정　　부유기관

惟其人[15]이니라 今予小子는 祗勤于德하여 夙夜不逮라
유기인　　　금여소자　　지근우덕　　　숙야부체

仰惟前代時若하여 訓迪[16]厥官하노라
앙유전대시야　　훈적　월관

　주나라의 임금은 온 나라들을 고루 살피시고 후복과 전복을 순시하셨다. 사방으로 내조하지 않는 제후들을 쳐서 만백성을 안정시켰다. 그러자 여섯 복의 제후들은 모두 덕을 받들었고, 호경으로 돌아와 다스리는 관리들을 감독해서 바로잡았다.
　임금께서 말하기를
　"옛날 큰 도가 행해졌을 때는 혼탁하기 전에 다스림으로 조절했고, 위태롭기 전에 나라를 보호하도록 했다."
라면서, 말하기를
　"요임금과 순임금은 옛날을 상고해서 백 명의 관리를 세웠다. 안으로는 여러 가지 일을 하는 관리와 사철의 정사와 사방의 산을 관장하는 관리가 있었다. 밖으로는 고을을 다스리는 사람과 제후가 있었다. 그래서 모든 정사가 순조로워졌고, 모든 나라가 평화로웠다. 하나라와 상나라는 관리를 배로 늘려서 잘 다스렸다. 밝은 임금의 정사는 그 벼슬보다 사람을 중히 여기셨다. 지금 나는 덕을 공경하고 부지런히 움직여 아침 일찍부터 밤까지 미치지 못하듯 하고 있다. 앞 시대의 좋은 것을 받들고 따라서 그대들 관리들을 훈도하려는 것이다."
라고 말했다.

21. 군진 君陳

성왕을 보필한 많은 현자 중에서 군진은 특히 뛰어난 인물이었다. 군진은 성왕이 군진에게 자신이 맡아 다스리던 성주의 동교를 맡기면서 주공이 하던 법도에 의해 매사를 처리할 것을 당부한 내용이다.

王若曰 君陳이여 惟爾令[1]德孝恭이라 惟孝니 友于兄弟하여
왕야왈 군진　　유이령 덕효공　　유효 우우형제

克施有政이라 命汝尹[2]玆東郊[3]하나니 敬哉하라
극시유정　　명여윤 자동교　　　경재

昔周公師保[4]萬民하니 民懷其德이라 往愼乃司하고
석주공사보 만민　　민회기덕　　주신내사

玆率厥常하여 懋昭周公之訓하면 惟民其乂리라
자률궐상　　무소주공지훈　　유민기예

임금께서 말하기를
"군진이여, 그대는 아름다운 덕으로 효도하고 공손했다. 효성이 있어야 형제들과 우애를 다하여 그것을 정사까지 베풀 수가 있다. 그대에게 이 동교를 맡을 것을 명하니, 선정을 베풀도록 하여라. 옛날 주공은 만민을 이끌고 보호해서 백성들이 그 덕을 따랐던 것이다. 가서 그대는 내 명을 받들어 맡은 일에 애쓰고 법도에 따라 주공의 훈계를 힘써 밝혀라. 그러면 백성들은 자연적으로 다스려진다."
라고 말했다.

22. 고명 顧命

성왕은 자신의 병이 깊어지자 소공, 필공과 여러 대신들에게 나이 어린 강왕을 잘 보필할 것을 당부한 내용이다.

惟四月[1]哉生魄[2]에 王不懌[3]시다 甲子[4]에 王乃洮頮[5]水하시고
유사월 재생백   왕부역   갑자   왕내조회 수

相[6]被冕[7]服하니 憑[8]玉几하시다 乃同召太保奭[9]과 芮伯과 彤伯[10]과
상 피면 복   빙 옥궤   내동소태보석   예백   동백

畢公[11]과 衛侯[12]와 毛公[13]과 師氏[14]와 虎臣[15]과 百尹[16]과 御事[17]하시다
필공   위후   모공   사씨   호신   백윤   어사

王曰 嗚呼라 疾大漸하여 惟幾[18]로다 病日臻[19]하여 旣彌留[20]하니
왕왈 오호   질대점   유기   병일진   기미류

恐不獲[21] 誓言[22]嗣하여 玆予審訓[23]命汝하노라
공부획   서언 사   자여심훈 명여

  사월이 다 갈 무렵에 임금은 몸이 매우 좋지 않았다. 갑자일, 임금은 물로 손과 얼굴을 닦고, 시자가 관과 조복을 받들자 입고는 구슬 안석에 앉은 다음 모두를 불렀다. 모인 사람들은 태보인 석과 예백·동백·필공·위후·모공 및 군사를 맡은 장군, 임금을 호위하는 사람, 여러 관장과 관리들이었다. 임금이 말하길
  "내 병이 몹시 위태롭다. 병이 날로 심해져 이제 목숨이 위태로우니 맹세하는 말을 하여 뜻을 잇지 못할까 두려워서 이에 나는 그대들에게 살피어 훈계하고 명하는 것이오."
라고 말했다.

23. 강왕지고 康王之誥

강왕이 여러 제후들과 중사들을 불러 자신을 잘 보필할 것을 당부하고 신하들은 왕에게 선정을 베풀 것을 당부한 내용이다.

1

王出在應門[1]之內라 太保率西方諸侯하여
왕출재응문 지내 태보솔서방제후

入應門左하고 畢公率東方諸侯하여 入應門右러니
입응문좌 필공솔동방제후 입응문우

皆布乘[2]黃朱[3]라 賓[4]稱奉圭兼幣하여 曰 一二[5]臣衛[6]는
개포승 황주 빈 칭봉규겸폐 왈 일이 신위

敢執壤[7]奠이니이다 하고 皆再拜稽首라
감집양 전 개재배계수

王義嗣德[8]이니 答拜하시니라
왕의사덕 답배

임금이 나가시어 응문 안에 머물렀고, 태보는 서쪽 제후들을 거느리고 응문 왼쪽으로 들어왔다. 필공은 동쪽의 제후들을 거느리고 응문 오른쪽으로 들어왔다. 모두 몸이 누렇고 갈기가 붉은 네 마리의 말을 타고 왔다. 손에는 홀과 폐백을 들고 아뢰길
 "여러 호위하는 신하들이 들고 온 토산물을 바칩니다."
라며, 두 번 절하고 머리를 조아렸다.
 임금은 마땅히 덕을 이을 분이니 베푼다는 의미에서 절하였다.

2

太保曁芮伯이 咸進相揖하고 皆再拜稽首하여
태보기예백　함진상읍　　개재배계수

曰 敢敬告天子하노이다 皇天改大邦殷之命하사
왈 감경고천자　　　　황천개대방은지명

惟周文武가 誕受羑⁹⁾若하여 克恤西土하시니이다
유주문무　 탄수유　야　　 극휼서토

惟新陟¹⁰⁾王은 畢協賞罰하고 戡¹¹⁾定厥功하사
유신척　왕　 필협상벌　　 감 정궐공

用敷遺後人休¹²⁾하소서 今王敬之哉니이다
용부유후인휴　　　　　금왕경지재

張皇¹³⁾六師¹⁴⁾하사 無壞我高祖¹⁵⁾寡命¹⁶⁾하소서
장황　 륙사　　　 무괴아고조　 과명

태보와 예백이 모두 나와 서로 읍하고, 두 번 절하고 머리를 조아리며 아뢰기를

"천자님께 아룁니다. 하늘이 큰 나라인 은의 명을 바꿔 주나라 문왕과 무왕이 크게 그것을 받고 따랐기 때문에 서쪽 땅을 사랑하셨습니다. 새로 즉위한 임금께서는 상과 벌을 적절히 행하고, 그분들의 공을 안정시켜 뒷사람들에게 복을 널리 깨우쳐 주십시오. 임금께서는 그것을 공경하셔야 합니다. 육군을 강하게 유지하시어 우리의 높은 할아버지들이 얻기 힘든 명을 깨뜨리지 마십시오."

라고 말했다.

3

王若曰 庶邦[17] 侯甸男衛[18]여 惟予一人剑가 報誥[19]하노라
왕야왈 서방   후전남위   유여일인교   보고

昔君文武는 丕平富하시고 不務咎[20]하여 底至齊信하사
석군문무   비평부   부무구   저지제신

用昭明于天下하시니라 則亦有熊罴之士[21]와 不二心之臣[22]하여
용소명우천하   칙역유웅비지사   부이심지신

保乂王家하고 用端[23]命于上帝하시니라 皇天用訓厥道[24]하사
보예왕가   용단 명우상제   황천용훈궐도

付畀[25]四方하시니라 乃命建侯[26]樹屏[27]하여 在[28]我後之人이라
부비   사방   내명건후   수병   재 아후지인

今予一二伯父[29]는 尚胥暨顧하여 綏[30]爾先公之臣服于先王하라
금여일이백부   상서기고   수   이선공지신복우선왕

雖爾身在外라도 乃心罔不在王室하라 用奉恤[31]厥若[32]하여
수이신재외   내심망부재왕실   용봉휼 궐야

無遺鞠子[33]羞하라 羣公旣皆聽命하고 相揖趨出하니라
용봉휼궐 야   군공기개청명   상읍추출

王釋冕하시고 反喪服[34]하시니라
왕석면   반상복

임금이 말하기를
"여러 나라의 제후들과 후복·전복·남복·위복의 제후들이여! 이 한 사람 교가 널리 명하겠다. 옛날 문왕과 무왕은 골고루 부하게 만들어 힘써 허물을 범하지 않았다. 더구나 모두를 믿게 해서 천하에 덕을 밝혔다. 그리고 곰이나 말, 곰 같은 사람들과 두 마음

이 없는 신하들이 왕실을 보호하고 다스려 주었다. 이리하여 상제로부터 비로소 명을 받았고 하늘은 그에게 도를 가르쳐 세상을 맡겼던 것이다. 또 명하여 제후들을 세우고 울타리를 만들게 해서 후대들을 돌보셨다. 지금 숙부들에게 원하노니, 서로 돌보아 앞 분들이 옛 임금들에게 신하로 일했던 사실을 주지시켜 주오. 비록 몸은 밖에 있어도 마음은 왕실에 두었으면 한다오. 그렇게 해서 어린 나에게 부끄러움이 끼치지 않도록 해 주시오."
라고 말했다. 여러 제후들은 명령을 듣고 서로 읍하고 나아갔고, 임금도 관을 벗고 상복으로 갈아입었다.

24. 필명 畢命

강왕이 필공에게 낙읍을 잘 다스려 줄 것을 당부한 내용이다.

惟十有二年¹⁾六月庚午²⁾朏越三日壬申³⁾에 王朝步自宗周⁴⁾하사
유십유이년 륙월경오 비월삼일임신 왕조보자종주

至于丰⁵⁾하시니라 以成周⁶⁾之衆으로 命畢公保釐⁷⁾東郊하시니라
지우풍 이성주지중 명필공보리 동교

王若曰 嗚呼라 父師⁸⁾여 惟文王武王은 敷大德于天下하사
왕야왈 오호 부사 유문왕무왕 부대덕우천하

用克受殷命하시니라 惟周公左右先王하사 綏定厥家하니라
용극수은명 유주공좌우선왕 수정궐가

毖⁹⁾殷頑民하여 遷于洛邑하고 密邇¹⁰⁾王室하니 式化¹¹⁾厥訓이라
비 은완민   천우낙읍   밀이 왕실   식화 궐훈

旣歷三紀¹²⁾하니 世變風移하여 四方無虞¹³⁾하니 予一人以寧이라
기력삼기   세변풍이   사방무우   여일인이녕

道¹⁴⁾有升¹⁵⁾降¹⁶⁾하며 政由俗革이라 不臧厥臧¹⁷⁾하면 民罔攸勸하라
도 유승 강   정유속혁   부장궐장   민망유권

惟公懋德하여 克勤小物하며 弼亮四世¹⁸⁾하라 正色¹⁹⁾率下하여
유공무덕   극근소물   필량사세   정색 률하

罔不祗師言케 하라 嘉績多于先王이러니 予小子垂²⁰⁾拱²¹⁾仰成²²⁾하리라
망부지사언   가적다우선왕   여소자 수 공 앙성

12년 6월, 초사흘 임신일에 임금은 걸어서 호경에서 풍 땅으로 왔다. 성주의 백성들에 대해 필공에게 명해서, 동쪽 교외를 보호하고 다스리도록 했다. 임금께서 말하시기를

"보사여! 문왕과 무왕께서는 천하에 큰 덕을 펼쳐 은나라의 명을 받았다. 주공께서 옛 임금들을 보좌하여 나라를 안정시켰다. 은나라의 미련한 백성들을 낙읍으로 옮기고, 왕실과 가깝게 해서 교훈을 본받게 만들었다. 36년이 지나면서 세상이 변해 풍속도 바뀌어 근심이 없어지고 나 또한 편해졌다. 도는 올라갈 때와 내려갈 때가 있고, 정사는 풍속으로 개혁된다. 그의 착함을 막는다면 백성들에게 권할 것이 별로 없다. 공은 덕에 힘써서 조그만 사물에도 근면하면서 사대를 돕고 빛내 주길 바란다. 바른 얼굴빛의 아랫사람은 옷자락을 늘어뜨려서 스승의 말씀을 공경하기 때문에 아름다운 성적이 선왕보다 많다. 그래서 나 역시 옷자락을 늘어뜨리고 팔짱을 끼고 앉아서 성공하기를 바라겠다."

라고 말했다.

25. 군아君牙

목왕때 대사도의 벼슬에 있던 군아에게 행실을 삼가고 백성들의 예속을 바르게 할 것을 왕이 당부한 내용이다.

1

王若曰 嗚呼라 君牙여 惟乃祖乃父는 世篤忠貞하고
왕약왈 오호 군아 유내조내부 세독충정

服勞王家하여 厥有成績이 紀¹⁾于太常²⁾이니라 惟予小子가
복노왕가 궐유성적 기 우태상 유여소자

嗣守文武成康遺緒³⁾로다 亦惟先王之臣이 克左右⁴⁾亂⁵⁾四方이니라
사수문무성강유서 역유선왕지신 극좌우 난 사방

心之憂危이 若蹈虎尾하며 涉于春氷이로다 今命爾予翼⁶⁾하노니
심지우위 야도호미 섭우춘빙 금명이여익

作股肱心膂하라 纘乃舊服하여 無忝祖考하라
작고굉심려 찬내구복 무첨조고

임금께서 말하기를
"군아여! 그대 할아버지와 아버지는 대대로 충성으로 왕실을 위해서 수고로이 일했다. 그들의 공적은 태상에도 기록되어 있다. 나 같은 소인이 문왕·무왕·성왕·장왕·강왕들의 공적을 이어

받아 지키고 있다. 이것은 옛 임금들의 신하들이 나를 보좌해서 세상을 다스려 준 덕분이라고 생각한다. 마음의 근심과 위태함은 호랑이의 꼬리를 밟는 것과 같고, 봄에 얼음 위를 건너는 것과 같다. 지금 그대에게 명하노니, 나를 도와 팔다리와 마음과 뼈가 되어라. 그대는 집안의 옛 일을 이어서 할아버지와 아버지들을 욕되게 하지 말아야 한다.

2

弘敷五典[7]하고 式[8]和民則하라 爾身克正이면
홍부오전　　 식 화민칙　　 이신극정

罔敢弗正이라 民心罔中이니 惟爾之中[9]夏暑雨면
망감불정　　민심망중　　유이지중 하서우

小民惟曰怨咨[10]요 冬祁[11]寒도 小民 亦惟曰怨咨니라
소민유왈원자　　 동기 한　 소민 역유왈원자

厥惟艱哉인저 思其艱以圖其易[12]이면 民乃寧하리라
궐유간재　　사기간이도기이　　 민내녕

嗚呼라 丕顯哉라 文王謨[13]여 丕承哉라 武王烈이여
오호　 비현재　 문왕모　　 비승재　 무왕렬

啓佑[14]我後人하여 咸以正罔缺이로다 爾惟敬明乃訓하여
계우 아후인　　 함이정망결　　 이유경명내훈

用奉若于先王하라 對[15]揚文武之光命하여 追配[16]于前人하라
용봉야우선왕　　 대 양문무지광명　　 추배 우전인

오륜을 널리 펼쳐 백성들의 법을 삼가 화합케 하오. 그대의 몸

이 바르다면 아무도 감히 그것을 어기지 못할 것이다. 백성들의 마음은 똑바른 것만이 아니기 때문에, 그대의 바름으로 바로잡아야 한다. 여름에 덥고 비가 오면 낮은 백성들은 원망하고 탄식할 것이다. 겨울의 심한 추위도 백성들은 역시 원망하고 탄식할 것이다. 그래서 그들의 존재가 어렵다는 것을 명심하고, 그 어려움을 생각하여 그것이 쉽게 되도록 꾀한다면 백성들이 편안해질 것이다. 크게 밝도다. 문왕의 꾀하심이여! 크게 받들었도다. 무왕의 공적이여! 후세들을 깨우쳐 주시고 도와 모두를 바르게 해 주셨다. 그대는 이런 가르침을 공경해서 선왕을 받들어 모시고, 문무의 빛나는 명을 빛나게 해서 옛 사람들의 짝이 될 수 있도록 하라."
고 말했다.

3
王若曰 君牙여 乃惟由先正[17] 舊典時[18] 式[19] 하라
왕야왈군아   내유유선정 구전시 식

民之治亂이 在玆라 率乃祖考之攸行하여 昭乃辟之有乂하라
민지치난   재자 솔내조고지유항   소내벽지유예

임금께서 또 말하길
"군아여, 그대는 옛 관장들과 옛 법만을 본받기 바란다. 백성들이 다스려지거나 어지러워짐은 이것에 달려 있는 것이다. 그대의 할아버지와 아버지의 행한 것을 좇아 임금의 다스림을 백성들에게 밝혀 주길 바란다."
라고 말했다.

26. 경명 冏命

백경이라는 신하를 태복정에 임명하여 목왕이 훈계한 기록이다.

1

王若曰伯冏이며 惟予弗克于德이어늘 嗣先人하여 宅¹⁾丕后²⁾니라
왕약왈백경   유여불극우덕   사선인   택 비후

怵惕³⁾惟厉⁴⁾하고 中夜以興하여 思免厥愆이라 昔在文武는
출척 유려   중야이흥   사면궐건   석재문무

聰明齊⁵⁾聖⁶⁾이라 小大之臣도 咸懷忠良하고 其侍御僕從도
총명제 성   소대지신   함회충량   기시어복종

罔匪⁷⁾正人이라 以旦夕承弼厥辟하며 出入起居에 罔有不欽이라
망비 정인   이단석승필궐벽   출입기거   망유불흠

發號⁸⁾施令⁹⁾이 罔有不臧하니 下民祗若하고 萬邦咸休하니라
발호 시령   망유부장   하민지야   만방함휴

임금님이 말하기를

"백경이여, 나는 덕도 닦지 못했으면서 아버지의 뒤를 이어 임금 자리에 앉아 있으니 두려워서 조심하고 위태롭게 여겨 밤중에 일어나서 온갖 허물들을 잊기 위해 생각하고 있다. 옛날의 문왕과 무왕은 총명하고 존엄하며 성스러웠다. 그래서 모든 신하들은 충성된 어짊으로 받들었고 시중하던 사람들조차 바른 마음이었다. 그들은 아침저녁으로 임금을 섬겼고 도왔으며, 일상 생활에서도 공경했던 것이다. 명을 내리고 법령을 베풂도 훌륭했기 때문에, 백성들은 공경하면서 따랐고, 온 나라의 모두가 아름다웠다.

2

惟予一人無良하니 實賴左右前後有位之士로 匡其不及이라
유여일인무량   실뢰좌우전후유위지사   광기부급

繩[10]愆糾[11]謬하며 格[12]其非心하여 俾克紹先烈[13]하노라
승 건규 류   격 기비심   비극소선렬

今予命汝作大正[14]하노라 正[15]于羣僕[16]侍[17]御[18]之臣하여
금여명여작대정   정 우군복 시 어 지신

懋乃后德하며 交修不逮[19]하라 愼簡乃僚[20]하여
무내후덕   교수부체   신간내료

無以巧言[21]令色[22]便辟[23]側媚[24]하고 其惟吉士하라
무이교언 령색 편벽 측미   기유길사

그렇지만 나 한 사람이 어질지 못해 실로 좌우와 앞뒤 신하들의 힘을 빌려서 부족한 것을 바로잡고자 한다. 허물을 바로잡아 잘못을 고치고, 옳지 않은 마음을 바르게 해서, 옛 사람들의 공을 잇고자 한다. 그래서 나는 그대를 태복에 임명하겠다. 그대는 신하들의 우두머리로 임금의 덕을 위해서 힘쓰고, 미치지 못함을 닦아 주길 바란다. 그대가 신하들을 채용할 때, 말장난을 하는 자, 간사한 자, 눈치를 보는 자, 아첨하는 자는 사양하고, 오직 올바른 사람들만 써야 한다.

3

僕臣[25]正이면 厥后克正이요 僕臣諛면 厥后自聖이니라
복신 정   궐후극정   복신유   궐후자성

后德惟臣이니요 不德惟臣이니라 爾無昵[26]于憸人하여
후덕유신   부덕유신   이무닐 우섬인

充耳目之官[27]하고 迪上以非先王之典하라 非人其吉하고
충이목지관　　　적상이비선왕지전　　　비인기길

惟貨其吉[28]이면 若時癏[29]厥官이라 惟爾大弗克祗厥辟이요
유화기길　　　야시환궐관　　　유이대불극지궐벽

惟予汝辜 王曰 嗚呼라 欽哉이다 永弼乃后于彛憲[30]하라
유여여고 왕왈 오호　　흠재　　영필내후우이헌

　시중하는 신하가 올바르면 임금도 바르게 된다. 시중하는 신하가 아첨하면 임금은 스스로 성인으로 생각한다. 임금의 덕은 신하에게 달려있고, 덕이 없는 것도 신하의 책임이다. 그래서 간사한 자와 멀리하고, 귀와 눈이 되는 관리를 등용해서, 임금의 법도가 아닌 것으로 인도하는 것을 경계하라. 사람이 훌륭하지 못한 대신 재물로 훌륭하게 되려는 자가 있다면, 벼슬을 병들게 할 것이다. 그렇게 되면 임금을 공경하지 않게 될 것이고, 나와 그대는 죄를 짓게 된다."

　임금께서 또 말하길

　"나를 잘 받들어 영원히 그대 임금을 법도로써 도와주길 바란다."라고 말했다.

27. 여형 呂刑

　여후는 목왕 때 사구의 벼슬에 있었는데 돈으로 죄의 값을 치르는 법을 만들었는데 그 자세한 내용을 기록한 것이다.

惟呂命은 王享國百年[1]에 耄[2]荒度[3]作刑하여 以詰[4]四方이라
유려명 왕향국백년 모 황도 작형 이힐 사방

王曰若[5]古 有訓이라 蚩尤[6]惟始作亂하니 延及[7]于平民하고
왕왈야 고 유훈 치우 유시작난 연급 우평민

罔不寇賊[8]하여 鴟[9]義姦[10]宄[11]하여 奪攘[12]矯虔[13]하나라 苗[14]民弗用靈하고
망부구적 치 의간 귀 탈양 교건 묘 민불용령

制[15]以刑이라 惟作五虐之刑[16]曰法이라 하고 殺戮無辜하나라
제 이형 유작오학지형 왈법 살륙무고

爰始淫爲劓刖椓黥하여 越茲麗刑[17]幷[18]制[19]하고 罔差[20]有辭[21]하나라
원시음위의이탁경 월자려형 병 제 망차 유사

民興胥漸[22]하여 泯泯[23]棼棼[24]하고 罔中[25]于信하여 以覆詛盟[26]이라
민흥서점 민민 분분 망중 우신 이복저맹

虐威庶戮[27]이方告無辜于上이라 上帝監民시니
학위서륙 방고무고우상 상제감민

罔有馨香德이요 刑發聞惟腥이라
망유형향덕 형발문유성

여명이란 임금이 임금 자리에 올라 백 살의 노인이 되었을 때, 크게 헤아려 형벌을 만들어 세상의 백성들에게 따르도록 했다. 임금께서 말하기를

"옛날에 이런 교훈이 있다. 치우가 처음 난을 일으켰을 때, 백성들에게 미쳐 도둑질과 남을 해치는 자가 많았고, 의를 가볍게 여겨 반란과 난동을 일삼아 서로 약탈하면서 혼란이 빚어졌다. 묘나라 백성들은 착함을 스스로 버려서 형벌로 다스려졌다. 그들은 다섯 가지 악한 형벌을 만들어 법이라고 하면서 죄 없는 사람들을

죽였다. 그 형벌은 코 베고, 귀 베고, 불알을 까고, 먹물로 문신을 새기는 등 지나친 짓이었다. 툭하면 법으로 다스렸고, 변명할 여지도 없이 무조건 처형했다. 이에 백성들도 일어나 역시 물이 들어서 어지러웠고, 믿음이 없어서 약속과 맹세를 손바닥 뒤집듯 했다. 이런 사나운 위세에 죽임을 당한 백성들이 하늘에 죄 없음을 아뢰었다. 그래서 상제가 백성들을 둘러봤는데, 덕의 향기로움보다 형벌로 인한 피비린내만 풍겼던 것이다."
라고 말했다.

28. 문후지명 文侯之命

주나라가 동쪽으로 수도를 옮긴 후 평왕이 진 문후에게 제후들을 통솔케 하면서 내린 책명을 기록한 것이다.

1

王若曰 父[1] 義和[2]여 丕顯文武로다 克愼明德하시니
왕약왈 부 의화   비현문무   극신명덕

昭升[3]于上하고 敷聞在下하니라 惟時上帝集厥命于文王하시니라
소승 우상   부문재하   유시상제집궐명우문왕

亦惟先正[4]이 克左右[5]昭事厥辟하니 越小大謀猷[6]에 罔不率從하시니라
역유선정   극좌우 소사궐벽   월소대모유   망불솔종

肆[7]先祖[8]懷[9]在位시니라 嗚呼라 閔予小子하여 嗣[10]造天丕愆[11]이니라
사 선조 회 재위   오호   민여소자   사 조천비건

殄資澤于下民하고 侵戎[12]으로 我國家純[13]니라 卽我御事[14]는
진 자 택 우 하 민　　침 융　　아 국 가 순　　즉 아 어 사

罔或耆[15] 壽俊[16] 在厥服[17]이요 予則罔克[18]이라
망 혹 기 수 준　　재 궐 복　　여 칙 망 극

임금께서 말하기를,

"숙부 의화여! 문왕과 무왕은 밝음으로 덕을 밝히시니 위로 밝게 올라가고 세상에 널리 알려졌소. 그래서 상제가 문왕에게 명을 내린 것이오. 더구나 옛날 관장들도 임금을 잘 보좌해서 밝게 섬겼소. 더구나 크고 작은 계책들에 신하들이 따르게 되면서, 옛 할아버지께서는 편안하게 임금자리에 있었소. 하지만 가련한 소자는 임금자리에 올라 하늘로부터 큰 벌을 받았소. 백성들의 재물과 은택이 중단되고, 견융의 침입 때문에 나라가 어려움을 겪었소. 나의 신하들은 나이가 많지만 경험자와 뛰어난 사람들이 없기 때문에 나 스스로가 무능하오."
라고 말했다.

2

曰 惟祖惟父[19]여 其伊[20] 恤朕躬하라 嗚呼라 有績[21]이면
왈 유 조 유 부　　기 이 휼 짐 궁　　오 호　　유 적

予一人이 永綏在位리라 父義和여 汝克昭乃顯祖[22]로다
여 일 인　영 수 재 위　　부 의 화　　여 극 소 내 현 조

汝肇刑[23] 文武하여 用會[24] 紹[25] 乃辟하고 追孝于前文人[26]하나라
여 조 형 문 무　　용 회　소　내 벽　　추 효 우 전 문 인

汝多修²⁷⁾하고 扞²⁸⁾我于艱이니 若予는 予嘉²⁹⁾하노라
여다수　　한 아우간　　야여　여가

이어서
"할아버지와 숙부들이여! 나의 건강을 보살펴 주오. 신하들 중에 공을 이룬 자가 있었다면 당신은 편안하게 임금 자리에 있을 수 있었소. 숙부 의화여, 당신은 밝은 조상을 빛냈소. 당신은 문왕과 무왕을 본보기로 삼아 임금을 모아 있게 했소. 또 옛날 문덕 있는 자들을 모아 효도를 행했소. 당신은 많은 일을 도와주고 나를 어려움에서 보호했소. 그래서 나는 당신을 기리는 것이오."
라고 말했다.

3
王曰 父義和여 其歸視³¹⁾爾師하여 寧爾邦하라 用賚³⁰⁾爾秬鬯³²⁾一卣³³⁾와
왕왈 부의화　기귀시 이사　　녕이방　　용뢰 이거창 일유

彤³⁴⁾弓一과 彤矢百과 盧弓一과 盧³⁵⁾矢百과 馬四匹하노라
동 궁일　동시백　노궁일　노 시백　마사필

父往哉하라 柔遠能邇하며 惠康小民하라
부왕재　　유원능이　　혜강소민

無荒³⁶⁾寧하고 簡³⁷⁾恤爾都하여 用成爾顯德하라
무황　녕　　간 휼이도　　용성이현덕

임금께서 말하기를,
"숙부 의화여, 당신은 어서 돌아가 백성들을 보살펴 나라를 편안하게 하시오. 당신에게 검은 기장 술 한 병과 붉은 활 한 개와 붉은

화살 백 대와 검은 활 한 개와 검은 화살 백 대와 말 네 필을 내리겠소. 어서 돌아가 먼 사람들은 달래고 가까운 사람들은 도와주기 바라오. 또 백성들을 사랑하고 편안하게 만들어 주기를 바라오. 너무 편하게 놀지 말고 도읍을 살펴서, 당신의 밝은 덕을 이루소서." 라고 말했다.

29. 비서 費誓

노나라의 제후 백금이 서회의 이민족을 정벌하러 갈 때 비라는 곳에서 많은 사람들을 모아놓고 힘을 모아 국난을 물리치고 나라를 번영시킬 것을 말한 내용을 기록한 것이다.

1

公曰嗟人아 無譁[1]하고 聽命하라 徂玆淮夷[2]徐戎[3]이 幷興이라
공왈 차인　무화　　청명　　조자회이　서융　　병흥

善敹[4]乃甲胄[5]하고 敿[6]乃干[7]하여 無敢不吊[8]하라 備乃弓矢[9]하고
선료　내갑주　　　교 내간　　　　무감부적　　　비내궁시

鍛[11]乃戈矛[10]하여 礪[12]乃鋒[13]刃하여 無敢不善하라
단　내과모　　　　려　내봉　인　　　무감부선

今惟淫[14]舍[15]牿[16]牛馬하리니 杜乃擭[17]하고 敜乃穽[18]하여
금유음　사　곡　우마　　　　　두내획　　　　 녑내정

無敢傷牿하라 牿[19]之傷하면 汝則有常刑하리라
무감상곡　　　곡　지상　　　여칙유상형

공이 말하길

"사람들은 조용히 하고, 내 명을 들으시오. 지금 회 땅 오랑캐와 서주 땅 오랑캐들이 함께 일어났으니 그대들은 갑옷과 투구를 단단히 하고, 방패의 끈을 잘 매어 완전하게 마무리 하시오. 그대들은 활과 화살을 손질하고, 창 끝과 칼날을 잘 갈아서, 잘못됨이 없도록 하시오. 지금 외양간의 소와 말을 놓아줄 것이오. 이에 그대들이 만들어 놓은 덫을 제거하고, 함정을 메워 짐승들이 다치게 하지 마시오. 만약 짐승들이 다치게 된다면 그대들에게 정해진 벌이 내려질 것이오.

2

馬牛其風[20]하고 臣妾[21]逋逃라도 勿敢越逐하며 祗復之[23]하라
마우기풍　　신첩 포도　　물감월축　　　지복지

我商[24]賚汝리라 乃越逐[22]不復이면 汝則有常刑하리라
아상 뢰여　　　내월축 부복　　여칙유상형

無敢寇攘[25]하며 踰垣墻[26]하며 竊馬牛하야 誘臣妾하라
무감구양　　　유원장　　　절마우　　　유신첩

汝則有常刑하리라
여칙유상형

말과 소의 암수컷이 함께 달아나거나, 하인 하녀가 도망쳐도 지키고 있는 자리를 이탈하지 마시오. 그렇게 하면서 제자리로 되돌린다면 상을 내릴 것이오. 만약 지키고 있던 자리를 이탈하거나, 되돌려 놓지 않고 쫓는다면 그대들에게 벌을 내릴 것이오. 약탈이

나 도둑질을 하지 마시오. 만약 남의 집 담을 넘어가 말이나 소를 훔치거나, 하인과 하녀들을 꾀지 마시오. 이것을 어기면 그대들은 정해진 벌을 받을 것이오.

3

甲戌[27]에 我惟征徐戎하리라 峙[28]乃糗糧[29]하여 無敢不逮하라
갑 술   아 유 정 서 융   치   내 구 량   무 감 부 체

汝則有大刑하리라 魯人三郊[30]三遂[31]여 峙乃楨榦[32]하라
여 칙 유 대 형   노 인 삼 교 삼 수   치 내 정 간

甲戌에 我惟築하리니 無敢不供하라 汝則有無餘刑이니
갑 술   아 유 축   무 감 부 공   여 칙 유 무 여 형

非殺이니라 魯人三郊三遂여 峙乃芻茭[33]하여 無敢不多하라
비 살   노 인 삼 교 삼 수   치 내 추 교   무 감 부 다

汝則有大刑하리라
여 칙 유 대 형

갑술일, 나는 서쪽 오랑캐를 치겠소. 그대들은 먹을 것이 부족하지 않게 준비하시오. 그렇게 하지 않으면 큰 형벌이 내릴 것이오. 세교와 세수의 노나라 사람들아, 그대들의 담틀을 갖추도록 하라. 갑술일, 나는 성을 쌓을 것이니, 명을 어기지 않도록 하라. 내 명을 따르지 않으면 목숨만 부지할 정도로 벌을 내리겠다. 세교와 세수의 노나라 사람들아, 그대들의 마초와 여물을 모자람이 없게 채워라. 그렇게 하지 않으면 곧 큰 벌이 내릴 것이다."
라고 말했다.

30. 진서 秦誓

진 목공이 현사 백리해의 간언을 듣지 않고 정나라를 치려고 군사를 보냈으나 도중에 효산에서 크게 패했다. 그리하여 삼 년 뒤 군사를 일으켰는데 진서는 그때 정나라에 패한 원인을 말하며 다시 과실이 없을 것을 선서한 것이다.

1

公曰嗟아 我士여 聽無譁하라
공왈 차 아사 청무화

予誓告汝群言[1]之首[2]하리라
여서고여군언 지수

古人有言曰民訖[3]自若[4]是多盤[5]이라
고인유언왈 민흘 자야 시다반

責人斯無難이나 惟受責俾如流[6]는
책인사무난 유수책비여류

是惟艱哉 我心之憂[7]는 日月逾邁[8]하여
시유간재 아심지우 일월유매

若弗云來[9]니라
야불운내

공이 말하기를
"나의 신하들이여! 조용히 하고 내 말을 들으시오. 나는 여러분들에게 근본이 되는 말을 훈시하겠소. 옛말에 '백성들 대부분이 자기 본위로 스스로 즐기기 때문에 남을 책망하기란 쉽다. 하지만 거침없이 책망을 받는다는 것은 용납하지 않는다.' 라고 했소. 내가 걱정하는 것은 해와 달이 지나가지만, 다시는 돌아오지 않는다는 것이오.

2

惟古之謀人[10]은 則曰未就予[11]라 하여
유고지모인　　칙왈미취여

忌하고 惟今之謀人을 姑將[12]以爲親이라
기　　유금지모인　고장　이위친

雖則云然이나 尙猷詢[13]玆黃髮[14]하면 則罔所愆하리라
수칙운연　　상유순 자황발　　칙망소건

番番[15]良士는 旅[16]力旣愆이나 我尙有之니라
번번　량사　려 력기건　　아상유지

仡仡[17]勇夫는 射御不違나 我尙不欲이라
흘흘 용부　사어부위　아상불욕

惟截截善諞言하여 俾君子易辭[18]를 我皇[19]多有之[20]리요
유절절선편언　　비군자역사　　아황　다유지

옛날에 일을 꾀하던 사람들 또한 친하다고 여기니 비록 그랬다고 하나 세상이 그렇다고 해도 머리가 하얗게 된 노인들과 상의한다면 실수가 없소. 비록 머리가 희끗희끗한 어진 신하들은 기력이 쇠퇴했지만, 나는 그들을 갖기를 원한다. 젊고 용감한 자들은 활 쏘기나 말 달리기에 능숙하지만, 나는 그들을 갖고 싶지 않소. 교묘하게 말을 꾸며 윗사람의 조종하는 자들은 내가 거느릴 수가 없소.

3

昧昧[21]我思之하니 如有一介臣이 斷斷[22]猗[23]無他技나
매매 아사지　　여유일개신　단단 의 무타기

其心休休[24]焉이면 其如有容[25]이라 人之有技를 若己有之하며
기심휴휴 언　　　기여유용　　　인지유기　약기유지

人之彦[26]聖[27]을 其心好之하여 不啻[28]如自其口出이면
인지언 성　　기심호지　　　부시 여자기구출

是能容之니라 以保我子孫黎民이면 亦職[29]有利哉리라
시능용지　　이보아자손려민　　　역직 유리재

人之有技를 冒疾[30]以惡之하며 人之彦聖을 而違之[31]하여
인지유기　모질 이악지　　　인지언성　이위지

俾不達하면 是不能容이라 以不能保我子孫黎民하고
비부달　　시부능용　　이부능보아자손려민

亦曰 殆哉하라 邦之杌陧[32]는 曰 由一人[33]이요
역왈 태재　　방지올얼　　　왈 유일인

邦之榮懷[34]도 亦尚[35]一人之慶이니라
방지영회　　역상 일인지경

　　나는 곰곰이 그것을 생각했소. 만약 충성된 신하 한 사람이 있다면, 그에게 뛰어난 재주가 없어도 오직 마음만 착하다면 흔쾌히 받아들이겠소. 남의 뛰어난 재주를 자기 것처럼 생각하고, 어진 마음으로 그것을 좋아한다면 흔쾌히 받아들이겠소. 이들에게 우리의 자손과 백성들을 맡겨도 틀림없이 이로움이 있을 것이오. 상대의 재주를 시기하고 미워해서, 그의 뛰어남을 이루지 못하게 한다면 반드시 물리치겠소. 이들에게 우리의 자손과 백성들을 맡기

면 반드시 보전은 고사하고 위험에 빠뜨릴 것이오. 나라가 번영하고 안락해지는 것도 한 사람 때문이오. 또 나라가 영화롭고 편안한 것도 한 사람의 경사를 바라는 데서 비롯되는 것이오."
라고 말했다.

【역주】

제1편. 우서虞書

1. 요전堯典

1. 요堯 – 순임금과 함께 유가에서 존경하는 두 임금으로 일컬어지는 인물.
2. 방훈放勳 – 공훈이 헤아릴 수 없이 큼을 이름.
3. 흠欽 – 경솔하지 않음. 행동을 삼가서 행함.
4. 명明 – 총명, 명석함.
5. 문文 – 사람됨이 매우 우아하고 예의바름을 뜻함.
6. 안안安安 – 평안한 모습.
7. 사표四表 – 온 세상.
8. 준덕俊德 – 덕이 몹시 뛰어나고 큼.
9. 구족九族 – 본인을 중심으로 고조부터 현손까지를 말함.
10. 여민黎民 – 백성.
11. 어於 – 감탄사.
12. 시時 – 시是. 조사.
13. 희화羲和 – 희씨와 화씨.
14. 역상曆象 – 역은 자주. 상은 관찰한다는 뜻.
15. 인시人時 – 사람들이 씨를 뿌리고 거둬들이기에 매우 알맞은 시기.
16. 우이嵎夷 – 동방.
17. 양곡暘谷 – 양곡湯谷, 양곡崵谷으로 씀.
18. 평질平秩 – 두루 고르게 다스리는 것.
19. 동작東作 – 오행설에 의하면 동은 봄에 해당하며, 작은 경작하는 것을 일컫는다.
20. 중中 – 균균.
21. 은殷 – 바로잡음.
22. 중춘仲春 – 한 봄.
23. 궐석厥析 – 백성이 밭으로 흩어져 나가는 것.
24. 자미孳尾 – 암컷과 수컷이 새끼를 번식함.
25. 명도明都 – 송나라에 있던 늪.

26. 남와南訛 – 남은 여름, 와는 화化와 같음.
27. 화火 – 화성. 동방칠숙의 하나.
28. 인因 – 옷을 벗고 일함.
29. 희希 – 희稀.
30. 매곡昧谷 – 해가 지는 골짜기.
31. 서성西成 – 추수.
32. 허虛 – 북방칠숙의 하나.
33. 이夷 – 매우 기꺼워함.
34. 선毨 – 털이 다시 남.
35. 역易 – 밭을 경작함.
36. 묘昴 – 서방칠숙의 하나.
37. 오隩 – 날이 몹시 추워져 사람들이 방으로 들어감을 이름.
38. 용氄 – 솜털.
39. 자咨 – 감탄사.
40. 기朞 – 및의 뜻.
41. 기朞 – 일 년.
42. 사시四時 – 사계절.
43. 윤允 – 용用.
44. 백공百工 – 백성들의 노동.
45. 자咨 – 조사.
46. 등용登庸 – 등용登用과 같은 뜻.
47. 주朱 – 요임금의 맏아들 단주.
48. 우吁 – 탄식함을 나타냄.
49. 은嚚 – 충성과 믿음성이 전혀 없는 말.
50. 도都 – 탄미사.
51. 공공共工 – 인격.
52. 방方 – 차且.
53. 정靜 – 선의 뜻.
54. 용위庸違 – 행동과 말이 매우 어긋남.
55. 도천滔天 – 물이 하늘에 치솟는 것처럼 마음이 매우 오만하기 이를 데 없음.
56. 사악四岳 – 사방의 제후를 다스리는 권한을 가진 직위. 앞에 나온 희화의 아들들임.
57. 탕탕湯湯 – 물결이 넘실거리는 모습.
58. 방方 – 넓다.
59. 할割 – 해치다.

60. 탕탕蕩蕩 - 물이 넘쳐 질펀한 모습.
61. 기其 - 내乃와 같은 뜻의 조사.
62. 비俾 - 누구로 하여금의 뜻.
63. 첨僉 - 모두 다.
64. 곤鯀 - 우禹 임금의 부.
65. 손巽 - 부정사.
66. 방方 - 거스름.
67. 족族 - 겨레. 여기서는 류와 통함.
68. 악岳 - 사악의 약칭.
69. 이异 - 등용.

2. 순전舜典

1. 순舜 - 요임금과 더불어 신화적인 인물.
2. 화華 - 덕이 매우 뛰어남.
3. 준철濬哲 - 준은 깊음, 철은 어떤 일을 미리 파악하는 것.
4. 온공溫恭 - 부모님께 대한 공손한 태도.
5. 윤새允塞 - 형제에게 우애 있게 대하는 태도.
6. 현덕玄德 - 숨은 덕.
7. 승문升聞 - 어떤 사실이 윗사람에게 전달됨. 저절로 알려짐.
8. 오전五典 - 오륜五倫, 오상五常 또는 오교五敎. 부자유친, 군신유의, 부부유별, 장유유서, 붕우유신의 다섯 가지.
9. 백규百揆 - 백관.
10. 시時 - 조사.
11. 빈賓 - 사방 각지에서 임금을 뵈러 오는 제후들.
12. 목목穆穆 - 매우 화기애애함을 형용한 말.
13. 록麓 - 산 기슭의 숲.
14. 불弗 - 불不.

3. 대우모大禹謨

1. 대우大禹 - 우를 높여 부른 것. 요임금과 순임금 밑에서 치수의 큰 공을 세운 뒤 순임금의 선양을 받아 천자가 되어 우나라를 세움.
2. 문명文命 - 문화와 가르침『집전』, 정의. 사기에는 우임금의 아들이라 하였으나 취하지 않음.
3. 부敷 - 다스림.
4. 가嘉 - 선善.

5. 망罔 – 부정사.
6. 유攸 – 소所와 같은 뜻.
7. 야野 – 초야.
8. 사기종인舍己從 – 자기의 그른 뜻을 버리고 남의 옳은 뜻을 따름.
9. 고告 – 여기서는 하소연하다의 뜻이니 이른바 고아, 자식 없는 노인, 늙은 홀아비, 늙은 과부나 무고자임.
10. 도都 – 탄미사.
11. 제덕광운帝德廣運 – 제는 요임금, 광운이 널리 펴졌다는 뜻.
12. 내乃 – 조사. ~도 하고 ~도 하다의 뜻.
13. 신神 – 신통, 신묘.
14. 무武 – 무용.
15. 엄奄 – 진盡. 모두, 다.
16. 혜惠 – 순하다.
17. 적迪 – 도, 정도.
18. 종從 – 정도가 아닌 것을 이르는 말.
19. 영향影響 – 그림자나 소리의 울림처럼 모든 일이 그 실체와 동시에 일어난다는 것이니 즉 선한 도를 닦으면 자연히 나라도 길하여지고, 착하지 않은 도를 행하면 그 나라는 자연적으로 흉사가 뒤따른다는 것.
20. 경계儆戒 – 경계警戒.
21. 임현물이任賢勿貳 – 물은 무와 통하는 뜻이니 어진 사람을 등용하되 이간하는 말을 듣지 말라는 뜻.
22. 백지百志 – 여러 가지 계책.
23. 내왕來王 – 오랑캐 임금이 내조한다는 뜻.

4. 고요모皐陶謨

1. 고요皐陶 – 순임금의 현신. 형벌을 다스리는 토의 벼슬을 지냄. 우임금은 고요를 재상으로 삼으려고 하였으나 곧 죽었음으로 그의 아들을 영육에 봉했다 함. 지금 중국의 고씨가 그의 자손이라 함.
2. 모謨 – 모謀와 같은 뜻.
3. 도都 – 감탄사.
4. 사영思永 – 오래 두고 매우 신중히 생각함.
5. 구족九族 – 자기를 중심으로 하여 고조로부터 현손까지.
6. 서명庶明 – 서는 백성, 인민의 뜻. 명은 분명, 명확함.
7. 익翼 – 보필.

8. 이邇 – 가까움. 이가원은 가까운 데로부터 먼 곳까지 모두 잘 다스릴 수 있다는 뜻.
9. 재자在茲 – 여기에 있다. 이 말은 곧 ~하는 길이 여기에 있다는 뜻.
10. 창언昌言 – 선하고 매우 훌륭한 말.

5. 익직益稷
1. 여역창언汝亦昌言 – 여는 너, 그대의 뜻. 역은 또한. 창언은 선한 말, 훌륭한 말.
2. 자자孜孜 – 부지런히 일하는 모습.
3. 호호浩浩 – 넓고 넓은 모습.
4. 회산懷山 – 산을 삼키는 것이니 곧 산이 물에 잠김.
5. 양능襄陵 – 물이 언덕에까지 차오름.
6. 하민下民 – 백성.
7. 사재四載 – 땅에서 타는 수레, 물에서 타는 배, 진흙에서 타는 썰매, 산에서 타는 가마의 네 가지 탈 것을 이름.
8. 수산간목隨山刊木 – 산에 이르면 나무를 베어刊 길을 내고 일하였다는 뜻.
9. 기曁 – 여與와 같은 뜻.
10. 주奏 – 일러 줌.
11. 서선식庶鮮食 – 여러 가지 고기를 먹는 것.

제2편. 하서夏書

1. 우공禹貢
1. 부토敷土 – 땅을 다스리는 것이니 석의 곧 토지의 구획 정리를 말함.
2. 수산간목隨山刊木 – 산에 이르러 나무를 베어 길을 냄을 이르는 것.
3. 전奠 – 안정시키는 것.
4. 기주冀州 – 지명. 황제, 전욱, 제곡, 요, 순 등이 이룬 도읍지가 모두 이 안에 있으므로 여기서부터 시작한 것.
5. 재載 – 비롯된다는 뜻.
6. 호구壺口 – 산이름, 황하가 바다로 들어가는 곳으로 지금의 산시성의 길현 서남쪽에 위치.
7. 양梁 – 산이름. 여양산이라고도 함. 지금의 산시성의 이석현에 위치.
8. 기岐 – 산이름. 호기산. 지금의 산시성의 개휴현에 위치.
9. 태원太原 – 지명.
10. 악양岳陽 – 악은 태악·사산·사태산이라고도 하는 산이름. 지금의 산시성 사현 동남쪽에 위치. 양은 남쪽 기슭의 뜻.

11. 담회覃懷 – 지명. 지금의 허난성의 무척현에 위치.
12. 저적底績 – 공적을 이룸.
13. 형衡 – 광橫.
14. 형장衡漳 – 장수가 가로질러 황하로 들어가는 곳.
15. 상상上上 – 토지를 구 등급상상, 상중, 상하, 중상, 중중, 중하, 하상, 하중, 하하으로 나눈 중에서 일 등에 해당하는 등급. 이곳 익주의 땅.
16. 착錯 – 간간이 상상에 해당되지 못한 땅도 섞이어 있었다는 뜻.
17. 중중中中 – 구 등급 중의 오 등에 해당되는 것.
18. 항恒 – 항산에서부터 흘러내리는 강.
19. 위衛 – 지금의 허베이성의 영수 지경을 흐르고 있던 강.
20. 대륙大陸 – 지금의 허베이성의 평향에 있는 못.
21. 작作 – 농작.
22. 도이島夷 – 조이鳥夷로도 표기하며 이는 새나 짐승을 잡아 먹고 살던 미개한 민족「사기집해」.
23. 갈석碣石 – 지금의 허베이성 창려현 경계에 위치한 산.

2. 감서甘誓

1. 육경六卿 – 육군의 장수. 옛날의 군제는 오·양·졸·여·사·군의 여섯 단위로 이루어져 육군은 곧 전군을 말함.
2. 육사지인六事之人 – 육군에 종사하는 사람들, 곧 전군을 뜻함.
3. 유호有扈 – 감 땅의 북쪽에 위치해 있던 나라.
4. 위威 – 멸「경의술문」.
5. 오행五行 – 금·목·수·화·토이나 여기서는 오상 곧 인·의·예·지·신에 해당함.
6. 삼정三正 – 천지인의 바른 도.
7. 어御 – 여기서는 전차를 모는 사람.
8. 상우조賞于祖 – 조상들의 위패를 실은 수레 앞에서 상을 주겠다는 뜻. 천자가 전쟁터에 나갈 때에는 먼저 땅의 신에게 제사 지내고 종묘에 고한 다음, 그 신패들을 수레에 싣고 다님.
9. 사社 – 지신의 위패를 실은 수레.
10. 노육孥戮 – 처자를 죽인다는 뜻.

3. 오자지가五子之歌

1. 태강太康 – 계왕 여섯 아들 중에서 첫째 아들.
2. 시위尸位 – 신주처럼 임금의 자리만 지킬 뿐 정사를 돌보지 않는 것을 이르는 말.
3. 반유盤遊 – 놀기에만 급급함.
4. 무도無度 – 절도 없는 태도.

5. 낙洛 – 낙수.
6. 표表 – 이곳에서는 남쪽을 가리킴.
7. 십순十旬 – 순은 열흘을 나타내므로 곧 백 일.
8. 유궁有窮 – 궁나라.

4. 윤정胤征
1. 중강仲康 – 태강의 아우. 제후 예는 태강이 부덕함을 기화로 정권을 빼앗은 후 중강을 왕위에 올림. 중강이 윤후에게 명하여 의화를 정벌케 한 것은 즉위한 그 이듬해라 함.
2. 육사六師 – 육군, 군대.
3. 희화羲和 – 천상사시를 다스리는 의중, 의숙 및 화중 화숙의 후손들〈요전〉참조.
4. 고告 – 서誓와 같은 뜻.
5. 성聖 – 우임금을 이르는 말.
6. 모훈謨訓 – 나라를 다스리는 데 모범이 될 만한 교훈.
7. 명징明徵 – 분명한 증험의 뜻.
8. 정보定保 – 나라를 안정시키는 것.
9. 극克 – 동사 앞에 붙어 강조하는 뜻으로 쓰임.
10. 천계天戒 – 하늘의 경계. 기이한 자연 현상을 두고 말함.
11. 맹춘孟春 – 이른 봄.
12. 주인遒人 – 윗 사람의 명령을 전달하는 관리.
13. 목탁木鐸 – 옛날에 교령을 전달할 때는 목탁과 금탁의 두 종류를 흔들어 알렸는데 목탁은 나무추가 달린 것으로 문사에, 금탁은 쇠추가 달린 것으로 무사에 씀.
14. 관官 – 백관.
15. 공工 – 공인, 모든 기예를 생업으로 삼는 백성들.

제3편. 상서商書

1. 탕서湯誓
1. 격格 – 고한다는 뜻석의.
2. 중서衆庶 – 전 장병, 전군.
3. 소자小子 – 탕임금이 자신을 낮추어 한 말.
4. 유하有夏 – 걸왕.
5. 사舍 – 사捨.
6. 할정割正 – 정벌의 뜻.

7. 외畏 – 여기서 이 말이 쓰인 것은 탕임금이 죄를 진 사람을 보고도 가만히 있으면, 하느님이 가만히 있는 자기까지 벌하시게 될까 하여 매우 두렵다는 뜻.
8. 여태如台 – 여하.
9. 률率 – 일초.
10. 일日 – 해. 곧 걸왕을 가리킴.
11. 갈曷 – 하何. 곧 언제의 뜻.
12. 개망皆亡 – 걸왕과 함께 속히 멸망하여 주었으면 좋겠다는 뜻.

2. 중훼지고仲虺之誥
1. 성탕成湯 – 탕임금. 그가 무공을 이루었으므로 이렇게 부르게 됨.
2. 방放 – 탕임금은 걸왕이 남소로 도망가자 더 이상 추적하지 않고 단지 그곳으로부터 돌아오지 못하도록 함.
3. 참덕慙德 – 신하탕로서 임금걸을 치고 나서 그것을 후회하는 것.
4. 구실口實 – 이야깃거리의 뜻.
5. 도탄塗炭 – 진흙과 숯불. 여기서는 몹시 곤란한 처지에 빠짐을 비유한 말.
6. 표表 – 의표, 사표.
7. 찬纘 – 계승.
8. 복服 – 행동의 뜻.
9. 봉야奉若 – 받들고 따름.

3. 탕고湯誥
1. 여일인予一人 – 탕임금 자신을 강조하기 위해 한 말. 만민의 위에 선 유일한 사람의 뜻.
2. 황상제皇上帝 – 대천제의 뜻.
3. 충衷 – 중정의 도, 올바른 마음.
4. 유항성有恒性 – 인간이 가진 올바른 마음.
5. 유猷 – 도의 뜻.
6. 후后 – 임금 노릇을 한다는 뜻.
7. 멸덕滅德 – 덕을 망치는 것.
8. 작위作威 – 함부로 위세를 믿고 억누름.
9. 학虐 – 학정.
10. 이罹 – 당한다는 뜻.
11. 도荼 – 씀바귀.
12. 상하신기上下神祇 – 천신지기, 곧 하늘의 신과 땅의 신.
13. 음淫 – 선의 반대된 뜻으로 도에 지나치는 것.

4. 이훈伊訓

1. 원사元祀 – 원년, 곧 태갑이 즉위한 원년의 뜻이며 사는 년과 같은 뜻으로 상나라에서 사용된 것이며 하나라에서는 세, 주나라에서는 연이라 함「집전」.
2. 사祠 – 왕위에 오름을 고하는 제사.
3. 선왕先王 – 탕임금. 탕이 세상을 떠났을 때 태자인 대정은 이미 죽은 뒤라 그 아들인 태갑이 왕위를 계승하였다.
4. 사왕嗣王 – 왕위를 계승한 임금.
5. 궐조厥祖 – 탕임금.
6. 후전侯甸 – 후복과 전복우공 참조.
7. 총기總己 – 자신의 일을 거두고의 뜻.
8. 총재冢宰 – 재상의 뜻. 이윤의 업적이 매우 컸으므로 그를 높여 그렇게 부른 것.
9. 열조烈祖 – 공이 많은 조상「집전」.
10. 왈曰 – 이윤이 태갑에게 이르는 말.
11. 기曁 – ~에 이르기까지.
12. 별鱉 – 자라.
13. 불솔弗率 – 불은 비非의 뜻. 곧 따르지 않음. 명을 받은 탕임금의 손을 빌려 하늘이 걸임금에게 재앙을 내리셨다는 뜻.
14. 명조鳴條 – 하나라의 도읍지.

5. 태갑太甲

상上

1. 혜惠 – 순順의 뜻.
2. 아형阿衡 – 아는 의지한다는 뜻이고, 형은 불형의 뜻. 여기서는 임금이 의지하고 표준으로 삼았다 하여 이윤의 관명으로 쓴 것「정의」. 이윤의 이름이라는 설「사기」도 있음.
3. 시諟 – 시是.
4. 상하신기上下神祇 – 하늘과 땅의 신.
5. 사직社稷 – 사는 토신, 직은 곡신을 이르는 것이나 옛날 임금은 반드시 사직을 세우고 제사하여 나라와 존망을 같이하였으므로 뒤에는 나라의 뜻으로도 쓰임.
6. 용用 – 이以.
7. 좌우左右 – 보좌의 뜻.
8. 사肆 – 고로, 그래서.
9. 서읍하西邑夏 – 서쪽에 도읍을 정한 하나라의 뜻. 우는 상나라의 서쪽 안읍에 도읍함.
10. 주周 – 군의 고古자는 주周 자와 혼동하기 쉬웠으므로 주는 군의 오기로 추측됨.
11. 궐벽厥辟 – 나라의 법도.

중中

12. 삼사三祀 – 태갑 삼년.
13. 삭朔 – 초하루.
14. 면복冕服 – 임금이 정식으로 쓰는 관과 예복.
15. 벽辟 – 다스리다. 동사로 쓰임.
16. 무강無疆 – 한량없음.
17. 휴休 – 아름다움. 여기서는 기쁘고 복된 일이라는 뜻.

하下

18. 무친無親 – 친함이 없다는 것은 곧 하늘이 선한 자에게는 반드시 복을 내리되 다시 악행을 저지를 때는 죄를 내린다는 뜻.
19. 천위天位 – 천자의 지위.

6. 함유일덕咸有一德

1. 고귀告歸 – 사읍으로 은퇴할 것을 고하는 것.
2. 천난심天難諶 – 하늘은 믿기 어렵다는 말. 하늘의 명을 받은 사람도 덕을 잃으면 재앙을 받게 된다는 뜻.
3. 미상靡常 – 늘 같지 않음. 일정하지 않음.
4. 구유九有 – 구주의 뜻.
5. 용庸 – 상과 통함. 항상, 언제나.
6. 감監 – 둘러봄.
7. 계적유명啓迪有命 – 천명을 받은 사람에게 길을 열어 이끌어 줌.
8. 신주神主 – 신의 우두머리. 여러 제신을 지배하는 뜻이 아니라 그들을 제사하는 우두머리를 가리킴. 곧 제사장.

7. 반경盤庚

상上

1. 유籲 – 호소함.
2. 척慼 – 근심함. 우려함.
3. 무진류無盡劉 – 백성들을 다 죽지 않게 하고자 한다는 뜻.
4. 서광이생胥匡以生 – 서로 도우며 바로잡아 올바로 사는 것.
5. 복계卜稽 – 앞 일을 점치는 것.
6. 여태如台 – 여이如以, 곧 여하의 뜻.
7. 오방五邦 – 도읍을 다섯 번 옮긴 것. 곧 상나라 탕임금 이후 중정 때에는 호亳에서 효囂로

도읍을 옮겼고, 하단갑은 다시 상으로 옮겼고, 조을은 다시 경『사기』에는 형으로 옮겼고, 반경은 다시 엄으로 옮기고 다시 은으로 옮기려 한 것.

8. 승우고承于古 – 옛날 백성들을 위하여 도읍을 옮겼던 일을 받들어 따르겠다는 뜻.
9. 신矧 – 하물며.
10. 신읍新邑 – 은殷나라의 땅.

중中

11. 하河 – 황하.
12. 단亶 – 정성의 뜻.
13. 설설褻 – 설압, 곧 매우 버릇없이 군다는 뜻.
14. 등진登進 – 사근전, 곧 가까이 앞으로 나오게 함.
15. 황실荒失 – 잃어버림, 저버림.
16. 승보承保 – 돕고 보호함.
17. 후서척后胥戚 – 임금과 친한다는 뜻.
18. 부浮 – 부孚, 매우 부합하다는 뜻.

하下

19. 전奠 – 안정.
20. 유거攸居 – 사는 곳.
21. 궐위厥位 – 백성들의 여러 벼슬자리.
22. 대명大命 – 국가의 운명.
23. 심복신장心腹腎腸 – 신체의 모든 것을 일컫는 말.
24. 협비協比 – 서로 힘을 합쳐 무리를 이룸.
25. 선왕先王 – 탕임금.
26. 전조前助 – 선조들의 공.
27. 적適 – 옮겨 감.
28. 산山 – 산기슭, 여기서는 산기슭의 호毫 땅.
29. 탕蕩 – 떠돌아다님.
30. 석析 – 여럿으로 흩어짐.
31. 정극定極 – 정착해서 살 곳.
32. 사肆 – 그러나.
33. 독경篤敬 – 독실하고 일을 공경하는 사람들.

8. 열명 說命

상 上

1. 댁우宅憂 – 거상, 복상의 뜻.
2. 량음亮陰 – 밝은 것을 가리고 어두운 데 들어앉아 있는 모습. 양음諒陰『논어』, 양암諒闇『예기』, 양음凉陰『한서』 오행지, 양암梁闇『상서대전』, 으로도 씀.
3. 작칙作則 – 규범을 만든다는 뜻.
4. 망유품령罔攸稟令 – 무소수명, 곧 명령을 받을 곳이 없다는 뜻.
5. 용용庸 – 용用 또는 이以의 뜻.
6. 불류弗類 – 불초弗肖. 곧 훌륭하지 못함의 뜻.
7. 공묵사도恭默思道 – 공손한 태도로 말 없이 오직 올바른 도만을 생각함.
8. 심審 – 헤아려서 생각함.
9. 형形 – 형상을 그림.
10. 설說 – 전설.
11. 축築 – 집이나 담 같은 것을 세움. 『맹자』에 전설을 집을 짓는 담을 사이에서 찾아내어 등용하였다고 했음.
12. 제諸 – 지어의 준말. ~에 있게 하다.

중 中

13. 후왕后王 – 천자.
14. 군공君公 – 제후.
15. 대부大夫 – 경대부.
16. 사장師長 – 여러 관청의 우두머리.
17. 성聖 – 성군의 뜻.
18. 종예從乂 – 따라서 다스려진다는 뜻.
19. 기수起羞 – 매우 수치스러운 일을 일으킴.
20. 기용起戎 – 전쟁을 일으킴.
21. 의상衣裳 – 임금이 공에 따라 신하들에게 내리는 옷.
22. 사笥 – 옷을 넣어 두는 장.
23. 간과干戈 – 무비를 총칭한 말.
24. 자茲 – 앞에 열거한 네 가지 사항, 즉 입을 조심할 것, 무비를 함부로 말 것, 상을 함부로 내리지 말 것, 병권을 아무에게나 맡기지 말 것 등을 이름.
25. 관官 – 관리로 임용하는 것.
26. 불급사닐不及私昵 – 사사로이 친한 이에게 벼슬을 내리지 않는다는 뜻.
27. 유기선有其善 – 스스로 착한 것을 인정하는 것.

하下

28. 소자小子 – 왕이 자신을 낮추어 부른 말.
29. 감반甘盤 – 소을 때부터 무정 초에 걸쳐 임금을 보좌한 신하로 추측됨.
30. 둔遯 – 은둔, 곧 현실을 피하여 숨어 사는 것.
31. 하河 – 하내, 황하의 안쪽.
32. 조박祖亳 – 황하의 북쪽으로부터 도읍지인 박 땅으로 돌아왔다는 뜻.
33. 기궐종曁厥終 – 끝에 이르기까지의 뜻.
34. 망현罔顯 – 깨우쳐지지 못함.
35. 국얼麴糵 – 누룩.
36. 화갱和羹 – 국의 이름.
37. 매梅 – 초醋의 뜻. 옛날의 초는 신 매실로 만들어서 씀.
38. 매邁 – 실행함.

9. 고종융일高宗肜日

1. 월越 – 발어사.
2. 감監 – 감시.
3. 년年 – 해, 수명이나 집안 또는 나라를 다스리는 기간.
4. 중中 – 사람의 속 마음.
5. 청죄聽罪 – 자기가 지은 죄를 스스로 인정하고 벌을 달게 받는 것.
6. 여태如台 – 여하, 어찌하랴의 뜻.
7. 천윤天胤 – 천자, 천손.
8. 전사典祀 – 제사를 맡아서 지내는 것.

10. 서백감려西伯戡黎

1. 조이祖伊 – 주왕의 신하이던 현자.
2. 격인格人 – 지인, 지극한 도에 통한 사람.
3. 원구元龜 – 점칠 때 쓰는 큰 거북.
4. 망감지길罔敢知吉 – 길함을 감히 알지 못한다는 것. 곧 은나라의 앞날에 관하여 지인이나 원구에게 점을 쳐 보아도 전혀 길하다는 점괘는 나오지 않는다는 뜻.
5. 자절自絶 – 스스로 자신의 명을 끊는 것.
6. 불유강식不有康食 – 흉년이 들어 생활이 매우 곤란함.
7. 대명大命 – 하늘의 큰 명.
8. 여태如台 – 여이如以, 여가如何의 뜻.
9. 반反 – 대의 뜻. 대답.

10. 상上 – 하늘.
11. 책명우천責命于天 – 목숨이 하늘에 달려 있다는 것.

11. 미자微子
1. 미자微子 – 명은 계啓. 미는 기내畿內의 나라 이름. 자는 작위.
2. 부사父師 – 태사사기.
3. 소사少師 – 비간比干. 주임금의 제부로서 주임금의 무도함을 충간하다가 죽음을 당함.
4. 내망외외乃罔畏畏 – 마땅히 두려워하여야 할 것을 두려워하지 않는다는 뜻.
5. 구장耈長 – 늙고 나이가 많은 사람.
6. 위인位人 – 오래도록 벼슬한 경험이 많은 사람.
7. 신神 – 천신.
8. 기祇 – 땅의 신.
9. 희犧 – 한 가지 색깔의 제물로 쓰는 짐승.
10. 전牷 – 통째로 제물로 쓰는 짐승.
11. 장식무재將食無災 – 장은 훔친 재물, 재는 형벌의 뜻.
12. 강감降監 – 밑을 내려보는 것.
13. 수감讎斂 – 마치 원수를 대하듯 부세를 지나치게 많이 거둬들임.
14. 소召 – 초래한다는 뜻.
15. 불태不怠 – 불이不已, ~하여 마지 않음.
16. 죄합우일罪合于一 – 임금과 관리들이 하나가 되어 죄를 짓는다는 뜻.
17. 척瘠 – 고난을 겪음.
18. 조詔 – 고함, 호소함.

제4편 주서周書

1. 태서泰誓

상上

1. 십유삼년十有三年 – 무왕이 나라를 다스린 햇수. 이 해에 무왕은 은나라의 주임금을 토벌함.
2. 춘春 – 첫 봄, 정월.
3. 대회大會 – 큰 모임. 주임금을 치기 전에 무왕의 장병들과 그를 따르는 제후의 장병들을 한 곳에 크게 모은 것.
4. 총군冢君 – 대군. 제후.
5. 월越 – 여與, 및의 뜻.
6. 어사서사御事庶士 – 일을 맡아 처리하는 여러 사람들.

7. 령靈 – 여기서는 영장의 뜻.
8. 원후元后 – 대제 곧 천자.
9. 수受 – 주임금의 이름.
10. 침주沈酒 – 술에 빠져 지내는 것.
11. 모색冒色 – 여자에 빠져 지내는 것.
12. 죄인이족罪人以族 – 한 사람이 죄를 지으면 그의 집안 사람들까지 죽이거나 벌하는 것.
13. 관인이세官人以世 – 벼슬을 내리되 재능은 생각하지 않고 벼슬한 사람의 자손들에게 대대로 벼슬을 주는 것.
14. 대사臺榭 – 높은 누각.
15. 분자焚炙 – 불에 태워 죽이는 것. 주임금은 포락지형炮烙之刑이라 하여 구리기둥을 숯불에 달군 뒤 기름을 바르고, 죄인으로 하여금 그 기둥을 오르다 떨어져 타 죽게 함「사기」.
16. 고척刳剔 – 살을 갈라 뼈를 바르는 것. 주임금은 충신 비간의 가슴을 쪼개어 죽인 뒤, 그의 아이 밴 부인의 배를 갈라 그 태아를 보았다 함「황보밀」.
17. 진노震怒 – 크게 노하는 것.
18. 문고文考 – 죽은 문왕의 뜻.
19. 대훈大勳 – 천명을 행하는 공적.
20. 사肆 – 그리하여, 그래서.
21. 발發 – 무왕의 이름.
22. 관觀 – 이곳에서는 여러 제후들의 동향을 살펴 상나라의 정세를 폈다는 뜻.
23. 전심悛心 – 뉘우쳐 고치는 것.
24. 이거夷居 – 거는 거踞와도 통하여 편히 책상다리하고 앉아서의 뜻.
25. 신神 – 천신.
26. 지祇 – 지지地祇.
27. 희생犧牲 – 제물로 바치는 여러 가지 짐승.
28. 자성粢盛 – 제사에 쓰이는 기장이나 희생을 제외한 제수를 총칭하는 말.
29. 징懲 – 징개, 곧 잘못을 뉘우쳐 고친다는 뜻.
30. 기모其侮 – 남을 업신여김을 뉘우쳐 고치지 아니하고 있다.
31. 월궐지越厥志 – 곧 그의 하늘의 뜻을 어기고 멋대로 하는 것.
32. 동력탁덕同力度德 – 서로 힘이 같을 경우는 덕이 더 훌륭한 쪽이 이기게 된다는 뜻.
33. 억만심億萬心 – 억만인이 제각기 딴 마음을 품고 있다는 뜻.
34. 관영貫盈 – 죄가 서리어 그득함.
35. 주誅 – 토벌하다. 징계하다.
36. 균鈞 – 주임금의 죄와 같게 된다는 뜻.
37. 숙야夙夜 – 새벽부터 밤 늦게까지.

38. 지祇 – 공경함.
39. 구懼 – 매우 두려워함.
40. 류類 – 제사의 한 가지. 임금이 먼 곳을 나갈 때나 「예기」왕제 군사를 일으킬 때 「이아」석천 행하는 것.
41. 의宜 – 땅의 신社에 지내는 제사.
42. 총토冢土 – 대토.
43. 긍矜 – 가련하게 또는 매우 불쌍히 여김.
44. 시재時哉 – 좋은 대에 이르렀다는 뜻.

중中

45. 무오戊午 – 무왕이 은나라의 주왕을 치기 위해 황하를 건넌 날짜. 천명을 받은 지 13년째 되는 해의 1월 임진2일날 무왕은 군사를 출동시켜 같은 달 무년28일에 맹진에서 황하를 건너고, 엿새 뒤인 갑자날에 주왕을 토벌함.
46. 왕王 – 무왕.
47. 차次 – 머무름.
48. 이사以師 – 군사를 거느리고의 뜻.
49. 서토西土 – 서쪽 땅.
50. 길인吉人 – 흉인의 반대로 쓰인 것.
51. 파기播棄 – 저버리다의 뜻.
52. 리노犁老 – 리는 검버섯이니 곧 노인을 모두 일컬은 것.
53. 닐昵 – 친親의 뜻.
54. 비比 – 친함.
55. 후酗 – 술주정함.
56. 사肆 – 매우 방자하게 구는 것.
57. 화化 – 동화의 뜻.
58. 지之 – 주임금.
59. 붕朋 – 붕당.
60. 협脅 – 위협, 협박의 뜻.
61. 유籲 – 호소의 뜻.
62. 예穢 – 더러움.
63. 유독流毒 – 남에게 해독을 끼치는 것.
64. 하국下國 – 예속된 나라들.
65. 부浮 – 더하다는 뜻.
66. 간보諫輔 – 임금의 잘못을 충간하고, 도와주는 신하.

67. 하왕夏王 – 하나라의 걸임금.
68. 짐몽협짐朕夢協朕 – 짐 곧 임금의 꿈과 점괘가 모두 길하다는 뜻.
69. 습襲 – 되풀이함. 거듭남.
70. 융상戎商 – 상나라를 치는 것.
71. 이인夷人 – 범인.
72. 이심離心 – 마음이 제각기 개인의 이익만을 추구하여 떨어져 있음.
73. 이덕離德 – 덕도 마음을 떠나 있음.
74. 무武 – 무위, 무덕.
75. 흉잔凶殘 – 흉악하게 남에게 해독을 끼치는 사람.
76. 부자夫子 – 장사將士. 존칭으로 선생님의 뜻.
77. 망혹罔或 – 아무도~하지 말라의 뜻.
78. 영寧 – 차라리.
79. 비적非敵 – 대적하지 못하는 것.
80. 늠름懍懍 – 매우 두려워하는 모습.
81. 붕궐각崩厥角 – 각은 이마. 이마가 쓰러져 땅에 부딪침.

하下

82. 궐명厥明 – 명은 명일의 뜻. 궐은 먼저 장의 황하 북쪽에 와서 머문 날을 가리킴.
83. 육사六師 – 육군, 곧 전군.
84. 군자君子 – 장병들을 높여서 한 말.
85. 류類 – 도의 종류.
86. 압狎 – 업신여김.
87. 오상五常 – 오륜.
88. 절우천絶于天 – 곧 천명을 끊었다는 뜻.
89. 경脛 – 정강이. 어느 겨울날 아침 발을 걷고 물을 건너고 있는 사람을 본 주임금은 그 사람이 물이 찬 데도 걸어서 건널 수 있는 것은 그 다리가 다른 까닭이라 생각하고, 그를 불러 정강이를 쪼개어 보았다 함「정의」.
90. 부剖 – 가른다는 뜻. 충신 비간이 왕에게 바른 말로 간하자, 주임금은 충신의 마음은 보통 사람과 다를 것이라며 그의 가슴을 쪼개고 심장을 꺼내 봄「정의」.
91. 작위作威 – 위세를 보임. 곧 포학한 짓을 한다는 뜻.
92. 독통毒痛 – 해를 끼쳐 괴롭히는 것.
93. 사보師保 – 천자 등에게 도를 가르쳐 인도하는 사람.
94. 교사郊社 – 교는 하늘에 지내는 제사. 사는 땅에 지내는 제사.
95. 기기奇技 – 기이한 재주.

96. 음기淫技 – 매우 교묘하게 만든 물건.
97. 부인婦人 – 달기妲己를 가리킴. 달기는 주임금의 추비. 주왕의 포학을 도와 은나라를 멸망하게 한 여인.

2. 목서牧誓
1. 갑자甲子 – 태서 중에 나오는 무오보다 엿새 뒤인 2월 4일.
2. 매상昧爽 – 미처 밝지 않은 이른 새벽.
3. 조朝 – 조루. 일찍이석의.
4. 상교商郊 – 상나라 도읍지의 교외.
5. 좌장左杖 – 왼손을 짚었다는 뜻.
6. 황월黃鉞 – 금으로 만든 도끼.
7. 병秉 – 장杖과 같이 사용된 말.
8. 모旄 – 군사를 지휘하는 데 쓰는 기.
9. 적逖 – 여기서는 멀리 왔다는 뜻.
10. 어사御事 – 왕의 일을 도와 처리하는 사람. 사도 이하 여러 벼슬하는 사람들을 가리킨다.
11. 사보, 사마, 사공司徒·司馬·司空 – 이른바 삼경, 삼공. 사보는 백성을 다스리고, 사마는 군사를 다스리고, 사공은 토지를 다스림.
12. 아려, 사씨亞旅, 師氏 – 아려는 상대부, 사씨는 중대부로 모두 군사를 다스리는 장관.
13. 천부장千夫長 – 천 명의 군사를 거느린 사람.
14. 백부장百夫長 – 백 명의 군사를 거느린 사람.
15. 용庸 – 지명. 지금의 후베이성의 운양현.
16. 촉蜀 – 지명. 지금의 쓰촨성의 북부.
17. 강羌 – 서쪽의 유목민.
18. 무髳 – 산시성의 남부에 있었던 미개 민족임.
19. 미微 – 미眉라고도 불렀는데 지금의 산시성의 미현에 있었음.
20. 노盧 – 오랑캐의 일종. 지금의 후베이성의 양남현에 있었음.
21. 팽彭 – 쓰촨성의 팽현에 있었음.
22. 복濮 – 후베이성의 형주부에 있었음. 앞에 나온 지명은 모두 오랑캐 나라들로서 무왕을 따름.
23. 모矛 – 자루의 길이가 1장 4척이 되는 긴 창.

3. 무성武成
1. 방사백旁死魄 – 방은 거의~하여졌다는 뜻이고 백은 달의 윤곽의 빛이 없는 부분. 따라서 사백은 달빛이 전혀 없어진 때, 곧 초하루. 방사백은 거의 달빛이 없는 때로 초이튿날의 뜻.
2. 월越 – 급及, ~에 이르러의 뜻.

3. 익일翼日 – 익은 익翌과 통함. 다음날, 곧 초사흗날 계사.
4. 보步 – 여기서는 출발의 뜻.
5. 재생명哉生明 – 달이 밝아지기 시작할 때, 곧 사흗날.
6. 언무偃武 – 무력을 거두는 것.
7. 문文 – 문교.
8. 귀마歸馬 – 말을 돌려보냈다는 것은 곧 군용으로 쓰던 말을 그대로 돌려보내어 놓아주었다는 뜻.
9. 도림桃林 – 지금의 허난성의 문향현 서쪽으로부터 산시성의 동관현 동쪽에 이르는 곳. 비원.
10. 복服 – 무력과 말과 소를 군용으로 쓰는 것.
11. 정미丁未 – 사월 17일.
12. 방邦 – 왕기王畿.
13. 전·후·위·甸·侯·衛 – 모두 주례의 육복 중의 일복. 육복이란 왕성을 중심으로 사방 5백 리 땅이 기내, 기내에서 밖으로 5백 리가 후복, 다시 밖으로 5백 리가 전복, 다시 5백 리마다 남복, 채복, 위복, 요복이 됨.
14. 변籩 – 두와 더불어 제기의 일종. 대나무로 짠 굽 높은 과일 담는 것.
15. 월삼일越三日 – 사흘 지나의 뜻. 따라서 경술은 4월 22일.
16. 시柴 – 섶을 불사르며 하느님께 지내는 제사.
17. 망望 – 산천에 지내는 제사.
18. 기생백旣生魄 – 달그림자가 생기기 시작하는 16일. 따라서 기술의 순서가 뒤바뀌어진 것으로 추측됨.

4. 홍범洪範

1. 십유삼사十有三祀 – 사는 년의 뜻. 무왕이 즉위한 지 십삼 년째 되던 해의 뜻.
2. 음陰 – 은밀히, 몰래의 뜻.
3. 즐騭 – 백성들의 운명을 정함.
4. 이彝 – 상常과 같은 뜻.
5. 윤倫 – 윤리.
6. 곤鯀 – 우임금의 아버지. 그는 일찍이 요임금으로부터 홍수를 다스리는 것을 명령받았으나 이를 이루지 못하여 귀양을 살다 죽었다.
7. 진陳 – 배열.
8. 홍범구주洪範九疇 – 세상을 다스리는 아홉 가지 원칙. 옛날 낙수에 큰 거북이가 신비스런 그림을 등에 지고 나타났었는데, 우왕은 이 그림을 보고 홍범구주를 풀이하였다 함 『정의』.
9. 두斁 – 멸망.

10. 극사殛死 – 죽을 때까지 귀양살이를 하는 형벌〈순전〉참조.

5. 여오旅獒
1. 구이팔만九夷八蠻 – 사방의 모든 오랑캐를 총칭한 것. 이는 동쪽 오랑캐, 융은 서쪽 오랑캐, 만은 남쪽 오랑캐, 적은 북쪽 오랑캐『예기』. 구, 팔은 많은 숫자를 표시.
2. 저공底貢 – 공물로 갖다 바치는 것.
3. 태보太保 – 삼공 중의 하나. 당시의 태보는 주 문왕의 서자인 소공.
4. 사이四夷 – 사방의 오랑캐.
5. 빈賓 – 스스로 복종하고 찾아오는 것.
6. 방물方物 – 그 지방의 토산물.
7. 덕지치德之致 – 덕이 이르도록 한 물건들.
8. 이성지방異姓之邦 – 천자와 성이 다른 제후국.
9. 무체궐복無替厥服 – 그들의 할 일을 버리지 않도록 하는 것.
10. 백숙지국伯叔之國 – 임금의 아저씨 뻘이 되는 제후의 나라. 이성 지방의 반대.
11. 시용時庸 – 시이, 그리하여의 뜻.
12. 역이목役耳目 – 본능적인 즐거움, 즉 귀를 즐겁게 하는 음악이나, 눈을 즐겁게 하는 여자나 사치 같은 것에 부림을 당하는 것.
13. 백도百度 – 모든 일의 법도.
14. 완玩 – 희롱함. 앞의 압모와 같은 뜻.
15. 토성土性 – 그 고장 풍토에 맞는 성질을 갖는 것.
16. 격格 – 덕에 굴복하여 오는 것.
17. 세행細行 – 세세한 행동.
18. 위산구인爲山九仞 – 아홉 길 높이의 산을 만드는 것.
19. 공휴일궤功虧一簣 – 흙 한 삼태기가 모자라 산을 완성시키지 못하는 것은 곧 작은 과실로 큰 공을 이루지 못함.
20. 세왕世王 – 대대로 임금 노릇을 하는 것.

6. 금등金縢
1. 기극상이년旣克商二年 – 상나라를 쳐부순 지 이년째 되던 해, B.C. 1121년.
2. 이공二公 – 문왕 때부터의 재상인 태공망 여상과 문왕의 서자인 소공.
3. 공公 – 주공.
4. 자이위공自以爲功 – 스스로 자기가 할 일이라 생각하는 것.
5. 삼단三壇 – 태왕. 왕계, 문왕을 위한 세 개의 제단.
6. 선墠 – 땅을 깨끗이 한 제사 지내는 곳.

7. 단壇 – 제사 지내는 주공 자신이 설 단.
8. 식植 – 치置.
9. 벽璧 – 옛날 신에게 제사 지낼 때의 예물.

7. 대고大誥
1. 왕야왈王若曰 – 왕의 허락을 받아 고한다는 것. 그때 주공은 섭정 중이었으므로 자신의 이름으로 천하에 명을 내릴 수 없었다.
2. 유猷 – 감탄사.
3. 월越 – 여與. ~과, 및의 뜻.
4. 어사御事 – 여러 가지 나라 일을 맡아 보는 사람.
5. 불조弗弔 – 불행의 뜻왕국유『관당집림』권1 여우인론시서중성어서 참조.
6. 할割 – 무왕의 죽음을 뜻함.
7. 무강無疆 – 끝없는 것.
8. 대력복大歷服 – 력은 역수, 곧 운명을 뜻하므로 곧 나라의 운명과 나라의 일.
9. 조철造哲 – 어질게 함, 지혜를 발휘함의 뜻.
10. 격지格知 – 궁리하여 아는 것. 격물치지와 같은 용법임.
11. 이己 – 접속사로서 앞의 말을 받아 또 다른 말을 시작할 때 쓰는 말『집전』. 곧 그리하여, 그러니의 뜻.
12. 부敷 – 시행의 뜻.
13. 폐閉 – 거역함.
14. 위용威用 – 위엄을 나타내는 것.

8. 미자지명微子之命
1. 유猷 – 감탄사.
2. 원자元子 – 큰아들, 미자를 이르는 것으로 그는 주임금의 서형.
3. 계상稽象 – 상고하여 본뜸.
4. 예물禮物 – 예의와 문물.
5. 빈賓 – 빈복, 제후가 천자를 찾아보는 것.
6. 천踐 – 본받아 따르는 것.
7. 문聞 – 소문.
8. 숙肅 – 공경함.
9. 가嘉 – 가상의 뜻.
10. 독부망篤不忘 – 덕행이 두터우니 잊지 않으리라는 뜻.
11. 흠歆 – 신이 제사 지내는 음식의 기를 마시는 것.

12. 복명服命 – 명령, 호령. 옛날 상공은 구색의 옷으로서 구 명의 최상급 제후였음.
13. 번蕃 – 번藩, 울타리.
14. 내열조乃烈祖 – 탕임금의 덕을 이름.
15. 율律 – 법도로 다스리는 것.

9. 강고康誥

1. 유삼월惟三月 – 왕고왈 이전의 이 첫단에 대하여는 학자들의 견해가 여러 가지이고 낙고洛誥 앞에 붙어 있던 것이 탈간되어 있는 것소식이라 하기도 하고, 재재梓材의 첫 머리금리상으로, 다사의 첫 머리방포로, 재재의 탈간모기령으로, 대고의 끝머리오여륜로도 봄. 연대가 매우 불확실하나 정의의 주에 따라서 주공이 섭정한 지 7년째 되는 해의 3월.
2. 재생백哉生魄 – 달빛에 그림자가 생기기 시작하는 16일.
3. 낙洛 – 낙읍, 본래는 낙雒이라 씀. 전국 이후 뤄양이라 불렀는데, 지금의 허난성 뤄양현.
4. 화和 – 화합하고 기뻐하는 것.
5. 후·전·남·채·위侯·甸·男·采·衛 – 오 복을 이름. 우공의 오 복과는 약간의 제도상의 차이가 있어 후복은 왕성으로부터 천리며 계속해서 천오백 리, 이천 리, 이천오백 리, 삼천 리 떨어진 거리를 정함.
6. 화和 – 합合, 다같이.
7. 고치誥治 – 나라를 다스리는 데 대하여 고하였다는 뜻.

10. 주고酒誥

1. 왕야왈王若曰 – 왕명으로 일러 말하기를, 즉 주공이 임금을 대신하여 말하는 것.
2. 매妹 – 주임금의 도읍이 있던 지명. 『시경』〈용풍〉의 말향이 바로 매방이며, 지금의 허난성 기현 근처.
3. 목穆 – 공경함.
4. 고비誥毖 – 고하여 삼가게 함, 훈계함.
5. 월越 – 여與, ~과의 뜻.
6. 소정少正 – 정은 관청의 우두머리이니 소정은 관장의 부관.
7. 사자주祀茲酒 – 제사에만 이 술을 쓰라는 뜻.
8. 조아민肇我民 – 조국, 백성들을 다스리기 시작하는 것.
9. 유원사惟元祀 – 큰 제사에만 술을 써야 한다는 뜻.
10. 주유고酒惟辜 – 술로 죄를 짓는 것.
11. 유정有正 – 관청의 우두머리.
12. 유사有事 – 일을 맡아 보는 관리.
13. 이주彝酒 – 항상 술만 마시며 사는 것.

14. 토물土物 — 땅에서 나는 것. 곡식.
15. 이훈彝訓 — 법도와 교훈.
16. 매토妹土 — 여기서는 매 땅의 사람들의 뜻.
17. 고굉股肱 — 넓적다리와 팔.
18. 순純 — 오로지.
19. 분주奔走 — 부지런한 모습.
20. 원복가遠服賈 — 멀리 가서 장사하는 것.
21. 경慶 — 기뻐하는 것.
22. 세전洗腆 — 음식을 깨끗하고 매우 풍성하게 마련하는 것.

11. 자재梓材

1. 기曁 — 및, ~과.
2. 궐신厥臣 — 낮은 지위에 있는 신하.
3. 달대가達大家 — 대가는 경대부의 집안. 따라서 달대가란 낮은 백성이나 벼슬아치들의 사정이 높은 지위에 있는 사람들에게 통한다는 뜻.
4. 궐신厥臣 — 여기서는 앞의 경신보다 뜻이 넓어 경대부까지 포함한 모든 신하들을 가리킴.
5. 사사師師 — 가르침을 받는 스승.
6. 사도司徒 — 농사와 백성들을 인도하는 일을 맡은 관리.
7. 사마司馬 — 군사를 장악하는 사람.
8. 사공司空 — 땅과 일을 맡은 사람. 사보, 사마와 더불어 삼공이라 함.
9. 윤尹 — 관장.
10. 려旅 — 여러 관리들의 뜻.
11. 려厲 — 함부로.
12. 사肆 — 드디어.
13. 왕往 — 임지인 위나라에 가거든의 뜻.
14. 역인歷人 — 난동을 부리는 자「석의」.
15. 장패인敗人 — 남을 상하게 하고 해침.

12. 소고召誥

1. 이월二月 — 성왕 7년 2월「정의」.
2. 기망旣望 — 16일.
3. 월육일越六日 — 엿새가 지난 것.
4. 을미乙未 — 21일.
5. 주周 — 주나라의 도읍 호경을 이름. 지금의 산시성 장안 서쪽.

6. 풍豊 - 문왕이 도읍하였던 곳으로 호경으로부터 25리의 거리임. 성왕은 낙 땅에 새 도읍을 짓는 일을 종묘에 고하고자 농으로 간 것.
7. 태보太保 - 소공을 이름.
8. 상相 - 조사하는 것.
9. 택宅 - 도읍 자리.
10. 월야越若 - 발어사로 쓰임.
11. 내來 - 내월과 같은 예로 다음의 뜻.
12. 병오丙午 - 3일.
13. 궐厥 - 3일의 뜻.
14. 월삼일越三日 - 사흘 지나.
15. 무신戊申 - 오일.
16. 복택卜宅 - 도읍지에 대하여 길흉을 점치는 것.
17. 득복得卜 - 길하다는 점괘를 얻음.
18. 경영經營 - 측량하고 표지를 세워 건물의 방향과 위치를 정하는 것.

13. 낙고洛誥
1. 복復 - 대답함, 사뢰는 것.
2. 자子 - 여기서는 조카로 해석.
3. 기명基命 - 천명의 터전을 이룩한 것, 곧 문왕의 공을 이름.
4. 정명定命 - 천명을 안정시킨 것, 곧 무왕의 공을 이름.
5. 윤보胤保 - 이어 보좌한다는 것은 주공이 문·무왕을 보좌하고 이어 성왕을 보좌함을 뜻함.
6. 상相 - 곧 시제.
7. 동토東土 - 낙읍. 낙은 호경의 동쪽임.
8. 을묘乙卯 - 성왕 7년 3월 12일소고 참조.
9. 낙사洛師 - 낙읍. 사는 경사의 사.
10. 삭朔 - 북녘.
11. 려수黎水 - 지금의 허난성 위휘부 준현 동북쪽에 있음.
12. 간수澗水 - 허난성의 면지현에서 시작하여 낙양에서 낙수와 합쳐지는 강.
13. 전수瀍水 - 허난성의 맹진현에서 시작하여 언사에서 낙수에 합쳐지는 강.
14. 식食 - 길조의 뜻석의.
15. 팽내伻來 - 성왕으로 하여금 오시도록 한 것.
16. 도圖 - 낙읍의 지도.
17. 헌복獻卜 - 복조를 바치는 것.

14. 다사多士

1. 유삼월惟三月 – 성왕개원원년성왕 8년 즉 낙 땅으로 도읍을 옮기어 다시 잡은 원년 3월.
2. 사士 – 관리.
3. 불조弗弔 – 불행의 뜻 『왕국유설』.
4. 민천旻天 – 천제, 하늘.
5. 강상降喪 – 천벌로 멸망을 내린 것.
6. 종우제終于帝 – 하느님의 뜻에 의하여 끝맺는 것. 곧 나라를 멸함.
7. 사肆 – 고로, 그러므로.
8. 비畀 – 여與와 같은 뜻으로 뜻을 함께하는 것.
9. 난亂 – 다스림.
10. 기其 – 기旣, 어찌의 뜻.
11. 병秉 – 여기서는 마음가짐.
12. 위爲 – 행위의 뜻.
13. 외畏 – 하늘이 벌을 내리심을 매우 두려워한다는 뜻.

15. 무일無逸

1. 군자君子 – 상자, 벼슬하는 사람.
2. 가색稼穡 – 농사짓는 것.
3. 의依 – 삶을 의존하는 것. 곧 농사를 이름.
4. 언諺 – 상말.
5. 탄誕 – 방종함.
6. 석지인昔之人 – 옛날 사람.

16. 군석君奭

1. 불조弗弔 – 불행의 뜻.
2. 추墜 – 떨어뜨림, 곧 천명을 잃는 것.
3. 기基 – 기업.
4. 부孚 – 부符의 뜻. 부합.
5. 휴休 – 하늘이 복을 주시는 것.
6. 약若 – 이에.
7. 불상不祥 – 상서롭지 못한 일, 곧 멸망의 뜻.
8. 기종其終 – 이 이하 구절은 주임금 때에 얘기.
9. 시아時我 – 나 자신의 행동 여하에 모든 일이 달려 있다는 뜻.
10. 월越 – 여與, ~과의 뜻. 앞의 기왈시아를 다시 설명한 말.

11. 상하上下 - 하늘과 그 밑의 백성들.
12. 알일遏佚 - 천명을 끊기고 잃게 됨.
13. 가家 - 국가.
14. 불역不易 - 매우 지키기 어려운 것.
15. 천난심天難諶 - 하늘의 명은 때때로 바뀌기 때문에 믿기가 어렵다는 뜻.
16. 경력經歷 - 오래간다는 뜻.
17. 광光 - 광락.
18. 시施 - 곧 가르치고 인도함.
19. 영왕寧王 - 나라를 편안하게 한 임금, 곧 무왕을 이름.

17. 채중지명蔡仲之命

1. 총재冢宰 - 재상, 행정의 최고 장관.
2. 정正 - 장의 뜻. 여기서는 거느린다는 뜻.
3. 백공百工 - 백관.
4. 군숙羣叔 - 왕의 여러 아저씨. 곧 관숙, 채숙, 곽숙을 가리킴.
5. 치벽致辟 - 사형의 뜻.
6. 수囚 - 가두어 둠.
7. 곽린郭鄰 - 지명.
8. 이거칠승以車七乘 - 일곱 채의 수레를 채숙에게 주었다는 뜻.
9. 서인庶人 - 벼슬 없는 평민. 채숙의 죄는 그중 가벼워 삼 년 동안 평민 생활을 시킨 것.
10. 경사卿士 - 육경 중에서 정사를 맡는 사람.
11. 채蔡 - 지금의 허난성 상채현 서남쪽에 위치한 나라 이름.
12. 호胡 - 채중의 이름.
13. 유猷 - 도道의 뜻.
14. 사肆 - 고로, 그러므로.
15. 동토東土 - 채나라를 가리킴.
16. 매적邁迹 - 예전 사람이 남긴 올바른 도를 따라 행함.
17. 후後 - 후손.
18. 무친無親 - 친한 사람이 없다는 뜻. 이는 곧 하늘이 누구든 바르지 못한 인물이면 천벌을 내리게 한다는 뜻.
19. 혜惠 - 아끼고 사랑함.
20. 회懷 - 마음속으로 그리며 따르는 것.
21. 위선부동爲善不同 - 선을 행함에는 여러 가지 차이가 있어 같지 않다는 뜻.
22. 번蕃 - 번藩, 울타리.

23. 중中 – 중정지도, 한 쪽으로 치우치지 않은 올바른 길의 뜻.
24. 장章 – 장정章程. 곧 법칙의 뜻.
25. 측언側言 – 편파적인 말.
26. 가嘉 – 기리는 것, 칭찬하는 것.

18. 다방多方

1. 오월五月 – 여기에는 여러 설이 있으나 분주신 아감오사奔走臣 我監五祀란 본문 구절로 보아 주공이 낙읍을 다스린 지 5년, 곧 성왕 11년 5월로 봄.
2. 내자엄來自奄 – 엄으로부터 왔다는 것은 엄나라의 반란이 잦은 것으로 미루어 보아 성왕 3년에 엄나라를 친 일(다사 참조)과 같은 것으로는 해석되지 않음『석의』.
3. 종주宗周 – 주의 도읍지인 호경.
4. 대강이명大降爾命 – 목숨을 크게 상하지 않도록 돌보아 주었다는 뜻.
5. 도圖 – 비鄙와 같이 쓰이어 먼 곳, 혹은 멀리하다의 뜻『석의』.
6. 강격降格 – 강림, 복을 내리는 것.
7. 려麗 – 나羅와 같이 쓰여 법강의 뜻『석의』.
8. 갑甲 – 압狎과 같이 쓰여 익숙해졌다는 뜻.
9. 영승靈承 – 잘 받드는 것(다사 참조).
10. 비丕 – 불不의 뜻.
11. 진지공進之恭 – 공은, 공供의 뜻. 재물을 바치는 것.
12. 서舒 – 고문에선 차茶로 되어 있는데 곧 해독을 끼치는 것을 의미.
13. 치慉 – 곧 성내어 남과 다투는 것.
14. 일흠日欽 – 날로 일어나 성하여지는 것.
15. 의할劓割 – 재할宰割 곧 멋대로 일을 처리한다는 뜻.
16. 현휴명顯休命 – 밝고 아름다운 천명.
17. 순純 – 여기서는 복의 뜻.
18. 향享 – 여기서는 향락.
19. 공恭 – 공供과 통하여 공직 곧 벼슬한다는 뜻.
20. 대불극개大不克開 – 앞의 불극개민지여와 같이 해석되는 것으로 곧 백성들을 얽는 법강을 풀어주지 못하였다는 뜻.

19. 입정立政

1. 왈曰 – 월越과 같은 뜻으로 쓰여 여與, ~과의 뜻『석의』.
2. 상백常伯 – 임금의 측근에서 국사를 처리하는 삼공 육경 같은 사람들.

3. 상임常任 – 지방장관들. 목부와 같은 말.
4. 준인準人 – 법을 다루는 관리. 앞에 나온 상백, 상임과 더불어 삼택(三宅)이라 함.
5. 철의綴衣 – 의복을 맡은 관리.
6. 호분虎賁 – 임금을 호위하는 무관.
7. 휼恤 – 근심함.
8. 선鮮 – 희귀함.
9. 실室 – 왕실의 뜻.
10. 경競 – 굳셈.
11. 유籲 – 여기서는 등용의 뜻.
12. 적지迪知 – 행하여 아는 것.
13. 침순忱恂 – 매우 충실한 것.
14. 구덕九德 – 사람의 행실 중의 아홉 가지 덕 고요모 참조.
15. 택宅 – 어떤 직위에 적임자를 임명하는 것.
16. 사事 – 정사의 뜻.
17. 목牧 – 주목, 곧 지방장관.
18. 모면謀面 – 얼굴이나 겉에 나타나는 행동을 보고 판단하는 것.
19. 비조 – 불不의 뜻.
20. 삼택三宅 – 상백, 상임, 준인 곧 정사를 맡은 사람, 고을을 다스리는 사람.
21. 의민義民 – 올바른 백성, 착한 백성.

20. 주관周官

1. 주왕周王 – 성왕.
2. 후전侯甸 – 후복과 전복. 육복 중에서 도읍에 가장 가까운 데 위치함.
3. 사四 – 사방.
4. 불정弗庭 – 왕정에 찾아오지 않음. 곧 내조치 않고 복종치 않는 것.
5. 육복六服 – 후복, 전복, 남복, 변복, 위복, 요복.
6. 벽辟 – 제후.
7. 종주宗周 – 호경.
8. 동董 – 감독함.
9. 대유大猷 – 나라를 다스리는 큰 도.
10. 당唐 – 요임금의 나라 이름.
11. 우虞 – 순임금의 나라 이름.
12. 백규百揆 – 여러 가지 정사를 맡은 관리.
13. 사악四岳 – 사철의 정사를 돌보고 동쪽의 태산, 남쪽의 위산, 서쪽의 화산, 북쪽의 항산 등

사방의 산을 관리하는 사람 순전 참조.
14. 유기관惟其官 – 그 벼슬 자체를 매우 중히 여기는 것.
15. 유기인惟其人 – 그 벼슬을 맡은 사람 자체를 매우 중히 여기는 것.
16. 훈적訓迪 – 훈도, 가르쳐 인도함.

21. 군진君陳
1. 령令 – 선善의 뜻.
2. 윤尹 – 다스린다는 뜻.
3. 동교東郊 – 성주의 동쪽 교외. 옛날 도읍에 붙는 교란 말은 도성으로부터 50리 안의 땅을 가리킴『정의』.
4. 사보師保 – 이끌어 보호해 줌.

22. 고명顧命
1. 사월四月 – 확실한 연대는 알 수 없음. 성왕이 세상을 떠난 그 해 4월로 추측됨.
2. 재생백哉生魄 – 달에 그림자가 지기 시작하는 날, 곧 16일.
3. 부역不懌 – 몸이 매우 불편한 것.
4. 갑자甲子 – 이것 역시 어느 날인지 확실치 않음.
5. 조회洮頮 – 세수하는 것.
6. 상相 – 임금의 옷과 위치를 바로잡아 주는 사람, 태복.
7. 면冕 – 대부 이상의 사람들이 쓰던 관.
8. 빙憑 – 기대는 것.
9. 석奭 – 소공의 이름.
10. 예백 · 동백芮伯 · 彤伯 – 둘 다 제후.
11. 필공畢公 – 이름이 고高. 문왕의 서자로 사람됨이 어질어 성왕을 크게 보필한 인물.
12. 위후衛侯 – 앞에 나온 강숙.
13. 모공毛公 – 필공과 마찬가지로 문왕의 서자.
14. 사씨師氏 – 군사를 거느리는 사람목서 참조.
15. 호신虎臣 – 호분.
16. 백윤百尹 – 백관의 장.
17. 어사御事 – 여러 가지 일을 맡은 관리들.
18. 기幾 – 위태함.
19. 일진日臻 – 날로 더해지는 것.
20. 미류彌留 – 목숨이 끝나려고 하여 위급한 모습.
21. 불획不獲 – 불득, 불능의 뜻.

22. 서언誓言 – 여러 사람들에게 맹세하는 말.
23. 심훈審訓 – 잘 살피어 훈계하는 것.

23. 강왕지고康王之誥

1. 응문應門 – 조문. 주례에 따르면 궁연에 오 문이 있는데, 1 고문皐門, 2 치문雉門, 3 고문庫門, 4 응문應門, 5 노문路門이라 함. 노문은 필문고명 참조이라고도 함.
2. 승乘 – 말 네 마리.
3. 황주黃朱 – 누런 몸에 붉은 말갈기. 제후들이 마당에서 임금에게 바치는 예물.
4. 빈賓 – 제후들.
5. 일이一二 – 하나가 아닌 여럿의 뜻.
6. 신위臣衛 – 나라를 호위하는 신하, 즉 제후.
7. 양壤 – 토산물을 이름.
8. 사덕嗣德 – 선왕의 덕을 계승하는 것. 왕의 사덕은 사관이 서술한 말.
9. 유愆 – 궐厥의 잘못. 궐약은 하늘의 명을 따르는 것.
10. 척陟 – 임금자리에 오르는 것.
11. 감戡 – 여기서는 능의 뜻.
12. 휴休 – 복의 뜻.
13. 장황張皇 – 장대, 크게 유지하는 것.
14. 육사六師 – 육군, 전군.
15. 고조高祖 – 문왕.
16. 과명寡命 – 받기 어려운 명령.
17. 서방庶邦 – 여러 나라의 제후.
18. 후전남위侯甸男衛 – 후복, 전복, 남복, 위복의 여러 제후들의 뜻.
19. 보고報誥 – 널리 사람들에게 알리는 훈계를 하겠다는 뜻.
20. 무구務咎 – 인민들의 허물을 공연히 꼬집어 내어 다스리는 것.
21. 웅비지사熊羆之士 – 곰이나 말곰처럼 용감하고 힘이 센 군대.
22. 불이심지신不二心之臣 – 오직 한마음으로 임금을 섬기는 신하.
23. 단端 – 비로소.
24. 훈궐도訓厥道 – 하늘의 도로써 가르치는 것.
25. 부비付畀 – 주어 맡기는 것.
26. 건후建侯 – 제후들을 세우는 것.
27. 수병樹屛 – 나라의 울타리를 세우는 것. 곧 제후를 봉한다는 뜻.
28. 재在 – 보살펴서 돌보는 것.
29. 백부伯父 – 임금과 성이 같은 손윗의 제후들.

30. 수綏 – 안정시키는 것.
31. 봉휼奉恤 – 임금을 받들어 나랏일을 걱정하는 것.
32. 궐약厥若 – 임금의 뜻을 따르는 것.
33. 국자鞠子 – 임금이 자신을 낮추어 부르는 것.
34. 반상복反喪服 – 왕이 상복을 도로 입는 것. 임금의 자리에 오르는 의식은 상 중이나 길례에 속하므로 길복과 흉복의 중간 예복을 입었다가 식이 끝나자 왕은 상주이므로 또 다시 상복을 입은 것.

24. 필명畢命

1. 십유이 년十有二年 – 강왕 12년.
2. 경오비庚午朏 – 초사흘.
3. 임신壬申 – 오일.
4. 종주宗周 – 호경.
5. 풍豊 – 문왕의 도읍지며 그의 묘가 있는 곳.
6. 성주成周 – 낙읍을 주공이 경영한 뒤 붙인 이름.
7. 리釐 – 다스리는 것.
8. 부사父師 – 태사와 같은 말. 태사였던 주공의 자리에 필공이 오른 것.
9. 비毖 – 매우 신중히 다루는 것.
10. 밀이密邇 – 매우 가까이 지내는 것.
11. 화化 – 교화의 뜻.
12. 삼기三紀 – 기는 12년, 따라서 삼기는 36년『정의』.
13. 우虞 – 근심함. 매우 걱정함.
14. 도道 – 사람이 행할 바 올바른 도.
15. 승升 – 도가 잘 행하여지는 것.
16. 강降 – 도가 잘 행해지지 않음.
17. 장臧 – 선善의 뜻.
18. 사세四世 – 문왕, 무왕, 성왕을 거쳐 강왕에 이르는 사 대.
19. 정색正色 – 얼굴빛이 전혀 꾸밈이 없는 것.
20. 수垂 – 옷자락을 늘어뜨리고 편히 쉬는 것.
21. 공拱 – 팔짱을 끼고 있는 것.
22. 앙성仰成 – 일이 잘 이우러지기만을 바라보고 있겠다는 것.

25. 군아君牙

1. 기紀 – 기록하는 것.

2. 태상太常 – 해와 달이 그려 있는 임금의 깃대. 임금은 공로가 있는 사람의 이름을 이 깃발에 기록케 함『정의』.
3. 유서遺緒 – 유업의 뜻.
4. 좌우左右 – 임금을 옆에서 보좌하는 것.
5. 난亂 – 다스림.
6. 익翼 – 도움.
7. 오전五典 – 오상, 오교, 오륜.
8. 식式 – 공경함.
9. 유이지중惟爾之中 – 그대의 중정으로써 바로잡으라는 뜻.
10. 자咨 – 탄식함.
11. 기祁 – 몹시 심한 것.
12. 도기이圖其易 – 백성들의 다스림이 쉬워지도록 힘쓰라는 뜻.
13. 모謨 – 꾀, 계획.
14. 계우啓佑 – 깨우치고 도움.
15. 대對 – 응대하는 것.
16. 추배追配 – 힘써 짝이 되도록 하는 것. 같아지게 하는 것.
17. 정正 – 관장의 뜻.
18. 시時 – 시是와 같은 뜻.
19. 식式 – 본뜸.

26. 경명冏命

1. 택宅 – 자리 잡고 있는 것. 여기서는 즉위하였다는 뜻.
2. 비후丕后 – 대왕의 뜻.
3. 출척怵惕 – 몹시 두려워하고 조심하는 것.
4. 려厲 – 위태로움.
5. 제齊 – 존엄한 것.
6. 성聖 – 모든 일에 성인처럼 통달한 것.
7. 비匪 – 비非와 같은 뜻.
8. 발호發號 – 경계하는 뜻으로 군령 같은 것을 내리는 것.
9. 시령施令 – 조정의 법령을 펴는 것.
10. 승繩 – 나무에 똑바로 먹줄을 긋듯이 정사를 어긋남이 없이 하는 것.
11. 규糾 – 허물이나 잘못을 찾아내어 고쳐 주는 것.
12. 격格 – 바로잡음.
13. 선열先烈 – 선왕들의 높은 공.

14. 대정大正 - 태복의 뜻.
15. 정正 - 우두머리.
16. 복복僕 - 밑에서 심부름하는 것.
17. 시侍 - 시중하는 것.
18. 어御 - 받들어 모심.
19. 불체不逮 - 불급.
20. 요僚 - 여기서는 속료의 뜻.
21. 교언巧言 - 꾸며서 하는 말. 교묘한 말.
22. 영색令色 - 남의 비위를 맞추기 위하여 적당히 얼굴을 꾸미는 것.
23. 편피便辟 - 지나치게 남의 눈치만 보는 것.
24. 측미側媚 - 비뚤어지게 아첨하는 것.
25. 복신僕臣 - 시중을 드는 신하.
26. 닐昵 - 가까이 함, 친하게 함.
27. 이목지관耳目之官 - 임금의 귀나 눈처럼 사물을 바르게 보여 주는 신하. 또는 임금을 가까이서 시중하는 복신들.
28. 유화기길惟貨其吉 - 오직 재물로써 뇌물을 주고 벼슬을 하려는 사람.
29. 환癏 - 병들게 함. 즉 조정을 해치는 것.
30. 이헌彝憲 - 일정한 법.

27. 여형呂刑

1. 백 년百年 - 백 세. 목왕은 쉰 살이 넘어 즉위한 뒤 40년간 나라를 다스리니 만년은 거의 백 세에 가까운 것.
2. 모耄 - 늙은이.
3. 황도荒度 - 크게 형법이나 사회의 실정을 헤아리는 것.
4. 힐詰 - 조심하다. 삼가다.
5. 약若 - 월越과 같은 뜻으로 쓰이는 어조사.
6. 치우蚩尤 - 태고 적황제의 구려국 제후. 반란을 일으켰다가 황제에게 패하였다함.
7. 연급延及 - 뻗치어 미치는 것.
8. 구적寇賊 - 도둑질과 남을 해치는 것.
9. 치鴟 - 여기서는 멋대로 가벼이 여기는 것「석의」.
10. 간姦 - 안에서 반란을 일으키는 것.
11. 귀宄 - 밖에서 반란을 일으키는 것.
12. 탈양奪攘 - 약탈의 뜻.
13. 교건矯虔 - 요우, 혼란을 일으키는 것「석의」.

14. 묘苗 – 치우가 반란을 일으킨 구려 땅에 사는 사람들의 이름, 즉 순과 우가 친 삼묘순전 및 대우모 참조.
15. 제制 – 제재, 잘못을 처벌하는 것.
16. 오학지형 五虐之刑 – 코를 베는 형벌劓, 귀를 베는 형벌刵, 음부를 자르는 형벌椓, 고문에는 피이라고도 씀. 궁형과 같은 말, 얼굴에 먹물을 새기는 형벌黥, 묵형과 같은 말 및 사형則의 대벽 등의 다섯 가지.
17. 여형麗刑 – 여는 나羅와 같은 뜻으로 법에 걸리게 하는 것.
18. 병幷 – 모든 백성들을 가리킴.
19. 제制 – 제재의 뜻.
20. 망차罔差 – 차별 없이 제재하였다는 뜻.
21. 유사有辭 – 변명할 말을 지닌 사람.
22. 서점胥漸 – 서로 나쁜 풍속이 물들어 감.
23. 민민泯泯 – 매우 어수선한 것.
24. 분분棼棼 – 혼란되고 어지러움.
25. 중中 – 마음.
26. 저맹詛盟 – 약속, 맹세.
27. 서륙庶戮 – 여러 죽음을 당한 사람들.

28. 문후지명 文侯之命

1. 부父 – 성이 같은 손윗 사람을 존경하여 붙인 말.
2. 의화義和 – 진晋 문후의 자.
3. 승升 – 위로 들리는 것.
4. 정正 – 관장의 뜻.
5. 좌우左右 – 좌우佐佑, 즉 돕는 것.
6. 모유謀猷 – 임금이 나라를 다스리는 계책.
7. 사肆 – 고로, 그러므로.
8. 선조先祖 – 문왕과 무왕을 가리킴.
9. 회懷 – 편안히, 마음을 놓고.
10. 사嗣 – 왕위를 계승하는 것.
11. 건愆 – 천벌을 지었다는 뜻이니 곧 부왕인 유왕이 포사에게 빠져 나라를 어지럽히다가 신후와 견융에게 죽음을 당하고 나라가 동도인 낙읍으로 옮겨 오게 된 것을 가리킴.
12. 융戎 – 견융.
13. 순純 – 둔屯과 같이 쓰여져 어렵다는 뜻.
14. 어사御事 – 나라 일을 보는 사람들.

15. 기수耆壽 – 나이가 많아 경험이 많은 사람.
16. 준俊 – 재능이 뛰어난 사람.
17. 복服 – 여기서는 벼슬자리의 뜻.
18. 망극罔克 – 무능의 뜻.
19. 조·부祖·父 – 임금과 같은 성의 제후들을 일컫는 것.
20. 이伊 – 어조사. 유惟와 같은 뜻.
21. 유적有績 – 공적을 이루어 주는 사람이 있다면의 뜻.
22. 현조顯祖 – 덕이 높은 의화의 조부, 즉 진나라의 당숙을 이름.
23. 형刑 – 본뜨는 것.
24. 회會 – 힘을 합하는 것.
25. 소紹 – 끊어진 조상으로부터의 전통을 잇게 하는 것.
26. 문인文人 – 문덕이 있는 사람, 훌륭하신 조상.
27. 다수多修 – 임금의 잘못된 일을 닦아 줌.
28. 한扞 – 어려움에서 막아 줌. 보호함.
29. 가嘉 – 칭찬한다는 뜻.
30. 뢰賚 – 자기의 나라로 돌아가는 것.
31. 시視 – 돌보는 것.
32. 거창秬鬯 – 검은 기장으로 만든 술.
33. 유卣 – 술통.
34. 동彤 – 붉은 칠.
35. 노盧 – 검은 칠.
36. 황荒 – 도에 매우 어긋난 것, 지나친 것.
37. 간簡 – 잘 살피는 것.

29. 비서費誓

1. 화譁 – 왁자지껄함. 불평 따위가 매우 높음.
2. 회이淮夷 – 회수 북쪽 일대의 오랑캐.
3. 서융徐戎 – 서주 일대의 오랑캐.
4. 료敹 – 잘 가려 놓는 것.
5. 갑주甲冑 – 갑옷과 투구.
6. 교敿 – 끈 따위를 잘 맴.
7. 간干 – 방패.
8. 불조不弔 – 불선, 즉 일을 잘 하지 못하는 것.
9. 궁시弓矢 – 활과 화살.

10. 과모戈矛 – 여러 가지 창을 이름.
11. 단鍛 – 버리는 것. 즉 칼이나 연장을 불에 달궈 두드려서 더욱 날카롭고 단단하게 하는 것.
12. 려礪 – 숫돌에 가는 것.
13. 봉鋒 – 창 끝.
14. 음淫 – 지나침. 과함.
15. 사舍 – 방목의 뜻.
16. 곡牿 – 외양간.
17. 획擭 – 덫.
18. 정穽 – 함정.
19. 곡牿 – 여기서는 외양간에서 풀려 나온 우마의 뜻.
20. 풍風 – 동물의 암수컷이 발정하여 어울려 멀리 달아나는 것.
21. 신첩臣妾 – 하인과 하녀.
22. 월축越逐 – 군사가 자기의 대오를 떠나 뒤쫓아가는 것.
23. 지복지祗復之 – 달아난 마소를 붙든 사람들은 그것을 공경히 되돌려 주어야 한다는 뜻.
24. 상商 – 공을 따지는 것.
25. 구양寇攘 – 약탈, 도둑질.
26. 원장垣牆 – 매우 얕은 담장.
27. 갑술甲戌 – 비서가 쓰여진 연대가 확실치 않은 것처럼 날짜가 역시 확실하지 않음.
28. 치峙 – 여기서는 많이 준비하여 쌓아 놓은 것.
29. 구량糗糧 – 건량의 뜻.
30. 교郊 – 교외, 도읍 밖의 땅.
31. 수遂 – 교의 밖의 땅. 천자의 육군이 칠향칠수에서 나온 데 비하여, 제후들 중의 대국은 삼군이므로 삼교삼수라 한 것. 곧 삼교삼술은 노나라의 전군.
32. 정간楨榦 – 담틀.
33. 추교芻茭 – 마초와 여물.

30. 진서秦誓

1. 군언羣言 – 여러 가지 많은 말.
2. 수首 – 으뜸가는 것, 즉 근본의 뜻.
3. 흘訖 – 모두의 뜻.
4. 자약自若 – 자기 본위의 행동을 하는 것.
5. 반盤 – 즐기는 것. 몹시 좋아하는 것.
6. 비여류俾如流 – 비는 하여금의 뜻. 물의 흐름같이 만드는 것은 곧 거리낌이 없는 것.
7. 우憂 – 목공이 정나라를 치려고 한 것을 뉘우치는 것.

8. 유매 逾邁 – 매우 지나치는 것.
9. 약불운내 若弗云來 – 운은 어조사. 세월은 흘러가 돌아오지 않는 것이어서 지난날의 잘못을 되돌려서 고칠 수가 없을 것 같다는 뜻.
10. 모인 謀人 – 나랏일을 왕과 더불어 모의하던 사람.
11. 취여 就予 – 나의 일을 성취시키는 것.
12. 고장 姑將 – 고차 姑且의 뜻.
13. 유순 猷詢 – 일을 상의하는 것.
14. 황발 黃髮 – 백발이 되어 가는 어진 사람.
15. 번번 番番 – 번은 파皤와 같이 쓰이어 머리가 희끗희끗한 노인.
16. 여 旅 – 여膂와 같은 뜻.
17. 흘흘 仡仡 – 용감하고 힘있는 모습, 팔팔 것.
18. 역사 易辭 – 웃사람이 먼저 한 말을 바꾸게 하는 것, 즉 뜻을 바꾸게 하는 것.
19. 황 皇 – 황遑, 겨를의 뜻.
20. 유지 有之 – 그 사람을 거느리는 것.
21. 매매 昧昧 – 말 없이, 곰곰이.
22. 단단 斷斷 – 정말로.
23. 의 猗 – 혜兮, 어조사.
24. 휴휴 休休 – 마음이 매우 착한 모습.
25. 용 容 – 받아들임. 등용함.
26. 언 彦 – 몹시 뛰어난 것.
27. 성 聖 – 성인처럼 어진 것.
28. 불시 不啻 – 불단 不但, 뿐만 아니라의 뜻.
29. 직 職 – 일을 맡아서 하는 것.
30. 모질 冒疾 – 모는 모媢, 질은 질嫉과 같이 쓰여 시기하고 질투함.
31. 위지 違之 – 그의 뜻을 어기고 못 펴게 막는 것.
32. 올얼 扤隉 – 매우 위태위태함, 곧 불안의 뜻.
33. 일인 一人 – 임금, 군주.
34. 회 懷 – 편안함.
35. 상 尙 – 바람.

周易

머리말

『주역周易』은 글자 그대로 '주周나라의 역易'이란 뜻인데, 자연의 변화와 현상을 음양과 오행으로 풀이한 것이다.

다시 말해 점서占書에 공자가 철학적인 의미를 가미하여 해설하고부터 유교의 경서로 확고하게 자리를 굳혔다. 역은 첫 번째 석척설로서의 역을 도마뱀을 상징하는 상형문자象形文字로 보았다. 즉, 고대 중국인들은 도마뱀이 매일 12번씩 색깔을 바꾼다고 믿었다. 이에 역은 바로 그 변화의 의미를 가지는 것으로 본 것이다. 두 번째 일월설日月說로서의 역을 일日과 월月의 복합문자로 보았다. 즉, 역을 음양소장陰陽消長에 관한 책으로 파악한 것이다. 세 번째는 자의설字義說로서의 역을 그 자체에 내포된 의미로 파악했다.

『주역』의 구성은 본문에 해당하는 상하의 경문經文과 해설 부문으로 되어 있고, 상하경은 다시 64괘卦의 괘사와 384개의 효사爻辭로 이루어져 있다. 이것은 음양의 소장消長, 곧 자연의 변화를 나타내는 것이고, 한편으로는 인간의 모든 경우를 나타낸 것이다. 이것을 만든 작자에 대해서는 다양한 설이 존재하고 있다. 보편적으로 『계사전』에 근거한 8괘는 상 시대의 복희씨伏犧氏가 황하에서 나온 용마의 등에 있는 도형을 보고, 위는 천문, 아래는 지리, 중간은 천지만물의 모든 자연 현상과 형태를 상징한 것이다.

특히 『주역』의 경문에 해당되는 괘사인 단사彖辭는 문왕이, 효사爻辭는 주공周公이 지었다고 전해진다. 하지만 적확한 물증은 없다. 문왕이 경문을 지었다는 설은 『계사전』에 "역의 일어남은 그 중고中古에 있어서였던가? 역을 지은 이는 그 우환憂患이 있었던가?"와 "역의 일어남은 그 은殷의 말세末世, 주周의 성덕盛德에 당해서였던가? 문왕과 주紂의 일에 당해서인가"라고 기술했기 때문이다.

『춘추좌씨전』에는 "주나라의 예禮는 모두 노나라에 있다. 이제야 주공의 덕과 주나라의 왕이 된 까닭을 알겠다."라는 것에 근거해서 효사는 주공이 지었다고 주장하고 있다. 그러나 문왕과 주공이 지었다는 설을 역사적으로 고증해 보면 연대가 맞지 않는다. 다시 말해 『계사전』엔 오직 제작 연대만 암시하고 있을 뿐이고, 『춘추좌씨전』에 주공이 효사를 지었다는 말은 없기 때문이다.

『주역』의 첫 번째 기본 사상은 천도를 미루어 인사人事를 밝히는 것이다. 고대 중국에서는 자연과 인간의 법칙을 별도로 구별하지 않았다고 한다. 즉 인사의 법칙은 자연의 법칙에서 오기 때문에, 자연적으로 인간이 자연법칙에 순응하면 길吉하고, 그것을 어기면 흉凶이 되는 것이다.

두 번째 기본 사상은 중정中正에 있다. 64괘의 각 효사爻辭에서 가장 중시되는 것이 바로 중정이다. 다시 말해 효사에서 길吉은 효가 중정을 얻을 때이고, 흉은 효가 중정을 얻지 못할 때이다.

음양오행의 원리 陰陽五行의 原理

만물萬物의 생성生成・발전發展 원리

  삼라만상森羅萬象의 발생과정은 태역太易으로부터 시원始原을 두고 태초太初, 태시太始, 태소太素, 황극皇極, 무극無極, 태극太極, 양의兩儀로 발전된다. 양의兩儀가 음양陰陽이며 음양陰陽은 사상四象, 팔괘八卦, 육십사괘六十四卦, 384효爻로 발전되고 384효爻를 조화시켜 삼라만상森羅萬象을 이루었다.

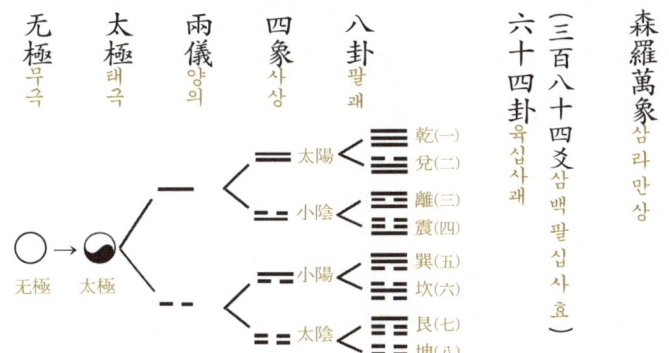

무극无極

　무극无極은 우주 십방十方의 형태를 갖춘 공간이 형성된 단계이다. 그러나 운동이 없는 정적인 우주이다. 이것을 두고 역학易學에서는 '형形의 분열이 극미세하게 분화하여 조금만 더 응고하면 형形이 될 수 있는 상태'라고 정의한다.

　또한 무극无極은 황극의 폭발로 인한 팽창운동이 극極에 달한 상태로 운동이 없으며 운동이 없으니 시간도 없다. 온기溫氣도 없어 절대영도絕代零度의 상태이다.

　그러므로 무극无極상태에는 운동이 없는 정적인 기氣가 공간에 가득 차 있다. 따라서 무극无極 상태에서는 음양陰陽의 구분이 없고 천지天地도 없다. 물질도 빛도 없다. 무한한 운동성은 가졌으되 움직이지 않고 있다. 이 상태가 '0'이다. 무한한 창조의 바탕이며, 본체本體이다.

태극太極

　태극太極은 무한한 우주 운동의 시작이다. 일기시생一氣始生의 상태이다. 그러나 태극太極과 무극无極은 다르지 않으며, 단지 운동성이 있느냐 없느냐의 차이일 뿐이다.

　즉 태극의 기동起動은 일동일정一動一靜을 반복하며 여기서 음양(陰陽)이 생긴다.

양의兩儀

　음양陰陽을 양의兩儀라 한다. 태극의 기동작용起動作用은 음기陰氣와 양기陽氣, 두 기운을 생生하고, 음陰은 양陽을 딛고 일어서고,

양陽은 음陰을 딛고 일어나서 일음一陰이 시생始生하고, 일양一陽이 시생始生하여 양의兩儀가 서게 된다.

일년 중 동지冬至에 일양一陽이 시생始生하고 하지夏至에 일음一陰이 시생始生하는데, 이 음기陰氣와 양기陽氣가 양의兩儀로써 베짜는 씨줄과 날줄처럼 엮어서 삼라만상을 생성生成시키는 것이다. 그러므로 음기陰氣와 양기陽氣는 만물을 이루는 가장 근본적인 두 기운인 것이다.

그러나 양기陽氣와 음기陰氣는 반대의 성질을 가진다. 원래는 한 가지였으나 태극운동에 의해 분리되었다.

음陰은 감추고 양陽은 펼치는 것이다.

사상四象

양기陽氣를 또다시 음양陰陽으로 나누고, 음기陰氣를 또다시 음양陰陽으로 나눈다.

양기陽氣 중 양陽은 태양太陽이고, 양기陽氣 중 음陰은 소음小陰이다.
음기陰氣 중 양陽은 소양小陽이고, 음기陰氣 중 음陰은 태음太陰이 된다.

이로써 4가지 서로 다른 기氣가 나타난다. 이것을 사상四象이라 한다.

팔괘八卦

사상四象을 또다시 음기와 양기로 나눈다.

주역周易64괘卦도표

內卦＼外卦	一乾天	二兌澤	三離火	四震雷	五巽風	六坎水	七艮山	八坤地
一乾天	乾爲天	天澤履	天火同人	天雷无妄	天風姤	天水訟	天山遯	天地否
二兌澤	澤天夬	兌爲澤	澤火革	澤雷隨	澤風大過	澤水困	澤山咸	澤地萃
三離火	火天大有	火澤睽	離爲火	火雷噬嗑	火風鼎	火水未濟	火山旅	火地晉
四震雷	雷天大壯	雷澤歸妹	雷火豊	震爲雷	雷風恒	雷水解	雷山小過	雷地豫
五巽風	風天小畜	風澤中孚	風火家人	風雷益	巽爲風	風水渙	風山漸	風地觀
六坎水	水天需	水澤節	水火旣濟	水雷屯	水風井	坎爲水	水山蹇	水地比
七艮山	山天大畜	山澤損	山火賁	山雷頤	山風蠱	山水蒙	艮爲山	山地剝
八坤地	地天泰	地澤臨	地火明夷	地雷復	地風升	地水師	地山謙	坤爲地

태양太陽의 양은 간乾, 음은 태兌이고, 소음小陰의 양은 리離, 음은 진震이다.
소양小陽의 양은 손巽, 음인 감坎이고, 태음太陰의 양은 간艮, 음은 곤坤이 된다.

이와 같이 8가지 서로 다른 기질氣質을 형성하여 팔괘라 하고 팔괘八卦는 8방위에 배치되어 조화를 일으키는 것이다.

64괘六十四卦

소성괘小成卦인 팔괘八卦가 만물을 상징하기는 해도, 그것만으로는 보다 복잡한 변화의 세계를 표현할 수 없다.

이에 팔괘를 겹쳐 대성괘大成卦를 만든 것이 64괘卦이다. 팔괘를 2개씩 짜 맞추면 64개의 기질氣質을 대표하는 괘卦가 나오게 된다. 이로써 만물의 각 기질을 64괘로 분류할 수 있다. 이것은 다시 말하면 64괘는 만물을 구성하는 기본단위가 되는 것이다. 따라서 64괘는 64가지 기질氣質이 있으며, 이 64괘의 배치 방법에 따라 천태만상의 형태가 드러나는 것이다.

384효爻

효爻는 괘卦를 구성하는 기본 요소를 말함이다. 64괘에서 각 괘卦는 6효로 구성되어 있고, 효의 위치와 배치의 방법에 의해 괘卦의 형태를 결정하므로 이 효는 만물의 기질을 결정하는 가장 기본 요소이다. 효는 음陰과 양陽 두 가지가 있으며 배치하는 방법에 따라 기질氣質이 결정된다. 64괘卦에 각 6효가 있으니, 64×6=384효가 있다. 효의 위치와 배치에 따라 만물의 기질과 모양은 각기 달라지며, 그러므로 384효로써 삼라만상이 형성된다.

주역 64괘의 명칭과 개요

1. 건위천 乾爲天 - 하늘 건

이것은 두 개의 소성괘가 겹쳐져 모두 하늘을 상징하는 건괘이다. 여섯 효爻가 모두 양陽인데, 64괘 중 가장 강하고 튼튼한 괘이다. 이것은 만물의 근본으로 불리우는 하늘과 아버지를 상징한다. 속성은 '위대하다', '크게 통하다', '굳세다' 등이다.

2. 곤위지 坤爲地

이 괘는 모두 땅을 상징하는 곤괘가 겹쳐져 만들어진 것이다. 여섯 효爻가 모두 음陰인데, 만물을 포용하고 양육하는 땅과 어머니를 상징한다. 속성은 '순응하다', '지극하다' 등이다.

3. 수뢰준 水雷屯 - 둔칠 준

위는 물[水], 아래는 우레[雷]인데, 준屯은 '진치다', '막히다', '고민하다'라는 뜻이다. 이것은 비가 내리고 천둥이 진동하는 상으로 새싹이 눈 속에서 봄을 기다리는 것과 같다.

4. 산수몽山水 蒙 - 어릴 몽

위는 산[山]이고, 아래는 물[水]인데, 몽蒙은 '어리다', '어리석다'라는 뜻이다. 이것은 시작의 상象으로 교육과 밀접한 관계가 있다. 그래서 교육과 연관된 몽蒙자를 괘의 이름으로 했으며, 계몽啓蒙이란 단어도 여기서 나온 것이다.

5. 수천수水天 需 - 기다릴 수

위는 물[水]이고, 아래는 하늘[天]인데, 수需는 '기다리다', '기대하다'라는 뜻이다. 이것은 운무가 자욱한 상으로 물러서서 기다려야 할 때를 의미한다. 괘의 이름은 수需이다.

6. 천수송天水 訟 - 소송할 송

위는 하늘[天]이고, 아래는 물[水]인데, 송訟은 '다툼'·'소송'·'재판' 등을 뜻한다. 이것은 하늘 아래 물이 넘치는 상으로 욕심이 지나쳐서 마찰과 갈등이 생기고, 대립 항쟁하는 형상이다.
괘의 이름은 송訟이다.

7. 지수사地水 師 - 장수 사

위는 땅[地]이고, 아래는 물[水]인데, 사師는 '선생'·'군대'·'거느리다'라는 뜻이다. 이것은 땅 밑으로 물이 모이는 상으로 여러 사람이 모인 집단을 상징하기 때문에 통솔한다는 의미이다.
괘의 이름은 사師이다.

8. 수지비 水地比 – 도울 비

위는 물[水]이고, 아래는 땅[地]인데, 비比는 '견주다'·'비교하다'·'인화人和'를 뜻한다. 이것은 물이 낮은 곳으로 모여 내를 이뤄서 힘을 합친다. 즉 뜻을 함께하는 사람끼리 집단을 이뤄 서로 돕고 협력하기 때문에 괘의 이름은 비比이다.

9. 풍천소축 風天 小畜 – 적을 소, 쌓을 축

위는 바람[風]이고, 아래는 하늘[天]인데, 축畜은 '기르다'·'저축하다'라는 뜻이다. 이것은 하늘 위에서 바람이 부는 모습으로 비가 내리기 전의 상황을 상징한다. 비가 오면 생명체는 비를 저장하는데, 즉 저축한다는 의미로 괘의 이름은 축畜이다.

10. 천택이 天澤 履 – 밟을 이

위는 하늘[天]이고, 아래는 못[澤]인데, 이履는 '밟는다', '따른다', '예절'이란 뜻이다. 이것은 하늘 아래 저수지가 있기 때문에 지나침과 부족함 없이 풍요로운 예절을 상징한다.

즉 의식衣食이 풍부해야 예절을 안다는 뜻에서 괘의 이름은 이履이다.

11. 지천태 地天 泰 – 클 태

위는 땅[地]이고, 아래는 하늘[天]인데, 태泰는 '크다'·'크게 통하다'·'태평하다'라는 뜻이다. 이것은 땅의 기운이 하늘로 올라가고 하늘의 기운이 땅으로 내려와 서로 조화를 이룬다.

즉 서로 크게 통한다는 의미에서 괘의 이름은 태泰이다.

12. 천지비 天地 否 - 막힐 비

위는 하늘[天]이고, 아래는 땅[地]인데, 비否는 '막히다', '답답하다'라는 뜻이다. 이것은 하늘은 하늘대로 위에 있고, 땅은 땅대로 아래에 있으며, 천지화합이 일어나지 않아 막혀 있는 상태다. 즉 답답하다는 뜻에서 괘의 이름은 비否이다.

13. 천화동인 天火 同人 - 한 가지 동, 사람 인

위는 하늘[天]이고, 아래는 불[火]인데, 동인同人은 '뜻을 같이 한다', '협력'이란 뜻이다. 이것은 어두운 하늘 아래에 불이 타올라 세상을 밝히는 상이다. 즉 어두운 밤길에 등불을 얻은 것으로 세상을 밝히는 일은 여러 사람이 힘을 합쳐야 하기 때문에 괘의 이름은 동인同人이다.

14. 화천대유 火天 大有 - 큰 대, 있을 유

위는 불[火]이고, 아래는 하늘[天]인데, 대유大有는 '크게 만족하여 즐거워하는 상태'를 말한다. 이것은 하늘의 불인 태양이 천하를 비추는 상이다. 즉 해가 중천에 떠서 환하게 비추기 때문에 천하를 소유한다는 뜻에서 붙여진 괘의 이름은 대유大有이다.

15. 지산 겸 地山 謙 - 겸손할 겸

위는 땅[地]이고, 아래는 산[山]인데, 겸謙은 '겸손', '겸양'이란 뜻이다. 이것은 자신보다 부족한 사람을 이끌어 주고 도와준다는 의미로 높은 산이 땅 밑에 파묻힌 모습이다. 즉 벼가 익어서 고개를 숙이는 상이기 때문에 겸손하다는 의미에서 붙여진 괘의 이름은 겸謙이다.

16. 뇌지예 雷地 豫 – 미리 예

위는 우레 천둥[雷]이고, 아래는 땅[地]인데, 예豫는 '예측한다' 라는 뜻이다. 이것은 땅 위에서 천둥 번개가 내려치면 비가 내리는 것을 예측할 수 있기 때문에 붙여진 괘의 이름은 예豫이다.

17. 택뢰수 澤雷 隨 – 따를 수

위는 연못[澤]이고, 아래는 우레 천둥[雷]인데, 수隨는 '따르다', '순종한다' 라는 뜻이다. 이것은 수동적이고 종속적인 의미를 나타낸다.

즉 하늘에서 진동해야 할 우레가 연못 아래 있기 때문에, 요지부동할 수가 없어 연못의 뜻에 따를 수밖에 없다고 붙여진 괘의 이름은 수隨이다.

18. 산풍고 山風 蠱 – 벌레 먹을 고

위는 산[山]이고, 아래는 바람[風]인데, 고蠱는 '벌레', '벌레가 나뭇잎을 갉아 먹는다' 는 뜻이다. 이것은 어려운 일을 의미하는데, 산 밑에 바람이 머물고 있기 때문에 공기가 혼탁해져 부패하기 쉽다. 즉 더러운 벌레가 생기기 때문에 붙여진 괘의 이름은 고蠱이다.

19. 지택림 地澤 臨 – 다다를 림

위는 땅[地]이고, 아래는 못[澤]인데, 림臨은 '순서를 밟다', '군림하다' 라는 뜻으로 지도자를 상징한다. 이것은 땅 속에 물이 가득해서 곧 새로운 시작에 임한다는 뜻에서 붙여진 괘의 이름은 임臨이다.

20. 풍지관風地觀 - 볼 관

위는 바람[風]이고, 아래는 땅[地]인데, 관觀은 '살피다' 는 뜻이다. 이것은 땅 위에 바람이 불어 새로운 변화가 일어나는데, 이런 변화를 잘 관찰해야 한다는 의미에서 붙여진 괘의 이름은 관觀이다.

21. 화뢰서합火雷噬嗑 - 씹을 서, 씹을 합

위는 불[火]이고, 아래는 천둥 우레[雷]인데, 서합에서 서는 '씹다' 라는 뜻이고, 합은 '입을 다물다' 라는 뜻이다. 이것은 '음식을 입 안에 넣고 씹는다' 는 의미인데, 불과 우레가 만나면 천지를 진동한다.

그렇기 때문에 격렬한 언쟁과 싸움에 휘말린다고 붙여진 괘의 이름은 서합噬嗑이다.

22. 산화비山火賁 - 꾸밀 비

위는 산[山]이고, 아래는 불[火]인데, 비賁는 '꾸미다', '장식하다' 라는 뜻이다. 이것은 산 밑에 불이 있으면 해가 서산에 기울어 찬란한 황혼의 노을을 나타낸다. 다시 말해 겉치레만 하느라 실속이 없다는 의미로 붙여진 괘의 이름은 비賁이다.

23. 산지박山地剝 - 깎아 내릴 박

위는 산[山]이고, 아래는 땅[地]인데, 박剝은 '벗기다', '빼앗다' 라는 뜻이다. 이것은 산이 땅 위에 우뚝 솟아 있어 비바람에 깎여 벗겨지고 상처를 입는다는 뜻이다.

즉 매사에 조심해야 한다는 의미에서 붙여진 괘의 이름은 박剝이다.

24. 지뢰복 地雷 復 – 돌아 올 복

위는 땅[地]이고, 아래는 우레 천둥[雷]인데, 복復은 '돌아오다', '회복하다' 라는 뜻이다. 이것은 땅 밑에서 천둥 우레가 울린다면 땅 위에서 새로운 시작을 알리는 것을 의미한다. 즉 성공할 운을 맞고 있기 때문에 붙여진 괘의 이름은 복復이다.

25. 천뢰무망 天雷 無妄 – 없을 무, 망령될 망

위는 하늘[天]이고, 아래는 천둥 우레[雷]인데, 무는 '없다' 는 뜻이고, 망妄은 '허망하다' 는 뜻이다. 이것은 하늘에 천둥이 울리는 것으로 머지 않아 비가 오겠지만 당장은 아니라는 의미다. 즉 초조하지 말고 침착하게 때를 기다려야 한다고 붙여진 괘의 이름은 무망無妄이다.

26. 산천 대축 山川 大畜 – 큰 대, 싸울 축

위는 산[山]이고, 아래는 하늘[天]인데, 대축大畜은 '크게 쌓다', '많이 모이다' 는 뜻이다. 이것은 하늘 위로 산이 높이 솟아오른 모습으로 크게 축적된 상이다.

즉 새로운 변화가 하늘을 찌르고 있다고 붙여진 괘의 이름은 대축大畜이다.

27. 산뢰이 山雷 頤 – 턱 이

위는 산[山]이고, 아래는 천둥 우레[雷]인데, 이는 '턱', '기르다', '봉양하다' 의 뜻이다. 이것은 산 밑에서 천둥 우레가 진동하는 상이다. 즉 무언가 산 위로 올라가는 모습인데, 생명을 기른다고 붙여진 괘의 이름은 이頤다.

28. 택풍대과 澤風 大過 - 큰 대, 지날 과

위는 못[澤]이고, 아래는 바람[風]인데, 대과大過는 정상적인 것에서 크게 벗어나 '지나치다' 라는 뜻이다. 이것은 잔잔한 못에 바람이 불어 물결이 크게 일어난다. 작은 배가 큰 풍랑을 만났기 때문에 지나치다고 붙여진 괘의 이름은 대과大過이다.

29. 감이수 坎爲水 - 구덩이 감

위도 물[水]이고, 겹쳐서 아래도 물[水]인데, 두 소성괘 모두가 두 음효 중간 구덩이에 양효가 빠져 있다. 이것은 모든 일이 지나치면 위험에 빠지게 된다는 뜻이다. 즉 실패·좌절·파산·병고 등의 어려운 일을 나타내는데, 물이 겹쳐 있어 붙여진 괘의 이름은 수水이다.

30. 이위화 離爲火 - 떠 날 이

위도 불[火]이고, 겹쳐서 아래도 불[火]인데, 불 두 개는 태양을 상징하고, 정열과 왕성한 의욕을 상징한다. 불이 두 개가 겹쳐 있다고 붙여진 괘의 이름은 화火이다.

이상의 30괘는 주역의 상경上經에 나오는 괘의 이름이다.

31. 택산함 澤山 咸 - 다 함

위는 못[澤]이고, 아래는 산[山]인데, 함咸은 감感과 같은 뜻으로 '느낌이 좋다' 이다. 이것은 젊은 여자를 상징하는 태兌괘 아래 젊은 남자를 상징하는 간艮괘가 있다. 즉 남녀 사이의 순수한 사랑을 상징하는 감상적인 의미에서 붙여진 괘의 이름은 함咸이다.

32. 뇌풍항 雷風 恒 – 항구할 항

위는 천둥 우레[雷]고, 아래는 바람[風]인데, 항恒은 '변함이 없다', '한결 같이 계속 되다' 라는 뜻이다. 이것은 장남이 장녀 위에 있고, 남편이 위에 있고 아내가 아래에 있는 상이다. 즉 법도가 한결 같다고 붙여진 괘의 이름은 항恒이다.

33. 천산둔 天山 遯 – 숨을 둔

위는 하늘[天]이고, 아래는 산[山]인데, 둔遯은 '피하다', '물러나다', '은둔하다' 라는 뜻이다. 이것은 산이 아무리 높아도 하늘 아래에 있다. 즉 이제 물러나라는 뜻에서 붙여진 괘의 이름은 둔遯이다.

34. 뇌천대장 雷天 大壯 – 큰대, 장할 장

위는 천둥 우레[雷]고, 아래는 하늘[天]인데, 대장大壯은 '힘차다', '성대하다', '씩씩하다' 라는 뜻이다. 이것은 하늘 위에서 우레가 움직이고 있기 때문에 힘차고 씩씩하다고 붙여진 괘의 이름은 대장大壯이다.

35. 화지진 火地 晉 – 나아갈 진

위는 불[火]이고, 아래는 땅[地]인데, 진晉은 '나아가다', '전진하다' 라는 뜻이다. 이것은 불인 태양이 땅 위로 떠오르면서 점점 밝아지는데, 앞으로 나아간다고 붙여진 괘의 이름은 진晉이다.

36. 지화명이 地火 明夷 – 밝을 명, 평등할 이

위는 땅[地]이고, 아래는 불[火]인데, 이夷는 '상하고 깨지는 것'이고, 명이明夷는 '밝은 것이 상하고 깨진다' 는 뜻이다. 이것은 태양이 땅 아래 지고 있다는 것으로 해가 서산에 지는 상이다.

즉 어두움이 찾아온다고 붙여진 괘의 이름은 명이明夷이다.

37. 풍화가인 風火 家人 – 집 가, 사람 인

위는 바람[風]이고, 아래는 불[火]인데, 가인家人은 '집을 지키는 사람'을 뜻한다. 이것은 위가 장녀長女고, 아래가 중녀中女이다. 즉 동생이 언니의 아래에 있어 그 뜻을 따르기 때문에 가족이 편안히 다스려진다고 붙여진 괘의 이름은 가인家人이다.

38. 화택규 火澤 睽 – 어긋날 규

위에는 불[火]이고, 아래는 못[澤]인데, 규는 '서로 등지다', '노려보다', '사팔눈'이란 뜻이다. 이것은 불이 타올라 위로 올라가고, 연못의 물은 낮은 쪽으로 흘러간다. 즉 서로 등져 어긋나서 떨어지기 때문에 붙여진 괘의 이름은 규睽이다.

39. 수산건 水山 蹇 – 다리 절 건

위는 물[水]이고, 아래는 산[山]인데, 건蹇은 '절뚝발이', '나아가기 힘들다', '멈추다'라는 뜻이다. 이것은 산 위에 물이 있기 때문에 산을 넘으면 다시 물이 앞길을 막는다. 즉 나아가기가 불편해서 절름발이라는 뜻으로 붙여진 괘의 이름은 건蹇이다.

40. 뇌수해 雷水 解 – 풀 해

위는 천둥 우레[雷]이고, 아래는 물[水]인데, 해解는 '해결되다', '해소된다', '풀린다'라는 뜻이다. 이것은 천둥이 진동하여 비를 내려 얼어붙었던 대지가 풀린다. 즉 봄을 의미한다고 붙여진 괘의 이름은 해解이다.

41. 산택손 山澤 損 – 덜어 낼 손

위는 산[山]이고, 아래는 못[澤]인데, 손損은 '덜다', '줄이다', '손해 보다' 라는 뜻이다. 이것은 산 밑에 있는 저수지 물이 들판을 적시기 위해 흘러가야 하기 때문에 잃는다는 의미에서 붙여진 괘의 이름은 손損이다.

42. 풍뢰익 風雷 益 – 더할 익

위는 바람[風]이고 아래는 천둥 우레[雷]인데, 익益은 '더하다', '증가하다', '이익이다' 라는 뜻이다. 이것은 바람이 불고 천둥이 치면 비가 온다. 즉 비는 골고루 만물을 적셔 유익함을 준다고 붙여진 괘의 이름은 익益이다.

43. 택천쾌 澤天 夬 – 터놓을 쾌

위는 못[澤]이고, 아래는 하늘[天]인데, 쾌는 '물리친다', '결단한다' 라는 뜻이다. 이것은 아래 다섯 양효가 위에 있는 하나의 음효를 밀어 내고 있는 상이다. 즉 결단을 내릴 때라고 붙여진 괘의 이름은 쾌夬이다.

44. 천풍구 天風 姤 – 만날 구

위는 하늘[天]이고, 아래는 바람[風]인데, 구는 '우연히 만나다', '추하다' 라는 뜻이다. 이것은 하나의 음이 다섯 개의 양을 떠받치고 있기 때문에 추함을 상징한다. 하늘 밑에서 바람이 불어 흩어졌던 구름이 모인다고 붙여진 괘의 이름은 구姤이다.

45. 택지췌 澤地 萃 – 모일 췌

　위는 못[澤]이고, 아래는 땅[地]인데. 췌萃는 '모인다' 라는 뜻이다. 이것은 땅 위에 연못이 있으면 물이 모인다. 즉 모인다고 붙여진 괘의 이름은 췌萃이다.

46. 지풍승 地風 升 – 오를 승

　위는 땅[地]이고, 아래는 바람[風]인데, 승升은 '위로 상승하다', '올라가다', '번성하다' 라는 뜻이다. 이것은 땅 밑에 있는 바람이 위로 상승하고 있어 상승한다고 붙여진 괘의 이름은 승升이다.

47. 택수곤 澤水 困 – 곤할 곤

　위는 못[澤]이고, 아래는 물[水]인데, 곤困은 '부족하다', '곤궁하다', '괴롭다', '통하지 않다' 라는 뜻이다. 이것은 연못 아래에 있는 물이 빠지는 모습으로 물이 부족하면 만물은 곤궁에 처하게 된다고 붙여진 괘의 이름은 곤困이다.

48. 수풍정 水風 井 – 우물 정

　위는 물[水]이고, 아래는 바람[風]인데, 정井은 '우물', '두레박'을 뜻한다. 이것은 바람이 물 밑에 있기 때문에 바람이 깊은 곳까지 통하는 모습을 상징한다. 즉 우물물을 퍼 올리려면 두레박이 필요하고 그만큼 노역이 필요하다. 우물을 뜻한다고 붙여진 괘의 이름은 정井이다.

49. 택화혁 澤火 革 – 가죽 혁

　위는 못[澤]이고, 아래는 불[火]인데, 혁革은 '바꾸다', '혁신하다', '혁명'의 뜻이다. 혁은 짐승가죽으로 가죽의 털을 벗기면 전혀 다른 것으로 변하는 것을 상징한다. 이것은 연못 아래 불이 있어 물이 끓어 증발하면 큰 변화를 일으킨다고 붙여진 괘의 이름은 혁革이다.

50. 화풍정 火風鼎 - 솥 정
위는 불[火]이고, 아래는 바람[風]인데, 정鼎은 '발이 셋인 솥', '안정감'을 뜻한다. 이것은 불 밑에 바람이 불고 있는 상으로 음식을 만들기 위해 아궁이에 불을 지피는 모습을 말한다. 즉 음식을 만드는 솥을 뜻한다고 붙여진 괘의 이름은 정鼎이다.

51. 진위뢰 震爲雷 - 우레 진
위도 천둥 우레[雷]이고, 겹쳐서 아래도 천둥 우레[雷]인데, 뇌雷는 '천둥 우레', '몹시 두려워하다', '사나운 모양', '위엄을 떨치다',를 뜻한다. 즉 우레가 크게 진동하니 많은 사람들이 놀라 두려워한다고 붙여진 괘의 이름은 진震이다.

52. 간위간 艮爲山 - 동방 간
위도 산[山]이고, 겹쳐서 아래도 산[山]인데, 산은 움직이지 않고 그곳에 있기 때문에 '머무르다' 라는 뜻이다. 이것은 간괘가 하나의 양이 두 음 위에 머무르고 있는 상이다. 즉 산이 첩첩이 있다고 붙여진 괘의 이름은 산山이다.

53. 풍산점 風山漸 - 점점 점
위는 바람[風]이고, 아래는 산[山]인데, 점漸은 '점점', '점차로 나아진다'를 뜻한다. 이것은 산 위에 따뜻한 바람이 불어오면 점차 만물이 깨어난다. 즉 점차로 나아간다고 붙여진 괘의 이름은 점漸이다.

54. 뇌택귀매雷澤 歸妹 – 돌아갈 귀, 누이 매

위는 천둥 우레[雷]고, 아래는 못[澤]인데, 귀매歸妹는 '정상적이지 못한 결혼'이란 뜻이다. 이것은 위가 나이가 든 남자를 상징하는 진괘고, 아래는 어린 여자를 상징하는 태괘이다. 즉 젊은 여자가 음란한 소질이 있어 중년 남자와 만나는 것이 정상적이지 못하다고 붙여진 괘의 이름은 귀매歸妹이다.

55. 뇌화풍雷火 豊 – 풍성할 풍

위는 천둥 우레[雷]이고, 아래는 불[火]인데, 풍豊은 '풍성하다'라는 뜻이다. 이것은 천둥 우레가 치고 비가 내린 후 햇볕이 밝게 빛남을 상징하고 있다. 즉 만물이 성장하여 풍성한 결실을 맺는다고 붙여진 괘의 이름은 풍豊이다.

56. 화산여火山 旅 – 방황할 여

위는 불[火]이고, 아래는 산[山]인데, 여旅는 '여행', '집과 고향을 떠나 낯선 곳으로 가는 것', '방황하는 나그네'를 뜻한다. 이것은 태양이 산에서 떠서 산으로 지는 것은 상징한다. 즉 나그네의 여정과 같기 때문에 붙여진 괘의 이름은 여旅이다.

57. 손위풍巽爲風 – 공손할 손

위도 바람[風]이고, 겹쳐서 아래도 바람[風]인데, 바람은 지상의 모든 공간을 점령하고 있지만 실체를 눈으로 볼 수가 없다.

   이것은 손괘가 하나의 음이 두 양 아래에 있어 순종하고 따르는 형상이다. 즉 유순하고 겸양하며 부드럽다고 붙여진 괘의 이름은 손巽이다.

58. 태위택兌爲澤 - 기뻐할 태

   위도 못[澤]이고, 겹쳐서 아래도 못[澤]인데, 태兌는 '즐거움', '온화한 분위기'를 뜻한다. 이것은 연못에 있는 물은 낮은 곳으로 흐르고, 대지에 있는 모든 만물에게 골고루 물을 공급된다는 것을 상징한다.

   즉 베푸는 곳에서 기쁨을 느낄 수 있다고 붙여진 괘의 이름은 태兌이다.

59. 풍수환風水渙 - 흩어질 환

   위는 바람[風]이고, 아래는 물[水]인데, 환渙은 '흩어지다', '풀어지다'라는 뜻이다. 이것은 겨우내 얼었던 물이 봄바람에 녹아 풀어짐을 상징한다.

   즉 물 위에서 바람이 불어서 물이 날려 사방으로 흩어지기 때문에 붙여진 괘의 이름은 환渙이다.

60. 수택절水澤節 - 마디 절

   위는 물[水]이고, 아래는 못[澤]인데, 절節은 '절도', '규칙이나 제한', '절약'을 뜻한다. 이것은 연못에 물이 가득해서 넘치게 하고 모자라면 흐르지 못하게 함을 상징한다. 즉 절도를 뜻한다고 붙여진 괘의 이름은 절節이다.

61. 풍택중부風澤 中孚 – 가운데 중, 믿을 부

위는 바람[風]이고, 아래는 연못[澤]인데, 중부中孚는 '어미새가 알을 품어 따뜻하게 한다'는 뜻이다. 이것은 가운데 두 음효가 노른자위이고 바깥 양효가 흰자위와 껍데기를 나타내기 때문에 알을 상징하고 있다. 상괘와 하괘가 입을 맞춘 듯 대칭을 하고 있다. 즉 한 몸으로 결합되어 마치 어미 새가 알을 품고 있는 모양이라고 붙여진 괘의 이름은 중부中孚이다.

62. 뇌산소과雷山 小過 – 적을 소, 지날 과

위는 천둥 우레[雷]이고, 아래는 산[山]인데, 소과小過는 '조금 지나치다'라는 뜻이다. 이것은 상괘와 하괘가 등을 지고 있다. 즉 음이 양에 비해 약간 많아 조금 지나침을 상징하고 있다. 그래서 붙여진 괘의 이름은 소과小過이다.

63. 수화기제水火 旣濟 – 이미 기, 건널 제

위는 물[水]이고, 아래는 불[火]인데, 기제旣濟란 '일을 이미 성취했다', '이미 물을 건넜다', '어려움에서 이미 벗어났다'라는 뜻이다. 이것은 물이 위에 있고 불이 아래에 있기 때문에 서로가 목적한 곳으로 건넜다는 의미에서 붙여진 괘의 이름은 기제旣濟이다.

64. 화수미제火水 未濟 – 아닐 미, 건널 제

위는 불[火]이고, 아래는 물[水]인데, 미제未濟란 '아직 건너지 않았다', '미완성' 등을 뜻한다. 이것은 불과 물이 각기 제자리에 있기 때문인데, 이로 인해서 붙여진 괘의 이름은 미제未濟이다.

상경 上經

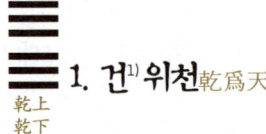 1. 건¹⁾ 위천 乾爲天
乾上
乾下

元은 亨利貞²⁾하니라
건   형리정

건은 하늘이다. 크고 형통하니 마음이 바르고 곧아야 매우 이롭다.

初九³⁾는 潛龍勿用이니라
초구   잠룡물용

초구는 물 속에 잠긴 용이기 때문에 반드시 움직이지 않고 보다 힘을 기르면서 때를 기다려야 한다.

九二⁴⁾는 見龍在田利見大人이니라
구이   현룡재전리견대인

구이는 나타난 용이 나타나 땅에 있으니 뛰어난 대인을 만나 지도를 받아야 한다.

九三[5]은 **君子終日乾乾**하야 **夕惕若**하면 **厲无咎**리라
구삼   군자종일건건   석척약   려무구

구삼은 군자가 하루 종일 쉬지 않고 노력하고 저녁이 되어서 반성한다면 위태로운 일이 있을지라도 면할 수 있다.

九四[6]는 **或躍在淵**하면 **无咎**리라
구사   혹약재연   무구

구사는 용이 뛰어올랐다가 다시 물 속에 잠겨 힘을 기르니 쉴 때 쉬고 나아갈 기회가 있으면 비약하면 결코 허물이 없으리라.

九五[7]는 **飛龍在天**이니 **利見大人**이니라
구오   비룡재천   리견대인

구오는 하늘을 날으는 용이기 때문에 훌륭한 인물을 만나면 성공을 한다.

上九[8]는 **亢龍有悔**리라
상구   항룡유회

상구는 최고의 절정에 이른 용이 다시 내려오게 되니 어찌 뉘우침이 없으리요.

用九는 **見群龍无首**하면 **吉**하리라
용구   견군룡무수   길

용구는 여러 마리의 용을 보니 그 머리를 안 보면 매우 길하다.

　象曰 天行健하니 君子以自彊不息하나니라 潛龍勿用은 陽在下也오
　　상 왈 천행건　　　　군자이자강불식　　　　　　　잠룡물용　　양재하야

　見龍在田은 德施普也오 終日乾은 反復道也오 或躍在淵은 進無咎也오
　　견룡재전　　덕시보야　　종일건　　반부도야　　혹약재연　　진무구야

　飛龍在天은 大人造也오 亢龍有悔는 盈不可久也오
　　비룡재천　　대인조야　　항룡유회　　영불가구야

　用九는 天德不可爲首也라
　　용구　　천덕불가위수야

　상에 이르길 "하늘의 운행이 굳건하기 때문에 군자는 이것으로
써 자신을 굳세게 만들기 위해 노력한다. 물 속에 있는 용은 양이
아래에 있다는 것이고, 나타난 용이 땅에 있다 함은 덕을 베풂이
넓고, 하루 종일 부지런한 것은 도를 반복하는 것이고, 혹은 뛰
거나 못에 있다 함은 앞으로 나아가도 허물이 없고, 나는 용이 하
늘에 있다 함은 큰 인물이 된 것을 말하고, 높게 있는 용이 뉘우침
이 있다는 것은 가득 차서 오래 가지 못하고 용구는 천덕이 머리
가 될 수 없다 한다."라고 했다.

　初九曰 潛龍勿用은 何謂也오 子曰 龍德而隱者也니 不易乎世하며
　　초구왈 잠룡물용　　하위야　　자왈 용덕이은자야　　불역호세

　不成乎名하여 遯世無悶하며 不見是而無悶하야 樂則行之하고
　　불성호명　　　둔세무민　　　불현시이무민　　　악칙행지

　憂則違之하야 確乎其不可拔이 潛龍也라
　　우칙위지　　　확호기불가발　　잠룡야

초구에 이르길 "높은 곳에 있는 용이 뉘우침이 있을 것이다 함은 무엇을 뜻합니까?" 라고 묻자, 공자가 "귀하면서도 지위가 없고 높으면서도 백성이 없으며 어진 사람이 아랫자리에 있어도 도와주는 자가 없다. 이런 까닭으로 움직이면 뉘우침이 있을 것이다." 라고 말했다.

九二曰 見龍在田이니 利見大人은 何謂也오
　구이왈 견룡재전　　리견대인　　하위야

子曰 龍德而正中者也니 庸言之信하며
　자왈 룡덕이정중자야　　용언지신

庸行之謹하며 閑邪存其誠하며 善世而不伐하며 德博而化니
　용행지근　　한사존기성　　선세이불벌　　덕박이화

易曰 見龍在田이니 利見大人이라 하니 君德也라
　역왈 견룡재전　　리견대인　　　군덕야

　구이에 이르길 "나타난 용이 땅에 있다. 대인을 만나면 이익이 있다라고 했는데, 이것은 무엇을 뜻합니까?" 라고 묻자, 공자가 "용은 덕이 있으면서 정중한 자이다. 평소 말에 믿음이 있고 행실을 삼가며, 간사함을 막고 그 정성스런 마음을 보존한다. 세상을 착하게 만들어도 결코 자랑하지 않으며, 덕을 넓혀서 교화시키는 것이다. 역에서 '나타난 용이 땅에 있다. 대인을 만나 지도를 받으면 이익이 있다는 말은 바로 임금의 덕을 말한다." 라고 말했다.

九三曰 君子終日乾乾하야 夕惕若 하면 厲无咎는 何謂也오
　구삼왈 군자종일건건　　석척약　　려무구　　하위야

周易
993

子曰 君子는 進德脩業하나니 忠信所以進德也오
자왈 군자 진덕수업   충신소이진덕야

脩辭立其誠이 所以居業也라 知至至之라 可與幾也며 知終終之라
수사립기성   소이거업야   지지지지 가여기야   지종종지

可與存義也니 是故居上位 而不驕하며 在下位而不憂하나니
가여존의야 시고거상위 이불교   재하위이불우

故乾乾하야 因其時而惕하면 雖危無咎矣리라
고건건   인기시이척   수위무구의

　구삼에 이르길 "군자는 하루 종일 노력하고 저녁에 반성하고 근신한다면 위태로운 처지에 있어도 허물이 없을 것이다 했는데, 이것은 무엇을 뜻합니까?"라고 묻자, 공자가 "군자가 덕의 완성을 위해 노력 전진하고, 충과 신은 덕의 완성을 위해 나아가는 근본이며, 말을 공경히 해서 그 성의를 세우는 것은 대업을 추진하는 방법인 것이다. 이를 데를 알고 이르는 것은 함께 기밀을 말할 수 있고, 그칠 데를 알고 그치는 것은 함께 의를 보존할 수가 있다. 그러므로 높은 자리에 있어도 결코 교만하지 않고, 낮은 자리에 있어도 걱정하지 않는다. 그래서 부지런히 노력하고 또 때를 따라서 번성한다. 이렇게 하니 비록 위태로운 지위에 있다 해도 허물이 없는 것이다." 했다.

九四曰 或躍在淵이니 無咎는 何謂也오
구사왈 혹약재연   무구   하위야

子曰 上下無常이 非爲邪也며 進退無恒이 非離群也라
자왈 상하무상 비위사야   진퇴무항   비리군야

君子進德脩業은 欲及時也니 故无咎니라
군자진덕수업　욕급시야　고무구

구사에 이르길 "용이 간혹 뛰거나 못 속에 잠겨 있으면 허물이 없을 것이다 했는데, 이것은 무엇을 뜻합니까?"라고 묻자, 공자가 "오르고 내림에 항상 행함이 없다면, 간사함을 행하기 위한 것이 아니고, 나아가고 물러남에 항상 행함이 없다면, 떠나려 하는 것이 아니다. 군자가 덕의 완성에 노력 정진하고 그 대업을 닦음은 때에 맞고자 함인 것이다. 그러므로 허물이 없는 것이다."라고 말했다.

九三은 重剛而不中[10]하야 上不在天이며 下不在田이라 故
구삼　중강이불중　　상불재천　　하불재전　　고

乾乾하야 因其時而惕하면 雖危無咎矣리라
건건　　인기시이척　　수위무구의

구삼은 거듭 강하고 중中에 있지 않기 때문에, 위로는 하늘에 있지 않고 아래로는 땅에 있지 않는다. 그래서 계속 노력해서 그 때에 따라 두려워하면 비록 위태하지만 허물이 없다.

九四는 重剛而不中하야 上不在天하며 下不在田하며
구사　중강이불중　　상불재천　　하불재전

中不在人이라 故 或之하니 或之者는 疑之也니
중불재인　　고 혹지　　혹지자　　의지야

故로 無咎라 夫大人者는 與天地合其德하며
고　무구　　부대인자　여천지합기덕

與日月合其明하며 與四時合其序하며 與鬼神合其吉凶하야
여일월합기명　　　여사시합기서　　　여귀신합기길흉

先天而天弗違하며 後天而奉天時하나니
선천이천불위　　　후천이봉천시

天且弗違는 而況於人乎며 況於鬼神乎아 亢之爲言也는
천차불위　　이황어인호　　황어귀신호　　항지위언야

知進而不知退하며 知存而不知亡하며 知得而不知喪이니
지진이불지퇴　　　지존이불지망　　　지득이불지상

其唯聖人乎아 知進退存亡而不失其正者 其唯聖人乎인저
기유성인호　　지진퇴존망이불실기정자　기유성인호

　구사는 거듭 강하고 중中이 아니기 때문에 위로는 하늘에 있지 않고, 아래로는 땅에 있지도 않으며, 가운데로는 사람에게 있지 않다. 그러므로 혹이라고 하는데, 혹이란 의심하는 것이므로 허물이 없는 것이다.
　무릇 대인이란 천지와 함께 그 덕을 합하고, 일월과 함께 그 밝음을 합한다. 사시와 함께 그 차례를 합하고, 귀신과 함께 길흉을 합해서 하늘의 앞에서도 하늘을 어기지 못하며, 하늘에 뒤지면 하늘의 때를 받들기 때문에 하늘 또한 어기지 못하거늘 사람이나 귀신이겠는가.
　항이란 말은 오직 나아감은 알고 물러남은 알지 못하고, 존속하는 것만 알고 멸망함은 알지 못한다. 그러므로 얻는 것만 알고 잃음은 알지 못하는 것이다. 오직 성인뿐이다. 나아가고 물러나는 것을 잘 알아서 정도를 잃지 않는 사람은 오직 성인뿐이다.

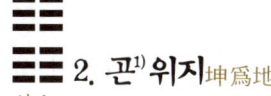
2. 곤[1] 위지 坤爲地

坤上
坤下

坤은 元亨利牝馬之貞[2]이니 君子有攸往이니라 先迷後得[3]히면
곤　원형리빈마지정　　　군자유유왕　　　선미후득

主利[4]하니라 西南은 得朋이요 東北喪朋[5]이니 安貞吉하니라
주리　　　　서남　득붕　동북상붕　　　안정길

곤은 크게 형통한다. 암말처럼 유순하고 정절이 있고 곧아야 매우 이롭다. 군자가 갈 데가 있을 때 먼저 가면 방황하고 뒤에 가면 얻어서, 이로움을 주장한다. 서남쪽에서 벗을 얻고 동북쪽에서는 벗을 잃기 때문에 마음을 곧게 편안하게 하면 몹시 길하다.

象曰 地勢坤이니 君子以厚德載物하나니라
상왈 지세곤　　군자이후덕재물

初六[6]은 履霜하면 堅氷至하나니라
초륙　리상　　견빙지

상에 이르길 "땅의 형세는 곤괘상으로, 군자는 이를 본받아 돈후한 덕으로 만민을 포용한다." 라고 했다.

象曰 履霜堅氷은 陰始凝也[7]니 馴致其道하야 至堅氷也하나니라
상왈 리상견빙　음시응야　　순치기도　　지견빙야

상에 이르길 "서리를 밟으면 장차 얼음을 얼 때가 이른다." 라고 했다.

六二[8]는 直方大[9]라 不習無不利하니라
륙이　직방대　　불습무불리

육이는 곧고 법도가 있고 크기 때문에 익히지 않아도 이롭지 않는 것이 없다.

象曰 六二之動이 直以方也니 不習無不利는 地道光也라
상왈 륙이지동　직이방야　불습무불리　지도광야

상에 이르길 "육이는 움직임은 곧고 모가 나고 크다. 익히지 않아도 이롭지 않은 것이 없다는 말은 지도가 광명하기 때문이다."라고 했다.

六三은 含章可貞¹⁰⁾이니 或從王事¹¹⁾하야 无成有終이니라
륙삼　함장가정　　혹종왕사　　무성유종

육삼은 안으로는 아름다움을 간직하고 바른 덕을 곧게 할 것이다. 때로는 왕의 일에 종사하면 비록 이루는 것이 없어도 끝이 있을 것이다.

象曰 含章可貞이나 以時發也오 或從王事는 知光大也라
상왈 함장가정　　이시발야　혹종왕사　지광대야

상에 이르길 "안으로는 아름다움을 간직하고 바른 덕을 곧게 할 것이다. 혹 왕업에 종사하는 것은 지혜가 빛나고 광명하기 때문이다."라고 했다.

六四는 括囊¹²⁾이면 无咎无譽리라
륙사　괄낭　　무구무예

육사는 주머니를 묶듯이 밖으로 드러나는 것을 막는다면 허물도 없고 칭찬도 없으리라.

象曰 括囊无咎는 慎不害也라
상왈 괄낭무구   신불해야

상에 이르길 "주머니의 주둥이를 묶듯이 밖으로 드러나는 것을 막는다면 모든 일에 삼가하면 해로울 것이 없다."라고 했다.

六五는 黃裳[13]이면 元吉이리라
육오   황상   원길

육오는 황색의 치마를 입으면 대길하다. 문덕이 내면에 충실하기 때문이다.

象曰 黃裳元吉은 文在中也라
상왈 황상원길   문재중야

상에 이르길 "황색의 치마가 크게 길하다는 것은 문덕이 그 속에 들어 있기 때문이다."라고 했다.

上六은 龍戰于野하니 其血玄黃이로다
상륙   룡전우야   기혈현황

상륙은 들에서 용이 싸우고 있는데, 그 흘린 빛깔이 매우 검고 누런 색깔이다.

象曰 用六永貞은 以大終也[14]라 文言曰 坤은 至柔而動也剛하고
상왈 용륙영정   이대종야   문언왈 곤   지유이동야강

至靜而德方하니 後得하야 主而有常하며 含萬物而化光하니
지정이덕방   후득   주이유상   함만물이화광

坤道其順乎인저 承天而時行하니니라
곤도기순호   승천이시행

積善之家는 必有餘慶하고 積不善之家는 必有餘殃하나니
적선지가　필유여경　　적불선지가　필유여앙

臣弑其君하며 子弑其父非一朝一夕之故라
신시기군　　자시기부비일조일석지고

其所由來者漸矣니 由辯之不早辯也니
기소유래자점의　유변지불조변야

　상에 이르길 "용이 들에서 싸우는 것은 도가 매우 궁극에 이르렀기 때문이다. 문언에 이르길 곤은 지극히 유순하지만 그 움직임에 강하며, 지극히 고요하지만 덕이 바르다. 뒤에 가면 얻어서 이익을 주장하며, 만물을 포용하여 덕화가 빛난다. 곤의 도는 유순한 것인가. 하늘이 뜻을 받아서 때때로 행하는 것이다. 선을 쌓은 집안은 반드시 경사가 따르고, 선을 쌓지 않은 집안은 반드시 재앙이 따른다. 그래서 신하가 인군을 죽이고, 자식이 아버지를 죽이는 것이 하루 아침이나 하루 저녁의 일이 아니다. 그 유래하는 것이 오램이 있는 것이니, 일찍이 그것을 분별하지 못한 데서 나타나는 것이다."라고 했다.

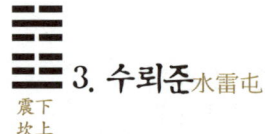

3. 수뢰준 水雷屯

震下
坎上

屯은 元亨코 利貞하니 勿用有攸往[1]이요 利建侯하니라
준　원형　리정　　물용유유왕　　　리건후

　준은 크고 널리 형통하면서 마음을 곧고 올바르게 해야 하니 갈 곳이 있어도 가지 말아야 한다. 군주가 제후를 세워야만 이로울 것이다.

象曰 雲雷屯이니 君子以하여 經綸하나니라
상왈 운뢰준　　군자이　　경륜

상에 이르길 "구름과 우레가 있는 것이 준괘상인데, 군자는 이것으로써 천하를 다스리는 것이다."라고 했다.

初九는 磐桓이니 利居貞하며 利建侯하니라
초구　반환　　리거정　　리건후

초구는 머뭇거리는 모습이니, 곧고 바르게 있어야 이롭고 반드시 군주는 제후를 세워야 이롭다.

象曰 雖磐桓[2]하나 志行正也며 以貴下賤하니 大得民也로다
상왈 수반환　　지행정야　이귀하천　　대득민야

상에 이르길 "비록 반환하나, 뜻이 바른 것을 향한다. 귀함으로써 천함에 낮추기 때문에 백성을 크게 얻는 것이다."라고 했다.

六二[3]는 屯如邅如하며 乘馬班如[4]하니 匪寇면 婚媾[5]리니
육이　둔여전여　　승마반여　　비구　혼구

女子貞하여 不字이라 十年에아 乃字[6]로다
여자정　　불자　　십년　　내자

육이는 앞으로 나아가기를 망설이고 이웃 남자에게 끌려서 뒤를 돌아오는 듯하고 말을 타고 갈까 망설이는 듯하다. 머뭇거리는 것을 말하는데, 도둑이 아니라 청혼하러 오는 사람이다. 여자는 정조를 지켜 이웃 남자에게 몸을 허락하지 않고 십 년 후에 사랑하는 사람의 청혼을 허락한다. 여자가 마음이 곧아서 시집을 가지 않다가 마침내 십년 만에 시집을 간다.

象曰 六二之難은 乘剛也오 十年乃字는 反常也라
상왈 륙이지난   승강야   십년내자   반상야

상에 이르길 "육이의 어려움은 몹시 강을 탔기 때문이고, 십 년 뒤에 시집감은 상도로 돌아오는 것이다."라고 했다.

六三은 卽鹿无虞라 惟入于林中이니 君子幾하야 不如舍니 往吝하리라
육삼   즉록무우   유입우림중   군자기   불여사   왕린

육삼은 사슴 사냥에 나섰지만 몰이꾼이 없다. 숲 가운데 들어가 길을 잃는 괘이다. 군자는 기회를 엿보아 일을 함으로써 사냥을 그만두는 것만 못하다. 그렇기 때문에 사냥을 가면 곤욕을 치른다.

象曰 卽鹿无虞[7]는 以從禽也오 君子舍之는 往하면 吝窮也라
상왈 즉록무우   이종금야   군자사지   왕   린궁야

상에 이르길 "사냥하러 갔다가 사슴에 눈이 현혹되는 것은, 군자가 사냥을 가면 곤욕을 치른다는 것이다."라고 했다.

六四[8]는 乘馬班如니 求婚媾往하면 吉无不利하리라
륙사   승마반여   구혼구왕   길무불리

육사는 말을 타고 머뭇거리는도다. 구혼을 하러 가면 매우 길하다.

象曰 求而往은 明也라
상왈 구이왕   명야

상에 이르길 "구혼하러 간다는 것은 매우 밝은 것이다."라고 했다.

九五[9]는 屯其膏니 小貞吉코 大貞凶하리라
구오   둔기고   소정길 대정흉

구오는 은덕을 널리 베풀기 어렵다. 정고한 자세로 베풀면 매우 길하고 완강한 태도로 베풀면 흉하다.

象曰 屯其膏는 施未光也라
상왈 둔기고   시미광야

상에 이르길 "은혜를 정고한 자세로 베풀면 길하고 완강한 태도로 베풀면 반드시 흉할 것이다."라고 했다.

上六[10]은 乘馬班如하야 泣血漣如로다
상륙   승마반여   읍혈련여

상륙은 말을 타고 길을 나섰으나 망설인다. 처량하고 매우 처량하고 외로워서 마치 피눈물을 흘리는 듯하다.

象曰 泣血漣如어니 何可長也[11]리오
상왈 읍혈련여   하가장야

상에 이르길 "피눈물을 흘리는 것이기 때문에 처량하고 외롭다."라고 했다.

4. 산수몽 山水蒙

艮上
坎下

蒙¹⁾은 亨하니 匪我求童蒙이라 童蒙求我²⁾나 初筮告하고 再三
몽   형   비아구동몽   동몽구아   초서고   재삼

瀆이라 瀆則不告이니 利貞하나니라
독   독즉불고   이정

몽은 매우 형통한 괘이니 내가 몽매한 사람에게 구하는 것이 아니고, 몽매한 사람이 나를 구하는 것이다. 처음에 점치거든 길하고, 나쁜 것을 고하고 여러 번 하면 매우 어지러워진다. 어지러워지면 일러 주지 않으니, 이것은 곧고 바르면 이롭다.

象曰 山下出泉蒙이니 君子以果行育德하나니라
상왈 산하출천몽   군자이과행육덕

상에 이르길 "산 밑에서 샘이 솟아나는 것이 몽괘상인데, 군자는 이것으로 행동을 과감히 실행하고 덕을 기를 것이다."라고 했다.

初六³⁾은 發蒙호대 利用刑人하야 用說桎梏⁴⁾이니 以往吝하리라
초륙   발몽   이용형인   용설질곡   이왕린

초육은 몽매한 자를 일깨우는 데는 형벌을 엄하게 집행하고 형벌로 다스리지는 것은 기강을 세우기 위해서다. 백성들의 무지가 계발되면 형벌의 속박을 벗겨 주어야 한다.

象曰 利用刑人은 以正法也라
상왈 이용형인   이정법야

상에 이르길 "사람에게 형벌을 엄하게 집행하는 것이 이롭

다."라고 했다.

九二⁵⁾**는 包蒙吉라고 納婦吉하리니 子克家로다**
　구이　　포몽길　　　납부길　　　　자극가

　구이는 어리석은 백성들을 포용하여 가르치는 덕을 지닌다. 며느리를 맞아들여도 좋으며 아버지를 여읜 후 아들이 집안을 잘 다스린다.

象曰 子克家는 剛柔節也라
　상왈 자극가　　강유절야

　상에 이르길 "아버지를 여읜 후 아들이 집안을 잘 다스리는 것은 굳셈과 부드러움이 합쳐지는 것이다."라고 했다.

六三⁶⁾**은 勿用取女니 見金夫하고 不有躬하니 无攸利하니라**
　육삼　　물용취녀　　　견금부　　　불유궁　　　　무유리

　육삼은 행실이 좋지 않은 여자에게 장가들지 말라. 돈이 있는 남자를 보고 따라가니 이로울 것이 없다.

象曰 勿用取女는 行不順也라
　상왈 물용취녀　　행불순야

　상에 이르길 "부정한 여자를 맞아들이지 말라 함은 행실이 바르지 못하기 때문이다."라고 했다.

六四⁷⁾**는 困蒙吝이로다**
　육사　　곤몽린

　육사는 무지 몽매함으로 인해 곤란을 받으니 매우 괴롭다.

象曰 困蒙之吝은 獨遠實也[8]라
상왈 곤몽지린 독원실야

상에 이르길 "몽매해서 괴롭고 부끄러운 것은 혼자 실實에 멀기 때문이다."라고 했다.

六五[9]는 童蒙吉하니라
육오 동몽길

육오는 어린 아이의 몽매함이니 매우 길하다.

象曰 童蒙之吉은 順以巽也일새라
상왈 동몽지길 순이손야

상에 이르길 "동몽의 길함은 남에게는 순종하고 자기 몸을 낮추기 때문이다."라고 했다.

上九[10]는 擊蒙이니 不利爲寇로 利禦寇하니라
상구 격몽 불리위구 이어구

상구는 몽매함을 일깨워 주는 데는 그 몽매함을 마치 원수나 도둑같이 여기면 이롭지 못하다. 교육을 받는 자들에게 위해를 끼쳐서는 안 된다.

象曰 利用禦寇는 上下順也라
상왈 이용어구 상하순야

상에 이르길 "교육을 받는 자들에게 위해를 끼쳐서는 안 된다는 것은 위와 아래가 매우 순하기 때문이다."라고 했다.

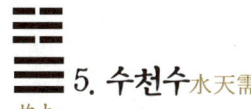
5. 수천수 水天需
坎上
乾下

需¹⁾有孚하야 光亨코 貞吉하니 利涉大川하나라
수 유부   광형 정길   리섭대천

수는 성실함이 있으면 크게 형통하고 마음이 곧으면, 매우 길하기 때문에 큰 강을 건너는 것처럼 큰 일을 결행해도 좋을 것이다.

象曰 雲上於天需니 君子以飮食宴樂²⁾하나니라
상왈 운상어천수   군자이음식연악

初九는 需于郊³⁾라 利用恒이니 无咎리라
초구   수우교   이용항   무구

상에 이르길 "구름이 하늘로 오르는 것이 수괘상인데, 군자는 이것으로써 음식을 먹으며, 매우 편안하게 즐기는 것이다. 초구는 교외에서 기다린다. 항구한 마음으로 일상 생활에 일관하는 것이 이롭다. 이렇게 하면 허물이 없다."라고 했다.

象曰 需于郊는 不犯難行也오 利用恒无咎는 未失常也라
상왈 수우교   불범난행야   리용항무구   미실상야

상에 이르길 "이렇게 하면 허물이 없다 함은 상도를 잃지 않았기 때문이다."라고 했다.

九二는 需于沙라 小有言하나 終吉⁴⁾하리라
구이   수우사   소유언   종길

구이는 위험을 무릅쓰고 모래밭에서 기다린다. 장차 위험한 강

물을 건너기 직전이다. 조금은 말성이 있으나 나중에는 길하다.

象曰 需于沙는 衍으로 在中也니 雖小有言하나 以終吉也라라
상왈 수우사 연 재중야 수소유언 이종길야

상에 이르길 "위험을 무릅쓰고 모래밭에서 기다린다 함은 너그러운 자세로 가운데에 있는 것이니 약간 괴로움이 있지만 나중에는 길한 것으로 끝난다."라고 했다.

九三[5]은 需于泥니 致寇至리라
구삼 수우니 치구지

구삼은 파도가 철석이는 물가 진흙 속에서 강을 건너는 시기를 기다린다. 자신을 믿고 자만하는 것은 마치 재앙을 불러오게 한다.

象曰 需于泥는 災在外也라 自我致寇하니 敬愼不敗也리라
상왈 수우니 재재외야 자아치구 경신불패야

상에 이르길 "위험을 무릅쓰고 모래밭에서 기다린다 함은 내가 화를 스스로 부른 것이니 공경하고 삼가면 결코 패하지 않을 것이다."라고 했다.

六四는 需于血이니 出自穴[6]이로다
륙사 수우혈 출자혈

육사는 타격을 받고 피밭에서 기다리다 구멍으로부터 나올 수 있다.

象曰 需于血은 順以聽也라
상왈 수우혈 순이청야

상에 이르길 "피를 흘리면서 기다린다 함은 유순하여 시운에 따른다는 것이다."라고 했다.

九五는 需于酒食이니 貞吉[7]하니라
구오　수우주식　　정길

구오는 여유가 있는 자세로 기다린다. 자신을 굳게 지킨다면 길하다.

象曰 酒食貞吉은 以中正也라
상왈 주식정길　이중정야

상에 이르길 "여유가 있는 자세로 기다리는 것이니 자신을 굳게 지킨다면 길하다 함은 중정을 얻었기 때문이다."라고 했다.

上六은 入于穴이니 有不速之客三人來하리니 敬之終吉이리라
상륙　입우혈　　유불속지객삼인래　　　경지종길

상륙은 굴 속으로 들어간다는 것으로, 곤경에 처해 있을망정 구원을 손길을 내미는 불청객 세 명이 찾아오기 때문에 그를 공경하면 마침내 길하게 된다.

象曰 不速之客來敬之終吉은 雖不當位나 未大失也라
상왈 불속지객래경지종길　수불당위　미대실야

상에 이르길 "구원의 손길을 내미는 불청객 세 사람이 찾아올 것이니 그를 공경하면 길할 것이라 함은 비록 그 자리에 맞지 않더라도 큰 실수는 없다는 것이다."라고 했다.

6. 천수송 天水訟

☰ 乾上
☵ 坎下

訟⁽¹⁾은 **有孚窒**하야 **惕中吉**코 **終凶**⁽²⁾하니 **利見大人**⁽³⁾이요
송   유부질   척중길   종흉   리견대인

不利涉大川⁽⁴⁾하니라
불리섭대천

송은 성실함도 있고 막히는 괘상이다. 남에 대한 적의를 버리고 도를 지키면 매우 길하고 무리하게 자신을 믿고 나간다면 매우 흉하다. 대인을 만나 가르침을 받는 것이 이로움이 있으며 큰 강을 건너는 것은 이롭지 않다.

初六⁽⁵⁾은 **不永所事**면 **小有言**하나 **終吉**이리라
초륙   불영소사   소유언   종길

초육은 송사는 오래 끌어서는 안 된다. 약간 말성이 있지만 마침내 길하다.

象曰 不永所事는 **訟不可長也**니 **雖小有言**이나 **其辯明也**라
상왈 불영소사   송불가장야   수소유언   기변명야

상에 이르길 "송사는 오래 끌어서는 안 된다 함은 송사를 오래하지 말라는 것이다. 비록 말성이 있다고 하지만 그 변론이 매우 명백할 것이다."라고 했다.

九二⁽⁶⁾는 **不克訟**이니 **歸而逋**하야 **其邑人三百户**⁽⁷⁾면 **无眚**하리라
구이   불극송   귀이포   기읍인삼백호   무생

구이는 패소한다. 자기의 위치에 돌아와서 숨어라. 그 고을의 사람들도 무사하리라.

象曰 不克訟하야 **歸逋竄也**니 **自下訟上**이 **患至掇也**리라
상왈 불극송　　　귀포찬야　　자하송상　　환지철야

상에 이르길 "송사에 이기지 못해서 자기의 위치에 돌아가 숨는 것이다. 아랫 사람이 윗사람을 걸어 송사를 벌이면 근심이 다가올 것이다."라고 했다.

六三은 **食舊德**⁸⁾하여 **貞厲終吉**이니라 **或從王事无成**이로다
육삼　식구덕　　　　정려종길　　　혹종왕사무성

육삼은 예로부터 받들다 군주를 모시고 순종하면 마침내 길할 것이다. 그러나 왕의 일에 종사하더라도 이뤄지는 것은 아무것도 없다.

象曰 食舊德하니 **從上吉也**리라
상왈 식구덕　　　종상길야

상에 이르길 "예로부터 받들다 군주를 모시고 순종하면 길하다."라고 했다.

九四는 **不克訟**⁹⁾이라 **復即命**하야 **渝安貞吉**하리라
구사　불극송　　　부즉명　　투안정길

구사는 소송에 패소한다. 자기의 위치에 돌아와서 천명에 맡기고 순종하면 편안하고 길하다.

象曰 復即命 渝安貞은 不失也라
상왈 부즉명 투안정　불실야

상에 이르길 "자기의 위치에 돌아와서 바른 길로 나아가고, 순종하면 마음의 편안함을 잃지 않는다."라고 했다.

九五는 訟元吉이라
구오　송원길

구오는 송사에 크게 길한 것이다. 이것은 현명한 재판관의 덕이다.

象曰 訟元吉은 以中正也라
상왈 송원길　이중정야

상에 이르길 "송사에 크게 길하다 함은 재판관이 현명하기 때문이다."라고 했다.

上九[10]는 或錫之鞶帶라도 終朝三褫之[11]리라
상구　혹석지반대　종조삼치지

상구는 혹시 큰 예복을 얻는다. 그러나 하루 아침에 세 번이나 빼앗긴다.

象曰 以訟受服이 亦不足敬也라
상왈 이송수복　역불족경야

상에 이르길 "송사로 인해서 복식을 받는 것이 또한 공경할 것이 못 된다."라고 했다.

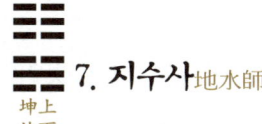

7. 지수사 地水師

坤上
坎下

師¹⁾는 **貞**이니 **丈人**이라야 **吉无咎**²⁾하리라
사 정 장인 길무구

사는 많은 수의 군사를 뜻하며 군사를 움직이는 명분은 반드시 곧아야 한다. 반드시 덕이 있는 사람이라야 길하고 허물이 없다.

象曰 地中有水師니 **君子以 容民畜衆**하나니라
상왈 지중유수사 군자이 용민축중

상에 이르길 "땅 속에 물이 있는 것이 사다. 군자는 이것으로써 백성을 편안하게 하고 병력을 기르는 것이다."라고 했다.

初六³⁾은 **師出以律**이니 **否**면 **臧凶**하나니라
초육 사출이률 부 장흉

초육은 군사는 규율을 세워서 출동해야 한다. 그렇지 않으면 좋은 일도 반드시 흉할 것이다.

象曰 師出以律이니 **失律**하면 **凶也**리라
상왈 사출이률 실률 흉야

상에 이르길 "군사가 나가는 데 법으로써 한다 함은 법을 잃으면 흉하기 때문이다."라고 했다.

九二는 **在師中**할세 **吉无咎**하니 **王三錫命**⁴⁾이로다
구이 재사중 길무구 왕삼석명

구이는 군사를 출동시키는 데 중도를 지키면 허물이 없을 것이다. 왕이 세 번씩 명령을 내릴 것이다.

象曰 在師中吉은 **承天寵也**오 **王三錫命**은 **懷萬邦**[5]**也**라
상왈 재사중길　승천총야　왕삼석명　회만방 야

상에 이르길 "군대 안에 있으면 길하다 함은 하늘의 은총을 받음이요, 왕이 세 번을 표창하는 것은 그가 만방을 거느리게 되는 것이다."라고 했다.

六三[6]**은 師或輿尸**면 **凶**하리라
육삼　사혹여시　흉

육삼은 군사가 시체를 수레에 싣고 돌아오게 될는지도 모른다. 그러므로 매우 흉하다.

象曰 師或輿尸면 **大无功也**이리라
상왈 사 혹 여 시　대 무 공 야

상에 이르길 "군사가 시체를 수레에 싣고 돌아오게 될는지도 모른다 함은 공이 없으리라는 말이다."라고 했다.

六四는 **師左次**니 **无咎**[7]**로다**
육사　사좌차　무구

육사는 군사가 후퇴하여 병사에서 쉬는 것이기 때문에 결코 허물이 없다.

象曰 左次无咎는 未失常也라
상왈 좌차무구　미실상야

상에 이르길 "군사가 후퇴하여 쉬는 것은 허물이 없다 함은 상도를 잃지 않는 것이다."라고 했다.

六五⁸⁾는 田有禽이어든 利執言하니 无咎리라
육오　전유금　　리집언　　무구

長子帥師니 弟子輿尸하면 貞凶하리라
장자수사　제자여시　　정흉

육오는 논에 새가 있으니 말씀을 받들어도 허물이 없다. 기량과 자격을 갖춘 장수에게 군사를 거느리게 하고 또 기량과 자격이 없는 장수에게 지휘케 한다면 군사의 시체를 싣고 패주하여 돌아온다. 비록 정의를 위한 싸움이라도 흉하게 될 것이다.

象曰 長子帥師는 以中行也오 弟子輿尸는 使不當也라
상왈 장자수사　이중행야　　제자여시　사부당야

상에 이르길 "기량과 자격을 갖춘 장수에게 군사를 통솔하는 것은 정의 덕으로써 행하는 것이요, 기량과 자격이 없는 장수에게 군사를 지휘케하면 수레에 시체를 싣고 패주하여 돌아온다는 것은 시키는 것이 매우 마땅치 않은 것이다."라고 했다.

上六⁹⁾은 大君有命이니 開國承家에 小人勿用이니라
상륙　　대군유명　　개국승가　소인물용

상륙은 전쟁이 끝나면 임금은 논공행상을 한다. 공에 따라 경대부를 임명해야 한다.

象曰 大君有命은 以正功也오 小人勿用은 必亂邦也일새라
상왈 대군유명   이정공야   소인물용   필란방야

상에 이르길 "전쟁의 종결을 의미한다 함은 임금이 논공행상을 바르게 하려는 것이다. 소인을 쓰지 말라는 것은 반드시 나라를 어지럽히기 때문이다."라고 했다.

8. 수지비 水地比

比[1]는 吉하니 原筮로대 元永貞이면 无咎[2]리라
비   길   원서   원영정   무구

不寧方來[3]이어야 後夫라도 凶[4]이리라
불녕방래   후부   흉

서로 돕고 친근한 것은 좋은 일이다. 크게 길고 바르면 허물이 없다. 편안하지 않아야 오기 때문에 늦으면 좋지 않다.

象曰 地上有水比니 先王以建萬國하고 親諸侯[5]하나라
상왈 지상유수비   선왕이건만국   친제후

상에 이르길 "땅 위에 물이 있는 것이 비인데, 고대의 어진 선왕들은 이것으로써 만국을 세우고 제후들을 봉하고 백성들을 다스렸다."라고 했다.

初六[6]은 有孚比之하야 无咎리니 有孚盈缶며 終來有它吉하리라
초륙   유부비지   무구   유부영부 종래유타길

초육은 성실하게 친근히 지내면 허물이 없고, 성실함이 마음속에 가득하면 마침내 뜻밖의 길함이 나타난다.

象曰 比之初六은 有它吉也니라
상왈 비지초육   유타길야

상에 이르길 "비의 초육은 다른 길함이 나타난다."라고 했다.

六二는 比之自內니 貞吉도다
육이   비지자내   정길

육이는 충성으로 군주를 보필하는 것이다. 마음이 곧으면 길하다.

象曰 比之自內는 不自失也라
상왈 비지자내   불자실야

상에 이르길 "충성으로 군주를 보필한다는 것은 스스로 잃지 않는다는 말이다."라고 했다.

六三은 比之匪人이라
육삼   비지비인

육삼은 친화하고 협조하려고 하나 그럴 만한 사람이 아니다.

象曰 比之匪人이 不亦傷乎아
상왈 비지비인   불역상호

상에 이르길 "친애하려고 해도 그 사람이 아니라면 또한 자신의 마음이 아픈 일이 아니겠는가."라고 했다.

六四[8]는 **外比之**하니 **貞吉**토다
육사   외비지   정길

육사는 밖에서 현능한 자가 친근해지려고 한다. 마음을 바르게 가지면 길하다.

象曰 外比於賢은 **以從上也**라
상왈 외비어현   이종상야

상에 이르길 "밖에서 어진 사람을 친애하는 것은 위에 따르는 것이다."라고 했다.

九五는 **顯比**니 **王用三驅[9]**에 **失前禽**하며 **邑人不誡**니 **吉**토다
구오   현비   왕용삼구   실전금   음인불계   길

구오는 어진 임금에게 친근성을 나타낸다. 왕이 사냥할 때 그물로 삼면을 포위하고 한쪽을 터놓아 도망갈 여지를 남겨 놓는다. 그와 반대로 달아나는 짐승은 쏘지 않고 들어오는 놈만 잡으니 백성들은 임금의 다스림에 순종하고 화평을 누려 임금을 경계하지 않으니 매우 길하다.

象曰 顯比之吉은 **位正中也[10]**오
상왈 현비지길   위정중야

舍逆取順이 **失前禽也**오 **邑人不誡**는 **上使中也**일세라
사역취순   실전금야   음인불계   상사중야

상에 이르길 "친애함을 나타내는 것이 길하다 하는 것은 지위가 정중을 얻었기 때문이다. 역을 버리고 순리를 취하는 것이 곧 앞

에 가는 짐승을 잃는 것이다. 고을 사람들을 경계하지 않는 것은 윗사람의 행동이 중용을 얻었기 때문이다."라고 했다.

上六은 比之无首니 凶[11]하니라
상륙   비지무수   흉

상륙은 친근하는 것을 모색하나 구애를 청할 상대가 없기 때문에 매우 흉하다.

象曰 比之无首 无所終也니라
상왈 비지무수 무소종야

상에 이르길 "친근하는 것을 모색하나 구애를 청할 상대가 없기 때문에 흉하다. 이미 남의 선두에 서서 친화할 수 없다."라고 했다.

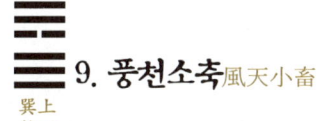

9. 풍천소축 風天小畜
巽上
乾下

小畜은 亨하니 密雲不雨는 自我西郊[1]일세니라
소축 형   밀운불우   자아서교

소축은 재산을 조금 모으면 형통한 것이다. 하늘에 구름이 많이 있지만 비가 내리지 않은 채 서쪽 들에 머물러 있다.

象曰 風行天上[2]이 小畜이니 君子以懿文德[3]하나니라
상왈 풍행천상   소축   군자이의문덕

상에 이르길 "바람이 하늘을 가는 곳이 소축괘상인데, 군자는 이것으로써 마침내 문덕을 아름답게 닦고 발양하는 것이다."라고 했다.

初九⁴⁾는 復自道어니 何其咎리오 吉하니라
　　초구　　부자도　　하기구　　길

초구는 자신에게 주어진 바른 위치를 알아 전진하다가 돌아오는 효상이기 때문에 어찌 허물이 있으랴. 그러므로 매우 길하다.

象曰 復自道는 其義吉也라
　　상왈 복자도　 기의길야

상에 이르길 "전진하다가 돌아오는 효상이라는 것은 그 뜻이 매우 길하기 때문이다."라고 했다.

九二는 牽復이니 吉⁵⁾하니라
　　구이　 견부　　길

구이는 뜻을 같이하는 자를 이끌고 주어진 위치에 돌아온다. 매우 길하다.

象曰 牽復在中이라 亦不自失也라
　　상왈 견부재중　　역불자실야

상에 이르길 "뜻을 같이하는 사람을 이끌고 주어진 위치에 돌아온다는 것은 중도에 있기 때문에 스스로 잃지 않는 것이다."라고 했다.

九三은 輿說輻이며 夫妻反目이로다
구삼   여설복   부처반목

구삼은 수레의 바퀴살이 빠져 나가 달릴 수 없는 상태다. 이렇게 되면 부부가 서로 반목한다. 가정의 질서를 바로잡을 수 없다.

象曰 夫妻反目은 不能正室也라
상왈 부처반목   불능정실야

상에 이르길 "부부가 서로 반목한다 함은 그 집을 바르게 다스리지 못한다."라고 했다.

六四는 有孚면 血去惕出[6]하야 无咎리라
육사   유부   혈거척출   무구

육사는 성실함이 있으면 피를 흘리는 위험한 일도 모두 사라지고 위험한 데서 벗어나서 허물이 없어진다.

象曰 有孚惕出은 上合志也라
상왈 유부척출   상합지야

상에 이르길 "성실함이 있으면 위험한 일이 모두 사라지고 두려움에서 벗어난다 함은 위와 뜻이 합한 것이다."라고 했다.

九五는 有孚攣如하야 富以其鄰[7]이로다
구오   유부련여   부이기린

구오는 성실함으로써 사람을 이끈다. 부富를 그 이웃과 함께한다.

象曰 有孚攣如는 不獨富也라
상왈 유부련여   불독부야

상에 이르길 "성실함을 가지고 이웃을 이끈다 함은 혼자 부하지 않는다는 것이다."라고 했다.

上九는 **旣雨旣處**는 **尙德**하여 **載婦貞**이면 **厲**8)하리라
상구   기우기처   상덕   재부정   려

月幾望이니 **君子征**이면 **凶**하리라
월기망   군자정   흉

상구는 이미 비가 오고 비가 그치는 것은 덕을 숭상하여 몸이 가득 찬 것이다. 부인의 마음이 바르고 곧으나 염려스럽다. 너무 고집을 부리면 매우 위태하다. 달이 거의 보름에 가깝기 때문에 가득 차면 기우는 법, 군자가 싸우러 나가면 흉해진다.

象曰 旣雨旣處는 **德積載也**오 **君子征凶**은 **有所疑也**니라
상왈 기우기처   덕적재야   군자정흉   유소의야

상에 이르길 "비가 내리고 이미 그쳤다 함은 덕이 쌓여서 가득 찬 것이고, 군자가 집을 떠나면 흉하다는 것은 의심할 바가 있는 것이다."라고 했다.

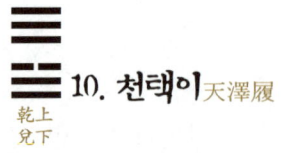

10. 천택이 天澤履
乾上
兌下

履虎尾하고 **不咥人**이리 **亨**1)하니라
리호미   불질인   형

호랑이의 꼬리를 밟는 듯한 위험에 처해도 물려 죽지않기 때문에 지도자의 호응을 얻어 만사형통한다.

象曰 上天下澤이 履니 君子以辯上下하야 定民志하나니라
상왈 상천하택　리　군자이변상하　정민지

상에 이르길 "위에 하늘이 있고 아래는 못이 있는 것이 이괘상인데, 군자는 이것으로써 위아래의 위계를 잘 분별하여 예의를 밝혀 나아가는 뜻을 안정시키는 것이다."라고 했다.

初九는 素履로 往无咎리라
초구　소리　왕무구

초구는 평소에 하던 대로 바른 길로 간다면 허물이 없어진다.

象曰 素履之往[2]은 獨行願也라
상왈 소리지왕　독행원야

상에 이르길 "평소에 하던 대로 하는 것은 홀로 원하는 것을 행하는 것이다."라고 했다.

九二는 履道坦坦하니 幽人貞 吉[3]하리라
구이　리도탄탄　유인정 길

구이의 가는 길은 탄탄대로여서 마음을 바르고 곧게 가지면 길하게 된다.

象曰 幽人貞吉은 中不自亂也라
상왈 유인정길　중불자란야

상에 이르길 "마음이 바르고 곧게 가지면 길하다는 것은 중심이 어지럽지 않기 때문이다."라고 했다.

六三⁴⁾은 **眇能視**며 **跛能履**라
육삼   묘능시   파능리

履虎尾하야 **咥人**이니 **凶**하고 **武人爲于大君**⁵⁾이로다
리호미   질인   흉   무인위우대군

육삼은 애꾸눈도 능히 보며, 절름발이면서 뒤지지 않게 걸을 수 있다고 생각한다. 호랑이의 꼬리를 밟은 격이다. 물려 죽을 것이니 매우 흉하게 되고, 천한 무인이 군주의 자리를 엿보는 것과 같아 위험하다.

象曰 眇能視는 **不足以有明也**오 **跛能履**는 **不足以與行也**오
상왈 묘능시   불족이유명야   파능리   불족이여행야

咥人之凶은 **位不當也**오 **武人爲于大君**은 **志剛也**라
질인지흉   위불당야   무인위우대군   지강야

상에 이르길 "애꾸눈이 물건을 잘 본다는 것은 밝은 것이 되지 못하는 것이고, 절름발이가 잘 걷는다는 것은 함께 갈 만한 것이 되지 못하는 것이다. 호랑이가 사람을 무는 흉함은 그 자리가 마땅치 않는 것이고, 천한 무인이 군주의 자리를 엿보는 것은 뜻이 매우 강하기 때문이다."라고 했다.

九四⁶⁾는 **履虎尾**니 **愬愬終吉**이리라
구사   리호미   소소종길

구사는 죽은 호랑이의 꼬리를 밟아도 두려워하면 마침내 길하게 된다.

象曰 愬愬終吉은 志行也라
상왈 소소종길   지행야

상에 이르길 "두려워하면 마침내 길하다 함은 뜻이 행해지려는 것이다."라고 했다.

九五⁷⁾는 夬履니 貞厲하리라
구오   쾌리   정려

구오는 결단코 이행한다. 마음이 곧고 바른 마음을 지녀도 위태로워질 것이다.

象曰 夬履貞厲는 位正當也일세라
상왈 쾌리정려   위정당야

상에 이르길 "결단코 이행한다. 마음이 곧아도 위태롭다 함은 그 자리가 매우 마땅하기 때문이다."라고 했다.

上九⁸⁾는 視履考祥호대 其旋元吉이리라
상구   시리고상   기선원길

상구는 지난날에 자신이 한 일을 되돌아보고 잘못된 일을 바로잡음에 용의주도한다면 크게 길해진다.

象曰 元吉在上이 大有慶也라
상왈 원길재상   대유경야

상에 이르길 "원길로 위에 있으니 큰 경사가 있을 것이다."라고 했다.

11. 지천태 地天泰
坤上
乾下

泰는 小往大來하니 吉亨하나니라
태   소왕대래   길형

태는 음이 상승하고, 양이 내려오는 것이기 때문에 매우 길하여 형통할 것이다.

象曰 天地交泰니 後以財成天地之道하며
상왈 천지교태   후이재성천지지도

輔相天地之宜하야 以左右民하나니라
보상천지지의   이좌우민

상에 이르길 "하늘과 땅이 교합하는 것이 태괘상인데, 군주는 이것으로써 천지의 도를 제정해서 천지의 마땅함을 도와서 백성을 인도한다."라고 했다.

初九는 拔茅茹라 以其彙征이니 吉하나니라
초구   발모여   이기휘정   길

초구는 띠풀뿌리를 뽑으니 그 뿌리가 엉키어 있다. 많은 동지와 함께 적극적으로 행동하는 것이니 매우 길해진다.

象曰 拔茅征吉은 志在外也라
상왈 발모정길   지재외야

상에 이르길 "동지와 함께 적극적으로 행동한다는 것은 길하다는 것은 뜻이 밖에 있기 때문이다."라고 했다.

九二는 包荒[3]하며 用馮河[4]하야 不遐遺[5]하며
구이   포황   용풍하   불하유

朋亡[6]하면 得尚于中行하리라
붕망   득상상우중행

　구이는 손이 미치지 않는 황야까지 너그럽게 포용하고 혼자 큰 강을 건너간다. 먼 데까지 자비와 공평을 잃지 않고 친구를 잃는 공정함, 이 덕행을 구비하면 중용의 도의 덕행을 빛낼 수 있어 영속을 얻는다.

象曰 包荒得尚于中行은 以光大也라
상왈 포황득상우중행   이광대야

　상에 이르길 "손이 미치지 않는 황야까지 너그럽게 포용하는 것이 중용의 도에 배합됨을 얻는다는 것은 그 덕이 매우 넓고 크기 때문이다."라고 했다.

九三[7]은 无平不陂며 无往不復이니 艱貞이면
구삼   무평불피   무왕불부   간정

无咎하야 勿恤이라 其孚라 于食有福하리라
무구   물휼   기부   우식유복

　구삼은 매우 평탄한 것도 언젠가는 기울어지지 않는 것이 없고 가면 반드시 돌아오지 않는 것이 없다. 어려운 데도 마음을 바르게 가진다면 허물이 없을 것이다. 근심하지 말라. 반드시 식록을 얻어 행복할 것이다.

象曰 无往不復은 天地際也라
상왈 무왕불부   천지제야

상에 이르길 "가는 것은 돌아오지 않음이 없다 함은 하늘과 땅이 교접하는 길이다."라고 했다.

六四는 翩翩不富는 以其鄰하여 不戒以孚8)로다
육사 편편불부 이기린 불계이부

육사는 새가 펄펄 날아오듯이 자기가 부하지 않아도 이웃과 함께 어울린다. 경계하지 않고 진실한 마음으로 가르침을 받는다.

象曰 翩翩不富는 皆失實也오 不戒以孚는 中心願也라
상왈 편편불부 개실실야 불계이부 중심원야

상에 이르길 "새가 펄펄 날아오른다. 자기는 부하지 않다. 이것은 사실 잃은 것이요, 경계하지 않아도 진실한 마음으로 가르침을 받는다 함은 중심이 원하는 것이다."라고 했다.

六五는 帝乙歸妹니 以祉元吉9)이리라
육오 제을귀매 이지원길

육오는 은나라의 제을임금이 공주를 시집보낸다. 마침내 복지국가를 만들게 되니 크게 길해진다.

象曰 以祉元吉은 中以行願也라
상왈 이지원길 중이행원야

상에 이르길 "복을 받으며 크게 길하다 함은 중도로써 자신이 원하는 바를 행하는 것이다."라고 했다.

上六¹⁰⁾은 城復于隍이니 勿用師오 自邑告命이니 貞吝하니라
상륙　　성부우황　　물용사　자읍고명　　정린

상륙은 성이 무너져 성지를 메운다. 군사를 쓰지 말고 나라가 어지러워 위엄이 있는 왕명도 시행하지 않으며 바른 일도 궁지에 빠진다.

象曰 城復于隍은 其命亂也라
상왈 성부우황　　기명란야

상에 이르길 "성이 무너져 성지를 메우는 것은 그 명령이 어지러워진 것이다."라고 했다.

12. 천지비 天地否
乾上
坤下

否之匪人이니 不利君子貞하니 大往小來¹⁾라
부지비인　　불리군자정　　대왕소래

비는 통하지 않고 막힘은 사람의 길이 거부된 상태이다. 군자는 바르나 이롭지 못하니 큰 것을 상징하는 기운은 상승하고 작은 것을 상징하는 음의 기운이 내려 왔기 때문이다.

象曰 天地不交 否니 君子以儉德辟難²⁾하여 不可榮以祿이니라
상왈 천지불교 부　군자이검덕벽난　　　불가영이록

상에 이르길 "천지가 교접하지 않는 것이 비괘상인데, 군자는 덕을 검소히 하고 어려움을 피해서 녹으로써 영화롭게 할 수 없

다."라고 했다.

初六³⁾은 拔茅茹라 以其彙貞이니 吉亨하니라
초육   발모여   이기휘정   길형

초육은 풀을 뽑으면 뿌리가 엉키어 함께 뽑아진다. 많은 동류자와 같이 마음을 바르게 가지면 매우 길하고 형통해진다.

象曰 拔茅貞吉은 志在君也라
상왈 발모정길   지재군야

상에 이르길 "동류자와 같이 마음을 바르게 가지면 길한 것은 그 뜻이 임금에게 있기 때문이다."라고 했다.

六二는 包承이니 小人吉⁴⁾코 大人否亨이라
육이   포승   소인길   대인부형

육이는 군주의 말이면 무조건 순종하니 시세에 영합할 소인은 매우 길하고 대인은 그렇지 못하나 시운을 극복하면 형통하다.

象曰 大人否亨은 不亂群也라
상왈 대인부형   불란군야

상에 이르길 "대인은 그렇지 못하나 시운을 극복하면 형통하다는 것은 소인의 무리에게 결코 현혹되지 않는 것이다."라고 했다.

六三⁵⁾은 包羞로다
육삼   포수

육삼은 재덕을 갖추지 못한 처지에 번영을 누리면서 부끄러운 모습이다.

象曰 包羞는 位不當也일세라
상왈 포수   위부당야

상에 이르길 "포용됨은 부끄러운 일이다는 것은 자신이 행동하는 것이 정당하지 않기 때문이다."라고 했다.

九四⁶⁾는 有命이면 无咎하야 疇離祉리라
구사   유명   무구   주리지

구사는 군주가 명령을 내려 좇으면 결코 허물이 없다. 뜻을 같이하는 동지는 모두 행복을 누린다.

象曰 有命无咎는 志行也라
상왈 유명무구   지행야

상에 이르길 "임금의 명령을 좇으면 허물이 없다는 것은 뜻이 곧 행해지는 것이다."라고 했다.

九五⁷⁾는 休否라 大人吉이니 其亡其亡이라야 繫于苞桑⁸⁾이리라
구오   휴부   대인길   기망기망   계우포상

구오는 쉬는 것이 그친다. 대인은 길하다. 망할까 망할까 봐 하는 조바심에 튼튼한 뽕나무에 몸을 매어두듯 항상 마음을 삼가하고 경계한다.

象曰 大人之吉은 位正當也일세라
상왈 대인지길   위정당야

상에 이르길 "대인이 길하다는 것은 그 지위가 매우 바르고 정당하기 때문이다."라고 했다.

上九는 傾否니 先否後喜로다
상구   경부   선부후희

상구는 운이 막혀 때를 기다린다. 처음은 나쁘나 뒤에는 기쁘다.

象曰 否終則傾하나니 何可長也⁹⁾리오
상왈 부종칙경   하가장야

상에 이르길 "운이 막혀 때를 기다린다. 어찌 오랠 수 있겠느냐."라고 했다.

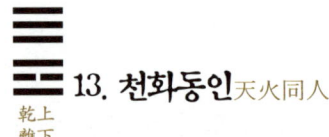 13. 천화동인 天火同人

同人于野면 亨¹⁾하리니 利涉大川²⁾이며 利君子貞하니라
동인우야   형   리섭대천   리군자정

협력할 수 있는 동인을 널리 구하여 집합시키면 형통할 것이다. 큰 강을 건널 때와 같이 위험하나 곤란을 극복해야 이롭고, 협력할 수 있는 마음이 이롭다.

象曰 天與火同人이니 君子以類族辨物³⁾하나니라
상왈 천여화동인   군자이류족변물

상에 이르길 "광명한 하늘과 불이 동인이다. 군자가 이것을 거울 삼아 같은 종족을 묶어 분류하여 천차만별의 사물을 분별하는 것이다."라고 했다.

初九⁴⁾는 **同人于門**이니 **无咎**리라
초구   동인우문   무구

초구는 같은 뜻을 지닌 사람을 문 밖에서 만나면 결코 허물이 없다.

象曰 出門同人을 **又誰咎也**리오
상왈 출문동인   우수구야

상에 이르길 "문 밖에 나가면 동지를 구한다. 어느 누구도 허물하지 않는다."라고 했다.

六二⁵⁾는 **同人于宗**이니 **吝**이로다
육이   동인우종   린

육이는 종족 안에서만 동지를 구하기 때문에 공정하지 못해서 세상의 비난이 있다.

象曰 同人于宗이 **吝道也**라
상왈 동인우종   린도야

상에 이르길 "종족 안에 동지를 구하는 것은 공정하지 못해 비난이 있다."라고 했다.

九三은 **伏戎于莽**하고 **升其高陵**하야 **三歲不興**이로다
구삼   복융우망   승기고릉   삼세불흥

구삼은 군사를 숲에 매복시키고 높은 언덕에 올라가서 주위를 관망한다. 그러나 3년이 되어도 일으키지 못한다.

象曰 伏戎于莽은 敵剛也오 三歲不興이어니 安行也리오
상왈 복융우망　　적강야　삼세불흥　　　안행야

상에 이르길 "군사를 숲에 매복시켜두고 높은 언덕에 올라 적정을 살피는 것은 적이 매우 강하기 때문이다."라고 했다.

九四는 乘其墉호대 弗克攻이니 吉하니라
구사　승기용　　불극공　　길

구사는 적정을 살피고자 성벽위에 올랐으나 쳐들어갈 수 없으니 길한다.

象曰 乘其墉은 義弗克也오 其吉은 則困而反則也라
상왈 승기용　의불극야　　기길　칙곤이반칙야

상에 이르길 "적정을 살피고자 성벽위에 올랐으나 쳐들어가지 않는 것은 의리가 이기지 못하기 때문이다. 그 길한 것은 마음의 온갖 괴로움을 겪고서 정도로 돌아왔기 때문이다."라고 했다.

九五는 同人先號咷而後笑니 大師克이라아 相遇로다
구오　동인선호도이후소　　대사극　　　상우

구오는 처음에는 방해하는 자가 많아 울부짖지만 뒤에는 웃는다. 큰 군사로 싸워서 이겨야만 서로 만날 수가 있다.

象曰 同人之先은 以中直也오 大師相遇는 言相克也라
상왈 동인지선　이중직야　　대사상우　언상극야

상에 이르길 "처음에는 방해하는 자가 많아 울부짖는 것은 도리가 바르기 때문이고, 대군으로 서로가 만난다는 것은 상대방을 이김을 말한다."라고 했다.

上九는 同人于郊니 无悔니라
상구   동인우교   무회

상구는 동지를 시골에서 구하는 것이기 때문에 뜻을 이루기 어렵다.

象曰 同人于郊는 志未得也라
상왈 동인우교   지미득야

상에 이르길 "동지를 시골에서 구한다는 것은 뜻을 얻지 못한 것이다."라고 했다.

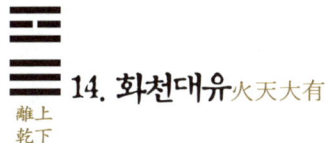
14. 화천대유 火天大有

大有는 元亨하니라[1]
대유   원형

대유는 양기가 있으니 크게 형통한다.

象曰 火在天上이 大有니 君子以遏惡揚善하야 順天休命하나니라
상왈 화재천상   대유   군자이알악양선   순천휴명

상에 이르길 "태양이 하늘 위에 떠 있는 것이 대유괘상인데, 그러므로 군자는 악을 막고 선을 발양하며 하늘의 아름다운 명령에 따른다."라고 했다.

初九는 无交害²⁾니 匪咎니 艱則无咎리라
초구   무교해   비구   간칙무구

초구는 손해 볼 자와 사귀지 않기 때문에 허물이 없다. 어려워도 끝까지 참고 노력하면 허물이 없다.

象曰 大有初九는 无交害也라
상왈 대유초구   무교해야

상에 이르길 "손해 볼 자와 사귀지 않는다."라고 했다.

九二는 大車以載³⁾니 有攸往하야 无咎리라
구이   대차이재   유유왕   무구

구이는 큰 수레에 짐을 많이 싣는다. 갈 곳이 있다. 과감하게 전진해도 결코 허물이 없다.

象曰 大車以載는 積中不敗也라
상왈 대차이재   적중불패야

상에 이르길 "큰 수레에 짐을 가득 싣는 것은 비록 무거운 짐을 실어도 결코 무너지지 않기 때문이다."라고 했다.

九三⁴⁾은 公用亨于天子니 小人弗克이니라
구삼   공용형우천자   소인불극

구삼은 제후가 천자에게 조공을 받는다. 그러나 제후가 소인이라면 실행하지 않을 것이다.

象曰 公用亨于天子는 小人은 害也라
상왈 공용형우천자   소인 해야

상에 이르길 "제후가 천자에게 조공을 받는다. 그러나 제후가 소인이라면 실행하지 않을 것이다."라고 했다.

九四는 匪其彭이면 无咎리라
구사 비기팽 무구

구사는 지나치게 교만하거나 뽐내지 않으면 허물이 없을 것이다.

象曰 匪其彭无咎⁵⁾는 明辨晳也라
상왈 비기팽무구   명변절야

상에 이르길 "지나치게 교만하거나 뽐내지 않는 것은 사물을 잘 분별하는 지혜가 매우 밝기 때문이다."라고 했다.

六五는 厥孚交如니 威如吉하리라
육오 궐부교여 위여길

육오는 싸움터에서 잡은 포로가 친근해 보려 하니 위엄을 보이면 좋을 것이다.

象曰 厥孚交如는 信以發志也오 威如之吉은 易而无備也일세라
상왈 궐부교여   신이발지야   위여지길 이이무비야

상에 이르길 "싸움터에서 잡힌 포로가 친근해 보려 하는 것은 믿음으로써 뜻을 분별하는 것이다. 그리고 위엄이 있으면 길하다는 것은 사물을 쉽게 여겨 두려워하고 방비하는 마음이 없기 때문이다."라고 했다.

上九는 自天祐之라 吉无不利[6]로다
상구   자천우지   길무불리

상구는 하늘이 도와준다. 만사가 길하고 이롭지 않는 것이 없다.

象曰 大有上吉은 自天祐也라
상왈 대유상길   자천우야

상구에 이르길 "대유는 하늘이 돕는 것이다."라고 했다.

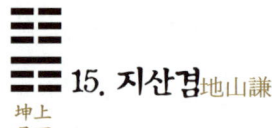
15. 지산겸 地山謙
坤上
艮下

謙은 亨하니 君子有終[1]이니라
겸   형   군자유종

겸손함은 곧 형통한 것이고 시종일관 겸손하면 좋은 결과를 얻는다.

象曰 地中有山이 謙이니 君子以裒多益寡하야 稱物平施하나니라
상왈 지중유산   겸   군자이부다익과   칭물평시

상에 이르길 "땅 속에 높은 산이 있는 것이 겸괘상인데, 군자는 이것으로써 많은 것은 덜고 적은 것은 보태서 사물을 살핀 다음에 고르게 베푼다."라고 했다.

初六은 謙謙君子니 用涉大川이라도 吉[2]하니라
초육   겸겸군자   용섭대천   길

초육은 지극히 겸손한 군자다. 비록 큰 강을 건너는 위험한 일이 있어도 괜찮으리라.

象曰 謙謙君子는 卑以自牧也라
상왈 겸겸군자　비이자목야

상에 이르길 "겸손한 군자는 자신의 몸을 낮춰서 스스로 기르는 사람이다."라고 했다.

六二³⁾는 鳴謙 貞吉하니라
육이　　명겸 정길

육이는 겸손한 이름이 밖에 알려졌으니 마음을 바르게 가지면 길하다.

象曰 鳴謙貞吉은 中心得也라
상왈 명겸정길　중심득야

상에 이르길 "겸손한 이름이 밖에 알려졌고 바른 것은 마음에서 얻은 것이다."라고 했다.

九三⁴⁾은 勞謙君子 有終吉하니라
구삼　　로겸군자 유종길

구삼은 공로와 겸손의 덕을 지닌 군자는 끝까지 길할 것이다.

象曰 勞謙君子는 萬民服也라
상왈 로겸군자　만민복야

상에 이르길 "공로가 있어도 겸손한 군자는 백성이 복종한다."

라고 했다.

六四는 无不利撝謙[5]**이니라**
육사　무불리휘겸

육사는 겸손의 미덕을 마음껏 발휘하라. 이롭지 않는 것이 없다.

象曰 无不利撝謙은 不違則也라
상왈 무불리휘겸　불위칙야

상에 이르길 "자신을 낮추고 겸손하면 이롭지 않는 것이 없다는 것은 법칙을 어기지 아니하려는 것이다."라고 했다.

六五는 不富以其鄰[6]**이니 利用侵伐이니 无不利하리라**
육오　불부이기린　　이용침벌　　무불리

육오는 부귀하면서도 교만하지 않고 겸손하니 이웃의 마음을 얻는다. 상대를 무력으로 정벌하는 것이 좋다. 이롭지 않는 것이 없다.

象曰 利用侵伐은 征不服也라
상왈 이용침벌　정불복야

상에 이르길 "무력을 써서 정벌하는 것은 복종하지 않는 자를 치는 것이다."라고 했다.

上六은 鳴謙이니 利用行師하야 征邑國[7]**이니라**
상륙　명겸　　이용행사　　정읍국

상륙은 겸손한 이름이 밖에 알려졌으니 군사를 동원하여 작은 읍국을 정벌하는 것이 좋다.

象曰 鳴謙은 志未得也니 可用行師하야 征邑國也라
상왈 명겸 지미득야 가용행사 정읍국야

상에 이르길 "겸손한 이름이 밖에 알려진 것은 뜻을 얻지 못한 것이다. 군사를 동원하여 작은 읍국을 정벌할 것이다."라고 했다.

16. 뇌지예 雷地豫
震上
坤下

豫는 利建侯行師¹⁾하니라
예 이건후행사

예는 미리 즐겁다는 뜻으로 미리 임금을 세워 주고 백성을 다스리고 군사를 일으키면 매우 이롭다.

象曰 雷出地奮이 豫²⁾니
상왈 뇌출지분 예

先王以作樂崇德³⁾하야 殷薦之上帝하야 以配祖考하니라
선왕이작악숭덕 은천지상제 이배조고

상에 이르길 "우레가 땅 위에 나와 떨치는 것이 예괘상인데, 옛날 선왕들은 이것으로써 음악을 만들고 덕을 높이고 이것을 연구하여 상제께 바치며 조상의 신령에게 제사지낸다."라고 했다.

初六은 鳴豫니 凶⁴⁾하니라
초육 명예 흉

초육은 미리 알려졌기 때문에 매우 흉해진다.

象曰 初六 鳴豫는 志窮 凶也라
상왈 초육 명예 지궁 흉야

상에 이르길 "미리 알려졌다는 것은 뜻이 극에 달했기 때문에 매우 흉한 것이다."라고 했다.

六二⁵⁾는 介于石이라 不終日이니 貞吉하니라
육이 개우석 불종일 정길

육이는 자신을 굳게 지키기를 돌과 같아서 하루가 다 지나지 않아 무릇 일의 기미를 알게 될 것이니 마음을 바르게 가지면 길하다.

象曰 不終日貞吉은 以中正也라
상왈 불종일정길 이중정야

상에 이르길 "하루가 다 지나지 않아 일의 기미를 알게 되니 마음이 바르고 길하다."라고 했다.

六三은 盱豫⁶⁾라 悔며 遲有悔리라
육삼 우예 회 지유회

육삼은 예비해야 할 것을 미리 걱정하면 후회하며 회개함이 늦어지면 후회할 일이 있을 것이다.

象曰 盱豫有悔는 位不當也일세라
상왈 우예유회 위부당야

상에 이르길 "예비해야 할 것을 미리 걱정하면 후회한다 함은 처신하는 것이 정당하지 않기 때문이다."라고 했다.

九四는 由豫라 大有得이니 勿疑면 朋盍簪하리라
구사　유예　대유득　　물의　붕합잠

구사는 예정대로 일을 벌이면 크게 얻는 것이 있다. 의심하지 말라. 반드시 동지들이 모여들 것이다.

象曰 由豫大有得은 志大行也라
상왈 유예대유득　　지대행야

상에 이르길 "예정대로 일을 벌이면 크게 얻는다 함은 뜻이 크게 행하여지는 것이다."라고 했다.

六五는 貞疾하나 恒不死로다
육오　정질　　항부사

육오는 무력한 군주가 무서운 신하에게 얹혀 있는 상태이다. 그러나 정도를 지키면 영원히 죽지 않는다.

象曰 六五貞疾은 乘剛也오 恒不死는 中未亡也라
상왈 육오정질　승강야　항부사　중미망야

상에 이르길 "무력한 군주가 무서운 신하에게 얹혀 있는 상태이다. 그러나 영원히 죽지 않는 것은 중中이 아직 망하지 않았기 때문이다."라고 했다.

上六은 冥豫니 成有无咎리라
상륙　명예　성유무구

상륙은 환락에 빠져 이성을 잃는다. 그러나 반성하고 회개하면 허물이 없다.

象曰 冥豫在上이어니 何可長也리오
상왈 명예재상　　하가장야

상에 이르길 "환락에 빠져 이성을 잃으니 어찌 오래 가겠는가."라고 했다.

17. 택뢰수 澤雷隨
兌上
震下

隨는 元亨하니 利貞이라 无咎¹⁾리라
수　원형　　이정　　무구

수는 때에 따르면 크게 형통한다. 마음을 바르고 곱게 가지면 이롭고 이렇게 하면 순조롭고 아무런 허물이 없다.

象曰 澤中有雷隨니 君子以嚮晦入宴息하나니라
상왈 택중유뢰 수　군자이향회입연식

상에 이르길 "못 속에 우레가 있는 것이 수괘상인데, 군자는 이것으로써 날이 저물면 들어가서 편안하게 쉰다."라고 했다.

初九는 官渝²⁾니 貞吉하니 出門交有功³⁾하리라
초구　관유　정길　　출문교유공

초구는 벼슬에 변동이 있기 때문에 마음이 바르면 매우 길하다. 그러므로 문 밖에 나가서 사람을 사귀면 성공할 것이다.

象曰 官有渝에 從正吉也니 出門交有功은 不失也라
상왈 관유투 종정길야   출문교유공 부실야

상에 이르길 "문 밖에 나가 사람을 사귀면 성공할 것이다 함은 정도를 잃지 않는 것이다."라고 했다.

六二는 係小子면 失丈夫⁴⁾하리라
육이   계소자   실장부

육이는 소인을 가까이 하면 군자와 사귈 기회를 잃는다.

象曰 係小子면 弗兼與也라
상왈 계소자   불겸여야

상에 이르길 "소인을 가까이 하면 군자와 사귈 기회를 잃는다."라고 했다.

六三은 係丈夫하고 失小子하니 隨有求得하나 利居貞하니라
육삼   계장부   실소자   수유구득   이거정

육삼은 훌륭한 군자와 가까이 하고 소인을 잃는다. 따라서 구하면 얻는다. 마음을 바르게 가지면 이롭다.

象曰 係丈夫는 志舍下也라
상왈 계장부   지사하야

상에 이르길 "훌륭한 군자와 가까이 하는 것은 소인을 잃는다는 것이다."라고 했다.

九四는 隨有獲이면 貞凶하니 有孚在道以明이면 何咎리오
구사　수유획　　정흉　　유부재도이명　　　하구

구사는 "임금을 보좌하여 높은 신분에 올랐다고 교만하면 비록 바르더라도 흉하다. 정당한 도리를 지켜 밝게 처리하면 결코 허물이 없다."라고 했다.

象曰 隨有獲은 其義凶也오 有孚在道는 明功也라
상왈 수유획　　기의흉야　　유부재도　　명공야

상에 이르길 "높은 벼슬에 올랐다고 교만하면 매우 흉하다. 성실함이 있고 정도를 벗어나지 않는 것은 명철한 공이다."라고 했다.

九五는 孚于嘉吉하니라
구오　　부우가길

구오는 덕망과 실력이 구비된 인물이기에 왕위에 올랐다.

象曰 孚于嘉吉은 位正中也일세라
상왈 부우가길　　위정중야

상에 이르길 "덕망과 실력이 구비된 인물이기에 왕위에 올랐다 함은 지위가 매우 중정하기 때문이다."라고 했다.

上六은 拘係之오 乃從維之니 王用亨于西山[5]이로다
상륙　　구계지　　내종유지　　왕용형우서산

상륙은 백성들이 군주에 심복하여 군주의 곁을 떠나지 않는 상태로 마치 큰 줄로 짐승을 매어 놓기라도 한 듯이 옛 주나라의 왕은 정성을 다하여 기산에서 제사를 드렸다.

象曰 拘係之는 上窮也라
상왈 구계지   상궁야

상에 이르길 "마치 큰 줄로 짐승을 매어 놓는다는 것은 수의 길이 위로 극에 다다른 것이다."라고 했다.

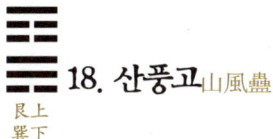

18. 산풍고 山風蠱
艮上
巽下

蠱는 元亨하니 利涉大川¹⁾이니 先甲三日하며 後甲三日²⁾이니라
고   원형   이섭대천   선갑삼일   후갑삼일

고는 큰 일을 겪은 뒤에는 크게 형통하다. 큰 강을 건널 때처럼 신중해야 한다.

象曰 山下有風이 蠱니 君子以振民育德하나니라
상왈 산하유풍   고 군자이진민육덕

상에 이르길 "바람이 산 아래 있는 것이 고괘상인데, 군자는 이것으로써 백성들을 건지고 덕성을 기르게 한다."라고 했다.

初六은 幹父之蠱니 有子考无咎³⁾하리라 厲終吉이리라
초육   간부지고   유자고무구   려종길

초육은 아버지로부터 물려받은 어려운 일을 바로잡는다. 자식이 훌륭하면 죽은 아버지는 허물이 없을 것이다. 애로가 있을지라도 마침내 길해진다.

象曰 幹父之蠱는 意承考也라
상왈 간부지고　의승고야

상에 이르길 "아버지로부터 물려받은 어려운일을 바로잡는다는 것은 아버지의 뜻을 계승한다는 것이다."라고 했다.

九二는 幹母之蠱니 不可貞⁴⁾이니라
구이　간모지고　불가정

구이는 어머니에게 물려받은 어려운 일을 바로잡는다. 마음을 바르게 할 수 없다.

象曰 幹母之蠱는 得中道也라
상왈 간모지고　득중도야

상에 이르길 "어머니에게 물려받은 어려운 일을 바로잡는다는 것은 중도를 얻는 것이다."라고 했다.

九三은 幹父之蠱니 小有悔나 无大咎리라
구삼　간부지고　소유회　무대구

구삼은 아버지의 어려운 일을 맡아서 처리한다. 조금은 지나친 바가 있지만 큰 허물은 없을 것이다.

象曰 幹父之蠱는 終无咎也니라
상왈 간부지고　종무구야

상에 이르길 "아버지의 어려운 일을 맡아서 처리한다는 것은 마침내 허물이 없을 것이다."라고 했다.

六四는 裕父之蠱니 往見吝하리라
육사 유부지고   왕견린

육사는 아버지의 어려운 일을 수습하다가 오히려 악화시킨다. 그러나 계속 추진하면 곤경에 빠질 것이다.

象曰 裕父之蠱는 往未得也라
상왈 유부지고   왕미득야

상에 이르길 "아버지의 어려운 일을 수습한다가 오히려 악화시킨다는 것은 앞으로 나가려 해도 결코 얻지 못할 것이다."라고 했다.

六五는 幹父之蠱니 用譽리라
육오 간부지고   용예

육오는 아버지의 어려운 일을 맡아서 수습한다. 크게 성과를 얻어 예찬을 받는 것이다.

象曰 幹父用譽는 承以德也라
상왈 간부용예   승이덕야

상에 이르길 "아버지의 어려운 일을 맡아서 수습한다는 예찬을 듣는 것은 덕으로써 아버지의 뜻을 이어받기 때문이다."라고 했다.

上九는 不事王侯하고 高尚其事[5]로다
상구 부사왕후   고상기사

상구는 왕과 제후에게 벼슬하지 않고 은퇴하여 자신이 하는 일을 높이 숭상한다.

象曰 不事王侯는 志可則也라
상왈 부사왕후   지가칙야

상에 이르길 "왕과 제후를 섬기지 않은 것은 그 뜻을 본받을 만하다."라고 했다.

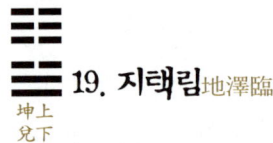 19. 지택림 地澤臨

臨은 元亨코 利貞¹⁾하니 至于八月하얀 有凶하리라
임   원형   이정   지우팔월   유흉

임은 크게 형통하고 마음을 바르게 가져야 이로움이 있다. 8월이 되면 양기가 쇠퇴하여 흉한 일이 있다.

象曰 澤上有地臨²⁾이니 君子以敎思無窮하며 容保民无疆하나니라
상왈 택상유지임   군자이교사무궁   용보민무강

상에 이르길 "못 위에 땅이 있는 것이 임괘상인데, 군자는 이것으로써 백성을 가르치려는 생각이 끝이 없고 백성을 포용하여 다스렸다."라고 했다.

初九는 咸臨이니 貞吉³⁾하나라
초구   함림   정길

초구는 양기가 감응되어 임하는 상태이다. 만사가 길하여 매우 이롭다.

象曰 咸臨貞吉은 志行正也라
상왈 함림정길　지행정야

상에 이르길 "만사가 길하다. 감응되어 임한다는 것은 뜻이 바른 길을 실행하는 것이다."라고 했다.

九二는 咸臨이니 吉无不利하리라
구이　함림　길무부리

구이는 감응되어 전력으로 임한다. 모든 것이 길하고 이롭지 않는 것이 없다.

象曰 咸臨吉无不利는 未順命也⁴⁾라
상왈 함림길무부리　미순명야

상에 이르길 "감응되어 임한다. 길하고 이롭지 않은 것이 없다는 것은 명령에 따르지 않기 때문이다."라고 했다.

六三은 甘臨이라 无攸利하니 旣憂之无咎리라
육삼　감림　무유리　기우지무구

육삼은 매우 오만하고 부실한 채 일에 상태이니 이로운 것이 없다. 그러나 자신의 불손함을 깨닫고 근신하여 고친다면 허물이 없다.

象曰 甘臨⁵⁾은 位不當也오 旣憂之하니 咎不長也라라
상왈 감림　위불당야　기우지　구불장야

상에 이르길 "오만하고 부실한 채 일에 상태이니 지위가 매우 마땅치 않은 것이고, 자신의 잘못을 고친다면 그 허물이 결코 오래 가지 않는다."라고 했다.

六四는 **至臨**이니 **无咎**하니라
　　육사　지림　　무구

육사는 지극한 태도로 임하는 것은 허물이 없다.

象曰 至臨无咎는 **位當也**할세라
　상왈 지림무구　　위당야

상에 이르길 "지극한 태도로 임하면 허물이 없다는 것은 지위가 정당하지 않기 때문이다."라고 했다.

六五는 **知臨**이니 **大君之宜**니 **吉**하니라
　육오　지림　　대군지의　길

육오는 총명한 지혜로 일에 임하니 훌륭한 군주의 제격이다.

象曰 大君之宜는 **行中之謂也**라
　상왈 대군지의　행중지위야

상에 이르길 "큰 군주로서 제격이다라는 것은 중도를 행한다는 말이다."라고 했다.

上六은 **敦臨**이니 **吉无咎**⁶⁾하니라
　상륙　돈림　　길무구

상륙은 매우 돈독한 마음으로 일에 임하니 길하고 허물이 없을 것이다.

象曰 敦臨之吉은 **志在內也**라
　상왈 돈림지길　지재내야

상에 이르길 "돈독하게 일에 임하는 것이 길하다 함은 뜻이 안에 있기 때문이다."라고 했다.

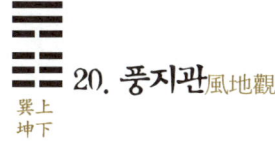

20. 풍지관 風地觀

巽上
坤下

觀은 盥而不薦이면 有孚顒若[1]하리라
관   관이부천   유부옹약

경건하게 통찰함은 손만 씻어도 아직 제사를 지내지 아니한 상태의 마음이다. 이러한 겸손한 마음과 의젓한 모습은 신은 제물을 흠향하기도 전에 복을 내린다. 모든 백성들은 우러러보고 모든 일이 엄숙하고 질서정연하게 정사에 임하면 시행되는 것이다.

象曰 風行地上이 觀이니 先王以省方觀民設教하나니라
상왈 풍행지상   관   선왕이성방관민설교

상에 이르길 "바람이 땅 위를 부는 것이 관괘상인데, 선왕은 이것으로써 사방을 고루 살피고 백성을 잘 살펴서 가르침을 베푼다."라고 했다.

初六은 童觀[2]이니 小人无咎오 君子吝이리라
초육   동관   소인무구   군자인

초육은 어린아이와 같은 마음으로 사물을 관찰하면 소인은 허물이 없으니 군자는 부끄러운 비난을 받는다.

象曰 初六 童觀은 小人道也라
상왈 초육 동관 소인도야

상에 이르길 "어린아이와 같은 마음으로 사물을 관철하면 소인의 길이다."라고 했다.

六二는 窺觀이니 利女貞3)하니라
육이 규관 이여정

육이는 좁은 틈으로 엿보는 것인데, 여자라면 그런 대로 괜찮지만 군자라면 부끄러운 일이다.

象曰 窺觀女貞이 亦可醜也니라
상왈 규관여정 역가추야

상에 이르길 "좁은 틈으로 엿본다. 여자라면 그런대로 괜찮다 함은 또한 부끄러운 것이다."라고 했다.

六三은 觀我生하야 進退4)로다
육삼 관아생 진퇴

육삼은 자신의 행동을 반성하고 살펴 앞으로 나아가고 물러난다.

象曰 觀我生進退하니 未失道也라
상왈 관아생진퇴 미실도야

상에 이르길 "자신의 행동을 반성하고 살펴나아가고 물러간다는 것은 도를 잃지 않은 것이다."라고 했다.

六四는 觀國之光5)이니 利用賓于王하니라
육사 관국지광 이용빈우왕

육사는 임금의 성덕을 살펴보니 임금께 대접을 받음이 이롭다.

象曰 觀國之光은 尙賓也라
상왈 관국지광   상빈야

상에 이르길 "임금의 성덕과 교화를 살펴본다는 것은 벼슬하기를 바란다는 것이다."라고 했다.

九五는 觀我生⁶⁾호대 君子면 无咎리라
구오   관아생   군자 무구

구오는 자신이 다스리는 백성들의 상태를 살피고 반성하는 상태이다. 군자의 도리에 맞으므로 허물이 없을 것이다.

象曰 觀我生은 觀民也라
상왈 관아생   관민야

상에 이르길 "자신의 생애를 돌아본다는 것은 백성을 보는 것이다."라고 했다.

上九는 觀其生⁷⁾호대 君子无咎리라
상구   관기생   군자무구

상구는 군주를 도와 그가 다스리는 백성들을 관찰하는 것이니 군자는 허물이 없는 것이다.

象曰 觀其生은 志未平也라
상왈 관기생   지미평야

상에 이르길 "자신의 생애를 관찰하는 것은 뜻이 편치 못한 것이다."라고 했다.

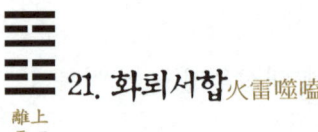

21. 화뢰서합 火雷噬嗑

離上
震下

噬嗑은 亨하니 利用獄¹⁾하니라
서합   형   이용옥

장애의 요인을 제거하기 위해 작용하면 형통한다. 공정한 형벌을 시행하는 것이 이롭다.

象曰 雷電이 噬嗑이니 先王以明罰勅法하니라
상왈 뇌전 서합   선왕이명벌칙법

상에 이르길 "우레와 번개가 서로 합쳤으니 옛 어진 선왕들은 이것으로써 형벌을 밝히고 법을 정비했던 것이다."라고 했다.

初九는 屨校하야 滅趾니 无咎²⁾하니라
초구 구교   멸지 무구

초구는 발에 쇠고랑을 채워 걸어가지 못하니 스스로 반성하고 경계하면 허물이 없을 것이다.

象曰 屨校滅趾는 不行也라
상왈 구교멸지 부행야

상에 이르길 "발에 쇠고랑을 채워 걸어가지 못한다 함은 악을 자행하지 못하게 하는 것이다."라고 했다.

六二는 噬膚호대 滅鼻니 无咎³⁾하니라
육이 서부   멸비 무구

육이는 장애를 제거하다가 코를 다쳤기 때문에 허물이 없을 것이다.

象曰 膚滅鼻는 乘剛也일세라
상왈 부멸비   승강야

상에 이르길 "장애를 제거하다가 코를 다친다는 것은 강剛을 탔기 때문이다."라고 했다.

六三은 噬腊肉하다가 **遇毒**⁴⁾이니 **小吝**이나 **无咎**리라
육삼   서석육   우독   소린   무구

육삼은 말린 딱딱한 고기에 비유할 수 있는 장애를 제거하다가 중독되었다. 조금은 부끄러운 일이지만 허물은 없을 것이다.

象曰 遇毒은 位不當也일세라
상왈 우독   위부당야

상에 이르길 "장애를 제거하다가 중독되었다는 것은 하는 일이 매우 마땅하지 않기 때문이다."라고 했다.

九四는 噬乾하야 **得金矢**나 **利艱貞**하니 **吉**하리라
구사   서건   득금시   이간정   길

구사는 뼈가 있는 딱딱한 고기와 비교할 수 있는 장애를 제거하다가 해독을 입었다. 비록 힘은 드나 마음을 바르게 가지면 위태하나 괜찮으리라.

象曰 利艱貞吉은 未光也라
상왈 이간정길   미광야

상에 이르길 "비록 힘은 드나 마음을 바르게 가지면 위태한 것은 아직도 덕이 빛나지 못한 것이다."라고 했다.

六五는 噬乾肉하야 得黃金이니 貞厲면 无咎[5]리라
육오　서건육　　득황김　　정려　무구

육오는 장애를 제거하다가 황금을 얻으니 마음을 바르게 가지면 괜찮을 것이다.

象曰 貞厲无咎는 得當也일세라
상왈 정려무구　득당야

상에 이르길 "바르게 가지면 허물이 없다 함은 하는 일이 마땅함을 얻었기 때문이다."라고 했다.

上九는 何校滅耳니 凶[6]토다
상구　하교멸이　흉

상구는 죄인을 큰칼에 매어서 귀까지 덮인 상태이다. 형장의 이슬로 사라지리라. 매우 흉하다.

象曰 何校滅耳는 聰不明也일세라
상왈 하교멸이　총부명야

상에 이르길 "귀를 자른다는 것은 듣는 것이 매우 밝지 못하기 때문이다."라고 했다.

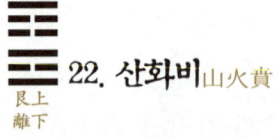

22. 산화비 山火賁

艮上
離下

賁는 亨하니 小利有攸往[1]하니라
분　형　　소리유유왕

아름답게 꾸미는 것을 상징한다. 그러나 지나치면 사치한 풍조를 빚는다.

象曰 山下有火賁니 君子 以하야 明庶政호대 无敢折獄하나니라
상왈 산하유화분 군자 이 명서정 무감절옥

상에 이르길 "산 아래 불이 타고 있는 것이 분괘상인데, 군자는 이것으로써 뭇 정사를 밝히지만 형옥을 다스리는 일에 마음을 두지 않는다."라고 했다.

初九는 賁其趾이 舍車而徒로다
초구 분기지 사거이도

초구는 그 발걸음을 아름답게 강식하는 것이니, 수레를 버리고 걷는다. 의를 버리고 출세하지 않는다.

象曰 舍車而徒는 義弗乘也라
상왈 사거이도 의불승야

상에 이르길 "수레를 버리고 걷는다 함은 의리상 타지 않는 것이다."라고 했다.

六二는 賁其須로다
육이 분기수

육이는 "턱과 어울려 수염을 아름답게 장식하는 것이다."라고 했다.

象曰 賁其須는 與上興也라
상왈 분기수 여상흥야

상에 이르길 "그 수염을 아름답게 장식한다 함은 윗사람과 함께 움직인다는 것이다."라고 했다.

九三은 賁如濡如하니 永貞하면 吉하리라
구삼 분여유여 영정 길

구삼은 아름답게 장식하고 윤기가 흐르는 것인데, 한결같이 마음이 곧아야 길하다.

象曰 永貞之吉은 終莫之陵也니라
상왈 영정지길 종막지능야

상에 이르길 "한결같이 마음이 곧아야 길한 것은 마침내 업신여기지 못할 것이다."라고 했다.

六四는 賁如皤如하며 白馬翰如[4]하니 匪寇면 婚媾리라
육사 분여파여 백마한여 비구 혼구

육사는 예쁘게 가꾼 듯 소박하게 가꾼 듯 그대로다. 흰 말은 매우 빨라 마치 나는 듯하다. 도둑이 아니고 청혼하러 온 것이다.

象曰 六四는 當位疑也니 匪寇婚媾는 終无尤也라
상왈 육사 당위의야 비구혼구 종무우야

상에 이르길 "육사는 자신이 처한 자리가 의심스러운 것이다. 가해하려는 사람이 아니라 청혼하러 온 것이므로 마침내 허물이 없다."라고 했다.

六五[5]는 賁于丘園이니 束帛이 戔戔이면 吝하나 終吉이리라
육오 분우구원 속백 잔잔 인 종길

육오는 군주가 동산 가꾸기에 뜻을 둔다. 비단 묶음따위엔 등한하다. 처음에는 비난을 받으나 마침내 길하다.

　象曰 六五之吉은 有喜也라
　상왈 육오지길　유희야

　상에 이르길 "인색하나 마침내 길할 것이다."라고 했다.

　上九는 白賁면 无咎⁶⁾리라
　상구　백분　무구

　상구는 꾸미지 않은 무덤이다. 허물이 없을 것이다.

　象曰 白賁无咎는 上得志也라
　상왈 백분무구　상득지야

　상에 이르길 "속세의 영욕을 초탈했기 때문에 허물이 없다는 것은 위에 있어서 뜻을 얻은 것이다. 그러므로 곧 위에서 뜻을 얻는다."라고 했다.

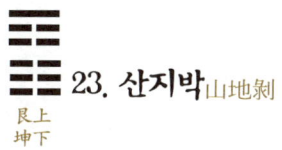

23. 산지박 山地剝
艮上
坤下

　剝은 不利有攸往¹⁾하니라
　박　부리유유왕

　박괘는 긁히고 깎여서 떨어짐을 상징하는 괘이다. 군자는 그대로 전진하면 해롭다.

象曰 山附於地剝이니
상왈 산부어지박

上이 以하야 厚下하야 安宅하나니라
상 이 후하 안택

상에 이르길 "산이 땅에 붙어 있는 것이 박괘상인데, 위에 있는 자는 이것을 본받아 백성들의 삶을 돈후하게 하여 주고 그 생활을 편안하게 한다." 라고 했다.

初六은 剝牀以足이니 蔑貞이라 凶토다
초육 박상이족   멸정   흉

초육은 침상을 부수는 데는 다리에서부터 시작한다. 바른 상태를 무너뜨리는 것이니 흉하다.

象曰 剝牀以足은 以滅下也라
상왈 박상이족 이멸하야

상에 이르길 "상을 부수는 데 다리부터 시작한다는 것은 아래부터 없앤다는 말이다."라고 했다.

六二는 剝牀以辨²이니 蔑貞이라 凶토다
육이 박상이변   멸정   흉

육이는 침상을 부수는데 그 다리가 부착된 부분을 자르는 형태이다. 위험이 겉에 드러나지 않았으나 곧 안정을 잃는다. 매우 흉하다.

象曰 剝牀以辨은 未有與也일세라
상왈 박상이변 미유여야

상에 이르길 "침상을 부수는데 그 다리가 부착된 부분을 자르는 형태 아직도 구원해 주는 이가 없다는 것이다."라고 했다.

六三은 剝之无咎니라
육삼　박지무구

육삼은 박해라는 무리에 있을 뿐 내심으로 그들에게 이탈하는 형태이니 허물이 없을 것이다.

象曰 剝之无咎는 失上下也[3]일세라
상왈　박지무구　　실상하야

상에 이르길 "박해라는 무리에 있을 뿐 내심으로 그들에게 이탈하는 형태이니 위와 아래를 모두 잃기 때문이다."라고 했다.

六四는 剝牀以膚니 凶하니라
육사　박상이부　흉

육사는 침상을 부시되 껍데기부터 시작한다. 그러므로 흉하다.

象曰 剝牀以膚는 切近災也라
상왈　박상이부　　절근재야

상에 이르길 "몸이 닿는 침상의 면을 망가뜨리는 형태라는 것은 재앙이 임박했음을 말한다."라고 했다.

六五는 貫魚하야 以宮人寵이면 无不利[4]리라
육오　관어　　이궁인총　　무부리

육오는 물고기를 잡아 꿰어 동류들을 이끌고 후궁처럼 총애하는 상태이다. 이롭지 않은 것이 없다.

象曰 以宮人寵은 終无尤也라
상왈 이궁인총 종무우야

상에 이르길 "동류들을 이끌고 후궁처럼 총애하는 상태라는 것은 마침내 허물이 없을 것이다."라고 했다.

上九는 碩果不食이니 君子는 得輿하고 小人은 剝廬[5]리라
상구 석과불식 군자 득여 소인 박려

상구는 높은 나뭇가지에 과일이 매달려 있어 아무도 따먹지 못한 상태이다. 군자는 지위를 얻고 소인은 거점을 잃을 것이다.

象曰 君子得輿는 民所載也오 小人剝廬는 終不可用也라
상왈 군자득여 민소재야 소인박려 종불가용야

상에 이르길 "군자가 지위를 얻는다는 것은 백성들에게 추대되는 것을 말하고 소인은 거점을 잃는다는 것은 끝내 쓰이지 못한다는 것이다."라고 했다.

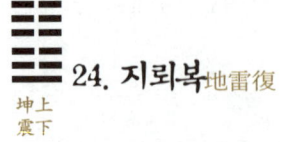
24. 지뢰복 地雷復
坤上
震下

復은 亨하니 出入에 无疾하야 朋來하니 无咎[1]니라
부 형 출입 무질 붕래 무구

反復其道하야 **七日**에 **來復**[2]하니 **利有攸往**이니라
반 부 기 도　　칠 일　　래 복　　　　이 유 유 왕

되돌아오면 형통한 것이니, 출입하는 데 병이 없기 때문에 벗이 찾아와도 허물이 없을 것이다. 가던 길을 돌아오기까지 7일이 걸려 번영의 기틀을 마련한다. 갈 데가 있으면 이롭다.

象曰 雷在地中復이니 **先王**이 **以**하야
상 왈 뇌 재 지 중 복　　　선 왕　　이

至日에 **閉關**하야 **商旅不行**하며 **後不省方**하나라
지 일　　폐 관　　　상 려 부 행　　　후 부 성 방

상에 이르길 "우레가 땅 속에 있는 것이 복괘상인데, 옛 어진 선왕들은 동짓날에 성의 관문을 닫아서 백성들이 장사와 여행을 하지 못하게 하고, 임금과 제후가 지방을 살피지 않고 때를 기다렸다 것이다."라고 했다.

初九는 **不遠復无祗悔**니 **元吉**하나라
초 구　　부 원 복 무 지 회　　원 길

초구는 바른 길로 되돌아와 후회하지 않는다. 대길해진다.

象曰 不遠之復은 **以脩身也**라
상 왈 부 원 지 부　　이 수 신 야

상에 이르길 "잘못을 깨닫고 바른 길로 되돌아와 후회하지 않는다는 것은 몸을 자신을 닦는 것이다."라고 했다.

六二는 **休復**이니 **吉**하나라
육 이　　휴 부　　　길

육이는 훌륭히 돌아왔다. 인자를 겸허한 마음으로 대하면 길하다.

象曰 休復之吉[3]**은 以下仁也라**
상왈 휴부지길　이하인야

상에 이르길 "훌륭히 돌아왔다는 것은 인仁에 몸을 낮추는 것이다."라고 했다.

六三은 頻復이니 厲하나 无咎리라
육삼　빈복　려　　무구

육삼은 이따금 과오를 저지르나 그대마다 바른 길로 돌아온다. 위태로운 일이 허물은 없을 것이다.

象曰 頻復之厲는 義无咎也니라
상왈 빈부지려　의무구야

상에 이르길 "이따금 과오를 저지르기 때문에 위태로우나 허물이 없는 것이다."라고 했다.

六四는 中行호대 獨復[4]**이로다**
육사　중행　　독부

육사는 중용을 지키면서 혼자 돌아와 바른 도를 좇는다.

象曰 中行獨復은 以從道也라
상왈 중행독부　이종도야

상에 이르길 "혼자 되돌아왔다 함은 자신이 도를 따르지 않기 때문이다."라고 했다.

六五는 敦復이니 无悔하니라
육오 돈복 무회

육오는 돈독한 마음으로 되돌아온다. 후회가 없을 것이다.

象曰 敦復无悔는 中以自考也라
상왈 돈부무회 중이자고야

상에 이르길 "돈독한 마음으로 되돌아와서 뉘우침이 없다는 것은 중도로써 자신이 스스로 이루는 것이다."라고 했다.

上六은 迷復5)이라 凶하니 有災眚하야 用行師면 終有大敗하고
상륙 미부 흉 유재생 용행사 종유대패

以其國이며 君이 凶하야 至于十年이 不克征하리라
이기국 군 흉 지우십년 부극정

상륙은 바른 길로 되돌아오는 것을 잃어버렸으니 흉하다. 하늘과 사람이 저지른 재난이 있다. 군사를 움직이면 크게 패하고, 그 누가 임금에게까지 화가 미쳐서 흉하다. 10년을 싸워도 결코 정벌하지 못한다.

象曰 迷復之凶은 反君道也일세라
상왈 미복지흉 반군도야

상에 이르길 "바른 길로 되돌아오는 것을 잃어버려 흉함은 그것이 임금의 도에 반대되기 때문이다."라고 했다.

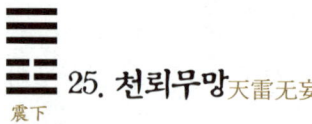
25. 천뢰무망 天雷无妄
震下
乾上

無妄은 元亨하고 利貞¹⁾하니 其匪正이면 有眚하릴새 不利有攸往하니라
무망　원형　　이정　　기비정　　유생　　　부리유유왕

죽음이란 크게 형통하고 마음이 곧고 발라야 이로운데, 그 올바른 것이 아니면 반드시 재앙이 따르기 때문에 갈 데가 있는 것은 이롭지 않다.

象曰 天下雷行하야 物與无妄²⁾하니
상 왈 천하뇌행　　물여무망

先王이 以하야 茂對時하야 育萬物하니라
선왕　이　　무대시　　육만물

상에 이르길 "하늘 아래에서 우레가 진동하여 물건마다 무망을 부여했다. 선왕들은 이것을 본떠서 천시에 순응하고 대처하여 만물을 잘 기른다."라고 했다.

初九는 无妄이니 往에 吉하리라
초구　　무망　　　왕　길

초구는 사심이 없는 마음으로 성실하게 나가면 길하다.

象曰 无妄之往은 得志也리라
상 왈 무망지왕　　득지야

상에 이르길 "천시의 작용에 순응하면서 사심 없는 마음으로 성실하게 나가면 뜻을 얻을 것이다."라고 했다.

六二는 不耕하여 穫하며 不菑하야 畬니 則利有攸往³⁾하니라
육이   부경   확   부치   여   칙이유유왕

　육이는 자신의 이익을 위해 밭을 갈고 수확하지도 않고, 황무지를 일구지도 않는다면 이것은 무망의 덕을 체득한 것이니 일이 순조롭게 진행될 것이다.

象曰 不耕穫은 未富也라
상왈 부경확   미부야

　상에 이르길 "자신의 이익을 위해 밭을 갈지도 않고 수확하지 않는 것은 부하려는 것이 아니다."라고 했다.

六三은 无妄之災니 或繫之牛하나 行人之得이 邑人之災로다
육삼   무망지재   혹계지우   행인지득   읍인지재

　육삼은 뜻밖의 재앙을 당한다. 어떤 사람이 소를 어느 곳에 매어 놓았는데 지나가는 사람이 훔쳐 가져갔으나 그 누명이 고을 사람에게 씌워져 동네 사람들이 피해를 입었다.

象曰 行人得牛면 邑人災也라
상왈 행인득우   읍인재야

　상에 이르길 "지나가는 사람이 소를 몰고 훔쳐 갔는데 곧 고을 사람들에게 혐의가 씌워져 피해를 입었다."라고 했다.

九四는 可貞이니 无咎리라
구사   가정   무구

　구사는 마음을 바르게 가지면 허물이 없을 것이다.

象曰 可貞无咎는 固有之也⁴⁾일세라
상왈 가정무구   고유지야

상에 이르길 "마음을 바르게 가지면 허물이 없다는 것은 굳게 지킨다는 것이다."라고 했다.

九五는 无妄之疾은 勿藥이면 有喜리라
구오   무망지질   물약   유희

구오는 뜻밖의 병에 걸린다. 약을 쓰지 말라. 그대로 두면 저절로 나아서 반드시 기쁨이 있을 것이다.

象曰 无妄之藥은 不可試也니라
상왈 무망지약   부가시야

상에 이르길 "뜻밖의 병에 약을 쓰면 안 된다는 것이다."라고 했다.

上九는 无妄에 行이면 有眚하야 无攸利하니라
상구   무망   행   유생   무유리

상구는 자연에 맡겨라. 행동하면 재난을 얻기 때문에 이로운 것이 없다.

象曰 无妄之行은 窮之災也라
상왈 무망지행   궁지재야

상에 이르길 "자연에 맡겨라. 오직 궁진함의 재앙뿐이다."라고 했다.

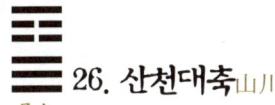
26. 산천대축 山川大畜

大畜은 **利貞**하니 **不家食吉**하면 **利涉大川**하니
대축 이정   부가식길   이섭대천

크게 비축하기 위해서는 마음을 바르게 가져야 이롭다. 집에서 머물지 않는 것이 길하고 큰 강을 건너는 것처럼 조심스럽게 행동해야 이롭다.

象曰 天在山中이 **大畜**이니 **君子**가 **以**하야
상왈 천재산중   대축   군자   이

多識前言往行하야 **以畜其德**하나니라
다식전언왕행   이축기덕

상에 이르길 "하늘이 산 가운데 있는 것이 대축괘상인데, 군자는 이것으로써 옛날 성현의 말씀과 행실을 좇아서 자신의 덕을 기르는 것이다."라고 했다.

初九는 **有厲**리니 **利已**니라
초구   유려   이이

초구는 자신의 힘으로 믿고 나가면 위험하니 그만두는 것이 이롭다.

象曰 有厲利已는 **不犯災也**라
상왈 유려이이   부범재야

상에 이르길 "자신의 힘으로 믿고 나가면 위험하니 그만두는 것이 이롭다 함은 재앙을 스스로 범하지 말라는 것이다."라고 했다.

九二는 **輿說輹**이로다
구이 여설복

구이는 수레의 바퀴가 빠져 나간다. 중용을 지키면 허물은 없다.

象曰 輿脫輹은 **中**이라 **无尤也**라
상왈 여탈복 중   무우야

상에 이르길 "수레의 바퀴가 빠져 나가려 함은 중도를 지키는 것이 허물이 없을 것이다."라고 했다.

九三은 **良馬逐**이니 **利艱貞**하니
구삼 양마축   이간정

日閑輿衛면 **利有攸往**하리라
일한여위   이유유왕

구삼은 좋은 말을 타고 달린다. 어려움에 부딪쳐도 반드시 마음을 바르게 가져야 이롭다. 날마다 수레 몰기와 무예 수련에 힘써야 이롭다. 전진하여야 이롭다.

象曰 利有攸往은 **上合志也**일세라
상왈 이유유왕   상합지야

상에 이르길 "전진하여야 이롭다 함은 윗사람과 뜻이 맞기 때문이다."라고 했다.

六四는 **童牛之牿**이니 **元吉**하니라
육사 동우지고   원길

육사는 송아지의 뿔이 상하지 않도록한다. 환난을 사전에 방지하니 대길한다.

象曰 六四 元吉은 有喜也라
상왈 육사 원길   유희야

상에 이르길 "환난을 사전에 방지하니 크게 길하다는 것은 기쁨이 있다는 말이다."라고 했다.

六五는 豶豕之牙니 吉하니라
육오   분시지아   길

육오는 멧돼지의 이를 거세한다. 그러므로 매우 길하다.

象曰 六五之吉은 有慶也라
상왈 육오지길   유경야

상에 이르길 "육오의 길함은 경사가 있다는 것이다."라고 했다.

上九는 何天之衢5)니 亨하니라
상구   하천지구   형

상구는 하늘을 자신의 어깨에 매고 크고 넓은 길에 있다. 도가 크게 행하여져 만사가 형통할 것이다.

象曰 何天之衢오 道니 大行也라
상왈 하천지구   도   대행야

상에 이르길 "하늘을 자신의 어깨에 매고 넓은 길에 있다는 것은 도가 행해지는 것을 말한다."라고 했다.

27. 산뢰이 山雷頤

艮上
震下

頤는 貞하면 吉하니 觀頤하며 自求口實[1]이니라
이 정 길 관이 자구구실

정고한 자세로 수행하면 좋다. 턱을 놀리는 것을 살펴보니 스스로 음식물이 들어오기를 바라고 있다.

象曰 山下有雷가 頤니 君子가 以하야 愼言語하며 節飮食[2]하나니라
상왈 산하유뢰 이 군자 이 신언어 절음식

상에 이르길 "산 아래에 우레가 있는 것이 이괘상인데, 군자는 이것으로써 말을 삼가고 스스로 음식을 절제한다."라고 했다.

初九는 舍爾靈龜하고 觀我하야 朶頤니 凶[3]하니라
초구 사이영귀 관아 타이 흉

초구는 자신의 좋은 것을 버리고 남의 것을 보고는 부러워서 침을 흘린다. 매우 흉하다.

象曰 觀我朶頤하니 亦不足貴也로다
상왈 관아타이 역불족귀야

상에 이르길 "남의 것을 보고 침을 흘린다는 것은 또한 귀하게 여길 것이다."라고 했다.

六二는 顚頤라 拂經이니 于丘에 頤하야 征하면 凶[4]하리라
육이 전이 불경 우구 이 정 흉

육이는 아랫사람의 힘으로 자신을 기르는 것은 상도에 위배된 것이다. 언덕 위에서 그래서 길러 주기를 원한다. 싸우러 나가면 흉해진다.

象曰 六二征凶은 行이 失類也라
상왈 육이정흉   행 실류야

상에 이르길 "싸우러 나가면 흉하다는 것은 무리를 잃었다는 것이다. 행하면 같은 무리를 잃는다."라고 했다.

六三은 拂頤貞이라 凶[5]하야 十年勿用이라 无攸利하니라
육삼 불이정   흉   십년물용   무유리

육삼은 이도를 위반한 상태이다. 이런 자세를 고집하면 흉하다. 십 년이 지나도 아무 소용이 없다. 나아가면 이로울 것이 없다.

象曰 十年勿用은 道ㅣ 大悖也라
상왈 십년물용   도 대패야

상에 이르길 "십 년이 지나도 아무 소용이 없다는 것은 도리에 크게 어긋났기 때문이다."라고 했다.

六四는 顚頤나 吉하니 虎視眈眈하며 其欲逐逐하면 无咎리라
육사 전이 길   호시탐탐   기욕축축   무구

육사는 이도에 위배된다. 그러나 위에서 은총을 베풀기 때문에 길하다. 호시탐탐한 태도로 욕망을 추구하면 허물이 없을 것이다.

象曰 顚頤之吉은 上施光也일세니라
상왈 전이지길   상시광야

상에 이르길 "이도에 위배되나 길하다는 것은 위에서 베푸는 것이 더욱 빛나기 때문이다."라고 했다.

六五는 拂經이나 居貞하면 吉하려니와 不可涉大川이니라
육오 불경 거정 길 부가섭대천

육오는 유순한 마음으로 위에 순종하면서 정교한 자세를 가지면 매우 길할 것이다. 큰 강을 건너는 것과 같이 위험을 초래하면 안 된다.

象曰 居貞之吉은 順以從上也일세라
상왈 거정지길 순이종상야

상에 이르길 "위에 순종하면서 정고한 자세를 가지면 길하다는 것은 윗사람을 따르기 때문이다."라고 했다.

上九는 由頤니 厲하면 吉하니 利涉大川하니라
상구 유이 려 길 이섭대천

상구는 만민이 그 힘을 빌려 이양될 반드시 두려워하면 길할 것이다. 큰 내를 건너는 것이 이롭다.

象曰 由頤厲吉은 大有慶也라
상왈 유이려길 대유경야

상에 이르길 "사람의 몸은 턱으로 말미암아 양육된다. 그리고 위험이 있으나 길하다. 나라에 큰 경사가 있으리라."라고 했다.

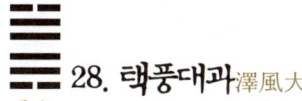

28. 택풍대과 澤風大過
兌上
巽下

大過는 棟이 橈니 利有攸往하야 亨¹⁾하니라
대과 동 요 이유유왕   형

몹시 지나치는 것은 마치 기둥이 몹시 부러진 것과 같다. 적극적으로 행동하여 위난에 대처해야 한다. 그러면 이로워져서 형통해진다.

象曰 澤滅木이 大過니
상왈 택멸목   대과

君子가 以하야 獨立不懼하며 遯世无悶²⁾하나니라
군자 이   독립불구   둔세무민

상에 이르길 "나무가 못 속에 빠져 있는 것이 대과괘상인데, 군자는 이것으로써 위난에 처해도 결코 두려워하지 않고, 세상을 도피해서 살아도 결코 근심하지 않는다."라고 했다.

初六은 藉用白茅니 无咎하니라
초육   자용백모   무구

초육은 흰 띠풀을 엮어 깔고 제수와 예물을 올려놓은듯이 경건한 마음으로 행동하면 허물이 없을 것이다.

象曰 藉用白茅는 柔在下也라
상왈 자용백모   유재하야

상에 이르길 "흰 띠풀을 엮어 깐다는 것은 유柔가 밑에 있기 때문이다."라고 했다.

九二는 枯楊이 生稊하며
구이 고양 생제

老夫가 得其女妻니 无不利⁽³⁾하니라
노부 득기여처 무불리

구이는 고목이 된 버드나무에 새싹이 돋고 늙은 홀아비가 젊은 여자를 아내로 맞이했다. 이롭지 않는 것이 없다.

象曰 老夫女妻는 過以相與也라
상왈 노부여처 과이상여야

상에 이르길 "늙은 아버지가 젊은 여자를 아내로 맞이했다 함은 자신의 분수를 지나쳐서 서로 만났다는 것이다."라고 했다.

九三은 棟이 橈니 凶하니라
구삼 동 요 흉

구삼은 대들보가 휘어졌다. 매우 흉하다.

象曰 棟橈之凶은 不可以有輔也일세라
상왈 동요지흉 부가이유보야

상에 이르길 "대들보가 휘어져서 흉하다는 것은 이를 도와서 바로잡을 수 없기 때문이다."라고 했다.

九四는 棟隆이니 吉커니와 有它면 吝하리라
구사 동륭 길 유타 인

구사는 기둥이 든든하여 길해지지만, 그러나 딴 생각을 품으면 부끄러워질 것이다.

象曰 棟隆之吉은 不橈乎下也일세라
상왈 동륭지길   부요호하야

상에 이르길 "대들보가 든든하여 길하다 함은 밑으로 부러지지 않았기 때문이다."라고 했다.

九五는 枯楊이 生華하며 老婦가 得其士夫니 无咎나 无譽리라
구오   고양 생화   노부   득기사부   무구   무예

구오는 고목이 된 버드나무에 꽃이 피고, 늙은 아내가 젊은 남자를 얻는다. 이것은 매우 꼴이 사나워서 허물도 없고 명예로운 것도 없다.

象曰 枯楊生華하면 何可久也며
상왈 고양생화   하가구야

老婦士夫며 亦可醜也로다
노부사부   역가추야

상에 이르길 "고목이 된 버드나무에 꽃이 피었으나 어찌 오래 갈 수 있으며, 늙은 여자가 젊은 남자를 얻었으니 이 또한 추한 것이다."라고 했다.

上六[4]은 過涉滅頂이라 凶하니 无咎하니라
상륙   과섭멸정   흉   무구

상륙은 깊은 물을 건너려다가 물에 빠진다. 흉하나 허물은 없을

것이다.

象曰 過涉之凶은 不可咎也니라
상왈 과섭지흉　부가구야

상에 이르길 "깊은 물을 건너려는 것은 허물할 수 없을 것이다." 라고 했다.

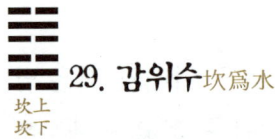 29. 감위수 坎爲水
坎上
坎下

習坎은 有孚하야 維心亨이니 行하면 有尙[1]이리라
습감　유부　　유심형　　　행　　유상

험난이 여러 겹으로 둘러싸인 상태이다. 이러한 때일수록 진지한 성의가 있어야 마음에 생각하는 바를 달성할 수 있다.

象曰 水洊至가 習坎이니 君子가 以하야 常德行하며 習敎事하나니라
상왈 수천지　습감　　군자　이　　상덕행　　　습교사

상에 이르길 "물이 멎지 않고 흐르는 상태가 습감괘상인데, 군자는 이것을 거울 삼아 역경에 처해도 자신의 몸을 닦고 사람들을 가르치는 일을 게을리하지 않는다." 라고 했다.

初六은 習坎에 入于坎窞이니 凶[2]하니라
초육　습감　입우감담　　흉

초육은 거듭된 험난으로 깊은 웅덩이에서 헤어날 줄 모르기 때문에 흉해진다.

　象曰 習坎入坎은 失道라 凶也라
　상왈 습감입감　실도　흉야

　상에 이르길 "웅덩이에서 헤어날 줄 모른다는 것은 길을 잃은 것이기 때문이다."라고 했다.

　九二는 坎에 有險하니 求小得[3]하리라
　구이　감　유험　　구소득

　구이는 "웅덩이에 빠져 위험에 처하고 노력하면 조금은 성과를 얻을 것이다."라고 했다.

　象曰 求小得은 未出中也일세라
　상왈 구소득　미출중야

　상에 이르길 "노력하면 조금은 성과를 얻는 것이 있다는 것은 웅덩이 속에서 아직도 나오지 못하는 것을 말한다."라고 했다.

　六三은 來之에 坎坎하며 險에 且枕하야 入于坎窞이니 勿用이니라
　육삼　래지　감감　　험　차침　　입우감담　　물용

　육삼은 앞에도 뒤에도 위험이 직면하였는데 제자리에 멎자니 험난 속에 있어야 한다. 웅덩이에 빠졌으니 발버둥쳐도 소용없다.

　象曰 來之坎坎은 終无功也리라
　상왈 래지감감　종무공야

상에 이르길 "앞에도 뒤에도 위험뿐이라는 것은 마침내 공이 없다는 것이다."라고 했다.

六四는 **樽酒**와 **簋貳**를 **用缶**하고 **納約自牖**면 **終无咎**하리라
육사 준주 궤이 용부 납약자유 종무구

육사는 한 잔의 술과 한 그릇의 제물을 질그릇에 담아 창문을 통해 의식을 드린다. 마침내 허물이 없어진다.

象曰 樽酒簋貳는 **剛柔際也**일세라
상왈 준주궤이 강유제야

상에 이르길 "한 잔의 술과 한 그릇의 제물이란 곧 강剛과 유柔가 만나는 것이다."라고 했다.

九五는 **坎不盈**이니 **祇旣平**하면 **无咎**[4]리라
구오 감부영 지기평 무구

구오는 계속 흘러내리는 물이 정지되어 수평을 이룬 상태이니 허물이 없다.

象曰 坎不盈은 **中**이 **未大也**라
상왈 감부영 중 미대야

상에 이르길 "흐르는 물이 정지되었다. 함은 중의 덕이 있으나 아직도 크지 못하다는 것이다."라고 했다.

上六은 **係用徽纆**하야 **寘于叢棘**하야 **三歲**라도 **不得**이니 **凶**하니라
상륙 계용휘묵 치우총극 삼세 불득 흉

상륙은 새끼줄에 꽁꽁 묶여 가시덤불속에 버려둔 것과 같다. 3년이 지나도 벗어나지 못하니 흉할 것이다.

象曰 上六失道는 凶三歲也라라
상왈 상륙실도   흉삼세야

상에 이르길 "상은 정도를 잃어서 3년이 지나도 벗어나지 못할 것이다."라고 했다.

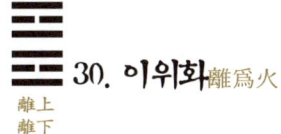 30. 이위화離爲火
離上
離下

離는 利貞하니 亨畜牝牛하면 吉¹⁾하리라
이   이정   형축빈우   길

바른 곳을 찾아 마음을 바르게 가지는 것이 매우 이롭다. 유순한 암소처럼 남에게 순종하는 덕을 길러야 길하다.

象曰 明兩이 作離하니 大人이 以하야 繼明하야 照于四方하나니라
상왈 명량   작리   대인 이   계명   조우사방

상에 이르길 "밝은 것이 두 번 겹힌 것이 이괘상인데, 대인은 이것으로써 하늘의 밝은 것을 계승하여 사방을 고루 밝게 비춘다."라고 했다.

初九는 履錯然하니 敬之면 无咎리라
초구   리착연   경지   무구

초구는 밤길이 어두워서 조심하지 않으면 안 된다. 조심하면 허물이 없을 것이다.

象曰 履錯之敬은 以避咎也라
상왈 이착지경   이피구야

상에 이르길 "밤길 어두워서 행동을 삼가는 것은 허물을 피하려는 것이다."라고 했다.

六二는 黃離니 元吉²⁾하니라
육이   황리   원길

육이는 대낮의 햇빛이 매우 밝다. 크게 길할 것이다.

象曰 黃離元吉은 得中道也라
상왈 황리원길   득중도야

상에 이르길 "대낮의 햇빛이 밝기 때문에 크게 길한다는 것은 중도를 얻었기 때문이다."라고 했다.

九三은 日昃之離니 不鼓缶而歌면 則大耋之嗟라 凶³⁾하리라
구삼   일측지리   부고부이가   즉대질지차   흉

구삼은 해가 기울었으니 장구를 치면서 노래할 즐거움도 없다. 노인이 자신이 늙었음을 탄식한다. 흉할 것이다.

象曰 日昃之離가 何可久也리오
상왈 일측지리   하가구야

상에 이르길 "해가 기울었으니 어찌 오래 가겠는가."라고 했다.

九四는 突如其來如라 焚如니 死如며 棄如니라
구사 돌여기래여 분여 사여 기여

구사는 갑자기 나타난 무뢰한 물러설 수도 없고 누구하나 맞아주지도 않는다. 끝내는 불에 타죽어 돌보는 사람이 없는 시체가 되리라.

象曰 突如其來如는 无所容也니라
상왈 돌여기래여 무소용야

상에 이르길 "갑자기 무뢰한이 나타난 것은 몸둘 곳이 없는 것이다."라고 했다.

六五는 出涕沱若하며 戚嗟若⁴⁾이나 吉하리라
육오 출체타약 척차약 길

육오는 눈물을 흘리면서 슬픔에 젖는다. 후에 그러나 길할 것이다.

象曰 六五之吉은 離王公也일세라
상왈 육오지길 리왕공야

상에 이르길 "나중의 길함이란 왕공을 보전하기 때문이다."라고 했다.

上九는 王用出征이면
상구 왕용출정

有嘉니 折首코 獲匪其醜면 无咎리라
유가 절수 획비기추 무구

상구는 임금의 부름으로 정벌을 나가면 좋은 일이 있기 때문에 적의 우두머리를 베고 포로를 관대하게 처리하면 나라에 공이 있기에 허물이 없을 것이다.

象曰 王用出征은 以正邦也라
상왈 왕용출정 이정방야

상에 이르길 "임금의 부름으로 정벌을 나간다는 것은 나라를 바로잡는 것이다."라고 했다.

하경 下經

31. 택산함 澤山咸
兌上
艮下

咸은 亨하니 利貞하니 取女면 吉[1]하리라
함　형　　이정　　취녀　길

감함은 형통한다. 감성은 지성에 바탕을 두어야 한다. 아내를 얻으면 길해진다.

象曰 山上有澤이 咸이니 君子가 以하야 虛로 受人[2]하나니라
상왈 산상유택　함　　군자　이　　허　수인

상에 이르길 "산 위에 못이 있는 것이 함괘상인데, 군자는 이것을 거울 삼아 자신의 마음을 비우고 사람을 포용한다."라고 했다.

初六은 咸其拇라
초육　함기무

초육은 그 엄지발가락에서 감응된다. 앞으로 나아가 외계에 뜻을 둔다.

象曰 咸其拇³⁾라 志在外也라
상왈 함기무   지재외야

상에 이르길 "그 엄지발가락에서 감응된다는 것은 뜻이 밖에 있기 때문이다."라고 했다.

六二는 咸其腓면 凶하니 居하면 吉⁴⁾하리라
육이   함기비 흉   거   길

육이는 다리의 장딴지에서 감응된다. 아직 그 사람의 마음에 깊이 미치지 못한다. 그러므로 매우 흉하다. 집안에 있으면 길할 것이다.

象曰 雖凶居吉은 順하면 不害也라
상왈 수흉거길   순   부해야

상에 이르길 "비록 흉하나 집안에 있으면 길할 것이란 자연의 이치에 따르면 결코 해롭지 않다는 것이다."라고 했다.

九三은 咸其股라 執其隨니 往하면 吝하리라
구삼   함기고 집기수   왕   인

구삼은 허벅다리에서 감동된다. 자신에게 뜻을 두고 고집한다. 계속 추진하면 부끄러운 결과가 있을 것이다.

象曰 咸其股는 亦不處也니 志在隨人하니 所執이 下也라
상왈 함기고 역부처야   지재수인   소집 하야

상에 이르길 "허벅다리에서 감응된다 함은 또한 그대로 있는 것이 아니다. 자신의 뜻이 남을 따라가는 데 있으므로 주의함이 저열한 것이다."라고 했다.

九四는 貞이면 吉하야 悔가 亡하리니 憧憧往來면 朋從爾思⁵⁾하리라
구사 정 길 회 망 동동왕래 붕종이사

구사는 마음이 곧으면 길하고 뉘우침이 없을 것이다. 공평무사하여 마침내 언젠가는 벗이 내 뜻을 좇으리라.

象曰 貞吉悔亡은 未感害也오 憧憧往來는 未光大也라
상왈 정길회망 미감해야 동동왕래 미광대야

상에 이르길 "마음이 곧으면 길하고 뉘우침이 없다는 것은 아직도 감응된 것에 해로움이 없다는 것이고, 아직 공평무사하지 못했다는 것은 빛이 아직도 크지 않다는 것이다."라고 했다.

九五는 咸其脢니 无悔리라
구오 함기매 무회

구오는 그 등골까지 감응된다. 그러므로 공평무사하여 뉘우침이 없을 것이다.

象曰 咸其脢는 志末也일세라
상왈 함기매 지말야

상에 이르길 "그 등골까지 감응된다 함은 곧 뜻이 있다는 말이다."라고 했다.

周易·1089

上六는 咸其輔頰舌이라
상륙 함기보협설

상륙은 뺨과 혀로 감응된다.

象曰 咸其輔頰舌은 滕口說也라
상왈 함기보협설 등구설야

상에 이르길 "그 뺨과 혀로 감응된다는 것은 부질없이 말을 지껄이는 것이다."라고 했다.

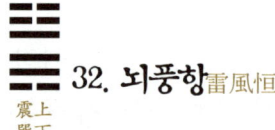 32. 뇌풍항 雷風恒
震上
巽下

恒은 亨하야 无咎하니 利貞利有攸往이니라
항 형   무구   이정이유유왕

항은 항구함을 의미한다. 길게 지키고 있으면 만사가 형통한다. 그리고 허물이 없을 것이다. 마음이 곧으면 매우 이롭고, 도를 지키고 나아가면 모든 것이 이롭다.

象曰 雷風이 恒이니 君子가 以하야 立不易方하나니라
상왈 뇌풍 항   군자 이   입불역방

상에 이르길 "소리가 자동하고 바람이 부는 상태가 항괘상인데, 이것은 자연의 이치에 따라 움직이며, 이 괘를 거울 삼아 일단 일어나면 정대한 길을 밟아 노력해야 한다."라고 했다.

初六는 浚恒이라 貞하야 凶하니 无攸利하니라
초육   준항   정   흉   무유리

초육은 항도를 깊이 추구한다. 마음을 바르게 가지나 고집하면 흉하다. 이로울 것이 아무것도 없다.

象曰 浚恒之凶은 始에 求深也일세라
상왈 준항지흉   시   구심야

상에 이르길 "마음을 바르게 가지나 고집하면 흉하다는 것은 처음부터 구하는 것이 깊다는 것이다."라고 했다.

九二는 悔니 亡하리라
구이   회   망

구이는 중용을 지킬 수 없기 때문에 후회함도 없을 것이다.

象曰 九二悔亡은 能久中也라
상왈 구이회망   능구중야

상에 이르길 "중용을 지킬 수 없기 때문에 뉘우침이 없어진다는 것은 능히 오래 중용이 있기 때문이다."라고 했다.

九三은 不恒其德이라 或承之羞니 貞이면 吝하리라
구삼   부항기덕   혹승지수   정   인

구삼은 바른 덕을 오래 지키지 못한다. 혹시 용납되지 않은 일로 부끄러움을 받을지도 모른다. 곧고 바르나 흉하다.

象曰 不恒其德하니 无所容也로다
상왈 부항기덕   무소용야

상에 이르길 "바른 덕을 오래 지키지 못한다는 것은 몸을 용납할 곳이 없을 것이다."라고 했다.

九四는 田无禽³⁾이라
구사   전무금

구사는 사냥을 해도 잡히는 것이 없다. 자리가 바르지 않기 때문이다.

象曰 久非其位어니 安得禽也리오
상왈 구비기위   안득금야

상에 이르길 "그 자리가 바르지 아니하거늘 어찌 짐승을 잡을 수 있으리요."라고 했다.

六五는 恒其德이면 貞하니 婦人은 吉코 夫子는 凶하니라
육오   항기덕   정   부인   길 부자   흉

육오는 바른 덕을 항구히 지킨다.

象曰 婦人貞吉하니 從一而終也일세오 夫子는 制義어늘 從婦하면 凶也니라
상왈 부인정길   종일이종야   부자 제의   종부   흉야

상에 이르길 "부인이 마음이 곧으면 길한데, 그 이유는 한 남편을 좇아서 일생을 마치기 때문이다. 남편은 의리로써 다스리는 것이다. 부인을 따르면 흉하다."라고 했다.

上六는 振恒이니 凶하니라
상륙 진항 흉

상륙은 항상 기세를 떨치는 일에서 항도를 추구한다. 그러므로 매우 흉하다.

象曰 振恒在上하니 大無功也로다
상왈 진항재상 대무공야

상에 이르길 "항도를 추구하면 윗자리에 있으므로서 망동하니 공이 클 수 없다는 것이다."라고 했다.

33. 천산둔 天山遯
乾上
艮下

遯은 亨하니 小利貞¹⁾하니라
둔 형 소리정

난세를 피해 숨어 살면 형통한다. 자질구레한 일을 처리하는 데 바른 자세가 좋다.

象曰 天下有山이 遯이니 君子가 以하야 遠小人호대 不惡而嚴하나니라
상왈 천하유산 둔 군자 이 원소인 부악이엄

상에 이르길 "하늘 아래 산이 있는 것이 둔괘상인데, 군자는 이것으로써 소인을 멀리하되, 미워하지도 않고 엄정하게 자신을 대하는 것이다."

初六는 遯尾라 厲하니 勿用有攸往이니라
초육   둔미   려   물용유유왕

초육은 매우 위태롭다. 그대로 계속 전진하지 마라.

象曰 遯尾之厲는 不往이면 何災也리오
상왈 둔미지려   부왕   하재야

상에 이르길 "매우 위태롭다는 것은 가지 않으면 무슨 재앙이 있으리요."라고 했다.

六二는 執之用黃牛之革이라 莫之勝說이니라
육이   집지용황우지혁   막지승설

육이는 누런 소의 가죽으로 몸을 결박한다. 그러나 결코 벗어나지 못할 것이다.

象曰 執用黃牛는 固志也라
상왈 집용황우 고지야

상에 이르길 "결박하는 데 황소가죽을 쓴다는 것은 굳게 하는 것이다."라고 했다.

九三은 係遯이라 有疾하야 厲하니 畜臣妾은 吉하니라
구삼   계둔   유질   려   축신첩   길

구삼은 숨어서 살려고 하나 주위의 견제로 숨지 못한다. 병이 있어 위태롭다. 신하나 첩을 부양하면 길하다. 큰 일을 꾀하면 안 된다.

象曰 係遯之厲는 有疾하야 憊也오 畜臣妾吉은 不可大事也니라
상왈 계둔지려 유질   비야 축신첩길   부가대사야

상에 이르길 "숨어 살려고 하나 쥐위의 견제로 위태롭다는 것은 병이 생겨서 몸이 지치기 때문이다. 신하나 첩을 부양하면 길하다는 것은 큰 일이 될 것이 없기 때문이다."라고 했다.

九四는 好遯이니 君子는 吉코 小人은 否하니라
구사 호둔   군자 길   소인 부

구사는 군자는 실현할 수 있어 길하지만 소인은 덕을 갖추지 못해 실현할 수 없어 흉하다.

象曰 君子는 好遯하고 小人은 否也니라
상왈 군자 호둔   소인 부야

상에 이르길 "군자는 길하지만 소인은 그렇지 못하다."라고 했다.

上九는 肥遯이니 无不利하니라
상구 비둔   무부리

상구는 여유 있게 은둔 생활을 실천하니 아무런 의심없다.

象曰 肥遯无不利는 無所疑也라
상왈 비둔무부리   무소의야

상에 이르길 "여유롭게 은둔 생활을 하니 모든 것이 길하리라. 이롭지 않은 것이 없을 것이다는 의심하는 것이 없기 때문이다."라고 했다.

34. 뇌천대장 雷天大壯

震上
乾下

大壯은 利貞[1]하니라
대장 이정

대장은 양기의 기운이 강성하는 때다. 마음이 곧으면 이로운 것이다.

象曰 雷在天上이 大壯이니 君子가 以하야 非禮弗履[2]하나니라
상왈 뇌재천상 대장 군자 이 비례불리

상에 이르길 "우레가 하늘 위에서 위세를 떨치는 것이 대장괘상인데, 군자는 이것을 본받아 예의에 어긋나면 결코 행하지 않는다."라고 했다.

初九는 壯于趾니 征凶하면 有孚[3]리라
초구 장우지 정흉 유부

초구는 아직 지위가 낮다. 싸우러 가면 반드시 흉할 것이고 충실한 자세가 있어야 한다.

象曰 壯于趾하니 其孚窮也[4]로라
상왈 장우지 기부궁야

상에 이르길 "아직 지위가 낮다 함은 반드시 곤궁하게 된다는 말이다."라고 했다.

九二는 貞하야 吉하니라
구이 정 길

구이는 중용의 도를 지녔기 때문에 반드시 길해지는 것이다.

象曰 九二貞吉은 以中也라
상왈 구이정길   이중야

상에 이르길 "중용의 도를 지녔기 때문에 길하다는 것은 중도를 얻었기 때문이다."라고 했다.

九三은 小人은 用壯이오
구삼 소인   용장

君子는 用罔[5]이니 貞이면 厲하니 羝羊이 觸藩하야 羸其角이로다
군자 용망   정   려   저양   촉번   리기각

구삼은 소인은 대장의 상태에 이르면 그를 구사하려 들고 군자는 상대를 맞이해도 없는 듯이 자제한다. 비록 마음이 곧아도 위태로울 것이다. 숫양이 울타리를 들이받아서 뿔이 걸려서 몹시 괴로워하는 상태와 같다.

象曰 小人은 用壯이오 君子는 罔也라
상왈 소인   용장   군자   망야

상에 이르길 "소인은 대장의 상태에 이르면 그를 구사하려 들고 군자는 상대를 맞이해도 없는 듯이 자제한다."라고 했다.

六五는 喪羊于易면 無悔리라
육오   상양우이   무회

육오는 양을 잃어버렸다. 그러므로 후회는 없을 것이다.

象曰 喪羊于易는 位不當也일세라
상왈 상양우이 위부당야

상에 이르길 "양을 잃어버렸다는 것은 자리가 매우 마땅치 않다는 것이다."라고 했다.

上六은 羝羊이 觸藩하야 不能退하며
상륙 저양 촉번   부능퇴

不能遂하야 无攸利니 艱則吉하리라
부능수   무유리 간칙길

상륙은 숫양이 울타리에 뿔이 걸려 물러나지도 못하고 나아가지도 못한다. 아무것도 이로운 것이 없다. 그러나 번성하고 노력하면 길해진다.

象曰 不能退不能遂는 不詳也오 艱則吉은 咎不長也일세라
상왈 부능퇴부능수 부상야   간칙길   구불장야

상에 이르길 "숫양이 물러나지도 못 하고 나아가지도 못 한다는 것은 주위를 자세히 살피지 않았기 때문이고, 반성하고 노력하면 길하다는 것은 곧 어려움이 길지 않다는 말이다."라고 했다.

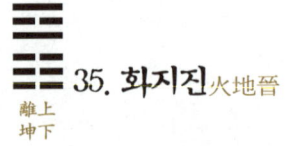

35. 화지진 火地晉

晉은 康侯를 用錫馬蕃庶하고 晝日三接¹⁾이로다
진   강후   용석마번서   주일삼접

천자가 덕으로 백성들을 다스리니 백성들은 순종한다. 하루에도 세 번씩 은총을 베푼다.

象曰 明出地上이 晉이니 君子가 以하야 自昭明德²⁾하나니라
상왈 명출지상 진 군자 이 자소명덕

상에 이르길 "밝은 태양이 땅 위로 떠오르는 것이 진괘상인데, 군자는 이것을 본받아 자신이 지닌 밝은 덕을 밝게 하는 것이다."라고 했다.

初六은 晉如摧如³⁾에 貞이면 吉하고
초육 진여최여   정   길

罔孚라도 裕면 无咎리라
망부   유   무구

초육은 앞으로 나아가려고 하나 제지를 받는다. 마음이 곧으면 길하고, 여유있는 마음으로 조용히 때를 기다리면 허물이 없어진다.

象曰 晉如摧如는 獨行正也오
상왈 진여최여   독행정야

裕无咎는 未受命也일세라
유무구   미수명야

상에 이르길 "앞으로 나아가려 하나 제자를 받는다는 것은 홀로 바른 길을 행함이고, 조용히 때를 기다리면 허물이 없다는 것은 명命을 받지 않았기 때문이다."라고 했다.

六二는 晉如니 愁如나 貞이면 吉하리니 受玆介福于其王母리라
　육이　진여　수여　정　　길　　　수자개복우기왕모

　육이는 앞으로 나아가려고 하나 제지를 받아 괴롭다. 마음이 곧으면 길하고, 큰 복을 그 왕모로부터 받을 것이다.

象曰 受玆介福은 以中正也라
　상왈 수자개복　이중정야

　상에 이르길 "왕모로 부터 큰 복을 받는다 함은 중정의 도를 지키기 때문이다."라고 했다.

六三은 衆允이니 悔가 亡하니라
　육삼　중윤　회　망

　육삼은 여러 사람들에게 인정을 받았기 때문에 뉘우침이 없어진다.

象曰 衆允之志는 上行也라
　상왈 중윤지지　상행야

　상에 이르길 "여러 사람들에게 인정을 받았다는 것은 뜻이 위로 행하려는 것이다."라고 했다.

六五는 悔이니 亡한대 失得을 勿恤이니 往에 吉하야 无不利리라
　육오　회　망　　실득 물휼　　왕 길　　무부리

　육오는 후회가 없다. 잃고 얻는 것을 근심하지 말라. 밝은 덕을 지향하면 매우 길해서 이롭지 않는 것이 없다.

象曰 失得勿恤은 往有慶也리라
상왈 실득물휼   왕유경야

상에 이르길 "잃고 얻는 것을 근심하지 말라는 것은 앞으로 나아가면 경사가 있다는 것이다."라고 했다.

上九는 晉其角⁵⁾이니 維用伐邑이면 厲하나 吉코 无咎어니와 貞엔 吝하니라
상구   진기각   유용벌읍   려   길 무구   정   인

상구는 절정에까지 이른다. 그 기세로 정벌을 감행한다. 작은 나라를 정벌하는 것은 명분이 없어 위태하지만 위험한 거사라고 생각하면 길하고 허물이 없다.

象曰 維用伐邑은 道未光也일세라
상왈 유용벌읍   도미광야

상에 이르길 "작은 나라를 정벌한다는 것은 도가 빛나지 못하기 때문이다."라고 했다.

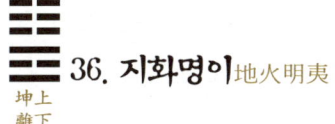

36. 지화명이 地火明夷
坤上
離下

明夷는 利艱貞¹⁾하니라
명이   이간정

명이는 정상을 잃은 어두운 세상이다. 어려움을 참고 바르게 살면 이롭다.

象曰 明入地中이 明夷니 君子가 以하야 莅衆에 用晦而明하나니라
상왈 명입지중 명이 군자 이   이중   용회이명

상에 이르길 "밝은 것이 땅 속으로 들어가는 것이 명이괘상인데, 군자는 이 괘상을 거울 삼아 처세함에 있어 밝은 지혜와 덕을 숨기지만 그것은 저절로 나타난다. 백성들에게 군림하여 어두운 것으로써 밝게 한다."라고 했다.

初九는 明夷于飛에 垂其翼[2]이니
초구   명이우비   수기익

君子于行에 三日不食하야 有攸往에 主人이 有言이로다
군자우행   삼일부식   유유왕   주인   유언

초구는 어두움이 깔리면 날으던 새도 그 날개를 접는다. 군자는 사흘을 굶어도 의롭지 않은 녹을 먹지 않는다. 나아가 주인에게 꾸중을 들을 것이다.

象曰 君子于行은 義不食也라
상왈 군자우행   의부식야

상에 이르길 "군자가 사흘을 굶어도 의롭지 않은 녹은 먹지 않는 것은 의리가 있어 먹지 않는다는 말이다."라고 했다.

六二는 明夷에 夷于左股니
육이   명이   이우좌고

用拯馬하면 壯하고 吉하리라
용증마   장   길

육이는 어두울 때 왼쪽 다리를 다쳤다. 그러나 건강한 말로 구원을 받았다면 매우 길할 것이다.

象曰 六二之吉은 順以則也일세라
상왈 육이지길 순이칙야

상에 이르길 "육이의 길함은 유순하고 법칙에 알맞기 때문이다."라고 했다.

九三은 明夷于南狩하야
구삼 명이우남수

得其大首니 不可疾貞이니라
득기대수 불가질정

구삼은 남쪽을 정벌하여 그 두목을 처단한다. 그러나 서두르면 안 된다.

象曰 南狩之志를 乃大得也로다
상왈 남수지지 내대득야

상에 이르길 "남쪽을 정벌한다는 것은 뜻이 크게 얻어질 것이다."라고 했다.

上六은 不明하야 晦니
상륙 불명 회

初登于天하고 後入于地로다
초등우천 후입우지

상륙은 덕이 밝지 못해서 어두운 것이다. 처음에는 천사가 되어 하늘에 오르나 나중에는 도를 잃고 땅 속으로 들어간다.

象曰 初登于天은 照四國也오
상왈 초등우천   조사국야

後入于地는 失則也라
후입우지   실칙야

상에 이르길 "처음에는 하늘에 오른다는 것은 나라를 비춘다는 말이고 뒤에는 땅 속으로 들어간다는 것은 그 정도를 잃었다는 말이다."라고 했다.

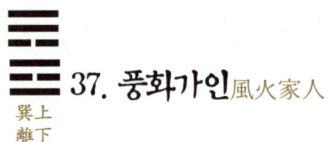
37. 풍화가인 風火家人
巽上
離下

家人은 利女貞¹⁾하니라
가인   이여정

가정은 여자의 마음이 곧아야만 이롭다.

象曰 風自火出이 家人이니
상왈 풍자화출   가인

君子가 以하야 言有物而行有恒하나니라
군자   이   언유물이행유항

상에 이르길 "바람이 불에서 일고 있는 것이 가인괘상인데, 군자는 이것을 본떠서 말에 실천이 따르고 실행하는 것은 한결같고 상도가 있어야 한다."라고 했다.

初九는 閑有家면 悔가 亡하리라
초구 한유가 회 망

초구는 한 가정의 어지러움을 법도로 다스리면 뉘우침이 없을 것이다.

象曰 閑有家는 志未變也²⁾라
상왈 한유가 지미변야

상에 이르길 "한 가정의 어지러운 것을 다스린다는 것은 뜻이 아직까지도 변하지 않은 때를 말한다."라고 했다.

六二는 无攸遂오 在中饋³⁾면 貞吉하리라
육이 무유수 재중궤 정길

육이는 자신이 직접 나서서 일을 해치우려 들지 않고 집의 안살림에 충실한다면 마음이 바르고 길할 것이다.

象曰 六二之吉은 順以巽也일세라
상왈 육이지길 순이손야

상에 이르길 "육이의 길함은 유순하고 겸손하기 때문이다."라고 했다.

九三은 家人이 嗃嗃하니
구삼 가인 학학

悔厲나 吉하니 婦子嬉嬉면 終吝⁴⁾하리라
회려 길 부자희희 종린

구삼은 집안 어른이 지나치게 엄격하면 위험한 상태에 이른다. 그러나 집안의 법도를 잃지 않으니 길하다. 부녀자가 희희낙락하고 놀아난다면 집안의 법도를 잃어 마침내 부끄럽게 될 것이다.

象曰 家人嗃嗃은 未失也오 婦子嬉嬉는 失家節也라
상왈 가인학학 미실야 부자희희 실가절야

상에 이르길 "집안 어른이 지나치게 엄격하다는 것은 가도를 잃지 않았다는 말이고, 부녀자가 희희낙락함은 곧 가정의 법도를 잃은 것이다."라고 했다.

六四는 富家니 大吉하니라
육사 부가 대길

육사는 집을 부유하게 한다. 크게 길해진다.

象曰 富家大吉은 順在位也일세라
상왈 부가대길 순재위야

상에 이르길 "집을 부유하게 한다. 크게 길할 것이라 함은 유순한 덕으로써 정위치에 있기 때문이다."라고 했다.

上九 有孚로 威如면 終吉하리라
상구 유부 위여 종길

상구는 가정을 돌보는 성의가 있고 경험을 토대로 위엄 있게 하라 함은 마침내 길해진다.

象曰 威如之吉은 反身之謂也라
상왈 위여지길 반신지위야

상에 이르길 "가정의 성의가 있고 위엄 있게 하라 함은 자신을 스스로 반성한다는 말이다."라고 했다.

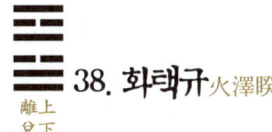 38. 화택규 火澤睽

離上
兌下

睽는 小事는 吉¹⁾하리라
규 소사 길

규는 서로 엇갈린다. 작은 일은 매우 길하다.

象曰 上火下澤이 睽니
상왈 상화하택 규

君子가 以하야 同而異²⁾하나니라
군자 이 동이이

상에 이르길 "위에 불이 있고 아래에는 못이 있는 것이 규괘상인데, 군자는 이것을 거울 삼아 화동을 추구하고 개성과 신념을 버리지 않는다."라고 했다.

初九는 悔가 亡하니 喪馬하고
초구 회 망 상마

勿逐하야도 自復이니 見惡人하면 无咎[3]리라
물축   자부   견악인   무구

　초구는 뉘우침이 없어진다. 비록 말이 도망갔더라도 쫓지 말 것이다. 때가 되면 스스로 돌아온다. 악한 사람이라도 관대한 마음으로 만나 보면 곧 허물은 스스로 피하면 없어질 것이다.

象曰 見惡人은 以辟咎也라
상왈 견악인   이피구야

　상에 이르길 "악인을 관대한 마음으로 만나는 것은 허물을 피하려는 것이다."라고 했다.

九二는 遇主于巷하면 无咎리라
구이   우주우항   무구

　구이는 주인을 거리에서 만나면 허물이 없을 것이다.

象曰 遇主于巷이 未失道也[4]라
상왈 우주우항이 미실도야

　상에 이르길 "주인을 거리에서 만나는 것은 도를 잃지 않은 것이다."라고 했다.

六三은 見輿曳코 其牛掣며 其人이 天且劓[5]니 无初有終은
육삼   견여예 기우체 기인   천차의   무초유종

　육삼은 수레가 뒤로 당겨지고 소는 제지당한다. 그 사람은 머리를 깎고 코를 베는 형벌을 당한다. 어느 것이나 시작은 없고 오직

끝만 있을 것이다.

象曰 見輿曳는 位不當也오 无初有終은 遇剛也일세라
상왈 견여예　위불당야　무초유종　우강야

상에 이르길 "수레가 뒤로 당겨지는 것을 본다는 것은 자리가 매우 마땅치 않기 때문이고 어느 것이나 시작은 없고 끝만 있는 것은 강剛을 만났기 때문이다."라고 했다.

六五는 悔亡하니 厥宗噬膚면 往에 何咎리오
육오　회망　　궐종서부　왕　하구

육오는 근심이 없어질 것이다. 비록 능력이 없는 군중일지라도 그를 도울 사람이 있으니 아무런 허물이 없다.

象曰 厥宗噬膚는 往有慶也리라
상왈 궐종서부　왕유경야

상에 이르길 "궐종서부는 가면 경사가 있는 것이다."라고 했다.

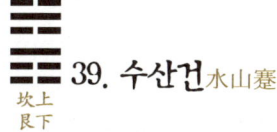

39. 수산건 水山蹇

坎上
艮下

蹇은 利西南하고 不利東北하며
건　이서남　　　부리동북

利見大人하니 貞이면 吉¹⁾하리라
이견대인　　정　　　길

평지를 택하여 가면 이롭고 산악으로 가면 해롭다. 대인을 만나 영도를 받는 것이 이롭고 마음이 곧으면 길해진다.

象曰 山上有水니 蹇이니 君子가 以하야 反身脩德하나니라
상왈 산상유수 건 군자 이 반신수덕

　상에 이르길 "산 위에 물이 있는 것이 건괘상인데, 군자는 이것으로써 위난에 처하면 멈춰서서 자신을 스스로 반성하고 덕을 닦는다."라고 했다.

初六은 往하면 蹇코 來하면 譽리라
초육 왕 건 래 예

　초육은 가면 매우 험하고 물러나 칭찬이 있을 것이다.

象曰 往蹇來譽는 宜待也니라
상왈 왕건래예 의대야

　상에 이르길 "가면 매우 험하고 물러나 칭찬이 있을 것이라 함은 마땅히 때를 기다려야 한다는 것이다."라고 했다.

六二는 王臣蹇이 匪躬之故[2]라
육이 왕신건 비궁지고

　육이는 "왕의 신하가 되어 온갖 고난을 무릅쓰고 그것을 극복하기에 노력해야한다."라고 했다.

象曰 王臣蹇은 終无尤也리라
상왈 왕신건 종무우야

상에 이르길 "왕의 신하가 되어 온갖 고난을 극복한다는 것은 허물이 없다는 말이다."라고 했다.

九三은 往하면 蹇코 來하면 反이리라
구삼 왕 건 래 반

구삼은 나아가면 매우 험하고 물러서면 자신의 위치를 되찾을 수 있다.

象曰 往蹇來反은 内喜之也일세라
상왈 왕건래반 내희지야

상에 이르길 "나아가면 매우 험하고 물러서면 자신의 위치를 되찾을 수 있다 함은 안에서 기뻐하기 때문이다."라고 했다.

六四는 往하면 蹇코 來하면 連³⁾이리라
육사 왕 건 래 연

육사는 나아가면 험하고 물러서 여러 사람과 협력하여 연합한다.

象曰 往蹇來連은 當位니 實也일세라
상왈 왕건래연 당위 실야

상에 이르길 "나아가면 매우 험하고 물러서면 여러 사람과 협력하여 연합한다는 것은 정위치에 있기 때문이다."라고 했다.

上六은 往하면 蹇코 來하면 碩이리
상륙 왕 건 래 석

吉하니 利見大人하리라
길   이견대인

상륙은 나아가면 매우 험하고 물러서서 뜻을 안에 두고 구원을 얻으면 크게 길하다. 그러므로 대인을 좇아야 이롭다.

象曰 往蹇來碩은 志在內也요 利見大人은 以從貴也라
상왈 왕건래석   지재내야   이견대인 이종귀야

상에 이르길 "나아가면 험하고 물러서서 뜻을 안에 두고 구원을 얻으면 크게 길하다는 것은 뜻이 안에 있기 때문이다. 대인을 좇는 것이 이롭다는 것은 귀함이 따른다는 것이다."라고 했다.

40. 뇌수해 雷水解

震上
坎下

解는 利西南하니 无所往이라
해   이서남   무소왕

其來復이 吉하니 有攸往이어든 夙하면 吉[1]하리라
기래복   길   유유왕   숙   길

구제할 필요가 없으면 되돌아오는 것이 매우 길하다. 구제해야 할 때는 망설이지 말고 하는 것이 길하다.

象曰 雷雨作이 解니 君子가 以하야 赦過宥罪하나니라
상왈 뇌우작 해 군자   이   사과유죄

상에 이르길 "우레가 치고 만물이 소생하는 것이 해괘상인데, 군자는 이것으로써 백성들의 허물을 용서하고 형벌을 가볍게 한다."라고 했다.

初六은 无咎²⁾하니라
초육   무구

초육은 음이 양에 순종하고 양이 음을 이끌어 주니 허물이 없다.

象曰 剛柔之際라 義无咎也니라
상왈 강유지제   의무구야

상에 이르길 "음양이 교접하는 것이니, 의리가 허물이 없다."라고 했다.

九二는 田獲三狐하야 得黃矢니 貞하야 吉토다
구이   전획삼호   득황시   정   길

구이는 사냥에서 세 마리의 여우를 잡고 황금의 화살을 얻었다. 마음이 곧으면 길하다.

象曰 九二貞吉은 得中道也일세라
상왈 구이정길   득중도야

상에 이르길 "구이의 마음이 곧으면 길하다는 것은 중도를 얻었기 때문이다."라고 했다.

六三은 負且乘이라 致寇至니 貞이라도 吝³⁾이리라
육삼   부차승   치구지   정   인

육삼은 짐을 지고 수레를 탔다. 그리고 도둑의 노림을 받는다. 자세를 고치지 않으면 어려운 처지에 빠진다.

象曰 負且乘이 亦可醜也며 自我致戎이어니 又誰咎也리오
상왈 부차승   역가추야   자아치융   우수구야

상에 이르길 "짐을 지고 수레를 탄다는 것은 매우 추한 일이다. 나 자신이 도둑의 노림을 받으니 누구를 허물하겠는가. 그 누구도 허물하지 못한다."라고 했다.

九四는 解而拇면 朋至하야 斯孚⁴⁾리라
구사   해이무   붕지   사부

구사는 그대의 발 밑에서 아첨하는 소인을 물리치면 벗이 이르러 성의껏 협력할 것이다.

象曰 解而拇는 未當位也일세라
상왈 해이무   미당위야

상에 이르길 "그대의 발 밑에서 아첨하는 소인을 물리치라는 것은 정위치가 아니기 때문이다."라고 했다.

上六은 公用射隼于高墉之上하야 獲之니 無不利로다
상륙   공용사준우고용지상   획지   무부리

상륙은 공이 매우 높은 곳에서 새매를 쏘아 잡았다. 이렇게 정도에 어긋난 것을 배격하니 이롭지 않은 것이 없을 것이다.

象曰 公用射隼은 以解悖也라
상왈 공용사준 이해패야

상에 이르길 "공이 새매를 쏘아 잡았다는 것은 매우 사나운 것을 제거한 것이다."라고 했다.

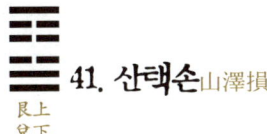

41. 산택손 山澤損

艮上
兌下

損은 有孚면 元吉하고 无咎하야 可貞이라
손 유부 원길   무구   가정

利有攸往¹⁾하니 曷之用이리오 二簋可用享이니라
이유유왕   갈지용   이궤가용향

자신이 손해를 보고 남에게 이익을 주는 덕을 지닌 괘이다. 성의가 있으면 크게 길하고 허물이 없고 항상 마음을 바르고 곧게 가져야 한다.

象曰 山下有澤이 損이니 君子가 以하야 懲忿窒欲하나니라
상왈 산하유택 손   군자 이   징분질욕

상에 이르길 "산 밑에 못이 있는 것이 손괘상인데, 군자는 이것을 본떠서 자신의 화냄을 경계하고 욕심을 억제하였다."라고 했다.

初九는 已事이어든 耑往이라야 无咎리니 酌損之²⁾니라
초구 이사   단왕   무구   작손지

초구는 자신이 하던 일을 그만두고 빨리 가서 봉산한다. 허물이 없을 것이기 때문에 부어서 이를 덜 것이다.

象曰 已事湍往은 尙合志也일세라
상왈 이사단왕   상합지야

상에 이르길 "일을 그만두고 빨리 간다는 것은 윗사람과 뜻이 맞는다는 말이다."라고 했다.

九二는 利貞코 征이면 凶하니 弗損라야 益之[3)
구이 이정 정   흉   불손   익지

구이는 중용의 도를 굳게 지켜야 한다. 나아가서 일을 추진하면 흉하다. 자신의 손실을 가져오지 않고도 상대방에게 보탬을 준다.

象曰 九二利貞은 中以爲志也라
상왈 구이이정   중이위지야

상에 이르길 "구이의 이정은 중용에 뜻을 두고 있기 때문이다."라고 했다.

六三은 三人行엔 則損一人코 一人行엔 則得其友[4)로다
육삼   삼인행   칙손일인   일인행   칙득기우

육삼은 세 사람이 함께 가면 그들 사이에 불신이 생겨 그 중 한 사람을 잃고 혼자 가면 오히려 벗을 얻는다.

象曰 一人行은 三이면 則疑也라라
상왈 일인행   삼   칙의야

상에 이르길 "혼자 간다는 것은 세 사람이 가면 의심하기 때문이다."라고 했다.

六四는 **損其疾**호대 **使遄**이면 **有喜**하야 **无咎**리라
육사　손기질　　사천　　유희　　　무구

육사는 자신의 모자람을 보완하라. 빠를수록 기쁨이 있어 허물이 없을 것이다.

象曰 損其疾하니 **亦可喜也**로다
상왈 손기질　　역가희야

상에 이르길 "자신의 모자람을 보완하면 기쁠 것이다."라고 했다.

上九는 **弗損**코 **益之**면 **无咎**코 **貞吉**하니
상구　불손　　익지　　무구　　정길

利有攸往이니 **得臣**이 **无家**리라
이유유왕　　　득신　　무가

상구는 자신이 손해 보지 않고 보탬을 받게 한다. 마음을 바르게 가지면 길하리라. 허물이 없고 곧으면 매우 길하니, 일을 추진하면 매우 이롭다. 신하는 얻었으니 집안일을 잊으리라.

象曰 弗損益之는 **大得志也**라
상왈 불손익지　　대득지야

상에 이르길 "자신이 손해 보지 않고 보탬을 받게 해 준다는 것은 크게 뜻을 얻는다는 것이다."라고 했다.

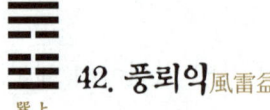 42. 풍뢰익 風雷益

巽上
震下

益은 **利有攸往**하며 **利涉大川**[1]하니라
　익　　이유유왕　　　이섭대천

위정자가 백성들에게 은택을 베푸는 것을 의미한다.

象曰 風雷가 **益**[2]이니
　상왈 풍뢰　　익

君子가 **以**하야 **見善則遷**하고 **有過則改**하나니라
　군자　　이　　　견선칙천　　　유과칙개

상에 이르길 "바람과 우레가 있는 것이 익괘상인데, 군자는 이를 본받아 착한 것을 보면 자신이 행할 규법을 만들고 허물이 있으면 고친다."라고 했다.

初九는 **利用爲大作**[3]이니 **元吉**이라야 **无咎**리라
　초구　　이용위대작　　　　원길　　　　무구

초구는 큰 작업을 하는 것이 매우 이롭다. 그러면 크게 길하고 허물이 없을 것이다.

象曰 元吉无咎는 **下不厚事也**일세라
　상왈 원길무구　　　하부후사야

상에 이르길 "큰 작업을 하는 것이 허물이 없다는 것은 본디 아랫사람은 큰 일을 감당하지 못하기 때문이다."라고 했다.

六二는 或益之면 十朋之龜도 弗克違⁴⁾나 永貞이며 吉하니
육이　혹익지　십붕지귀　불극위　　영정　　길

王用享于帝라도 吉하리라
왕용향우제　　　길

　육이는 누군가 찾아와서 도움이 있을지도 모른다. 값비싼 거북점도 어긋나지 않는다. 길게 곧으면 길하고, 왕은 하늘에 감사의 제사를 지내면 매우 길하다.

象曰 或益之는 自外來也라
상왈 혹익지　자외래야

　상에 이르길 "혹 누군가 찾아와서 도움이 있을지도 모른다는 것은 밖에서 찾아온다는 말이다."라고 했다.

六三은 益之用凶事엔 无咎⁵⁾어니와
육삼　익지용흉사　　무구

有孚中行이라야 告公用圭⁶⁾리라
유부중행　　　고공용규

　육삼은 나쁜 일을 겪고 유익하게 한다. 중도를 지키면 군주의 신임을 얻을 것이다.

象曰 益用凶事는 固有之也니새라
상왈 익용흉사　고유지야

　상에 이르길 "나쁜 일을 겪고 유익하게 한다는 것은 마땅히 있어야 할 일이다."라고 했다.

周易
·
1119

六四는 中行이면 告公從[7]하리니
육사   중행   고공종

利用爲依며 遷國이니라
이용위의   천국

육사는 중용의 도를 행하고 공후에게 건의하면 들어준다. 그러면 나라의 수도를 옮기는 일을 할 것이다.

象曰 告公從은 以益志也라
상왈 고공종   이익지야

상에 이르길 "도리를 행하고 공후에게 건의한다는 것은 백성들을 매우 유익하게 해 줄 뜻이 있기 때문이다."라고 했다.

上九는 莫益之라 或擊之리니 立心勿恒이니 凶하니라
상구   막익지   혹격지   입심물항   흉

상구는 사욕에 사로잡혀 아랫사람에게 도움을 주지 못한다. 마음이 항상 일정하지 않아 흉하다.

象曰 莫益之는 偏辭也오
상왈 막익지   편사야

或擊之는 自外來也라
혹격지   자외래야

상에 이르길 "아랫사람에게 도움을 주지 못하는 것은 편사이기 때문이다. 그리고 혹시 공격한다는 것은 외부로부터 오는 것이다."라고 했다.

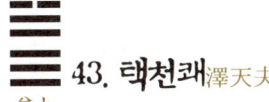

43. 택천쾌 澤天夬
兌上
乾下

夬는 揚于王庭이니 孚號有厲니라 告自邑이오
쾌   양우왕정   부호유려   고자읍

不利卽戎이며 利有攸往[1]하니라
부리즉융   이유유왕

쾌는 정의의 무리가 악을 배제하는 상을 지닌다. 악한 자를 군주에게 고발한다. 참된 마음으로 호소하나 위험이 따른다. 그를 배제하기 위해 군사를 동원해서는 안된다. 끝까지 굴하지 말고 정의롭게 호소해야 한다.

象曰 澤上於天이 夬니 君子以하야 施祿及下하며 居德하야 則忌하나니라
상왈 택상어천   쾌 군자이   시록급하   거덕   즉기

상에 이르길 "못의 물이 수증기가 되어 하늘 위에 오르는 것이 쾌괘상인데, 군자는 이를 본받아 녹을 베풀어서 아랫사람에게 미친다. 그러나 자신을 위하여 덕을 쌓는 것을 지양하고 남에게 그 혜택이 미치도록 노력해야 한다."라고 했다.

初九는 壯于前趾니 往하야 不勝이며 爲咎러라
초구   장우전지   왕   부승   위구

초구는 발은 내딛지만 아직은 힘이 약하다. 나아가도 일을 수행하지 못하면 허물이 된다.

象曰 不勝而往이 咎也라
상왈 부승이왕   구야

상에 이르길 "나아가서 일을 수행하지 못하는 것은 허물이 될 것이다."라고 했다.

九二는 惕號니 莫夜에 有戎이라도 勿恤이로다
구이 척호   막야   유융   물휼

구이는 조심스럽게 호소하여 일을 추진한다. 한밤중에 적의 습격을 받더라도 걱정하지 마라.

象曰 有戎勿恤은 得中道也일세라
상왈 유융물휼   득중도야

상에 이르길 "습격을 받더라도 걱정할 것이 없다는 것은 중도를 얻었기 때문이다."라고 했다.

九三은 壯于頄하야 有凶하고 君子는 夬夬라
구삼   장우이   유흉   군자   쾌쾌

獨行遇雨니 若濡有慍이면 无咎리라
독행우우   약유유온   무구

구삼은 왕성한 개혁의 의욕이 얼굴에 나타나니 상대도 알아챌 우려가 있으니 흉할 것이다. 군자는 태도가 매우 의연하다. 공연히 혼자 가다가 비를 만난다. 옷이 젖는 것 같아서 노여운 기색이 있다. 그러나 정의를 버리지 않으니 허물이 없을 것이다.

象曰 君子는 夬夬라 終无咎也니라
상왈 군자   쾌쾌   종무구야

상에 이르길 "군자의 태도가 매우 의연하다면 마침내 허물이 없을 것이다."라고 했다.

九四는 臀無膚며 其行次且니
구사 둔무부 기행차차

牽羊하면 悔亡하련마는 聞言하야도 不信하리로다
견양   회망   문언   부신

구사는 엉덩이에 살이 없어 그 걸음이 매우 더디다. 양을 몰듯 뒤에서 천천히 나아가면 허물이 없을 것이다. 남의 충고를 들어도 믿지 않으니 딱하다.

象曰 其行次且는 位不當也오 聞言不信은 聰不明也라
상왈 기행차차 위부당야   문언부신   총부명야

상에 이르길 "그 걸음이 더딘 것은 자리가 매우 마땅치 않기 때문이요, 남의 충고를 들어도 믿지 않는 것은 귀가 밝지 못하기 때문이다."라고 했다.

上六은 无號니 終有凶하니라
상륙   무호   종유흉

상륙은 부르짖지 말라. 호응하는 사람이 없어 마침내 흉함이 있다.

象曰 无號之凶은 終不可長也니라
상왈 무호지흉   종불가장야

상에 이르길 "아무리 외쳐도 호응하는 사람이 없어 흉하다. 멀지 않아 배제될 것이다."라고 했다.

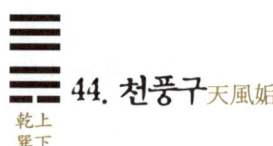

44. 천풍구 天風姤

乾上
巽下

姤는 **女壯**이니 **勿用取女**[1]니라
구   여장   물용취녀

구는 한 여자가 많은 남자들 앞에 나타나서 만남을 의미한다. 여자가 기운이 억세다. 그런 여자에 장가들지 말아야 한다.

象曰 天下有風이 **姤**[2]니 **後 以**하야 **施命誥四方**하나니라
상왈 천하유풍 구 후 이   시명고사방

상에 이르길 "하늘 아래 바람이 이는 것이 후괘상인데, 임금은 이를 본받아서 이것으로써 명령을 내려 사방의 백성들에게 선포한다."라고 했다.

初六은 **繫于金柅貞**이 **吉**하고 **有攸往**이면 **見凶**하리니 **羸豕孚蹢躅**[3]하나라
초육   계우김이정   길   유유왕   견흉   리시부척촉

초육은 수레 멈춤대에 쇠를 매어 두어라. 마음이 곧으면 길하고, 갈 데가 있으면 흉함을 만나게 된다. 몹시 깡마른 돼지가 깡충깡충 뛰어다닌다.

象曰 繫于金柅는 **柔道 牽也**일세라
상왈 계우김이   유도견야

상에 이르길 "수레 멈춤대를 쇠에 매어 놓는다는 것은 유柔의 도가 견제되는 것이다."라고 했다.

九二는 **包有魚**면 **无咎**하리니 **不利賓**⁴⁾하니라
구이 포유어 무구   부리빈

구이는 부엌에 생선이 있으니 꾸러미 속에 물고기가 있으니 허물이 없을 것이다. 스스로 처리하여 남에게 피해가 미치지 않도록 하라.

象曰 包有魚는 **義不及賓也**라
상왈 포유어   의불급빈야

상에 이르길 "꾸러미 속에 물고기가 있다는 것은 의리상 손님에게까지 미치지 못한다는 말이다."라고 했다.

九三은 **臀無膚**나 **其行**은 **次**니 **厲**하면 **无大咎**리라
구삼 둔무부 기행 차 려   무대구

구삼은 엉덩이에 살이 없어 걸음걸이가 매우 더디다. 위태로우나 큰 허물은 없을 것이다.

象曰 其行次且⁵⁾는 **行未牽也**라
상왈 기행차차   행미견야

상에 이르길 "걸음걸이가 매우 더디다는 것은 앞으로 가는 것이 아직도 견제를 당하지 않았다는 말이다."라고 했다.

上九는 **姤其角**이라 **吝**하니 **无咎**니라
상구 구기각   인   무구

상구는 그 뿔로 접촉한 지위가 높으면 덕이 부족하여 비난을 받는다. 그러나 허물이 없을 것이다.

象曰 姤其角은 上窮하야 吝也라
상왈 구기각 상궁   인야

상에 이르길 "그 뿔로 접촉한다는 것은 위에서 몹시 궁하니 부끄러운 일이다."라고 했다.

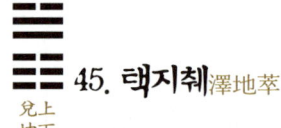 45. 택지췌 澤地萃
兌上
坤下

萃는 亨하니 王假有廟[1]니 利見大人하니
췌   형   왕가유묘   이견대인

亨하니 利貞하니 用大牲이 吉하니 利有攸往하나라
형   이정   용대생   길   이유유왕

췌는 모임을 뜻한다. 왕이 종묘에서 제사를 지내니 천하의 민심이 모인다. 대인은 만나 보는 것이 이롭고 모든 일이 형통하나, 마음이 곧아야 이롭다. 큰 희생을 제물을 바치면 길하고, 적극적으로 일하면 이롭다.

象曰 澤上於地 萃니
상왈 택상어지 췌

君子 以하야 除戎器하야 戒不虞[2]하나니라
군자 이   제융기   계부우

상에 이르길 "못이 땅 위에 있는 것이 췌괘상인데, 군자는 이를 본받아 병기를 잘 손질해서 뜻하지 않은 일에 경계한다."라고 했다.

初六³⁾은 有孚나 不終이면 乃亂乃萃하릴새
초육   유부   불종   내란내췌

若號하면 一握爲笑하리니 勿恤로 往하면 无咎리라
약호   일악위소   물휼   왕   무구

초육은 성의를 가지고 동지한테 나아가려고 하나 뜻을 이루지 못한다. 앞으로 나아가려고 하나 좌절된다. 부르짖어도 한바탕 웃음거리가 되리라. 그러나 근심하지 말라. 성의 있는 자세로 나아가면 허물은 없을 것이다.

象曰 乃亂乃萃는 其志亂也일세라
상왈 내란내췌   기지란야

상에 이르길 "뜻을 이루지 못한다는 것은 그 뜻이 매우 어지러운 것이다."라고 했다.

六二는 引하면 吉하야 无咎⁴⁾하리니
육이   인   길   무구

孚乃利用禴이리라
부내이용약

육이는 바르게 중도를 지켜 끌고 가면 길하고 허물이 없을 것이다. 성실하게 제사를 지내는 것이 이롭다.

象曰 引吉无咎는 中하야 未變也일세라 六三은 萃如嗟如라
상왈 인길무구   중   미변야   육삼   췌여차여

无咎利하니 往하면 无咎어니와 小吝하니라
무구리   왕   무구   소린

상에 이르길 바르게 중도를 지켜 "끌고 가면 길하고 허물이 없다는 것은 중정의 덕이 아직도 변하지 않았다는 것이다."라고 했다.

九四는 大吉이라야 无咎리라
구사 대길 무구

구사는 위가 바르지 않으니 군자가 아니면 길할 수 없다. 허물이 없을 것이다.

象曰 大吉无咎는 位不當也일세라
상왈 대길무구 위부당야

상에 이르길 "위가 바르지 않으니 허물이 없다는 것은 자리가 매우 마땅치 않기 때문이다."라고 했다.

九五는 萃有位코 无咎하나 匪孚어든 元永貞이면 悔 亡하리라
구오 췌유위 무구 비부 원영정 회망

구오는 군주의 힘으로 민중을 규합했으니 허물은 없으리라. 이것은 친애하는 성의에 의해서 이루어진 것이 아니기 때문이다. 그리고 오래도록 바른 길을 지켜야만이 허물은 없을 것이다.

象曰 萃有位는 志未光也일세라
상왈 췌유위 지미광야

상에 이르길 "군주의 힘으로 민중을 규합했다. 함은 뜻이 아직도 빛나지 않은 것이다."라고 했다.

46. 지풍승 地風升
坤上
巽下

升은 元亨하니 用見大人호대
승   원형   용견대인

勿恤코 南征하면 吉¹⁾하리라
물휼   남정   길

발전을 의미한다. 위대한 대인을 만날 것이다. 그러므로 걱정할 것이 없다. 남쪽으로 가면 매우 길하다.

象曰 地中生木이 升이니
상왈 지중생목   승

君子 以하야 順德하야 積小以高大하나니라
군자 이   순덕   적소이고대

상에 이르길 "땅 속에서 나무가 싹트는 것이 승괘상인데, 군자는 이것을 본받아 덕을 좇고 작은 선행을 쌓아 그것이 높고 크게 발전할 수 있도록 한다."라고 했다.

初六은 允升이니 大吉²⁾하니라
초육   윤승   대길

초육은 윗사람과 지향하는 일이 맞으니 크게 길하리라.

象曰 允升大吉은 上合志也라
상왈 윤승대길   상합지야

상에 이르길 "윗사람과 지향하는 일이 맞으니 길한 것은 구이와 뜻이 맞다는 말이다."라고 했다.

九二는 **孚乃利用禴**³⁾이니 **无咎**리라
　　구이　부내이용약　　무구

구이는 정성된 마음으로 제사를 지내니 시의 감응이 있음과 같다. 허물이 없고 기쁨만 있다.

象曰 九二之孚는 **有喜也**라
　상왈 구이지부　유희야

상에 이르길 "정성된 마음으로 제사를 지내니 기쁨이 있을 것이다."라고 했다.

九三은 **升虛邑**이로다
　구삼　승허읍

구삼은 어떤 방해도 받지 않는다.

象曰 升虛邑은 **无所疑也**⁴⁾라
　상왈 승허읍　무소의야

상에 이르길 "어떤 방해도 받지 않는다는 것은 아무것도 걸림이 없다는 말이다."라고 했다.

上六은 **冥升**이니 **利于不息之貞**하니라
　상륙　명승　　이우불식지정

상륙은 최고의 지위에 올랐다. 항상 쉬지 않고 곧은 자세를 가지면 이롭다.

象曰 冥升在하니 **消不富也**⁵⁾로다
　상왈 명승재　소부부야

상에 이르길 "최고의 지위에 올랐기 때문에 위에 있으면 소모가 있을 뿐 부하지 못할 것이다."라고 했다.

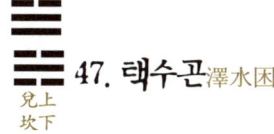 47. 택수곤 澤水困

困은 亨하고 貞하니 大人이라
곤   형   정   대인

吉하고 无咎하니 有言이면 不信[1]하리라
길   무구   유언   부신

매우 곤란한 처지에 있으면서도 모든 것이 형통한다. 마음이 곧으면 대인은 군자는 허물이 없을 것이기 때문에 말을 해도 남이 믿어 주지 않는다.

象曰 澤无水 困이니 君子 以하야 致命遂志[2]하나니라
상왈 택무수곤   군자 이   치명수지

상에 이르길 "못에 물이 없는 것이 곤괘상인데, 군자는 이것으로써 목숨을 걸고 자신의 뜻을 관철한다."라고 했다.

初六[3]은 臀困于株木이라 入于幽谷하야 三歲라도 不覿이로다
초육   둔곤우주목   입우유곡   삼세   부적

초육은 엉덩이가 나무 그루터기에 찔려 장애를 받으니 깊은 골짜기에 들어가 3년 동안 아무도 만나지 못한다.

象曰 入于幽谷은 幽不明也라
상왈 입우유곡   유불명야

상에 이르길 "어두운 골짜기로 들어간다 함은 주위가 어두워서 밝지 못하다는 말이다."라고 했다.

九二는 困于酒食이나 朱紱이 方來⁴⁾하리니
구이 곤우주식   주불 방래

利用亨祀니 征이면 凶하니 无咎니라
리용형사 정   흉   무구

구이는 식사와 술로 방탕한 생활을 영위하여 고난에 빠졌지만, 붉은 인끈을 두른 천자가 방금 찾아 구원할 것이다. 정성스럽게 신에게 제사를 지내는 것이 매우 이롭고, 앞으로 나가면 흉하리라. 허물은 없다.

象曰 困于酒食은 中이라 有慶也리라
상왈 곤우주식 중   유경야

상에 이르길 "술과 밥으로 방탕한 생활을 하다가 고난에 빠졌다는 것은 강중剛中의 덕이 있어 경사가 있다는 것이다."라고 했다.

六三은 困于石하며 據于蒺藜라 入于其宮이라도 不見其妻니 凶⁵⁾하도다
육삼 곤우석   거우질려   입우기궁   부견기처   흉

육삼은 바위에 부딪쳐 곤란을 받고 가시덤불에 몸을 의지하니, 비록 그 집에 들어가더라도 아내조차 보이지 않는다. 매우 흉하다.

象曰 據于蒺藜는 乘剛也일세오 **入于其宮不見其妻는 不祥也**라
상왈 거우질려   승강야   입우기궁부견기처   부상야

상에 이르길 "가시덤불에 몸을 의지하는 것은 강剛을 탔기 때문이고 제 집에 들어가도 아내가 보이지 않는 것은 매우 상서롭지 못한 것이다."라고 했다.

九四는 來徐徐는 困于金車일세니 **吝**하나 **有終**이리라
구사   래서서   곤우김거   인   유종

구사는 그 걷는 모습이 몹시 느리다. 쇠수레가 방해하여 괴로움을 받기 때문이다. 지금은 곤란하지만 나중에는 좋을 것이다.

象曰 來徐徐는 志在下也니 **雖不當位**나 **有與也**니라
상왈 래서서   지재하야   수불당위   유여야

상에 이르길 "몹시 느리다 함은 뜻이 아래에 있기 때문이고, 비록 정위치는 아니지만 상응해 주는 것이 있다는 말이다."라고 했다.

上六은 困于葛藟와 于臲卼이니 **曰動悔**라 하야
상륙   곤우갈류   우얼올   왈동회

有悔면 **征**정하야 **吉**하리라
유회   정   길

상륙은 칡덩굴에 걸려 곤란을 받는데, 무리하게 움직이면 회한이 있을 것이다. 반성하면 길해진다.

象曰 困于葛藟는 未當也오
상왈 곤우갈류 미당야

動悔有悔는 吉行也라
동회유회 길행야

상에 이르길 "칡덩굴에 걸려 괴로움을 받는다는 것은 자리가 매우 부당하기 때문이다. 무리하게 움직이면 회한이 있고 반성하면 매우 길할 것이다."라고 했다.

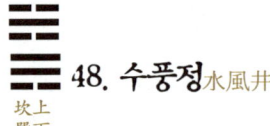

48. 수풍정 水風井
坎上
巽下

井은 改邑호대 不改井이니 无喪无得하며 往來 井井¹⁾하니
정 개읍   부개정   무상무득   왕래 정정

汔至 亦未繘井이니 羸其瓶이면 凶하니라
흘지 역미율정   리기병   흉

정이란 고을을 옮기되 우물은 옮기지 않는다. 잃은 것도 없고 얻는 것도 없다. 가고 오는 사람이 모두 우물물을 마시면서 물을 얻기 전에 두레박을 깨뜨려 물을 이용하지 못하는 일도 있다.

象曰 木上有水井이니 君子 以하야 勞民勸相하나니라
상왈 목상유수정   군자 이   노민권상

상에 이르길 "나무 위에 물이 있는 것이 정괘상인데, 군자는 이것을 본받아 백성을 위로하고 권면하여 서로 돕게 한다."라고 했다.

初六은 **井泥不食**이라 **舊井**에 **无禽**이로다
초육 정니불식   구정 무금

초육은 우물이 몹시 흐려서 먹지 못하기 때문에 옛 우물에는 새가 없다.

象曰 井泥不食은 **下也**일세오
상왈 정니불식   하야

舊井无禽은 **時舍也**²⁾라
구정무금   시사야

상에 이르길 "우물물이 흐려서 먹을 수 없다는 것은 아래에 있기 때문이다. 옛 우물에는 새가 없다 함은 그때에 버려진 것이다."라고 했다.

九二는 **井谷**이라 **射鮒**오 **甕敝漏**로다
구이   정곡   사부   옹폐루

구이는 아까운 우물의 물이 흘러내려 물을 붕어의 음료로 소용될 뿐이다. 마침내 큰 두레박도 깨어져서 물이 샌다.

象曰 井谷射鮒는 **无與也**³⁾일세라
상왈 정곡사부   무여야

상에 이르길 "우물의 물이 흘러내려 붕어의 음료로 소용된 다는 것은 위에서 상응해 주는 자가 없다는 것이다."라고 했다.

九三은 **井渫不食**⁴⁾하야 **爲我心惻**하야 **可用汲**이니
구삼 　정설부식 　　위아심측 　　가용급

王明하면 **並受其福**⁵⁾하리라
왕명 　　병수기복

　구삼은 우물물이 맑아도 먹지 못하니 내 마음이 아프다. 이 물과 같이 세상에는 소외된 인재가 많다. 왕이 총명하여 그를 등용할 수 있고 군주와 더불어 백성들이 복을 받을 것이다.

象曰 井渫不食은 **行**을 **惻也**오
상왈 정설부식 　행 　측야

求王明은 **受福也**라
구왕명 　 수복야

　상에 이르길 "우물물이 맑아도 먹지 못하니 내 마음도 아프다. 임금의 총명을 구하는 것은 백성들이 복을 받으려는 것이다."라고 했다.

六四는 **井甃**면 **无咎**리라
육사 　정추 　무구

　육사는 우물 안벽을 돌로 쌓아 수리한다. 그러면 허물이 없을 것이다.

象曰 井甃无咎는 **修井也**일세라
상왈 정추무구 　수정야

　상에 이르길 "우물 안 벽을 돌로 쌓아 수리한다. 그러면 허물이 없을 것이란 우물을 다스리기 때문이다."라고 했다.

上六은 井收勿幕코 有孚라 元吉이니라
상륙 정수물막   유부 원길

상륙은 우물물을 길어 내고 뚜껑을 덮지 말 것이다. 성의가 있으니 크게 길해진다.

象曰 元吉在上이 大成也⁶⁾라
상왈 원길재상   대성야

상에 이르길 "크게 길해진다 함은 크게 이루어진 것이다."라고 했다.

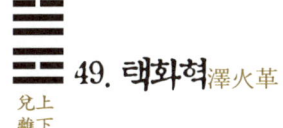 49. 택화혁 澤火革
兌上
離下

革은 己日이라야 乃孚하리라
혁   이일   내부

元亨코 利貞하야 悔亡¹⁾하나라
원형   이정   회망

혁명은 모든 여건이 무르익었을 때에 비로소 세상 사람들에게 혁명을 일으킨 참된 성의를 인정받게 된다. 마음을 바르게 가져야 이롭다. 뉘우침이 없어진다.

象曰 澤中有火革이니 君子 以하야 治歷明時²⁾하나니라
상왈 택중유화혁   군자 이   치력명시

상에 이르길 "못 속에 불이 있는 것이 혁괘상인데, 군자는 이것을 본받아 역법을 제정하고 계절의 추이를 밝힌다."라고 했다.

初九는 鞏用黃牛之革³⁾이니라
초구 공용황우지혁

초구는 경솔하게 행동하지 못하도록 누런 쇠가죽으로 굳게 묶는다.

象曰 鞏用黃牛는 不可以有爲也일세라
상왈 공용황우 부가이유위야

상에 이르길 "굳게 묶기를 마치 황소가죽으로 묶어 놓은 것 같기 때문이다."라고 했다.

六二는 已日이어야 乃革之니 征이면 吉하야 无咎하리라
육이 이일   내혁지 정   길   무구

육이는 여건이 무르익어야 혁명을 일으킨다. 전진하면 길하고 허물이 없을 것이다.

象曰 已日革之는 行有嘉也⁴⁾라
상왈 이일혁지 행유가야

상에 이르길 "여건이 되어 혁명을 일으킨다는 것은 실행하는 일에 아름다움이 있기 때문이다."라고 했다.

上六은 君子는 豹變⁵⁾이오
상륙 군자   표변

小人은 革面이니 征이며 凶코 居貞이면 吉하리라
소인 혁면 정 흉 거정 길

상륙은 군자가 표범처럼 변한다. 소인은 모두가 군주에게 순종하며 혁명의 대세에 따른다. 계속 나아가면 흉하고 개혁을 성취한 것을 지키면 길해진다.

象曰 君子豹變은 其文이 蔚也오 小人革面은 順以從君也라
상왈 군자표변 기문 울야 소인혁면 순이종군야

상에 이르길 "군자가 표변하는 것은 그 문채가 빛나기 때문이고, 소인이 모두 군주에 순종해서 혁명의 대세를 좇는 것이다."라고 했다.

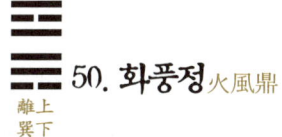

50. 화풍정 火風鼎
離上
巽下

鼎은 元吉亨¹⁾하니라
정 원길형

솥은 크게 길하고 발전하여 형통한다.

象曰 木上有火 鼎이니 君子 以하야 正하야
상왈 목상유화정 군자 이 정

位凝命하니 君子以正位凝命²⁾하나니라
위의명 군자이정위의명

상에 이르길 "나무 위에 불이 있는 것이 정괘상인데, 군자는 이것으로써 자신의 지위를 바르게 하고 천명을 수행한다."라고 했다.

初六은 **鼎**이 **顚趾**나 **利出否**하니
초육　정　전지　　이출부

得妾하면 **以其子无咎**[3]리라
득첩　　이기자무구

초육은 솥발의 발을 거꾸로 든다. 솥에 나쁜 것을 쏟기에 이로움이 있다. 첩을 얻음은 아들을 얻게 함이라. 허물이 없어진다.

象曰 鼎顚趾나 **未悖也**오
상왈 정전지　미패야

利出否는 **以從貴也**라
이출부　이종귀야

상에 이르길 "솥발을 거구로 든 것은 반드시 도리에 어그러지지 않는다. 나쁜 것을 빼어 놓으면 이로움이 있다 함은 귀**貴**함을 따르기 때문이다."라고 했다.

九二는 **鼎有實**이니 **我仇有疾**하야
구이　정유실　　아구유질

不我能卽이면 **吉**[4]하리라
부아능즉　　길

구이는 솥에 물건이 담겨 있다. 내 원수는 나쁜 병이 들었으니, 내게 오지 못하니 허물이 없고 길할 것이다.

象曰 鼎有實이나 愼所之也니
상왈 정유실   신소지야

我仇有疾은 終无也리라
아구유질 종무야

상에 이르길 "솥에 물건이 담겨 있다는 것은 가는 것을 삼가라는 말이다. 내 원수가 병이 있다는 것은 마침내 자신이 허물이 없다는 것이다."라고 했다.

九三은 鼎耳革하야 其行이 塞하야
구삼   정이혁   기행   색

稚膏를 不食하나 方雨하야 虧悔終吉[5]이리라
치고   부식   방우   휴회종길

구삼은 솥을 옮길 수 없다. 안에 있는 꿩고기가 맛이 있어도 먹지 못하지만, 마침내 비가 와서 솥귀가 식으니 걱정이 사라지니 걱정이 사라진다.

象曰 鼎耳革은 失其義也일세라
상왈 정이혁   실기의야

상에 이르길 "솥을 옮길 수 없다는 것은 그 의의를 상실했기 때문이다."라고 했다.

六五는 鼎黃耳金鉉이니 利貞하니라
육오   정황이김현   이정

육오는 솥에 누런 솥귀와 손잡이가 달렸다. 마음이 곧으면 이롭다.

象曰 鼎黃耳는 中以爲實也라
상 왈 정황이   중이위실야

상에 이르길 "솥의 누런 귀는 중中으로써 그 실實을 삼는다."라고 했다.

上九는 鼎玉鉉이니 大吉하야 无不利니라
상구   정옥현   대길   무부리

상구는 솥이 옥으로 만든 손잡이가 달려 있다. 크게 길하고 이롭지 않는 것이 없을 것이다.

象曰 玉鉉在上은 剛柔節也일세라
상 왈 옥현재상   강유절야

상에 이르길 "옥으로 만든 손잡이가 달려 있는 것은 센 것과 부드러움이 조화된 것이다."라고 했다.

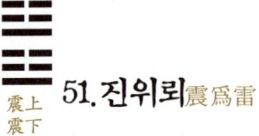

震上
震下
51. 진위뢰 震爲雷

震은 亨하니 震來에 虩虩이면 笑言이 啞啞이리라
진   형   진래   혁혁   소언   아아

震驚百里에 不喪匕鬯[1]하나니라
진경백리   부상시창

우레 소리가 진동하여 두려워하다가 웃음꽃을 피우며 이야기한다. 백 리까지 놀라게 하지만 제주는 침착하게 제례를 거행한다.

象曰 洊雷震이니 君子 以하야 恐懼修省하나니라
상왈 천뢰진   군자 이   공구수성

상에 이르길 "거듭 우레가 치는 것이 진괘상인데, 군자는 이것으로써 몹시 조심하고 두려워하면 자신의 몸을 수양하고 반성한다."라고 했다.

初九는 震來虩虩이라야 後에 笑言啞啞이리니 吉하리니
초구   진래혁혁   후   소언아아   길

초구는 우레가 칠 때 두려워하지만 지난 뒤에 웃음꽃을 피운다. 길할 것이다.

象曰 震來虩虩은 恐致福也오 笑言啞啞은 後有則也²라
상왈 진래혁혁   공치복야   소언아아   후유칙야

상에 이르길 "우레가 칠 때 두려워하는 것은 복이 오게 하는 것이고, 웃음꽃을 피운다는 것은 뒤에 법도가 있기 때문이다."라고 했다.

六二는 震來厲라 億喪貝하야 躋于九陵이니 勿逐하면 七日得하리라
육이   진래려   억상패   제우구릉   물축   칠일득

육이는 우레가 칠 때는 위태롭다는 것은 많은 재산을 잃을까 크게 걱정하며 높은 언덕을 찾아 피난한 재물에 집착하지 말라. 칠일이면 되찾을 수 있다.

象曰 震來厲는 乘剛也[3]일세라
상왈 진래려   승강야

상에 이르길 "우레가 칠 때 위태롭다는 것은 강剛을 탔기 때문이다."라고 했다.

六三은 震蘇蘇니 震行하면 无眚하리라
육삼   진소소   진행   무생

육삼은 우레 소리로 기운이 탈진했다. 두려워하는 자세로 모든 일에 나아가면 재앙이 없을 것이다.

象曰 震蘇蘇는 位不當也[4]일세라
상왈 진소소   위불당야

상에 이르길 "우레 소리로 기운이 탈진했다는 것은 자신의 지위가 매우 부당하기 때문이다."라고 했다.

九四는 震이 遂泥라
구사   진   수니

구사는 우레 소리가 진흙에 빠져 기세를 떨치지 못한 큰 힘을 발휘할 수 없다.

象曰 震遂泥는 未光也로다
상왈 진수니   미광야

상에 이르길 "우레 소리가 진흙에 빠져 기세를 떨치지 못한다는 것은 양의 힘이 크지 못하기 때문이다."라고 했다.

六五는 震이 往來厲하니 意하야 无喪有事니라
육오 진 왕래려 의 무상유사

육오는 우레 소리가 사라졌다가 다시 진동한다. 잘 생각해서 중도를 지키는 일을 잊지 말라.

象曰 震往來厲는 危行也오
상왈 진왕래려 위행야

其事在中하니 大无喪也[5]니라
기사재중 대무상야

상에 이르길 "우레 사라졌다가 다시 진동한다는 것이 위태롭다는 것은 가면 위험하다는 말이다. 잘 생각해서 중도를 지키는 일을 잊지 말라."라고 했다.

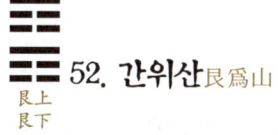 52. 간위산艮爲山

艮其背면 不獲其身하며 行其庭하야도 不見其人하야 无咎[1]리라
간기배 부획기신 행기정 부견기인 무구

하는 일이 등에 머물러 있으면 자신이 추구하는 일에서 얻는 것도 없다. 그 뜰을 거닐어 그 사람을 보지 못하기 때문에 허물이 없다.

象曰 兼山이 艮이니 君子 以하야 思不出其位[2]하나니라
상왈 겸산 간 군자 이 사불출기위

상에 이르길 "산을 겹친 것이 간괘상인데, 군자는 이것을 본떠서 자신이 그 신분에 벗어나지 않을 것을 생각지 아니한다."라고 했다.

初六은 艮其趾라 无咎하니 利永貞[3]하니라
초육 간기지 무구 이영정

초육은 작용이 발에 머문 상태이다. 자신의 바른 위치를 잃지 않으면 허물이 없다.

象曰 艮其趾는 未失正也라
상왈 간기지 미실정야

상에 이르길 "작용이 발에 머문 상태이다는 것은 바른 것을 잃지 않는 것이다."라고 했다.

六二는 艮其腓니 不拯其隨라 其心不快[4]로다
육이 간기비 불증기수 기심불쾌

육이는 작용이 그 종아리에 머문 상태이니 자주적으로 행할 수 없다. 자신의 의견이 받아들여지지 않아 마음이 불쾌하지 않다.

象曰 不拯其隨는 未退聽也일세라
상왈 불증기수 미퇴청야

상에 이르길 "자주적으로 행할 수 없다는 것은 구삼이 물러서서 말을 들으려고 하지 않기 때문이다."라고 했다.

九三은 艮其限이라 列其夤이니 厲薰心이로다
구삼   간기한   열기인   려 훈심

구삼은 작용이 허리에 머문 상태이다. 그 등뼈가 몹시 아프다. 매우 불안하여 마음을 졸인다.

象曰 艮其限이라 危薰心也라
상왈 간기한   위 훈심야

상에 이르길 "작용이 허리에 머무르는 것은 매우 불안해서 마음을 졸이는 것이다."라고 했다.

六四는 艮其身이니 无咎니라
육사   간기신   무구

육사는 작용이 머무른 상태이다. 사리사욕을 없애면 허물이 없다.

象曰 艮其身은 止諸躬也라
상왈 간기신   지제궁야

상에 이르길 "작용이 몸에 머무른다는 것은 자기 자신에게만 그치는 것이다."라고 했다.

六五는 艮其輔라 言有序니 悔亡하리라
육오   간기보 언유서 회망

육오는 작용이 볼에 머문 상태이다. 말에 조리가 있기 때문에 후회할 일이 없다.

象曰 艮其輔는 以中으로 正也라
상왈 간기보   이중   정야

상에 이르길 "그 볼에 머무른다는 것은 중정中正하기 때문이다."라고 했다.

上九는 敦艮이니 吉하니라
　상구　　돈간　　　길

상구는 돈독하게 머물 줄 아는 상태이다. 길할 것이다.

象日 敦艮之吉은 以厚終也일세라
　상왈 돈간지길　　이후종야

상에 이르길 "돈독하게 머물 줄 아는 상태이어서 길하다는 것은 끝나는 것을 두텁게 하기 때문이다."라고 했다.

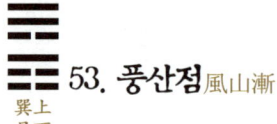 53. 풍산점風山漸

漸은 女歸 吉하니 利貞¹⁾이니라
점　　여귀 길　　　이정

여자가 시집가는 데 매우 길한 괘이다. 마음이 곧으면 이롭다.

象日 山上有木이 漸²⁾이니 君子 以하야 居賢德하야 善俗하나니라
　상왈 산상유목　　점　　　군자 이　　거현덕　　　선속

상에 이르길 "산 위에 나무가 있는 것이 점괘상인데, 군자는 이것을 본받아 어진 덕을 길러 높은 지위를 얻고 백성들의 풍속을 선한 것으로 인도한다."라고 했다.

初六은 鴻漸于干이니 小子 厲하야 有言이나 无咎[3]니라
초육 홍점우간   소자 려 유언   무구

초육은 기러기가 점점 물가로 날아간다. 어린 새끼들은 매우 위태롭다. 꾸중은 듣겠지만 허물이 없다.

象曰 小子之厲나라 義无咎也니라
상왈 소자지려   의무구야

상에 이르길 "어린 새끼가 매우 위태로움은 곧 의리에 허물이 없는 것이다."라고 했다.

六二는 鴻漸于磐이라 飮食이 衎衎하니 吉하니라
육이 홍점우반   음식   간간   길

육이는 기러기가 반석 위로 올라앉은 상태이다. 화락한 마음으로 음식을 즐겁게 먹는다. 그러므로 길하다.

象曰 飮食衎衎은 不素飽也[4]라
상왈 음식간간   부소포야

상에 이르길 "음식을 즐겁게 먹는다는 것은 한갓 배불리려는 것이다."라고 했다.

六四는 鴻漸于木이니 或得其桷이면 无咎리라
육사 홍점우목   혹득기각   무구

육사는 기러기가 나무 위에 오른 상태이다. 혹시 평평한 가지를 얻으면 허물이 없으리라.

象曰 或得其桷은 順以巽也라
상왈 혹득기각 순이손야

상에 이르길 "평평한 가지를 얻는다는 것은 유순해서 따르기 때문이다."라고 했다.

九五는 鴻漸于陵이니 婦 三歲를 不孕하나 終莫之勝이라 吉[5]하리라
구오 홍점우릉 부 삼세 부잉 종막지승 길

구오는 기러기가 높은 언덕 위로 날아가는 상태이다. 아내가 3년이 되어도 임신하지 못한다. 그러나 나중에는 소원을 성취하고 행복할 것이다.

象曰 終莫之勝吉은 得所願也라
상왈 종막지승길 득소원야

상에 이르길 "나중에 소원을 성취한다. 길하다 함은 소원을 이룬 것이다."라고 했다.

上九는 鴻漸于陸[6]이니 或羽 可用爲儀니 吉하니라
상구 홍점우육 기혹 가용위의 길

상구는 기러기가 하늘에 날아오른다. 그 날아가는 모습이 질서정연하여 본받을 만하다.

象曰 其羽可用爲儀吉은 不可亂也일새라
상왈 기우가용위의길 부가란야

상에 이르길 "날아가는 모습이 질서정연하여 본받을 만하다는 것은 그 뜻을 어지럽힐 수 없기 때문이다."라고 했다.

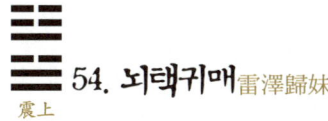

54. 뇌택귀매 雷澤歸妹

震上
兌下

歸妹는 征하면 凶하니 无攸利[1]하니라
귀매 정 흉 무유리

젊은 여자가 시집가는 괘이고, 시집가는 여자가 적극적이면 흉하다. 그 어떤 것도 이로울 것이 없을 것이다.

象曰 澤上有雷歸妹니 君子 以하야 永終하야 知敝하나니라
상왈 택상 유뢰귀매 군자 이 영종 지폐

상에 이르길 "못 위에 우레가 진동하는 것이 귀매괘상인데, 군자는 이것으로써 일의 영속을 꾀하고 파탄을 일으키게 되는 것을 말한다."라고 했다.

初九는 歸妹以娣니 跛能履라 征이면 吉[2]하리라
초구 귀매이제 파능리 정 길

초구는 측실로 적처에 딸려서 시집을 보낸다. 절름발이가 신발을 신을 수 있다. 적처와 손잡고 남편을 섬기는 일을 하면 매우 길하다.

象曰 歸妹以娣나 以恒也오 跛能履吉은 相承也일세라
상왈 귀매이제 이항야 파능리길 상승야

상에 이르길 "비록 첩으로 시집갔으나 항성 덕이 있다. 심부름을 하는 것은 서로 돕는 것이다."라고 했다.

九二는 眇能視니 利幽人之貞[3]하니라
구이 묘능시 이유인지정

구이는 애꾸가 앞을 보는 상태이다. 비록 소실이지만 상도에 벗어나지 않는다. 노력을 계속하면 길하다.

象曰 利幽人之貞은 未變常也라
상왈 이유인지정   미변상야

상에 이르길 "비록 소실이지만 항상 상도를 변치 않기 때문이다."라고 했다.

六三은 歸妹以須니 反歸以娣⁴⁾하니
육삼   귀매이수   반귀이제

육삼은 시집갔다가 결혼 생활을 하지 못하고 돌아와서는 잉첩으로 시집간다.

象曰 歸妹以須⁵⁾는 未當也일세라
상왈 귀매이수   미당야

상에 이르길 "시집갔다가 결혼 생활을 하지 못한다는 것은 마땅치 않기 때문이다."라고 했다.

九四는 歸妹愆期⁵⁾니 遲歸有時니라
구사   귀매건기   지귀유시

구사는 혼기를 놓친 것인데, 그 시기가 늦어지는 것은 좋은 인연이 있기를 기다리기 때문이다.

象曰 愆期之志는 有待而行也라
상왈 건기지지   유대이행야

상에 이르길 "혼기를 놓친 것은 좋은 사람을 기다리면서 가렸던 것이다."라고 했다.

上六은 女承筐无實이라 士刲羊無血⁶⁾이니 无攸利하니라
상륙　여승광무실　　사규양무혈　　　무유리

상륙은 아내는 아무것도 담은 것이 없는 빈 광주리를 들었고 신랑이 희생으로 바친 양은 잡아도 피가 안 나는 양이었다. 반드시 이로울 것이 없다.

象曰 上六无實은 承虛筐也라
상왈 상륙무실　승허광야

상에 이르길 "광주리에 아무것도 담은 것이 없는 것은 빈 광주리를 들었기 때문이다."라고 했다.

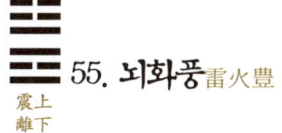

55. 뇌화풍 雷火豊

震上
離下

豊은 亨하니 王이야 假之하나니 勿憂흘단 宜日中¹⁾이니라
풍　형　　왕　　가지　　　　물우　　　의일중

매우 번영하고 형통한 것으로 오직 왕이 공명정대하니 그 덕이 성대의 경지에 이를 수 있다. 무엇을 근심할 것인가. 해가 중천에 떠 있는 때를 놓치지 말고 최선을 기울이면 된다.

象曰 雷電皆至 豊이니 君子 以하야 折獄致刑²⁾하나니라
상왈 뇌전개지 풍　　군자 이　　절옥치형

상에 이르길 "우레와 번개가 모두 이르는 것이 풍괘상인데, 군자는 이것으로써 옥사를 다스리고 형벌을 집행한다."라고 했다.

初九는 遇其配主호대 雖旬이나 无咎하니 往하면 有尙[3]이리라
초구 우기배주 수순 무구 왕 유상

초구는 뜻을 같이할 상대를 만나지만, 비록 능력은 같더라도 화합하기 어려우나 허물이 없다. 그러나 스스로 나아가면 존경받을 것이다.

象曰 雖旬无咎니 過旬이면 災也리라
상왈 수순무구 과순 재야

상에 이르길 "비록 능력은 같아도 화합하기 어려우나 허물은 없으니 같은 것에서 지나치면 반드시 재앙이 따른다."라고 했다.

六二는 豐其蔀라 日中見斗[4]니 往하면 得疑疾하리니
육이 풍기부 일중견두 왕 득의질

有孚發若하면 吉하리라
유부발약 길

육이는 거적을 두텁게 둘러치니 대낮에도 북두칠성을 본 것 같다. 나아가면 의심과 질투를 받고, 진지한 마음으로 남을 감동시키면 길하다.

象曰 有孚發若은 信以發志也라
상왈 유부발약 신이발지야

상에 이르길 "진지한 마음으로 남을 감동시키면 길하다."라고 했다.

九三은 **豊其沛**라 **日中見沫**오 **折其右肱**이니 **无咎**[5]니라
　구삼　풍기패　　일중견매　　절기우굉　　　무구

　구삼은 장막을 두텁게 둘러치니 한밤중처럼 어둡다. 한낮에도 작은 별이 보일 듯이 캄캄하다. 오른팔을 꺾였으니 쓸 수 없다. 그런 상태에서 어떤 일을 할 수 있겠는가. 자신에게는 허물이 없을 것이다.

象曰 豊其沛라 **不可大事也**리오 **折其右肱**이라 **終不可用也**라
　상왈　풍기패　　부가대사야　　절기우굉　　　종불가용야

　상에 이르길 "장을 매우 두텁게 친다는 것은 큰 일을 하면 안 된다는 것이고, 그 오른쪽 팔을 꺾였으니 쓸 수 없다는 것은 끝내 쓸 수 없다는 것이다."라고 했다.

九四는 **豊其蔀**라 **日中見斗**니 **遇其夷主**하면 **吉**하리라
　구사　풍기부　　일중견두　　우기이주　　　길

　구사는 그 거적을 두텁게 쳤으니 한낮에도 북두칠성이 보일 듯이 어둡다. 그러나 동지를 만나 협력할 수 있다면 길하다.

象曰 豊其蔀는 **位不當也**일새오 **日中見斗**는
　상왈 풍기부　　위불당야　　　　일중견두

幽不明也일새오 **遇其夷主**는 **吉行也**라
　유불명야　　　　우기이주　　길행야

　상에 이르길 "그 거적을 두텁게 쳤다는 것은 지위가 매우 부당하기 때문이고, 한낮에 북두칠성을 본다는 것은 어둡고 밝히지 못하기 때문이고, 동지를 만나 협력을 구하면 매우 길하다는 것은

앞으로 나아가기 때문이다."라고 했다.

六五는 **來章**이면 **有慶譽**하야 **吉**하리라
　　육오　　래장　　유경예　　　길

육오는 광명을 받아들인다면 경사가 있고 명예가 있을 것이다. 그러므로 매우 길하다.

象曰 六五之吉은 **有慶也**라
　상왈 육오지길　　유경야

상에 이르길 "광명을 받아들인다면 경사가 있는 것이다."라고 했다.

上六은 **豊其屋**하고 **蔀其家**라
　상륙　　풍기옥　　　부기가
闚其戶하니 **闃其无人**하야 **三歲**라도 **不覿**이로소니 **凶**하나라
　규기호　　　격기무인　　　삼세　　　불적　　　　 흉

상륙은 하늘을 나는 새처럼 저택의 지붕은 성대하게 꾸며져 있고 그 문을 들여다보니 매우 적적해서 사람이 없다. 3년을 기다려도 그를 볼 수가 없기 때문에 흉하다.

象曰 豊其屋은 **天際翔也**오 **闚其戶闃其无人**은 **自藏也**라
　상왈 풍기옥　　천제상야　　규기호격기무인　　　자장야

상에 이르길 "그 집을 훌륭하게 꾸몄다는 것은 하늘에 닿을 듯이 하는 것이요, 그 문을 들여다보니 적적해서 사람이 없다는 것은 스스로 자신의 몸을 감추는 것이다."라고 했다.

56. 화산여 火山旅

離上
艮下

旅는 小亨하고 旅貞하야 吉[1]하니라
여 소형   여정   길

작은 발전을 기할 수 있는 괘이다. 여행할 때 마음이 곧으면 길하다.

象曰 山上有火 旅니 君子 以하야 明慎用刑하며 以不留獄[2]하나니라
상왈 산상유화 여 군자 이   명신용형   이부류옥

상에 이르길 "산 위에 불이 타고 있는 상태가 여괘상인데, 군자는 이것으로써 형벌을 크게 밝히고 신중하게 처리해서 죄인을 한 사람도 감옥에 남겨 두지 않는다."라고 했다.

初六은 旅瑣瑣니 斯其所取災니라
초육   여쇄쇄   사기소취재

초육은 여행할 때 사소한 이익을 추구하면 스스로 재앙을 일으키는 것이다.

象曰 旅瑣瑣는 志窮하야 災也라
상왈 여쇄쇄 지궁   재야

상에 이르길 "여행할 때 사소한 이익을 추구하면 뜻이 몹시 궁해서 마침내 스스로 재앙을 불러오게 된다."라고 했다.

六二는 旅則次하야 懷其資하고 得童僕貞이로다
육이   여즉차   회기자   득동복정

육이는 여행할 때 좋은 숙소에 들고 여비도 넉넉하게 마련되고 어린 종까지 얻으니 아무런 허물도 없으리라.

象曰 得童僕貞은 終无尤也라
상왈 득동복정   종무우야

상에 이르길 "어린 종을 얻었기 때문에 이제부터는 허물이 없다."라고 했다.

九三은 旅焚其次하고 喪其童僕貞이니 厲[3]하니라
구삼   여분기차   상기동복정   여

구삼은 여행 중 그 숙소가 불타고 정직한 그 어린 종을 잃었다. 괴로운 책임을 아랫사람에게 주었기 때문에 충복에게 배신당했다. 그런 자세로 나아간다면 매우 위태롭다.

象曰 旅焚其次하니 亦以傷矣오 以旅與下하니 其義 喪也니라
상왈 여분기차   역이상의   이려여하   기의 상야

상에 이르길 "여행 중에 숙소를 불태운 것은 상실한 일이다. 여행하면서 아랫사람에게 배신당한 것은 그 의리를 상실하는 것이다."라고 했다.

九四는 旅于處하고 得其資斧하나 我心은 不快[4]로다
구사   여우처   득기자부   아심   부쾌

구사는 여행 중에 잠잘 곳을 얻고 노자와 호신에 사용하는 무기까지 얻었다. 그러나 영주할 곳이 아니기에 무기와 여비를 얻었으나 내 마음은 매우 유쾌하지 못하다.

象曰 旅于處는 未得位也오 得其資斧하나 心未快也라
상왈 여우처   미득위야   득기자부   심미쾌야

상에 이르길 "여행 중에 잠잘 곳을 얻었다 함은 아직도 자리를 얻지 못한 것이고 비록 노자와 무기를 얻었으나 아직 마음이 유쾌하지 못하다."라고 했다.

六五는 射雉 一矢亡이라 終以譽命이리라
육오   사치 일시망   종이예명

육오는 꿩을 쏘아 화살 한 개를 잃었다. 윗사람에게 인정받아 마침내 그것으로 인해 명예와 벼슬을 얻을 것이다.

象曰 終以譽命은 上逮也일새라
상왈 종이예명   상체야

상에 이르길 "마침내 그것으로 인해 명예와 벼슬을 얻을 것이라 함은 말이 위에 들렸기 때문이다."라고 했다.

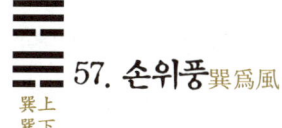

57. 손위풍 巽爲風

巽上
巽下

巽은 小亨하니 利有攸往하며 利見大人하니라
손   소형   이유유왕   이견대인

겸덕을 굳게 지키고 일을 수행하고 자신을 내세우지 말고 대인의 지도를 좇는 것이 이롭다.

象曰 隨風이 巽[3]이니 君子 以하야 申命[2] 行事하나니라
상왈 수풍   손   군자 이   신명   행사

상에 이르길 "바람이 계속 부는 것이 손괘상인데, 군자는 이것을 본떠서 명령을 거듭하여 일을 수행한다."라고 했다.

初六은 進退니 利武人之貞[4]이니라
초육   진퇴   이무인지정

초육은 확고한 신념이 없이 앞으로 나가고 뒤로 물러간다. 마음이 바른 무인처럼 나아가면 이롭다.

象曰 進退는 志疑也오 利武人之貞은 志治也라
상왈 진퇴   지의야   이무인지정   지치야

상에 이르길 "앞으로 나가고 뒤로 물러간다는 뜻은 의심하는 것이고, 무인처럼 나아가면 이롭다는 것은 뜻이 잘 다스려지기 때문이다."라고 했다.

九二는 巽在牀下니 用史巫紛若하면 吉코 无咎리라
구이   손재상하   용사무분약   길   무구

구이는 제사상 아래무릎을 꿇고 신의 계시를 묻는다. 겸덕이 매우 극진하여 중도를 얻으니 길하고 허물이 없을 것이다.

象曰 紛若之吉은 得中也일새라
상왈 분약지길   득중야

상에 이르길 "무릎을 꿇고 신의 계시를 묻는다 함은 중中을 얻었기 때문이다."라고 했다.

九三은 **頻巽**이니 **吝**하니라
　구삼　빈손　　인

구삼은 겸손이 지나쳐 비굴하다.

象曰 頻巽之吝은 **志窮也**라
　상왈 빈손지인　　지궁야

상에 이르길 "겸손함이 지나쳐 비굴하다는 것은 뜻이 궁하지 않기 때문이다."라고 했다.

六四는 **悔 亡**하니 **田獲三品**[5]이로다
　육사　회 망　　전획삼품

육사는 사냥에서 포획물을 얻어 공을 세우리다.

象曰 田獲三品은 **有功也**라
　상왈 전획삼품　　유공야

상에 이르길 "사냥에서 포획물을 얻어 공을 세운다는 것은 공이 있는 것이다."라고 했다.

九五는 **貞**이면 **吉**하야 **悔 亡**하여 **无不利无初有終**이라
　구오　정　　길　　회 망　　무부리무초유종

先庚三日하며 **後庚三日**[6]이면 **吉**하리라
　선경삼일　　　후경삼일　　길

구오는 중정의 위치를 얻었으니 항상 바른 도리를 지키면 매우 길하고 뉘우침이 없을 것이다. 그리고 이롭지 않은 것이 없다. 처음은 애로가 있겠으나 뒤에 반드시 좋은 결실을 맺는다. 일할때 성의를

기울이고 그 후에도 헤아려 처리하면 길하다.

象曰 九五之吉은 位正中也일새라
상왈 구오지길   위정중야

상에 이르길 "구오의 길함은 지위가 정중正中이기 때문이다."라고 했다.

 **58. 태위택** 兌爲澤
兌上
兌下

兌는 亨하니 利貞¹⁾하니라
태   형   이정

괘는 기쁨을 상징한다. 그리고 올바른 도를 지켜야 한다.

象曰 麗澤이 兌니 君子 以하야 朋友講習하나니라
상왈 려택   태 군자 이   붕우강습

상에 이르길 "두 못이 연달아 있는 것이 태괘상인데, 군자는 이것으로써 벗들을 모아 학문을 강론하고 익힌다."라고 했다.

初九는 和兌니 吉²⁾하니라
초구   화태   길

초구는 화합한 마음으로 즐긴다.

象曰 和兌之吉은 行未疑也일새라
상왈 화태지길　행미의야

상에 이르길 "화합한 마음으로 즐긴다는 것은 자신의 행하는 바가 의심할 것이 없다는 것이다."라고 했다.

九二는 孚兌[3]니 吉하고 悔亡하니라
구이　부태　　길　　회망

구이는 진심으로 기뻐한다. 회한도 사라지리라.

象曰 孚兌之吉은 信志也일새라
상왈 부태지길　신지야

상에 이르길 "진심으로 기뻐하여 길하다는 것은 자신의 뜻을 정성스럽게 하기 때문이다."라고 했다.

六三은 來兌니 凶[4]하니라
육삼　래태　흉

육삼은 밖에서 뛰어들어 기쁨을 추구한다. 나쁘다.

象曰 來兌之凶은 位不當也일새라
상왈 래태지흉　위불당야

상에 이르길 "밖에서 뛰어들어 기쁨을 추구한다, 이것이 흉하다는 것은 자리가 매우 부당하기 때문이다."라고 했다.

九四는 商兌이니 未寧이니 介疾[5]이면 有喜리라
구사　상태　　미녕　　개질　　　유희

구사는 어느 쪽의 기쁨을 선택할까 상의하나 판단을 못 내려 번민한다. 불의를 배척하고 자신을 굳게 지킨다면 기쁨이 있다.

象曰 九四之喜는 **有慶也**라
상왈 구사지희   유경야

상에 이르길 "구사의 즐거움은 경사가 있는 것이다."라고 했다.

九五는 **孚于剝**이면 **有厲**리라
구오   부우박   유려

구오는 원흉을 없애는 일에 정성을 기울인다. 위태로운 일이나 큰 덕을 지닌 사람이 시도할 수 있는 일이다.

象曰 于剝은 **位正當也**일새라
상왈 우박   위정당야

상에 이르길 "원흉을 없애는 일에 정성을 기울인다는 것은 자신의 지위가 매우 정당하기 때문이다."라고 했다.

上六은 **引兌**라
상륙   인태

상륙은 남의 힘을 이끌어서 기쁨을 추구한다.

象曰 上六引兌는 **未光也**라
상왈 상륙인태   미광야

상에 이르길 "상륙의 남의 힘을 이끌어서 기쁨을 추구한다는 것은 아직 빛나지 못한 것이다."라고 했다.

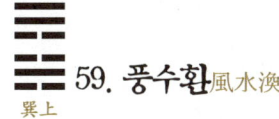
59. 풍수환 風水渙
巽上
坎下

渙은 亨이니 王假有廟며 利涉大川하니 利貞[1]하니라
환　형　　　왕가유묘　　이섭대천　　　이정

환은 발전한다는 괘이다. 군자가 조상께 정성껏 제사를 올리고 보호를 받았다. 큰 강을 건너듯이 큰 일을 하는 것이 이롭기 때문에 마음이 곧아야 이로워진다.

象曰 風行水上이 渙이니 先王이 以하야 享于帝하며 立廟하니라
상왈 풍행수상　　환　　　선왕　이　　향우제　　　입묘

상에 이르길 "바람이 물 위에 부는 상태가 환괘상인데, 군자는 상제께 제사를 올리고 종묘를 세우고 조상께 제사를 지냈다."라고 했다.

初六은 用拯호대 馬壯하니 吉[2]하니라
초육　　용증　　　마장　　　길

초육은 자신이 악한 줄을 알아 구원을 받는다. 맺힌 상태에서 벗어나니 길하다.

象曰 初六之吉은 順也일새라
상왈 초육지길　　순야

상에 이르길 "자신이 악한 줄을 알아 구원을 받는다는 것은 구이에 순종하기 때문이다."라고 했다.

九二는 渙에 奔其机면 悔 亡[3]하리라
구이　　환　　분기궤　　회 망

구이는 소망이 이루어졌으니 회한은 사라지리라.

象曰 渙奔其机는 得願也라
상왈 환분기궤   득원야

상에 이르길 "소망이 이루어졌으니 회한이 사라진다는 것은 원함을 얻은 것이다."라고 했다.

六三은 渙에 其躬이 无悔[4]니라
육삼 환 기궁 무회

육삼은 남을 위해 헌신하니 뉘우침이 없다.

象曰 渙其躬은 志在外也일새라
상왈 환기궁   지재외야

상에 이르길 "남을 위해 헌신한다는 것은 뜻이 밖에 있기 때문이다."라고 했다.

六四는 渙에 其羣이라 元吉[5]하니 渙에 有丘 匪夷所思[6]리라
육사 환 기군   원길   환 유구 비이소사

육사는 자기의 무리를 흩어 버린다. 광명정대함은 추구하는 일이니 크게 길할 것이다. 숙청한 공이 언덕 같이 높다.

象曰 渙其羣元吉은 光大也라
상왈 환기군원길   광대야

상에 이르길 "자기의 무리를 흩어 버렸으므로 크게 길하다는 것은 그 공덕이 크게 빛나는 것이다."라고 했다.

九五는 渙에 汗其大號[7]면 渙에 王居니 无咎리라
구오 환 한기대호   환 왕거 무구

구오는 큰 정령을 선포하고 비축한 물자를 내리니 민심이 찾아들어 허물이 없다.

象曰 王居无咎는 正位也라
상왈 왕거무구 정위야

상에 이르길 "민심이 찾아든다는 것은 정위正位가 있기 때문이다."라고 했다.

 **60. 수택절**水澤節

坎上
兌下

節은 亨하니 苦節은 不可貞[1]이니라
절 형   고절   부가정

절도를 뜻하고 발전을 상징하는 괘이다. 그러나 절도를 지키는 일은 언제까지 고수할 수는 없다.

象曰 澤上有水 節[2]이니 君子 以하야 制數度하며 議德行하나니라
상왈 택상유수절   군자 이   제수도   의덕행

상에 이르길 "못 위에 물이 있는 것이 절괘상인데, 군자는 이것으로써 온갖 제도를 만들어 덕행을 논의한다."라고 했다.

初九는 **不出戶庭**이면 **无咎**[3]리라
초구　부출호정　　무구

초구는 문 밖에 나가지 않는다. 허물이 없다.

象曰 不出戶庭이나 **知通塞也**니라
상왈 부출호정　　지통색야

상에 이르길 "문 밖에 나가지 않아도 시운이 잘 소통하고 막힌 것을 알아야 한다."라고 했다.

九二는 **不出門庭**이라 **凶**하니라
구이　부출문정　　흉

구이는 집 안에서 나가지 않는다. 흉하다. 기회를 잃었기 때문이다.

象曰 不出門庭凶은 **失時 極也**[4]일새라
상왈 부출문정흉　실시 극야

상에 이르길 "집 안에서 나가지 않는다. 흉하다는 것은 때를 잃은 것이 지극하기 때문이다."라고 했다.

六三은 **不節若**이면 **則嗟若**하리니 **无咎**니라
육삼　불절약　　칙차약　　　무구

육삼은 스스로 절도를 잃었기 때문에 마침내 탄식하게 될 것이다. 자신의 잘못이니 누구를 탓할 것이 없다.

象曰 不節之嗟를 **又誰咎也**리오
상왈 불절지차　우수구야

상에 이르길 "절도를 잃어 탄식하게 되는 것을 그 누구를 허물하랴."라고 했다.

六四는 安節이니 亨하나라
육사 안절 형

육사는 윗어른의 뜻에 따라 절도를 지켜 마음에 안정을 얻으니 편안하다. 매우 형통할 것이다.

象曰 安節之亨은 承上道也라
상왈 안절지형 승상도야

상에 이르길 "마음에 안정을 얻어 형통하다는 것은 구오의 도를 받았기 때문이다."라고 했다.

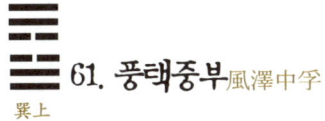

61. 풍택중부 風澤中孚
巽上
兌下

中孚는 豚魚면 吉하니 利涉大川하고 利貞¹⁾하나라
중부 돈어 길   이섭대천   이정

정성 어린 은덕은 돼지와 물고기에까지 미치고, 큰 강을 건너듯 큰 일을 하면 이롭다. 반드시 마음이 곧아야 이롭다.

象曰 澤上有風이 中孚니 君子 以하야 議獄하며 緩死하나니라
상왈 택상유풍 중부 군자 이   의옥   완사

상에 이르길 "못 위에 바람이 부는 것이 중부괘상인데, 군자는 이것으로써 재판을 처리하며 사형수에게도 죽음을 면해 준다."라고 했다.

六三²⁾은 得敵하야 或鼓或罷或泣或歌로다
육삼 득적   혹고혹파혹읍혹가

육삼은 적을 만났을 때로는 북을 치면서 공격하기도 하고 그치기도 하면서 후퇴한다. 울다가 때로는 노래를 부르기도 한다.

象曰 或鼓或罷는 位不當也일새라
상왈 혹고혹파 위부당야

상에 이르길 "혹시 북을 치고 그치기도 한다는 것은 자리가 부당하기 때문이다."라고 했다.

六四는 月幾望이니 馬匹이 亡하면 无咎리라
육사 월기망   마필 망   무구

육사는 달이 거의 보름에 가깝다. 동지와 인연을 끊고 윗사람을 위해 충성을 바치면 허물은 없을 것이다.

象曰 馬匹亡은 絶類하야 上也라
상왈 마필망 절류   상야

상에 이르길 "윗사람을 위해 충성을 바친다는 것은 동류同類를 잃고 위를 따른다는 것이다."라고 했다.

九五는 有孚攣如면 无咎리라
구오   유부련여   무구

구오는 진지한 성의가 있으니 모든 마음이 융합된다. 훌륭한 지도자가 있기에 허물이 없을 것이다.

象曰 有孚攣如는 位正當也일새라
상왈 유부련여   위정당야

상에 이르길 "진지한 성의가 있으니 모든 마음이 융합된다는 것은 지위가 정당하기 때문이다."라고 했다.

62. 뇌산소과 雷山小過
震上
艮下

小過는 亨하니 利貞¹⁾하며 可小事오
소과   형   이정   가소사

不可大事니 飛鳥遺之音에 不宜上이오 宜下면 大吉²⁾하리라
부가대사   비조유지음   부의상   의하   대길

소과는 발전을 상징한다. 마음을 바르게 가져야 이롭다. 비록 작은 일은 할 수 있지만 큰 일은 할 수 없다. 날아가는 새의 모습은 보이지 않고 소리만이 들린다. 보다 높이 올라가는 것은 마땅하지 못하고 내려오는 것은 크게 길하다.

象曰 山山上有雷 小過니 君子 以하야 行過乎恭하며
상왈 산산상유뢰 소과   군자 이   행과호공

喪過乎哀하며 用過乎儉³⁾하나니라
상과호애　용과호검

상에 이르길 "산 위에 우레가 진동하는 것이 소과괘상인데, 군자는 이것으로써 행동함에 있어 공손하고, 초상에 임해서는 슬퍼하는 마음을, 일상 생활을 검약하게 한다."라고 했다.

初六은 飛鳥이라 以凶⁴⁾이니라
초육　비조　　이흉

초육은 하늘을 날아가는 새라 비약을 꿈꾼다. 어려운 처지에 놓여 매우 흉하다.

象曰 飛鳥以凶은 不可如何也라
상왈 비조이흉　부가여하야

상에 이르길 "하늘을 나는 새라 흉하다는 것은 자신이 어떻게 할 수 없는 것이다."라고 했다.

六二는 過其祖하야 遇其妣니 不及其君이오 遇其臣이면 无咎리라
육이　과기조　　우기비　부급기군　　우기신　　무구

육이는 할아버지에게는 효도하면서 그 할머니와 만난다. 그 임금에게 직접 나아가지 못하고 측근의 신하를 만난다. 허물이 없다.

象曰 不及其君은 臣不可過也라
상왈 부급기군　신부가과야

상에 이르길 "그 임금에 직접 나아가지 못한다는 것은 신하는 지나치지 못하기 때문이다."라고 했다.

九三은 弗過防之면 從或戕之라 凶하리라
구삼 불과방지 종혹장지 흉

구삼은 지나치지 않도록 호응하는 상대를 막아라. 따라서 쫓다가는 해를 입을지도 모른다. 매우 흉하다.

象曰 從或戕之면 凶如何也오
상왈 종혹장지 흉여하야

상에 이르길 "혹시 피해를 입는다면 그 흉함이 어떠하겠는가."라고 했다.

九四는 无咎하니 弗過하야 遇之니 往이면 厲라
구사 무구 불과 우지 왕 려

必戒며 勿用永貞이니라
필계 물용영정

구사는 허물이 없을 것이다. 지나치지 않도록 상대와 호응하라. 나아가면 위태롭다. 반드시 경계하고 자신의 지위를 고집하지 마라.

象曰 弗過遇之는 位不當也오 往厲必戒는 終不可長也일세라
상왈 불과우지 위불당야 왕려필계 종부가장야

상에 이르길 "지나치지 않도록 상대와 호응하라는 것은 지위가 부당하기 때문이며, 나아가면 위태로우니 반드시 경계하라는 것

은 마침내 오래 갈 수 없다는 말이다."라고 했다.

六五는 密雲不雨는 自我西郊니 公이 弋取彼在穴이로다
육오 밀운부우 자아서교 공 익취피재혈

육오는 검은 구름이 끼어도 비가 내리지 않는다. 서쪽 교외에 머물러 있다. 임금이 주살로 숨어 있는 저 굴 속에 숨어 있는 그 새를 잡는다.

象曰 密雲不雨는 已上也일세라
상왈 밀운부우 이상야

상에 이르길 "검은 구름이 끼어도 비가 내리지 않는 것은 음이 너무 올라갔기 때문이다."라고 했다.

上六은 弗遇하야 過之니 飛鳥離之라
상륙 불우 과지 비조이지

凶하니 是謂災眚이라
흉 시위재생

상륙은 만나지 않고 지나가 버렸다. 날으는 새가 그물에 걸린 격이다. 흉하다. 이것을 재앙이라 한다.

象曰 弗遇過之는 已亢也라
상왈 불우과지 이항야

상에 이르길 "만나지 않고 지나가 버렸다는 것은 매우 높이 올라갔기 때문이다."라고 했다.

63. 수화기제 水火旣濟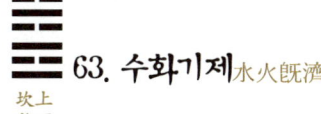

旣濟는 亨이 小니 利貞하니 初吉코 終亂[1]하니라
기제 형 소 이정 초길 종란

일이 비로소 이루어졌다는 것은 상대를 의미한다. 완전하게 이룬 후에 다시 발전 하는 일이 있다면 그것은 자질구레한 것이다. 마음이 곧아야 이로운데, 처음에는 길하지만 나중에는 매우 어지러워진다.

象曰 水在火上이 旣濟니 君子 以하야 思患而豫防之[2]하나니라
상왈 수재화상 기제 군자 이 사환이예방지

상에 이르길 "물이 불 위에 있는 것이 기제괘상인데, 군자는 이것으로써 다가올 환난을 경계하고 미리 방비하기에 노력한다."라고 했다.

初九는 曳其輪하며 濡其尾면 无咎[3]리라
초구 예기륜 유기미 무구

초구는 그 수레바퀴를 당긴다. 여우가 강을 건너지 못하게 그 꼬리를 적신다. 이렇게 하면 허물이 없을 것이다.

象曰 曳其輪은 義无咎也니라
상왈 예기륜 의무구야

상에 이르길 "그 수레바퀴를 당긴다는 것은 의리에 허물이 없는 것이다."라고 했다.

六二는 **婦喪其茀**이니 **勿逐**하면 **七日**에 **得**하리라
　육이　부상기불　　물축　　칠일　득

육이는 부인이 장식품을 잃어버렸다. 그것을 찾지 말라. 7일이면 되돌아올 것이다.

象曰 七日得은 **以中道也**라
　상왈 칠일득　이중도야

상에 이르길 "7일이면 되돌아온다는 것은 중도로 처신하기 때문이다."라고 했다.

九三은 **高宗**이 **伐鬼方**⁴⁾하야 **三年克之**니 **小人勿用**이니라
　구삼　고종　벌귀방　　삼년극지　소인물용

구삼은 은나라의 고종이 귀방을 쳐서 삼 년 만에 정복하였으나 국력이 매우 피폐했다. 이런 때일수록 소인을 등용하지 않아야 한다.

象曰 三年克之는 **憊也**라
　상왈 삼년극지　비야

상에 이르길 "삼 년 만에 쳐서 정복했다는 것은 몹시 피곤하기 때문이다."라고 했다.

六四는 **繻**에 **有衣**코 **終日戒**니라
　육사　수　유의　종일계

육사는 배 밑에 새어들어오는 물을 헝겊으로 막는다. 혹시나 하여 하루 종일 경계한다.

象曰 終日戒는 有所疑也라
상왈 종일계 유소의야

상에 이르길 "혹시나 하여 하루 종일 경계한다는 것은 의심하는 일이 있기 때문이다."라고 했다.

九五는 東隣殺牛니 不如西隣之禴祭 實受其福이니라
구오 동린살우 부여서린지약제 실수기복

구오는 동쪽 이웃에서 소를 통째로 희생으로 바치는 성대한 제사보다도 서쪽 이웃의 검소한 제사가 진정으로 복을 받는다.

象曰 東隣殺牛 不如西隣之時也니 實受其福은 吉大來也라
상왈 동린살우 부여서린지시야 실수기복 길대래야

상에 이르길 "동쪽 이웃에서 소를 통째로 희생으로 바치는 것은 서쪽 이웃의 검소한 제사보다 못 하다."라고 했다.

上六은 濡其首라 厲하니라
상륙 유기수   려

상륙은 함부로 강을 건너다가 깊은 물에 빠져 머리를 적신다. 매우 위태하다.

象曰 濡其首厲 何可久也리오
상왈 유기수려 하가구야

상에 이르길 "머리를 물에 적셔 위태로운 것은 어찌 오래 갈 수 있겠는가."라고 했다.

64. 화수미제 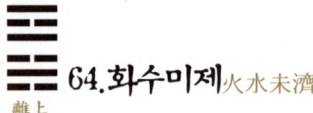 火水未濟
離上
坎下

未濟¹⁾는 亨하니 小狐 汔濟하야 濡其尾니 无攸利하니라
미제   형   소호흘제   유기미   무유리

미처 이루지 못한 것은 형통한다. 어린 여우가 강을 거의 건너는 순간 꼬리를 적시니 위난에서 벗어나지 못한 채 좌절한다. 만사가 이롭지 못하다.

象曰 火在水上이 未濟²⁾니 君子 以하야 愼辨物하야 居方하나니라
상왈 화재수상   미제   군자 이   신변물   거방

상에 이르길 "불이 물 위에 있는 것이 미제괘상인데, 군자는 이것으로써 신중하게 그 사물을 잘 분별해서 제자리에 있게 한다."라고 했다.

初六은 濡其尾니 吝하니라
초육   유기미   인

초육은 여우가 강을 건너려 하다가 꼬리를 적신다. 부끄럽다.

象曰 濡其尾 亦不知極也³⁾라
상왈 유기미 역불지 극야

상에 이르길 "여우가 강을 건너려 하다가 꼬리를 적신다는 것은 또한 극을 모르는 것이다."라고 했다.

九二는 曳其輪이면 貞하야 吉⁴⁾하리라
구이   예기륜   정   길

구이는 수레바퀴를 뒤에서 끌어당긴다. 자제하면서 바르고 견실한 자세로 일관하면 길하다.

象曰 九二貞吉은 中以行正也일새라
상왈 구이정길 중이행정야

상에 이르길 "자제하면서 바르고 견실한 자세로 일관하면 길하다는 것은 중中을 얻어 정도를 실행하였기 때문이다."라고 했다.

六三은 未濟에 征하면 凶하니 利涉大川[5]하니라
육삼 미제 정 흉 이섭대천

육삼은 아직 공을 이루지 못했다. 무리하게 일하러 가면 반드시 흉할 것이다. 큰 강을 건널 때 같은 마음을 지니면 이롭다.

象曰 未濟征凶은 位不當也일새라
상왈 미제정흉 위불당야

상에 이르길 "공을 이루지 못했다. 무리하게 나아가면 흉할 것이다는 자리가 매우 부당하기 때문이다."라고 했다.

九四는 貞이면 吉하여 悔 亡하리니
구사 정 길 회망

震用伐鬼方하야 三年에야 有賞于大國也로다
진용벌귀방 삼년 유상우대국야

구사는 변함없이 바른 자세를 지키면 길하다. 고종이 귀방을 정벌하여 삼년후에 승리를 거두고 나라에 상을 내린 것과 같은 영광을 누리리라

象曰 貞吉悔亡은 志行也라
상왈 정길회망   지행야

상에 이르길 "바른 자세를 지키면 길하고 뉘우침이 없어진다는 것은 뜻이 행해지는 것이다."라고 했다.

六五는 貞이라 吉하야 无悔니 君子之光이 有孚라 吉하니라
육오   정   길   무회 군자지광   유부   길

육오는 바른 자세를 지키니 길할 것이다. 군자의 덕은 태양처럼 빛난다. 그런 참된 정성이 있으면 길해진다.

象曰 君子之光은 其暉 吉也라
상왈 군자지광   기휘 길야

상에 이르길 "군자의 덕은 태양처럼 빛난다는 것은 그 빛나는 것이 매우 길하다는 것이다."라고 했다.

上九는 有孚于飮酒니 无咎어니와 濡其首면 有孚에 失是하리라
상구   유부우음주   무구   유기수   유부   실시

상구는 술을 마시는 데에도 서로의 정성이 깃든 속에서 만나 마신다면 허물이 없을 것이다. 그러나 술에 취하여 그 머리를 물에 빠져 적시면 아무리 정성 어린 주연이라도 그 정도를 잃는 것이다.

象曰 飮酒濡首 亦不知節也라
상왈 음주유수 역불지절야

상에 이르길 "술을 마시다가 취하여 물에 빠져 머리를 적신다는 것은 정도를 알지 못하는 것이다."라고 했다.

【역주】

상경 上經

1. 건위천乾爲天

1. 건乾 – 하늘을 뜻하며 64괘 중의 첫 번째 괘의 이름이며 크게 형통하고 곧아야 이롭다.
2. 원형리정元亨利貞 – 건괘의 괘사로 원은 으뜸, 또는 매우 크다는 뜻. 형은 몹시 형통한다는 뜻으로 이는 이롭다, 마땅하다. 정은 매우 바르면서도 굳다. 정자程子는 이 네 가지를 통틀어서 건의 4덕이라 말했다.
3. 초구初九 – 초구는 물 속에 잠겨 있는 용이니 때를 가리키는 것이다. 건상, 건하의 여섯 양효陽爻 중에서 밑에서 첫 번째 것을 일컫는다.
4. 구이 견룡재전 이견대인九二 見龍在田 利見大人 – 밑으로 두 번째 양효가 되기 때문에 구이다. 음효와 양효는 각각 정해진 제자리가 있는데, 기수는 곧 양위가 되고 우수는 음위가 된다. 초구는 양효이면서 양위에 있다. 이처럼 각기 제자리에 있는 것을 정위라고 하고 길한 것으로 본다. 구이는 양효로서 음위에 있다. 이런 것은 마침내 부정이 되고 길하다고 볼 수 없다. 다만 하괘의 세 양효 중에서 한가운데 자리 잡고 있기 때문에, 중을 얻었다고 해서 비록 그 자리는 좋지 않더라도 매우 좋은 걸로 본다. 이 밖에도 서로 상응하는 것이 있다. 음양이 서로 조화한다는 이치에서 음효와 양효만이 서로 상응하게 된다. 상하괘의 육효를 통틀어서 초하괘의 맨 밑의 효는 사상괘의 맨 밑의 효, 2는 5, 3은 6과 상응한다. 아무리 상응하는 위치에 있다 하더라도 같은 양이나 같은 음이면 상응이 안 된다. 상응이 있는 것이 매우 길한 것이 된다. 위와 같은 원칙으로 추리한다면, 매우 어렵다고 볼 것이 아니라 스스로 해득할 수 있을 것이다. 견은 현으로 읽는다. 견룡재전이란 구이로 올라오면서 용이 온갖 변화를 하는 것이다. 이견대인이란 이미 용의 덕을 지니고 세상에 나타났으니 대인을 만나서 뜻을 마음껏 펴보라는 것이다. 여기에서 대인이란 곧 천자九五를 말한다.
5. 구삼九三 – 건하 맨 위의 양효를 말한다. 위태로운 자리로 보고 있다. 그렇기 때문에 부지런히 노력하고 항상 반성해서 몸에 허물이 돌아오지 않도록 힘쓸 것을 강조하고 있다. 양이란 두려워한다는 뜻이지만 반성으로 풀이하는 것이 알기 쉽다.
6. 구사九四 – 건상의 밑으로 첫 번째의 양효를 말한다건상·건하의 6효 중에서 밑으로 네 번째임.
7. 구오九五 – 건상의 두 번째 양효이다. 건괘에 있어 양효로서 바른 것 얻고 있는 최고의 효이다.

8. 상구上九 – 건상 맨 위의 양효를 말한다.
9. 상象 – 십익十翼 중의 상전象傳이다.
10. 중강이불중重剛而不中 – 강이 겹쳐 있으면서 중에서 벗어난 것이다.

2. 곤위지坤爲地

1. 곤坤 – 땅을 뜻한다.
2. 빈마지정牝馬之貞 – 건괘에 있어서도 원형이정의 네 가지 덕은 건괘나 다름이없으나, 다만 건괘의 정은 매우 바르고도 굳은 것을 말하는데 비해, 곤괘의 정은 매우 유순한 암말의 성정을 상징으로 빈마의 정이라는 말이 나와 있다.
3. 선미후득先迷後得 – 음은 반드시 양을 따라야 한다.
4. 주리主利 – 이는 만물을 매우 이롭게 한다는 뜻.
5. 서남득붕 동북상붕西南得朋 東北喪朋 – 서남쪽은 음방[坤方]에 속하며 동북쪽은 양방[乾方]에 속한다.
6. 초육初六 – 육六은 음효를 표현하는 숫자다. 곤상·곤하 여섯 은효 중 밑으로 첫 번째 효이다.
7. 이상견빙 음시응야履霜堅冰 陰始凝也 – 주자는 『삼국지』 『위지』의 인용에서 초육이상 음시응야로 되어 있는 것이 바르다고 했다.
8. 육이六二 – 여섯 음효의 밑으로 두 번째 것을 말한다.
9. 직방대直方大 – 매우 유순하면서도 바른 것을 고집하는 것이 곤의 곧음直이다. 만물의 형태를 각기 부여하는 질서정연한 법칙성이 곤의 법도이며 건의 한없는 덕에 배합되는 것이 곤의 성대함이다.
10. 함장가정含章可貞 – 속에 의덕을 감추어서 결코 드러내지 않고 신하로서 계속 바른 길을 계속 굳게 지키는 것을 뜻한다.
11. 혹종왕사 무성유종或從王事 无成有終 – 무성유종은 자기의 공로를 주장해서 이름을 떨치려는 일이 없이 명령을 받은 임무만을 완수하는 것이다.
12. 괄낭括囊 – 원래의 뜻은 주머니의 아가리를 동여매는 것을 말하는데 여기에서는 지혜를 깊숙이 감추어서 결코 밖에 드러내지 않음을 표현했다.
13. 황상黃裳 – 중용·유순의 덕을 고루 갖추었음을 말함.
14. 이대종야以大終也 – 각효各爻가 처음엔 음이던 것이 끝에는 양으로 변하는 것을 일컫는다. 상에 관련을 두어 몸을 낮추는 것으로 풀이된다.

3. 수뢰준水雷屯

1. 준 원형 이정 물용유유왕屯 元亨 利貞 勿用有攸往 – 준은 물건이 세상에 처음으로 싹터 나오는 것을 말한다. 준의 글자 모양은 초屮와 일一로 이뤄졌다. 초는 초목의 싹, 일은 곧 땅을 표

시하고 있다. 초목의 싹이 땅을 뚫고 나왔을 뿐, 아직도 뻗어나지 못하고 있는 모습이다. 싹이 땅을 뚫고 나오는 일이 매우 어렵다는 뜻에서 준이라고 이름했다. 준은 육획괘의 이름이지만 진震은 일양한 양효이 2음두 음효 밑에서 움직이고 있으므로 그 상은 뇌雷, 특징은 동動이다. 감坎은 일양이 2음 속에 빠져 있으니 특징은 험險, 상象은 운雲·우雨·수水가 된다. 준괘는 매우 험한 속에서 움직이는 상이다. 움직인다는 점에서 크게 형통할 가능성이 있다. 그러나 앞에 험이 놓여 있으므로 정도를 지키는 것이 좋으며, 함부로 전진하면 안 된다. 초구는 양효이면서 여러 음효 밑에 있어서 이 괘의 주체를 이루고 있다. 마치 세상의 현명한 인물로서 몸을 낮추어 민심을 얻어서 임금이 될 상이다. 이 괘는 원형이정의 4덕을 고루 갖추어서 매우 좋은 괘라고 보겠다.

2. 반환磐桓 – 나가기가 매우 어려워서 주저하는 모습.
3. 육이六二 – 음효로써 중中 하괘의 중임·정正 음효 음위을 얻었으며, 구오九五 상괘에 상응하고 있다. 따라서 구오는 육이의 배우자가 된다. 그러나 육이는 양효인 초구의 바로 위에 놓여있기 때문에 어려움을 많이 겪게 된다.
4. 반여班如 – 머뭇거리며 앞으로 나아가지 못하는 모습.
5. 혼구婚媾 – 청혼하는 것.
6. 십년내자十年乃字 – 시집가는 것을 허락하는 것.
7. 즉록무우即鹿無虞 – 즉록은 사슴 사냥. 우는 우인虞人, 즉 산림을 맡아 보는 관직이다.
8. 육사六四 – 매우 유약柔弱해서 위로 올라갈 수 없다.
9. 구오九五 – 양강중정陽剛中正의 효로서 높은 지위에 있다. 몹시 어려운 때를 당하고 또 위험 속에 빠져 있다.
10. 상륙上六 – 음효로서 상응이 전혀 없으며, 준괘의 끝에 있어서 나갈 곳이 없다. 그래서 말을 타고 피눈물을 흘리는 상이다.
11. 하가장야何可長也 – 몸이 어찌 오랫동안 지탱할 수 있겠는가.

4. 산수몽山水蒙

1. 몽蒙 – 매우 몽매함을 뜻한다.
2. 비아구동몽 동몽구아匪我求童蒙 童蒙求我 – 여기에서 아는 곧 구이를 말한다. 구이는 하괘의 주인이며 강陽으로서 중에 위치하면서 육오의 음과 서로 상응하고 있다. 사람의 몽매한 것을 깨우쳐 줄 수 있는 능력이 있다. 동몽은 어리고 곧 몽매한 것을 뜻한다. 여기에서는 육오를 가리킨다.
3. 초육初六 – 매우 몽매한 자를 의미함.
4. 이용형인 용설질곡 이왕린利用刑人 用說桎梏 以往吝 – 몽매한 사람을 일깨워 주는 방법으로는, 처음에는 매우 심한 형벌로써 이를 다스리고, 그런 뒤에는 풀어놓아서 앞으로의 행동을 유심히 관찰하는 것이다. 그리고 오직 심하게 다루는 방법으로 그대로 밀고 나간다면 도리

어 반발을 사서 욕을 당하게 된다. 여기에서 설은 탈과 통용.
5. 구이九二 - 구이는 유일한 강으로 내괘의 주인이다.
6. 육삼六三 - 음효이면서 불중중이 아닌 것·부정양위에 있기 때문이다. 그렇기 때문에 여자가 돈이 많은 남자를 만나면 정조를 지킬 수 없는 모습이다.
7. 육사六四 - 자신이 암약闇弱하여 구이에 매우 멀다. 그렇기 때문에 몹시 몽매하고 괴로워할 상이다.
8. 독원실야獨遠實也 - 여기에서 실은 곧 양을 일컫는다.
9. 육오六五 - 유중음효이면서 중이면서 매우 높은 자리에 있어 구이에 상응한다. 순수하면서 온 마음을 기울여 구이의 가르침을 받고 있기 때문에 동몽의 상이다.
10. 상구上九 - 강효로서 괘의 맨 위에 있다. 몽매한 것을 물리치는 태도가 매우 강하다.

5. 수천수水天需
1. 수需 - 기다린다는 뜻임.
2. 운상어천수 군자이음식연악雲上於天需 君子以飮食宴樂 - 구름이 하늘 위에 있을 때는 아무 것도 하는 일 없이 양된 이기二氣의 화합을 기다려서 곧장 비를 이룬다. 군자도 이를 본떠서 기다려야 할 때는 음식과 연악을 즐기면서 때가 이르기를 항상 기다려야 한다는 뜻임.
3. 수자교需于郊 - 교는 나라의 수도에서 멀리 떨어진 곳을 말한다. 험한 곳과 가깝지 않은 상이다.
4. 구이 수우사 소유언 종길九二 需于沙 小有言 終吉 - 모래밭이란 험險에 가깝다. 소유언은 약간 말썽이 있다는 의미이며 구이는 초구보다도 감坎에 매우 가깝기 때문에 이와 같은 상이 나타난다. 그러나 구이는 매우 강중이면서 능히 기다리므로 마침내 재앙을 피하고 길하다는 것이다.
5. 구삼 수우니 치구지九三 需于泥 致寇至 - 구삼은 구이보다도 위험에 더욱 가까우며 강이 매우 지나치고 중이 아니기 때문에 이와 같은 상이 곧 나타난다. 진흙 속에서 기다린다는 것은 곧 위험 속에 빠져들어가는 것을 뜻한다.
6. 육사수우혈 출자혈六四需于血 出自穴 - 항상 온순하게 기다리고 더 나아가지 않아야 함정을 빠져 나올 수 있다.
7. 구오 수우주식 정길九五 需于酒食 貞吉 - 술과 음식 속에서 편안하게 때를 기다리는 상이다.

6. 천수송天水訟
1. 송訟 - 앞의 수괘를 뒤집어 놓은 모양의 괘로 쟁변爭辯을 뜻하니 물론 소송訴訟도 포함된다.
2. 종흉終凶 - 송사는 매우 좋은 일이 아니다. 어찌할 수 없는 경우에 하는 일로 송사를 기어코 끝내려고 한다면 재앙이 일시에 닥쳐오게 된다. 그렇기 때문에 송사는 이루어질 수 없다. 이루어진다는 것은 송사를 끝까지 밀고 나가서 결말을 내는 것을 일컫는다.

3. 이견대인利見大人 – 대인을 만나는 것이 이롭다는 것은 대인의 중정한 태도를 매우 높이 평가하기 때문이다. 대인이란 구오九五를 가리킨다.
4. 불리섭대천不利涉大川 – 큰 내를 건넌다는 것은 매우 위험한 일이다. 모험을 하게 되면 결국은 깊은 구렁텅이에 빠지게 된다.
5. 초육 불영소사初六 不永所事 – 송사를 끝까지 밀고 나갈 만한 능력이 전혀 없다. 그렇기 때문에 이와 같은 괘상이 나타난다.
6. 구이 불극송九二 不克訟 – 구이는 양효이다. 강으로서 위험 속에 들어 있으니 송사를 매우 좋아하는 자이다. 송사에 이기지 못한다.
7. 기읍인 삼백호 무생其邑人 三百戶 无眚 – 삼백 호는 조그마한 동네를 뜻하고, 무생은 곧 재앙이 없다는 뜻으로 몸을 낮추고 근신할 것을 강조하고 있다.
8. 육삼 식구덕六三 食舊德 – 육삼은 매우 음유한 성질이기 때문에 소송을 일으킬 만한 능력이 없는 자이다. 선조가 남겨 준 토지로 먹고 살아야 한다는 것이다.
9. 구사 불극송九四 不克訟 – 구사는 강효이면서 중이 아니기 때문에 송사를 일으킬 상이기는 하나, 음위에 있으므로 송사에 결코 이기지는 못한다.
10. 상구上九 – 강으로서 극에 이르고 있으니 끝까지 송사를 밀고 나가서 마침내 이길 수 있다.
11. 혹석지반대 종조삼치지或錫之鞶帶 終朝三褫之 – 송사는 어디까지나 매우 불리한 것임을 말하고 있다.

7. 지수사止水師

1. 사師 – 군대란 뜻이다.
2. 사 정 장인길무구師 貞 丈人吉無咎 – 정은 매우 바르다는 뜻이다. 군대는 무엇보다도 명분이 곧아야 한다. 장인은 덕이 매우 있는 노성한 인물이다.
3. 초육 사출이율 비장흉初六 師出以律 否臧凶 – 초육은 사괘의 첫 효로서 군대를 움직이는 원칙론이 나오고 있다. 장은 매우 착하다는 뜻으로서 비장흉이란 잘 하지 못하면 마침내 흉할 것이라는 말이다.
4. 왕삼석명王三錫命 – 석이란 임금이 신하에게 명령을 내린다는 뜻.
5. 회만방懷萬邦 – 회는 회유한다는 뜻.
6. 육삼六三 – 음효이면서 양위에 있으니 재주는 보잘것없으면서 그 뜻만 매우 강하다. 또 중도에서 벗어나고 있으니 군대는 반드시 패하게 된다.
7. 육사 사좌차 무구六四 師左次 无咎 – 육사는 음효이면서 중을 벗어났다. 그러나 정위[偶數]에 있다. 그러므로 군대를 온전히 거느리고 물러설 수 있는 것이니 육삼보다는 훨씬 좋은 것이다. 좌는 물러선다는 뜻으로 차는 숙소의 뜻이며 쉰다고 해석된다.
8. 육오六五 – 군대를 움직이는 주체를 말함.

9. 상륙上六 - 전쟁의 종결을 뜻함.

8. 수지비水地比

1. 비比 - 서로 매우 친하고 돕는다는 뜻임.
2. 원서 원영정 무구原筮 元永貞 无咎 - 원서는 다시 점친다는 뜻으로 비괘를 얻었을 때는 반드시 다시 점쳐서, 자기에게 원·수·정의 덕이 있음을 조심스럽게 확인한 뒤에 사람들과 친해야만 비로소 허물이 없음을 얻을 수 있다.
3. 불녕방래不寧方來 - 사람들이 편안함을 얻지 못하면 찾아오는 것은 곧 상하의 다섯 음효가 구오의 유일한 양효에 상응하는 것을 의미함.
4. 후부흉後夫凶 - 때를 놓쳐 너무 뒤늦게 오게 되면 친하는 길이 이미 다해서, 세상 사람 누구도 상대하려 들지 않기 때문에 일이 결국 수포로 돌아가게 됨을 말함.
5. 지상유수 비 선왕이건만국 친제후地上有水 比 先王以建萬國 親諸侯 - 땅 위에 물이 있다는 것은 결코 분리될 수 없는 친밀함을 일컫는다. 옛날의 어진 임금이 나라를 세우고 제후와 친했다 함은 군주가 천하의 사람들을 친애함을 뜻하는 것.
6. 초육初六 - 비의 길의 시작이다. 비의 길은 성신誠信을 매우 귀중히 여기며, 그것에 충실하면 또 다른 길함이 있으리라는 것을 말한다.
7. 육삼 비지비인六三 比之匪人 - 친하려 해도 친해질 수 없다.
8. 육사 외비지 정길六四 外比之 貞吉 - 육사는 음효로서 음 위에 있다. 이것이 양강중정인 구오를 매우 친하게 되니 길한 것은 마땅하다.
9. 왕용삼구王用三驅 - 옛날에 왕이 사냥할 때 무리한 살상을 피하기 위해서 삼면으로 몰이를 하고 한 면은 열어 놓아서 짐승이 달아날 길을 터 주었다.
10. 현비지길 위정중야顯比之吉 位正中也 - 구오는 유일한 양효로서 매우 강건하면서도 중정하다. 그 밖의 음효들이 모두 따라오니 비의 길을 가장 명확하게 나타낸다.
11. 상륙 비지무수 흉上六 比之無首 凶 - 수는 남의 우두머리가 되는 것을 말한다. 남의 우두머리가 될 만한 덕을 갖추고 있지 못하다.

9. 풍천소축風天小畜

1. 소축 형 밀운불우 자아서교小畜 亨 密雲不雨 自我西郊 - 축은 축적의 뜻으로 정지의 뜻도 된다. 소는 음양은 대, 음은 소, 또는 조금의 뜻이다.
2. 풍행천상風行天上 - 바람이 하늘 위를 지나가는 형상을 말한다. 소축의 상이다.
3. 군자이의문덕君子以懿文德 - 아직도 높은 덕을 쌓아서 널리 크게 베풀 단계에 이르지 못하고 있음을 뜻함.
4. 초구 복자도初九 復自道 - 복은 본래의 자리로 돌아간다는 것이다. 하괘인 건은 곧 하늘이다. 반드시 위에 있어야만 한다. 위로 올라가는 것은 즉 돌아가는 것이다. 육사의 음효가 이

를 정지시킬 것이다. 그러나 초구는 정을 얻었으며 육사에 상응하고 있다. 그러므로 초구가 올라가도 육사는 결코 만류하지 않는다. 따라서 바른 길을 거쳐 돌아갈 수 있다. 이 효를 얻은 사람은 정도를 밟아서 본래의 자기로 돌아간다면 아무런 허물도 없이 매우 길하다.

5. 구이 견부길九二 牽復吉 – 하괘의 세 양효는 뜻을 같이 해서 계속 위로 올라가려 한다. 육사의 음효에 정지당하지 않는 것은 아니나 구이는 양효이면서 중을 얻었기 때문이다. 초구와 손을 잡고 극구 만류하는 것을 뿌리치고 본래의 자신의 자리로 돌아간다. 점쳐서 이 효를 얻은 자는 곧장 바른 사람과 손을 잡고 본래의 길로 돌아가는 것이 좋다.
6. 육사 유부 혈구척출六四 有孚 血去惕出 – 한 음으로써 다섯 양을 계속해서 만류하려 한다면 매우 위험한 경우에 처하면 공포를 느낄 수 있다. 그러나 유순음효하고 정위음효음위를 얻었으며, 겸손한 성격인데다 위의 2양의 도움을 받는다. 그러므로 성실함이 있으면 반드시 위험한 일이 사라지고 두려움에서 벗어난다는 상이 나온다.
7. 구오 유부련여 부이기린九五 有孚攣如 富以其鄰 – 손을 이끄는 성실함이 있으며, 이웃 사람과 부를 함께한다는 상이다.
8. 상구 기우기처 상덕재 부정려上九 旣雨旣處 尙德載 婦貞厲 –비가 내린 것은 음양이 화합한 것이며, 마침내 비가 멈추고 편안히 있음은 머물러 있는 상이다. 아내가 남편을 제어하는 것은 몹시 도리에 어긋나기 때문에 아내의 의도하는 바가 비록 바르다 해도 결과는 매우 위태로울 것이다.

10. 천택이天澤履

1. 이호미 부질인 형履虎尾 不咥人 亨 – 이는 밟는다, 이행한다 등으로 풀이한다. 이 괘를 얻은 사람은 계속해서 유화한 태도로 위기에 대처한다면 해를 입지 않고 끝날 수 있다.
2. 소리왕素履往 – 평소 행하던 대로 행동하는 것을 말함.
3. 구이 이도탄탄 유인정길九二 履道坦坦 幽人貞吉 – 사람으로 비유하자면 굳세고 중용의 길을 밟으나 임금을 등지고 있는 은자의 상이다. 초야에 묻힌 은사가 점쳐서 이 효를 얻는다면 길하다.
4. 육삼六三 – 불중·부정이다. 이 효는 매우 흉한 것이다.
5. 무인위우대군武人爲于大君 – 무인이 득세하여 횡포를 제멋대로 자행하는 상이다.
6. 구사 이호미 소소종길九四 履虎尾 愬愬終吉 – 상대에게 물리지 않도록 경계하고 두려워하는 가운데 그 뜻을 행할 수 있으며 마침내 길함을 얻는다.
7. 구오 쾌리 정려九五 夬履 貞厲 – 자신의 행동에 대해서 전혀 의심하지 않고 계속 소신껏 밀고 나간다. 비록 행동하는 것이 비록 바르다 하더라도 이와 같은 태도에는 위험이 따른다. 이것은 자신의 재주를 믿음이 지나친 데서 생기는 병폐이다.
8. 상구上九 – 이괘履卦의 끝에 해당한다. 그 사람의 행한 바를 잘 살펴서 거기에 대한 평가를 하고 상응한 상벌을 내린다.

11. 지천태地天泰

1. 태 소왕대래 길형泰 小往大來 吉亨 – 태는 곧 통한다는 뜻이다. 건이 밑으로 내려오고 곤이 위로 올라가 있다. 곤은 외괘로서 음에 속하고 건은 내괘로서 양에 속한다. 따라서 소왕대래라는 말이 나온다. 음양의 두 기가 통하면 만물이 매우 형통하다. 점쳐서 이 괘를 얻는 자는 매우 길하고 형통하다.

2. 초구 발모여 이기휘정 길初九 拔茅茹 以其彙征 吉 – 초구는 양호의 최하위다. 초야에 묻혀 있는 군자를 가리킨다. 군자는 세상이 어지러우면 숨어 살지만 음양이 조화를 이룬 세상에는 나타난다. 동지들이 굳게 뭉쳐서 함께 나가면 길함을 얻는다.

3. 포황包荒 – 매우 너그럽게 포용하는 것으로 풀이되고 황은 착하지 못한 사람을 뜻한다.

4. 용풍하用馮河 – 과감하게 행동하는 걸로 풀이된다.

5. 불하유不遐遺 – 멀리 초야에 묻혀 있는 어진 사람까지도 잊지 않고 등용하는 것.

6. 붕망朋亡 – 친구와 의를 끊는 것. 올바른 공도를 지켜서 사로운 정에 결코 흐르지 않는다.

7. 구삼九三 – 삼양의 맨 위에 있다. 우주 만물은 쉬지 않고 계속 순환하고 있으므로 가득 차면 반드시 기울고 성하면 마침내 쇠하게 된다. 이와 같은 온갖 어려움 속에서 정도를 지킨다면 허물이 없다.

8. 육사 편편 불부이기린 불계이부六四 翩翩 不富以其鄰 不戒以孚 – 편편은 새가 가볍게 하늘을 나는 모습이다. 태泰가 극성기에 이르렀으니 음은 원래의 자리로 돌아가려고 한다. 그래서 편편이라는 문자를 써서 날아 내리는 모습을 표현하고 있다. 육사는 그 이웃인 육오, 상륙과 함께 내려간다. 육사가 어떤 부가 있어서가 아니라 뜻이 같기 때문에 육오와 상륙이 따라오는 것이다. 경계한 것도 아닌데 약속대로 계속해서 모여든다. 이는 마음에서 원하는 것이기 때문이다. 양효는 —로서 매우 실하고, 음효는 ——로서 가운데가 텅 비어 있다. 따라서 불부란 음효의 표현이다.

9. 육오 제을귀매 이지원길六五 帝乙歸妹 以祉元吉 – 육오는 음효로서 매우 높은 자리에 있어 곧 태괘의 주인이 된다. 또 음효로서 중위에 위치하니 이 군주는 몹시 겸손해서 구이의 강양효에 상응하고 있다육오와 구이는 음과 양으로서 서로 응한다. 매우 길할 상이다.

10. 상륙은 태가 극도에 이르러서 막히는 때다.

12. 천지비天地否

1. 부지비인 불리군자정 대왕소래否之匪人 不利君子貞 大往小來 – 부는 막힌다는 뜻이다. 부는 태泰의 정반대다. 천지가 교접하지 않아서 만물이 형통할 수 없기 때문에 사람의 길이 될 수 없다. 사람의 길에 역행하는 불괘의 점단은 군자가 바른 길을 가도 전혀 이익이 없다는 것이다. 대왕소래는 태괘와 반대로 건☰이 밖에 있고 곤이 안에 있음을 뜻한다.

2. 군자이검덕벽난君子以儉德辟難 – 군자가 불운을 거울 삼아서 재능을 세상에 나타내지 않아 소인의 위해를 받지 않는 것이다.

3. 초육 발모여 이기휘정 길初六 拔茅茹 以其彙貞 吉 - 세 음효가 밑에 있으니 불운에 처하면 소인이 떼를 지어 나아갈 상이다.
4. 육이 포승 소인길六二 包承 小人吉 - 소인이지만 능히 군자를 포용하고 승순할 상이다. 소인으로서 길함을 얻을 수 있다.
5. 육삼 포수六三 包羞 - 마음속에 부끄러움이 가득 들어 있는 상이다.
6. 구사 유명무구 주리지九四 有命無咎 疇離祉 - 이 효의 점단은 그와 같은 운명이 있다면 뜻을 행하여도 결코 허물이 없으며, 그렇게 될 때는 뜻을 같이 하는 사람들이 모두 복을 받는다.
7. 구오 휴부九五 休否 - 불운을 모두 사라지게 하여 태평한 세상을 만들 수 있다.
8. 기망기망 계우포상其亡其亡 繫于苞桑 - 기망기망은 혹시 망하게 되지나 않을까 매우 경계하는 말이다. 계우포상은 확고하게 안전을 유지하라는 것이다.
9. 불종칙경 하가장야否終則傾 何可長也 - 상구는 부가 극도에 이른 것으로 극도에 이르면 곧 기울어지게 마련이다. 그리고 비운만이 길게 계속될 수는 없는 것이다.

13. 천화동인天火同人
1. 동인우야 형同人于野 亨 - 동인은 사람과 함께한다는 의미에서 남과 뜻을 같이한다. 또는 사람들과 회동한다만나는 것 등으로 해석된다. 동인우야는 매우 넓은 범위에 걸쳐서 공평무사하게 사람들과 화동하는 것을 상징한다. 이것은 성인의 대동지도인 것이다. 형통하리라는 판단이 당연하다.
2. 이섭대천利涉大川 - 큰 강을 건넌다는 것은 난관을 돌파하는 것을 비유해서 하는 말이다. 건은 씩씩하게 정진하는 성질이기 때문에 어떤 난관도 돌파할 수 있다.
3. 천여화동인 군자이류족변물天與火同人 君子以類族辨物 - 하늘과 불이 위로 올라간다. 점에 있어 성질을 같이하고 있음은 앞에서 이미 설명하였다. 군자는 이를 거울 삼아서 소인과 군자를 잘 구별할 것을 강조한 것으로 풀이된다.
4. 초구 동인우문 무구初九 同人于門 无咎 - 초구는 동인괘의 맨 처음이다. 매우 강건한 성격으로서 결코 억매인 데가 없다초구, 구사는 다 같이 양효로서 응하지 않음. 몹시 공평하면서 폭넓게 여러 사람을 교제할 수 있다. 문 밖에서 사람을 만난다는 것이 동인우야同人于野보다는 못하겠지만 문 안에서 가까운 사람들과 사귀는 일을 초월하고 있다. 점쳐서 이 효를 얻은 자는 사람들과 널리 교제해도 허물이 없다.
5. 육이 동인우종 인六二 同人于宗 吝 - 종은 종족을 뜻한다. 중·정을 얻고 상하의 두 효가 서로 상응하는 것은 좋은 상이나, 이 괘는 천하대동의 이상을 말하는 것이므로, 상응이 있다는 것은 구속력을 표시하는 것이므로 매우 좋지 않다. 육이는 중정한 성격이나 구오의 상응이 있기 때문에 사적인 친분으로 사람과 화동할 수 없다. 그래서 종족 안에서만 교제한다는 상이다.

14. 화천대유 火天大有

1. **대유 원형 大有 元亨** – 겸허해서 사람들과 협동하는 자에게는 천하가 반드시 돌아온다고 해서 대유를 동인괘 다음에 두었다. 대유는 크게 가진다는 뜻이다. 불이 하늘 위에 있으니 하늘 높이 솟은 태양이 만물을 밝게 비추는 것이다. 유일의 음효가 높은 자리육오에 있고 다섯 양효이 이에 따른다. 군주가 만백성을 거느린 상이다. 그래서 대유라고 이름붙였다.

2. **초구 무교해 初九 无交害** – 비록 대유괘이기는 하나 초구는 양효로서 맨 밑에 있고 상응함이 없다사도 같은 양효. 일의 처음에 있어 해를 불러오는 일에 참여할 것이 없다. 매우 두려워하고 경계하면 허물이 없다.

3. **구이 대차이재 九二 大車以載** – 구이는 양강이다. 재능이 매우 뛰어났으나 중을 얻었기 때문에 결코 넘치지 않는다. 밑에 있어서 위의 육오에 상응하니 이는 군주五의 신임을 받아 대임을 맡았음을 뜻한다. 마치 큰 수레에 무거운 짐을 실은 상이다. 수레가 매우 튼튼하니 아무데를 가도 어떤 문제가 없다.

4. **구삼 공용형우천자 소인불극 九三 公用亨于天子 小人弗克** – 구삼은 하괘의 상上으로 공후의 상이다. 강정양효이면서 정을 얻었음의 덕을 고루 갖추고 있다. 위에 육오의 군주가 매우 겸허한 태도로 임하니 구삼의 공후가 천자께 조공을 드리는 상이다. 점쳐서 이 괘를 얻은 자가 강정의 덕이 없는 소인이라면 길하지 못하며 도리어 해가 따르게 된다.

5. **상일 비기팽 무구 象曰 匪其彭 无咎** – 팽은 매우 성대한 것을 말한다. 여기에서는 권세가 커지는 것이다. 구사는 매우 강한 것이지만 유하다양효 음위. 몹시 겸손해서 지나치게 권세를 부리려 들지 않는다. 사물은 성한 것이 극도에 이르면 위기를 일으키는 법인데, 스스로 억제한다면 허물이 없다.

6. **상구 자천우지 길무불이 上九 自天祐之 吉无不利** – 상구는 강효이면서 괘의 맨 위에 있다. 그러나 나 자신을 스스로 억제하고 육오의 군주에게 순종한다. 물이 가득 차면 넘치게 마련인데, 이와 같이 하는 것은 곧 군자의 길이며 하늘의 법칙에 맞는 것이다. 그래서 하늘의 도움을 받게 되어 길하다.

15. 지산겸 地山謙

1. **겸 형 군자유종 謙 亨 君子有終** – 겸은 곧 겸손의 뜻이다. 가진 것이 많은 자는 마침내 교만해지기 쉽다. 그렇기 때문에 대유 다음에 겸괘가 나온 것이다. 내괘는 량1三, 산을 뜻하며 그친다는 말. 외괘는 곤, 순하다는 뜻이다. 안에 머물러 있으면서 밖에 대해서 유순한 것은 곧 겸손을 의미한다. 산은 하늘 아래 가장 높으며 땅은 가장 낮은 것이다. 높은 산이 낮은 땅 밑에 몸을 도사리 있는 것은 겸손한 태도의 표현이다. 유종이란 처음에는 막히나 뒤에는 스스로 운이 열린다는 뜻으로 점쳐서 이 괘를 얻은 자가 겸손하다면 자신이 원하는 일이 모두 형통하고, 처음에는 운이 막혀도 뒤에는 형통하게 될 것이다.

2. **초육 겸겸군자 용섭대천 길 初六 謙謙君子 用涉大川 吉** – 초육은 유효이면서 맨 낮은 데에 있

다. 겸손이 지극한 것이다. 이와 같은 태도라면 세상의 어떤 어려움도 다 극복할 수 있다.
3. 육이六二 – 유순음효하면서 중·정을 얻고 있다. 겸손의 덕이 마음속에 계속 축적되어 겉에 나타나는 상이다. 그렇기 때문에 겸손한 이름이 마침내 밖에 들리게 되는 것이다.
4. 구삼九三 – 겸괘에 있어 유일한 양효이다. 하괘의 맨 위에 있으니 매우 강하면서도 정을 얻고 있기 때문에 상하다섯 양효가 모두 신뢰하는 것이다. 더구나 공로가 많으면서도 매우 겸손하니 몹시 어려운 일이다. 이렇게 되면 천하 사람들이 모두 자신을 따르게 되고 크게 길함을 얻는다.
5. 육사 무불리휘겸六四 无不利撝謙 – 육사는 유순음효하면서 정음효 음위을 얻고 있다. 상위에 있으면서도 계속 몸을 낮춘다. 그렇기 때문에 이롭지 않은 것이 없다. 그러나 문제는 공로가 구삼에 미치지 못하면서 벼슬은 그 위에 있는 점이다. 더욱더 겸손의 덕을 발휘하여 자중해야 한다.
6. 불부이기린不富以其鄰 – 흔히 당유當裕한 사람에게 사람들이 모여들게 마련이다. 그러나, 여기에서는 그로부터 덕의 감화를 받아서 사람들이 계속 모여드는 것을 말한다.
7. 상륙 명겸 이용행사 정읍국上六 鳴謙 利用行師 征邑國 – 상륙은 겸괘의 극이다. 겸손한 이름이 세상에 널리 알려진다. 그러므로 사람들은 겸손한 자에게로 돌아오게 마련이다. 군대를 동원하는 일도 가능하나 자기 영토 안의 반란을 정벌하는 데 그쳐서 분수를 지키는 일이 가장 중요하다.

16. 뇌지예雷地豫

1. 예 이위후행사豫 利違候行師 – 예는 매우 즐겁다는 뜻이다. 자신이 겸손하게 되면 항상 마음에 즐거움을 느낀다. 그렇기 때문에 겸괘 다음에 예괘가 있게 된다. 이 괘는 구사만이 양효이며, 상하의 음효가 이에 따르고 있으니, 구사는 결코 뜻을 이룰 수 있어 즐거운 일이다. 또 하괘의 곤은 매우 유순하고 상괘의 진은 동이다. 유순하게 움직이는 것도 즐겁다고 볼 수 있기 때문에 예라고 이름 붙이게 된 것이다. 이 괘를 얻는 자는 마침내 임금을 세우고 군대를 움직이는 것이 좋다.
2. 뇌출지분 예雷出地奮 豫 – 우레란 음양 두 기에 의해 지하로 압박되었다가 마지막으로 폭발하는 현상이다. 천둥이 한 번 울린 뒤에는 음양의 기운이 서로 화락한다. 이 괘는 뇌가 땅 위로 나와 울리고 있는 형상이므로 음양 두 기가 매우 조화되고 즐거워한다고 해서 예라고 한다.
3. 선왕이작락숭덕先王以作樂崇德 – 옛날의 성왕은 우레 소리를 본떠서 음악을 만들었다.
4. 초육 오예 지궁 흉야初六 鳴豫 志窮 凶也 – 오예란 즐거움을 매우 크게 나타낸다는 뜻이다. 초육은 음유이며 부정음효 양위이니 소인이다. 위에 후원초육과 구사는 서로 상응함이 있음을 믿고 제멋대로 횡포를 부린다. 득의에 차서 즐거움을 노래한다. 지궁이란 득의가 극도에 이르렀음을 뜻하며 득의가 차면 마침내 교만하게 되고 교만하면 그 결과가 매우 좋지 못하다.

5. 육이 개우석 불종일 정길六二 介于石 不終日 貞吉 – 개는 매우 고고孤高해서 홀로 서는 것이고, 우석은 돌과 같다는 뜻이다. 예괘에서 육이만이 오직 중정을 얻고 있고 다른 것들은 모두 즐거움에 마음껏 도취되어 있으나, 육이만은 홀로 중용을 지켜서 의연한 태도를 취한다. 불종일이란, 그와 같이 안정되고 몹시 확고함 속에서 지혜가 밝아지게 되고 따라서 하루가 가기 전에 모든 일의 기미를 스스로 깨달을 수 있다는 것이다.

6. 육삼 우예六三 旴豫 – 육삼은 매우 음유하며 중과 정을 얻지 못한 소인이다. 그리고 구사의 바로 밑에 있다. 구사는 이 괘의 주체로써 매우 강력한 존재이다. 육삼은 눈을 위로 떠서 구사의 눈치를 살피며 우旴 아부를 일삼아 계속 환락에 탐닉한다. 언젠가는 후회할 때가 오게 된다.

7. 구사 유예九四 由豫 – 구사는 재상의 자리다오는 군주, 사는 재상. 유일한 강효로서 군주에게서 모든 것을 위임을 받고 있으니, 이 괘의 전체가 즐거움을 얻을 수 있는 중심 인물이 된다.

8. 육오 정질 항불사六五 貞疾 恒不死 – 정질에 대해서 해석이 여러 가지이나 여기에서는 고질로 풀이했다. 육오는 매우 유약한 몸음효으로서 군주의 자리에 있다. 구사는 강경한 재상으로서 백성들의 신뢰를 한몸에 받고 있으니 매우 위태로운 형세이므로 고질이 되는 것이다. 그러나 외괘의 중을 얻었으니 군주의 권위가 아주 망하지는 않는다.

9. 명예冥豫 – 상륙은 예괘의 극에 있다. 환락에 매우 도취되어 눈이 어두운 것을 말한다.

17. 택뢰수澤雷隨

1. 수 원형리정 무구隨 元亨利貞 无咎 – 수는 곧 따른다는 뜻이다. 이 괘는 사람들로 하여금 나를 따르게 하는 길이란, 곧 나를 버리고 남을 따르는 것이 되기도 한다는 것을 설명하였다. 하괘 진은 동, 상괘 태는 매우 기뻐한다는 뜻으로 이쪽에서 움직이면 상대가 기뻐하는 형상이니 수의 의미에 해당한다. 그러므로 내가 마음을 기울여서 남을 따른다면 남도 나를 따라오게 된다. 서로 따르게 된다면 어떤 일도 이루어질 수 있다. 따라서 원형이라는 판단이 나오고 있다. 그러나 오직 바른 길로 가야만 허물이 없다는 조건이 들어 있다.

2. 초구 관륜 정길初九 官渝 貞吉 – 초구는 하괘의 주인모든 일양 이음의 괘에 있어서는 일양의 주가 되고, 이양 일음의 괘에서는 일음의 주가 된다이다. ☳은 움직이는 것을 뜻하므로 곧 따른다는 말이다. 내가 남을 따르게 되면 이때까지의 주의를 변경하게 마련이다. 이것을 官有渝, 즉 벼슬의 변동에 비유하고 있다. 변하는 데 있어서도 정도를 따라야만 길하다.

3. 출문교유공出門交有功 – 집을 나가서 사람을 사귄다면 사로운 정에 흐르지 않게 되니 허물이 없다.

4. 계소자 실장부係小子 失丈夫 – 소자는 젊은 사나이들을 말하며, 장부란 남편 또는 훌륭한 남자로 풀이된다. 따라서 유부녀가 젊은이에게 얽매여서 남편을 잃는 것으로 볼 수도 있고, 여자가 젊은이에게 얽매여서 훌륭한 남자를 놓치는 걸로 풀이할 수도 있다.

5. 구계지 내종유지 왕용형우서산拘係之 乃從維之 王用亨于西山 – 구계지 내종유지란 나쁜 의

미에서가 아니라 남을 따르는 데 있어 마치 상대방에게 몸이 결박이라도 된 것처럼 매우 강인하게 따르는 것을 표현한 것이다. 지성이면 천지신명에게도 통하는 것인데, 더구나 상대방이 인간이므로 이와 같은 도리를 왕용형서산에 결부시키고 있다. 왕용형서산이란 주 문왕이 기산서산에 제사 지내어 마침내 그 정성이 신명과 통했다는 고사에서 유래된 것이다.

18. 산풍고 山風蠱

1. 고 원형 이섭대천蠱 元亨 利涉大川 – 고는 곧 부패의 뜻이 된다. 글자의 구성이 그 릇 위에 벌레 세 마리가 올라앉았으나, 마침내 음식물이 부패되어 벌레가 한꺼번에 쏟아져 나오는 형상으로 이것은 곧 질서가 무너졌음을 뜻한다. 질서가 모두 무너지게 되면 다시 바로잡히는 것이 곧 자연의 법칙이다. 그래서 원형이라는 점괘가 나온 것이다. 그리고 몹시 어지러워진 질서를 바로잡기 위해서는 반드시 큰 위험이 필요하다. 그러므로 이보대천이라는 판단이 나왔다.

2. 先甲三日 後甲三日 – 갑은 십 간의 시작, 곧 일의 발단을 말한다. 갑보다 사흘 앞선 날이 신, 사흘 뒤 진날이 정이다. 신辛은 신新과 통하며 정은 정령의 뜻으로 갑보다 사흘 전 날이란 일이 붕괴되려는 때이므로 마음을 더욱더 새롭게 해서 큰 붕괴를 사전에 막고 새 출발하며, 갑보다 사흘 뒤란 새 출발을 시작한 때이므로, 반드시 반복해서 과거의 실패를 되풀이하지 않도록 해야 한다.

3. 초육 간부지고 유자고무구初六 幹父之蠱 有子考无咎 – 여기에서 고는 앞의 사람이 몹시 그르쳐 놓은 일의 나머지를 말한다. 고는 일반적으로 세상을 떠난 아버지에 대한 호칭으로 되어 있으나, 고대에 있어서는 살아 있는 아버지에게도 고라는 말을 사용했다. 유자란 아버지의 잘못을 바로잡을 수 있는 아들이 있음을 뜻한다.

4. 구이 간모지고 불가정九二 幹母之蠱 不可貞 – 어머니의 잘못을 바로잡는 데 있어 지나치게 정의만을 내세운다면 마침내 모자 사이의 은애를 손상시킬 수 있다. 부드럽게 충고해서 자신의 의견이 잘 받아들여지도록 해야 한다. 불가정이란 오직 바른 것만을 고집해선 안 된다는 말로 이것이 중도에 맞는 행동이다.

5. 上九 不事王侯 高尙其事 – 상구는 양효이며 곧 지위가 없는 자리이다. 강의剛毅한 은사로서 명리에 매우 담백한 자이다. 왕후를 섬기지 않고 자신의 삶을 고결하게 여긴다고 했다.

19. 지택림 地澤臨

1. 임 원형 이정臨 元亨 利貞 – 임은 곧 임한다는 뜻이다. 위에서 밑에 임하는 것만 아니라 자신이 대상이 있는 곳에 이르는 것은 말한다. 이 괘는 양기가 점점 자라서 밑으로부터 올라와 음기에 접근하는 때, 즉 십이월의 괘다. 하괘는 태, 기쁘다. 상괘는 곤이며 괘 안에 화열하며 유순한 덕이 있는 것은 곧 크게 형통하는 것을 약속하는 것이다. 또 구이의 양강이 하괘의 중에 있어 상괘의 육오에 상응하고 있으므로 전진의 가능성이 있다. 원형이정의 사덕을 갖

춘 고루 좋은 예이다.
2. 택상유지 임澤上有地 臨 – 못 위에 땅이 있다는 것은 곧 땅이 못에 임한 것을 말한다. 임했다는 것은 위에서 밑을 내려다보는 것으로 군자는 이 괘를 본떠서 백성 위에 군림하여 백성들을 교도하고 길이 보전해야 한다.
3. 초구 함임 정길初九 咸臨 貞吉 – 함은 곧 감感과 통한다. 초구는 굳세고도양효 바르다양효 양). 그리고 육사와 상응하니 상대방을 덕으로 감화시켜서 따르게 할 수 있다. 남을 감화시켜서 따르게 하니 매우 바르고 길하다.
4. 함림길무불이 미순명야咸臨吉无不利 未順命也 – 구이는 정을 얻지 못하고 있는데 길하고 이롭지 않은 것이 없는 것일까. 구이는 음효에 접근하고 있으며, 네 음효는 위에 모여서 명령을 따르려고 하지 않는다. 여기에서 구이가 강중의 덕으로 이들을 감화시킴으로써 비로소 명령을 따르게 된다. 따라서 매우 길하고 이롭지 않은 것이 없다.
5. 육삼 감임六三 甘臨 – 육삼은 음유유효하며 중·정을 얻지 못했다. 그리고 하괘 태3☱의 맨 위에 있다. 태는 곧 기쁨을 뜻한다. 따라서 육삼은 달콤한 것으로 환심을 사서 백성 위에 군림하는 간악한 신하가 된다.
6. 상륙 돈림 길무구上六 敦臨 吉无咎 – 상륙은 괘의 맨 위에 있다. 위에서 아래에 임하는 극치에 이르고 있다. 밑에서 두 양이 올라오는 것을 매우 유순한 태도로 친절하게 기다리고 있는 상이다. 이것은 위에 있는 사람의 가장 현명한 태도라 하겠다. 따라서 길하고 허물이 없다.

20. 풍지관風地觀
1. 관관이불천 유부옹약觀盥 盥而不薦 有孚顒若 – 관觀은 곧 내가 남을 본다, 또는 내가 남에게 보인다는 뜻으로 이 괘는 구오의 군위가 네 음효에 의해서 우러러보여지고 있다. 또 구오는 중정의 도로써 보여 주고 있기 때문에 관이라 이름했다. 관盥은 제사 지내기 전에 손을 씻는 것이고, 천은 신에게 제물을 드리는 것이며 관이불천이란, 비록 손은 씻었지만 그래도 몸을 삼가서 함부로 신에게 제물을 드리지 못하는 것으로 이것은 공경함의 극치이다. 아랫사람들은 그와 같은 성실한 태도에 감화된다.
2. 초육 동관初六 童觀 – 여기에서 관은 곧 모든 효가 구오를 우러러보는 것을 말한다. 초육은 음효이며 맨 밑에 있어, 구오와의 거리가 매우 멀고 힘이 몹시 약하기 때문에 제대로 알아보지 못한다. 이것은 마치 어린애가 물건을 보는 것만 같다. 무지몽매한 백성은 가까운 곳의 일이나 알 뿐, 군주의 위대한 덕은 알아볼 수 없음을 표현한 것이다. 동관이란, 소인의 눈에는 허물이 결코 안 보이지만 대인이라면 비로소 부끄러움을 면할 수 없는 일이란 뜻이다.
3. 육이 규관 이녀정六二 闚觀 利女貞 – 육이는 음효이며 안에 들어 있다. 이것은 집 안에서 문틈으로 밖을 엿보는 상이다. 문 밖에 나가지 않는 것은 여자가 지녀야 할 바른 도리다. 그러나 남자가 이 효를 얻었다면 이로울 것이 아무것도 없다. 도리어 부끄러운 일이다.

4. 육삼 관아생 진퇴六三 觀我生 進退 – 여기에서 생은 자기의 하는 일이 잘 되고 못 되는 것을 의미하는 것으로 운명에 따르는 논법이다.
5. 국지광國之光 – 군주의 덕이 매우 성대해서 풍속이 몹시 아름답고 나라가 빛나는 것을 뜻한다.
6. 구오 관아생九五 觀我生 – 구오는 덕이 높은 군주, 즉 관괘의 주체다. 그 군주가 자기의 행동한 바를 유심히 살펴보는 것이다. 나라백성의 풍속이 매우 선량하고 선량하지 않은 것을 보는 것이 반성하는 지름길이 된다.
7. 상구 관기생上九 觀其生 – 상구는 양효로서 오의 군위보다도 위에 있다. 지위를 초월해서 정계의 밖에서 유유자적하는 모습이다. 구오의 관아생은 자기가 자기를 바라보는 것이지만 상구는 백성이 그 사람의 행동을 지켜보는 것으로써 보는 주체를 달리한다.

21. 화뢰서합火雷噬嗑

1. 서합형 이용옥噬嗑 亨 利用獄 – 서는 씹는다는 뜻으로, 합은 아래턱과 위턱이 합치는 것을 말한다. 서합은 입 안의 물건을 모두 씹어서 위턱과 아래턱이 합쳐지는 것이다. 이 괘의 모양☰☱은 ☰☱과 비슷하다. 아래 위의 두 양효가 두 턱이 되고 중간이 텅 비어 있어서 마치 입을 크게 벌리고 있는 모습이다. 그러나 ☰☱은 두 턱의 중간에 一이 한개 끼어 있어서 그것을 씹어서 끊어 깨끗이 버려야만 비로소 두 턱이 합쳐진다. 그래서 괘의 이름을 서합이라 한 것이다. 이 괘를 얻게 되면 모든 일이 마음먹은 대로 된다. 그리고 일이 뜻대로 되지 않는 것은 중간에 장애물이 있기 때문인데, 이 괘는 그것을 씹어 버리어 합쳐지므로 마침내 형통하게 마련이다. 입 안의 물건을 씹어서 없애는 것을 형벌에 결부시켰다. 형벌은 나라 안의 온갖 장애물을 없애는 것이기 때문이다. 하괘는 천둥을 뜻하고, 상괘는 밝은 덕을 뜻한다. 천둥과 같은 큰 위세와 태양과 같은 밝음이 형벌의 필수 조건이 되는 것이다.
2. 초구 구교멸지 무구初九 屨校滅趾 无咎 – 이 괘는 초와 상만이 형벌의 대상이고, 2에서 5까지는 형벌을 집행하는 측에 속한다. 『예기』〈곡례〉에 형벌을 대부에게는 가하지 않는다 하였는데, 형벌이란 서민을 대상으로 하는 것이다초와 상은 벼슬이 없는 사람에 속하고, 이와 오는 벼슬이 있는 사람에 속한다. 초구는 서합괘의 맨 처음에 해당한다. 죄가 가볍기 때문에 차꼬를 채워 발을 다치는 정도에 그친다. 악을 고친다는 점에서 허물이 없는 걸로 볼 수 있다.
3. 육이 서부멸비 무구六二 噬膚滅鼻 无咎 – 육이는 중·정을 얻었기 때문에 형옥을 다스리는 일이 마치 자신의 살을 깨물 정도로 쉬운 것이다. 그렇지만 부드러움으로써 강함을 다스리는 것이기 때문에 코를 다칠 정도로 세게 깨물어야만 한다. 점을 쳐서 이 효를 얻었다면 악인을 엄하게 다스려도 괜찮다.
4. 서석육 우독噬腊肉 遇毒 – 석육이란 것은 작은 동물을 뼈가 있는 채로 말린 것으로 매우 단단하다. 육삼은 음효이면서 중·정을 얻지 못하였으니 형벌이 도리에 맞지 않는다. 집행하는 사람의 판단이 정확을 잃게 되니 때에 따라서는 매우 거센 반항에 부딪치게 된다. 점쳐서

이 효를 얻은 자는 일을 해 나가는 데 있어 상대방으로부터 뜻밖의 반발에 부딪쳐서 체면을 약간 잃는 경우가 있으나 큰 허물은 없다.

5. 육오 서건육 득황금 정려 무구六五 噬乾肉 得黃金 貞厲 无咎 - 육오는 매우 유순하면서도 중을 얻어 군위에 있다. 사람에게 형벌을 가하면 그 누구도 복종하지 않는 자가 없다. 그래서 서건육 득황금의 상이 나타난다.

6. 상구 하교멸이 흉上九 何校滅耳 凶 - 상구는 말을 듣지 않아서 죄악이 극도에 이른 것이다. 하는 등에 진다는 뜻으로 교는 여기서는 칼을 말한다. 옛날 법에, 큰 죄인에게는 목에 큰 칼을 씌워서 귀를 다치게 만들었던 것이다. 곧 귀로 밝게 듣지 못한 것을 경계하는 것이다.

22. 산화비山火賁

1. 비 형 소리유유주賁亨小利有攸注 - 비는 곧 장식한다는 뜻이다. 예를 들어 사람이 모였을 때는 예의가 필요하며, 물질이 배치되는 데는 반드시 질서와 문식을 필요로 한다. 이 괘의 내괘는 이, 밝은 것이며, 외괘는 간, 그치는 것이다. 문명의 제도에 의해서 사람이 각자 분수에 머무른다. 이것이 곧 사람의 집단 생활에 필요한 것이다. 그러므로 비라고 했다. 괘변에서 볼 때 비는 손의 육삼과 구이가 자리를 바꾸고, 기제의 상륙과 구오가 자리를 바꾼 모습이다. 어느 것도 모두 유효가 내려와서 강효를 꾸미고, 강효가 올라가서 유효를 장식한 것이다. 이런 점에서도 비라는 것이 된다. 형통한다는 것은 괘가 모양을 변함으로써 통하게 되는 것을 말한다. 손의 육삼이 밑으로 내려와 구이와 자리를 바꿈으로써 손의 내괘는 변해서 명이 된다. 이렇게 되면 형통하는 것이 된다. 또 기제의 구오가 위로 올라가서 상륙과 자리를 바꿨을 때 기제의 외괘 ☵는 ☶, 지가 된다. 그리고 밖에서 멈추게되니 크게 앞으로 나갈 수 없다. 그래서 적게 나가는 데 이이익 있다.

2. 산하유화 비 군자이명서정 무감절옥山下有火 賁 君子以明庶政 无敢折獄 - 산 밑에 있는 불이 멀리 비추지는 못한다. 군자는 이를 거울 삼아서 정치는 밝히되 감히 형옥을 다스리는 일이 없어야 한다는 뜻이다. 그렇다면 형옥은 누가 다스리겠는가. 공자가 주장한 정치를 밝힘으로써 형옥이 일어나지 않도록 하라는 뜻이 아닌가 싶다.

3. 초구 비기지 사거이도初九 賁其趾 舍車而徒 - 초구는 강의剛毅의 덕이 있으며 매우 현명하다양효이며 하괘 ☲은 명의 뜻임. 맨 밑에서 스스로 만족해서 바른 길을 걷는 상이다.

4. 육사 비여파여 백마한여六四 賁如皤如 白馬翰如 - 파는 희다는 뜻이며 비여파여는 아무런 꾸밈도 없다는 것이다. 한여는 매우 빠르다는 뜻이다. 육사는 초구에 상응한다. 그러나 구삼에 막혀서 갈 수가 없다. 흰 말을 타고 나는 듯이 달려가고 싶다. 그러나 구삼은 매우 굳세고 마음이 바르다양효 양위. 육사의 앞을 가로막고 있는 것은 어떤 무리한 공격을 하려는 것이 아니다. 육사와 혼인을 해 보려는 것이다. 육사는 지금 처해 있는 자리가 그와 같으므로 정도를 지켜서 승낙하지만 않는다면 다른 근심은 없다.

5. 육오六五 - 유효로서 중을 얻었으므로 비의 주체가 된다. 허식보다도 실질을 존중한다. 이

런 점에서 육오는 비의 본질을 얻었다고 할 수 있다.
6. 상구 백분 무구 上九 白賁 无咎 - 백비란 본래의 모습 그대로이고 상구는 비괘의 극이다. 어떤 사물이든 극에 다다르면 원점으로 되돌아가게 마련이다. 꾸밈이 극도에 이르렀으니 본래의 상태로 돌아가는 것이 가장 현명한 것이다.

23. 산지박 山地剝

1. 박 부리유유왕 剝 不利有攸往 - 박은 박락의 뜻으로 쉽게 말해서 칼로 긁는 것이다. 이 괘 ☶☷는 음효가 다섯을 차지하고 음효는 하나만이 위에 있어서 곧 긁어 떨어질 듯한 모습이다. 음이 매우 성하고 양이 쇠하는 때이므로 소인이 번영하고 군자가 곤궁한 시기이다. 내괘인 곤☷은 순, 외괘인 간은 지의 뜻으로 군자는 시운에 순응해서 모든 것을 삼가고 적극적인 행동을 하지 않아야 한다. 그래서 불이유유왕이라는 말이 나오고 있다.
2. 육이 박상이변 六二 剝牀以辨 - 초육에 있어서 박상이족은 침상 다리의 밑부분을 긁는다는 뜻이며, 육이의 박상이변은 다리의 중간 부분을 긁는다는 것이다. 음이 양을 침식해서 정도를 멸하는 것이 아래에서 위로 올라오고 있음을 뜻하고 변은 사람 다리의 중간인 무릎을 의미한다.
3. 상왈 박지무구 실상하야 象曰 剝之无咎 失上下也 - 여기에서 박은 벗어난다로 풀이했다. 초에서 오까지가 모두 양을 침식하려고 하지만, 오직 육삼만은 음의 무리에서 벗어나 상구의 양에 상응하여 군자의 정도를 따른다. 그렇기 때문에 아무런 허물이 없게 된다. 그러므로 상하의 음과는 인연을 끊게 된다.
4. 육오 관어 이궁인총 무부리 六五 貫魚 以宮人寵 无不利 - 관어는 물고기를 꼬치나 끈에 꿴 것을 말한다. 육오는 다섯 음효의 맨 위에 있다. 다섯 음효를 관인으로 치면 육오는 후비의 신분에 해당되고 음은 양에 따르는 것이 원칙이며 육오는 관인을 통솔하여 상구의 양의 총애를 받는다면 모든 일이 순조롭게 된다. 관어란, 군주의 은총을 받는 것을 의미한다.
5. 상구 석과부식 군자득여 소인박려 上九 碩果不食 君子得輿 小人剝廬 - 석과부식이란 것은 양이 모두 음에 침식되었으나, 오직 상구만이 아직도 남았기 때문에 한 말이다. 려는 지붕을 뜻한다. 상구는 음의 극성이나 혼란이 극도에 이르렀음을 의미한다. 그러므로 백성들은 평화에의 복귀를 희망한다. 덕이 있는 군자가 위 상구에 있다면 백성들 다섯 음효은 이를 곧장 추대하게 된다. 이것이 군자득여이다. 만일 소인이 위에 있다면 음효로 변해서 양은 극도로 침식당하게 된다. 이는 지붕마저도 벗겨지는 것이다.

24. 지뢰복 地雷復

1. 복형 출입무질 붕내무구 復亨 出入无疾 朋來无咎 - 복은 양이 밑에서 다시 생겨남을 말하고 박의 상효 상구가 침식당하면 순음의 곤, 즉 10월의 괘가 된다. 양의 모습은 잘 보이지 않으나 양기는 이미 곤 밑에서 생겨나고 있다. 한 달이 지나서야 비로소 일양의 몸을 이루어서

☷, 동이 되고 외괘는 곤, 순이 된다. 양이 밑에서 움직여 자연의 이치에 잘 순응해서 위로 올라가는 상이다. 그렇기 때문에 출입무질 붕래무구라는 말이 나오게 되었다.

2. 반복기도 칠일내복反復其道 七日來復 – 반복 기도란 갔던 자는 돌아오고 왔던 자는 다시 가서 같은 길을 되풀이하는 것을 말한다. 따라서 사물은 흉하면 반드시 길하고 위태로우면 반드시 편안해지는 것이 자연의 법칙이다. 칠일내복이란, 소식의 법칙에서 볼 때 5월 구☰☰로, 1음이 처음 발생되면서부터 ☰☷, ☷☷, ☷☷, ☷☷ 을 거쳐서 11월 복☷☷☷에 이르러 1양이 다시 나타남을 말한다. 한 효를 하루로 가정할 때 7일 만에 되돌아온다고 해서 칠일내복이란 말이 생겼다. 진나라의 후과는 『시경』〈빈풍〉을 인용해서 일은 월과 같다. 5월에서부터 11월까지 7개월 만에 1양이 내륙한다고 풀이하였다.

3. 상일 휴복지길 이하인야象日 休復之吉 以下仁也 – 휴는 아름답다는 뜻이며 육이는 유순음효하며 중·정을 얻고 있다. 초구의 바로 위에 있기 때문에 마침내 초구의 인덕에 감화되어 자신의 몸을 낮춤으로써 선으로 돌아오게 되고 그리하여 길함을 얻는다.

4. 육사 중행 독복六四 中行 獨復 – 육사는 여러 음효 사이에 끼어 있으나 초구에 상응하기 때문에 여러 음효와 함께 사도를 향해 가다가 홀로 선으로 돌아오는 상이다.

5. 미복迷復 – 끝내 깨닫지 못해서 선으로 돌아오지 못하는 것.

25. 천뢰무망天雷无妄

1. 무망 원형리정无妄 元亨利貞 – 망은 성실의 반대로 거짓을 뜻한다. 무망은 거짓이 없는 것이니 자연적인 것이다. 『사기』〈춘갑군열전〉에는 무망을 무망无望으로 해서 바라지도 않았는데 이루어지는 것으로 표현하고 있다. 내괘 ☳은 동, 외괘 ☰은 건실의 덕이 있다. 구오는 강효로서 중정, 그리고 내괘의 중정한 육이와 상응하니 매우 좋은 괘상이다. 원형이정의 네 가지 덕을 고루 갖추고 있다. 이 괘를 얻는다면 크게 형통하게 된다. 반드시 바른 길을 굳게 지켜야만 이롭다. 만일 동기에 부정이 있다면 재앙이 따르게 되고 앞으로 나가도 매우 불리하다.

2. 천하뢰행 물여무망天下雷行 物與无妄 – 하늘 밑에서 우레가 움직이고 있다. 우레의 진동은 음양을 화합시켜서 세상의 만물을 낳는다. 그리고 물건에 각각 거짓이 없는 성정을 부여했다.

3. 육이 불경확 불치여 칙이유유왕六二 不耕穫 不菑畬 則利有攸往 – 육이는 매우 유순하고 중정해서 때에 거스리지 않고 천리에 따라서 움직인다. 아무것도 바라는 것이 없다. 그러나 바라지도 않았는데 저절로 이루어지는 것이 무망망은 망望과 통한다이다. 여기에서 불경확, 불치여는 그 극단의 사례를 든 것이다.

4. 고유지야固有之也 – 유는 곧 수와 통한다. 정조를 굳게 지킨다는 뜻이다.

26. 산천대축 山天大畜

1. 대축 이정 불가식길 이섭대천 大畜 利貞 不家食吉 利涉大川 – 축은 멈춘다, 쌓는다는 등 두 가지 뜻이 있다. 내괘 건은 순양, 외괘 간은 양괘, 양은 큰 것이다. 그리고 건은 멈추는 것이요, 건乾은 건健이다. 앞으로 나가려는 건乾을 간이 멈추게 한다. 멈추게 하는 것도 매우 큰 것이며, 멈추게 하는 힘도 매우 큰 것이다. 그래서 대축이라 이름하게 된 것이다. 또 내외괘가 모두 아름다운 덕을 고루 갖추고 있다. 덕의 축적이 크다는 의미에서도 대축이 된다. 또 내외괘가 모두 아름다운 덕을 갖추고 있다. 그리고 덕의 축적이 크다는 의미에서도 대축이 된다. 괘변에서 볼 때 대축☶☰은 수☵☰의 구오가 상위의 음효와 자리를 바꾼 모습이다. 즉, 대축의 육오는 원래 수의 맨 위에 있던 것인데 하위의 어진이 오의 양효에게 몸을 낮추어 자기 위에 올려놓은 것이다. 바른 사람이 아니고는 이와 같이 할 수 없다. 그러므로 이정이라는 말이 나오는 것이다. 불가식이란 집에서 농사지어 먹지 않고 벼슬해서 녹을 먹는 것이며 육오는 내괘의 구이에 상응하고 있다. 내괘는 곧 하늘이니 육오의 행동은 천도에 상응하는 것이 된다. 어떤 어려움도 반드시 돌파할 수 있다. 그러므로 이보대천이다.

2. 초구 유려 이기 初九 有厲 利己 – 내괘 건은 건健, 삼양효가 앞으로 나가려 하나 외괘 간에 의해서 정지당한다. 초구는 상응이 되는 육사에 의해서 멈추어진다. 그래서 '가면 매우 위험하다. 그만두는 것이 좋다'는 효사가 나왔다.

3. 구이 여설복 중무우야 九二 輿說輹 中无尤也 – 구이의 나아감은 육오에 의해서 정지당한다. 그러나 이는 내괘의 중이다. 끝까지 중용을 지켜서 자신이 스스로 멈추고 나가지 않는다. 마치 바퀴테가 벗어진 수레가 앞으로 나가지 못하는 것처럼 중도를 지키는 것이므로 허물이 없게 된다.

4. 육사 동우지곡 원길 六四 童牛之牿 元吉 – 곡은 쇠뿔에다 가로 대는 나무다 사람을 받지 못하게 하기 위해서. 육사는 초구의 나아감을 정지시킨다. 초구는 최하위로서 힘이 매우 미약하기 때문에, 이를 멈추게 하는 것은 마치 뿔도 안 난 송아지에게 곡을 대어 주는 것처럼 매우 쉬운 일이다. 그러므로 원길이라는 효사가 나온다.

5. 하천지구 형 何天之衢 亨 – 구란 사방이 환하게 트인 넓은 네거리를 말한다.

27. 산뢰이 山雷頤

1. 이 정길 관이자구구실 頤貞吉 觀頤自求口實 – 이는 곧 입이란 뜻이다. 괘가 입을 벌린 모습이다. 입은 음식을 먹어서 몸을 기르므로 기르는 뜻도 포함된다. 또다시 상하로 나누어서 본다면 상☶은 지, 하☳는 동이다. 음식을 먹을 때 위턱은 대부분 멈추고 아래턱이 움직인다. 이런 점에서도 턱頤이란 뜻이 된다. 곧으면 매우 길하다는 것은 이괘를 모두 판단한 것으로써 관이와 자구구실이 바름을 얻으면 매우 길하다는 말이다. 관이는 점을 치는 사람이 평생에 무엇을 기르고 있는가를 살펴본다는 말이며 자구구실의 구실은 입을 채운다는 뜻이니 즉, 입을 채우는 방법을 살펴 본다는 것이다.

2. 산하유뢰이 군자이신언어 절음식山下有雷頤 君子以愼言語 節飮食 – 산☶ 밑에 우레가 있다. 우레가 산하에서 울릴 때 초목이 모두 싹튼다. 기른다는 뜻에서의 이괘다. 군자는 이 괘를 거울 삼아 말을 삼감으로써 자신의 덕을 기르고 음식을 조절함으로써 몸을 길러야 한다.
3. 초구 사이영귀 관아타이흉初九 舍爾靈龜 觀我朶頤凶 – 초구는 양효가 최하위에 있다. 매우 굳센 성격을 가지고 맨 하층에 있는 사람이므로 녹봉에 관심을 둘 것이 없다. 그러나 상위의 소인음효, 육사에 상응하고 있기 때문에 마침내 욕심이 움직여서 지혜가 있는 거북을 가지고 있으면서도, 이를 버리고 다른 사람이 가지고 있는 먹을 것을 보고 먹고 싶은 듯이 입을 벌리고 있는 상이다. 점쳐서 이 효를 얻은 사람이 자신의 지혜를 활용하려고 하지 않고 남의 부유함을 부러워한다면 매우 흉할 것이다.
4. 육이 불경 우구이정흉六二 拂經 于丘頤征凶 – 불은 어긋난다, 구는 땅의 높은 곳을 말하고 여기서는 상위에 비유한 것이다. 육이는 음, 곧 여자다. 여자는 반드시 양, 즉 남자를 따르게 마련이다. 초구양를 따르고 싶어도 하위의 자에게 부양을 받는 것은 거꾸로 되는 것으로써 상도에 매우 어긋나는 일이다. 그리고 양인 상구에게 부양을 받으려 한다면 응이 아니다. 억지로 가려고 한다면 매우 흉할 것이다. 상응이 아니면 결코 동류가 될 수 없다. 점쳐서 이 효를 얻었다면 도와주는 사람은 없고 어디를 가도 매우 불길하다.
5. 육삼 불이 정흉六三 拂頤 貞凶 – 육삼은 음효이면서 불중·불정. 그리고 또 움직임의 극이다. 자신이 먹기 위해서는 어떤 일도 감행하게 된다. 그러므로 기르는 길에 어긋나는 것이다. 기른다는 것은 비록 바르다고 하겠으나 매우 흉하게 마련이다. 점쳐서 이 효를 얻은 자는 일이 비록 바르더라도 결과는 불길하다. 10년 동안 움직이지 않아야 한다.

28. 택풍대과澤風大過

1. 대과 동요 이유유왕 형大過 棟橈 利有攸往 亨 – 대과의 대는 곧 양을 가리킨다. 과란 도를 지나치는 것이다. 이 괘는 가운데가 네 양효로 충만되어 있어서 양이 매우 성하고 있다. 그러므로 대과라 이름하게 되었다. 동이란 대들보를 말한다. 이 괘를 하나의 대들보로 볼 때 가운데는 매우 단단하지만 두 끝유효가 몹시 약하기 때문에 지붕의 무게를 견디어 내지 못해서 가운데가 휜 것을 상징한다. 그러나, 구이와 구오는 내괘와 외괘의 중을 얻고 있으며, 내괘의 손은 순종, 외괘의 태는 설의 덕이 있다. 그러므로 중용을 지키고 순종하며 남을 기쁘게 하는 성격이기 때문에 어디를 가든 반드시 통한다. 그래서 이유유왕 형이라는 판단이 나왔다.
2. 택멸목 대과 군자 이독립불구 둔세무민澤滅木 大過 君子 以獨立不懼 遯世无悶 – 이 괘는 못 밑에 나무가 있다. 본래 못은 나무를 적셔 주는 것인데, 나무를 침몰시킨다는 것은 매우 지나친 일이다. 군자 이독립불구 둔세무민이라는 것도 사람을 크게 초월한 행동이다.
3. 구이 고양생제 노부 득기여처 무불이九二 枯楊生梯 老夫得其女妻 无不利 – 상괘의 상응이 없으며 초육과 이웃하고 있다. 이는 양, 육은 음이니 친하게 될 가능성이 매우 농후하다. 그러

나 구이는 이미 때가 지나간 양이다. 초육의 어린 음과 맺어진다는 것은, 마치 고목이 된 버드나무에 꽃이 피고 늙은 남자가 젊은 아내를 얻는 격이 된다. 비록 남편은 늙었지만 아내는 젊었으니 아들을 낳을 수가 있다. 그래서 무불이라는 효사가 나온다.

4. 상륙 대과괘의 극치이다. 음효이니 힘이 매우 약하다. 천하의 어려움을 구해 보려고 일에 뛰어든다. 자신의 능력을 전혀 헤아리지 않고 무리한 행동을 하다가 마침내 목숨을 잃는다. 곧 과섭멸정인 것이다. 결과는 매우 흉하지만 살신성인이라는 점에서 허물할 수는 없다.

29. 감위수習坎爲水

1. 습감 유부 유심형 행 유상習坎 有孚 維心亨 行 有尙 – 습은 겹친다는 뜻으로, 감은 구덩이를 말한다. 이 괘는 상하가 모두 곤괘로서 위험이 겹쳐 있는 모습이다. 그래서 습감이라고 했다. ☵모양은 외측 양면이 음효로서 허에 속하고 한가운데만이 양효로서 실이다. 그러므로 성실함이 있다고 해서 유부. 형통한다는 것은 자신이 원하는 것이 이루어지는 것을 뜻하나, 여기에서는 성심의 관통이라는 점에서 심형이라는 표현을 쓰고 있다. 이 괘는 대체적으로 나쁘다. 그러나 온갖 간난 속에서 성실의 미덕이 빛을 뿜고 있다. 성실의 미덕을 가지고 살아가는 데 있어 어려움을 극복하며, 다른 사람의 공명과 협조를 얻을 것을 말한다.

2. 초육 습감 입우감담 흉初六 習坎 入于坎窞 凶 – 초육은 유약한 몸음효으로서 동험의 맨 밑에 있다. 그러므로 구덩이 속에서도 또 구덩이 속에 빠져 있는 상이다. 도무지 벗어날 길이 없다. 점쳐서 이 효를 얻었다면 계속해서 고난이 다가오게 마련이다.

3. 구이 감유험 구소득九二 坎有險 求小得 – 구이는 험☵ 속에 들어 있다감유험. 그러나 강효이며 내괘의 중을 얻었다. 이 효를 얻었다면 약간의 도움은 얻을 수 있어도 결코 어려움을 면할 수는 없었다.

4. 구오 감부영 지기평무구九五 坎不盈 祗旣平无咎 – 구오는 상괘 감☵의 한가운데. 물이 구덩이 속에 있으면서 아직 물이 넘치는 데까지는 이르지 못하고 있다. 그러나 구오는 양효이면서 중정, 그리고 군위에 있다. 덕이나 지위가 모두 천하의 간난艱難 감 을 구할 수 있다. 또 오라는 괘감의 거의 끝에 이르고 있다. 물이 이미 구덩이의 앞과 평면을 이루고 있는 상태다. 그러므로 간난을 곧 벗어날 수 있다.

30. 이위화離爲火

1. 이 이정 형 축빈우 길離 利貞 亨 畜牝牛 吉 – 이는 부저, 또는 밝다는 뜻이다. ☲은 가운데의 한 음효가 두 양효에 부저된 모습이다. ☲의 상을 화로 하는 것은, 불은 자체가 매우 공허한 것으로 밖은 몹시 밝기 때문이다. 속은 음이며 겉은 양인 이괘의 모양이 이를 상징한다. 사람은 언제나 자기가 접근하려는 상대자 또는 사업이나 주의 사상은 모두 바른 것을 선택하려고 든다. 그래서 이정이다. 암소는 몹시 유순한 동물이기 때문에 매우 유순한 덕을 기른다는 뜻에서 축빈우다.

2. 육이 황리 원길 六二 黃離 元吉 - 황은 토색, 토는 오행에서 중앙이기 때문에 중의 빛이 된다. 육이는 내괘의 중에 자리 잡고 있다. 그래서 황리라고 한다. 육이는 또 정을 얻고 있기 때문에 크게 길한 것이다.
3. 구삼 일측지리 부고부이가 칙대질지차흉 九三 日仄之離 不鼓缶而歌 則大耋之嗟凶 - 구삼은 내괘의 맨 끝이니 곧 해가 서쪽으로 기울어지는 것이다. 해가 넘어갈 때의 밝음이란 순간적인 것이다. 인간이란 태어나면 죽은 것이 자연의 법칙이다. 동이를 두드리고 노래하며 여생을 즐겨 천명에 안주하는 것은 좋으나, 늙은 것을 탓하고 한숨을 짓는다면 도리어 몸을 해치게 되어 매우 흉할 것이다.
4. 척차약 戚嗟若 - 근심하고 한숨을 짓는다는 뜻으로 여기에서는, 그처럼 두려워하고 경계하는 것이, 몸을 보전할 수 있는 방법이라고 해서 길한 걸로 보았다.

하경 下經

31. 택산함 澤山咸

1. 함 형 이정 취녀길 咸 亨 利貞 取女吉 - 함은 감응의 뜻이다. 하괘간 ☶은 젊은 남자, 상괘태 ☱는 젊은 여자를 뜻한다. 남자가 여자에게 몸을 낮춘다는 것은 남녀가 감응해서 부부가 되는 길이다. 또 간은 그친다는 뜻이며 결코 경솔하게 움직이지 않고 몸가짐을 정중하게 해서 상대방을 감응시킨다. 태는 매우 기뻐하는 뜻이 들어 있다. 하괘의 진심에 기뻐해서 그 뜻에 상응한다. 이 괘는 감응의 뜻을 잘 표현하고 있다. 점쳐서 이 괘를 얻은 자는 모든 일이 형통하게 된다. 그러나 그 동기가 바른 것을 조건으로 하고 있다. 또 아내를 맞이하면 좋을 것이다.
2. 산상유택함 군자이허수인 山上有澤咸 君子以虛受人 - 이 괘는 산 ☶위에 못 ☱이 있다. 못에 물을 담아서 산 속을 적신다. 산은 흙으로 이루어졌으며 언제나 건조하고 속은 비어 있다. 못의 물을 충분히 흡수함으로써 자신을 윤택하게 만든다. 이것이 산과 못의 감응인 것이다. 덕이 있는 군자는 이것을 배워서 허심탄회하게 다른 사람의 의견을 받아들여서 처세에 도움이 되게 한다.
3. 초육 함기무 初六 咸其拇 - 함괘의 여러 효사에서는 사람의 의욕에 감응하는 인체의 부분을 들어 감응의 이법을 표현하였다. 무는 엄지발가락을 말하고, 함은 느껴서 움직이는 것이다. 자신이 원하는 대상과 접촉하기 전에 자기 발의 엄지발가락이 대상이 보내는 전류라도 느낀 것처럼 스스로 움직이는 것이다. 초육은 구사와 양음이 서로 상응하고 있다. 초육의 마음은 그쪽으로 쏠리기 때문에 엄지발가락이 스스로 움직이게 되는 것이다.
4. 육이 함기비 흉 거길 六二 咸其腓 凶 居吉 - 비는 사람의 장딴지를 말한다. 초육의 엄지발가락보다 윗부분에 해당한다. 사람이 걸으려면 그 신경이 맨 먼저 장딴지의 근육에 느껴지게

되고, 장딴지가 움직임으로써 발이 이에 따르게 된다. 장딴지는 매우 경망하고 수동적이며 자신을 지킬 줄 모른다. 육이는 음효이다. 자주성이 없는 점에서 장딴지와 비슷하여 망동의 위험성이 있다. 다만 중정의 덕이 있기 때문에 오직 제자리만 지킨다면 안전할 수 있다.

5. 동동왕래 붕종이사憧憧往來 朋從爾思 – 동동이란 지지 않은 모습으로 안정된 마음이 없이 이리저리 밀려 다닌다면 많은 사람에게 감응될 수 없으며, 친구들 사이에 공감을 얻는 데 그치게 된다.

32. 뇌풍항雷風恒

1. 항 형 무구 이정 이유유왕恒 亨 无咎 利貞 利有攸往 – 항은 상도, 즉 불변의 법칙 또는 항구의 뜻이된다. 하괘는 손이니 장녀의 상, 상괘는 진이니 장남의 상이다. 앞서 함괘는 남자가 여자에게 몸을 낮추어서 양음이 교감하는 이치를 보여 주었으나, 이 괘는 여자가 남자에게 몸을 낮추는 모습이니 이것은 곧 부부의 상도인 것이다. 그래서 항이라고 하게 된 것이다. 점쳐서 이 괘를 얻은 자가 자신의 길을 영원히 지켜 나간다면 만사가 형통하고 허물이 없다. 다만 바른 길을 가는 것을 조건으로 한다. 그러면 어디를 가도 매우 유리하게 된다.
2. 구이 회망九二 悔亡 – 구이는 양효이면서 음위우수에 있다. 후회하는 결과를 가져오는 것이 원칙이나 이는 하괘의 중이다. 구이는 중의 덕을 지니고 있기 때문에 어떤 예상되었던 뉘우침도 곧장 사라지게 된다. 점쳐서 이 효를 얻은 사람이 중용의 도를 계속 지켜 나간다면, 뉘우치는 것 같은 경우는 없기 마련이다.
3. 구사 전무금九四 田无禽 – 전은 사냥의 뜻으로 금이란 사냥에서 잡은 짐승을 말한다. 구사는 양효이면서 음위에 있다. 아무리 그 자리를 굳게 지킨다 해도 깨끗하지 않은 자리이니만큼 아무것도 얻은 것이 없게 마련이다.

33. 천산둔天山遯

1. 둔 형 소리정遯 亨 小利貞 – 돈은 퇴피, 또는 은둔의 뜻으로 이 괘는 음소인이 밑에서 자라나고 양군자이 퇴피하는 모습이다. 그러므로 돈이라 이름했다. 구오의 양강이 군위에 있으면서 육이에 상응하고 있으니, 아직도 세상을 구하려고 노력하고 있는 것처럼 보이나, 밑에 음효가 두 개가 되고 한창 뻗어나고 있기 때문에 군자로서는 이것을 패해 가지 않을 수 없는 때이다. 형통한다는 판단이 나온다. 소리정은 조금 곧으면 이롭다로 풀이하나, 소를 소인으로 보아서 소인은 곧은 데 이가 있다로 해설하여, 즉 소인도 정도를 굳게 지켜야 좋을 것이라고 풀이하는 사람도 있다.
2. 집지용황우지혁 막지승설執之用黃牛之革 莫之勝說 – 누런 소의 가죽으로 몸을 결박해서 벗어날 수 없도록 만든다는 뜻으로 곧 은둔할 뜻을 굳혀서 결코 남에게 굽히지 않으려는 것을 비유하여 설명하였다.

34. 뇌천대장雷天大壯

1. 대장 이정大壯 利貞 - 대는 양을 말하며 장은 성한다는 뜻이다. 이 괘는 소식괘의 하나로서 2월의 괘다. 네 양효가 매우 성하게 자라나고 있다. 양이 매우 성한다는 뜻에서 대장이라 이름했고 양은 군자를 상징한다. 점쳐서 이 괘를 얻었다면 만사가 형통하게 마련이다. 다만 바른 길을 걷는 것을 조건으로 내세운다.

2. 뇌재천상대장 군자이비례불리雷在天上大壯 君子以非禮弗履 - 이 괘는 우레☳가 하늘 위에서 올리고 있는 모습이니 크게 성한 것을 상징한다. 그래서 대장이라 이름했다. 군자는 이 괘를 본떠서 큰 일을 한다. 그 큰 일이란 남을 이기는 것이 아니고 곧 자기 자신을 이기는 것이다. 군자는 우레와 같은 위엄과 결단으로써 오직 자신을 이기는 데 힘써야 하며, 자신을 이기는 길은 바로 예의 실천인 것이다. 어떤 일이 있어도 예에 어긋나는 일은 절대로 하지 않는 것이 자신을 이기는 길인 동시에 군자의 대장인 것이다.

3. 초구 장우지 정흉 유부初九 壯于趾 征凶 有孚 - 발은 인체의 맨 밑부분으로 앞으로 나가는 동작을 한다. 발에 기운이 매우 성하다는 것은 곧 앞으로 나가려는 이욕이 왕성한 것을 상징한다. 초구는 양강으로서 대장괘의 맨 밑에 있다. 대장은 양이 매우 성하는 때인만큼 초구는 오직 앞으로 나가려는 의지가 몹시 왕성하다. 그래서 장우지라는 비유를 들었다. 정은 간다는 뜻이며 맨 밑에 있으면 무리하게 전진하려 든다는 것은, 자신의 정도를 모르는 곧 파멸의 길이다. 그래서 정흉이라는 판단이 내려진 것이다.

4. 기부궁야其孚窮也 - 부는 틀림없다는 뜻이다. 즉, 반드시 곤궁을 당하리라는 것이다.

5. 구삼 소인용장 군자용망九三 小人用壯 君子用罔 - 구삼은 강효로서 강 위에 있다. 밑에서부터 세 양효가 한데 겹쳐 있으며 또 그 맨 위에 있으니 양이 극성한 상태이다. 소인이라면 기세를 부리겠지만 군자는 결코 남을 이기려 들지 않고 스스로 자제하기 때문에 그와 같은 방법은 쓰지 않는다. 오직 자기의 강성함을 믿고 억지로 밀고 간다면 아무리 가는 길이 바르다 해도 위태롭다. 저양촉번리기각羝羊觸藩羸其角이라는 결과를 불러오게 된다.

35. 화지진火地晋

1. 진 강후용석마번서 주일삼접晋 康侯用錫馬蕃庶 晝日三接 - 진은 나간다는 뜻이며 강후는 나라를 매우 편안하게 만든 제후를 말한다. 이 괘의 상괘는 이☲, 태양을 뜻하고 하괘는 곤☷, 땅을 말한다. 그리고 이는 부착하는 힘이 있고 곤은 순종하는 덕이 있다. 말하자면 태양이 땅 위에서 빛나고 아래에 있는 물건들이 매우 유순하게 따라가는 모습이다. 인간으로 말하면, 제후가 공손히 천자에게 조회하는 모습이다. 따라서 강후용석마번서 주일삼접康侯用錫馬蕃庶 晝日三接이라는 괘사가 나오고 있다.

2. 명출지상진 군자이자소명덕明出地上晋 君子以自昭明德 - 태양이 땅 위에 나온 모습이 진괘다. 태양이 땅 위에 올라오게 되면 세계를 밝게 비추어 준다. 군자는 이것을 본떠서 자기가 마음속에 지니고 있는 명덕선천적인 것으로서 사물의 옳고 그름을 단단할 수 있는 밝은 지혜을 반

드시 밝혀야 한다.
3. 진여최여晉如摧如 – 앞으로 나아가는 듯하다가 뒤로 물러서는 것으로 진여는 앞으로 나아 가는 모습이며, 최여는 뒤로 물러서는 모습이다.
4. 육이 진여수여 정길 수자개복우기왕모六二 晉如愁如 貞吉 受玆介福于其王母 – 진여수여는 앞으로 나가려고 하면서도 앞날의 어려움을 근심하는 것. 왕모는 조모를 말하며 개는 매우 크다는 뜻이다.
5. 진기각晉其角 – 상구는 진괘의 맨 위에 있다. 뿔이 짐승 몸의 맨 위에 있음을 비유하여 상구를 표현하였다.

36. 지화명이地火明夷
1. 명이 이간정明夷 利艱貞 – 이는 이痍와 통한다. 이 괘는 태양이 땅 밑에 있다. 태양의 밝음이 상처를 입는다는 뜻에서 명이라 이름했다. 또 자신의 밝은 지혜를 감춘다는 뜻도 있다.
2. 명이우비 수기익明夷于飛 垂其翼 – 명이우비는 어지러운 나라를 떠나는 것을 말하며, 수기 익이란 상처를 입었다는 뜻인데 이것은 초구의 효상이며 군자우행 이하는 효상에 대한 판단으로 즉 효사다.

37. 풍화가인風火家人
1. 가인 이녀정家人 利女貞 – 가인이란 곧 한 집안의 사람을 말한다. 이것은 가정 안의 인륜의 덕을 설명한 괘이다. 외괘의 구오, 내괘의 육이가 각각 정을 얻고 있다. 밖에서 일하는 남자와 집 안에 있는 여자가 제각기 바른 길을 가고 있는 상이므로 가인이라고 이름했다. 가정에 있어서 부인의 역할이 매우 큰 비중을 차지하고 있다. 여자가 올바르면 그 집안이 바로잡히고 반드시 번영을 누릴 수 있다. 그러므로 이녀정이라는 말이 나오게 된 것이다.
2. 한유가 지미변야閑有家 志未變也 – 한은 막는다는 뜻으로 가도가 문란해지는 것을 막는 일은 사람들의 뜻이 변하기 전에 방지해야 한다는 것이다.
3. 중궤中饋 – 집 안에서 살림을 맡아 보는 주부를 말한다.
4. 구삼 가인학학 회려길 부자희희 종린九三 家人嗃嗃 悔厲吉 婦子嘻嘻 終吝 – 구삼은 강효로서 강 위에 있으면서 중을 얻지 못하고 있다. 강이 매우 지나친 것이기 때문에 학학, 즉 매우 준엄한 상이다. 희희는 여자의 웃음소리를 표현한 것이다.

38. 화택규火澤睽
1. 규 소사길睽 小事吉 – 규는 서로 어긋난다는 뜻으로 이 괘는 불과 못으로 이루어졌다. 물과 불은 그 성질이 상반된다. 또 ☲는 중년 여자, ☱는 소녀의 모습이다. 여자 두 사람이 함께 살면 반드시 반목하게 된다. 그래서 규라고 이름했다. 서로 어긋나는 상태에서 길을 바랄 수는 없다. 그러나 ☱는 기쁨을 상징하고 ☲는 명의 덕이 있다. 또 괘의 주요한 효인 육오

가 중을 얻어 하괘의 구이에 상응하고 있다는 점에서 약간의 길한 상이 보인다. 그래서 작은 일은 매우 길하리라는 것이다.

2. 상화하택 규 군자이동이이上火下澤 睽 君子以同而異 — 물과 불은 성질을 달리한다. 군자는 도를 행하려는 데 있어서는 남과 뜻을 같이한다. 그러나 처세하는 방법은 각자 다르고 진리를 추구하는 의도는 같다. 그러나 견해나 논리는 다르다.

3. 견악인무구見惡人无咎 — 인정이란 반목되기 쉬운 것이기 때문에 여러 사람과 교제하는 데는 몹시 신경을 써야 한다. 아무리 악인이라도 그를 너그럽게 대하고 만나 주는 것이 허물을 없애는 가장 현명한 길이다.

4. 우주우항 미실도야遇主于巷 未失道也 — 주는 군주, 육오를 말한다. 구이와 육오는 음과 양으로서 서로 상응한다. 함께 있는 것이 원칙이나, 규의 시기 때문에 헤어져서 서로 만날 수가 없다. 신하가 골목길에서 군주를 만난다는 것은 비굴한 것 같으나 구오와 육오에게는 각기 주어진 운명이기 때문에 상대방을 찾는 것이 도리에 벗어날 것이 없다.

5. 천차의天且劓 — 천은 이마 위에 먹물을 새기는 것, 비는 코를 베는 형벌로서 옛날 다섯 가지 형벌 중에 속한다.

39. 수산건水山蹇

1. 건 이서남 부리동북 이견대인정길蹇 利西南 不利東北 利見大人貞吉 — 건은 절름발이의 원의에서 앞으로 나가기 어렵다. 또는 간난의 뜻이 된다. 하괘는 간☶, 그친다. 상괘는 감 즉 험이다. 험함이 있음을 보고 그치는 모양이다. 그래서 건이라 이름했다. 설괘전에서는 서남쪽을 건방, 동북쪽을 간방으로 정의하였다. 그러나 이 괘에는 간만 있고 곤은 들어 있지 않으니 서남의 의의는 찾아볼 수가 없다. 『주자어류』에서, 이것은 매우 특수한 경우라고 주장하면서 상괘 ☵을 ☷에 결부시키고 있다. 따라서 서남은 땅이 되고 하괘 ☶은 동북인데 산이 된다. 절름발이가 평지를 가는 것은 매우 수월하여도 산길을 가기란 몹시 어렵다. 그래서 이서남 불리동북이라는 말이 나온다. 또 어려운 시기에는 유능한 인물을 만나야만 난관을 극복할 수 있고, 오직 정도를 밟아야만 그 어려움을 벗어날 수가 있다. 그리하여 이견대인정길이라는 말이 나왔다.

2. 육이 왕신건건 비궁지고六二 王臣蹇蹇 匪躬之故 — 육이는 유순중정, 신하의 몸으로서 구오의 군주에 상응하고 있다. 그런데 구오는 위험 속에 들어 있다. 왕의 신하인 육이는 갖은 고난[蹇蹇]을 겪으면서 오직 임금을 구출하려고 든다. 결코 자기 몸을 위해서가 아니다.

3. 육사 왕건래연六四 往蹇來連 — 연은 연결의 뜻이므로 협력하는 것을 말한다. 육사와 구삼은 모두 정 위에 있기 때문에, 육사는 구삼과 제휴함으로써 간난을 건지려고 하여야 할 것이다.

40. 뇌수해雷水解

1. 해 이서남 무소왕 기래부길 유유왕숙길解 利西南 无所往 其來復吉 有攸往夙吉 – 해는 간난이 해소됨을 말한다. 내괘 감은 험, 외괘 진은 동이다. 움직여서 험을 벗어난 형상이기 때문에 그 어려움이 풀렸다고 해서 해라고 이름했다. 이괘는 승에서 왔다. 승의 구삼이 육사와 그 자리를 바꿔서 해가 된 것이다. 승의 상괘는 곤이기 때문에 서남쪽에 이가 있게 된다. 또 곤은 매우 고요한 성격이다. 어려운 문제가 모두 해결되어 갈 곳이 없다면 본래의 자리로 돌아와서 편안하게 있는 것이 좋다. 갈 데가 있으면 빨리 가서 문제를 해결하는 것이 매우 길하다.
2. 초육 무구初六 无咎 – 초육은 유효로서 맨 밑에 있다. 유순한 태도로 남의 눈에 띄이지 않는 곳에 있어서 안전한데다가, 구사의 응원이 있으니 더욱 허물이 없다.
3. 육삼 부차승 치구지 정인六三 負且乘 致寇至 貞吝 – 육삼은 음효이다. 소인의 몸으로서 하괘의 맨 위에 있으며 자리도 정위가 아니다음효 양위. 능력도 없이 높은 지위에 있다면 그 자리를 오직 빼앗으려는 자가 반드시 나오게 된다.
4. 해이무 붕지사부解而拇 朋至斯孚 – 이무는 초육을 가리키는데 맨 밑에 있으므로 엄지발가락으로 표현했다. 구사와 초육이 모두 부정을 가지고 상응하고 있으며 구사는 양, 군자이고 초육은 음, 소인이다. 그러므로 동지가 될 수 없다. 그래서 소인인 초육과 인연을 끊는다면 동지들이 모여들고 자기를 믿게 될 것이다.

41. 산택손山澤損

1. 손 유부 원길무구 가정 이유유왕損 有孚 元吉无咎 可貞 利有攸往 – 손은 던다는 뜻으로 이 괘는 태에서 왔다. 태괘에서 하괘의 양효 하나를 덜어서 상괘에 더해 준 것이 곧 손이다. 아래를 덜어서 위를 더해 준다. 즉 백성들의 부를 덜어 군주의 수입을 더해 주는 모습이다. 윗사람을 더해 준다는 뜻에서 익이라고 이름해도 되겠지만 여기에서는 아랫사람을 더는 데에 중점을 두고 있기 때문에 손이라고 이름한 것이다. 손이라고 해서 결코 나쁘게만 받아들일 수는 없다. 군주가 나라를 다스리기 위해서는 어느 정도 백성의 소득을 덜 수밖에 없다. 부는 성신의 뜻이다. 백성의 소득을 더는 방법에 있어서는 온갖 성의를 다해야 한다. 그래야만 백성들도 납득이 간다. 원길 이하는 이와 같은 경우의 점단이다.
2. 초구 이사단왕 무구 작손지初九 已事湍往 无咎 酌損之 – 아래를 덜어서 위를 더해 주는 때를 당해서 초구는 상괘의 육사와 상응하고 있다. 자기는 강효로서 매우 여유가 있고 육사는 음효로서 몹시 부족하다. 그래서 자기의 일을 그만두고 급하게 육사를 도우려고 한다.
3. 불손익지弗損益之 – 내 것을 덜지 않고 상대방을 더해 주는 것을 뜻한다. 구이는 강효로서 중용을 지키고 있다내괘의 중. 초구의 사례를 따른다면 구이도 자기를 덜어서 웃사람을 더해 주는 것이 마땅하다. 그러나 자기 위치를 잘 지켜서 결코 움직이려 하지 않는다. 실제에 있어서 그와 같이 하는 것이 항상 남에게 의존하려는 자에게는 약이 된다. 즉 도와주지 않는 것이 반대로 도와주는 결과를 가져오게 된다.

4. 삼인행칙손일인 일인행칙득기우 三人行則損一人 一人行則得其友 – 손은 태에서 변한 것으로 즉 태의 하괘의 한 양효를 덜어서 상괘 ☷에 더해 줬다. 세 양효에서 하나를 덜었으므로 삼인행 칙손일인이 된다. 한 양효가 위로 올라감에 한 음효가 밑으로 내려왔다. 그러므로 일인행 칙득기우라는 말이 나왔다.

42. 풍뢰익風雷益

1. 익 이유유왕 이섭대천 益 利有攸往 利涉大川 – 손이 극에 이르면 익이 이르는 것은 자연의 이치이다. 그래서 손괘 다음에 익괘를 두었다. 괘의 의의가 손과 반대인 것처럼 괘의 모습도 손의 반대이다. 익은 더해 준다는 뜻이다. 이 괘는 부의 상개의 한 양효 구사를 덜어서 하괘에 더해 주고 있는 모습이다. 지배자의 부를 덜어서 백성을 매우 유익하게 해 주는 것이기 때문에 익이라고 한다. 육이와 구오는 모두 중정을 얻어서 서로 상응하고 있다. 그래서 이유유왕이다. 상괘 손은 목, 하괘 진은 동이다. 나무가 움직인다는 것은 배를 상징한다. 그러므로 이섭대천이다. 이 괘를 얻은 자는 더욱 부를 더하게 된다. 적극적인 진출이 좋겠다.

2. 풍뢰익風雷益 – 바람과 우레로서 이 괘를 이룬다. 바람이 세면 천둥 소리도 크게 울리고 천둥이 울리면 바람도 몹시 빨라진다. 바람과 우레는 서로 도와서 세를 더해 준다. 그러므로 익이라고 이름했다.

3. 초구 이용위대작 初九 利用爲大作 – 초구는 맨 밑에 있다. 위에서 더해 주는 것만 받아들이고 이에 대한 보답이 없다. 그래서 어떤 큰일을 하는 것이 좋다고 한 것이다.

4. 육이 혹익지 십붕지귀 불극위 六二 或益之 十朋之龜 弗克違 – 육이는 익괘의 밑에 있으니 도움을 받는 처지이다. 더구나 음효로써 중정을 얻고 있다. 매우 유순하고 겸손한 자세이니 누구도 도와주려 든다는 것은 신령한 거북점에서도 벗어날 수 없다. 십붕지귀란 고가의 귀중한 거북을 말한다.

5. 육삼 익지용흉사 무구 六三 益之用凶事 无咎 – 육삼은 하괘의 최상위다. 상괘에 인접하고 있으며 하괘 ☳은 동이다. 육삼은 스스로 육사에게 더해 주기를 청하는 상이다. 남에게 도움을 청하는 것은 매우 수치스런 일이지만, 어떤 재난을 구제하는 데 쓰려는 것이라면 결코 허물이 없다.

6. 고공용규 告公用圭 – 공이란 공후의 뜻으로 여기에서는 육사를 가리킨다. 옛날 중국에 있어 자국의 나쁜 일을 이웃나라에 알리고 도움을 요청할 때에는 사신이 규옥으로 만든 홀를 손에 잡아서 그 신표로 삼았다.

7. 고공종 告公從 – 공공후에게 고해서 이쪽의 요청에 따르게 하는 것.

43. 택천쾌澤天夬

1. 쾌 양우왕정 부호유려 ~ 부리즉융 이유유왕 夬揚于王庭 孚號有厲 ~ 不利卽戎 利有攸往 – 쾌는 쾌단의 뜻. 쾌 ☱ ☰는 양의 힘이 한없이 뻗어나가서 마침내 음을 몰아내는 형상이다. 그래

서 쾌라고 이름했다. 소식괘로서 3월에 해당한다. 양은 선양, 음은 사유의 영지, 즉음은 전쟁에 종사한다는 뜻이다. 이 괘는 군자의 세가 매우 강성해서 소인을 제거하는 의도가 들어 있다. 아무리 소인을 제거하려는 의도라 하더라도 조정에서 그 죄상을 반드시 천명해야 한다. 또 불순한 세력을 제거하려면 위험이 뒤따르게 된다. 불의의 변에 대비해서 자기 영지를 잘 다스리도록 노력해야 한다. 신중을 기하며 결코 함부로 전쟁을 일으키지 않는다. 이와 같은 태도라면 어디를 가도 그 어느 것도 불리할 것이 없다. 즉, 이유유왕이다.

44. 천풍구天風姤

1. 구 여장 물용취녀姤 女壯 勿用取女 – 구는 만난다는 뜻이며 소식괘다. 쾌☰ ☱의 최후의 일음이 양으로 변해서 건☰ ☰, 즉 4월의 괘가 된다. 5월이 되자 갑자기 일음이 나타나서 구☰ ☴가 된다. 일음이 오양과 만난다는 것은 마치 한 여자가 다섯 남자를 상대하는 것과 같아서 매우 부정한 여자가 된다. 여자로서는 매우 씩씩하다고 하겠으나 이런 여자를 아내로 맞이하면 안 된다.

2. 천하유풍 구天下有風 姤 – 이 괘는 하늘 아래에서 바람이 부는 상이다. 바람은 널리 불기 때문에 만물이 모두 바람과 만나게 된다. 그래서 구라고 이름했다. 왕자는 이 괘상을 본받아서 정령을 널리 백성들에게 알린다.

3. 초육 계우금이 정길 유유왕 견흉 이시부척척初六 繫于金柅 貞吉 有攸往 見凶 羸豕孚蹢躅 – 초육은 양 밑에 처음 발생한 음이다. 이 음만 묶어 놓는다면 반드시 소인의 세력을 막을 수 있다. 그래서 금이에 매어 놓는다. 금이는 쇠로 만든 수레를 정지시키는 연장을 말한다. 그 결과는 정길이다. 그러나 만일 초육의 전진을 허용한다면 소인의 세력이 줄곧 신장되어 군자 양를 해치려고 들 것이다. 유유왕 견흉이라는 점괘가 나온다. 깡마른 돼지란, 처음 나타난 의로운 음효를 비유해서 일컫는 말이다. 그러나 야윈 돼지도 만만치 않아서 계속 쉬지 않고 움직인다.

4. 구이 포유어 무구 불이빈九二 包有魚 无咎 不利賓 – 생선은 음을 상징한다. 구이는 초육과 매우 밀접하고 있다. 초육은 구사에 상응하나 구괘에서는 응보다도 만나는 일을 중시하고 있다. 포유어란 구이가 음을 제지하고 있는 상이다. 불이빈이란 만일 음을 제지하지 않아서 또 다른 양과 만나게 한다면 그 해가 널리 미치게 되어 매우 좋지 않다는 것이다.

5. 기행차차其行次且 – 구삼은 강이 지나치고 강효강위 중을 얻지 못했다. 밑으로는 초육과 만나지 못하고 위에는 상응이 없다 상구도 양효임. 집에 있어도 결코 편안하지 못하고 어디를 가든 가는 것이 매우 더디다.

45. 택지췌澤地萃

1. 췌 형 왕가유묘萃 亨 王假有廟 – 췌는 모인다는 뜻이다. 하괘 곤은 유순, 상괘 태는 탈이다. 사람들이 기뻐서 따른다는 것은 곧 모이는 것을 뜻한다. 또 못이 땅 위에 있다. 물이 모여서

마침내 못이 된다. 그래서 괘의 이름을 췌라고 했고 이것은 만물이 모여드는 것을 상징한다. 왕자가 백성들을 모아서 천하를 다스리는 데 있어 가장 중요한 것은 종묘를 세우고 선조를 제사 지내고, 온갖 정성으로써 백성을 감화시키는 일이다.

2. 택상어지 췌 군자이제융기 계부우澤上於地 萃 君子以除戎器 戒不虞 – 물이 모여서 못이 된다. 물건이 한곳에 많이 모이게 되면 뜻하지는 않은 재앙이 일어나게 된다. 군자는 이를 거울 삼아 병기를 잘 손질하여 갑자기 찾아오는 변에 대비한다.

3. 초육初六 – 초육은 사구의 양에 상응하고 있다. 구사와 모이고 싶지만 중간의 두 음효육이·육삼이 계속 방해를 한다. 구사에 대한 성의는 있지만 그 뜻을 도저히 이룰 수 없다불종. 만일 울부짖으면서 이음의 유혹을 물리친다면 구사의 도움을 받게 되어, 서로 손잡게 되고 울음이 웃음으로 변한다.

4. 육이 인길 무구六二 引吉 无咎 – 육이는 오구에 상응하고 있다. 그러나 중간에 두 소인음효이 끼어 있어서 구오가 이끌어 주지 않으면 서로 모일 수 없다. 그래서 상대가 이끌어 주면 길하다는 것이다.

46. 지풍승地風升

1. 승 원형 용견대인 물휼 남정길升 元亨 用見大人 勿恤 南征吉 – 승은 상승, 곧 위로 올라간다는 뜻이다. 이 괘는 해에서 왔다. 해괘의 육삼이 올라가서 구사와 자리 바꿈을 한 것이다. 올라간다는 것은 곧 형통한다는 것을 뜻한다. 거기에다 내괘 손이나 외괘 곤이 모두 매우 유순이다. 올라가는 데 있어 아무런 걸림이 없으니 크게 형통한다. 구이의 강효가 중을 얻었으니 육오가 이에 상응하고 있는 것도 크게 형통하는 원인이 된다. 이와 같은 길한 상으로서 덕이 매우 높은 대인을 만나게 된다면 아무 걱정도 없게 된다. 남자라면 남쪽으로 가는 것으로 해석하기 쉽다. 그러나, 남쪽은 사람들이 대부분 자연적으로 향하는 방향이라는 점에서 그대로 전진을 의미한다.

2. 초육 윤승 대길初六 允升 大吉 – 초육은 음효. 매우 유순하면서맨 끝에 있다. 올라가는 때를 당해서 구이·구삼을 따라 올라간다. 점쳐서 이 괘를 얻은 사람은 훌륭한 선배를 따르게 되면 매우 순조롭게 승진될 것이다.

3. 부내이용약孚乃利用禴 – 약은 은나라의 봄의 제사니 또는 하나라의 여름 제사니 해서 해석이 여러 가지이다. 그러나 협약의 약과 동음으로 간소한 제사를 뜻한다.

4. 승허읍 무소의야升虛邑 无所疑也 – 상괘 곤은 순음이기 때문에 몹시 허다. 그리고 곤은 땅이다. 그래서 허읍, 즉 텅 빈 고을로 표현했다. 구삼의 앞쪽은 사람이 안 사는 빈 고을이다. 아무런 훼방도 받지 않고 자유스럽게 위로 올라갈 수 있다. 의는 장애물로 풀이된다. 점쳐서 이 효를 얻은 사람은 순조롭게 승진할 수 있으며 매우 길하다.

5. 명승재상 소부부야冥升在上 消不富也 – 상륙은 승괘의 궁극이다. 명승은 올라오기에 매우 급급함을 말한다. 소불부란 자신의 체력만 소모시켰을 뿐 아무것도 얻은 것이 없다는 뜻이다.

47. 택수곤澤水困

1. 곤 형 정 대인길무구 유언불신困 亨 貞 大人吉无咎 有言不信 – 곤은 곤궁, 진퇴유곡인 때를 말한다. 하괘 감은 양괘, 상괘태는 음괘로서 양괘가 음괘에 모두 가리어져 있다. 또 구이의 양효는 초육과 육삼의 음효에 가리어져 있다. 구사 · 구오 두 양효는 상륙의 음효에 가리어져 있다. 양이 음에 가리어지는 것은 곧 군자가 소인에게 가리어지고 있음을 표현한 것이다. 그러므로 인이라고 이름했다. 괘의 성격으로 볼 때 하괘가 험인데 비해 상괘는 설이다. 자신이 험한 데 있으면서도 기뻐한다는 것은 몸이 곤궁한 속에서도 도를 즐기는 것이다. 도를 관철시킨다는 점에서 형통하는 것이 된다. 온갖 곤란을 겪으면서 끝까지 자기의 이상을 관철시키는 것은 몸이 곤궁한 속에서도 도를 즐기는 것이다. 그러므로 도를 관철시킨다는 점에서 형통하는 것이 된다. 온갖 곤란을 겪으면서 자기의 이상을 관철시키는 것은 곧 바른 길을 지키는 것이다. 이와 같이 하는 것은 오직 대인만이 가능하다. 그래서 대인길무구다. 또 몹시 곤궁한 때는 무슨 소리를 해도 남이 믿어 주지 않는다. 스스로 과묵한 편이 좋다.

2. 택무수 곤 군자이치명수지澤无水 困 君子以致命遂志 – 못 밑에 물이 있다는 것은 물이 못 밑으로 스며들어서 못이 말라 버린 모습이다. 군자는 이처럼 괘상 곤궁한 때를 당해서는 목숨을 바쳐서까지도 지조를 굳게 지켜야 한다.

3. 초육初六 – 곤괘의 맨 밑에 있다. 마치 나무 그루터기에 궁둥이를 붙이고 있는 것과 같은 온갖 괴로움을 당하는 상이다. 또 초육은 험의 밑에 있으니 매우 어둡고 깊은 골짜기 속에 몸이 빠진 것과 같다. 점을 쳐서 이 효를 얻었다면 엄청난 곤궁 속에 빠져들어서 3년 동안 밝은 빛을 볼 수 없게 될 것이다.

4. 주불방래朱紱方來 – 두 가지 해석이 있다. 즉, 하나는 주불을 임금으로 새겨 임금이 찾아오려고 한다, 그리고 하나는 높은 벼슬이 몸에 이르려고 한다로 풀이한다.

5. 육삼 곤우석 거우질려 입우기궁 부견기처 흉六三 困于石 據于蒺藜 入于其宮 不見其妻 凶 – 육삼은 음효소인로 불중 · 부정이다. 항상 자신의 지위에 편안치 못하다. 앞으로 나가려면 구사돌에 비유가 가로막고 뒤로 물러서려면 구이질려가 있다. 할 수 없이 집으로 돌아가면 또 아내가 없다. 집은 삼의 자리를 말한다. 삼의 배우자는 상효가 되는데 모두 같은 음효이기 때문에 아내가 없다는 말로 표현하고 있다. 질려는 납가새초명를 말한다.

48. 수풍정水風井

1. 정 개읍부개정 무상무득 왕래정정井 改邑不改井 无喪无得 往來井井 – 고대 중국 봉건 제도에서 사방 일 리의 전지를 9등분해서 주위의 여덟 구역을 백성들에게 분배하였고, 중앙의 한 구역을 공전으로 만들어 그곳에 우물을 팠다. 정자井字의 발생은 정전법의 정전에서 비롯되었다고 한다. 또 사마법전국 시대의 병법서에 의하면 사정을 일 읍이라고 했으니 여기에 나오는 읍이란 바로 이것을 말한다. 왕조의 무상 변천에 따라 읍의 구획에는 가끔 변동이 있었지만 우물은 결코 변동이 없었다. 그래서 기읍불개정이다. 우물은 결코 물이 더하지도 않고

덜하지도 않으며, 또 누구나 길어다 쓸 수 있다. 즉, 무상무득 왕래정정이다.
2. 정니부식 하야 구정무금 시사야井泥不食 下也 舊井无禽 時舍也 - 초육은 음효의 맨 끝이기 때문에 이것을 우물 밑바닥의 흙탕물에 비유했다. 옛 우물의 흙탕물은 새도 안 마신다는 것은, 쓸모없는 인간은 세상에서 버림을 받는다는 것으로 해석된다.
3. 정곡사부 무여야井谷射鮒 无與也 - 구이는 강중이니 이것은 솟아오르는 물에 해당한다. 그러나 위에 상응이 없다. 그래서 밑에 있는 초육과 친하게 된다. 위로 올라가야만 할 물이 옆으로 새어나가서 붕어를 길러 준다. 우물물은 사람을 기르는 것을 사명으로 하고 있는데, 위로 올리어지지 않는다는 것은 현명한 인물이 조정에 등용되지 못하고 있음을 뜻한다.
4. 정설부식井渫不食 - 우물물이 매우 맑아도 먹지 않는다는 것은 유능한 인물이 등용되지 못하고 복을 받게 된다는 것이다.
5. 왕명 병수기복王明 並受其福 - 임금이 매우 총명해서 유능한 인물을 조정에 등용한다면, 두 사람이 다 같이 복을 받게 된다는 것이다.
6. 원길재상 대성야元吉在上 大成也 - 상륙은 정괘의 맨 위다. 우물은 항상 위로 길어 올려지는 것을 사명으로 하기 때문에 그것이 맨 위에 있다는 것은 우물의 사명이 크게 이루어졌음을 뜻한다.

49. 택화혁澤火革

1. 혁 이일내부 원형 이정 회망革 已日乃孚 元亨 利貞 悔亡 - 혁은 변혁 또는 개혁을 뜻한다. 이 일已日에 대해선 己·巳·己 등 매우 비슷하면서도 다른 글자들을 인용해서 해석이 여러 가지이다. 여기에서는 천명이 이미 이른 날이라는 의미에서 이일이 옳은 것으로 본다. 내부는 백성들이 모두 믿는다는 뜻이다. 천명이 이르고 백성들이 믿게 되니 크게 형통할 것이다.
2. 택중유화혁 군자이치력명시澤中有火革 君子以治歷明時 - 못 속에 불이 있다. 물이 매우 성하면 불을 이기고 불이 성하면 곧 물을 이긴다. 음양이 서로 상극해서 사계절의 변혁을 낳는다. 그래서 혁이다.
3. 초구 공용황우지혁初九 鞏用黃牛之革 - 초구는 괘의 맨 밑이며 위에 상응하는 것도 없다. 적극적으로 활동하려면 안 된다. 몸을 굳게 지키는 것이 매우 현명하다. 황은 중앙·토색이며 또 쇠가죽은 몹시 강인하다. 중도를 굳게 지키라는 뜻에서 누런 소의 가죽을 인용한 것이다.
4. 행유가야行有嘉也 - 가는 경사를 뜻한다.
5. 군자표변君子豹變 - 사대부가 시대의 추이에 따라 자신을 스스로 변혁하고 새 문화 건설에 공헌하는 것은, 마치 표범이 계절에 따라 털갈이를 하고 무늬가 아름다워지는 것과 같은 것이다.

50. 화풍정火風鼎

1. 정 원길형鼎 元吉亨 – 정은 변혁시킨다, 또는 기른다 등으로 해석된다. 날것이라든지 굳은 물건을 솥에 삶아서 익혀 매우 연하게 만든다. 정괘를 옆으로 볼 때 초육은 솥발, 육오는 솥귀의 부분에 해당한다. 이것은 다시 상하의 괘상으로 본다면 밑은 나무, 위는 불이다. 솥에 불을 때어 물건을 익히는 모습이니 곧 솥의 공용으로 표시하는 것이다. 그것은 신을 제사 지내고 어진이를 기르는 그릇이므로, 고대 중국에서는 왕자의 권위를 보여 주는 중요한 보물로 취급되었다. 이 괘는 손괘에서 왔다. 손의 육사가 육오와 자리 바꿈을 한 것이 정이다. 유효가 오의 자리로 올라가고 거기에 하괘의 구이에 상응하는 매우 좋은 상이다. 그래서 원길형이 되는 것이다.

2. 목상유화정 군자이정위응명木上有火鼎 君子以正位凝命 – 나무 위에 불이 있는 것이 정이다. 솥은 매우 단정한 자세로 움직임이 없이 오직 자기의 사명을 다한다. 여기에서 군자이정위응명이라는 말이 나온다.

3. 정전지 이출부 득첩이기자 무구鼎顚趾 利出否 得妾以其子 无咎 – 부는 매우 더러운 것을 말한다. 솥발을 뒤집어 놓는 것이 비록 나쁜 것 같지만, 그 속에 쌓여 있는 더러운 것들을 모두 쏟아 버린다. 첩을 얻는 것이 좋지 않으나 후사를 얻을 수 있다면 또한 매우 좋은 일이다.

4. 구이 정유실 아구유질 부아능즉 길九二 鼎有實 我仇有疾 不我能卽 吉 – 구이는 양효이기 때문에 속이 꽉 차 있다. 아구는 곧 초육을 가리킨다. 초육은 부정음효 양위이다. 사람으로 말하면 나쁜 병이 있는 것이다. 구이가 중도를 지켜서 붙들지 않는다면 허물이 없다.

5. 구삼 정이혁 기행색 치고부식 방우휴회 종길九三 鼎耳革 其行塞 雉膏不食 方雨虧悔 終吉 – 구삼은 중을 얻지 못했으며, 솥귀와도 같은 육오에 상응하지 못하고 있다. 솥귀가 모두 떨어져서 제 구실을 못한다는 것은 곧 출세할 수 없음을 뜻한다. 치고부식은 녹을 먹지 못하는 것이다. 방우휴회는 구삼이 정도를 지킨다면 마침내 육오와 화합하게 되어서 뉘우침이 없어진다는 것이다.

51. 진위뢰震爲雷

1. 진 형 진래혁혁 소언아아 진경백리 불상비창震 亨 震來虩虩 笑言啞啞 震驚百里 不喪匕鬯 – 혁혁은 매우 두려워하는 모습, 아아는 웃음소리의 표현이다. 비는 제사 지낼 때 쓰는 숟가락, 창은 울창주로서 나라의 제향에 강신하는 데 쓰는 술이다. 진은 우레를 상징한다. 천둥이나 지진 등의 뜻이다. ☳은 부☰와 모가 맨 처음으로 어울려 낳은 남자임을 표현하기도 한다. 그래서 장남의 괘라고도 한다. 천둥이 칠 때는 사람들이 모두 몹시 두려워하지만 천둥이 지나간 뒤에는 소리를 내어 웃는 평온한 때가 온다는 것은, 곧 사람이 매우 두려워하고 항상 몸을 삼가게 되면 복이 이른다는 것을 표현한 것이다. 진경백리 불상비창이라는 것은 온갖 정성을 다해서 신에게 제사를 드리는 사람은 천둥에 몹시 놀라서 비나 창을 손에서 놓치는 일이 없다. 장남의 괘이기 때문에 이와 같은 말이 나온 것이다.

2. 후유칙야後有則也 – 천둥이 칠 때 두려워하고 경계하던 마음을 천둥이 지나간 뒤에도 마음 속에 잘 간직해서 수신의 법칙으로 삼는 것이다.
3. 상왈 진래려 승강야象曰 震來厲 乘剛也 – 초구는 진괘의 주체가 되고 또 시작이 되기 때문에 천둥이 울리는 것이다. 그런데 육이가 바로 그 위에 있으니 승강 가장 위험한 것이다. 여기에는 천둥보다도 지진으로 해설하는 것이 이치에 맞을 것 같다. 초구가 맨 밑에 있다는 점에서도 그렇고, 또 온갖 보배를 잃고 높은 언덕으로 오른다는 점에서도 천둥에 해당하지 않는다.
4. 진소소 위불당야震蘇蘇 位不當也 – 소소는 공포감에 망연자실하는 모습이다. 위불당은 육삼의 자리가 매우 부정이라는 뜻이다.
5. 기사재중 대무상야其事在中 大无喪也 – 육오는 상괘의 중을 얻었기 때문에 크게 일을 망칠 것이 없다는 뜻이다.

52. 간위산艮爲山

1. 간기배 불획기신 행기정 불견기인 무구艮其背 不獲其身 行其庭 不見其人 无咎 – 간은 그친다 그리고 머무른다는 뜻이다. ☶은 한 양효가 두 음효 위에 있다. 양이 밑에서 올라와서 극에 머무르고 있는 모습이다. 그래서 지止다. 사람의 몸에서 가장 움직이지 않는 부분이 등이다. 그러므로 등에 머무른다는 것은 마땅히 머무를 곳에 머무른 것이다. 마음이 마땅히 머무를 곳에 머물러 있다면 비록 몸은 움직여도 마음은 결코 움직이지 않는다. 이것은 몸이 있어도 없는 것과 마찬가지다. 그래서 불획기신이다. 사람이 있는 뜰에 가도 사람이 보이지 않는다는 것은 외부의 유혹을 받지 않는다는 것이다. 등에 머무른다는 것은 몸이 활동하고 있지 않을 때의 마음의 평정을 말하며, 행기정 불견기인이란 활동을 하고 있을 때의 마음의 정지를 의미한다. 이처럼 사람의 동정에 있어 마음이 머무를 데에 머물러 있어서 고요하다면 허물이 없다.
2. 겸산간 군자이사부출기위兼山艮 君子以思不出其位 – 산이 둘 포개져 있는 것이 간이다. 군자는 두 개의 산이 포개져서 항상 무겁게 제자리에 머물러 있는 것을 본받아서, 마땅히 자신이 머무를 데에 머무르고 결코 자기 분수에 넘치는 일을 생각하지 말라는 것이다.
3. 초육 간기지무구 이영정初六 艮其趾无咎 利永貞 – 초육은 간괘의 맨 밑이기 때문에 사람의 몸에 비유한다면 발에 해당한다. 초육이 발에 머무는 것은 결코 정도를 잃지 않는 것이다. 그러나 바른 길을 벗어날 것을 두려워해서 이영정이다.
4. 육이 간기비 불증기수 기심부쾌六二 艮其腓 不拯其隨 其心不快 – 육이는 하괘의 중이며 비는 하체의 중이다. 몸을 움직이는 데는 허리가 주체가 되고 종아리는 이에 따른다. 구삼은 양강불중이다. 육이는 중정의 덕으로써 구삼의 불중을 구제하려고 하나 유효로서 힘이 매우 부족하다. 그저 할 수 없이 따라가고 있으니 마음이 불쾌한 것은 물론이다. 마치 신하된 자가 군주의 잘못을 간언하나 받아들여지지 않으니 할 수 없이 따라가는 형상이다.

53. 풍산점 風山漸

1. 점 여귀길 이정 漸 女歸吉 利貞 – 점은 마치 물이 땅 속으로 스며들 듯이 점점 앞으로 나가는 것을 뜻한다. 하괘 간은 그친다, 상괘 손은 유순의 뜻이다. 즉 머무르면서 매우 유순하게 앞으로 나간다. 곧 점진을 의미한다. 여자가 시집가는 데는 절차를 밟아서 나가지 않으면 안 된다. 이 괘는 육이에서 구오까지가 모두 정이다. 시집가는 여자의 몸가짐이 발라야 할 것은 말할 여지가 없다. 여자가 점쳐서 이 괘를 얻었다면 시집가는 것이 매우 길하다. 그리고 정도를 지켜 나가야만 모든 일이 순조로울 것이다.
2. 산상유목 점 山上有木 漸 – 산 위에 나무가 있는 것이 점이다. 나무가 점차 자라남에 따라 산이 점점 높아진다.
3. 초육 홍점우간 소자려 유언무구 初六 鴻漸于干 小子厲 有言无咎 – 이 괘는 기러기의 점진하는 모습으로 표현하고 있다. 기러기가 물가로 날아가고 있다. 초육은 점괘의 맨 밑에 있어서 매우 유약하다. 이것은 마치 어린아이와 같은 상이다. 어린아이는 힘이 매우 약하기 때문에 다른 기러기에 뒤떨어질 염려가 있다. 그리고 사도 음효이어서 상응이 없고 독촉을 받기도 한다. 그러나 점은 점진의 뜻이므로 무리하게 나가지 않는 것이 좋다.
4. 소포 素飽 – 소찬 素餐과 마찬가지의 뜻이므로 아무 일도 하는 것 없이 녹만 받아먹는 것.
5. 귀삼세불잉 종막지승길 歸三歲不孕 終莫之勝吉 – 구오는 육이와 상응한다. 그러나 중간에 구삼과 육사가 방해해서 서로 모일 수가 없다. 그래서 귀삼세불잉이다. 그러나, 구오와 육이는 중정을 얻었고 원칙적인 배우자이기 때문에 사 邪 구삼·육사가 끝내 그것을 이길 수 없는 것이다. 종막지승이다.
6. 상구 홍점우륙 上九 鴻漸于陸 – 육은 규 逵의 오식임을 주장하는 사람이 많다. 육은 높은 하늘로 풀이된다.

54. 뇌택귀매 雷澤歸妹

1. 귀매 정흉 무유리 歸妹 征凶 无攸利 – 귀는 곧 시집간다, 매는 누이동생을 뜻한다. 귀매는 누이동생을 시집보낸다는 뜻도 되고, 그대로 시집가는 것으로도 해석된다. 하괘 태는 소녀를 상징하므로 매가 되고, 상괘 진은 장남을 상징한다. 장남과 소녀가 결혼한다는 의미를 내포하고 있다. 소녀가 장남에게 시집가는 것은 매우 좋다고 볼 수 없다. 소녀는 어디까지나 차남과 결혼해야만 한다. 그래서 정흉 무유리의 점단이 나온다.
2. 초구 귀매이제 파능리 정길 初九 歸妹以娣 跛能履 征吉 – 제는 잉첩이다. 춘추 시대 제후들 사이에는 아내를 맞이할 때 본부인의 여동생을 동시에 맞이하기도 했으니 이것을 잉 媵이라고 했다. 파능리는 절름발이가 땅을 밟는다는 뜻으로, 이는 정실이 못 되고 잉첩이 된 것을 비유한 것이며, 여기서는 남편의 심부름을 하는 것으로 풀이했다. 초구는 괘의 맨 밑에 있으며 위에는 상응이 없다. 남의 정실은 못 되고 잉첩이 될 상이다. 그렇기 때문에 정길이다.
3. 구이 묘능시 이유인지정 九二 眇能視 利幽人之貞 – 구이는 강효로서 중정을 얻고 있으니 현

숙한 여자이다. 위에 정응육오가 있기는 하나 음유불정이니 이것은 현숙한 여자가 불량한 남자에게 시집가서 내조의 공을 이룰 수 없는 것이다. 그래서 마치 애꾸눈이 물건을 보는 상이다.

4. 육삼 귀매이수 반귀이제六三 歸妹以須 反歸以娣 – 육삼은 음효로서 불중부정이니 여자의 부정한 것이다. 부정한 여자는 누가 데려가려고 하지 않는다. 기다리다 못해서 마침내 남의 잉첩으로 시집간다.

5. 구사 귀매건기九四 歸妹愆期 – 강효로서 정응이 없다. 매우 현숙한 여자이기 때문에 아무에게나 시집가지 못하고 마땅한 사람을 기다리다가 혼기를 놓쳤다. 아직도 시집갈 날을 기다리고 있다.

6. 승광무실 사규양무혈承筐無實 士刲羊无血 – 상륙은 유효로서 덕이 없다. 귀매괘의 맨 끝이며 아래는 상응이 없다. 배우자가 나타나지 않는다. 여기에서 광은 신부가 시아버지와 시어머니에게 드리는 예물을 담는 광주리이다. 규양이란 신랑이 축하하는 음식을 만드는 데 쓰기 위해서 양을 잡는 것을 말한다.

55. 뇌화풍雷火豊

1. 풍 형 왕가지 물우의일중豊 亨 王假之 勿憂宜日中 – 풍은 굽이 높은 그릇에 물건을 담는 모양으로서 성대하다는 뜻이다. 하괘 ☲ 는 명, 상괘 ☳ 는 동, 곧 밝은 것을 가지고 움직이는 것이니 매우 성대한 감이 든다. 성대한 것은 저절로 형통하게 마련이다. 천하에서 가장 풍성한 태도는 왕자만이 거기에 도달할 수 있다. 그 거대한 부와 수많은 백성들을 지켜 나가려면 항상 근심이 따르게 된다. 태양이 중천에 솟아 있는 것처럼 왕자는 공정한 입장에서 그리고 널리 은덕을 베푸는 것이 그 근심을 없애는 길이다.

2. 뇌전개지 풍 군자이절옥치형雷電皆至 豊 君子以折獄致刑 – 우레와 번개는 동시에 이른다. 이것이 풍괘다. 군자는 마치 번개 같은 명찰로써 옥사를 판결하고 천둥 같은 위엄으로써 형벌을 집행해야 한다.

3. 초구 우기배주 수순무구 왕유상初九 遇其配主 雖旬无咎 往有尙 – 배주에 대한 해석도 여러 가지이다. 초구의 배주는 구사를 가리킨다. 비록 같은 양강이지만 서로 돕는다는 의미에서 이와 같은 상이 된다. 구사의 초구에 대한 호칭은 이주가 된다. 순은 이와 같다는 뜻이다.

4. 육이 풍기부 일중견두六二 豊其蔀 日中見斗 – 육이는 하괘 ☲ 의 주체이므로 매우 밝은 것이다. 그러나 육오의 음효에 상응하고 있다. 육오는 음이기 때문에 어둡다. 이것은 마치 밤과도 같아서 대낮에 북두칠성이 보일 정도다. 이런 암울한 군주를 따르게 되면 오직 의심과 미움을 받을 뿐이다. 온갖 성의를 다해서 상대방의 마음을 열어 주는 것이 현명한 길이다.

5. 구삼 풍기패 일중견매 절기우굉 무구九三 豊其沛 日中見沬 折其右肱 无咎 – 패는 포장, 매는 작은 별. 구삼은 명☲의 끝이 되고 상륙의 음효에 상응하고 있다. 육이보다도 한층 더 어둡다. 대낮에 작은 별을 볼 정도이다. 절기우굉이란 구삼이 활동할 수 없음을 비유한 말이다.

56. 화산여火山旅
1. 여 소형 여정길旅 小亨 旅貞吉 – 여는 여행의 뜻이다. 이 괘는 하괘는 산, 상괘는 불이니 산불이 난 모습이다. 불은 계속 끊임없이 번져 간다. 마치 나그네가 급하게 가는 길을 가는 모습이다. 그래서 여라고 이름했다. 일시나마 제자리를 떠나서 매우 불안한 행각이며 또 그 동기가 생업을 구한다든가, 죄로 인해 도망하려는 데서 나오는 경우가 많다. 그리고 온갖 실의에 빠져 있다. 그렇기 때문에 대형은 기대할 수 없다. 그 밖에 괘상으로 봐서도 소형이 된다.
2. 산상유화 여 군자이명신용형 이부류옥山上有火 旅 君子以明慎用刑 以不留獄 – 산불처럼 한 군데에 계속해서 머물지 않는 것이 여행이다. 군자는 이 괘상을 본떠서 명찰☲과 신중☶으로 형벌을 베풀고 마치 산불이 번져 나가듯이 옥사를 빨리 처리해야 한다.
3. 여분기차 상기동복정 려旅焚其次 喪其童僕貞 厲 – 차는 숙소를 뜻한다. 구삼은 강효강위로서 강이 매우 지나쳐서 중을 얻지 못해서 몹시 불안한 상태이다. 그래서 여분기차다. 또 하괘의 상위에 있어서 옹ㄴ갖 교만을 부리기 때문에 부하를 잃게 된다.
4. 구사 여우처 득기자부 아심부쾌九四 旅于處 得其資斧 我心不快 – 구사는 강효로서 음위에 있어 강유의 중용을 얻으므로, 또 상괘의 하위에 있어 남에게 매우 겸손하다. 그래서 숙소를 얻고 노자와 도끼까지도 얻었다. 그러나 강효가 음위에 있는 것은 정위가 아니며, 초육의 상응이 있기는 하나 힘이 몹시 미약한 것이기 때문에 마음이 결코 유쾌하지 못하다.
5. 종이예명終以譽命 – 예는 명예, 명은 작명을 말한다. 작명이란 곧 관작의 임명이다.

57. 손위풍巽爲豊
1. 손 소형 이유유왕 이견대인巽 小亨 利有攸往 利見大人 – 손은 순종, 그리고 겸손의 뜻이다. 손괘 ☴은 한 음효가 두 양효 밑에 엎드려 있으니 매우 순종하는 모습이다. 손은 이 양 일 음의 괘이다. 일 음이 주체가 된다. 음이 주체가 되어서는 크게 형통할 수 없다. 그래서 소형이다. 음이 양을 따르는 것은 자연의 이치이다. 그러므로 이유유왕이 되는 것이다. 그러나 따르는 상대가 악인이어서는 결코 안 된다. 그래서 이견대인이다.
2. 손 이신명巽 以申命 – 손☴이 계속 겹쳐 있는 것이 손괘다. 갑은 정령반복의 뜻이므로 거듭 겸손하다는 뜻의 손과 정령반복의 뜻인 갑은 서로 상통한다.
3. 수풍 손隨風 巽 – 수풍은 바람이 바람을 따른다는 뜻이다. 즉, ☴이 ☴을 뒤따르는 것이 곧 손괘 ☴☴가 된다.
4. 초육 진퇴 이무인지정初六 進退 利武人之貞 – 초육은 손의 주체가 되는 효이기는 하나 음효이면서 맨 끝에 있어 겸손이 지나친다. 행동에 자신이 있어서 나갔다 물러섰다 하며 결코 결단을 내리지 못한다. 만일 무인이 이것을 굳센 태도로 받아들인다면 그 유순한 의지를 바로잡아서 도움이 될 것이다.
5. 전획삼품田獲三品 – 전은 사냥을 뜻한다. 천자나 제후가 사냥해서 짐승을 잡았을 때 세 등

급이 있다. 화살이 염통을 뚫은 것은 1급으로, 고기를 말려서 제사에 쓰고, 넓적다리를 맞힌 것은 2급으로 손님을 대접했으며 창자를 뚫은 것은 최하위로서 자신의 반찬에 썼던 것이다.

6. 선경삼일 후경삼일先庚三日 後庚三日 - 십 간에 있어 경일 전 삼 일은 정일이니 정령의 뜻이 들어 있다. 사물의 변경이 있을 때는 이 날에 백성들에게 엄숙하게 고계한다. 경일 후 삼 일은 계일이다. 계는 곧 규揆와 통한다. 즉, 사물이 변경된 뒤를 헤아리는 것이다.

58. 태위택兌爲澤

1. 태 형 이정兌 亨 利貞 - 태는 기쁘다 그리고 기쁘게 한다의 뜻이다. 태는 한 음효가 두 효 위에 올라가 있다. 기쁨이 밖으로 흘러 넘치는 모습이다. 또 물의 하류밑의 한 획를 틀어막으면 못이 된다. 못에 담긴 물은 만물을 매우 윤택하게 하고 기쁘게 해 준다. 태는 강효가 중에 있고 유효가 밖에 있다. 유화한 태도는 사람을 항상 기쁘게 한다. 따라서 일이 크게 형통한다. 그러나 남을 기쁘게 하고 남의 환영을 받는 것만이 잘 하는 일이 아니다. 이것은 오직 바른 길을 지키는 데에서 이루어져야 한다.

2. 초구 화태길初九 和兌吉 - 초구는 강효로서 매우 강직한 성격이다. 결코 남에게 아첨하는 일도 없으며, 무리하게 활동하려고도 하지 않는다. 위에 상응도 없다사는 강효임. 그리고 사적인 친분 관계도 없다. 사람을 기쁘게 하는 것도 몹시 공명정대한 태도로 임한다. 그래서 화태다.

3. 구이 부태九二 孚兌 - 구이는 강효이면서 중을 얻었다. 강중은 곧 성실을 뜻한다. 그래서 부태다.

4. 육삼 내태흉六三 來兌凶 - 육삼은 음효로서 부중, 부정이며 위에 상응도 없다. 밑으로 내려와서 초구와 구이의 환심을 산다. 정도가 아닌 것으로써 사람을 매우 기쁘게 하려고 한다.

5. 개질介疾 - 해석이 여러 가지이다. 여기에서는 정자와 주자의 설을 따라서 악을 미워하는 것으로 해석했다.

6. 구오 부우박 유려九五 孚于剝 有厲 - 박은 음이 양을 침식하는 것이다. 여기에서 음은 상륙을 말한다. 구오는 군위에 있으면서 상륙이 가장 가깝다. 상륙은 곧 소인이다. 군주에게 온갖 아첨을 하며 유혹한다. 결코 이것을 믿어서는 안 된다.

59. 풍수환風水渙

1. 환 형 왕가유묘 이섭대천 이정渙 亨 王假有廟 利涉大川 利貞 - 환은 곧 흩어진다. 그리고 이산의 뜻이다. 유묘는 곧 사당을 말한다. 이 괘는 아래가 물, 위가 바람이다. 바람이 물 위를 불면 표면의 물이 잔물결을 일으키며 한꺼번에 흩어진다. 그래서 환이라고 이름했다. 구이가 강중을 얻었으며, 육삼과 육사가 합심이 되는 매우 좋은 괘상이다. 그래서 형이. 흩어진 선조의 영혼을 한곳에 모으기 위해서 왕이 종묘를 찾아간다. 환괘는 물 위의 나무로 곧 배를 뜻한다. 이섭대천이다. 이정은 정도를 고수하라는 경계다.

2. 초육 용증마장길初六 用拯馬壯吉 – 초육은 환괘의 맨 처음이다. 아직도 흩어짐이 심하지 않다. 흩어지는 자를 구제하는 데 그다지 힘들지 않다. 튼튼한 말만 있으면 뒤를 좇아가서 무난하게 돌이킬 수 있다. 초육 혼자만으로는 결코 이산을 구제할 수 없다. 구이의 양강에 따름으로써 매우 길하게 된다.
3. 환분기궤 회 망渙奔其机 悔 亡 – 궤는 몸을 기대는 안석이나 사방침 같은 것을 가리킨다.
4. 육삼 환기궁 무회六三 渙其躬 无悔 – 육삼은 음효로서 중정이 아니다. 마음속에 사욕이 가득 들어 있는 상이다. 궁은 몸의 뜻이지만 여기서는 마음으로 해석해서 사심을 흩어 버린다는 것이다.
5. 환기군 원길渙其羣 元吉 – 군은 곧 사당을 뜻한다. 사당을 해산시킨다는 것은 공변된 마음이다. 매우 착한 일이기 때문에 결과는 원길이다. 유구는 사당을 흩음으로써 많은 사람들의 지지를 얻게 되어, 사람이 모여들어서 큰 언덕을 이룬다는 뜻이다.
6. 비이소사匪夷所思 – 사람으로서 생각지도 못 했던 것이다.
7. 한기대호汗其大號 – 대호는 왕의 명령이다. 땀이란 한 번 나게 되면 되돌아가지 않는다. 이와 마찬가지로 왕의 명령도 한 번 내린 이상 번복하지 않음을 말한다.

60. 수택절水澤節

1. 절 형 고절부가정節 亨 苦節不可貞 – 절은 절제·절검·절조 등의 뜻이다. 하괘는 못, 상괘는 물이다. 못 위에 물을 더했을 때 도에 지나치면 곧장 넘치게 된다. 스스로 제한해서 몹시 절도가 있다. 그래서 이 괘를 절이라고 이름했다. 절란 매우 좋은 것이기 때문에 형통한다는 것은 당연하다. 그러나 사람을 괴롭게 하는, 도에 지나치는 절검, 고루한 데 지나친 절조 등을 고절이라고 한다. 고절이란 곧 중용을 벗어난 것이며 곧 재앙을 불러오게 된다. 그래서 고절불가정이란 경계하는 말이 나왔다.
2. 택상유수절澤上有水節 – 못 위에 물이 있다. 못은 물을 받아들이는 데 있어 한도가 있다. 절도가 있다고 해서 괘의 이름을 절이라고 했다.
3. 초구 불출호정 무구初九 不出戶庭 无咎 – 초구는 절괘의 처음이다. 아직 나설 때가 못 됐다. 출세욕을 절제하고 대문을 나서지 않는다. 그 동안 막혔던 시운이 열리고 막히는 것만을 지켜보고 있다. 이처럼 스스로 신중을 기하니 허물이 있을 수 없다.
4. 부출문정흉 실시극야不出門庭凶 失時極也 – 구이는 강효이면서 부정이다. 또 위에 상응이 없다구오도 강효. 대문을 나서려 하지 않는다. 오직 절제하는 것만을 알고 융통성이 없다. 그래서 시기를 놓쳐 버린다.

61. 풍택중부風澤中孚

1. 중부 돈어길 이섭대천 이정中孚 豚魚吉 利涉大川 利貞 – 중부는 마음속이 정실한 것을 말한다. 이 괘는 한가운데가 두 음효로 되어 있다. 괘의 한가운데가 비어 있는 것은 곧 허심을 의

미하는 것이며, 허심이란 맥이 성실한 것이어서 중부가 되는 것이다. 또 상·하괘의 중효가 모두 양이다. 양은 매우 실한 것이기 때문에 안이 매우 실하다는 점에서도 중부가 된다. 돈어, 즉 돼지와 물고기는 비천한 자와 가난한 자가 제사에 쓴다. 돈어길이란 마음이 성실한 자는 신이 이를 받아들여서 복을 주기 때문에 매우 길하다는 것이다. 상괘는 나무, 하괘는 물로 되어 있으니 이는 배를 뜻한다. 그래서 이섭대천이다. 이런 어려운 일에는 오직 정도를 굳게 지켜야만 허물이 없다. 그래서 이정이다.

2. 육삼六三 - 음효이면서 양위에 있다. 무리하게 계속 전진하려 든다. 그러나 앞에 육사가 가로막고 있다. 같은 음효이지만 마침내 적을 이룬다. 적을 공격하려고 진군의 북을 울리기도 하고 또 후퇴하기도 한다. 육사는 정인데 자신은 부정이니 결코 전진할 수 없다. 분해서 울기도 하고 적과 친해서 노래를 불러 보기도 한다. 요는 지위가 부정이기 때문에 매우 불리하다.

62. 뇌산소과雷山小過

1. 소과 형 이정小過 亨 利貞 - 소과라는 작은 것이 도度에 매우 지나치는 것을 말한다. 이 괘☱ ☳는 사음 이양으로서 음이 몹시 과도하다. 양은 대, 음은 소이기 때문에 소과다. 음이 매우 과도한 점에서 일이 형통한다. 오직 정도를 지키지 않으면 안 된다. 이 괘는 또 새가 하늘을 나는 형상이다. 한가운데의 두 양효는 새의 동체가 되고 상하의 두 음효는 좌우의 날개를 뜻한다.

2. 비조유지음 불의상의하 대길飛鳥遺之音 不宜上宜下 大吉 - 이 괘는 하늘을 나는 새의 모습이기 때문에 불의상의하 대길이라는 점사를 새 소리를 빌려 표현하고 있다.

3. 산상유뢰 소과 군자이행과호공 상과호애 용과호검山上有雷 小過 君子以行過乎恭 喪過乎哀 用過乎儉 - 산 위에 있는 천둥이 울리게 되면 그 소리가 약간 지나친다. 그래서 곧 소과다. 행과호공, 상과호애, 용과호검의 세 가지도 모두 작은 일이 지나친 것이다. 그렇지만 결코 크게 의리에 벗어나지는 않는다.

4. 초육 비조이흉初六 飛鳥以凶 - 소과☱ ☳를 새의 모습으로 분석해 볼 때 초와 상은 두 날개를 벌리고 있는 모습이기 때문에 비조라는 말로 표현되었다. 소인은 오직 올라가는 것만 알고 내려올 줄 모른다. 불의상불의의 경계에 어긋난다. 결과는 매우 흉하다.

63. 수화기제水火旣濟

1. 기제 형소 이정 초길종란旣濟 亨小 利貞 初吉終亂 - 기제는 이미 내를 건넜다는 의미에서 일이 완성되었음을 뜻한다. 괘의 모습으로 볼 때 양효는 모두 기수, 음효는 모두 우수에 있어서 전효가 정위를 얻고 있기 때문에 완성을 뜻한다. 얼핏 보아서 원형이 될 것 같은데 소형인 것은 조화의 묘란 음양이 매우 불규칙한 데서 발휘되는 것이지, 이미 각각 제자리에 놓여진 것은, 더욱 발전할 여지가 없는 것이기 때문이다. 초길은 일이 완성을 말하는 것이며, 종

란은 자연법칙대로 일이 이루어진 뒤에는 또다시 혼란이 오는 것을 말한다.

2. 수재화상기제 군자이사환이예방지水在火上旣濟 君子以思患而豫防之 – 물이 불 위에 있는 것이 기제다. 물과 불은 음식을 만드는 데 있어서 필수품이다. 물과 불이 있으면 음식을 조리하는 일이 이미 이루어진 것이다. 그러나 그 뒤에 오는 여러 가지 재난은 이루 헤아릴 수 없다. 군자는 이 괘를 거울 삼아서 일이 이미 이루어졌을 때에는, 그 뒤에 다가올 재난을 미연에 방지토록 힘써야 한다.

3. 초구 예기륜 유기미 무구初九 曳其輪 濡其尾 无咎 – 제의 원래의 뜻은 물을 건너는 것이다. 예기륜은 내를 건너려는 수레의 바퀴를 뒤로 끌어들인다. 유기미는 여우가 냇물을 건너다가 꼬리를 적셨다. 초구는 괘의 맨 밑이기 때문에 이것을 수레에 비유한다면 바퀴가 되고 여우에 비유한다면 꼬리가 된다. 수레바퀴가 뒤로 끌려지고 여우가 꼬리를 적셨다면 물을 건널 수 없다. 제괘의 처음을 당해서 이처럼 신중을 기한다면 허물이 없게 된다.

4. 고종벌귀방高宗伐鬼方 – 고종은 은나라 중흥시킨 임금인 무정을 말한다. 귀방은 오랑캐의 나라다. 허난성 은허에서 발굴된 복사卜辭에 의하면, 고종 때 고방·상방 등과 전쟁한 것은 사실로 되어 있다. 귀방이란 고방의 와전인지도 모른다. 고종이 귀방을 치러 가기에 앞서 점을 쳐서 이 효를 얻었다고 한다.

5. 유기수濡其首 – 상륙은 기제괘의 최상위다. 이것을 여우의 몸에 비유한다면 머리 부분이다. 상륙은 음효로서 힘이 매우 미약하다. 물을 건넌다는 것은 곧 모험이다. 이것은 여우가 물을 건너다가 머리까지 적시는 결과를 가져온다.

64. 화수미제火水未濟

1. 미제未濟 – 물을 건너지 못했다는 뜻에서 미완성을 뜻한다. 세상의 모든 사물은 결코 완성에만 머물러 있을 수는 없다. 그래서 미완성을 의미하는 괘를 맨 마지막에 두었다. 64괘의 세계가 새로운 차원에서의 발전을 기대하면서 이 괘로써 역경의 끝을 마무리한다. 이 괘는 전효가 부정이라 미완성을 말해 주고 있지만, 효사에서 볼 때는 앞에서의 기제보다 훨씬 좋은 것이다. 점을 쳐서 이 괘를 얻는다면 원하는 일이 곧 형통하게 될 것이다. 어린 여우가 물을 거의 건너갔을 때 꼬리를 적셔서 못 건너간다는 것은 일이 다 이루어지려고 하다가 안 된다는 것이다. 이래서는 어떤 이익도 결코 얻을 수 없다.

2. 화재수상미제火在水上未濟 – 이 괘는 불이 물 위에 있다. 불이 물 위에 있어서는 제 구실을 다할 수 없다. 그래서 미제라고 이름했다.

3. 유기미 역불지극야濡其尾 亦不知極也 – 초육은 괘의 맨 밑에 있으며 음효로서 힘이 매우 미약하다. 처음부터 물을 건널 수 없는데 억지로 건너려다가 꼬리를 적시고 실패한다. 이것은 자기 힘의 한계를 모르는 짓이다.

4. 구이 예기륜 정길九二 曳其輪 貞吉 – 구이는 비록 강효이지만 유위에 있고 중을 얻었다. 매우 유순하고 중도를 지켜서 함부로 곧장 전진하려 들지 않는다. 수레바퀴를 뒤로 끈다는 것

은 곧 스스로 절제하는 것을 의미한다. 결과는 매우 바르고 길하다.
5. 육삼 미제정흉 이섭대천六三 未濟征凶 利涉大川 - 육삼은 음효로서 힘이 매우 미약하다. 물을 건너려고 하지 않는다. 힘이 미약한데다 또 불중부정이다. 계속해서 무리하게 행동하려고 한다면 결과는 매우 흉하다. 그러나 그와 같이 몹시 두려워하고 신중하기 때문에 큰 내를 건너는 데는 유리하다.
6. 상구上九 - 미제괘의 맨 위다. 이제 기제의 안정된 시대가 다가오려 하고 있다. 술이나 마시면서 성실하게 천명을 기다린다면 결코 허물이 없다. 그러나 술이 도에 지나치면 성실한 태도를 잃게 된다.

천운 이우영

_ 성균관대학교 경영대학원 수료
_ 성균관대학교 경영대학원 총동문회 이사
_ 故장익호선생님으로부터 3년간 도선대사 비법전수(수제자)
_ 정통풍수지리 연구회 회장(현)
_ 도선국사비법 연구회 회장(현)
_ 한국역리사 자격검정 관리협회 풍수부문 출제위원역임
_ 한국역리사 자격협회 역리생활상담, 작명, 자격증득
_ 정통풍수의 이론과 방법 출간(저자)
_ 소설 '도선비기' 출간(저자)
_ 복을 부르는 풍수이야기(저자)
_ SBS TV '그것이 알고 싶다' 묘지감정 해설로 출연
_ MBC TV 'PD 수첩' JP선친 묘지감정 해설로 출연
_ SBS TV 복권명당판매소 해설로 출연
_ 한국연예인 환경보호협회 환경신문 월간운세 주필(현)
_ 경향신문사 풍수지리컨설팅 전문매니저로 지정(현)
_ 정통풍수지리 연구원 운영중 원장(현)
_ <부설> 천운 역리원 운영중 원장((현)
_ 광운대학교 경영대학원 부동산학과 생활풍수 강의

한 권으로 읽는
사서삼경

- 초 판1쇄 2011년 3월 10일 발행
- 중 판1쇄 2013년 10월 25일 발행

- 엮어 옮김 이우영
- 디 자 인 김영숙
- 편집 주간 유종문
- 기 획 GNB기획
- 펴 낸 이 박경준
- 펴 낸 곳 글로북스

- 출판등록 2001년 7월 2일 제15-522호
- 주   소 서울특별시 마포구 서교동 444-15
- 전   화 02-332-4327
- 팩   스 02-3141-4347

※ 파본이나 잘못된 책은 교환해 드립니다.